RÉPERTOIRE
GÉNÉRAL
DES LOIS, DÉCRETS
ORDONNANCES, RÈGLEMENTS ET INSTRUCTIONS
SUR LA MARINE

PAR M. BLANCHARD

DIRECTEUR DU SECRÉTARIAT GÉNÉRAL ET DE LA COMPTABILITÉ
AU MINISTÈRE DE LA MARINE ET DES COLONIES

> Si j'ay parlé de la lecture des ordonnances dans les autres matières, il n'y en a point où il soit sy nécessaire de les lire soigneusement que dans celle cy.
>
> (COLBERT. — *Bibliothèque nationale. — Manuscrits. — Colbert et Seignelay*, tom. IV.)

PARIS

IMPRIMERIE NATIONALE

M DCCC XLIX

RÉPERTOIRE

GÉNÉRAL

DES LOIS, DÉCRETS

ORDONNANCES, RÈGLEMENTS ET INSTRUCTIONS

SUR LA MARINE

RÉPERTOIRE

GÉNÉRAL

DES LOIS, DÉCRETS

ORDONNANCES, RÈGLEMENTS ET INSTRUCTIONS

SUR LA MARINE

PAR M. BLANCHARD

DIRECTEUR DU SECRÉTARIAT GÉNÉRAL ET DE LA COMPTABILITÉ
AU MINISTÈRE DE LA MARINE ET DES COLONIES

Si j'ay parlé de la lecture des ordonnances dans les autres matières, il n'y en a point où il soit sy nécessaire de les lire soigneusement que dans celle cy.

(COLBERT. — *Bibliothèque nationale. — Manuscrits. — Colbert et Seignelay*, tome IV.)

PARIS

IMPRIMERIE NATIONALE

M DCCC XLIX

Paris. — Mai 1849.

Lorsqu'au mois de décembre 1843 M. le rédacteur des *Annales maritimes* voulut bien donner un premier extrait du travail que nous publions aujourd'hui dans son ensemble, nous avons fait précéder cet extrait de la lettre suivante :

« Paris, le 31 décembre 1843.

« Monsieur le rédacteur, tout le monde se plaint, dans la « marine, de l'innombrable quantité de lois, arrêtés, règle- « ments, circulaires, etc., qui régissent depuis plus de deux « cents ans cette importante partie du service public, et tout « le monde, par suite, fait des vœux pour voir ramener à « l'unité, par ordre de matières, une législation aujourd'hui « confuse et, s'il faut le dire, presque indéchiffrable.

« J'ignore jusqu'à quel point de tels vœux sont réalisables; « mais, pour entrer du moins dans cette voie, il fallait d'a- « bord indiquer, par ordre chronologique et par chaque « branche distincte de service, les prescriptions législatives « et réglementaires disséminées et confondues, soit dans les « recueils généraux, soit dans les cartons du ministère.

« Ce premier travail, j'ai voulu le faire, et je ne désespère « pas de le terminer : c'est ainsi que, pour le *Personnel*, par « exemple, j'ai subdivisé mon répertoire en autant de titres « qu'il y a d'articles spéciaux dans le budget : *Administration*

« *centrale, Conseil d'amirauté, Préfectures maritimes, Officiers*
« *de vaisseau, Génie, Administration, etc., etc.*

« Tel est le plan que j'ai suivi. Malgré vingt ans de soins « et de recherches, je n'ai pas la prétention d'avoir tout mis « à découvert. J'ai fait de mon mieux. »

. . . .

Depuis la publication de cette lettre et de l'extrait qui l'accompagnait, nous avons poursuivi notre travail avec persévérance, et M. le ministre de la marine a bien voulu en autoriser l'impression.

On a vu, par la citation qui précède, le classement que nous avons adopté. Sans doute l'ordre chronologique, sans division de matières, présentant, pour l'enregistrement de tous les actes mentionnés par leur titre, une seule et même série, aurait pu paraître le plus simple. Il n'aurait cependant offert aux recherches aucune autre lumière que celle de la date, et, dans le cas où la date n'aurait pas été préalablement connue, l'investigateur, obligé de parcourir le recueil tout entier, aurait bien vite été conduit à regretter l'absence du classement par ordre de matières. Nous ne devions donc pas hésiter à établir cette division.

Mais à ce système s'attachait une autre difficulté. Nombre d'actes se rapportent à la fois à plusieurs parties du service, d'où résulte la nécessité de reproduire la même indication autant de fois qu'il y a de catégories intéressées. Quelque soin que nous ayons apporté à réduire au strict nécessaire des répétitions que nous aurions voulu éviter, notre regret, à cet égard, s'atténue par la conviction que le Répertoire y aura gagné en clarté et que l'usage en sera plus facile. Quant à ceux des actes, d'ailleurs en petit nombre, qui concernent ou le service tout entier, ou la pluralité des branches qui le composent, nous les avons classés sous le titre : *Organisation générale.*

En résumé, voici les principales subdivisions de notre Répertoire, dont les sous-titres sont développés à la table des matières :

1° Organisation générale :

Lois organiques de la marine;

2° Personnel :

Administration centrale.—Corps entretenus et Agents divers;

Corps organisés. — Armements. — Inscription maritime. — Caisse des invalides;

Services communs aux diverses branches du personnel;

3° Matériel :

Ouvriers. — Travaux et Approvisionnements;

4° Comptabilité :

Comptabilité financière.—Comptabilité des matières.

La mission que nous nous sommes donnée aujourd'hui se borne à constater les actes qui ont présidé à l'administration de la marine, aussi haut que nous avons pu remonter pour les recueillir. D'autres auront à rechercher entre ces actes ceux que le temps a respectés et ceux que les variations et les exigences du service ont abrogés, remplacés ou modifiés. Ce serait, pour la marine, une œuvre profitable que notre travail plus modeste devait devancer, et qu'il aura, nous l'espérons, pour effet de rendre moins difficile. C'est aussi dans ce but qu'indépendamment d'un certain nombre de notes de référence placées dans le texte même de l'ouvrage, nous avons fait précéder chacun des titres du Répertoire d'un exposé succinct, emprunté souvent aux législateurs et aux administrateurs qui ont produit les actes ou qui les ont le plus sagement appréciés et appliqués. Ce n'est que lorsque des documents de ce genre nous ont fait défaut, que nous avons cherché à combler nous-même des lacunes regrettables.

Qu'il nous soit permis de rappeler à cette occasion que ce ne sont ni de sages lois, ni de bons règlements, qui ont manqué à la marine: c'est la fermeté à les appliquer et la persévérance à les maintenir en pratique. Il y a longtemps que la remarque en a été faite pour la première fois. Le plus ancien des actes qui figurent en tête de notre titre *Organisation générale*, en montrant tout le fruit que l'on peut tirer de l'étude des anciens règlements de la marine, contient, à cet égard, un enseignement qui ne saurait être trop médité :

« Le Roy (est-il dit dans le préambule du règlement du « 14 juillet 1675, sur le devoir des officiers de marine), le « Roy, voyant depuis assez longtemps que les officiers généraux, capitaines et autres officiers de marine se dispensent « facilement de l'exécution ponctuelle de ses ordres, ce que « Sa Majesté a bien voulu dissimuler jusqu'à présent, estant « persuadée que lesdits officiers connoissant ses volontez par « les ordonnances et règlements qu'elle a faits de temps en « temps, dans toutes les occasions qu'elle a estimées nécessaires « et importantes au bien de son service, ils s'appliqueroient à « les exécuter ponctuellement. Mais voyant qu'en toutes rencontres ils se donnent la liberté de s'en départir, elle a résolu de leur faire connoistre ses volontez par le présent « règlement ainsi qu'il ensuit. »

. . . .

Ainsi, dès l'année 1675, on éprouvait le besoin de rappeler les divers corps de la marine à l'exécution de la règle. Ce besoin, il faut bien le dire, est encore le même aujourd'hui. Il n'était donc pas sans quelque intérêt, à ce point de vue même, de rechercher et de recueillir les actes nombreux qui se sont produits dans un intervalle de près de deux siècles.

Encore un mot avant de terminer. Dans l'œuvre de patience que je viens d'accomplir, j'ai souvent fait appel à l'obligeance de mes collaborateurs du ministère. C'est un devoir pour moi de les remercier de leur affectueux concours. Deux d'entre eux surtout, MM. Girette et Peragallo, me permettront de les nommer et de leur offrir ici l'expression de ma gratitude.

INDICATION DES ABRÉVIATIONS

CONTENUES

DANS LE PRÉSENT RÉPERTOIRE,

ET DES PRINCIPAUX OUVRAGES OU RECUEILS GÉNÉRAUX

AUXQUELS IL RENVOIE.

---

1. *Fontanon (Antoine).* — Édits et ordonnances des rois de France, depuis Louis VI dit le Gros jusques à présent, avec les vérifications, modifications et déclarations sur iceux, et de nouveau revus et augmentés de plusieurs belles ordonnances anciennes et nouvelles, par Gabriel Michel. — *Paris, 1611, 3 vol. in-fol.*

2. *Recueil d'édits, arrêts, etc.* — Ce recueil, qui embrasse toutes les parties de l'administration publique, se compose d'une foule de documents principalement relatifs à la marine, imprimés ou manuscrits, remontant à 1207 et se terminant à 1779. La bibliothèque du ministère possède cette précieuse collection, formant une série de 137 volumes in-4°.

3. *Recueil d'arrêts, d'édits, etc.* — Ce recueil, comme le précédent, est composé d'une série d'actes concernant en grande partie la marine et les colonies. Il comprend de 1771 à 1792, et forme une collection de 56 vol. in-4°, également déposée à la bibliothèque du ministère.

4. *Édits, Déclarations, etc.* — Édits, Déclarations, Règlements et Ordonnances du Roi, sur le fait de la marine, publiés par *Sébastien Mabre Cramoisy*, directeur de l'Imprimerie royale, *Paris, 1675, 1 volume in-4°.*

(Ce recueil intéressant contient toutes les ordonnances qui ont servi à former celle de 1689.)

5. *Code des Armées navales.* — C'est le recueil précédent, distribué par ordre de matières, et mis à la fin du dernier tome de l'Histoire générale de la marine, par *Boismêlé*, continuée par *Richebourg*, 3 vol. in-4°, qui ont paru successivement dans les années 1754, 1756 et 1758. On y trouve aussi l'ordonnance de 1689.

6. *Valin.* — Nouveau commentaire sur l'ordonnance de la marine, du mois d'août 1681; par *René-Josué Valin*, avocat et procureur du Roi au siège de l'amirauté de La Rochelle. *La Rochelle, 1766, 2 volumes in-4°.*

7. *Index des ordonnances de la marine.* — Ce document, qui forme 5 volumes, a pour titre, *Index des ordonnances particulières de la marine.* Il est manuscrit et

ne porte point de date. La table seule, formant 1 vol. in-4°, existe depuis peu à la bibliothèque du ministère.

8. *Archives de la marine.* — Catalogue des Arrêts, Édits, Ordonnances concernant la marine et les colonies, en 66 cahiers manuscrits. Les actes sont déposés aux Archives, et le catalogue se trouve à la bibliothèque du ministère.

9. *Walker.* — Collection complète, par ordre chronologique, des Lois, Édits, Traités de paix, Ordonnances, Déclarations et Règlements d'intérêt général, antérieurs à 1789, restés en vigueur; avec des renvois à la législation nouvelle, etc., par Walker, avocat à la cour royale de Paris, *Paris, 1835-1837, 5 vol. in-8°.*

10. *Pailliet.* — Manuel complémentaire des Codes français et de toutes les collections de lois, contenant les dispositions textuelles des Ordonnances, Édits, etc., etc..... antérieurs à 1789 et restés en vigueur, par J.-B.-J. Pailliet, juge au tribunal civil d'Orléans, *Paris, 1846, 1 vol. in-8°.*

11. *Code de l'Inscription maritime.* — Cet ouvrage se compose de 3 petits volumes in-18, imprimés, pendant les années VIII, IX et X de la République, par ordre du ministre de la marine, sous le titre : *Recueil des lois, arrêtés et instructions concernant l'inscription maritime.* Ce recueil ne remonte pas au delà de l'année 1790.

12. *Nouveau Code des prises.* — Nouveau Code des prises, de Lebeau, 3 vol. in-4°, Paris, an IX, de l'Imprimerie de la République.

13. *Recueil des lois de la marine.* — Recueil des lois relatives à la marine et aux colonies, publié par Lebeau, de 1789 à 1808 compris; Imprimerie de la République, an V à 1812, 19 vol. in-8°.

14. *Annales maritimes* (partie officielle qui fait suite au recueil précédent). — Annales maritimes et coloniales, recueil de lois et ordonnances royales, règlements et décisions ministériels, mémoires, observations et notices particulières, et généralement de tout ce qui peut intéresser la marine et les colonies, sous les rapports militaires, administratifs, judiciaires, nautiques, consulaires et commerciaux; par M. Bajot, commissaire de la marine, etc., et M. Poirré, sous chef de bureau au ministère. (Imprimerie royale.)

(Ce recueil comprend de 1809 à 1847 inclusivement.)

15. *Bulletin officiel de la marine.* — Ce recueil a remplacé la partie officielle des Annales maritimes. Il commence à l'année 1848. (Imprimerie nationale.)

TABLE DES MATIÈRES.

CORPS ORGANISÉS. — ARMEMENTS. — INSCRIPTION MARITIME. — CAISSE DES INVALIDES.

SERVICES COMMUNS AUX DIVERSES BRANCHES DU PERSONNEL.

MATÉRIEL.

OUVRIERS. — TRAVAUX ET APPROVISIONNEMENTS.

COMPTABILITÉ.

ANNEXES.

FIN DE LA TABLE DES MATIÈRES.

RÉPERTOIRE

GÉNÉRAL

DES LOIS, DÉCRETS,

ORDONNANCES, RÈGLEMENTS ET INSTRUCTIONS

SUR LA MARINE.

RÉPERTOIRE

GÉNÉRAL

DES LOIS, DÉCRETS,

ORDONNANCES, RÈGLEMENTS ET INSTRUCTIONS

SUR LA MARINE.

ORGANISATION GÉNÉRALE.

Les motifs qui ont déterminé le choix des actes classés sous ce premier titre ne demandent qu'une explication sommaire. Dans la suite de ce travail, au titre *Administration*, on trouvera une note plus étendue qui peut être également rapportée à l'*organisation générale* de la marine, la plupart des actes organiques de ce service concernant surtout l'administration proprement dite.

Si nous mettons hors de ligne les grandes ordonnances de 1681 et de 1689, où se trouvent, en réalité, toutes les institutions de la marine, et celles de 1765 et de 1776 qui sont aussi de véritables codes, il est à remarquer que les actes généraux, tout en intéressant l'ensemble des services, ont plus particulièrement en vue, soit le personnel, soit le matériel. C'est ainsi que l'ordondonnance de 1674 et celle de 1844 s'appliquent de préférence à l'administration des arsenaux.

Au contraire, l'ordonnance du 18 février 1772, que nous n'avons citée, au titre *Organisation générale,* que sous forme de note à l'appui de l'instruction royale du 14 juin de la même année, intéresse plus directement le personnel. Il en est de même, à un moindre degré, des règlements de l'an VIII et de l'ordonnance du 29 novembre 1815.

Nous n'aurions pas même eu à citer, sous ce premier titre, l'ordonnance de 1772 et l'instruction qui l'a suivie, si l'ordonnance de 1774 ne constatait, danss on préambule [1], l'influence fâcheuse que ces deux actes avaient exercée, en moins de deux années, sur toutes les parties du service.

Nous n'avons compris, sous le titre *Organisation générale,* ni les ordonnances de 1786, ni les décrets et arrêtés de 1791.—Bien que les actes de 1786, qui se com-

[1] « Sa Majesté s'étant fait rendre compte de la forme actuelle du ser- « vice dans ses ports et arsenaux de la marine et sur ses armées navales, « escadres et vaisseaux de guerre, des changements introduits dans la « constitution de ses officiers de vaisseau et des troupes attachées à sa « marine, de leur répartition et de celle de ses vaisseaux dans ses prin- « cipaux ports, et des ordonnances et règlements rendus depuis quel- « ques années sur le tout : s'étant fait rendre compte aussi des avis.... « elle aurait reconnu que, d'un côté, la forme actuelle ne peut sub- « sister par les difficultés qui s'y rencontrent, et que, de l'autre, il n'est « pas possible d'adopter la plupart des partis proposés sans un long et « mûr examen : considérant, en même temps, combien il importe de ra- « mener le service de ses ports et celui de ses armées navales à une exé- « cution plus facile, elle aurait résolu de rappeler provisoirement le « service de la marine à l'ordonnance du 25 mars 1765, laquelle, ayant « pour base les principes établis par celle du 15 avril 1689, renferme « aussi plusieurs dispositions particulières de divers règlements rendus « avant ladite ordonnance de 1765..... »

posent de treize ordonnances et onze règlements, aient été publiés en recueil, et que ceux de 1791 constituent de même une sorte de code général de la marine, nous avons cru devoir les classer, chacun sous le titre de la catégorie à laquelle il appartient plus spécialement. Il suffira, au point de vue d'ensemble, de les avoir mentionnés dans la présente note.

ORGANISATION GÉNÉRALE.

LOIS ORGANIQUES DE LA MARINE.

6 octobre 1674. — RÈGLEMENT pour la police générale des arsenaux de marine.

Édits, déclarations, etc. page 93. — *Code des armées navales*, page 42.

14 juillet 1675. — RÈGLEMENT sur le devoir des officiers de marine.

Édits, déclarations, etc. page 724. — *Code des armées navales*, page 113.

Août 1681. — ORDONNANCE de Louis XIV, touchant la marine[1].

Il en existe des éditions de tous les formats, moins l'in-folio, et toutes imprimées avec une correction remarquable. Valin, avocat, et procureur du Roi au siége de l'amirauté à La Rochelle, en a donné, vers le milieu du siècle dernier, un commentaire fort estimé et dont on s'aide beaucoup dans les affaires administratives et judiciaires qui concernent la marine. La préface est d'un homme qui avait longtemps médité son sujet, et elle donne sur les lois maritimes des notions aussi justes qu'étendues. Dans les deux volumes in-4° qui composent ce commentaire, on trouve beaucoup d'ordonnances rendues depuis 1681 jusqu'en 1760, époque de la première édition, qui a été suivie de trois autres en 1766, 1770 et 1776.

Les deux autres commentateurs de l'ordonnance de 1681, sont Merville ou Marville, 1 vol. in-4° et in-8°, 1713 et 1715, réimprimé en 1737,

[1] Les notes placées à la suite des ordonnances de 1681, 1689 et 1765, sont extraites de l'État général de la marine au 1er janvier 1847, pages 249 et 250.

Nous ajouterons que l'ordonnance de 1689, imprimée dans le *Code des armées navales*, page 207, se trouve, en outre, aux *Annales maritimes* de 1847, pages 91 et suivantes.

1749, 1756, et un avocat de Marseille que l'on croit être M. Jusseau, 2 vol. in-8°, 1780.

En 1809, M. Sanfourche-Laporte a donné un ouvrage de jurisprudence maritime, intitulé le *Nouveau Valin*, 1 vol. in-4°.

15 avril 1689. — ORDONNANCE du Roi, pour les armées navales et arsenaux de marine [1].

Les meilleures éditions sont in-4°, de l'année même de l'ordonnance. On y a mis une table des matières qui facilite les recherches, et qui manque aux autres éditions.

Quant au commentaire ou plutôt aux annotations de Richebourg, on les trouve à la fin du troisième volume de l'Histoire générale de la marine, en 3 vol. in-4°, qui ont paru successivement dans les années 1754, 1756 et 1758. Richebourg n'est que le continuateur de Boismêlé, premier auteur de l'ouvrage.

25 mars 1765. — ORDONNANCE du Roi concernant la marine.

Éditions in-8° et in-4°. Dans l'une, on trouve des analyses en marge de chaque article; dans l'autre, une table de matières à la fin du volume, ce qui est préférable. Le même volume renferme ordinairement les ordonnances séparées, mais de même date, concernant les officiers d'administration de la marine et les ingénieurs constructeurs.

Les ordonnances de 1772 et de 1774 n'ont qu'un seul format, l'in-4°, et sont peu étendues, parce qu'elles renvoient aux ordonnances précédentes.

14 juin 1772. — INSTRUCTION arrêtée par le Roi concernant le service à remplir dans les ports, en exécution de l'ordonnance du 18 février 1772 [2].

Archives de la marine.

8 novembre 1774. — ORDONNANCE du Roi pour régler provisoirement ce qui sera observé dans les différentes parties du service de la marine.

Recueil d'édits, arrêts, etc. tome CXVIII, page 241.

[1] Voir le titre *Administration et contrôle*, page 95.

[2] Ordonnance du 18 février 1772 portant création de huit régiments sous la dénomination de corps royal de marine. — Voir le titre *Officiers de vaisseau.*

27 septembre 1776. — ORDONNANCE du Roi concernant la régie et administration générale et particulière des ports et arsenaux de marine[1].

Recueil d'édits, arrêts, etc. tome CXXIII, page 92.—*Annales maritimes de 1823*, page 371.

7 floréal an VIII (27 avril 1800). — RÈGLEMENT sur l'organisation de la marine, précédé d'un rapport présenté par la section de la marine et des colonies du conseil d'État, sur les divers règlements de la marine.

Recueil des lois de la marine, tome X, pages 225 et 235.

7 thermidor an VIII. (26 juillet 1800). — ARRÊTÉ portant règlement sur l'organisation et le service général de la marine.

Recueil des lois de la marine, tome X, page 290.

29 novembre 1815. — ORDONNANCE concernant la régie et administration générale et particulière des ports et arsenaux de marine.

Annales maritimes de 1816, page 17.

31 octobre 1827. — ORDONNANCE sur le service à la mer.

Annales maritimes de 1827, tome II.

21 septembre 1831. — RÈGLEMENT général d'armement.

Imprimerie royale, 1 vol. 1831.

14 juin 1844. — RAPPORT et ordonnance concernant le service administratif de la marine.

Annales maritimes de 1844, pages 613 et 627.

[1] Suivie des ordonnances supplémentaires de même date. Cette ordonnance, qui était d'une excessive rareté, a été réimprimée en 1814 par M. Firmin Didot, avec tout le soin désirable. On y a joint un règlement dont on ne connaissait plus que deux exemplaires à Paris : c'est celui qui détermine le service des troupes d'infanterie à bord, et ce qui doit se pratiquer à l'égard des troupes passagères pour les colonies, ou employées à la garde des ports.

Elle est imprimée in-4° et in-12 très-correcte. Elle se trouve presque toujours annexée aux ordonnances de 1786.

(*Extrait de l'État général de la marine au 1er janvier 1847*, p. 250.)

PERSONNEL.

ADMINISTRATION CENTRALE.

CORPS ENTRETENUS ET AGENTS DIVERS.

ADMINISTRATION CENTRALE.

L'administration centrale de la marine ne date, à proprement parler, que de Colbert, qui, le premier, en 1669, eut en sa main la centralisation des affaires de la marine, précédemment départies à deux secrétaires d'État distincts, dont l'un avait la *marine de Levant* et la guerre, l'autre la *marine de Ponant* et les affaires étrangères. N'oublions pas la direction spéciale du commerce, détachée des affaires étrangères en 1669, en même temps que la marine de Ponant, en faveur de Colbert, déjà contrôleur général des finances, et dont la fusion dans le nouveau département de la marine en compléta si heureusement les larges et puissantes attributions.

L'organisation des bureaux conserva naturellement la trace de cet ancien partage, et l'on y vit figurer pendant longtemps, comme formant l'attribution d'autant de directions distinctes, la marine de Ponant, la marine de Levant et le commerce. Les *Fonds* constituaient aussi une direction à part. Les affaires capitales et la surveillance supérieure de tout le service étaient réservées à un fonctionnaire plus élevé, admis à travailler quelquefois directement avec le Roi, et qui était, sauf le titre, un véritable sous-secrétaire d'État.

Cependant cet ordre de choses se modifia graduellement : les marines de Ponant et de Levant furent réunies, en 1738, dans les attributions d'un même bureau, et la centralisation administrative se constitua désormais, surtout au point de vue de la nature des affaires à traiter. Le personnel d'épée et de plume, les classes, les ports et arsenaux, le commerce, les colonies, les fonds et invalides : telles furent, sauf quelques variations dans les détails, les subdivisions principales du département de la marine jusqu'en 1786, époque à laquelle le maréchal de Castries en fit une organisation nouvelle, remaniée, en 1788, par le comte de la Luzerne, et présentant le tableau suivant :

Secrétariat du ministre.

DIRECTION DES PORTS.

Ports,
Grâces et emplois militaires,
Discipline militaire et classes.

INTENDANCE GÉNÉRALE DES COLONIES.

Colonies,
Artillerie des colonies,
Affaires contentieuses.

INTENDANCE GÉNÉRALE DES FONDS.

Fonds,
Invalides et prises,
Approvisionnements et officiers d'administration.

ADMINISTRATION DES CONSULATS ET DES CLASSES.

Consulats,
Classes.

Sous la République et sous l'Empire, l'administration centrale de la marine fut successivement composée d'un nombre plus ou moins considérable de *divisions*.

Voici quelle était l'organisation du service à la fin de 1813 :

Secrétariat général,
Division du personnel,
——— des ports,
——— des approvisionnements,
——— des vivres et hôpitaux,
——— de l'artillerie,
——— des fonds,
——— des colonies,
——— des invalides.

Pendant les premières années qui suivirent la restauration, les organisations se succédèrent à des intervalles très-rapprochés. Sans nous arrêter aux deux ordonnances des 8 juin 1814 et 25 juillet 1815, nous devons parler de l'organisation de juillet 1817, qui fut l'œuvre de M. le maréchal Saint-Cyr, et qui forma quatre directions dans le ministère. Voici comment les attributions furent réparties.

L'ancienne division du personnel et celle des colonies devinrent alors des directions, sans autre changement que celui de leur titre; et les deux autres directions furent formées : l'une, la direction des ports et arsenaux, avec les anciennes divisions des ports, des approvisionnements et de l'artillerie; l'autre, la direction de comptabilité, avec les anciennes divisions des fonds et des invalides. Enfin le service des hôpitaux fut rattaché à la nouvelle direction des ports, et celui des vivres forma, peu de temps après, une administration spéciale. (Ordonnance du 13 décembre 1817.)

Dans son ensemble, l'organisation de M. le maréchal Saint-Cyr présentait quatre directions, dont trois vouées à l'action administrative et une chargée de la comptabilité générale, savoir :

Direction du personnel,
——— des ports et arsenaux,
——— des colonies,
——— des fonds et invalides.

Nous ne parlons pas ici du secrétariat général, dont la mission d'ordre intérieur est toujours à peu près demeurée la même dans tous les systèmes.

Ainsi, deux directions où se trouvait nettement établie la séparation, toujours demandée par les Chambres, du *personnel* et du *matériel;* puis, le service colonial, service distinct et tout à fait à part; enfin, une direction de comptabilité chargée de la centralisation des travaux relatifs au budget, et saisissant ensuite, dans les comptes, les résultats des faits accomplis : tel était l'ensemble du système.

Sauf quelques altérations de détail, cette organisation est restée la même jusqu'à la fin de l'année 1844 : elle a donc fonctionné pendant vingt-sept ans, à travers les modifications que recevaient de toutes parts les différentes institutions de la marine.

En 1844, le 27 décembre, une ordonnance, rendue en exécution de l'art. 7 de la loi du 24 juillet 1843[1], fit

[1] « Avant le 1er janvier 1845, l'organisation centrale de chaque mi-« nistère sera réglée par une ordonnance royale insérée au Bulletin des « lois; aucune modification ne pourra être apportée que dans la même « forme et avec la même publicité. »

subir à l'organisation de 1817 d'assez nombreuses modifications.

Ainsi, cette ordonnance partageait les bureaux en trois directions et quatre divisions, savoir :

Direction du personnel et des opérations maritimes,
——— des ports et arsenaux,
——— des colonies.

Division du secrétariat général,
——— de la comptabilité des fonds,
——— des invalides de la marine,
——— du contrôle central.

Voici quelques-uns des motifs principaux sur lesquels reposait l'ordonnance du 27 décembre 1844. On les retrouve dans les explications données aux commissions de finances des Chambres :

« Depuis vingt-sept ans que les services du *personnel,* « des *ports* et des *colonies* ont été érigés en directions, « ces services se sont considérablement étendus, et leur « importance actuelle indique suffisamment pourquoi on « ne les a pas fait descendre au rang de divisions.

« Quant aux divisions nouvellement rétablies ou créées, « quelques explications sont nécessaires.

« L'institution d'un sous-secrétaire d'État au département de la marine[1] a dû amener la suppression du titre « de secrétaire général. Les fonctions de cet emploi « ont été confiées à un chef de division, placé sous la « direction supérieure du sous-secrétaire d'État. Le « chef de la division centralise le travail de ses bureaux,

[1] Emploi créé par ordonnance royale du 10 août 1844.

« et sert d'intermédiaire entre eux et le sous-secrétaire « d'État.

« Le service des *fonds* et celui des *invalides* ont souvent « des intérêts contraires, et il ne peut en être autrement « puisque quelques-unes des recettes de ce dernier ser- « vice sont de véritables dépenses pour le trésor public. « On conçoit dès lors que la réunion des deux services « dans les mêmes mains pouvait présenter des inconvé- « nients, et il a fallu de puissants motifs d'économie ou « des considérations personnelles également graves pour « laisser exister aussi longtemps un état de choses qui « n'était pas conforme aux principes.

« En faisant cesser la réunion, le ministre est revenu « à une combinaison qui avait duré depuis l'origine de « la caisse des invalides de la marine, jusqu'en 1818. « Il résultera de la séparation des deux services, que « chaque intérêt aura un représentant dans les cas de « contact ou de conflit, et ce sera là un avantage incon- « testable pour la solution des questions mixtes. »

L'organisation de 1844 dura dix-huit mois et, le 22 juillet 1846, parut une nouvelle ordonnance.

Les principaux changements consistèrent alors :

D'une part, dans la création, sous le titre de *direction des services administratifs*, d'une direction nouvelle composée d'attributions détachées des deux anciennes directions du personnel et des ports et arsenaux;

D'autre part, dans la reconstitution, sous le titre de direction, des deux divisions de la comptabilité des fonds et du contrôle central.

Les motifs de ces changements sont expliqués dans

le rapport qui précède l'ordonnance. (*Moniteur* du 23 juillet 1846.)

Il y est dit, en ce qui concerne la création des services administratifs, que le service du matériel naval était classé tout entier et sans partage dans les attributions d'une seule direction, celle dite des *ports et arsenaux*; que cette concentration n'était plus en rapport avec les principes sur lesquels reposait l'organisation actuelle du service dans les ports et arsenaux de la marine, et que, de plus, soit que l'on considérât l'importance des objets à traiter, soit que l'on se préoccupât de la diversité et de la multiplicité de ces objets, on était conduit à reconnaître qu'il y avait là surcharge de travail pour une même direction.

En conséquence, le service des approvisionnements et celui des subsistances concoururent à former la direction nouvelle qui comprit, en outre, les services de la solde et de l'habillement, des hôpitaux et des chiourmes, services classés précédemment à la direction du personnel.

Un peu plus tard, la place de chef de la division du secrétariat général fut supprimée, et, lors de la révolution de février 1848, la comptabilité et le contrôle formèrent de nouveau deux divisions distinctes.

Voici quel était, à cette époque, l'ensemble de l'organisation centrale de la marine :

BUREAUX SPÉCIAUX.

Cabinet du ministre;
Bureau du secrétariat;
——— du service intérieur et des impressions;
——— du chiffre;
——— des archives.

DIRECTIONS.

Direction du personnel et des opérations maritimes;
——— des ports et arsenaux;
——— des services administratifs;
——— des colonies.

DIVISIONS.

Division de la comptabilité;
——— du contrôle central;
——— des invalides.

Ainsi, trois systèmes différents se trouvaient alors en présence: des *bureaux spéciaux*, des *directions* et des *divisions*.

Frappé d'un semblable état de choses, mais reconnaissant d'ailleurs que l'administration centrale de la marine ne pouvait être immédiatement l'objet d'un examen approfondi, M. Arago, que la marine s'honore d'avoir eu à sa tête dans ces jours difficiles, s'appliqua du moins à faire disparaître quelques-unes des anomalies de l'organisation alors en vigueur.

Ainsi, le titre uniforme de directeur fut donné aux différents chefs de service; le traitement de ces fonctionnaires fut ramené de 20,000 francs à 12,000 francs; les sous-directeurs furent supprimés, et le nombre des bureaux du secrétariat fut réduit de quatre à deux.

L'ensemble de ces mesures, réalisées par divers arrêtés du mois d'avril 1848, procura une première économie de 86,000 francs.

Un peu plus tard, sous le ministère de M. le vice-amiral Casy, un arrêté de la Commission du pouvoir exécutif, en date du 8 juin 1848, constitua de la manière suivante l'administration centrale :

Cabinet du ministre;
Direction du personnel militaire et des mouvements de la flotte;
——— des travaux;
——— des services administratifs;
——— des colonies;
——— du secrétariat général et de la comptabilité.

En vertu de cet acte, qui, du reste, ne modifiait que quelques détails de l'organisation précédente, les bureaux du secrétariat général furent rattachés à la direction de la comptabilité. Un arrêté du 9 avril avait déjà décidé que le contrôle central, dont les attributions restaient toutefois les mêmes, cesserait de former une division spéciale, et que les officiers du contrôle attachés à Paris, lesquels avaient toujours reçu leur traitement sur les fonds du service général, continueraient à être payés sur ce service. Quant à la division des invalides, dont les traitements sont acquittés sur les fonds de l'établissement, elle forma, comme précédemment, un service distinct.

A la suite de l'arrêté du 8 juin, une décision ministérielle du 19 du même mois prescrivit quelques réformes intérieures, dont le résultat, combiné avec les réductions opérées sur le traitement du ministre et sur celui du sous-secrétaire d'État, fut de procurer une nouvelle économie de 128,500 francs, qui, jointe à celle de 86,000 francs déjà réalisée par M. Arago, éleva au chiffre considérable de 214,500 francs l'ensemble des réductions obtenues : de telle manière, que le crédit total de l'administration centrale de la marine, qui figurait au budget de 1848 pour 962,750 francs, se trouva ramené à 748,250.

C'est pour ce dernier chiffre que l'administration centrale de la marine se trouve comprise dans le projet de budget de l'exercice 1849, actuellement soumis aux délibérations de l'Assemblée nationale.

Tels sont les faits. Nous ne les accompagnerons d'aucun commentaire. Notre but, en publiant le présent travail, n'est pas d'engager une controverse sur telle ou telle question spéciale, mais seulement de faciliter les recherches à ceux qui voudront étudier, dans leurs détails, les différentes branches du service de la marine.

ADMINISTRATION CENTRALE.

1699.—Règlement sur les fonctions de MM. les secrétaires d'État de la marine et des affaires étrangères.

Recueil d'édits, arrêts, etc. 1687 à 1699, page 347.

13 septembre 1699.— Règlement sur les attributions respectives du contrôleur général des finances et du secrétaire d'État ayant le département de la marine, pour raison de leurs fonctions dans l'administration du commerce.

Recueil d'édits, arrêts, etc. 1687 à 1699, page 363.

15 octobre 1707. — Règlement des attributs et fonctions de l'amiral et du secrétaire d'État ayant le département de la marine.

Archives de la marine.

Juin 1776. — Édit portant établissement, à Versailles, d'un dépôt des papiers publics des colonies[1].

Archives de la marine.

5 juin 1790. — Décret qui fixe provisoirement à 100,000 livres par an le traitement du ministre secrétaire d'État de la marine.

Recueil des lois de la marine, tome Ier, page 62.

5 janvier 1791. — Décret portant suppression du conseil de la marine et des places de directeurs et d'intendants des bureaux de la marine.

Recueil des lois de la marine, tome Ier, page 214.

[1] Voir l'ordonnance du 17 décembre 1823.

25 mai 1791. — DÉCRET relatif à l'organisation des ministères.
...Art. 11. Attributions du ministère de la marine.

Recueil des lois de la marine, tome Ier, page 402.

24 août 1791. — DÉCRET relatif à l'organisation des différents ministères.

Recueil des lois de la marine, tome II, page 278.

12 février 1792. — ORGANISATION des bureaux du département de la marine.

Recueil des lois de la marine, tome II, page 388.

14 février 1793. — DÉCRET sur l'organisation des bureaux du département de la marine.

Recueil des lois de la marine, tome III, page 320.

12 germinal an II (1er avril 1794). — DÉCRET qui supprime le conseil exécutif provisoire, et remplace le ministère par douze commissions.

Recueil des lois de la marine, tome IV, page 395.

3 fructidor an II (20 août 1794). — TABLEAU indicatif des attributions de la commission de la marine et des colonies, en exécution du décret du 12 germinal an II.

10 vendémiaire an IV (2 octobre 1795). — DÉCRET sur l'organisation des ministères, plaçant dans les attributions du ministère de la marine et des colonies la correspondance avec les consuls, pour tout ce qui est relatif à l'administration de la marine et des colonies.

Recueil des lois de la marine, tome VI, page 5.

15 nivôse an IV (5 janvier 1796). — ORGANISATION des bureaux du ministère de la marine et des colonies.

Journal militaire de l'an IV, 1er semestre, p. 345.

2 vendémiaire an VII (23 septembre 1798). — ARRÊTÉ qui partage les bureaux du ministère de la marine et des colonies en cinq divisions.

Recueil des lois de la marine, tome IX, page 1re.

5 vendémiaire an VII (26 septembre 1798). — ARRÊTÉ concernant l'ordre du travail dans les administrations publiques et la rétribution des employés.

Recueil des lois de la marine, tome IX, page 4.

27 nivôse an VII (16 janvier 1799). — ARRÊTÉ rattachant à la division des invalides le travail des pensions et secours sur le trésor public, précédemment classé à la division des fonds.

Recueil des lois de la marine, tome IX, page 136.

28 nivôse an VIII (18 janvier 1800). — ARRÊTÉ portant que les chefs des bureaux de comptabilité des ministères se rendront, le 9 de chaque décade, auprès du directeur du trésor public.

Recueil des lois de la marine, tome X, page 65.

13 fructidor an XIII (31 août 1805). — DÉCRET qui règle la compétence des ministres de l'intérieur, de la guerre et de la marine, relativement aux travaux à faire aux grandes routes, aux ponts, aux canaux de navigation, aux rades, etc.

Recueil des lois de la marine, tome XV, p. 257.

2 février et 4 mars 1808. — DÉCRETS sur les pensions de retraite des chefs et employés des départements de la guerre et de la marine [1].

24 mai 1814. — ORDONNANCE fixant à 150,000 francs le traitement du ministre de la marine, et à 40,000 francs les frais de premier établissement [2].

8 juin 1814. — DÉCISION royale relative à l'organisation des bureaux du ministère de la marine et des colonies.

Annales maritimes de 1809-1815, tome II, page 67.

25 juillet 1815. — ORDONNANCE portant organisation des bureaux

[1] Voir l'ordonnance du 31 décembre 1833.

[2] Voir les ordonnances des 11 octobre 1815, 30 novembre 1828, 21 août 1830, 23 janvier 1831 et 30 avril 1832, la loi du 31 janvier 1833 et le décret du 4 juillet 1848.

du ministère de la marine et des colonies, et révocation de l'ordonnance du 8 juin 1814.

Annales maritimes de 1809-1815, tome II, page 392.

11 octobre 1815. — ORDONNANCE réglant à 25,000 francs les frais de premier établissement du ministre [1].

30 décembre 1815. — ARRÊTÉ portant organisation des bureaux de la marine.

9 mai 1816. — ORDONNANCE portant que des sous-secrétaires d'État seront attachés aux ministres secrétaires d'État, lorsque ceux-ci le jugeront nécessaire au bien du service [2].

Bulletin des lois, 7e série, n° 85, page 699. — *Annales maritimes de 1844*, page 935.

Juillet 1817. — ORGANISATION de l'administration centrale du ministère de la marine et des colonies.

13 décembre 1817. — ORDONNANCE portant que le service des subsistances de la marine sera confié à un administrateur sous les ordres du ministre [3].

Annales maritimes de 1817, p. 475.

31 décembre 1817. — RÈGLEMENT organique pour l'administration des subsistances de la marine [4].

Annales maritimes de 1818, page 89.

31 décembre 1817. — RÈGLEMENT sur l'administration centrale de la marine.

17 août 1822. — ORDONNANCE concernant les indemnités temporaires à accorder aux employés réformés des ministères.

Annales maritimes de 1822, page 562.

31 juillet 1823. — DÉCISION ministérielle établissant un fonds

[1] Voir l'ordonnance du 23 janvier 1831.

[2] Voir les ordonnances des 26 novembre 1830 et 10 août 1844.

[3] Voir l'ordonnance du 13 décembre 1830.

[4] Voir *idem*.

commun pour les vacances survenant dans l'administration centrale de la marine[1].

17 décembre 1823. — ORDONNANCE qui prescrit aux anciens officiers publics de Saint-Domingue, résidant en France, de faire remise au département de la marine des minutes d'actes passés par eux dans cette colonie, et dont ils seraient détenteurs, et impose la même obligation aux notaires du royaume qui auraient reçu en dépôt de semblables actes.

Annales maritimes de 1823, page 663.

29 septembre 1824. — DÉCISION royale accordant un supplément de traitement de 9,000 francs à chacun des directeurs du personnel et des colonies.

19 octobre 1826. — DÉCISION ministérielle ramenant à la moitié du disponible par direction le fonds commun à répartir entre les diverses directions du ministère.

30 novembre 1828. — ORDONNANCE réglant à 120,000 francs par an le traitement des ministres.

21 décembre 1828. — ORDONNANCE portant qu'à dater du 1er janvier 1830 la direction, l'administration et la comptabilité de tous les services militaires, dans les colonies, ressortiront exclusivement au département de la marine et des colonies.

Annales maritimes de 1829, page 392.

13 février 1829. — DÉCISION ministérielle déclarant affranchi de la retenue de 3 p. 0/0 des invalides le traitement du ministre de la marine[2].

23 septembre 1829. — DÉCISION ministérielle portant suppression des places de sous-directeurs dans l'administration centrale,

[1] Voir, quant au mode de répartition des fonds disponibles par suite de vacances, les décisions des 19 octobre 1826, 2 juillet 1830, 19 août 1833 et 30 novembre 1835.

[2] Voir la décision du 25 juin 1847.

et allocation d'un supplément aux chefs de bureau appelés à suppléer les directeurs[1].

20 novembre 1829. — DÉCISION ministérielle concernant la création d'un chef de division à la direction des colonies.

30 décembre 1829. — ORDONNANCE portant que les directeurs du ministère de la marine pourront être appelés aux séances du conseil d'amirauté.

Annales maritimes de 1830, tome Ier, page 88.

2 juillet 1830. — DÉCISION ministérielle ordonnant qu'à l'avenir toutes les économies provenant des vacances dans l'administration centrale profiteront en entier au crédit spécial de la direction qui les aura faites.

21 août 1830. — ORDONNANCE réglant le traitement des ministres à 120,000 francs, et les frais de premier établissement à 25,000 francs[2].

Annales maritimes de 1831, page 20.

7 septembre 1830. — DÉCISION ministérielle concernant la création de chefs de division aux directions du personnel et des ports.

26 novembre 1830. — ORDONNANCE qui fixe à 30,000 francs le traitement des sous-secrétaires d'État.

Bulletin des lois, 9e série, n° 28, page 525.

13 décembre 1830. — ORDONNANCE qui supprime l'administration centrale des subsistances de la marine, et qui crée une cinquième direction du ministère de la marine, sous le titre de : Direction des subsistances.

Annales maritimes de 1830, tome II, page 721.

17 décembre 1830. — DÉCISION ministérielle supprimant l'in-

[1] Voir les décisions des 20 novembre 1829 et 7 septembre 1830.
[2] Voir l'ordonnance du 23 janvier 1831.

demnité précédemment accordée aux chefs et commis admis à la retraite[1].

31 décembre 1830. — Ordonnance réduisant, à compter du 1er janvier, le traitement des chefs de l'administration centrale.

23 janvier 1831. — Ordonnance réduisant de 120,000 francs à 100,000 francs le traitement ministériel, et fixant les frais de premier établissement à 12,000 francs.

18 février 1831. — Ordonnance réunissant les fonctions de secrétaire général du ministère de la marine à celles de secrétaire du conseil d'amirauté.

Annales maritimes de 1831, page 155.

30 avril 1832. — Ordonnance réduisant le traitement ministériel de 100,000 francs à 80,000 francs[2].

Annales maritimes de 1832, page 400.

30 avril 1832. — Ordonnance réduisant de 18,000 à 16,000 fr. le traitement du directeur des colonies.

31 janvier 1833. — Loi portant règlement définitif du budget de 1829. . . . .

ART. 11.

Aucune somme ne pourra être allouée aux ministres, à titre de frais de premier établissement, que par exception et en vertu d'une ordonnance nominative, rendue conformément aux dispositions de la loi du 25 mars 1817.

Bulletin des lois, 9e série, n° 83, page 3.

19 août 1833. — Décision ministérielle rétablissant, mais dans la proportion de deux mois d'appointements seulement, au lieu de trois, l'indemnité accordée aux chefs et commis admis à la retraite[3].

[1] Voir la décision du 19 août 1833.
[2] Voir le décret du 4 juillet 1848.
[3] Voir l'arrêté du 1er juillet 1845.

19 août 1833. — DÉCISION ministérielle rétablissant le fonds commun de l'administration centrale dans la proportion de la moitié du disponible, et arrêtant qu'à l'avenir aucune subdivision de bureau ne pourra être proposée au ministre avant d'avoir été discutée en conférence des directeurs.

31 décembre 1833. — ORDONNANCE qui élève de 3 à 5 centimes par franc la retenue à exercer sur les appointements des chefs et employés des bureaux de l'administration centrale de la marine. — Autres retenues à verser également à la caisse des invalides [1].

Annales maritimes de 1834, pages 73 et 75.

19 septembre 1835. — ARRÊTÉ ministériel déterminant le nombre et les attributions des bureaux de l'administration centrale, à partir du 1er janvier 1836.

Annales maritimes de 1835, page 975.

25 novembre 1835. — DÉCISION ministérielle établissant un fonds de gratifications pour les commis sur la portion de crédit devenue disponible par suite de vacances.

28 novembre 1835. — RÈGLEMENT ministériel sur l'administration centrale de la marine [2].

30 novembre 1835. — DÉCISION ministérielle. — Addition au règlement sur l'administration centrale de la marine. — Mode de répartition des fonds disponibles jusqu'à l'époque où toutes les directions auront atteint l'état normal établi par le règlement du 28 novembre 1835.

12 février 1836. — DÉCISION ministérielle sur l'application de l'ordonnance du 31 décembre 1833, en ce qui touche la retenue au profit de la caisse des invalides, dans les cas d'augmentation de traitement.

8 janvier 1838. — ARRÊTÉ ministériel réglant les attributions du

[1] Voir la décision du 12 février 1836.

[2] Voir la décision du 23 novembre 1841.

secrétariat général et des directions du ministère, divisés par bureaux.

Annales maritimes de 1838, page 248.

26 juin 1838. — Décision ministérielle concernant l'interprétation du règlement du 28 novembre 1835, à l'égard des chefs de bureau.

14 novembre 1839. — Règlement ministériel sur le service intérieur du ministère de la marine et des colonies.

24 décembre 1839. — Décision prononçant l'assimilation avec les employés de l'administration centrale de ceux attachés au dépôt et aux services généraux dépendant du ministère.

2 septembre 1840. — Circulaire faisant connaître la décision du 26 août 1840, portant création, à l'administration centrale de la marine, du bureau des *bâtiments à vapeur,* bureau placé dans les attributions de la direction des ports.

Annales maritimes de 1840, page 949.

28 décembre 1840. — Décision ministérielle réglant les attributions du secrétariat général et des directions du ministère, divisés par bureaux.

Annales maritimes de 1840, page 1326.

23 novembre 1841. — Décision additionnelle au règlement du 28 novembre 1835, sur l'organisation des bureaux du ministère. — Allocation d'un supplément de fonctions spéciales à un chef de bureau par direction, et dispositions diverses.

21 mars 1842 (*Personnel*). — Circulaire donnant avis de la création d'un bureau de la solde et de l'habillement à la direction du personnel.

Annales maritimes de 1842, page 434.

3 décembre 1842. — Décision ministérielle faisant passer le bureau des mouvements et de la correspondance générale, de la

direction des ports à celle du personnel, et réunissant en un seul bureau le bureau des officiers civils et celui de la solde.

24 juillet 1843.—Loi de finances. . . .

ART. 7.

Avant le 1er janvier 1845, l'organisation centrale de chaque ministère sera réglée par une ordonnance royale insérée au *Bulletin des lois;* aucune modification ne pourra être apportée que dans la même forme et avec la même publicité.

Bulletin des lois, 9e série, n° 1028, page 165.

21 septembre 1843. — Décision relative à l'organisation du cabinet particulier du ministre.

10 août 1844.—Ordonnance portant création d'un sous-secrétaire d'État au département de la marine et des colonies.

13 septembre 1844. —Arrêté ministériel concernant la division du travail dans l'administration centrale.

28 novembre 1844. —Décision royale remplaçant par deux divisions distinctes la direction de la comptabilité des fonds et des invalides.

27 décembre 1844.—Ordonnance portant organisation de l'administration centrale du ministère de la marine et des colonies, en exécution de la loi de finances du 24 juillet 1843.

Annales maritimes de 1844, page 1474.

28 décembre 1844. — Ordre de service pour les bureaux de l'administration centrale du ministère de la marine.

Annales maritimes de 1844, page 1640.

31 décembre 1844. — Arrêté qui règle les relations entre les diverses directions et divisions du ministère de la marine et des colonies et la division du contrôle central.

Annales maritimes de 1845, page 179.

1er juillet 1845. —Arrêté portant annulation de la décision ministérielle du 19 août 1833, qui accorde une gratification aux employés de l'administration centrale admis à la retraite.

28 juillet 1845. — DÉCISION portant que tout rapport relatif à une proposition de mise à la retraite devra être accompagné d'un relevé des services qui constate la situation de la personne intéressée, relativement à ses droits à la pension.

25 octobre 1845. — ARRÊTÉ pour l'exécution des articles 14 et 19 de l'ordonnance du 27 décembre 1844, portant organisation de l'administration centrale.

22 novembre 1845. — ARRÊTÉ faisant suite à celui du 31 décembre 1844, qui règle les relations entre les directions et le contrôle.

Annales maritimes de 1845, page 931.

31 décembre 1845. — ARRÊTÉ portant suppression des allocations en usage dans l'administration centrale : 1° pour frais de conduite aux eaux; 2° pour indemnité d'habillement de la garde nationale.

24 janvier 1846. — INSTRUCTION et programme pour l'examen des aspirants à l'emploi de commis titulaire de l'administration centrale de la marine et des colonies.

17 février 1846. — DÉCISION portant que le détail des remises dans les ports, classé au bureau de la comptabilité centrale, sera rattaché à celui des dépenses de France (division des fonds).

22 juillet 1846. — ORDONNANCE portant organisation de l'administration centrale du ministère de la marine.

Annales maritimes de 1846, pages 682 et 688.

26 février 1847. — ARRÊTÉ qui détermine les attributions du bureau de la comptabilité des matières et qui règle les relations de ce bureau avec le contrôle central, ainsi que celles de la direction de la comptabilité et du contrôle central avec les autres

directions du ministère de la marine, en tout ce qui touche à la comptabilité des matières.

Annales maritimes de 1847, page 308.

20 mars 1847. — Circulaire portant envoi de l'arrêté du 26 février 1847, relatif aux attributions de la direction de la comptabilité et du contrôle central.

Annales maritimes de 1847, page 307.

25 juin 1847. — Décision portant que, conformément à ce qui a eu lieu depuis 1829 à l'égard de tous les ministres de la marine qui n'appartenaient pas à l'un des corps de ce département, le traitement du ministre sera exonéré de la retenue de 3 p. o/o au profit de la caisse des invalides.

30 décembre 1847. — Ordonnance relative à l'administration centrale du ministère de la marine et des colonies.

Annales maritimes de 1847, page 1843.

28 février 1848. — Arrêté ministériel portant formation d'une commission pour procéder à la réorganisation de l'administration centrale.

Bulletin officiel de la marine, tome Ier, page 131.

28 février 1848. — Arrêté ministériel portant que la direction de la comptabilité et du contrôle central formera, comme précédemment, deux divisions distinctes.

Bulletin officiel de la marine, tome Ier, page 132.

28 février 1848. — Arrêté ministériel donnant aux chefs de service de l'administration centrale la délégation de la signature pour le ministre.

Bulletin officiel de la marine, tome Ier, page 132.

9 avril 1848. — Arrêté ministériel fixant le titre et le traitement des chefs de service de l'administration centrale et réorgani-

sant les bureaux du secrétariat. — Réduction du traitement des directeurs de 20,000 francs à 12,000 francs.

Bulletin officiel de la marine, tome Ier, page 175.

9 avril 1848. — ARRÊTÉ ministériel fixant le traitement des chefs, sous-chefs et commis des bureaux de l'administration centrale.

Bulletin officiel de la marine, tome Ier, page 176.

9 avril 1848. — ARRÊTÉ ministériel pour régler la constitution du contrôle central.

Bulletin officiel de la marine, tome Ier, page 177.

9 avril 1848. — DÉCISION du ministre concernant les emplois d'huissiers, de gardiens de bureau et autres agents du service intérieur du ministère de la marine et des colonies.

Bulletin officiel de la marine, tome Ier, page 177.

30 avril 1848. — ARRÊTÉ ministériel pour fixer les relations des services de l'administration centrale avec le contrôle central.

Bulletin officiel de la marine, tome Ier, page 211.

2 mai 1848. — DÉCRET du Gouvernement provisoire autorisant, du 25 février au 25 juillet 1848, la concession : 1° de pensions en faveur des fonctionnaires ou employés réformés ayant au moins vingt ans de services; 2° d'indemnités temporaires aux fonctionnaires et employés, réformés, ayant moins de vingt ans de services.

Bulletin officiel de la marine, tome Ier, page 217. — *Bulletin des lois*, 10e série, n° 34, page 360.

6 mai 1848. — DÉCISION portant qu'à l'avenir aucune proposition relative au personnel de l'administration centrale ne sera soumise au ministre sans être accompagnée d'une situation financière préalablement concertée avec la direction de la comptabilité, chargée de suivre et de centraliser les comptes d'emploi des crédits alloués au chapitre Ier, Administration centrale.

Bulletin officiel de la marine, tome II, page 307.

7 juin 1848. — ARRÊTÉ ministériel plaçant dans les attributions

du directeur de la comptabilité le bureau du secrétariat et des impressions et celui des archives.

8 juin 1848. — Arrêté de la Commission du pouvoir exécutif portant réorganisation de l'administration centrale de la marine et des colonies.

Bulletin officiel de la marine, tome Ier, page 283.

15 juin 1848. — Arrêté ministériel réglant le détail des attributions de chaque bureau de l'administration centrale de la marine et des colonies[1].

Bulletin officiel de la marine, tome Ier, page 293.

19 juin 1848. — Arrêté ministériel déterminant le nombre de chefs, sous-chefs et employés affectés aux différents services du ministère, y compris les officiers et employés détachés des ports.

4 juillet 1848. — Décret qui fixe à 10,000 francs par mois le traitement du président du conseil des ministres, et à 4,000 fr. par mois celui des ministres des différents départements. Ces traitements sont exonérés de la retenue proportionnelle fixée par le décret du 4 avril.

Bulletin des lois, 10e série, n° 48, page 7.

18 juillet 1848. — Arrêté ministériel sur la délivrance des feuilles de route.

25 juillet 1848. (Secrétariat et comptabilité.) — Circulaire portant que les pièces relatives au service doivent être transmises directement au ministre, ainsi que les communications entre les chefs de service et les directeurs de l'administration centrale et les inspecteurs généraux.

Bulletin officiel de la marine, tome II, page 42.

27 juillet 1848. — Arrêté qui modifie, en ce qui concerne les bureaux des travaux, de l'artillerie et des approvisionnements, la classification d'attributions déterminée par l'arrêté du 15 juin 1848, sur l'administration centrale de la marine.

Bulletin officiel de la marine, tome II, page 80.

[1] Voir les arrêtés des 27 juillet et 18 décembre 1848.

12 octobre 1848. — Arrêté ministériel fixant à 15,000 francs par an le traitement du secrétaire général de la marine.

18 décembre 1848. — Arrêté fixant les attributions respectives du bureau du secrétariat et du service intérieur et du bureau des archives et bibliothèques.

Bulletin officiel de la marine, tome II, page 565.

5 février 1849. (*Secrétariat et comptabilité.*) — Rapport suivi d'un arrêté ministériel pour instituer une commission chargée de proposer au ministre une solution des questions qui intéressent le classement et la conservation des archives de la marine[1].

Bulletin officiel de la marine, tome III, pages 65 et 68.

[1] La première formation du dépôt des archives de la marine appartient à Colbert. Elle date de 1680. Le dépôt établi à Saint-Germain-en-Laye, fut commis à Pierre Clairambault qui en resta chargé 60 ans, jusqu'à sa mort, en 1740.

Transférées en 1699 à Paris, dans un pavillon dépendant du couvent des Petits-Pères de la place de la Victoire, les archives furent portées en 1723 à Versailles, où elles restèrent déposées jusqu'en 1835.

A cette époque, elles ont été transportées dans l'hôtel des bureaux du ministère de la marine à Paris. Elles y sont encore aujourd'hui. Seulement les nécessités du service courant des bureaux ont conduit à restreindre successivement les locaux construits spécialement pour ce dépôt, dont la moitié a été confinée dans des combles. Un tel état de choses compromettait des papiers précieux pour les familles, pour l'administration et pour l'histoire. L'arrêté ministériel du 5 février 1849, a institué une commission en vue de procurer aux archives des garanties indispensables de conservation et de classement.

Les archives comprennent, indépendamment des papiers émanant des bureaux du ministère, un dépôt spécial créé par édit de 1776, le dépôt des doubles des actes de l'état civil, du notariat et des greffes des colonies. Elles ont compris également jusqu'en 1720, les cartes, plans et journaux de navigation qui en ont été séparés à cette époque, pour former le dépôt des cartes et plans de la marine.

DÉPÔT DES CARTES ET PLANS.

Les premiers essais pour réunir méthodiquement les cartes et plans de la marine remontent à Colbert. Ces documents si précieux pour le navigateur ont été conservés jusqu'en 1720, dans le dépôt d'archives formé par les ordres du grand ministre.

La science hydrographique était peu cultivée en France avant le XVIIIe siècle. Le seul recueil de cartes marines publié jusque-là dans notre pays est *le Neptune français,* qui parut en 1693.

La création du dépôt des cartes et plans, faite par ordonnance du 19 novembre 1720, devait donner naissance aux travaux du laborieux et modeste Bellin, dont les cartes ont formé le premier recueil connu sous le nom d'*Hydrographie française,* qui, composé longtemps de deux volumes, s'est successivement développé et comprend aujourd'hui plus de onze cents cartes.

La reconnaissance hydrographique des côtes de France, entreprise et poursuivie, pendant près de trente ans, par le corps des ingénieurs hydrographes, sous la direction du savant M. Beautemps-Beaupré, a contribué, jusque dans ces derniers temps, à étendre la réputation du dépôt des cartes et plans de la marine.

En 1792, cet établissement avait été confondu avec

le dépôt de la guerre. Rétabli en 1795, et presque constamment dirigé depuis lors par des officiers généraux de la marine, il est devenu le centre d'action du corps des ingénieurs hydrographes, qui reçut en 1814, une nouvelle organisation, et dont les membres associés aux campagnes des officiers de vaisseau rapportent au dépôt les résultats des recherches accomplies pendant la navigation.

L'article 11 de l'arrêté du 15 septembre 1848 détermine, ainsi qu'il suit, les attributions du corps des ingénieurs hydrographes :

« Le corps des ingénieurs hydrographes a, dans ses « attributions, les reconnaissances hydrographiques, le « levé et la construction des cartes marines, le dépouil- « lement de ces documents nautiques et scientifiques « recueillis par le dépôt, la rédaction des instructions ou « avis à l'usage des navigateurs, la publication des ou- « vrages scientifiques entrepris par le département de « la marine, enfin, les observations de marées, du ré- « gime des eaux et des phénomènes magnétiques et « météorologiques utiles à la navigation. »

DÉPÔT DES CARTES ET PLANS.

ADMINISTRATION. — INGÉNIEURS-HYDROGRAPHES.

19 novembre 1720. — DÉCISION du Roi portant création à Paris d'un dépôt pour la conservation et la garde des cartes, plans, journaux, mémoires, etc., concernant la navigation, sous l'administration et la surveillance d'un officier de vaisseau.

Archives de la marine.

10 juin 1786. — ARRÊT concernant la publication des cartes géographiques.

Recueil d'arrêts, d'édits, etc., tome IX. — 1786.

1er brumaire an IX (23 octobre 1800). — ARRÊTÉ concernant le traitement de l'officier général chargé du dépôt des cartes et plans.

Recueil des lois de la marine, tome X, page 530.

19 pluviôse an IX (8 février 1801). — ARRÊTÉ concernant le supplément de l'officier chargé du dépôt des cartes et plans.

12 pluviôse an XII (2 février 1804). — DÉCISION ministérielle qui fixe les classes dans lesquelles sont rangés les ingénieurs hydrographes et les dessinateurs attachés au dépôt de la marine.

6 juin 1814. — ORDONNANCE concernant l'organisation du dépôt de la marine.

Annales maritimes de 1809-1815, tome II, page 63.

20 janvier 1819. — DÉCISION royale relative à l'organisation du dépôt de la marine.

17 janvier 1821. — Décision royale relative à l'organisation du dépôt de la marine.

6 octobre 1824. — Décision royale portant une nouvelle répartition de classes dans le corps des ingénieurs hydrographes.

Annales maritimes de 1824, page 569.

20 décembre 1826. — Décision royale ordonnant que la dépense du dépôt des cartes et plans de la marine sera imputée sur les fonds du chapitre II, Solde, à compter du 1er janvier 1827.

31 décembre 1826. — Décision royale fixant le traitement du directeur général du dépôt des cartes et plans de la marine.

25 novembre 1829. — Ordonnance réglant le traitement du directeur général du dépôt des cartes et plans de la marine.

13 janvier 1830. — Décision ministérielle réglant le traitement du chef et des employés de la section historique du dépôt des cartes et plans de la marine.

2 juin 1830. — Ordonnance accordant au corps des ingénieurs hydrographes le titre de corps royal, et réglant les conditions d'admission dans ce corps.

Annales maritimes de 1830, tome Ier, page 284.

30 novembre 1830. — Décision ministérielle nommant un directeur-adjoint du dépôt des cartes et plans.

31 décembre 1830. — Ordonnance royale réduisant de 24,000 fr. à 20,000 francs le traitement du directeur général du dépôt.

30 avril 1832. — Ordonnance réglant pour 1832 le traitement des directeurs du dépôt des cartes et plans de la marine.

28 janvier 1844. — Ordonnance qui règle la composition du corps royal des ingénieurs hydrographes. — Rapport qui précède l'ordonnance.

Annales maritimes de 1844, page 45.

31 décembre 1847. — Arrêté ministériel concernant le person-

nel administratif et le service du dépôt des cartes et plans de la marine.

Bulletin officiel de la marine, tome Ier, page 110.

15 septembre 1848. — RAPPORT et arrêté modifiant le régime intérieur du dépôt de la marine et la composition du corps des ingénieurs hydrographes.

Bulletin officiel de la marine, tome II, page 199.

17 novembre 1848. — ARRÊTÉ qui concède un logement dans les bâtiments du dépôt de la marine au garde-magasin du dépôt.

Bulletin officiel de la marine, tome II, page 448.

CONSEILS ET COMITÉS.

« Lorsque la marine fut confiée en 1669 à Colbert, « déjà chargé des finances avec le titre de contrôleur gé- « néral, il existait, pour les affaires maritimes, un conseil « dont l'origine remontait à l'année 1626, sous le minis- « tère du cardinal de Richelieu. Colbert maintint ce con- « seil, alors composé de conseillers d'État, de maîtres des « requêtes et de commissaires généraux de la marine. En « 1715, après la mort de Louis XIV, chacun des dépar- « tements ministériels ayant été administré par des conseils « spéciaux, le conseil dirigeant de la marine, dont M. le « comte de Toulouse, amiral de France, était chef, fut « composé de 9 membres, savoir : 4 officiers généraux « de la marine, 3 intendants de la marine, 1 maître des « requêtes, rapporteur des prises, et 1 commissaire gé- « néral de la marine, secrétaire du conseil. Cette admi- « nistration sous forme collective ayant pris fin pour la « marine en 1723, il y fut rétabli un secrétaire d'État, « et, dans la suite, le conseil de marine institué près du « ministre, à titre consultatif, varia quant au nombre et « à la composition. En 1789, ce conseil était composé « de 12 membres, savoir : 3 officiers généraux, 3 capi- « taines de vaisseau, 1 inspecteur des constructions na- « vales, 5 administrateurs de la marine, directeurs au

« ministère. L'institution disparut après 1791. En l'an VIII « (1800), Napoléon, alors premier consul, inclinait per- « sonnellement à la rétablir, comme l'indique le rapport « du mois de floréal.

« Toutefois, il ne mit cette pensée à exécution qu'en « l'année 1810, époque à laquelle il forma de nouveau, « près du ministre de la marine, un conseil composé de « 5 personnes, savoir : 1 officier général de la marine, « 3 administrateurs de la marine et 1 jeune chef d'admi- « nistration d'une haute capacité, remplissant les fonc- « tions de secrétaire. Après la restauration, en 1814, « ce conseil de marine fut supprimé.

« Au mois d'août 1824, création d'un nouveau conseil « consultatif, sous le titre de *conseil d'amirauté*. Il est d'a- « bord composé de 3 officiers généraux et de 2 adminis- « trateurs de la marine. En 1827, le nombre des offi- « ciers généraux est porté à 5. Le 30 décembre 1829, « une ordonnance royale admet les directeurs à concourir « éventuellement aux travaux du conseil avec voix délibé- « rative.

« En 1830 et 1831, à la suite de plusieurs ordon- « nances, le conseil se trouve composé de 9 membres « titulaires, savoir : 5 officiers généraux, 1 officier supé- « rieur du service des constructions navales, 3 directeurs « du ministère, dont 2 appartenaient au corps adminis- « tratif. Ces deux derniers, après leur décès survenu en « 1833 et 1837, ne sont pas remplacés dans le conseil. »

(*Extrait du budget de 1840, p. 14.*)

La composition et les attributions du conseil d'amirauté ont été réglées, en dernier lieu, par un arrêté du Gouvernement provisoire en date du 3 mai 1848.

Le *conseil des travaux*, que nous avons également rangé sous le présent titre, a été créé en février 1831. — Il réunit les attributions des anciens conseils des travaux maritimes (18 pluviôse an VIII) et des constructions navales (29 mars 1811).

Les *inspections générales* des divers services de la marine (*troupes, — génie maritime, — travaux hydrauliques, — service de santé*), pourraient être considérées aussi comme des conseils placés auprès du ministre; nous n'avons cependant pas cru devoir les classer ici : on trouvera les actes qui les concernent à chacun des titres des corps spéciaux que nous venons d'indiquer.

CONSEILS ET COMITÉS.

CONSEILS DE MARINE. — CONSEIL D'AMIRAUTÉ. — CONSEILS DE TRAVAUX.

22 mars 1671. — Règlement établissant dans les ports un conseil de construction des vaisseaux.

Édits, déclarations, etc. page 47. — *Code des armées navales*, page 25.

21 septembre 1676. — Règlement pour l'assemblée de marine.

Code des armées navales, page 6.

3 novembre 1751. — Ordonnance servant de règlement pour le conseil de marine.

Recueil d'édits, arrêts, etc. tome Ier, page 139.

11 juillet 1716. — Ordonnance servant de règlement pour le conseil de marine.

Recueil d'édits, arrêts, etc. tome III, page 44.

31 août 1720. — Ordonnance servant de règlement pour le conseil de marine.

Recueil d'édits, arrêts, etc. tome XII, page 231.

19 mars 1788. — Règlement portant établissement d'un conseil d'administration du département de la marine, sous le titre de conseil de marine.

Archives de la marine.

5 janvier 1791. — Décret portant suppression du conseil de la marine et des places de directeurs et d'intendants des bureaux de la marine.

Recueil des lois de la marine, tome Ier, page 214.

18 pluviôse an VIII (7 février 1800). — DÉCRET portant organisation d'un conseil de travaux maritimes, chargé d'examiner tous les projets relatifs aux constructions hydrauliques et bâtiments civils [1].

Recueil des lois de la marine, tome X, page 77.

24 juillet 1810. — DÉCRET relatif à la création et aux attributions d'un conseil de marine, siégeant à Paris [2].

Journal militaire de 1810, 2e semestre, page 362. — *Annales maritimes de 1809 à 1815*, tome Ier, page 108.

31 août 1810. — DÉCRET concernant le traitement des membres du conseil de marine.

Annales maritimes de 1809 à 1815, tome Ier, page 112.

29 mars 1811. — DÉCRET qui établit un conseil des constructions navales, chargé d'examiner tous les projets relatifs à la construction et à l'armement des bâtiments de guerre [3].

Annales maritimes de 1809 à 1815, tome Ier, page 159.

22 décembre 1812. — DÉCRET concernant l'organisation et le service de la commission mixte des travaux publics [4].

Annales maritimes de 1809 à 1815, tome Ier, page 228.

5 mai 1814. — ORDONNANCE portant suppression du conseil de marine, établi près le ministre de ce département.

Annales maritimes de 1809 à 1815, tome II, page 19.

[1] Supprimé par l'article 8 de l'ordonnance du 21 mai 1814, sur la dénomination des officiers chargés de la surveillance de la direction des travaux maritimes. — Rétabli par ordonnance du 19 février 1831, portant création d'un conseil des travaux de la marine.

[2] Supprimé par ordonnance du 5 mai 1814.

[3] Voir la décision royale du 18 mai 1814, la décision ministérielle du 26 janvier 1824 et l'ordonnance du 19 février 1831.

[4] La commission mixte des travaux publics, créée par les décrets des 20 février et 20 juin 1810, a été organisée par le décret du 22 décembre 1812, modifié par les ordonnances des 27 février 1815, 18 septembre 1816, 28 décembre 1828 et 31 juillet 1841.

18 mai 1814.—DÉCISION royale qui supprime le conseil des constructions navales, maintient la place d'inspecteur général et crée un inspecteur général adjoint.

Annales maritimes de 1809 à 1815, tome II, page 25.

26 janvier 1824.—DÉCISION ministérielle créant une commission consultative des travaux de la marine, chargée des attributions précédemment confiées aux conseils des constructions navales et des travaux hydrauliques, supprimés en 1814.

4 août 1824.—ORDONNANCE créant un conseil d'amirauté.

Annales maritimes de 1824, page 430.

6 octobre 1824.—ORDONNANCE fixant le traitement des membres du conseil d'amirauté.

28 octobre 1824. —DÉCISION ministérielle fixant le traitement des commis et de l'huissier attachés au secrétariat du conseil d'amirauté.

7 janvier 1827. — ORDONNANCE qui augmente le nombre des membres du conseil d'amirauté.

Annales maritimes de 1827, tome Ier, page 5.

18 novembre 1827.—ORDONNANCE portant établissement d'un conseil nautique, dans chacun des ports, chefs-lieux d'arrondissement maritime, et déterminant les fonctions de ce conseil.

Annales maritimes de 1828, page 5.

30 novembre 1828.—ORDONNANCE fixant le traitement des membres du conseil d'amirauté.

6 décembre 1829. — DÉCISION royale réglant, pour 1830 et 1831, le traitement des membres du conseil d'amirauté.

30 décembre 1829. — ORDONNANCE portant que les directeurs du ministère de la marine pourront être appelés aux séances du conseil d'amirauté.

Annales maritimes de 1830, tome Ier, page 88.

24 mai 1830. — DÉCISION ministérielle réglant le traitement de congé des membres du conseil d'amirauté.

15 juin 1830. — DÉCISION ministérielle fixant à deux mois les vacances du conseil d'amirauté.

26 août 1830. — ORDONNANCE concernant la nouvelle composition du conseil d'amirauté.

Annales maritimes de 1830, tome II, page 175.

18 septembre 1830. — DÉCISION ministérielle réglant le traitement des nouveaux membres du conseil d'amirauté.

31 décembre 1830. — ORDONNANCE réglant, à compter du 1er janvier 1831, le traitement des membres du conseil d'amirauté.

18 février 1831. — ORDONNANCE réunissant les fonctions de secrétaire général du ministère de la marine à celles de secrétaire du conseil d'amirauté.

Annales maritimes de 1831, page 155.

19 février 1831. — ORDONNANCE portant création d'un conseil des travaux de la marine [1].

Annales maritimes de 1831, page 151.

30 avril 1832. — ORDONNANCE réglant, pour 1832, le traitement des membres du conseil d'amirauté.

17 juin 1841. — LOI sur l'organisation de l'état-major général de l'armée navale. — Art. 4, § 2. Les officiers généraux appelés à siéger au conseil d'amirauté, sont choisis parmi ceux faisant partie de la première section de l'armée navale.

Annales maritimes de 1841, page 738.

[1] Ce conseil réunit les attributions des anciens conseils des *travaux maritimes* (18 pluviôse an VIII) et des *constructions navales* (29 mars 1811). — Voir l'ordonnance du 17 décembre 1845, le règlement du 25 janvier 1847 et l'arrêté du 30 avril 1848.

7 février 1842. — ORDONNANCE portant que les fonctions de secrétaire du conseil des travaux de la marine seront remplies, désormais, par un sous-ingénieur des constructions navales.

Annales maritimes de 1842, page 399.

17 décembre 1845. — ORDONNANCE relative à la composition du conseil des travaux de la marine.

Annales maritimes de 1845, page 1071.

25 janvier 1847. — RÈGLEMENT relatif à l'ordre des délibérations du conseil des travaux de la marine.

Annales maritimes de 1847, page 23.

30 avril 1848. — ARRÊTÉ ministériel portant suppression du supplément de fonctions alloué au président du conseil des travaux.

Bulletin officiel de la marine, tome Ier, page 240.

30 avril 1848. — ARRÊTÉ ministériel portant fixation du traitement des membres du conseil d'amirauté.

Bulletin officiel de la marine, tome Ier, page 240.

3 mai 1848. — ARRÊTÉ du Gouvernement provisoire concernant la composition et les attributions du conseil d'amirauté.

Bulletin des lois, 10e série, n° 34, page 383. — *Bulletin officiel de la marine*, tome Ier, page 219.

25 mai 1848. — ARRÊTÉ ministériel pour l'exécution de l'arrêté du Gouvernement provisoire du 3 mai 1848, concernant la composition et les attributions du conseil d'amirauté.

Bulletin officiel de la marine, tome Ier, page 257.

30 septembre 1848. — ARRÊTÉ relatif à la formation, par le conseil d'amirauté, d'un tableau d'avancement et de commandement, pour les officiers de marine.

Bulletin officiel de la marine, tome II, p. 251.

PRÉFECTURES MARITIMES.

Le système des préfectures maritimes, créé par l'arrêté consulaire du 7 floréal an VIII (27 avril 1800), abandonné en conformité d'une ordonnance du 29 novembre 1815, a été rétabli par ordonnance du 27 décembre 1826.

On lit, à cette occasion, dans le rapport au Roi sur le budget de 1828 (page 8) :

« Le rétablissement des préfectures maritimes est la « première des dispositions sur laquelle je fixerai l'at« tention de Votre Majesté.

« D'après les rapports que j'ai eu l'honneur de mettre « sous ses yeux, elle a reconnu que la division des pou« voirs, qui faisait la base du système d'administration « des ports du royaume, n'avait pas présenté les avan« tages qu'on avait cru devoir en attendre, et que la « double action exercée par les commandants et les in« tendants de la marine donnait lieu à des complications « de formes préjudiciables au service.

« Il y avait donc nécessité de revenir à une institution « éprouvée pendant une période de plus de seize années, « à une époque où les armements étaient très-considé« rables, qui n'avait produit que des résultats satisfai-

« sants, et que, depuis, le vœu général, manifesté même « dans les Chambres, avait appelée.

« Ce vœu a été consacré par l'ordonnance du 27 dé- « cembre dernier. »

PRÉFECTURES MARITIMES.

7 floréal an VIII (27 avril 1800). — RÈGLEMENT sur l'organisation de la marine.

. . . .

Titre II. *Service des ports et arsenaux.*—Section 1re. *Des Préfets maritimes et de leurs fonctions*[1].

Recueil des lois de la marine, tome X, page 235.

7 thermidor an VIII (26 juillet 1800). — ARRÊTÉ portant règlement sur l'organisation et le service général de la marine. — Section 1re. *Des Préfets maritimes.*

Recueil des lois de la marine, tome X, page 290.

27 décembre 1826. — ORDONNANCE portant rétablissement des préfectures maritimes dans les cinq grands ports militaires du royaume.

Annales maritimes de 1827, tome Ier, page 1.

28 janvier 1827. — ORDONNANCE réglant le traitement des préfets maritimes.

9 février 1827. — DÉCISION royale accordant des frais de déplacement aux préfets maritimes.

10 février 1827. (*Personnel.*) — DÉPÊCHE portant, qu'en cas

[1] Voir, page 225 du Recueil des lois de la marine, le rapport présenté par la section de la marine et des colonies du conseil d'État sur les divers règlements de la marine.

Voir, en outre, les mémoires de P. L. Boursaint sur l'organisation du service des ports. (*Écrits divers*, pages 117 et 219.)

d'absence du préfet maritime, ses fonctions seront dévolues au major général.

17 décembre 1828. — ORDONNANCE sur le service des ports.

. . . .

Titre III. *Du Préfet maritime.*

Annales maritimes de 1829, page 1.

25 juin 1829. — DÉCISION royale sur les frais de déplacement des préfets maritimes.

27 novembre 1830. — DÉCISION royale qui fixe l'indemnité accordée aux officiers appelés aux fonctions de préfets maritimes.

Annales maritimes de 1831, page 129.

31 décembre 1830. — ORDONNANCE réglant le traitement et les frais de représentation des préfets maritimes.

Annales maritimes de 1831, page 18.

16 septembre 1841. — DÉCISION royale accordant un supplément spécial de 10,000 francs par an au préfet maritime à Toulon.

25 mars 1843. — ORDONNANCE réglant à 25,000 francs par an, à dater du 1er janvier 1843, le traitement du préfet maritime de Rochefort. (Appointements, 18,000 francs; supplément, 7,000 francs.)[1]

14 juin 1844. — ORDONNANCE concernant le service administratif de la marine.

. . . .

Titre III. — *Du Préfet maritime.*

Annales maritimes de 1844, page 627.

30 avril 1848. — ARRÊTÉ ministériel portant réduction des suppléments de fonctions des préfets maritimes.

Bulletin officiel de la marine, tome Ier, page 229.

[1] Ce traitement avait été réduit à 20,000 francs en 1836.

OFFICIERS DE VAISSEAU.

C'est à Louis XIV qu'il faut faire remonter la première organisation systématique des armées navales. On trouve bien, dans les chroniques qui servent de fondement à l'histoire nationale, qu'en 1327 Pierre le Mègue occupe, le premier, la charge d'amiral de France érigée en office par le roi Charles IV. On possède bien d'anciennes ordonnances remontant à 1517, pour régler le pouvoir et les droits de l'amiral; mais ce n'est que pendant le règne de Louis XIII qu'on voit se dessiner, sous la main du cardinal de Richelieu, le premier plan d'une centralisation des forces maritimes de la France, centralisation qu'il était réservé à Colbert de réaliser et qui fut l'une des gloires de la monarchie de Louis XIV.

« En 1626 (dit le père Fournier[1]), le Roi supprima les « charges d'amiral et de vice-amiral, les gages et appoin- « tements d'icelles, et créa, en titre d'office formé, la « charge de grand-maître chef et surintendant général de « la navigation et commerce de France, et la donna à « M. le cardinal de Richelieu. »

Rétablie en 1669, sous Louis XIV, et exercée alors par un prince du sang, la charge d'amiral de France,

[1] Hydrographie, pages 345 et suivantes.

supprimée en 1791 [1], devait reparaître un moment en 1814, au profit d'un prince de la famille royale, le duc d'Angoulême, et être ensuite définitivement supprimée.

L'ordonnance pour les armées navales et arsenaux de marine, préparée par Colbert, reçut, en 1689, le contre-seing de Seignelai, digne continuateur de l'œuvre de son père. Le plus bel éloge qu'on puisse faire de cette organisation qui, de même que l'ordonnance de 1681, sur la marine du commerce, fut universellement adoptée par les puissances maritimes, c'est de constater qu'elle demeura en vigueur, sans modification pendant près de quatre-vingts ans.

L'ordonnance de 1765, qui entra la première dans la voie de la distinction entre le pouvoir civil et le pouvoir militaire, ne fut, quant à l'organisation de la flotte que la reproduction de celle de 1689.

Cette belle organisation, troublée momentanément par l'ordonnance de 1772 (qu'un mot fera juger : elle partageait le corps de la marine en huit régiments), fut restaurée, au moins quant au service militaire, par l'ordonnance de 1776, sous le régime de laquelle, malgré ses imperfections au point de vue administratif, s'accomplirent les luttes maritimes pour l'indépendance américaine. Les ordonnances de 1786, empreintes à quelque degré de l'esprit qui avait prévalu en 1772, laissèrent subsister cependant les institutions essentielles à la marine, institutions qui se sont perpétuées à travers les actes nombreux, lois, décrets, ordonnances et arrêtés

[1] Décret du 22 avril-15 mai.

par lesquels a été successivement réglée, de 1791 à 1848, l'organisation du personnel militaire.

La loi du 3 brumaire an IV, composait le cadre des officiers de vaisseau, de vice-amiraux, contre-amiraux, chefs de division navale, capitaines de vaisseau, capitaines de frégate, lieutenants et enseignes de vaisseau.

La loi organique du 29 avril 1791 (sanctionnée le 15 mai)[1], avait créé à la tête de l'armée navale une dignité correspondante à celle de maréchal de France dans l'armée de terre. Cette dignité ne fut pas conservée par la loi de brumaire an IV. Elle n'a été rétablie que beaucoup plus tard par l'ordonnance du 1er mars 1831. Elle a été maintenue depuis.

A dater d'un arrêté du 29 thermidor an VIII, le titre de chef de division a cessé d'être attaché à un grade.

L'ordonnance du 1er mars 1831 a introduit le grade de capitaine de corvette, immédiatement après celui de capitaine de frégate, lequel, supprimé par l'ordonnance du 29 décembre 1836, a été rétabli, en dernier lieu, par le décret du gouvernement provisoire du 3 mai 1848.

Le cadre des officiers de vaisseau a eu, quant à l'effectif, de nombreuses variations. Il comprenait, d'après la loi organique de 1791, 1,210 officiers de tous grades. L'effectif le plus bas a été fixé par une ordonnance du 22 octobre 1817, à 858. Il n'a cessé de s'élever progressivement depuis lors jusqu'au chiffre de 1,572 qu'il présente aujourd'hui.

Dans ce rapide exposé, nous n'avons pas parlé des

[1] Recueil des lois de la marine, tome Ier, page 419.

amirautés, supprimées en 1791. Elles constituaient un ordre de juridiction connaissant exclusivement de toutes matières relatives à la marine militaire et à la navigation. A l'origine de l'institution, elles se rattachaient à la charge d'amiral de France. Elles n'ont jamais eu aucune connexité avec la dignité d'amiral telle qu'elle existe aujourd'hui. C'est, au surplus, sous le titre *Inscription maritime* que nous avons classé les actes concernant cette ancienne institution, qui n'a plus désormais qu'un intérêt historique.

OFFICIERS DE VAISSEAU.

ORGANISATIONS. — CADRES. — SERVICE À TERRE.

Février 1543. — ÉDIT de François Ier portant règlement pour le pouvoir, les fonctions et les droits de l'amiral de France.

Archives de la marine. — Fontanon, tome III, page 18.

Octobre 1626. — ÉDIT de création de la charge de grand-maître, chef et surintendant général de la navigation et commerce de France.

Archives de la marine.

Janvier 1627. — ÉDIT de suppression de la charge d'amiral de France.

Archives de la marine.

27 mars 1669. — ORDONNANCE sur l'entretènement des officiers de marine.

Édits, déclarations, etc. page 385. — *Code des armées navales*, page 153.

Novembre 1669. — ÉDIT portant suppression de la charge de grand-maître, chef et surintendant général de la navigation et commerce de France, et rétablissement de celle d'amiral.

Archives de la marine. — Code des armées navales, page 3.

12 novembre 1669. — RÈGLEMENT sur les pouvoirs, fonctions, autorités et droits de la charge d'amiral[1].

Code des armées navales, page 4.

[1] Voir au titre *Inscription maritime*, les actes relatifs aux tribunaux d'amirauté.

22 novembre 1669. — ORDONNANCE portant qu'aucun officier de marine ne pourra être reconnu, qu'il ne soit pourvu du Roi.

Édits, déclarations, etc. page 390. — *Code des armées navales*, page 155.

6 juillet 1671. — ORDONNANCE portant qu'il sera informé des querelles qui arrivent entre les officiers de marine.

Édits, déclarations, etc. page 463. — *Code des armées navales*, page 186.

17 février 1675. — RÈGLEMENT sur le commandement des officiers généraux et particuliers dans les ports.

Code des armées navales, page 155.

15 juin 1675. — RÈGLEMENT sur le payement des officiers de marine résidant dans les ports et arsenaux.

Code des armées navales, page 147.

14 juillet 1675. — RÈGLEMENT sur les devoirs des officiers de marine[1].

Édits, déclarations, etc. page 724. — *Code des armées navales*, page 113.

15 janvier 1676. — ORDONNANCE déterminant la composition du corps royal de la marine.

15 octobre 1707. — RÈGLEMENT des attributs et fonctions de l'amiral et du secrétaire d'État ayant le département de la marine.

Archives de la marine.

18 novembre 1716. — ORDONNANCE pour l'établissement d'une compagnie de gardes du pavillon amiral.

Archives de la marine.

8 octobre 1721. — ORDONNANCE concernant l'instruction des élèves de la marine dans les ports.

Archives de la marine.

1er janvier 1745. — RÈGLEMENT du Roi sur les appointements des officiers généraux de la marine.

Index des ordonnances de la marine, tome I, page 17.

[1] Voir le titre *Organisation générale.*

1er janvier 1745. — ORDONNANCE qui dispense les officiers généraux de la marine de la résidence dans les ports.

Index des ordonnances de la marine, tome I, page 299.

17 avril 1746. — ORDONNANCE interprétative du règlement du 1er janvier 1745, concernant les appointements des officiers généraux de la marine.

Archives de la marine.

27 septembre 1748. — ORDONNANCE portant réunion du corps des galères à celui de la marine.

Index des ordonnances de la marine, tome II, page 141.

5 juin 1750. — ORDONNANCE concernant les officiers de vaisseau attachés au service de l'artillerie.

21 décembre 1761. — ORDONNANCE affectant les officiers de vaisseau aux trois brigades d'artillerie destinées au service des ports.

Recueil d'édits, arrêts, etc. tome XCII, page 389.

11 janvier 1762. — ORDONNANCE réglant les appointements des officiers de la marine.

Archives de la marine. — Index des ordonnances de la marine, tome V, page 367.

14 septembre 1764. — ORDONNANCE sur la solde, le rang et le service des officiers de la marine.

Archives de la marine.

18 février 1772. — ORDONNANCE portant création de huit régiments, sous la dénomination de corps royal de marine[1].

Recueil d'édits, arrêts, etc. tome CXIII, page 167.

[1] L'article 41 de cette ordonnance supprimait le grade de capitaine de frégate, qui avait été rétabli par l'ordonnance du 14 septembre 1764. — Voir le titre *Organisation générale.*

26 décembre 1774. — ORDONNANCE fixant le nombre d'officiers de vaisseau attachés au matériel de l'artillerie.

Recueil d'édits, arrêts, etc. tome CXVIII, page 497.

1er décembre 1775. — ORDONNANCE séparant les officiers de port des officiers de vaisseau.

Recueil d'édits, arrêts, etc. tome CXX, page 300.

27 septembre 1776. — ORDONNANCE concernant les officiers de port[1].

Recueil d'édits, arrêts, etc. tome CXXIII, page 178.

10 mai 1777. — ORDONNANCE pour donner rang de lieutenant-colonel aux cinquante plus anciens lieutenants de vaisseau.

Archives de la marine.

28 août 1784. — ORDONNANCE concernant les capitaines de vaisseau lorsqu'ils ne seront pas en activité de service.

Archives de la marine.

1er janvier 1786. — ORDONNANCE portant modification des grades des officiers de vaisseau : suppression des grades de capitaine de vaisseau et de port, de lieutenant de vaisseau et de port, capitaine de brûlot, etc. et création des grades de major et sous-lieutenant de vaisseau, et de lieutenant et sous-lieutenant de port[2].

Recueil des ordonnances et règlements du maréchal de Castries. Imprimerie royale, 1786.

1er janvier 1786. — ORDONNANCE concernant les officiers de la marine. — Nouvelle composition du corps; assimilation des grades

[1] Voir, au titre *Administration*, l'ordonnance du même jour concernant la régie et administration générale et particulière des ports et arsenaux de marine.

[2] Le grade de major de vaisseau a été supprimé par le décret du 15 mai 1791, sur la composition du corps de la marine.

avec ceux de l'armée de terre. — Règles pour les commandements, les avancements, etc.

Recueil des ordonnances et règlements du maréchal de Castries. Imprimerie royale, 1786.

1er janvier 1786, — ORDONNANCE réglant les appointements et l'uniforme des officiers de la marine.

Recueil des ordonnances et règlements du maréchal de Castries. Imprimerie royale, 1786.

1er janvier 1786. — ORDONNANCE concernant les montres et revues des officiers et entretenus de la marine.

Recueil des ordonnances et règlements du maréchal de Castries. Imprimerie royale, 1786.

1er janvier 1786. — ORDONNANCE concernant les capitaines des vaisseaux du Roi, lorsqu'ils ne seront pas en activité de service. — Ils ne recevront que les deux tiers de leurs appointements.

Recueil des ordonnances et règlements du maréchal de Castries. Imprimerie royale, 1786.

1er janvier 1786. — ORDONNANCE qui supprime la compagnie des gardes du pavillon amiral et celle des gardes de la marine; crée des élèves de la marine; règle la forme de l'instruction et l'avancement des jeunes gens destinés à entrer dans la marine.

Recueil des ordonnances et règlements du maréchal de Castries. Imprimerie royale, 1786.

1er janvier 1786. — ORDONNANCE concernant les volontaires employés sur les bâtiments[1].

Recueil des ordonnances et règlements du maréchal de Castries. Imprimerie royale, 1786. — *Annales maritimes de 1836*, page 378.

1er janvier 1786. — ORDONNANCE concernant les officiers de port.

Recueil des ordonnances et règlements du maréchal de Castries. Imprimerie royale, 1786.

[1] Voir, pour les actes relatifs aux *volontaires*, le titre *Service à la mer.*

28 janvier 1787. — Règlement concernant les élèves de la marine.

Archives de la marine.

29 juin 1788. — Ordonnance concernant les élèves de la marine.

15 mai 1791. — Décret relatif à l'organisation de la marine.

Recueil des lois de la marine, tome Ier, page 419.

15 mai 1791. — Décret relatif au corps de la marine. — Composition du corps. — Suppression de la charge d'amiral de France[1].

Recueil des lois de la marine, tome II, page 1.

1er juin 1791. — Décret relatif à la solde des officiers de mer.

Recueil des lois de la marine, tome II, page 45.

22 juin 1791. — Décret relatif (articles 5, 6 et 7) aux élèves et volontaires de la marine, aux lieutenants et enseignes entretenus, et aux capitaines de vaisseau.

Recueil des lois de la marine, tome II, page 128.

2 août 1792. — Décret relatif aux majors de vaisseau.

Recueil des lois de la marine, tome III, page 69.

17 septembre 1792. — Décret relatif à l'organisation de la marine militaire.

Recueil des lois de la marine, tome III, page 143.

17 septembre 1792. — Décret relatif aux aspirants entretenus de la marine.

Recueil des lois de la marine, tome III, page 152.

8 janvier 1793. — Décret portant que les officiers suspendus, ou qui le seront, cesseront d'être payés de leur traitement.

Recueil des lois de la marine, tome III, page 222.

[1] La dignité d'amiral de France, supprimée par Louis XIII en 1626, ait été rétablie par Louis XIV en 1669. — Elle a été conférée au duc d'Angoulême en 1814.

9 juin 1793. — Décret relatif à l'avancement et au rang des enseignes entretenus et non entretenus.

Recueil des lois de la marine, tome III, page 464. — *Journal militaire de 1793*, page 464.

28 juin 1793. — Décret confiant le soin des mouvements des ports aux lieutenants et enseignes de vaisseau.

Recueil des lois de la marine, tome III, page 483.

3 brumaire an IV (25 octobre 1795). — Décret concernant l'admission et l'avancement des officiers de la marine militaire, etc.

Recueil des lois de la marine, tome VI, page 58.

3 brumaire an IV (25 octobre 1795). — Décret sur l'organisation des états-majors de la marine dans les ports.

Recueil des lois de la marine, tome VI, page 69.

3 brumaire an IV (25 octobre 1795). — Décret sur l'organisation de la marine militaire. — Composition du corps des officiers. — Appointements. — Assimilations. — Commandements. — Uniforme.

Recueil des lois de la marine, tome VI, page 121.

11 prairial an V (30 mai 1797). — Loi relative à la solde des officiers et gens de mer, etc.

Bulletin des lois, 2e série, n° 126, page 1.

19 frimaire an VIII (10 décembre 1799). — Arrêté concernant les officiers civils et militaires de la marine qui demeureraient à Paris sans autorisation.

Recueil des lois de la marine, tome IX, page 489.

7 floréal an VIII (27 avril 1800). — Règlement sur l'organisation de la marine..... Titre II. *Service des ports et arsenaux.* — Section III. *État-major, officiers, etc.* — Section V. *Mouvements des ports.*

Recueil des lois de la marine, tome X, page 235.

7 thermidor an VIII (26 juillet 1800). — ARRÊTÉ portant règlement sur l'organisation et le service général de la marine.

. . . .

Section II. *État-major des ports.*—Section IV. *Mouvements des ports.*

Recueil des lois de la marine, tome X, page 290.

29 thermidor an VIII (17 août 1800). — ARRÊTÉ relatif à la composition et à l'organisation du corps des officiers de la marine.

Recueil des lois de la marine, tome X, page 333.

7 fructidor an VIII (25 août 1800). — ARRÊTÉ relatif à la nomination des officiers de marine.

Recueil des lois de la marine, tome X, page 349.

10 mars 1807. — DÉCRET concernant les officiers de la marine impériale, et ceux des marines royales d'Italie et de Naples.

Recueil des lois de la marine, tome XVII, page 3.

11 septembre 1810. — DÉCRET concernant les aspirants de 1re et de 2e classe.

25 mai 1814. — ORDONNANCE créant un état-major des gardes du pavillon [1].

Annales maritimes de 1809-1815, tome II, page 27.

6 juin 1814. — DÉCISION royale fixant le traitement du secrétaire général de l'amiral de France.

1er juillet 1814. — ORDONNANCE portant règlement sur la composition du corps de la marine, et sur le service, l'avancement, les appointements et le rang des officiers.

Annales maritimes de 1809-1815, tome II, page 75.

1er juillet 1814. — ORDONNANCE concernant les officiers de la marine en non activité [2].

Annales maritimes de 1809-1815, tome II, page 108.

[1] Supprimé par ordonnance du 19 octobre 1830. Voir *Annales maritimes de 1830*, 2e vol., page 707.

[2] Annulée par l'article 23 de l'ordonnance du 29 novembre 1815.

27 juillet 1814. — ORDONNANCE concernant l'autorisation donnée aux officiers de naviguer pendant la paix sur des bâtiments de commerce.

Annales maritimes de 1809-1815, tome II, page 126.

29 novembre 1815. — ORDONNANCE concernant la régie et l'administration des ports et arsenaux de la marine...............

Titre II. *Du commandant de la marine.*

Annales maritimes de 1816, page 17.

29 novembre 1815. — ORDONNANCE sur la nouvelle formation du corps des officiers de la marine.

....

Art. 23. *Annulation de l'ordonnance du 1er juillet 1814 concernant les officiers de la marine en non-activité.*

Annales maritimes de 1816, page 32.

16 décembre 1815. — RÈGLEMENT portant fixation du nombre, des grades, classes, appointements et frais de bureaux des officiers militaires et civils de la marine employés dans les ports du royaume.

Annales maritimes de 1816, page 45.

31 janvier 1816. — ORDONNANCE portant création d'un collége royal de marine et de compagnies d'élèves de la marine [1].

Annales maritimes de 1816, page 72.

31 janvier 1816. — RÈGLEMENT sur le service, la discipline et la police des compagnies d'élèves de la marine.

Annales maritimes de 1816, *page* 100

2 février 1816. — RÈGLEMENT sur la première formation des compagnies d'élèves de la marine établies dans les ports de Brest, Toulon et Rochefort.

Annales maritimes de 1816, page 113.

20 mai 1816. — CIRCULAIRE fixant les suppléments dont doivent

[1] Voir le titre *Écoles spéciales.*

jouir les officiers des mouvements dans les ports secondaires (600 francs à Dunkerque, au Havre, à Nantes, à Bordeaux, à Bayonne; 400 francs à Saint-Servan).

28 juillet 1816. — CIRCULAIRE déterminant les appointements du lieutenant de vaisseau, chef de pilotage à Quillebœuf.

6 novembre 1816. — CIRCULAIRE portant défense aux élèves de la marine de naviguer au commerce.

Annales maritimes de 1816, page 516.

22 octobre 1817. — ORDONNANCE concernant la nouvelle composition du corps des officiers de la marine royale.

Annales maritimes de 1817, page 386.

31 octobre 1819. — ORDONNANCE sur la composition, l'avancement, les appointements et l'uniforme du corps royal de la marine.

Annales maritimes de 1819, page 383.

22 août 1821. — DÉCISION royale fixant le traitement, à Paris, du commandant de la compagnie des gardes du pavillon.

17 avril 1822. — ORDONNANCE qui permet d'admettre chaque année, dans la marine, un nombre déterminé d'élèves de l'École polytechnique [1].

Annales maritimes de 1822, page 349.

10 août 1822. — DÉCISION ministérielle accordant un supplément de 400 francs, à chacun des lieutenants remplissant les fonctions de rapporteur près les conseils de guerre.

17 août 1822. — ORDONNANCE qui augmente les cadres des officiers de vaisseau.

Annales maritimes de 1822, page 498.

17 août 1822. — ORDONNANCE réglant les conditions exigées des lieutenants de vaisseau et des capitaines de frégate pour être nommés capitaines de frégate et capitaines de vaisseau.

Annales maritimes de 1822, page 506.

[1] Voir les ordonnances des 7 juillet 1824 et 24 septembre 1831.

25 octobre 1822. — ORDONNANCE accordant au corps des officiers de vaisseau le titre de *Corps royal de la marine.*

Annales maritimes de 1822, page 600.

11 juin 1823 — ORDONNANCE fixant le traitement des officiers généraux de la marine chargés de faire des inspections.

16 août 1823. — ORDONNANCE qui augmente le nombre des capitaines de vaisseau, de frégate, et des lieutenants de vaisseau.

Annales maritimes de 1823, page 600.

7 juillet 1824. — ORDONNANCE portant que les élèves de l'École polytechnique pourront, après deux ans de navigation, être nommés enseignes de vaisseau.

Annales maritimes de 1824, page 427.

4 août 1824. — ORDONNANCE portant que le temps employé par les officiers de la marine, dans certaines positions, leur sera compté pour l'avancement, comme s'ils commandaient à la mer.

Annales maritimes de 1824, page 438.

22 mai 1825. — ORDONNANCE augmentant le cadre des officiers du corps royal de la marine.

Annales maritimes de 1825, page 352.

19 octobre 1825. — RÈGLEMENT déterminant les conditions à remplir, par les premiers maîtres des équipages de ligne, pour être admis au grade d'officier du corps royal de la marine.

Annales maritimes de 1826, page 215.

31 octobre 1827. — ORDONNANCE sur le service à la mer.

Annales maritimes de 1827, tome II.

14 décembre 1828. — ORDONNANCE augmentant les cadres du corps royal de la marine et portant que la dignité de maréchal de France pourra être conférée aux vice-amiraux.

Annales maritimes de 1829, page 29.

17 décembre 1828. — ORDONNANCE sur le service des ports. ..... Titre IV, *des Chefs de service dans les ports.* — Chapitre Ier, *du Major général de la marine.* — Chapitre IV, *du Directeur des mouvements du port.*

Annales maritimes de 1829, page 1.

11 avril 1830. — DÉCISION royale sur les conditions d'admission des volontaires de la marine au grade d'élève de 1re classe [1].

Annales maritimes de 1830, tome I, p. 279.

13 août 1830. — ORDONNANCE, qui crée trois places d'amiraux, assimilés aux maréchaux de France.

Annales maritimes de 1830, tome II, p. 136.

28 septembre 1830. — ORDONNANCE réglant le traitement des amiraux [2].

Annales maritimes de 1830, tome II, page 697.

19 octobre 1830. — ORDONNANCE rapportant celle du 25 mai 1814, sur la compagnie des gardes du pavillon.

Annales maritimes de 1830, tome II, page 707.

1er mars 1831. — ORDONNANCE portant réorganisation du corps des officiers de la marine; création du grade de capitaine de corvette; établissement d'un cadre de réserve, etc. [3].

Annales maritimes de 1831, pages 171 et 178.

16 mars 1831. — DÉCISION ministérielle réglant le traitement des officiers employés comme aides de camp du ministre.

6 juillet 1831. — ORDONNANCE portant que les élèves de 1re classe

[1] Voir le titre *Service à la mer.*

[2] Modifiée par ordonnance du 9 mai 1832.

[3] Voir les ordonnances des 29 décembre 1836, 21 août 1839, 14 septembre 1840, 31 octobre 1843 et 8 septembre 1846, et l'arrêté du 3 mai 1848.

provenant des volontaires pourront être nommés lieutenants de frégate, concurremment avec les élèves de l'école navale.

Annales maritimes de 1831, page 427.

24 septembre 1831. — ORDONNANCE portant que les élèves de l'École polytechnique ne seront plus admis dans le corps de la marine[1].

Annales maritimes de 1831, page 636.

20 avril 1832. — LOI sur l'avancement dans l'armée navale[2].

Annales maritimes de 1832, page 269.

24 avril 1832. — ORDONNANCE rendue en exécution de la loi du 20 avril, sur l'avancement dans l'armée navale.

Annales maritimes de 1832, page 299.

9 mai 1832. — ORDONNANCE portant réduction, pour 1832, de 40,000 à 30,000 francs du traitement attaché à la dignité de maréchal de France.

Annales maritimes de 1832, page 359. — *Bulletin des lois*, 9e série, n° 157, page 607.

30 août 1832. — DÉCISION ministérielle portant qu'il ne sera plus embarqué, jusqu'à nouvel ordre, d'officiers étrangers sur les bâtiments de l'État.

19 mai 1834. — LOI sur l'état des officiers. — Titre Ier, *du Grade*. — Titre II, *des Positions de l'officier*. — Titre III, *de la Solde*. — Titre IV, *Dispositions transitoires*. — Titre V, *de l'Application à l'armée de mer*. — Titre VI, *Dispositions générales*[3].

Annales maritimes de 1834, page 438.

[1] Modifiée par l'article 6 de la loi du 20 avril 1832.

[2] Voir la loi du 14 mai 1837.

[3] Afin de ne pas multiplier les citations, nous avons cru devoir rattacher généralement au présent titre *Officiers de vaisseau*, les actes relatifs à l'exécution de la loi sur l'état des officiers.

Voir, à cet égard, la décision du 7 août 1834, la circulaire du 31 octobre 1834, l'ordonnance du 21 mai 1836, les circulaires

7 août 1834. — DÉCISION ministérielle réglant le traitement des officiers de la marine en non-activité [1].

4 octobre 1834. — DÉCISION royale portant que les premiers maîtres mécaniciens seront dispensés de l'obligation de servir sur les vaisseaux et frégates pour être admis au grade de lieutenant de frégate.

Annales maritimes de 1834, page 706.

31 octobre 1834. — (*Personnel et fonds.*) CIRCULAIRE sur l'imputation des soldes de réforme réglées par la loi du 19 mai 1834, sur l'état des officiers.

22 janvier 1835. — INSTRUCTION générale sur les conditions d'admission dans le corps de la marine royale.

Annales maritimes de 1835, page 229.

21 mars 1835. — DÉCISION royale portant que les élèves de 1re classe, provenant de l'École polytechnique, concourront, pour l'avancement, avec les élèves de 1re classe provenant de l'école navale.

Annales maritimes de 1837, page 1093.

6 juillet 1835. — (*Personnel.*) CIRCULAIRE portant que les officiers peuvent être autorisés à déléguer la moitié de leur solde.

Annales maritimes de 1835, page 577.

24 novembre 1835. — ORDONNANCE qui modifie, en ce qui concerne le commandement des bâtiments de l'État, les dispositions du titre Ier de l'ordonnance du 1er mars 1831.

Annales maritimes de 1835, page 940.

21 mai 1836. — ORDONNANCE portant règlement sur les conseils

des 30 juillet 1836 et 16 décembre 1837, les explications du 31 mai 1838 et la circulaire du 22 octobre 1846.

[1] Voir la circulaire du 11 mars 1848.

d'enquête, institués par la loi du 19 mai 1834, relative à l'état des officiers.

Annales maritimes de 1836, page 564.

16 juillet 1836. — DÉCISION du Roi relative au mode d'exécution des articles 16 de la loi du 14 avril 1832, sur l'avancement dans l'armée, et 7 de la loi du 19 mai 1834, sur l'état des officiers (non-activité).

Annales maritimes de 1836, page 805.

30 juillet 1836. — (*Personnel et fonds.*) DISPOSITIONS concernant les officiers qui passent de l'activité, ou de la non-activité, à la position de retraite.

Annales maritimes de 1836, page 801.

11 octobre 1836. — ORDONNANCE sur l'organisation générale des équipages de ligne [1].

Annales maritimes de 1836, page 1249.

29 décembre 1836. — ORDONNANCE supprimant le grade de capitaine de frégate et modifiant l'ordonnance du 1er mars 1831, en ce qui concerne la composition du corps [2].

Annales maritimes de 1836, page 1501.

30 décembre 1836. — ORDONNANCE relative aux emplois à la mer, aux appointements et suppléments, et au traitement de table des officiers de vaisseau [3].

Annales maritimes de 1836, page 1503.

14 janvier 1837. — CIRCULAIRE sur l'exécution des ordonnances des 29 et 30 décembre 1836. — Décision portant, que le passage de la 2e classe d'un grade à la 1re n'a lieu qu'à l'ancienneté.

Annales maritimes de 1837, page 195.

[1] Voir le titre *Service à la mer*.

[2] Voir les ordonnances des 21 août 1839, 14 septembre 1840, 31 octobre 1843 et 8 septembre 1846, et l'arrêté du 3 mai 1848.

[3] Voir le titre *Service à la mer*.

14 mai 1837. — Loi contenant des modifications à celle du 20 avril 1832, sur l'avancement dans l'armée navale.

Annales maritimes de 1837, page 407.

16 décembre 1837. — Circulaire du ministère de la guerre, contenant des dispositions relatives au rappel à l'activité des officiers mis en non-activité pour infirmités temporaires.

Annales maritimes de 1838, page 232.

31 mai 1838. — Explications relatives à la disposition transitoire de l'article 23 de la loi du 19 mai 1834, sur l'état des officiers. (Position de réforme.)

Annales maritimes de 1838, page 580.

21 août 1839. — Ordonnance augmentant le nombre des capitaines de corvettes, des lieutenants et des enseignes de vaisseau[1].

Annales maritimes de 1839, page 736.

14 septembre 1840. — Ordonnance augmentant le cadre des capitaines de vaisseau et des capitaines de corvette[2].

Annales maritimes de 1840, page 1009.

9 février 1841. — Ordonnance qui admet les enseignes de vaisseau et les élèves de la marine de 1re classe à concourir pour les grades de capitaine en second, de lieutenant et de sous-lieutenant, dans le corps royal d'artillerie de la marine.

Annales maritimes de 1841, page 301.

3 mars 1841. — Ordonnance portant augmentation de la solde des élèves de la marine (1,000 francs au lieu de 800 pour la 1re classe, et 600 au lieu de 480 pour la 2e classe).

Annales maritimes de 1841, page 318.

17 juin 1841. — Loi sur l'organisation de l'état-major général

[1] Voir les ordonnances des 14 septembre 1840, 31 octobre 1843 et 8 septembre 1846, et l'arrêté du 3 mai 1848.

[2] Voir les ordonnances des 31 octobre 1843 et 8 septembre 1846, et l'arrêté du 3 mai 1848.

de l'armée navale[1]. (Division du cadre des officiers généraux en deux sections, l'une d'activité et de disponibilité, l'autre de réserve[2].)

Annales maritimes de 1841, page 737.

21 juin 1841. — Ordonnance fixant la solde des officiers généraux de la deuxième section du cadre de l'état-major général de l'armée navale.

Annales maritimes de 1841, page 740.

31 octobre 1843. — Ordonnance portant le nombre des lieutenants de vaisseau de 500 à 600, et réduisant de 600 à 500 le nombre des enseignes[3].

Annales maritimes de 1843, page 1175.

3 novembre 1843. — (*Personnel.*) — Circulaire appliquant aux officiers de vaisseau les limites d'âge adoptées par le département de la guerre, relativement à la cessation de l'activité des officiers, savoir :

les colonels et lieutenants-colonels, à 60 ans;
les chefs de bataillon, à 58 ans;
et les officiers des grades inférieurs, à 55 ans.

14 juin 1844. — Ordonnance concernant le service administratif de la marine..... Titre IV. *Des chefs de service dans les ports.* — Chapitre 1er. *Du major général de la marine.* — Chapitre IV. *Du Directeur des mouvements du port.*

Annales maritimes de 1844, page 627.

26 octobre 1844. — Instruction générale sur les conditions d'admission dans la marine royale.

Annales maritimes de 1844, page 1289.

[1] La loi sur l'organisation de l'état-major général de l'armée de terre est du 4 août 1839. Voir *Ann. marit. de 1839*, p. 700.

[2] Le cadre de réserve a été supprimé par décret du 11 avril 1848.

[3] Voir l'ordonnance du 8 septembre 1846.

30 octobre 1844. — ORDONNANCE portant réorganisation de l'École polytechnique[1].

Annales maritimes de 1844, page 1259.

24 mai 1845. — DÉCISION autorisant les capitaines de vaisseau, dont la présence n'est pas nécessaire dans les ports, à choisir le lieu de leur résidence, et leur laissant la totalité de leur solde à terre, sans allocation de l'indemnité de logement.

Annales maritimes de 1845, page 649.

8 septembre 1846. — RAPPORT et ordonnance portant augmentation du cadre des officiers de vaisseau[2].

Annales maritimes de 1846, page 778 et 779.

22 octobre 1846. — (*Personnel.*) — CIRCULAIRE relative aux formalités prescrites touchant la mise en non-activité, pour infirmités temporaires, des officiers de marine et des officiers civils, et le rappel à l'activité desdits officiers.

Annales maritimes de 1846, page 895.

11 mars 1848. — (*Personnel. — Officiers militaires.*) — CIRCULAIRE rappelant les prescriptions relatives au traitement de non-activité des officiers de la marine,

2 avril 1848. — ARRÊTÉ ministériel pour rétablir le titre d'aspirant de marine.

Bulletin officiel de la marine, tome Ier, page 173.

11 avril 1848. — DÉCRET du Gouvernement provisoire sur la suppression du cadre de réserve pour les officiers généraux des armées de terre et de mer.

Moniteur du 13 avril 1848. — *Bulletin officiel de la marine*, tome Ier, page 178.

[1] Voir le titre *Écoles spéciales*.

[2] Voir les arrêtés des 2 avril et 3 mai 1848. Voir pour les actes antérieurs, en remontant seulement à 1831, les ordonnances des 1er mars 1831, 29 décembre 1836, 21 août 1839, 14 septembre 1840 et 31 octobre 1843.

3 mai 1848. — Arrêté du Gouvernement provisoire pour le rétablissement du grade de capitaine de frégate et la suppression du grade de capitaine de corvette.

Bulletin des lois, 10e série, n° 34, page 384.— *Bulletin officiel de la marine*, tome Ier, page 220.

16 juin 1848. — Arrêtés de la Commission du pouvoir exécutif fixant : 1° L'effectif des lieutenants de vaisseau de 1re classe ; 2° Les commandements qui pourront être exercés par des lieutenants de vaisseau.

Bulletin officiel de la marine, tome Ier, pages 308 et 309.

30 septembre 1848. — Arrêté relatif à la formation, par le conseil d'amirauté, d'un tableau d'avancement et de commandement des officiers de marine.

Bulletin officiel de la marine, tome II, page 251.

GÉNIE MARITIME.

Les premiers constructeurs des bâtiments de la flotte ont été des maîtres placés sous les ordres des commissaires ou de l'intendant chargé de la gestion des arsenaux. Dans chaque port, un conseil spécial examinait et arrêtait les plans et devis des travaux à faire. Un inspecteur des constructions avait pour mission de visiter successivement les divers ports militaires, pour veiller à ce que les ouvrages, convenablement exécutés, fussent conformes aux plans et devis arrêtés. Il devait, en outre, « apprendre aux charpentiers la manière de « faire les plans et profils des vaisseaux (*art. 1er, titre III,* « *livre II, de l'ordonnance de 1689*). »

En 1717, les maîtres charpentiers reçurent le nom de chefs des ouvrages des constructions et radoubs. Ce fut en 1765 (*ordonnance du 25 mars*) qu'ils formèrent un corps sous le titre d'*Ingénieurs constructeurs*. L'ordonnance du même jour, concernant la marine, maintint les ingénieurs constructeurs sous les ordres de l'intendant; mais elle soumit les travaux de constructions et de refontes à la surveillance des officiers de marine. L'ordonnance du 27 septembre 1776[1] plaça ces travaux dans les attributions d'un directeur et d'un sous-directeur des cons-

[1] Voir le titre *Organisation générale*.

tructions, choisis l'un et l'autre parmi les capitaines de vaisseau et chargés de diriger les ingénieurs constructeurs placés sous leurs ordres.

Une ordonnance du 1er janvier 1786, attribua aux ingénieurs constructeurs les fonctions que l'ordonnance de 1776 avait dévolues aux officiers de marine dans tous les détails de la construction des vaisseaux.

Le corps se recrutait alors au moyen d'une école spéciale établie à Paris, et dans laquelle, en vue de former des constructeurs pour les besoins du commerce, une ordonnance du 6 mai 1787 avait créé six places destinées à des élèves désignés par les ports marchands. Plus tard, en 1794, l'école polytechnique, alors connue sous le nom d'*École centrale des travaux publics*, devint la pépinière où se recruta le corps du génie maritime[1].

Le décret du 28 septembre 1791 réunit les ingénieurs constructeurs à l'administration de la marine, et substitua, aux anciennes désignations, celles de chefs, sous-chefs et aides des travaux de construction.

Le décret du 27 septembre 1793, qui supprima l'administration civile de la marine, restitua aux ingénieurs constructeurs leur ancien titre, et rendit l'ingénieur en chef indépendant des autorités du port. Cet ingénieur correspondait directement avec le ministre, et il en recevait les ordres sans aucun intermédiaire.

Dans l'organisation de l'an II, les travaux relatifs aux constructions navales formèrent une direction qui fut confiée à un ingénieur constructeur en chef, lequel prenait

[1] Voir le titre *Écoles spéciales*.

le titre de directeur. Cette direction a été maintenue dans toutes les organisations postérieures.

L'arrêté du 7 thermidor an VIII réorganisa, sous le titre de *génie maritime*, qu'il a conservé depuis, le corps des ingénieurs constructeurs.

L'ordonnance du 28 mars 1830, qui donna au génie maritime le titre de corps royal, avait créé, sous la dénomination d'adjoints au génie maritime, une classe d'agents destinés à prendre part à la conduite des travaux et des opérations du service des constructions navales, et à suppléer les ingénieurs et les sous-ingénieurs dans les recettes de matières et d'ouvrages. Cette classe d'agents a été supprimée par l'ordonnance du 2 mars 1838, le dernier des actes qui aient successivement réorganisé le corps des ingénieurs de la marine.

GÉNIE MARITIME.

1717. — Décision du conseil de la marine, accordant aux premiers maîtres constructeurs des trois grands ports le titre de chefs des ouvrages des constructions et radoubs.

Archives de la marine.

25 mars 1765. — Ordonnance concernant les ingénieurs constructeurs de la marine.

ART. 1er.

Les constructeurs des vaisseaux de S. M. seront appelés, à l'avenir, *ingénieurs constructeurs de la marine......*

Archives de la marine.

1er janvier 1786. — Ordonnance concernant les ingénieurs constructeurs de la marine.

Recueil des ordonnances et règlements du maréchal de Castries. Imprimerie royale, 1786.

1er avril 1786. — Règlement concernant l'école, à Paris, des élèves ingénieurs constructeurs et des élèves ingénieurs des bâtiments civils de la marine[1].

Recueil des ordonnances et réglements du maréchal de Castries. Imprimerie royale, 1786. — *Archives de la marine.*

6 mai 1787. — Ordonnance concernant les élèves constructeurs des ports marchands.

Recueil d'arrêts, édits, etc. tome XI.

[1] Voir l'arrêté du 3 vendémiaire an x.

28 septembre 1791. — DÉCRET relatif à l'administration de la marine.

. . . .

Articles 3, 5, 7, 22 et 28, relatifs aux ingénieurs des constructions navales.

Recueil des lois de la marine, tome II, page 319.

12 octobre 1791. — DÉCRET sur l'administration des ports et objets y relatifs. . . . . . Articles 20 à 27, concernant les chefs, sous-chefs, aides et élèves des constructions et travaux.

Recueil des lois de la marine, tome II, page 307.

28 juin 1793. — DÉCRET qui détermine les fonctions des ingénieurs et officiers de travaux dans les ports.

Recueil des lois de la marine, tome III, page 483.

27 septembre 1793. — DÉCRET supprimant le corps et la dénomination de l'administration civile de la marine.

. . . .

Articles 8, 9 et 10, relatifs aux ingénieurs constructeurs.

Recueil des lois de la marine, tome IV, page 124.

2 brumaire an IV (24 octobre 1795). — DÉCRET concernant l'administration des ports et arsenaux de la marine. . . . . . Titre II, section II, *Direction des constructions navales et des travaux y relatifs.* — Titre III, section II, articles 42, 44, 46. Embarquement des ingénieurs. — Titre VI, articles 68, 69 et 70, relatifs à leur avancement.

Recueil des lois de la marine, tome VI, page 31.

3 brumaire an IV (25 octobre 1795). — DÉCRET relatif à la nomination, aux fonctions, à l'uniforme et au traitement des employés de l'administration des ports.

. . . .

Articles 5 et 8, concernant les directeurs des constructions navales et les ingénieurs constructeurs.

Recueil des lois de la marine, tome VI, page 62.

7 floréal an VIII (27 avril 1800). — RÈGLEMENT sur l'organisation de la marine...... Titre II. *Service des ports et arsenaux.* — Section IV. *Constructions navales.*

Recueil des lois de la marine, tome X, page 235.

7 thermidor an VIII (26 juillet 1800). — ARRÊTÉ portant règlement sur l'organisation et le service général de la marine.

....

Section III. *Officiers du génie maritime.*

Recueil des lois de la marine, tome X, page 290.

9 vendémiaire an IX (1er octobre 1800). — ARRÊTÉ portant réduction des appointements des officiers et autres agents entretenus de la marine.

Recueil des lois de la marine, tome X, page 515.

3 messidor an IX (22 juin 1801). — ARRÊTÉ fixant le nombre des ingénieurs de la marine.

Recueil des lois de la marine, tome XI, page 409.

3 vendémiaire an X (25 septembre 1801. — ARRÊTÉ portant que l'école spéciale du génie maritime, établie à Paris, sera transférée à Brest [1].

Recueil des lois de la marine, tome XII, page 2.

29 fructidor an XII (16 septembre 1804). — DÉCRET concernant le nombre, les classes et les appointements des officiers et agents entretenus de la marine.

Recueil des lois de la marine, tome XIV, page 331.

29 mars 1811. — DÉCRET qui établit un conseil des constructions navales, chargé d'examiner tous les projets relatifs à la construction et à l'armement des bâtiments de guerre [2].

Annales maritimes de 1809-1815, tome Ier, page 159.

[1] Cette école a été transférée à Lorient, en vertu de l'article 3 de l'ordonnance du 28 mars 1830.

[2] Voir, pour la suite des actes relatifs à ce conseil, le titre *Conseils et comités.*

18 mai 1814. — ORDONNANCE maintenant la place d'inspecteur général du génie maritime et créant celle d'inspecteur général adjoint.

Annales maritimes de 1809-1815, tome II, page 25.

27 août 1814. — ORDONNANCE portant que les ordonnances et arrêts antérieurs à 1792, relatifs au martelage, continueront d'être observés.

Annales maritimes de 1809-1815, tome II, page 136.

16 décembre 1815. — RÈGLEMENT portant fixation du nombre, des grades, classes, appointements et frais de bureau des officiers militaires et civils de la marine employés dans les ports du royaume.

Annales maritimes de 1816, page 45.

20 mai 1816. — CIRCULAIRE déterminant les frais de bureau des officiers du génie chargés des travaux dans les ports secondaires.

28 août 1816. — RÈGLEMENT concernant l'organisation du personnel dans les quatre directions forestières de la marine, le nombre, les grades, classes, traitements et frais divers des agents employés au martelage dans les forêts du royaume.

Annales maritimes de 1816, page 444.

9 janvier 1818. — RÈGLEMENT concernant la répartition, le nombre, les grades, classes, traitements, solde, suppléments, indemnités, etc., des officiers du génie maritime employés dans les directions forestières de la marine.

Annales maritimes de 1818, page 114.

8 avril 1820. — DÉCISION allouant un supplément aux directeurs des constructions navales, pour leur tenir lieu de fournitures précédemment faites par le magasin général.

29 septembre 1823. — DÉCISION ministérielle fixant le traitement de l'inspecteur adjoint du génie maritime.

31 octobre 1827. — ORDONNANCE sur le service à la mer......

Titre XIII. *Des officiers du génie maritime.*

Annales maritimes de 1827, tome II, page 140.

17 décembre 1828. — ORDONNANCE sur le service des ports.......

Titre IV. *Des Chefs de service dans les ports.* — Chapitre III. *Du Directeur des constructions navales.*

Annales maritimes de 1829, page 1er.

28 mars 1830. — ORDONNANCE portant organisation du corps royal du génie maritime[1].

Annales maritimes de 1830, tome Ier, page 199.

31 décembre 1830. — ORDONNANCE réduisant de 15 à 14,000 fr. le traitement annuel de l'inspecteur général du génie maritime.

7 septembre 1831. — ORDONNANCE modifiant l'article 27 de l'ordonnance du 28 mars 1830, portant organisation du corps du génie maritime. Les candidats aux places d'adjoints du génie maritime sont admis à concourir jusqu'à l'âge de quarante ans.

Annales maritimes de 1831, page 584.

19 mai 1834. — LOI sur l'état des officiers[2].

Annales maritimes de 1834, page 438.

21 décembre 1836. — (*Ports.*) — DÉPÊCHES portant qu'à l'avenir aucun officier du génie maritime ne pourra discontinuer ses services dans le département de la marine, pendant plus d'une année, *pour des intérêts privés,* sans être mis en demeure d'opter entre sa rentrée immédiate au corps ou sa radiation du cadre comme démissionnaire.

Les six premiers mois du congé pourront être accordés avec

[1] Voir l'ordonnance du 2 mars 1838.

[2] D'après l'article 24, la loi est applicable aux officiers des troupes de la marine et aux officiers entretenus des autres corps de ce département. — Voir le titre *Officiers de vaisseau.*

moitié d'appointements, et les six autres mois sans aucune solde.

2 mars 1838. — ORDONNANCE portant organisation du corps royal du génie maritime [1].

. . . .

ART. 15.

Les officiers du génie maritime embarqués recevront, pendant la durée de leur service à bord, un supplément égal au quart de leurs appointements fixes.

Annales maritimes de 1838, page 289.

31 août 1840. — ORDONNANCE portant augmentation du cadre des sous-ingénieurs.

Annales maritimes de 1840, page 982.

31 octobre 1840. — ORDONNANCE augmentant les frais de bureau des directeurs des constructions navales.

Annales maritimes de 1840, page 1149.

7 novembre 1840. — (*Ports.*) — DÉPÊCHE portant que les frais de bureau des directeurs des constructions navales sont augmentés d'une somme de 200 francs, en raison de l'accroissement de travail occasionné par la construction des bâtiments à vapeur transatlantiques.

16 juin 1842. — ORDONNANCE relative à la composition du personnel du corps royal du génie maritime.

Annales maritimes de 1842, page 590.

14 juin 1844. — ORDONNANCE concernant le service administratif de la marine...... Titre IV. *Des chefs de service dans les ports.* —Chapitre III. *Du directeur des constructions navales.*

Annales maritimes de 1844, page 627.

[1] Voir l'arrêté du 24 juillet 1848.

30 octobre 1844. — Ordonnance portant réorganisation de l'École polytechnique [1].

Annales maritimes de 1844, page 1259.

30 novembre 1846. — Ordonnance portant augmentation du cadre du corps royal du génie maritime.

Annales maritimes de 1846, page 921.

24 juillet 1848. — Arrêté qui abroge l'article 9 du titre III de l'ordonnance du 2 mars 1838, relatif à la condition d'embarquement pour le passage à un grade supérieur.

Bulletin officiel de la marine, tome II, page 41.

17 août 1848. — Arrêté établissant, en faveur des ingénieurs de 2e classe de la marine, l'assimilation de grade avec les capitaines de frégate.

Bulletin officiel de la marine, tome II, page 116.

[1] Voir le titre *Écoles spéciales*.

ADMINISTRATION ET CONTRÔLE.

« Les attributions du corps administratif ont été origi-
« nairement réglées par deux ordonnances intervenues
« sous le contre-seing de Colbert, à la fois secrétaire d'É-
« tat de la marine et contrôleur général des finances, sa-
« voir : celle de 1681 spécialement relative à la marine
« commerciale, celle de 1689 qui embrassait tous les
« services de la marine militaire, soit dans les arsenaux,
« soit à la mer.

« De ces deux ordonnances restées célèbres, la pre-
« mière sert encore de guide à l'administration de la
« marine et aux tribunaux de commerce dans beaucoup
« d'affaires litigieuses, notamment en matière de bris et
« naufrages.

« Quant à l'ordonnance de 1689, elle reposait, d'une
« part, sur la base de l'unité de pouvoir dans les arsenaux
« avec assistance d'un conseil éventuel et surveillance d'un
« contrôle indépendant; d'une autre part, elle disposait
« que, dans la double vue de concourir au bien-être des
« équipages, et d'assurer l'ordre et la régularité des
« comptes, le corps administratif serait associé aux dan-
« gers, aux fatigues de la partie combattante, par l'embar-
« quement d'un agent de ce corps sur chacun des bâti-
« ments de guerre, et par l'embarquement d'officiers

« supérieurs d'administration exerçant les fonctions de « commissaires d'escadre, et, selon le nombre et la force « des bâtiments réunis sous les pavillons des officiers gé- « néraux, celles d'intendants des armées navales.

« Cette ordonnance a régi la marine royale jusqu'en « 1765, époque à laquelle le système de Colbert fut changé « pour faire place à une division du pouvoir civil et du « pouvoir militaire dans les arsenaux.

« Considérée dans ses rapports avec le *service à terre,* « l'ordonnance de 1689 a été comme le type de toutes « les organisations qui admettaient de même pour prin- « cipe fondamental l'unité de pouvoir dans les arsenaux. « Tels étaient le décret du 28 septembre 1791 délibéré « par l'Assemblée nationale à la suite du rapport de « M. Malouet; puis, dans les premiers temps de la Répu- « blique, les décrets des 2 et 3 brumaire an IV (24 et « 25 octobre 1795), et en dernier lieu, sous le Consulat, « l'arrêté du 7 floréal an VIII (27 avril 1800) dont les « dispositions, maintenues sous l'Empire, sont restées en « vigueur jusqu'à la fin de 1815 sous la Restauration.

« Si l'on considère ensuite l'ordonnance de 1689 au « point de vue du *service administratif à la mer,* on trouvera « que c'est encore aux dispositions de cette ordonnance « que se réfère la législation maritime. Ainsi l'arrêté de « l'an VIII, l'ordonnance de 1827, celle de 1835, ont « maintenu l'obligation d'embarquer un officier supérieur « d'administration pour diriger et centraliser la compta- « bilité sur toute division, escadre ou station commandée « par un contre-amiral ou un vice-amiral.

« Dans la même ordonnance de 1689 se trouvaient, au

« nombre des mesures prescrites à l'administration, la « justification des dépenses par pièces probantes à l'appui « des mandats, le recensement des magasins en fin d'an- « née, et l'aperçu motivé des besoins de toute nature pour « l'année suivante, c'est-à-dire, en d'autres termes, tous « les principes : 1° du compte financier à juger par la cour « des comptes ; 2° du compte administratif en deniers; « 3° du compte matières; 4° du budget annuel [1].

« Lorsque, dans les temps postérieurs au ministère de « Colbert, et en vertu de l'ordonnance du 27 septembre « 1776, le corps administratif eut perdu, parmi les attri- « butions qu'il lui avait conférées dans l'intérêt de l'État, « le *service de la comptabilité à la mer*, l'expérience fit res- « sortir la sagesse des dispositions qui avaient été réglées « par ce grand ministre dans l'ordonnance de 1689; car il « fut absolument impossible de rendre aucun compte des « immenses dépenses du service à la mer faites pendant

[1] Voici comment, dans son ouvrage intitulé : *Droit et législation des armées de terre et de mer*, M. Durat-Lasalle résume les prescriptions de la célèbre ordonnance de 1689 :

« C'est après une expérience de trente années, et avec des matériaux « soigneusement éprouvés, que Colbert prépara cette magnifique ordon- « nance sur la marine royale, que Louis XIV signa en 1689, réglant le « pouvoir, les fonctions et devoirs des officiers des armées navales, le « rang, le commandement, les saluts, la justice, les peines, la police « sur les vaisseaux, la garde des ports et arsenaux, les gardes de la ma- « rine, l'enrôlement, la levée, le payement, etc., les appointements, la « solde, les vivres, la police des ports, les fonctions des officiers de port, « la construction des vaisseaux, l'armement, la conservation, l'artillerie, « les armes, la fourniture des munitions, etc. ; les hôpitaux, la compta- « bilité, les prises, les bois, etc. etc. »

(Tome V. *Notice historique et législative*, page 89.)

« toute la guerre d'Amérique[1]. Aussi, à l'aspect de ce « déplorable résultat, une ordonnance de 1784 vint-elle, « en rendant au corps administratif cette partie de ses « attributions, rétablir les choses sur le pied où Colbert « les avait mises, et, depuis lors, elles y sont restées.

« Le commissariat, tel qu'il se trouve organisé par les « ordonnances des 3 janvier 1835, 11 octobre 1836 et « 31 décembre 1838, sert à terre, à la mer, dans les co- « lonies. »

. . . .

(Extrait du compte de 1838, page 89.)

« Voici l'indication des principaux actes qui ont succes- « sivement réglé l'organisation et les attributions du corps « administratif :

« Ordonnance de 1681, quant aux rapports de l'admi- « nistration avec la marine commerciale, et ordonnance « de 1689 sur les arsenaux de la marine, l'une et l'autre « contre-signées par Colbert, qui n'avait pas cessé de s'en « occuper depuis l'époque où il prit le portefeuille de la « marine, en 1669.

« Ordonnance de 1765, sous le contre-seing de M. de « Choiseul, qui la première a changé toutes les bases du « système d'unité fondé par Colbert. Ordonnances de « 1774, de 1776, de 1786, développant les conséquences « du principe de division des pouvoirs, substitué, en « 1765, au système de Colbert.

[1] Rapport de M. Malouet à l'Assemblée constituante, tome XVIII des procès-verbaux.

« Décret de l'Assemblée nationale, du 21 septembre « 1791, sanctionné le 12 octobre, préparé à la suite du « rapport de M. Malouet, et qui ramenait tout le régime « économique des arsenaux au système de Colbert.

« Décrets des 2 et 3 brumaire an IV (24 et 25 octobre « 1795), rédigés dans le même esprit.

« Arrêté consulaire du 7 floréal an VIII (27 avril 1800), « qui, en conservant le fond du même système avec quel- « ques changements dans les formes, a subsisté jusqu'à la « restauration.

« Ordonnance du 29 novembre 1815, sous le contre- « seing de M. Dubouchage, rétrogradant au régime qui, « après avoir détruit le système de Colbert, avait duré de « 1765 à 1791.

« Ordonnance du 27 décembre 1826, portant rétablis- « sement des préfectures maritimes créées en l'an VIII « (1800), mais avec de graves changements, quant à l'ins- « pection telle que l'avait conçue l'arrêté du 7 floréal.

« Ordonnance du 3 janvier 1835, portant suppression « du contrôle et réunion des deux branches du corps ad- « ministratif, qui, de 1669, époque où Colbert jeta les « fondements de l'établissement naval, jusqu'à ladite « année 1835, avaient toujours existé séparément dans le « département de la marine, l'une pour l'exécution, l'autre « pour le contrôle.

« En résumé, dans la période de 1669 à 1835, laquelle « présente une durée de 166 ans, il y a eu pour le régime « économique des ports et arsenaux deux systèmes prin- « cipaux :

« 1° Celui dont Colbert eut la pensée, et qui reposait

« sur l'unité de pouvoir dans les arsenaux, avec la double « garantie résultant du principe d'une responsabilité sé- « rieuse et de l'existence d'un contrôle fortement organisé. « Ce système a prédominé à deux époques différentes et « pendant une durée totale de 121 ans;

« 2° L'autre système, consistant en une division des « pouvoirs avec un contrôle moins fort, a duré, à deux « reprises, l'espace de 36 ans. Puis, ce contrôle, qui n'avait « pas repris sa force lors du rétablissement des préfectures « maritimes, en 1826, a été supprimé dans l'organisation « du 3 janvier 1835. »

(Extrait du budget de 1840, page 15.)

Les principales modifications apportées à l'organisation de 1835 ont pris naissance, en 1844, dans l'ordonnance du 14 juin sur le service administratif de la marine, qui a rétabli un contrôle indépendant, et, en 1847, dans les ordonnances du 23 décembre, qui fixent l'institution du contrôle, étendent et limitent en même temps l'action du commissariat, et créent, en dehors du commissariat, deux corps nouveaux appelés à concourir avec lui aux opérations administratives : les comptables du matériel et les agents administratifs des directions de travaux dans les ports et des établissements hors des ports.

Le contrôle, tel que l'a conçu l'ordonnance du 14 juin 1844, forme un corps à part ayant ses moyens de recrutement propres, représenté par des officiers (dont l'ordre hiérarchique correspond à celui du corps du commissariat), tant dans les ports militaires, les ports secondaires et les établissements hors des ports, que près du ministre, au sein de l'administration centrale. Le rôle qui lui est assigné consiste à surveiller toutes opérations administratives, à rappeler les administrateurs à la règle, s'il y a lieu, sans avoir jamais le droit de les entraver, et dans le cas où, nonobstant ses représentations, la règle serait enfreinte, à en aviser le ministre. La principale innovation introduite par l'ordonnance du 14 juin est la création du contrôle central.

Les ordonnances du 23 décembre 1847 sont à peine entrées dans la pratique. L'organisation de la comptabilité du matériel dans les arsenaux de la marine en a été l'origine. On s'est proposé de séparer, autant que possible, les attributions administratives, proprement dites, de celles qui sont plus exclusivement du domaine de la comptabilité. On trouvera, du reste, aux *Annales maritimes* de 1847, page 1602, dans le rapport qui précède les ordonnances dont il vient d'être parlé, des explications relatives à cette importante partie du service de la marine.

Nous renvoyons également, pour l'étude complète de la question, aux mémoires si remarquables de M. Boursaint, sur l'organisation administrative des arsenaux de la marine.

(Écrits divers. — Page 117. *Mémoire sur un projet d'ordonnance relatif à l'organisation des ports.* — Page 163. *Rapport sur la constitution du budget et du compte.* — Page 219. *Mémoire sur l'inspection de la marine.*)

ADMINISTRATION ET CONTRÔLE.

6 octobre 1674.—Règlement pour la police générale des arsenaux de marine.

. . . .

Titre XIII. *De la fonction de l'intendant et autres officiers.*

Édits, déclarations, etc., page 93.— *Code des armées navales*, page 42.

15 avril 1689.—Ordonnance pour les armées navales et arsenaux de marine.

. . . .

Livre XII. *Des fonctions des officiers de port.* —Titre Ier. *De l'intendant.* — Titre II. *Des commissaires ordinaires employés dans un arsenal.* — Titre IV. *Du contrôleur.* — Titre VI. *Des écrivains du Roi.*

Code des armées navales, page 207.— *Annales maritimes* de 1847, page 91.

20 août 1691.—Ordonnance qui défend aux intendants, commissaires, contrôleurs et commis des classes de faire aucun commerce.

Index des ordonnances de la marine, tome V, page 28.

26 avril 1702.—Édit du Roi portant création de cent commissaires de marine et des galères.

11 novembre 1703.—Lettres patentes concernant les fonctions, priviléges et droits des contrôleurs généraux de la marine.

Index des ordonnances de la marine, tome II, page 183.

Avril 1704.— Édit du Roi portant création de huit inspecteurs généraux de la marine et des galères, de cent commissaires aux classes et de huit commissaires inspecteurs des vivres de la marine.

14 décembre 1705. — RÈGLEMENT du Roi sur les fonctions des commissaires de la marine avec les commissaires des classes.

Index des ordonnances de la marine, tome Ier, page 184.

24 août 1718. — RÈGLEMENT pour servir d'instruction aux écrivains des galères du Roi.

Recueil d'édits, arrêts, etc. tome VIII, page 101.

13 juillet 1722. — DÉCLARATION du Roi qui exempte les officiers de plume et autres entretenus, de tutelle, curatelle, logements des gens de guerre et autres charges.

Index des ordonnances de la marine, tome Ier, page 165.

17 janvier 1724. — ORDONNANCE portant l'établissement des commissaires aux classes.

Index des ordonnances de la marine, tome Ier, page 146.

30 août 1728. — ORDONNANCE établissant des commissaires aux classes, réglant leurs fonctions, leur rang et celui des commis principaux des classes et des écrivains principaux de la marine.

Recueil d'édits, arrêts, etc. tome XXVIII, page 142. — *Archives de la marine.*

17 septembre 1734. — LETTRE du ministre qui décide, en interprétation des ordonnances, que les intendants sont seuls en droit d'exercer la justice dans le port, et que les officiers de plume ne sont subordonnés qu'à eux.

Index des ordonnances de la marine, tome Ier, page 1.

6 novembre 1742. — LETTRE du ministre qui autorise le contrôleur à faire des revues et appels dans les chantiers et ateliers.

Index des ordonnances de la marine, tome II, page 253.

27 décembre 1743. — LETTRE du ministre qui confirme les décisions portant que les écrivains ne sont point subordonnés aux officiers.

Index des ordonnances de la marine, tome Ier, page 255, et tome II, page 258.

12 décembre 1759. — Ordonnance concernant les commis aux écritures dans les bureaux des ports et dans ceux des départements et quartiers des classes.

Index des ordonnances de la marine, tome V, page 317. — *Archives de la marine.*

15 mars 1760. — Lettre du ministre qui permet au contrôleur de ne plus faire tenir de doubles registres au magasin général.

Index des ordonnances de la marine, tome IV, page 378.

23 mars 1762. — Ordonnance portant règlement sur les titres, le nombre et les appointements des officiers de plume de la marine.

Archives de la marine.

25 mars 1765. — Ordonnance concernant la marine.

. . . .

Livre V. *Des fonctions des officiers de l'administration dans le port et autres entretenus.*

. . . .

Archives de la marine.

17 mai 1765. — Lettre du ministre sur la nouvelle ordonnance du 25 mars 1765, qui établit le corps des officiers de l'administration de la marine.

Index des ordonnances de la marine, tome V, page 400.

14 juin 1772. — Instruction arrêtée par le Roi, concernant le service à remplir dans les ports, en exécution de l'ordonnance du 18 février 1772 [1].

Archives de la marine.

8 novembre 1774. — Ordonnance pour régler provisoirement ce qui sera observé dans les différentes parties du service de la marine.

Recueil d'édits, arrêts, etc. tome CXVIII, page 241.

[1] Voir le titre *Organisation générale.*

27 septembre 1776. — Ordonnance concernant la régie et l'administration générale et particulière des ports et arsenaux de la marine.

Recueil d'édits, arrêts, etc. tome CXXIII, page 92. — *Annales maritimes de 1823*, page 371.

27 septembre 1776. — Ordonnance pour régler les fonctions dont les officiers de la marine seront chargés sur les escadres et à bord des vaisseaux, relativement aux consommations et remplacement des munitions et des effets, et aux revues des équipages dans le cours des campagnes.

Recueil d'édits, arrêts, etc. tome CXXIII, page 167.

27 septembre 1776. — Ordonnance pour la suppression du corps des officiers d'administration et des écrivains de la marine.

Recueil d'édits, arrêts, etc. tome CXXIII, page 180.

27 septembre 1776. — Ordonnance portant établissement de commissaires généraux et ordinaires des ports et arsenaux de la marine, et de gardes-magasins.

Recueil d'édits, arrêts, etc. tome CXXIII, page 182.

27 septembre 1776. — Ordonnance portant établissement de commissaires et syndics des classes.

Recueil d'édits, arrêts, etc. tome CXXIII, page 186.

27 septembre 1776. — Ordonnance portant établissement de contrôleurs de la marine.

Recueil d'édits, arrêts, etc. tome CXXIII, page 188.

1er novembre 1784. — Ordonnance établissant des intendants ou commissaires attachés aux armées navales, escadres ou divisions, et des commis aux revues et aux approvisionnements à bord de chaque vaisseau, frégate ou autre bâtiment.

Recueil des ordonnances et règlements du maréchal de Castries. Imprimerie royale, 1786. — *Annales maritimes de 1821*, page 201.

1er novembre 1784. — Règlement du Roi concernant le service à exécuter par les commis aux revues et aux approvisionnements à bord des vaisseaux armés préposés par l'ordonnance de même date pour remplir les fonctions qui étaient attribuées, par celle du 27 septembre 1776, à l'officier chargé du détail.

Annales maritimes de 1821, page 206.

28 septembre 1791.—DÉCRET relatif à l'administration de la marine.

Recueil des lois de la marine, tome II, page 319.

12 octobre 1791.—DÉCRET concernant l'administration des ports et objets y relatifs.

Recueil des lois de la marine, tome II, page 307.

25 juillet 1792.—DÉCRET relatif aux quartiers des classes de la marine et aux officiers d'administration qui doivent y être établis.

Recueil des lois de la marine, tome III, page 39.

14 février 1793. — DÉCRET augmentant le nombre des chefs, sous-chefs, sous-contrôleurs et commis de l'administration civile de la marine dans les ports, et fixant leurs appointements.

Recueil des lois de la marine, tome III, page 316.

27 septembre 1793. — DÉCRET supprimant le corps et la dénomination de l'administration civile de la marine.

Recueil des lois de la marine, tome IV, page 124.

2 brumaire an IV (24 octobre 1795). — DÉCRET concernant l'administration des ports et arsenaux de la marine.

Recueil des lois de la marine, tome VI, page 31.

3 brumaire an IV (25 octobre 1795). — DÉCRET relatif à la nomination, aux fonctions, à l'uniforme et au traitement des employés de l'administration des ports.

Recueil des lois de la marine, tome VI, page 62.

7 floréal an VIII (27 avril 1800). — RÈGLEMENT sur l'organisation de la marine.

. . . .

Titre II. *Service des ports et arsenaux*. . . . . Section VII. *Administration et comptabilité*. — Titre III. *De l'Inscription maritime*. — Titre IV. *Service à la mer*. — Titre V. *Inspection du service de la marine*.

Recueil des lois de la marine, tome X, page 235.

7 thermidor an VIII (26 juillet 1800). — ARRÊTÉ portant règlement sur l'organisation et le service général de la marine.

. . . .

Section V. *Administration*. — Section VI. *Agents de la comptabilité à bord des vaisseaux*. — Section VII. *Inscription maritime*. — Section VIII. *Des inspecteurs de marine*.

Recueil des lois de la marine, tome X, page 290.

9 vendémiaire an IX (1er octobre 1800). — Arrêté portant réduction des appointements des officiers et agents entretenus de la marine.

Recueil des lois de la marine, tome X, page 515.

15 nivôse an IX (5 janvier 1801). — ARRÊTÉ relatif aux appointements des employés de la marine dans les colonies.

Recueil des lois de la marine, tome XI, page 269.

3 fructidor an IX (21 août 1801). — ARRÊTÉ qui accorde un supplément de traitement graduel aux préposés à l'inscription maritime et aux syndics des marins.

Recueil des lois de la marine, tome XI, page 475.

3 pluviôse an X (23 janvier 1802). — ARRÊTÉ prorogeant, pour l'an X, les réductions ordonnées pour l'an IX, sur les appointements des officiers d'administration et autres entretenus de la marine.

Recueil des lois de la marine, tome XII, page 141.

27 nivôse an XI, (17 janvier 1803). — ARRÊTÉ relatif aux employés civils dont le traitement n'excède pas 1,200 francs.

Recueil des lois de la marine, tome XIII, page 141.

11 frimaire an XII (3 décembre 1803). — ARRÊTÉ relatif à une augmentation d'administrateurs pendant la guerre, en sus du nombre fixé par l'arrêté du 7 thermidor an VIII (26 juillet 1800).

Recueil des lois de la marine, tome XIV, page 92.

29 germinal an XII (19 avril 1804). — ARRÊTÉ relatif aux élèves de l'administration de la marine[1].

Recueil des lois de la marine, tome XIV, page 175.

29 fructidor an XII (16 septembre 1804). — DÉCRET concernant le nombre, les classes et les appointements des officiers et agents entretenus de la marine.

. . . .

ART. 12.

Gratification de 25 francs par chaque mois de campagne, et après reddition de compte, aux agents comptables embarqués[2].

Recueil des lois de la marine, tome XIV, page 331.

30 octobre 1807. — RÈGLEMENT concernant les agrès, bouches à feu, etc.

. . . .

Article 10, relatif aux frais de bureau des commissaires d'escadre et des agents comptables.

29 novembre 1815. — ORDONNANCE concernant la régie et administration générale et particulière des ports et arsenaux de marine.

Annales maritimes de 1816, page 17. — *Bulletin des lois*, VIIe série, n° 49, page 485.

[1] Voir les ordonnances des 28 janvier 1824, 13 décembre 1830 et 23 décembre 1847.

[2] Disposition confirmée par l'article 30 de l'ordonnance du 8 février 1829. — Voir, en outre, les dépêches des 15 juillet 1817, 25 août 1833 et 21 septembre 1837.

16 décembre 1815. — Règlement portant fixation du nombre, des grades, classes, appointements et frais de bureau des officiers militaires et civils de la marine, employés dans les ports du royaume.

Annales maritimes de 1816, page 45.

21 octobre 1816. — Décision allouant un traitement particulier au commissaire général de la marine au Havre.

15 juillet 1817. (*Personnel.*) — Circulaire relative à la gratification de bonne gestion accordée, par l'arrêté du 29 fructidor an XII, aux commis aux revues, lors du désarmement des bâtiments. . .

Annales maritimes de 1817, page 266.

28 janvier 1824. — Ordonnance concernant l'admission, l'avancement, etc., des élèves d'administration de la marine[1]. — Programme des connaissances exigées.

Annales maritimes de 1824, pages 252 et 294.

31 octobre 1827. — Ordonnance sur le service à la mer.

. . . .

Titre XII. *Des officiers d'administration.*

Annales maritimes de 1827, tome II, page 132.

17 décembre 1828. — Ordonnance sur le service des ports, en exécution de l'ordonnance du 27 décembre 1826, portant rétablissement des préfectures maritimes[2].

Annales maritimes de 1829, page 1.

8 février 1829. — Ordonnance portant fixation du nombre des

[1] Voir l'ordonnance du 13 décembre 1830.

[2] Voir, sur l'organisation du service des ports, deux mémoires écrits en 1827 : l'un par M. Boursaint, directeur au ministère de la marine (*Écrits divers*, page 117) ; l'autre par M. le comte Redon, préfet maritime. (Ce dernier mémoire n'a pas été imprimé.)

grades et des fonctions des officiers d'administration de la marine.

. . . .

Art. 12. Supplément du quart du traitement, aux officiers d'administration embarqués en qualité de commissaires d'armée, d'escadre ou de division. — Article 30. Traitement des commis embarqués.

Annales maritimes de 1829, page 249.

13 décembre 1830. — ORDONNANCE qui supprime l'institution des élèves d'administration de la marine, et qui détermine le mode d'avancement dans la carrière administrative, jusqu'au grade de sous-commissaire[1].

Annales maritimes de 1831, page 3.

12 septembre 1831. — RÈGLEMENT ministériel pour l'admission aux places de commis entretenu de la marine.

Annales maritimes de 1831, page 588.

12 septembre 1831. — PROGRAMME pour l'admission aux places de sous-commissaire ou de sous-inspecteur de la marine.

Annales maritimes de 1831, page 592.

16 avril 1832. (*Personnel.*) — CIRCULAIRE portant que les commis entretenus embarquent à tour de rôle, jusqu'à l'âge de cinquante ans.

30 avril 1832. — ORDONNANCE réglant, pour 1832, les suppléments de fonctions accordés aux chefs maritimes des ports secondaires.

25 août 1833. (*Personnel.*) — DÉPÊCHE interprétative de l'arrêté du 29 fructidor an XII, en ce qui touche la gratification de bonne gestion des agents comptables embarqués.

Administration des vaisseaux, 1840, page 17.

[1] Voir l'ordonnance du 23 décembre 1847.

19 mai 1834. — Loi sur l'état des officiers[1].

Annales maritimes de 1834, page 438.

31 juillet 1834. — Ordonnance concernant l'admission aux emplois d'écrivains et de commis de la marine, ainsi qu'à l'avancement au grade de sous-commissaire ou de sous-inspecteur de la marine.

Annales maritimes de 1834, page 602.

28 août 1834. — Règlement concernant les examens d'admission aux emplois d'écrivains et à ceux de commis entretenus de la marine, et les concours pour les grades de sous-inspecteur et de sous-commissaire.

Annales maritimes de 1834, pages 639 et 643.

6 octobre 1834. (*Personnel.*) — Circulaire contenant des explications sur l'ordonnance du 31 juillet 1834, en ce qui concerne l'admission aux emplois d'écrivains et de commis de marine.

Annales maritimes de 1834, page 693.

3 janvier 1835. — Ordonnance portant institution d'un corps du commissariat de la marine[2].

Annales maritimes de 1835, page 81.

3 janvier 1835. — Ordonnance portant organisation du corps du commissariat de la marine[3].

Annales maritimes de 1835, page 93.

[1] D'après l'article 24, la loi est applicable aux officiers des troupes de la marine et aux officiers entretenus des autres corps de ce département. — Voir le titre *Officiers de vaisseau*.

[2] Voir, sur la suppression de l'*Inspection*, le mémoire écrit en 1833 par M. Boursaint. (*Écrits divers*, p. 219.) —Voir, en outre, l'ordonnance du 11 octobre 1836. — Voir enfin l'ordonnance du 14 juin 1844, réorganisant le service administratif et portant rétablissement du contrôle.

[3] Voir, pour les fixations de cadre du commissariat, les ordonnances

26 janvier 1835. — Règlement sur la répartition des officiers et employés du commissariat dans les ports militaires et de commerce et dans les quartiers de l'inscription maritime.

Annales maritimes de 1835, page 216.

29 janvier 1835. — (*Ports.*) — Circulaire portant indications concernant l'exécution de l'ordonnance du 3 janvier 1835.

Annales maritimes de 1835, page 234.

5 février 1835. — (*Personnel.*) — Circulaire contenant des observations et développements concernant l'institution du commissariat de la marine.

Annales maritimes de 1835, page 249.

5 février 1835. — (*Personnel.*) — Circulaire portant instructions sur les titres des officiers du commissariat de la marine.

Annales maritimes de 1835, page 254.

7 mars 1835. — (*Subsistances.*) — Dépêche portant que les agents du service des subsistances ne doivent plus être chargés d'expédier et de signer les mandats relatifs à ce service : ces mandats sont expédiés par le commissariat.

16 mars 1835. — (*Personnel.*) — Dépêche contenant des instructions sur le service des ports secondaires. — Fonctions distinctes d'après l'article 43 de l'ordonnance du 3 janvier. — Conseils d'administration de ces ports.

2 avril 1835. — (*Personnel.*) — Dépêche contenant des explications sur la nomination des commis entretenus pour le service des directions et des états-majors.

13 avril 1835. — (*Personnel.*) — Dépêche au sujet du mode d'admission des écrivains dans les services spéciaux, sans examen. — Ils ne peuvent se présenter aux concours pour le grade de commis entretenu.

des 31 décembre 1838, 10 août 1841, 21 décembre 1844, 22 juin 1846 et 23 décembre 1847, et l'arrêté du 30 avril 1848.

20 avril 1835. — Instructions concernant les revues dans le service de la marine.

Annales maritimes de 1835, page 338.

24 avril 1835.—Décision royale portant modification de l'ordonnance du 3 janvier 1835, en ce qui concerne le service des sous-arrondissements de Marseille et de la Corse.

19 mai 1835. — Ordonnance instituant des emplois de *chefs du service des chiourmes* dans les ports de Brest, Toulon et Rochefort. Ces fonctionnaires sont sous les ordres directs du préfet maritime.

L'agent comptable est placé sous l'autorité du chef du service.

Annales maritimes de 1835, page 369.

21 mai 1835. — (*Personnel.*) — Dépêche portant que, dans le calcul des quatre années de service exigées des commis principaux pour l'avancement au grade de sous-commissaire, le temps de service à la mer doit être compté pour moitié en sus de sa durée effective.

15 juin 1835. — (*Personnel.*) — Dépêche contenant des instructions sur la condition de service exigée par l'ordonnance du 31 juillet 1834 pour l'admission aux emplois de commis entretenu. — Il y a lieu d'exiger des écrivains deux années effectives de service, pour être admis au concours.

25 septembre 1835. — Arrêté ministériel portant répartition des commis principaux et ordinaires entre le service des ports principaux ou secondaires et celui des quartiers de l'inscription maritime.

Annales maritimes de 1840, page 1299.

4 décembre 1835. — Ordonnance établissant que les commis principaux de la marine et les chefs de comptabilité des différents services de la marine, ayant le grade de commis principal, seront désormais nommés par le Roi.

Annales maritimes de 1835, page 970.

29 février 1836. — (*Personnel.*) — Dépêche portant que la dénomination de commissaire des classes n'est plus en rapport avec la nouvelle organisation. — A l'avenir, le titre de commissaire, de sous-commissaire et de commis de *l'inscription maritime*, sera seul usité dans le service.

7 mars 1836. — (*Personnel.*) — Dépêche défendant de donner aux commis entretenus des gratifications sur les fonds qui sont exclusivement affectés au payement des écrivains.

11 octobre 1836. — Ordonnance sur les attributions et le service du commissariat de la marine[1].

Annales maritimes de 1836, page 1100.

22 octobre 1836. — (*Personnel.*) — Dépêche portant que les termes de l'article 1er de l'ordonnance du 11 octobre 1836, sur le commissariat, n'affectent en rien ceux de la partie de l'article 43 de l'ordonnance du 3 janvier, en ce qui concerne la position des sous-commissaires chargés spécialement du contrôle dans les ports secondaires.

24 novembre 1836. — Dépêche portant que le commissaire général n'exerce qu'un contrôle sur le service de santé, et que ce contrôle doit avoir pour objet de constater l'exactitude du service et l'exécution de toutes les dispositions réglementaires.

22 décembre 1836. (*Personnel.*) — Dépêche portant qu'il ne sera plus nommé de commis non entretenu pour le service spécial des hôpitaux de la marine.

Les agents actuellement employés qui justifieront de 15 ans de service pourront recevoir l'application de l'article 36 de l'ordonnance du 3 janvier 1835.

24 août 1837. (*Personnel.*) — Dépêche portant que l'indemnité de fonctions accordée aux commissaires généraux revient aux commissaires chargés de l'intérim, lorsque le titulaire est en

[1] Voir l'ordonnance du 14 juin 1844, réorganisant le service administratif et portant rétablissement du contrôle.

congé. Cette règle est applicable à toutes les indemnités déterminées par l'article 15 de l'ordonnance du 3 janvier 1835.

21 septembre 1837. (*Personnel.*) — DÉPÊCHE interprétative de l'arrêté du 29 fructidor an XII, en ce qui touche la gratification de bonne gestion des agents comptables embarqués.

Administration des vaisseaux, 1840, page 14.

31 décembre 1838. — ORDONNANCE portant modification à l'organisation du corps du commissariat de la marine [1]. (Art. 5. L'avancement au grade de commis principal aura lieu un tiers à l'ancienneté, et deux tiers au concours.)

Annales maritimes de 1839, page 54.

22 janvier 1839. (*Personnel.*) — DÉPÊCHE portant que les candidats au grade d'écrivain ne doivent pas être âgés de plus de 25 ans.

25 février 1839. (*Personnel.*) — DÉPÊCHE portant qu'il faut aux écrivains des services spéciaux deux ans d'emploi après réception par examen, pour être admissibles au concours de commis entretenu.

16 août 1839. — ORDONNANCE contenant des dispositions relatives au concours des candidats au grade de commis principal de la marine.

Annales maritimes de 1839, page 755.

1er septembre 1839. — INSTRUCTIONS données en exécution de l'ordonnance du 16 août 1839, et relatives au concours pour le grade de commis principal de la marine.

Annales maritimes de 1839, page 866.

20 septembre 1839. — ORDONNANCE sur l'avancement dans le commissariat de la marine aux colonies.

Annales maritimes de 1839, page 1114.

[1] Voir l'ordonnance du 10 août 1841.

23 juillet 1840. (*Personnel.*) — Circulaire fixant la solde des commis entretenus embarqués comme secrétaires des officiers généraux.

Annales maritimes de 1840, page 1320.

31 juillet 1840. — Ordonnance abrogeant une disposition de l'ordonnance du 3 janvier 1835, portant organisation du corps du commissariat de la marine.

Annales maritimes de 1840, page 802.

10 août 1841. — Ordonnance fixant le cadre du corps du commissariat de la marine[1].

Annales maritimes de 1841, page 903.

10 août 1841. — Ordonnance prescrivant les conditions à remplir pour être admis aux emplois d'écrivain, de commis entretenu, de commis principal et de sous-commissaire de la marine.

Annales maritimes de 1841, page 904.

13 novembre 1841. — Règlement sur l'organisation et le service dans les directions des arsenaux, des magasiniers, gardiens distributeurs et écrivains d'atelier.

Annales maritimes de 1841, page 1108.

14 mars 1842. (*Personnel.*) — Dépêche portant avis de la reconnaissance du droit à la dispense personnelle, en matière de recrutement, en faveur des commis entretenus.

Annales maritimes de 1842, page 428.

29 septembre 1842. (*Personnel.*) — Dépêche relative à l'allocation de l'indemnité de fonctions aux officiers du commissariat dans le cas d'intérim.

Annales maritimes de 1842, page 1095.

10 octobre 1842. — Ordonnance abrogeant l'article 7 de l'ordonnance du 3 janvier 1835, et réglant les conditions auxquelles les officiers et employés du commissariat attachés à l'adminis-

[1] Voir l'ordonnance du 21 décembre 1844.

tration centrale, pourront participer à l'avancement dans leur corps.

Annales maritimes de 1842, pages 1007 et 1091.

25 novembre 1842. (*Personnel.*) — DÉPÊCHE portant que, dans les huit années de service exigées par l'article 4 de l'ordonnance du 10 août 1841, pour la nomination au grade de commis principal, au choix, on comprendra le bénéfice d'embarquement ou de séjour aux colonies.

Annales maritimes de 1842, page 1093.

3 juin 1843. — CIRCULAIRE portant instructions relatives aux concours pour l'emploi de commis de marine.

Annales maritimes de 1843, page 664.

14 juin 1844. — RAPPORT et ordonnance concernant le service administratif de la marine. — Réorganisation du service. — Rétablissement, sur de nouvelles bases, du contrôle supprimé en 1835[1].

Annales maritimes de 1844, pages 613 et 627.

20 décembre 1844. — INSTRUCTION portant règlement provisoire pour l'exécution des dispositions de l'ordonnance du 14 juin 1844, en ce qui concerne le service du commissariat, des directions et du contrôle dans les ports et arsenaux de la marine.

Annales maritimes de 1844, page 1564.

21 décembre 1844. — ORDONNANCE portant fixation du cadre du corps du commissariat de la marine, à compter du 1er janvier 1845[2].

Annales maritimes de 1844, page 1602.

21 décembre 1844. — ORDONNANCE portant organisation du corps

[1] Voir les ordonnances du 23 décembre 1847.
[2] Voir l'ordonnance du 22 juin 1846.

du contrôle de la marine. — Rapport qui précède l'ordonnance.

Annales maritimes de 1844, pages 1548 et 1553.

27 décembre 1844. (*Colonies.*) — CIRCULAIRE aux gouverneurs et commandants des colonies portant que la dénomination de *contrôle* est substituée à celle d'*inspection.* — Disposition concernant la correspondance des *contrôleurs coloniaux* avec le département de la marine.

Annales maritimes de 1845, page 81.

13 janvier 1845. — TABLEAUX de répartition des officiers et employés du commissariat de la marine affectés, tant pour le service local que pour le service administratif des bâtiments armés, 1° dans les ports principaux et en Algérie, 2° dans les ports secondaires, 3° et de ceux affectés au service de l'inscription maritime.

Annales maritimes de 1845, page 164.

10 mars 1845. — DÉCISION royale fixant les suppléments de traitement à accorder aux officiers du contrôle de la marine employés à Paris.

13 mars 1845. (*Contrôle central.*) — CIRCULAIRE sur le mode de communication au contrôle des décisions et dépêches ministérielles.

Annales maritimes de 1845, page 651.

31 mars 1845. — CIRCULAIRE contenant des explications sur le service du contrôle dans les ports.

Annales maritimes de 1845, page 240.

7 juin 1845. — CIRCULAIRE contenant les indications relatives aux dépêches ministérielles qui doivent être communiquées au contrôle.

Annales maritimes de 1845, page 650.

10 novembre 1845. (*Personnel et contrôle.*) — Circulaire portant instructions relatives au personnel du contrôle.

Annales maritimes de 1845, page 836.

22 novembre 1845. (*Contrôle.*) — Circulaire contenant des observations et des instructions sur le service du contrôle de la marine.

Annales maritimes de 1845, page 922.

10 janvier 1846. — Arrêté concernant les examens d'admission au grade de sous-contrôleur de la marine de 2e classe.

Annales maritimes de 1846, page 97.

26 mai 1846. — Notification d'une ordonnance du 13 mai 1846, qui rapporte une partie des dispositions de l'article 88 de celle du 14 juin 1844.

Annales maritimes de 1846, pages 566 et 628.

22 juin 1846. — Rapport et ordonnance fixant le cadre du commissariat de la marine [1].

Annales maritimes de 1846, pages 728 et 730.

16 août 1846. — Ordonnance relative au personnel du service de comptabilité des directions des constructions navales, des mouvements du port, de l'artillerie, des travaux hydrauliques et bâtiments civils et des forges de la Villeneuve [2].

Annales maritimes de 1846, page 734.

23 décembre 1847. — Ordonnance concernant l'organisation du corps du commissariat de la marine [3].

Annales maritimes de 1847, page 1632.

23 décembre 1847. — Ordonnance concernant l'organisation du corps du contrôle de la marine.

Annales maritimes de 1847, page 1643.

[1] Voir l'ordonnance du 23 décembre 1847.

[2] Voir, page 737 des *Annales*, le règlement sur les examens d'admission aux emplois de commis de 2e classe dans le service de comptabilité des directions des travaux.

[3] Voir l'arrêté du 30 avril 1848.

23 décembre 1847. — ORDONNANCE concernant le service et le personnel des subsistances de la marine. — Licenciement du corps; fusion avec le commissariat.

Annales maritimes de 1847, page 1640.

23 décembre 1847. — ORDONNANCE concernant l'organisation du personnel administratif des directions de travaux dans les ports et des établissements de la marine situés hors des ports.

Annales maritimes de 1847, page 1646.

23 décembre 1847. — ORDONNANCE concernant l'organisation d'un corps de comptables de matières dans les divers services de la marine.

Annales maritimes de 1847, page 1651.

23 décembre 1847. — ORDONNANCE relative au corps du contrôle de la marine. — Les contrôleurs prennent le titre de contrôleur en chef; les contrôleurs adjoints de 1re et de 2e classe, celui de contrôleur, et les contrôleurs adjoints de 3e classe, celui de contrôleur adjoint.

Annales maritimes de 1847, page 1664.

2 février 1848. (*Comptabilité et contrôle.*) — CIRCULAIRE contenant des instructions pour l'exécution des articles 94 et 99 de l'ordonnance du 14 juin 1844.

Bulletin officiel de la marine, tome Ier, page 72.

3 février 1848. — ARRÊTÉ ministériel relatif aux propositions d'avancements et de décorations pour le corps du commissariat de la marine et à la tenue de la matricule générale de ce corps.

Bulletin officiel de la marine, tome Ier, page 77.

8 février 1848. — ORDONNANCE portant division du détail des revues, armements et prises en deux détails distincts.

Bulletin officiel de la marine, tome Ier, page 82.

9 février 1848. (*Services administratifs.*) — CIRCULAIRE relative aux suppléments de fonctions dont jouissent les officiers du

commissariat autres que les commissaires généraux et les chefs de service des ports secondaires.

Bulletin officiel de la marine, tome Ier, page 93.

30 avril 1848. — Arrêté ministériel pour fixer le cadre des grades supérieurs du corps du commissariat de la marine.

Bulletin officiel de la marine, tome Ier, page 321.

30 avril 1848. — Arrêté ministériel ajournant au 1er janvier 1849 l'organisation du corps des comptables de matières, prescrite par l'ordonnance du 23 décembre 1847.

30 avril 1848. — Arrêté ministériel portant suppression des suppléments de fonctions alloués aux commissaires généraux des cinq ports militaires.

Bulletin officiel de la marine, tome Ier, page 240.

25 mai 1848. (*Contrôle.*) — Circulaire relative aux emplois de commis entretenu dans le service du contrôle.

Bulletin officiel de la marine, tome Ier, page 259.

11 juillet 1848. (*Services administratifs.*) — Circulaire relative à la solde des commis et écrivains venus à Paris comme gardes nationaux.

Bulletin officiel de la marine, tome II, page 11.

28 juillet 1848. — Arrêté rétablissant la parité de droit pour la nomination, au choix, au grade de sous-commissaire de la marine, entre une année de service à la mer et deux années de service aux colonies.

Bulletin officiel de la marine, tome II, page 82.

8 septembre 1848. (*Services administratifs.*) — Circulaire fixant la répartition des officiers, des commis et des écrivains du commissariat entre les services des ports militaires, des ports secondaires, de l'inscription maritime et de la comptabilité des matières.

Bulletin officiel de la marine, tome II, page 159.

15 décembre 1848. — Arrêté modifiant l'article 21 de l'ordonnance du 23 décembre 1847, et portant que les sous-commissaires qui justifieront de quatre années de services effectifs dans ce grade et dans le grade de commis principal, pourront être portés au grade de commissaire adjoint.

Bulletin officiel de la marine, tome II, page 538.

18 décembre 1848. — Arrêté fixant le cadre du personnel administratif des directions de travaux dans les ports et des établissements de la marine hors des ports.

Bulletin officiel de la marine, tome II, page 542.

INGÉNIEURS DES PONTS ET CHAUSSÉES.

« La direction des travaux maritimes comprenant les « travaux hydrauliques, les constructions et réparations « des bâtiments civils, a été confiée au corps royal des in« génieurs des ponts et chaussées, par l'arrêté organique « du régime des ports et arsenaux, en date du 7 floréal « an VIII, titre VI, et par le décret impérial sur l'organisa« tion du corps des ingénieurs des ponts et chaussées du « 7 fructidor an XII, titre XII.

« D'après le premier de ces actes, le directeur des tra« vaux maritimes est, de droit, membre du conseil d'ad« ministration présidé par le préfet.

« Quant aux traitements, aux mouvements, à l'avance« ment, aux prérogatives des ingénieurs détachés de leur « corps pour le service des ports militaires, ils sont réglés « par les articles 72 à 74 du décret impérial susmentionné, « combinés avec l'article 5 de l'ordonnance royale du « 8 juin 1832.

(*Extrait du compte de 1838, page 95.*)

INGÉNIEURS DES PONTS ET CHAUSSÉES.

TRAVAUX HYDRAULIQUES ET BÂTIMENTS CIVILS.

6 octobre 1674. — RÈGLEMENT pour la police générale des arsenaux de marine. — Titre Ier : De la construction des bâtiments nécessaires pour les arsenaux [1].

Édits, déclarations, etc. page 93. — *Code des armées navales*, page 42.

19 janvier 1791. — DÉCRET concernant les ponts et chaussées. ..... Articles 4 et 6, relatifs aux travaux maritimes.

Recueil des lois de la marine, tome Ier, page 233.

2 brumaire an IV (24 octobre 1795). — DÉCRET concernant l'administration des ports et arsenaux de la marine.

....

Titre II, section V. *Bâtiments civils.*

....

Titre VI, article 77. Admission et avancement.

Recueil des lois de la marine, tome VI, pages 38 et 47.

[1] Voici l'article 1er de ce règlement qui embrasse toutes les parties du service de la marine :

« Les bâtiments des arsenaux de marine, dont la situation doit être « proche de l'eau, seront construits avec toute la solidité et les précau- « tions nécessaires. Les meilleurs matériaux seront employés à cette « construction. L'architecture en doit être simple et tirer sa magnificence « et sa beauté de la disposition, de l'étendue et de la solidité, sans y « employer d'autres ornements. »

3 brumaire an IV (25 octobre 1795). — DÉCRET relatif à la nomination, aux fonctions, à l'uniforme et au traitement des employés de l'administration des ports.

. . . .

Article 8. Ingénieurs des bâtiments civils.

Recueil des lois de la marine, tome VI, pages 64 et 69.

28 nivôse an VIII (18 janvier 1800). — ARRÊTÉ relatif à la confection des travaux maritimes. — Les ingénieurs affectés à ces travaux sont désignés sous la dénomination d'ingénieurs des travaux maritimes. — Ils sont entièrement assimilés aux ingénieurs constructeurs des vaisseaux.

Recueil des lois de la marine, tome X, page 64.

18 pluviôse an VIII (7 février 1800). — ARRÊTÉ qui ordonne la formation d'un conseil pour l'examen des projets relatifs aux travaux maritimes [1].

Recueil des lois de la marine, tome X, page 77.

17 ventôse an VIII (8 mars 1800). — ARRÊTÉ relatif au service des travaux maritimes.

Recueil des lois de la marine, tome X, page 170.

7 floréal an VIII (27 avril 1800). — RÈGLEMENT sur l'organisation de la marine.

. . . .

Titre VI. Travaux maritimes.

Recueil des lois de la marine, tome X, page 235.

22 prairial an X (11 juin 1802). — ARRÊTÉ relatif à la division des travaux des ports et à leur classement dans les attributions des ministères de la marine et de l'intérieur.

Recueil des lois de la marine, tome XII, page 297.

[1] Voir le titre *Conseils et comités*.

7 fructidor an XII (25 août 1804). — DÉCRET relatif à la formation du corps des ingénieurs des ponts et chaussées.

. . . .

Titres VIII et XII relatifs au service de la marine.

Recueil des lois de la marine, tome XIV, page 326.

13 fructidor an XIII (31 août 1805). — DÉCRET qui règle la compétence des ministres de l'intérieur, de la guerre et de la marine, relativement aux travaux à faire aux grandes routes, aux ports, aux canaux de navigation, aux rades, etc.

Recueil des lois de la marine, tome XV, page 257.

6 juin 1808. — DÉCISION accordant un supplément de 1,000 fr. à l'ingénieur des ponts et chaussées chargé des travaux de Bordeaux.

21 mai 1814. — ORDONNANCE concernant la dénomination des officiers chargés de la surveillance de la direction des travaux maritimes. — Inspection générale à Paris. — Service des ports.

Annales maritimes de 1809-1815, tome II, page 26.

16 décembre 1815. — RÈGLEMENT portant fixation du nombre, des grades, classes, appointements et frais de bureau des officiers militaires et civils de la marine, employés dans les ports du royaume.

Annales maritimes de 1816, page 45.

20 février 1816. — CIRCULAIRE fixant les suppléments d'appointements et les frais de bureau alloués aux ingénieurs des ponts et chaussées employés dans les ports au service de la marine.

1er septembre 1822. — DÉCISION royale allouant temporairement, à l'inspection générale des travaux maritimes, une somme annuelle de 1,800 francs à titre de supplément de frais de bureau.

11 décembre 1822. — RÈGLEMENT du Roi sur l'organisation des conducteurs des travaux employés au service de la marine [1].

Annales maritimes de 1823, page 196.

18 juillet 1825. — DÉCISION ministérielle fixant le traitement à Paris d'un ingénieur en chef des ponts et chaussées.

25 juillet 1825. (*Ports*). — DÉPÊCHE portant que, dans les circonstances où les ingénieurs des travaux hydrauliques auront à se déplacer *par ordre*, ils continueront à toucher en totalité les suppléments qui leur sont alloués.

17 décembre 1828. — ORDONNANCE sur le service des ports.

. . . .

Titre IV. *Des chefs de service dans les ports.* — Chapitre VI. *Du directeur des travaux hydrauliques et des bâtiments civils.*

Annales maritimes de 1829, page 1.

19 octobre 1829. — DÉCISION ministérielle fixant le traitement d'un inspecteur divisionnaire des ponts et chaussées.

21 février 1830. — DÉCISION royale affectant un second commis dessinateur à l'inspection générale des travaux hydrauliques.

11 octobre 1830. — ORDONNANCE élevant de 3 à 4 p. o/o la retenue exercée sur le traitement des ingénieurs et autres agents du service des ponts et chaussées.

19 octobre 1830. — ORDONNANCE relative au personnel du service des ponts et chaussées.

Annales maritimes de 1830, tome II, page 677.

8 juin 1832. — ORDONNANCE relative à l'organisation de l'administration des ponts et chaussées et des mines.

Bulletin des lois, 9e série, no 166, page 795.

18 avril 1838. (*Ports.*) — DÉPÊCHE portant que les élèves *hors de*

[1] Voir l'ordonnance du 14 septembre 1840.

concours et les aspirants ingénieurs qui remplissent les fonctions d'ingénieur ordinaire reçoivent un supplément annuel de 800^{f}.

14 septembre 1840. — ORDONNANCE qui fixe le traitement annuel des conducteurs entretenus du service hydraulique employés dans les arsenaux de la marine.

Annales maritimes de 1840, page 973.

19 février 1844. (*Ports.*) — DÉCISION sur les indemnités de logement des ingénieurs des ponts et chaussées attachés au service de la marine.

31 janvier 1847. — ORDONNANCE fixant le traitement des conducteurs entretenus du service des travaux hydrauliques, employés dans les arsenaux de la marine.

Annales maritimes de 1847, page 10.

26 juillet 1848. (*Services administratifs et travaux.*) — CIRCULAIRE déterminant une nouvelle fixation de supplément variable des ingénieurs des ponts et chaussées attachés au service de la marine.

Bulletin officiel de la marine, tome II, page 76.

3 août 1848. (*Comptabilité et secrétariat.*) — CIRCULAIRE faisant envoi de l'arrêté du ministre des travaux publics du 1er juillet 1848, lequel détermine le mode d'application de la retenue proportionnelle, pour les ingénieurs et agents du service des ponts et chaussées.

Bulletin officiel de la marine, tome II, page 91.

9 octobre 1848. (*Services administratifs.*) — CIRCULAIRE relative aux émoluments accessoires des ingénieurs en chef des ponts et chaussées, attachés en sous-ordre au service de la marine.

Bulletin officiel de la marine, tome II, page 303.

AUMÔNIERS.

De toutes les professions où l'homme soit engagé, il n'en est aucune qui le mette plus souvent en face de la mort que celle du marin; il n'en est aucune qui le prédispose davantage aux sentiments religieux et qui entretienne plus constamment ces sentiments dans son âme. Aussi, chez tous les peuples qui ont une marine militaire, on trouve, soit dans les arsenaux, soit même à bord des vaisseaux, des ministres de la religion. En France, l'institution des aumôniers de la marine remonte à l'origine de l'établissement maritime. Cette institution a eu ses vicissitudes. L'expérience en a fait ressortir les inconvénients comme les avantages. Abandonnée à la suite de la révolution de 1789, elle a été rétablie dans les ports, dès que les églises ont été ouvertes, par le premier Consul, à la religion catholique.

Dans son rapport de 1820, sur le budget normal de la marine[1], M. le ministre Portal parlait en ces termes de l'institution :

« Les aumôniers de la marine se réduisent à ceux « qui desservent les hôpitaux et les chapelles des grands « ports.

« Les difficultés qui sont nées de diverses circons-

[1] Page 13.

« tances, n'ont pas encore permis de ramener les équi-
« pages embarqués aux pratiques religieuses que la révo-
« lution a fait cesser. Il serait d'un grand intérêt moral
« qu'on revînt, dès qu'il sera possible, à l'usage de placer
« des aumôniers sur les vaisseaux et sur les autres bâti-
« ments destinés à de longs voyages. »

C'est dans cette mesure qu'en 1845 le règlement du 23 août, sur le service religieux dans les établissements de la marine, a fait revivre ce service sur nos vaisseaux.

AUMÔNIERS.

15 octobre 1683. — CONTRAT pour l'établissement du séminaire des prêtres de la mission dans l'hôpital de Rochefort.

11 novembre 1685. — ORDONNANCE sur le service des aumôniers et des chirurgiens établis sur les galères.

26 décembre 1685. — Traité fait avec les jésuites pour l'établissement d'un séminaire au port de Brest.

11 septembre 1686. — CONTRAT d'établissement du séminaire des jésuites à Toulon.

Index des ordonnances de la marine, tome III, page 197.

Novembre 1686. — LETTRES PATENTES portant établissement d'un séminaire à Toulon pour l'instruction des aumôniers de la marine.

Archives de la marine.

17 mars 1687. — CONTRAT passé pour l'aumônerie et le séminaire du port de Rochefort, entre M. de Seignelay et les supérieurs de l'ordre de Saint-Lazare.

Archives de la marine.

23 mars 1689. — Ordonnance qui règle le logement, à bord des vaisseaux, et la nourriture des directeurs d'aumôniers embarqués sur les escadres.

Index des ordonnances de la marine, tome Ier, page 169.

2 juin 1694. — ORDONNANCE obligeant de prendre un aumônier

pour tout voyage de long cours où il y a vingt-cinq hommes.

Valin, tome Ier, page 267. — *Index des ordonnances de la marine*, tome V, page 30.

1700. — Règlement pour les aumôniers entretenus dans le séminaire de Toulon.

Index des ordonnances de la marine, tome III, page 212.

2 février 1701. — Ordonnance obligeant de prendre un aumônier lorsqu'il y a trente hommes d'équipage.

Valin, tome Ier, page 468.

30 août 1702. — Ordonnance qui oblige de prendre un aumônier sur les corsaires de cent tonneaux.

Valin, tome Ier, page 468.

11 mars 1705. — Ordonnance. Aumônier sur les corsaires d'un pont et demi et de soixante hommes.

Valin, tome Ier, page 469.

17 juillet 1709. — Lettre de M. de Pontchartrain, recommandant aux officiers de l'amirauté de tenir la main à l'exécution des ordonnances concernant l'aumônier.

Valin, tome Ier, page 469.

5 juin 1717. — Règlement portant qu'il sera embarqué des aumôniers pour les voyages de long cours, sur les navires marchands où il y a quarante hommes d'équipage.

Valin, tome Ier, page 470. — *Index des ordonnances de la marine*, tome Ier, page 207.

8 décembre 1720. — Règlement du Roi pour embarquer un aumônier sur les navires marchands armés de quarante hommes.

Index des ordonnances de la marine, tome Ier, page 311.

16 avril 1724. — Lettre sur le logement des aumôniers à bord des vaisseaux.

Index des ordonnances de la marine, tome Ier, page 148.

6 octobre 1727. — DÉCISION sur la paye des aumôniers de Toulon.

Archives de la marine.

11 mai 1738. — ORDONNANCE qui prescrit que les jésuites embarqués pour directeurs des aumôniers auront un logement sur la dunette, la table du commandant, et 30 livres par mois.

Archives de la marine.

24 janvier 1760. — LETTRE qui réduit le payement des aumôniers entretenus pour les galères, dans le séminaire des jésuites, à 300 livres chacun.

Index des ordonnances de la marine, tome IV, page 373.

5 juin 1771. — RÈGLEMENT. Aumônier pour les voyages de long cours où il y a quarante hommes d'équipage.

Valin, tome Ier, page 470.

22 pluviôse an XI (11 février 1803.) — ARRÊTÉ qui fixe les appointements de l'aumônier établi à l'hôpital de la marine à Toulon.

Recueil des lois de la marine, tome XIII, page 194.

16 décembre 1815. — RÈGLEMENT portant fixation du nombre, des grades, classes, appointements et frais de bureau des officiers militaires et civils de la marine employés dans les ports du royaume.

Annales maritimes de 1816, page 45.

8 janvier 1823. — ORDONNANCE qui détermine les dispositions à suivre à l'égard des aumôniers employés dans les ports de France, dans les colonies et dans les régiments de la marine, en ce qui concerne leur traitement d'activité et leur solde de retraite.

Annales maritimes de 1823, page 278.

26 février 1823. — DÉCISION royale fixant le traitement des aumôniers des vaisseaux et des frégates.

Annales maritimes de 1823, page 316.

22 janvier 1824. — ORDONNANCE fixant le traitement des aumôniers embarqués sur les bâtiments de guerre.

Annales maritimes de 1824, page 210.

28 janvier 1824. — ORDONNANCE fixant le traitement de l'aumônier attaché au collége royal de la marine.

Annales maritimes de 1824, page 257.

31 octobre 1827. — ORDONNANCE sur le service à la mer.

....

Titre XIV. *De l'aumônier.*

Annales maritimes de 1827, tome II, page 142.

23 août 1845. — RÈGLEMENT relatif au service religieux dans les établissements de la marine.

Annales maritimes de 1846, page 66.

EXAMINATEURS DE LA MARINE

ET

PROFESSEURS D'HYDROGRAPHIE. — ÉCOLES SPÉCIALES.

Écoles d'hydrographie.

Les écoles d'hydrographie, dont la création remonte à l'origine de l'établissement naval, ont été organisées, en dernier lieu, par l'ordonnance du 7 août 1825 et par un règlement de même date, rendu pour l'exécution de cette ordonnance.

Aux termes de ces actes, deux examinateurs sont chargés de la direction de l'enseignement dans les écoles d'hydrographie, et de l'examen des candidats au brevet de capitaine au long cours et de maître au cabotage. Ils font, chaque année, des tournées dans les ports pour cet examen. Les places de professeurs d'hydrographie sont données au concours.

Pour être admis dans une école d'hydrographie, il faut être porté sur les matricules de l'inscription maritime et obtenir l'autorisation du commissaire du quartier.

Le règlement d'exécution, joint à l'ordonnance, fixe le nombre et la répartition des écoles d'hydrographie divisées en quatre classes, et détermine le traitement des professeurs.

Écoles spéciales pour le recrutement de l'armée navale.

Les anciennes écoles spéciales de Vannes et d'Alais, pour le recrutement du corps des officiers de marine, furent supprimées lors de la révolution de 1789.

Dans la période de 1791 à 1810, la pépinière des officiers se trouva dans deux classes d'aspirants nommés à la suite d'examens publics et peu difficiles. Les aspirants de 1re classe étaient seuls entretenus pendant un certain temps.

En 1810, l'Empereur créa, par un décret du 27 septembre, deux écoles flottantes à Brest et à Toulon, à bord des vaisseaux le *Duquesne* et le *Tourville*. L'examen préalable à la réception des élèves n'était, pour ainsi dire, qu'une simple formalité. Après deux ou trois années de séjour à l'école spéciale, les élèves obtenaient le grade d'aspirant de 1re classe. Dès lors, ils étaient entretenus.

Cette institution fut remplacée en 1816 par le collége royal d'Angoulême.

En 1824, la constitution de ce collége éprouva une modification importante. Aux examens insignifiants qu'on subissait pour y être admis, on substitua le *concours public*, avec les examinateurs de l'École polytechnique pour juges.

Plus tard, en 1826, le principe même de l'institution se trouva atteint. Le rôle du collége d'Angoulême fut réduit à celui d'une école préparatoire, et cette mesure coïncida avec l'établissement d'un *concours direct* pour l'admission à un *vaisseau-école*, dont l'établissement, projeté dès lors, eut lieu en 1827, en rade de Brest. C'était, on le voit, le premier essai, la première phase du système actuel. Cette modification devait porter un coup mortel au collége d'Angoulême. En effet, bien que réorganisé encore en 1829 (ordonnance du 26 mars), il fut supprimé quelque temps après la révolution de juillet (ordonnance du 7 décembre 1830).

L'école navale actuelle a été définitivement établie par une ordonnance du 1er novembre 1830, et par celle du 24 avril 1832, rendue en exécution de la loi sur l'avancement dans l'armée navale. Diverses ordonnances, promulguées depuis lors, ont apporté à cette institution les améliorations dont elle était susceptible.

L'école navale est la principale pépinière du corps des officiers de vaisseau. Les élèves y passent deux années consacrées aux études théoriques et pratiques. C'est en un mot le système des écoles flottantes de l'Empire, avec les améliorations indiquées par l'expérience.

On sait, au reste, que l'école polytechnique fournit un certain nombre d'aspirants de 1re classe à la marine. Les premiers maîtres de la flotte et les officiers *auxiliaires,* choisis dans la marine du commerce, ajoutent encore à ces précieuses ressources.

Il nous reste peu de mots à dire des autres écoles, classées sous le présent titre. Autres écoles.

L'école spéciale du génie maritime, qui était précédemment établie à Paris, a été transférée à Brest, en l'an X, puis à Lorient, en 1830. Cette école offre aux élèves de l'école polytechnique, qui doivent être les ingénieurs de la flotte, un enseignement pratique qui est, pour la marine, ce que l'école d'application de Metz est pour le génie et l'artillerie.

Nous ne terminerons pas cette note sans rappeler

qu'on trouvera, au titre *Ouvriers*, les actes relatifs aux écoles des jeunes gens qui se destinent à la maistrance, ainsi que ceux d'autres écoles pour l'instruction élémentaire des apprentis et des jeunes ouvriers de la marine. La pensée de ces écoles appartient surtout au ministre Portal dont le nom, rattaché à tant d'institutions utiles, restera toujours honoré dans le département de la marine.

EXAMINATEURS DE LA MARINE

ET

PROFESSEURS D'HYDROGRAPHIE. — ÉCOLES SPÉCIALES.

1er janvier 1786. — Règlement concernant les écoles d'hydrographie et la réception des capitaines, maîtres ou patrons des navires marchands.

Annales maritimes de 1836, page 384.

1er avril 1786. — Règlement concernant l'école à Paris, des élèves ingénieurs-constructeurs et des élèves ingénieurs des bâtiments civils de la marine[1].

Recueil des ordonnances et règlements du maréchal de Castries. Imprimerie royale, 1786. — *Archives de la marine.*

15 mai 1791. — Décret relatif à l'organisation de la marine.

. . . .

Écoles publiques. — Art. 14, relatif aux écoles d'hydrographie et de mathématiques.

Recueil des lois de la marine, tome Ier, page 419.

10 août 1791. — Décret concernant les écoles de mathématiques et d'hydrographie de la marine.

Recueil des lois de la marine, tome II, page 188.

14 octobre 1791. — Décret relatif aux écoles de la marine. — Tableau des appointements des professeurs des écoles d'hydrographie.

Recueil des lois de la marine, tome II, page 305.

25 novembre 1791. — Décret relatif aux écoles de mathématiques et d'hydrographie, et aux examens pour l'admission au grade d'enseigne.

Recueil des lois de la marine, tome II, page 360.

[1] Voir l'arrêté du 3 vendémiaire an x.

2 octobre 1793. — Décret qui ordonne l'établissement d'une école d'hydrographie à Quillebœuf.

Recueil des lois de la marine, tome IV, page 150.

3 pluviôse an II (22 février 1794). — Décret qui ordonne l'établissement d'une école d'hydrographie à Saint-Jean-de-Luz.

Recueil des lois de la marine, tome IV, page 301.

21 ventôse an II (11 mars 1794). — Décret portant création d'une commission des travaux publics.

Recueil des lois de la marine, tome IV, page 374.

7 vendémiaire an III (28 septembre 1794). — Loi relative à l'ouverture de l'école centrale des travaux publics à Paris, créée en vertu du décret du 21 ventôse an II.

Bulletin des lois, 1re série, n° 65, page 3.

15 fructidor an III (1er septembre 1795), — Loi qui détermine un mode pour l'examen et l'admission des candidats à l'école centrale des travaux publics, et change son nom en celui d'*école polytechnique* [1].

Bulletin des lois, 1re série, n° 175, page 11.

30 vendémiaire an IV (22 octobre 1795). — Décret concernant les écoles de services publics. (École polytechnique, école d'artillerie, école des ingénieurs militaires, école des ponts et chaussées, école des mines, école des géographes, école des ingénieurs de vaisseau, écoles de navigation, école de marine.)

Recueil des lois de la marine, tome VI, pages 21 et 26.

3 vendémiaire an X (25 septembre 1801). — Arrêté portant que l'école spéciale du génie maritime établie à Paris, sera transférée à Brest.

Recueil des lois de la marine, tome XII, page 2.

29 fructidor an XII (16 septembre 1804). — Décret concernant le nombre, les classes et les appointements des officiers et agents entretenus de la marine.

Recueil des lois de la marine, tome XIV, page 331.

[1] Voir l'ordonnance du 30 octobre 1844.

27 septembre 1810. — DÉCRET portant création et organisation de deux écoles spéciales de marine.

Annales maritimes de 1809-1815, tome Ier, pages 118 et 128.

16 décembre 1815. — RÈGLEMENT portant fixation du nombre, des grades, classes, appointements et frais de bureau des officiers militaires et civils de la marine, employés dans les ports.

Annales maritimes de 1816, page 45.

31 janvier 1816. — ORDONNANCE portant création d'un collége royal de marine et de compagnies d'élèves de la marine[1].

Annales maritimes de 1816, page 72.

2 février 1816. — RÈGLEMENT sur la première formation des compagnies d'élèves établies dans les ports de Brest, Rochefort et Toulon.

Annales maritimes de 1816, page 113.

10 août 1819. — DÉCISION ministérielle établissant, dans chacun des ports de Brest, Toulon et Rochefort, une école spéciale pour l'instruction théorique des jeunes ouvriers de 18 à 21 ans, destinés à la maistrance[2].

19 août 1820. — ORDONNANCE établissant une école gratuite d'hydrographie à Bastia.

Annales maritimes de 1820, page 411.

17 janvier 1821. — ORDONNANCE établissant une école gratuite d'hydrographie à Ajaccio.

Annales maritimes de 1821, page 281.

11 juin 1823. — ORDONNANCE fixant le traitement du gouverneur du collége royal d'Angoulême.

[1] Voir la décision royale du 30 juillet 1826, et les ordonnances des 26 mars 1829 et 7 décembre 1830.

[2] Voir, au titre *Ouvriers*, la note de cet acte, ainsi que les actes subséquents.

22 janvier 1824. — ORDONNANCE qui détermine les conditions d'admission au collége royal d'Angoulême.

Annales maritimes de 1824, page 215.

31 mars 1824. — ORDONNANCE fixant à 6,000 fr. par an le traitement du sous-gouverneur du collége d'Angoulême.

8 septembre 1824. — ORDONNANCE réglant le cours des études dans le collége royal de la marine à Angoulême.

Annales maritimes de 1824, page 496.

7 août 1825. — ORDONNANCE sur les écoles d'hydrographie et sur la réception des capitaines du commerce.

Annales maritimes de 1825, page 377.

7 août 1825. — RÈGLEMENT déterminant le nombre et la répartition des écoles d'hydrographie, ainsi que le traitement des examinateurs et des professeurs desdites écoles.

Annales maritimes de 1825, page 387.

7 août 1825. — RÈGLEMENT sur la solde de retraite des examinateurs de la marine et des professeurs des écoles d'hydrographie.

Annales maritimes de 1825, page 392.

8 novembre 1825. (*Personnel.*) — CIRCULAIRE indiquant que les professeurs des écoles, portés à la 1re classe par le règlement du 7 août dernier, jouiront d'un supplément de 600 francs.

30 juillet 1826. — DÉCISION royale abaissant le maximum d'âge pour l'entrée au collége d'Angoulême, et établissant un concours pour l'admission directe au grade d'élève de 2e classe.

29 octobre 1828. — ORDONNANCE portant nomination d'un examinateur des élèves de la marine. — Fixation du traitement à 4,000 francs par an[1].

Annales maritimes de 1828, page 935.

26 mars 1829. — ORDONNANCE portant réorganisation du collége

[1] Voir l'ordonnance du 18 décembre 1831.

d'Angoulême, sous le titre d'École préparatoire de la marine, à Angoulême[1].

Annales maritimes de 1829, page 313.

8 août 1829. — Décision royale réglant le traitement du commandant de l'école préparatoire de la marine à Angoulême.

1er novembre 1830. — Ordonnance portant organisation de l'école navale.

Annales maritimes de 1830, tome II, page 643.

7 décembre 1830. — Ordonnance portant suppression de l'école préparatoire de la marine à Angoulême.

Annales maritimes de 1830, tome II, page 712.

31 décembre 1830. — Ordonnance royale réduisant de 7,000 à 6,000 francs le traitement annuel des examinateurs.

9 janvier 1831. — Ordonnance concernant les bourses à l'école polytechnique, attribuées aux départements de l'intérieur et de la marine.

Annales maritimes de 1831, page 138.

3 et 15 mai 1831. — Ordonnance et instructions sur les élèves boursiers de la marine.

Annales maritimes de 1831, page 386.

18 décembre 1831. — Ordonnance rapportant celle du 29 octobre 1828, et décidant qu'à l'avenir les fonctions d'examinateur des élèves de la marine seront remplies par l'un des examinateurs de la marine.

Annales maritimes de 1832, page 1.

24 avril 1832. — Ordonnance rendue en exécution de la loi du 20 avril 1832, sur l'avancement dans l'armée navale. — Admission à l'école navale; examen des élèves, etc.

Annales maritimes de 1832, page 299.

[1] Voir l'ordonnance du 7 décembre 1830.

4 mai 1833. — ORDONNANCE apportant des modifications à l'organisation de l'école navale.

Annales maritimes de 1833, page 281.

17 mai 1834. — ORDONNANCE portant établissement d'une commission supérieure pour le perfectionnement de l'enseignement de l'école navale.

Annales maritimes de 1834, page 437.

22 janvier 1835. — INSTRUCTION générale sur les conditions d'admission dans le corps de la marine.

Annales maritimes de 1835, page 229.

29 février 1836. — ORDONNANCE portant que les professeurs des écoles d'hydrographie seront désormais nommés par le Roi.

Annales maritimes de 1836, page 284.

5 octobre 1836. — ORDONNANCE portant qu'à l'avenir le commandant de l'école navale ou tout autre officier supérieur fera partie du jury d'admission.

Annales maritimes de 1836, page 1083.

14 juin 1837. — ORDONNANCE portant création d'une école d'artillerie navale à Brest et à Toulon[1].

Annales maritimes de 1837, page 618.

25 avril 1839. — RÈGLEMENT pour les examens d'admission à l'école navale.

Annales maritimes de 1839, page 692.

23 janvier 1840. — RÈGLEMENT sur le service intérieur de l'École navale.

Annales maritimes de 1840, page 469.

9 mars 1840. — ARRÊTÉ ministériel portant nomination de deux examinateurs d'admission à l'école navale.

Annales maritimes de 1840, page 434.

[1] Voir, au titre *Service à la mer*, le règlement de même date et la décision du 21 octobre 1837, intervenus à la suite de cette ordonnance.

30 mars 1840. — Règlement pour les examens d'admission à l'école navale.

Annales maritimes de 1840, page 499.

24 septembre 1840. — Règlement concernant le produit à verser au trésor, des pensions des élèves de l'école navale de Brest.

21 octobre 1840. — Ordonnance portant nouvelle organisation de l'école spéciale militaire (armée de terre).

Annales maritimes de 1840, page 1126.

11 mars 1841. (*Personnel.*)—Dépêche portant qu'une indemnité de 500 francs par tournée sera allouée à chacun des deux officiers supérieurs de vaisseau chargés d'examiner sur la pratique les candidats au commandement des navires du commerce[1].

7 mai 1841. — Ordonnance qui modifie celle du 21 octobre 1840, sur l'organisation de l'école spéciale militaire établie à Saint-Cyr, ouverte à un certain nombre d'élèves de la marine.

Annales maritimes de 1841, page 627.

16 septembre 1841. (*Personnel.*) — Circulaire portant qu'à l'avenir l'instruction théorique, dans toutes les écoles d'hydrographie du royaume, sera uniforme et basée sur la collection des ouvrages de M. l'examinateur Fournier. Cette instruction comprendra : 1° le Traité de navigation; 2° les Éléments de géométrie; 3° les Éléments d'arithmétique et d'algèbre; 4° enfin, le Manuel du caboteur.

Annales maritimes de 1841, page 959.

8 mars 1842. — Instruction pour l'admission à l'école royale polytechnique.—La marine royale, l'artillerie de mer, le génie maritime et le corps des ingénieurs-hydrographes sont au nombre des services pour lesquels cette école est spécialement destinée à former des élèves.

Annales maritimes de 1842, page 450.

[1] Portée à 700 francs, par dépêche du 21 juin 1841.

11 janvier 1844. — RÈGLEMENT sur les examens d'admission à l'école navale.

Annales maritimes de 1844, page 663.

30 octobre 1844. — ORDONNANCE portant réorganisation de l'école polytechnique.

ART. 1er.

L'école polytechnique est spécialement destinée à former des élèves pour les services ci-après : L'artillerie de terre et de mer; le génie militaire et le génie maritime; la marine royale et les ingénieurs hydrographes [1].

Annales maritimes de 1844, page 1259.

15 juillet 1848. — ARRÊTÉ portant que les jeunes marins qui auront justifié de dix-huit mois d'embarquement sur les bâtiments de la République seront admis aux examens pour l'école navale jusqu'à l'âge de dix-huit ans.

Bulletin officiel de la marine, tome II, page 15.

9 août 1848. — ARRÊTÉ portant réduction de dix-huit mois à un an, de la durée de l'embarquement prescrite par l'arrêté du 15 juillet, pour l'admission à l'école navale des jeunes marins ayant dépassé l'âge de seize ans.

Bulletin officiel de la marine, tome II, page 100.

10 octobre 1848. — ARRÊTÉ apportant des modifications aux conditions d'embarquement exigées pour l'admission au concours de l'école navale jusqu'à l'âge de dix-huit ans.

Bulletin officiel de la marine, tome II, page 306.

[1] Voir, plus haut, les actes des 21 ventôse an II, 7 vendémiaire et 15 fructidor an III. Nous n'avons cru devoir citer ici que ces premiers actes. Parmi ceux qui les ont suivis, les principaux sont les lois des 30 vendémiaire an IV et 25 frimaire an VIII, les décrets des 27 messidor an XII et 22 fructidor an XIII, et les ordonnances des 4 septembre 1816, 17 septembre et 20 octobre 1822, 13 novembre 1830, 25 novembre 1831, 30 octobre 1832 et 6 novembre 1843.

FORGES ET FONDERIES.

INDRET.

« Les forges de la Chaussade sont situées dans le dé-
« partement de la Nièvre.

« On y fabrique les câbles-chaînes, ainsi que les ancres, « mèches de cabestan et autres gros ouvrages en fer cor- « royé que comportent la construction et l'armement de « la flotte.

. . . .

« Le département de la marine possède trois fonderies « pour la fabrication des canons en fonte de fer; elles « sont situées à Ruelle, près Angoulême, à Nevers et à « Saint-Gervais, près Grenoble.

« Il existe, en outre, dans chacun des ports militaires « (Brest, Toulon, Rochefort, Lorient et Cherbourg) une « direction d'artillerie qui est chargée de réparer, d'en- « tretenir et de conserver tout le matériel d'artillerie, « les armes et munitions nécessaires, tant pour l'arme- « ment de la flotte que pour celui des batteries de côte « et des corps organisés qui dépendent du département « de la marine. C'est, en outre, dans ces directions que « s'exécutent les affûts, les gréements, les artifices et « autres objets que comportent l'installation et le service « de l'artillerie navale.

. . . .

« Quant à l'usine d'Indret, elle est principalement des-
« tinée à la fabrication et à la réparation des machines à
« vapeur.

« Ces divers établissements sont administrés en régie. »

Extrait des comptes de 1846 (pages 240 et 241) et de 1834 (page 34).

FORGES ET FONDERIES.

INDRET.

ADMINISTRATION. — PERSONNEL.

1er avril 1781. — LETTRES PATENTES du Roi, concernant les forges et fonderies royales de l'île d'Indret et autres attachées au service de la marine.

Archives de la marine.

21 juillet 1782. — LETTRES PATENTES du Roi concernant les fonderies royales de Ruelle et de Forge-Neuve, attachées au service de la marine.

Archives de la marine.

26 novembre 1786. — ORDONNANCE portant règlement sur la fonte, l'épreuve et la réception des canons de fer destinés au service de l'artillerie de la marine, et sur l'administration des fonderies[1].

Archives de la marine.

15 mars 1793. — DÉCRET qui exempte du concours pour le recrutement les citoyens employés aux fonderies.

Recueil des lois de la marine, tome III, page 376.

11 avril 1793. — DÉCRET portant que l'administration des forges de la Chaussade sera placée sous la surveillance du ministre de la marine.

Recueil des lois de la marine, tome III, page 410.

6 thermidor an III (24 juillet 1795). — ARRÊTÉ portant que

[1] Voir, au titre *Matériel,* la suite des actes relatifs aux fabrications et aux épreuves.

les forges de la Chaussade continueront d'être sous la surveillance de la commission de la marine.

Recueil des lois de la marine, tome V, page 373.

31 décembre 1808. — Règlement et instructions sur le service des forges de la Chaussade.

19 novembre 1814. — Ordonnance portant que les forges que la marine royale possède, dans le département de la Nièvre, reprendront le nom de *forges royales de la Chaussade.*

Annales maritimes de 1809-1815, tome II, page 157.

21 février 1816. — Ordonnance portant création d'un corps royal de l'artillerie de la marine.

. . . .

Titre V. *Des directions d'artillerie, forges, fonderies et manufactures d'armes.*

Annales maritimes de 1816, page 229.

30 mai 1820. — Décision ministérielle portant organisation du personnel des forges et fonderies de la marine.

Annales maritimes de 1820, page 325.

13 novembre 1822. — Ordonnance portant organisation du corps royal d'artillerie de la marine.

. . . .

Articles 29, 30, 31 et 32. *Forges et fonderies.*

Annales maritimes de 1822, page 018.

15 janvier 1826. — Règlement sur le service des fonderies royales de la marine.

Annales maritimes de 1826, page 445.

15 janvier 1826. — Règlement royal sur les dénominations, rangs, appointements et indemnités de toute nature alloués aux officiers et autres agents attachés aux fonderies de la marine, et chargés de l'inspection des armes et autres fabrications faites pour le service de ce département.

Annales maritimes de 1826, page 465.

10 décembre 1827. — Règlement ministériel sur l'administration et le service de la manufacture royale des machines pour la marine, à Indret.

26 décembre 1827. — Règlement royal sur l'administration et le service des forges royales de la Chaussade.

Annales maritimes de 1828, page 228.

4 février 1828. — Instruction ministérielle fixant le traitement des commis attachés aux forges royales de la Chaussade.

19 novembre 1831. — Règlement sur l'administration et le service de l'usine d'Indret.

Annales maritimes de 1831, page 703.

30 avril 1832. — Décision royale supprimant le contrôleur affecté aux forges de la Chaussade par le règlement du 26 décembre 1827.

27 juin 1832. — Instruction pour l'exécution du règlement du 19 novembre 1831, sur l'administration et le service de l'usine d'Indret.

Annales maritimes de 1832, page 709.

18 octobre 1833. — Décision portant dispositions relatives au personnel des forges et fonderies.

Annales maritimes de 1833, page 664.

23 novembre 1836. — Ordonnance portant organisation du personnel des forges et fonderies de la marine.

Annales maritimes de 1836, page 1203.

23 novembre 1836. — Règlement concernant l'admission aux emplois de commis entretenus et écrivains des forges et fonderies de la marine.

Annales maritimes de 1836, page 1210.

18 décembre 1836. — Ordonnance portant règlement sur l'administration et le service des forges de la Chaussade.

Annales maritimes de 1836, page 1466.

18 décembre 1836. — ORDONNANCE portant règlement sur l'administration et le service des fonderies de la marine.

Annales maritimes de 1836, page 1445.

3 juillet 1837. — ORDONNANCE portant que les agents comptables, les chefs de section et les commis principaux, ainsi que les conducteurs principaux des établissements de la marine hors des ports, seront nommés par le Roi.

Annales maritimes de 1837, page 603.

30 mars 1839. — ORDONNANCE portant règlement sur l'administration et le service de l'établissement d'Indret.

Annales maritimes de 1839, page 461.

21 avril 1839. — DÉCISION royale complétant le nombre des agents comptables employés dans les forges et fonderies de la marine.

Annales maritimes de 1839, page 452.

7 octobre 1840. — ORDONNANCE fixant le nombre des maîtres entretenus attachés à l'établissement d'Indret.

Annales maritimes de 1840, page 1087.

7 octobre 1840. — ORDONNANCE augmentant le nombre des écrivains employés aux forges royales de la Chaussade.

Annales maritimes de 1840, page 1088.

31 octobre 1840. — ORDONNANCE augmentant le nombre des commis employés à l'établissement d'Indret.

Annales maritimes de 1840, page 1149.

19 novembre 1840. — ORDONNANCE augmentant le nombre des écrivains employés dans les fonderies de la marine.

Annales maritimes de 1840, page 1175.

21 novembre 1840. — DÉCISION royale sur le personnel des officiers affectés à la fonderie de Ruelle.

Annales maritimes de 1840, page 1174.

27 décembre 1840. — ORDONNANCE rendant applicable aux marins et ouvriers non incorporés, employés à Indret, les dispositions de l'ordonnance du 8 décembre 1830 sur les ouvriers militaires. — Formation d'un bataillon d'ouvriers militaires.

Annales maritimes de 1840, page 1333.

24 septembre 1841. — ORDONNANCE portant organisation du personnel des forges et fonderies de la marine.

Annales maritimes de 1841, page 1024.

16 mars 1842. — RÈGLEMENT sur les dispositions à suivre dans les concours à ouvrir pour les emplois de commis, d'écrivains et de conducteurs des travaux, dans les établissements de la marine. (Exécution de l'ordonnance qui précède.)

Annales maritimes de 1842, page 472.

1er octobre 1844. — ORDONNANCE portant règlement sur l'administration et le service de l'établissement d'Indret.

Annales maritimes de 1844, page 1484.

23 décembre 1847. — ORDONNANCE concernant l'organisation du personnel administratif des directions de travaux dans les ports et des établissements de la marine situés hors des ports.

Annales maritimes de 1847, page 1646.

23 décembre 1847. — ORDONNANCE concernant l'organisation d'un corps de comptables de matières dans les divers services de la marine.

Annales maritimes de 1847, page 1651.

30 avril 1848. — ARRÊTÉ ministériel portant réduction des suppléments de fonctions alloués à divers officiers de l'établissement d'Indret.

Bulletin officiel de la marine, tome Ier, page 241.

30 avril 1848. — ARRÊTÉ ministériel ajournant au 1er janvier 1849 l'organisation du corps des comptables de matières, prescrite par l'ordonnance du 23 décembre 1847.

18 décembre 1848. — ARRÊTÉ fixant le cadre du personnel administratif des directions de travaux dans les ports, et des établissements de la marine hors des ports.

Bulletin officiel de la marine, tome II, page 542.

POSSESSIONS FRANÇAISES

DU NORD DE L'AFRIQUE.

Le service de la marine occupe une place importante dans le gouvernement des possessions françaises du nord de l'Afrique. Outre la part qu'elle a prise à toutes les opérations de guerre qui ont accompagné et suivi la conquête de cette grande colonie, la marine concourt, chaque jour encore, au mouvement des troupes, et met en relations, par un service de correspondance, les points les plus éloignés d'un littoral de plus de deux cents lieues.

Il a donc paru intéressant de grouper sous ce titre non-seulement les actes spéciaux à la marine en Algérie, mais encore quelques règles d'organisation générale, propres à cette colonie, où nos officiers et nos équipages sont appelés si fréquemment à servir.

POSSESSIONS FRANÇAISES

DU NORD DE L'AFRIQUE.

1er décembre 1831. — ORDONNANCE portant organisation des divers services à Alger.

Annales maritimes de 1831, page 742.

31 mars 1832. — ARRÊTÉ concernant la pêche du corail.

Collection des actes du Gouvernement. Imprimerie royale, 1843, page 183,

25 avril 1832. — ARRÊTÉ portant organisation du régime sanitaire.

Collection des actes du Gouvernement. Imprimerie royale, 1843, page 191.

12 mai 1832. — ORDONNANCE révoquant celle du 1er décembre 1831, concernant l'administration des services civils à Alger.

Annales maritimes de 1832, page 348.

22 juillet 1834. — ORDONNANCE relative au commandement général et à la haute administration des possessions françaises dans le nord de l'Afrique.

Annales maritimes de 1834, page 595.

10 août 1834.—ORDONNANCE portant organisation du service maritime dans les possessions françaises du nord de l'Afrique.

Annales maritimes de 1834, page 596.

10 août 1834.—ORDONNANCE concernant l'organisation de l'ordre

judiciaire et l'administration de la justice dans les possessions françaises du nord de l'Afrique [1].

. . . .

Titre IV. *Juridiction administrative.*

Bulletin des lois, 9e série, n° 324, page 123.

26 septembre 1834. — ORDONNANCE concernant les traitements et allocations accordés aux agents et militaires du département de la marine, dans les possessions françaises du nord de l'Afrique.

Annales maritimes de 1834, page 681.

11 octobre 1834. (*Ports.*) — DÉPÊCHE portant que le commissaire de la marine, à Alger, recevra annuellement 1,000 francs pour indemnité de logement.

11 octobre 1834. (*Ports.*) — DÉPÊCHE portant que l'hôtel du commandant de la marine, à Alger, sera meublé aux frais de l'État.

21 avril 1835. — ORDONNANCE concernant l'exercice de la pêche.

Bulletin officiel des actes du Gouvernement. Imprimerie royale, 1843, page 198.

29 septembre 1835. — ORDONNANCE sur le personnel du commissariat de la marine dans les possessions françaises du nord de l'Afrique.

Annales maritimes de 1835, page 798.

30 juin 1836. — ARRÊTÉ concernant la francisation des navires employés au cabotage sur les côtes des possessions françaises du nord de l'Afrique.

Bulletin officiel des actes du Gouvernement. Imprimerie royale, 1843, page 271.

2 août 1836. — ARRÊTÉ réglant les attributions du gouverneur général des possessions françaises dans le nord de l'Afrique, et des chefs d'administration civile placés sous ses ordres.

Annales maritimes de 1836, page 925.

[1] Voir l'ordonnance du 28 février 1841.

23 février 1837. — ORDONNANCE portant que les transports entre la France et ses possessions dans le nord de l'Afrique et les transports par cabotage, d'un port à un autre de ces possessions, pourront s'effectuer par navires étrangers.

Bulletin des lois, 9e série, n° 484, page 65.

24 août 1838. — ARRÊTÉ qui détermine les formalités à remplir par les capitaines, maîtres et marins, à leur arrivée dans un des ports occupés par l'armée française.

Bulletin officiel des actes du Gouvernement. Imprimerie royale, 1843, page 443.

31 octobre 1838. — ORDONNANCE sur l'administration civile de l'Algérie.

Bulletin des lois, 9e série, n° 609, page 553.

21 août 1839. — ORDONNANCE sur l'organisation du service financier en Algérie.

Annales maritimes de 1839, page 893.

23 mars 1840. (*Personnel.*) — DÉPÊCHE portant qu'une ration de bord sera fournie par le stationnaire aux officiers et commis du commissariat de la marine employés à terre à Alger.

31 août 1840. — ORDONNANCE qui établit à Alger un officier du commissariat de la marine, chargé du service administratif.

Annales maritimes de 1840, page 924.

28 février 1841. — ORDONNANCE sur l'organisation de la justice en Algérie.

. . . .

Titre IV. *Juridiction administrative.*

Bulletin des lois, 9e série, n° 802, page 533.

26 septembre 1842. — ORDONNANCE sur l'organisation de la justice en Algérie.

. . . .

Titre IV. *Juridiction administrative.*

Annales maritimes de 1842, page 969.

17 janvier 1844. (*Personnel.*) — DÉPÊCHE portant que l'officier supérieur qui remplace par intérim le commandant de la marine à Alger, a droit au supplément de résidence de 8,000 francs.

1er septembre 1847. — ORDONNANCE sur l'organisation de l'administration civile en Algérie.

Annales maritimes de 1847, page 954.

BIBLIOTHÈQUES.

Le département de la marine possède en France onze bibliothèques, deux à Paris, celle du ministère et celle du dépôt des cartes et plans de la marine, et neuf dans les cinq grands ports militaires, parmi lesquels un seul, celui de Lorient, n'en a qu'une. A Brest, à Toulon, à Rochefort et à Cherbourg, où la marine a des hôpitaux, l'hôpital a une bibliothèque indépendante de celle du port.

De ces collections scientifiques et littéraires, la plus ancienne est la bibliothèque du dépôt, à Paris. Elle remonte à l'origine même de cet établissement, créé en 1720, et comprend plus de vingt mille volumes. C'est peut-être la bibliothèque la plus riche qui existe en ouvrages nautiques et en voyages.

La bibliothèque du port de Brest, qui compte près de dix mille volumes, est contemporaine de la création de l'Académie de marine, à Brest, en 1752.

Celles de Toulon, de Rochefort et de Lorient doivent leur formation à un décret de la Convention nationale, du 27 pluviôse an II (15 février 1794).

Celle de Cherbourg ne date que de 1821.

Les bibliothèques des hôpitaux ont leur origine dans

un arrêté du Directoire exécutif, du 19 pluviôse an VI (7 février 1798).

Indépendamment de ces onze établissements, la marine possède, dans ses colonies de la Martinique, de la Guadeloupe, de la Guyane, du Sénégal, de la Réunion et de l'Inde, des bibliothèques doublement précieuses par les livres qu'elles renferment et par les ressources qu'elles offrent à nos compatriotes d'outre-mer. La plus riche est celle de Pondichéry qui compte vingt mille volumes. Les six bibliothèques des colonies ne remontent qu'à 1826.

BIBLIOTHÈQUES.

19 novembre 1720.—DÉCISION du Roi portant création, à Paris, d'un dépôt pour la conservation et la garde des cartes, plans, journaux, mémoires, etc., concernant la navigation, sous l'administration et la surveillance d'un officier de vaisseau. (Origine de la bibliothèque du dépôt.)

Archives de la marine.

30 juillet 1752. — RÈGLEMENT pour l'établissement d'une académie de marine à Brest. — Création d'une bibliothèque spéciale.

Archives de la marine.

23 vendémiaire an II (14 octobre 1793). — DÉCRET relatif à la bibliothèque des ministères de la guerre et de la marine.

4 brumaire an II (25 octobre 1793). — LOI qui comprend les livres au nombre des objets destinés aux établissements publics, parmi les captures faites sur mer.

27 pluviôse an II (15 février 1794). — DÉCRET portant que les bibliothèques et instruments relatifs à la marine resteront dans les ports où ils sont actuellement rassemblés. (Création dans les ports de Toulon, Rochefort et Lorient, de *bibliothèques du port.*)

Recueil des lois de la marine, tome IV, page 356.

19 pluviôse an VI (7 février 1798). — ARRÊTÉ contenant règlement pour le service de santé des hôpitaux de marine et des armées navales.

Cet arrêté dispose, titre V du règlement, qu'il sera formé

dans l'hôpital principal de chaque port, ou dans l'une de ses dépendances, une bibliothèque pour l'instruction des officiers de santé. (Création, dans les ports de Brest, Toulon, Cherbourg et Rochefort, de *bibliothèques de l'hôpital.*)

Recueil des lois de la marine, tome VIII, page 249.

27 mars 1828. — Ordonnance contenant des dispositions relatives à la répartition des ouvrages entre les bibliothèques publiques du royaume.

Annales maritimes de 1828, page 567.

28 août 1834. (*Secrétariat général.*) — Circulaire relative à la formation du catalogue des bibliothèques des ports.

Annales maritimes de 1834, page 677.

24 juillet 1836. — Décision ministérielle sur les bibliothèques du département de la marine.—Création de conservateurs pour les bibliothèques des ports et d'un conservateur pour la bibliothèque du ministère, à Paris, chargé de la surveillance de toutes les bibliothèques du département.

Annales maritimes de 1836, page 1049.

3 septembre 1836. (*Secrétariat.*) — Circulaire relative aux bibliothèques des ports. — Conditions d'admission des conservateurs.

Annales maritimes de 1836, page 1056.

25 janvier 1837. — Ordonnance qui nomme le conservateur de la bibliothèque du ministère de la marine et des colonies, et le charge de la surveillance générale de toutes les autres bibliothèques du département.

Annales maritimes de 1837, page 203.

30 décembre 1837. (*Ports.*) — Décision ministérielle ordonnant la formation de petites *bibliothèques* à *bord* des bâtiments armés.

14 décembre 1838. (*Secrétariat général.*) — Circulaire portant

envoi du catalogue général des livres composant les bibliothèques du département de la marine et des colonies. — Instructions sur la répartition des exemplaires de ce document, sur la bibliographie maritime et sur le service des bibliothèques.

Annales maritimes de 1838, page 1117.

29 mars 1839. — ARRÊTÉ ministériel relatif à l'administration des bibliothèques de la marine.

Catalogue général des livres composant les bibliothèques du département de la marine et des colonies, tome II, avertissement, page X.

6 avril 1839. — RÈGLEMENT ministériel sur le service des bibliothèques des ports.

Catalogue général des livres composant les bibliothèques du département de la marine et des colonies, tome II, avertissement, page XII.

12 octobre 1839. (*Secrétariat général.*) — CIRCULAIRE prescrivant de ne plus confier les emplois de conservateur des *bibliothèques de l'hôpital* à des officiers de santé en activité de service, et de désigner des officiers de santé en retraite, pour remplir ces fonctions.

Annales maritimes de 1839, page 1073.

24 octobre 1839. (*Secrétariat général.*) — CIRCULAIRE contenant des dispositions relatives à l'inventaire annuel des bibliothèques.

30 octobre 1839. (*Ports.*) — DÉCISION ministérielle relative aux bibliothèques de bord.

22 juin 1842. — DÉCISION prescrivant au conservateur des bibliothèques, à Paris, d'appeler l'attention du ministre et de s'entendre avec la direction des colonies, sur tous les envois de livres qui seront faits aux colonies.

29 juillet 1842. (*Ports.*) — CIRCULAIRE relative aux inventaires du matériel des sciences et des arts maritimes, et particulièrement des bibliothèques.

Annales maritimes de 1842, page 921.

23 septembre 1842. — RAPPORT au ministre sur les bibliothèques du département de la marine et des colonies, sur la nécessité d'en régulariser l'inspection et de compléter leurs catalogues.

Annales maritimes de 1842, page 1009.

19 octobre 1842. — ARRÊTÉ relatif à l'inspection des bibliothèques du département de la marine et des colonies et à l'achèvement de leurs catalogues.

Annales maritimes de 1842, page 1016.

21 décembre 1847. — RAPPORT sur la situation des bibliothèques du ministère de la marine et des colonies.

Annales maritimes de 1847, partie non officielle, tome II, page 945.

MAÎTRES ENTRETENUS.

Les maîtres forment une classe intermédiaire entre les officiers, et les marins ou les ouvriers.

L'introduction dans les arsenaux de ces précieux agents remonte aux premières organisations de la marine. A cette époque où le travail d'art n'avait pas encore obtenu l'importance que la science des constructions lui a plus tard assignée, les maîtres ont rempli une mission aussi difficile qu'utile. Ils ont créé, sous l'impulsion des officiers de marine et sous la surveillance des intendants, nos premières flottes de guerre. De leur organisation devaient sortir les ingénieurs constructeurs, dont l'ordonnance de 1765 a fait un corps spécial.

Il y a des maîtres :

A bord des bâtiments,

Dans les arsenaux maritimes,

Dans les forges et fonderies de la marine,

Dans le service des subsistances.

Il ne s'agit, au présent titre, que des maîtres affectés à la conduite des ateliers et à la surveillance des travaux. C'est au titre *Service à la mer* qu'on trouvera les dispositions relatives aux maîtres embarqués.

Les arsenaux maritimes se divisent en quatre directions, savoir :

Constructions navales,

Mouvements du port,

Artillerie,

Travaux hydrauliques.

Dans les trois premières directions, qui s'occupent exclusivement des travaux relatifs à la flotte, les maîtres entretenus sont soumis à une même organisation. L'ordonnance du 12 février 1834, actuellement en vigueur, avait divisé en cinq classes, les maîtres entretenus de toutes professions. Une décision royale du 28 novembre 1843 a supprimé la 5e classe, dont la solde était de 1,000 francs par an. Par suite de cette suppression, les maîtres, qui faisaient partie de cette classe, furent portés à la 4e, aujourd'hui la dernière, dont la solde est de 1,200 francs par an.

Les maîtres entretenus se recrutent parmi les contremaîtres des directions et parmi les maîtres et premiers maîtres embarquants.

Les maîtres entretenus, affectés au service des directions des constructions navales, ne peuvent trouver accès dans le corps des ingénieurs. Ils ne reçoivent d'autre amélioration dans leur position que celle qui résulte de l'augmentation de leur solde et de leur retraite. Une ordonnance du 28 mars 1830 avait créé, sous le titre d'adjoints du génie maritime, une classe d'agents dont les fonctions devaient être de seconder les officiers du génie dans la conduite des travaux. Cette institution, analogue à celle des conducteurs de travaux dans le service des ponts et chaussées et des travaux hydrauliques, offrait une perspective d'avancement aux maîtres les plus instruits. Divers inconvénients la firent abandonner de fait longtemps avant que l'ordonnance du 2 mars 1838 ne vînt la supprimer[1].

La carrière d'officier n'est point interdite aux maîtres entretenus de manœuvre et de canonnage employés dans les directions des mouvements du port et de l'artillerie. Ces maîtres peuvent être nommés enseignes de vaisseau s'ils réunissent les conditions exigées.

Les maîtres entretenus des diverses directions concourent avec ceux des forges et fonderies pour l'emploi de conducteurs de travaux dans ces établissements.

Dans le service des travaux hydrauliques, il existe quelques maîtres appelés à seconder les conducteurs de travaux. Mais une circulaire du 26 janvier 1842 fait connaître que cet emploi doit disparaître au fur et à mesure des extinctions.

Le nombre des maîtres entretenus des forges et fonderies est déterminé par l'ordonnance du 24 septembre 1841, portant organisation du personnel de ces établissements. La solde, l'avancement et le classement de ces maîtres sont réglés conformément aux dispositions de l'ordonnance du 12 février 1834 précitée.

Ceux d'entre eux qui réunissent les conditions exigées par l'ordonnance du 24 septembre peuvent être nommés conducteurs de travaux dans les forges et fonderies.

[1] Voir le titre *Génie maritime*.

Les maîtres entretenus du service des subsistances sont employés à la fabrication du pain, du biscuit, des salaisons, et, en général, aux manutentions de ce service. Ils sont traités, par analogie, d'après les dispositions relatives aux maîtres entretenus des arsenaux maritimes.

MAÎTRES ENTRETENUS.

27 mars 1779. — Règlement portant fixation du nombre et des payes des maîtres entretenus.

1er mai 1787. — Règlement concernant le nombre et la paye des maîtres et des gardiens de vaisseau.

25 janvier 1793. — Décret concernant l'organisation et le traitement des maîtres entretenus, ouvriers et autres employés aux travaux des ports et arsenaux de la marine.

Recueil des lois de la marine, tome III, page 243.

17 vendémiaire an II (8 octobre 1793). — Décret qui établit un concours pour les places de maîtres sculpteurs attachés à la marine de la République.

Recueil des lois de la marine, tome IV, page 168.

3 brumaire an IV (25 octobre 1795). — Décret concernant les maîtres entretenus de toutes professions, et les ouvriers employés aux travaux des ports et arsenaux de la marine.

Recueil des lois de la marine, tome VI, page 75.

29 fructidor an XII (16 septembre 1804). — Décret concernant le nombre, les classes et les appointements des officiers et agents entretenus de la marine.

Recueil des lois de la marine, tome XIV, page 331.

21 février 1816. — Ordonnance portant création d'un corps royal d'artillerie de la marine.

. . . .

Titre V. *Des directions d'artillerie, forges, etc.* — Article 213 relatif aux maîtres entretenus des directions.

Annales maritimes de 1816, pages 179 et 230.

1er janvier 1833. — ORDONNANCE portant organisation des écoles de maistrance, établies, en 1819, dans les ports militaires, par M. le baron Portal[1].

Annales maritimes de 1833, page 17.

12 février 1834. — ORDONNANCE réglant le nombre, les classes, la solde et la répartition des maîtres entretenus des ports.

Annales maritimes de 1834, page 261.

3 mars 1834. (*Personnel.*) — CIRCULAIRE portant envoi de l'ordonnance du 12 février précédent, relative aux maîtres entretenus, et contenant les tableaux de répartition de ces agents, dans les divers ports, par professions et par classes.

Annales maritimes de 1834, page 409.

24 septembre 1841. — ORDONNANCE portant organisation du personnel des forges et fonderies de la marine.

Annales maritimes de 1841, page 1024.

30 septembre 1841. (*Ports.*) — DÉPÊCHE accordant un supplément annuel aux maîtres entretenus des ateliers des mécaniciens.

26 janvier 1842. (*Ports.*) — DÉPÊCHE portant qu'à l'avenir il ne sera plus pourvu au remplacement des maîtres entretenus de la direction des travaux hydrauliques, cet emploi devant être supprimé.

28 novembre 1843. — DÉCISION royale, qui supprime la 5e classe des maîtres entretenus, et qui fait passer les maîtres de cette classe à la solde des maîtres de la 4e.

Annales maritimes de 1843, page 1238.

[1] Voir le titre *Ouvriers*.

GARDIENNAGE.

Nous avons classé sous ce titre les escouades de gabiers de port et de gardiennage des vaisseaux, les gardiens de magasins et de bureaux, et les portiers, rondiers et canotiers.

Ainsi que cela a été expliqué au budget de 1840, page 85, le service des escouades de gabiers de port et de gardiennage a été organisé par une ordonnance en date du 1er juillet 1831.

Les gabiers de port sont chargés, sous l'autorité des directeurs des mouvements, d'entrer les bâtiments de l'État dans le port et de les en faire sortir; de disposer tous les appareils pour les caréner, les haler sur les cales, les lancer et les mâter; de gréer les bâtiments dépourvus d'équipages, de travailler à la garniture, de veiller à l'entretien des corps-morts et autres ouvrages de la rade; enfin, de porter, de jour comme de nuit, des secours aux navires en danger.

Les escouades de gardiennage sont chargées, sous la responsabilité des maîtres, de la garde des bâtiments, ainsi que de celle de tous effets d'armement ou autres; de visiter journellement lesdits bâtiments, d'y entretenir la propreté, d'exécuter les réparations légères; enfin, de prendre tous les soins nécessaires pour prolonger la durée des coques et du matériel.

Quant aux gardiens de bureaux et de magasins des ports, l'organisation de cette classe d'agents a été réglée par une décision royale du 18 mars 1818.

Les gardiens de bureaux répartis dans les divers détails sont chargés de l'entretien des bureaux et de la surveillance qui s'y rattache.

Les gardiens de magasins remplissent un office de surveillance qui s'applique particulièrement à la sortie des matières provenant de ces magasins.

Viennent enfin les portiers, rondiers et canotiers dont l'organisation a été également fixée par le règlement du 18 mars 1818.

Placés aux issues des arsenaux, les portiers font un service de police et de surveillance, dont le détail varie et est déterminé par des dispositions appropriées aux exigences locales.

Les rondiers ont un service de gardiennage qui s'étend à toutes les parties de l'arsenal. Ils sont appelés, à tour de rôle, à un service de nuit, concurremment avec les gardiens-portiers.

Les canotiers sont affectés aux embarcations armées pour le service général des ports.

Le nombre, la répartition et la solde de ces divers agents ont été modifiés, en dernier lieu, par des décisions ministérielles, en date des 5 janvier 1842, 11 décembre 1843, 21 mai 1845 et 17 septembre 1846, sanctionnées par le vote successif des budgets.

GARDIENNAGE.

ESCOUADES DE GABIERS DE PORT ET DE GARDIENNAGE DES VAISSEAUX. — GARDIENS DE MAGASINS ET DE BUREAUX; PORTIERS, RONDIERS ET CANOTIERS [1].

12 janvier 1716. — RÈGLEMENT pour l'établissement des gardiens et portiers des arsenaux de marine et des galères.

Archives de la marine.

2 avril 1736. — DÉPÊCHE qui règle le nombre des canotiers à employer dans les ports.

Index des ordonnances de la marine, tome II, page 277.

15 mars 1759. — LETTRE du ministre portant règlement sur les canotiers.

Index des ordonnances de la marine, tome IV, page 355.

18 mars 1818. — RÈGLEMENT royal fixant les salaires des gardiens, portiers, rondiers et canotiers [2].

Annales maritimes de 1818, page 148.

16 novembre 1818. — RÈGLEMENT accordant un habillement complet aux gardiens, à des époques déterminées.

[1] Voir, au titre *Ouvriers*, l'organisation des compagnies de pompiers de la marine.

[2] Les emplois de canotiers des embarcations affectées au service des préfets, etc. ont été supprimés, à compter du 1er janvier 1835, par dépêches des 27 octobre et 6 novembre 1834 (*Personnel*).

17 décembre 1828. — ORDONNANCE sur le service des ports.

. . . .

Art. 37. Gardiens, etc.

Annales maritimes de 1829, page 9.

1er juillet 1831. — ORDONNANCE relative à la conservation et à l'armement des bâtiments de l'État. (Escouades de gabiers de port et de gardiennage.)

Annales maritimes de 1831, page 403.

23 octobre 1834. (*Personnel.*) — DÉPÊCHE fixant les retenues à faire sur la solde des gardiens punis de la prison.

27 octobre 1834. — CIRCULAIRE portant suppression d'emplois de patrons, brigadiers et canotiers, pour les embarcations affectées au service des préfets maritimes et des majors généraux.

6 novembre 1834. — CIRCULAIRE rectifiant une erreur contenue dans la circulaire précédente relative au licenciement d'un certain nombre de canotiers, etc.

3 janvier 1835. — ORDONNANCE portant institution du corps du commissariat de la marine.

. . . .

ART. 39.

Les portiers et concierges sont nommés par le préfet maritime, sur la proposition du major général.

Annales maritimes de 1835, pages 81 et 92.

5 janvier 1842. (*Personnel.*) — CIRCULAIRE transmettant les instructions relatives au gardiennage et à l'augmentation de solde des divers agents.

11 décembre 1843. — DÉCISION ministérielle portant répartition des gardiens et divers agents de toutes classes entre les ports militaires et secondaires.

21 mai 1845. — DÉCISION ministérielle portant création d'un em-

ploi de gardien-concierge et de vingt-trois emplois de gardiens de bureaux pour le service du contrôle.

23 décembre 1845. — Règlement pour remplacer, par une indemnité, les effets d'habillement délivrés en nature aux gardiens, etc.

Annales maritimes de 1846, page 138.

17 septembre 1846. — Décision ministérielle relative à l'admission de trois patrons et de seize canotiers spécialement affectés à l'armement des embarcations des contrôleurs en chef de Brest, Lorient et Toulon.

4 février 1847. — Décision accordant un nouveau gardien de bureau au chef du service de la marine en Corse.

19 juillet 1848. — Règlement portant fixation d'indemnités pour effets d'habillement aux gardiens-majors, gardiens-consignes, gardiens-portiers, etc.

Bulletin officiel de la marine, tome II, page 74.

16 octobre 1848. (*Services administratifs.*) — Circulaire contenant des dispositions relatives à l'habillement des agents du gardiennage et des pompiers de la marine.

Bulletin officiel de la marine, tome II, page 330.

3 novembre 1848. (*Services administratifs.*) — Circulaire indiquant des changements apportés à l'habillement des gardiens.

Bulletin officiel de la marine, tome II, page 405.

PERSONNEL.

(SUITE.)

CORPS ORGANISÉS. — ARMEMENTS.

INSCRIPTION MARITIME. — CAISSE DES INVALIDES.

SERVICE A LA MER.

PERSONNEL. — ÉTATS-MAJORS ET ÉQUIPAGES.

Avant de pénétrer dans le détail des actes qui, à des époques plus rapprochées de nous, ont successivement régi cette branche du service de la marine, il nous a paru curieux de reproduire un fragment extrait de l'Hydrographie du père Fournier (1643, livre III, page 173):

« Dans les flottes royales et armées navales, le Roy « donne cent escus de gages par mois au capitaine, « cent francs au lieutenant, et cinquante à l'enseigne. Et « de plus, paye au capitaine pour un équipage de deux « cents hommes, trente officiers à raison de dix escus « par mois à chacun, dont on leur en baille sept pour « leur loyer, et le reste va pour la nourriture. Le Roy ne « nomme que le capitaine, le lieutenant et l'enseigne. « Le capitaine choisit tout le reste à sa discrétion, et « pour l'ordinaire, donne à ses gens plus de gages qu'il « n'en reçoit du Roy pour eux; mais les flottes ne du- « rant en mer que cinq ou six mois l'année, ils se récom- « pensent par autre voye : autrement, ils se ruineraient. »

Hâtons-nous d'ajouter que, là comme ailleurs, les choses ne tardèrent pas à se régulariser sous la main puissante de Colbert, et, pour parler seulement ici de l'*autre voye*, à laquelle faisait sans doute allusion le père Fournier, on trouvera, sous le présent titre, dès le mois d'août 1669, une ordonnance portant défense aux capitaines des vaisseaux de guerre d'embarquer des marchandises sur leurs bords.

Maintenant, nous allons faire en sorte de présenter, dans une analyse aussi succincte que possible, les dispositions principales des actes nombreux et confus, il faut bien le dire, qui ont réglementé, et qui, pour la plupart, réglementent encore aujourd'hui le service du personnel à la mer, tant pour la composition, la solde, les frais de passage et les suppléments des états-majors et des équipages, que pour certaines mesures d'ordre et de discipline à bord des navires.

Nous aurions désiré qu'il eût été possible d'isoler et de présenter, sous chacune de ces subdivisions, l'analyse des actes spéciaux qui s'y rattachent. Mais il n'a pu en être ainsi, par la raison que la plupart des actes principaux sur la matière traitent à la fois de chacun des objets particuliers que nous aurions voulu classer sous un titre à part. Cela nous aurait conduit, dès lors, à des répétitions qui n'auraient fait que grossir une nomenclature déjà si considérable.

C'est principalement dans la partie du service de la marine relative au personnel des bâtiments armés, que se fait le plus vivement sentir la nécessité d'un acte unique, qui rendrait uniforme dans la pratique l'application de tant de règles différentes. Le département de la marine s'est vivement préoccupé de cette question, qui présente des complications et des difficultés sans nombre.

Nous allons essayer de les faire comprendre.

États-majors. — Suppléments de solde.

En ce qui touche les officiers, nous ne parlerons ni des traitements spéciaux des chefs d'état-major et des capitaines de pavillon, ni des frais de bureau des états-majors généraux des escadres, ni des indemnités de frais de bureau pour les officiers exerçant à bord des fonctions spéciales, ni des allocations relatives aux corps de musique sur les bâtiments montés par des officiers généraux. Nous nous bornerons à rappeler, ainsi que nous l'avons fait ailleurs[1], les principaux actes qui règlent les suppléments de solde alloués d'une manière uniforme et générale aux officiers de l'état-major des bâtiments armés.

Les *officiers de vaisseau* reçoivent, pendant la durée de leur service à bord, un supplément égal au cinquième de leurs appointements fixes. Cette allocation, déterminée par ordonnance du 31 octobre 1819 (article 19), a été confirmée par l'article 23 de l'ordonnance du 1er mars 1831. Une autre ordonnance, en date du 30 décembre 1836 (article 9), porte du cinquième, au tiers des appointements de grade, le supplément des lieutenants de vaisseau servant comme seconds[2].

Les *officiers de santé* recevaient d'abord, en vertu de l'article 6 de l'arrêté du 17 nivôse an IX (7 janvier 1801), le tiers de leurs appointements de grade. Une ordon-

[1] *Manuel financier.* — 1847.

[2] Le même supplément du tiers a été accordé, par arrêté du 30 avril 1848, à tous les officiers chargés du détail à bord des bâtiments armés.

nance du 17 juillet 1835 (article 21) a réduit le même supplément au quart, en l'élevant toutefois jusqu'à moitié pour les chirurgiens embarqués en remplacement d'officiers de santé d'un grade supérieur. Enfin, une décision royale du 22 mai 1833, améliorant le traitement à terre, est venue confirmer la fixation du quart pour les suppléments à la mer. Indépendamment de ces suppléments, et en vertu d'un règlement portant la date du 23 mars 1837, les officiers de santé embarqués, tenus d'avoir à bord une caisse d'instruments de chirurgie, ont droit à une indemnité spéciale pour l'entretien de cette caisse [1].

Pour les *commis d'administration* remplissant à bord les fonctions d'agents comptables, ils touchent une solde particulière déterminée pour l'embarquement. Cette solde est réglée comme il suit, par l'article 30 de l'ordonnance du 8 février 1829 :

Sur les vaisseaux de 1er et de 2e rang....	150 francs par mois.
Sur les vaisseaux de 3e et de 4e rang et sur les frégates portant du 30 et du 24...	125
Sur les frégates portant du 18........	100
Sur les bâtiments de rang inférieur.....	80

Et lorsque les appointements à terre des commis entretenus sont supérieurs à ces allocations spéciales, les agents comptables des bâtiments conservent à bord le traitement de leur grade.

Rappelons que la même ordonnance accordait le quart en sus de leurs appointements aux commissaires

[1] Indemnité payée sur les fonds du chapitre *Hôpitaux*.

d'armée, d'escadre ou de division, allocation portée depuis à la moitié par une autre ordonnance du 24 mars 1841, et réduite au tiers par un arrêté du 30 avril 1848.

L'ordonnance du 8 février 1829 confirme, en outre, pour les agents comptables la gratification de bonne gestion réglée par le décret du 29 fructidor an XII (16 septembre 1804). Cette dernière allocation, qui varie suivant l'importance de l'armement, est de 25 ou de 20 francs pour chaque mois de campagne.

Voilà pour les suppléments des états-majors.

Traitement de table.

Maintenant, si nous passions des suppléments de solde au traitement de table, nous trouverions des complications et des difficultés encore plus sérieuses. Nous nous contenterons de rappeler que l'un des principaux actes relatifs au traitement de table, soit des officiers commandants, soit des officiers de l'état-major, remonte au 21 prairial an XI (10 juin 1803); que cet acte, notablement modifié par les ordonnances des 11 juin 1831, 15 mai 1834 et 30 décembre 1836, ne subsiste plus que dans quelques parties accessoires : il a été remplacé, en dernier lieu, par un arrêté du 30 avril 1848.

Encore est-il à remarquer qu'en parlant du traitement de table, nous n'avons rien dit de cette variété de l'espèce, désignée sous le titre de supplément au traitement de table dans des situations spéciales. Cette allocation, toute particulière, était, aux termes de l'arrêté du 25 brumaire an XI (16 novembre 1802), de moitié en sus de l'allocation principale pour les officiers embarqués sur les bâtiments de l'État allant aux colonies.

Accordé en 1821 aux bâtiments destinés pour le Levant, — puis réduit au tiers, par décision royale du 29 juillet 1829, ce supplément a été supprimé dans son ensemble par ordonnance du 17 mars 1832. Rétablie ensuite, mais avec de nouveaux amendements, par une autre ordonnance du 15 mai 1834 et par l'arrêté déjà cité du 30 avril 1848, l'allocation varie aujourd'hui du quart au tiers et du tiers à la moitié, suivant la position des officiers et les parages où se trouvent les navires. Elle avait été étendue, par décision royale du 29 décembre 1836, aux bâtiments employés sur les côtes d'Espagne, — par décision du 18 mai 1840, aux bâtiments affectés à la station de l'Algérie, — enfin, par une circulaire du 25 du même mois, aux bâtiments spécialement chargés de la correspondance entre l'Algérie et la France.

Voilà pour les *états-majors*. — Voici maintenant pour les *équipages*.

Équipages. L'ordonnance du 15 août 1838 est la dernière qui ait réglé la solde des gens de mer.

Voici, à cet égard, quelques détails qu'il peut ne pas être sans intérêt de rappeler.

L'ordonnance du 1er juillet 1814, qui, du reste, n'avait fait que reprendre les allocations déterminées par le décret du 3 brumaire an IV, fixait ainsi la solde mensuelle des matelots :

Vétérans.	30 francs.
Matelots de 1re classe.	27
Matelots de 2e classe.	24
Matelots de 3e classe.	21

Les ordonnances des 17 mars et 23 juin 1824 introduisirent deux améliorations essentielles dans le double service de la solde et de la composition des équipages.

La première, qui intéressait plus spécialement l'État, était l'accroissement de l'effectif à bord et la substitution d'un certain nombre de marins, à un nombre égal de soldats qui formaient alors les garnisons des navires.

La seconde, qui intéressait plus spécialement les individus, faisait arriver une augmentation de solde aux officiers mariniers et aux matelots par des remaniements de classes. C'est ainsi, par exemple, que, pour les matelots, l'ordonnance du 17 mars 1824, en supprimant la dénomination de *vétérans*, maintenait seulement trois classes ainsi rétribuées :

Matelots de 1re classe...........	30 francs.
Matelots de 2e classe............	27
Matelots de 3e classe............	24

En d'autres termes, la solde moyenne des matelots, qui, depuis le décret du 3 brumaire an IV, était constamment demeurée la même, fut portée de 25 à 27 fr. par l'ordonnance du 17 mars 1824.

Cette amélioration venait d'être précédée d'une autre, non moins sensible, dans la composition de la ration de mer.

De 1824 à 1836 deux autres ordonnances vinrent modifier celles des 17 mars et 23 juin : l'une, en date du 1er mars 1832 ; l'autre, en date du 11 octobre 1836.

— Mais ces ordonnances, portant sur l'ensemble du service, et réorganisant les *équipages de ligne* créés dans l'intervalle, conservèrent, sans y rien changer, les allocations de solde déterminées par les ordonnances précédentes : la solde moyenne des matelots restait encore à 27 francs. — Seulement, l'ordonnance du 11 octobre 1836 consacrait, par ses tarifs, les suppléments alloués, dans certains cas, par une décision royale du 21 août 1835, soit à la maistrance, soit aux matelots remplissant à bord des fonctions spéciales.

Ainsi donc, jusqu'à ce moment, deux améliorations dans le traitement des équipages : l'une, par l'ordonnance du 17 mars 1824, portant sur la solde; l'autre, par l'ordonnance du 11 octobre 1836, portant sur les suppléments.

Un nouveau pas dans cette voie a été fait par l'ordonnance du 15 août 1838, qui, tout en maintenant les suppléments alloués, accorde en outre les augmentations de solde suivantes :

3 francs par mois aux seconds maîtres de 2e classe embarqués;
3 francs par mois aux quartiers-maîtres de 1re classe, à terre et embarqués;
3 francs par mois aux quartiers-maîtres de 2e classe à terre;
6 francs par mois aux quartiers-maîtres de 2e classe embarqués;
3 francs par mois aux matelots à terre de 1re et de 2e classe;
6 francs par mois aux mêmes, embarqués.

Enfin, une dernière amélioration a été consacrée par la décision royale du 27 septembre 1847, relative aux suppléments de fonctions à bord des bâtiments complétement armés.

Ainsi, d'après ce qui précède, et pour ne parler toujours que des matelots, la solde fixe de ceux-ci se trouve actuellement réglée de la sorte :

A terre.	Matelot de 1re classe.........	33 francs.
	Matelot de 2e classe.........	30
	Matelot de 3e classe.........	24
A la mer.	Matelot de 1re classe.........	36 francs.
	Matelot de 2e classe.........	33
	Matelot de 3e classe.........	24

En résumé, laissant à part les améliorations portant sur les officiers mariniers et sur les allocations supplémentaires, la solde moyenne des matelots, qui était autrefois de 25 francs par mois, soit à terre, soit à la mer, est aujourd'hui réglée de la manière suivante :

A terre..................	29 francs.
A la mer................	31

On trouve, sans doute, dans ce qui précède, la preuve de la constante sollicitude du département de la marine envers les hommes dévoués qui le servent si bien; mais on y trouve en même temps, il faut bien le dire, cette autre preuve, non moins évidente, du besoin que nous signalions en commençant : à savoir, la réunion dans un même acte, de toutes les dispositions éparses qui régissent le service des bâtiments armés.

Pour donner une idée de l'importance relative des

armements, nous imprimons aux *Annexes* un relevé comparatif, d'après le budget et les comptes, du nombre de marins employés chaque année, depuis 1820, jusqu'à ce jour. (*Annexe*, n° 1er.)

SERVICE A LA MER.

PERSONNEL. — ÉTATS-MAJORS ET ÉQUIPAGES.

Suppléments de solde des officiers. — Solde et suppléments de solde des équipages. — Traitement de table; frais de passage; frais de bureau, etc. — Dispositions diverses[1].

1634. — ORDRES et règlements qui doivent être gardés dans les vaisseaux français, etc.[2].

Hydrographie du P. Fournier, livre VII, chap. X, page 411.

1642. — RÈGLEMENT pour la discipline que les soldats et matelots doivent garder et observer dans les vaisseaux de Sa Majesté.

[1] Voir plus particulièrement au titre *Administration de la marine*, les dispositions relatives à l'embarquement des agents comptables à bord des bâtiments armés.

[2] Article 1er. Il est ordonné que tous capitaines, officiers, gentilhommes, matelots et soldats, feront serment de fidélité sous le chef qui les commande, et qu'ils ne feront aucun refus de ce qui leur sera enioint, pour quelques périls, risques ou fortunes qu'ils puissent courir de leur vie, et ne rendront iamais nauire aux ennemis, tant qu'ils auront vne goute de sang sur eux.

. . . .

Art. 9. Ceux qui se seront mis au seruice du Roy auront par-dessus leurs gages, à manger et à boire, lequel leur sera distribué par le capitaine, comme il aura esté ordonné audit capitaine par le sieur amiral ou chef d'escadre.

. . . .

9 mai 1665. — Règlement pour les saluts entre les vaisseaux, galères et forteresses, tant de Sa Majesté que des princes étrangers.

Code des armées navales, page 15.

24 août 1665. — Ordonnance pour le port des pavillons d'amiral, vice-amiral et contre-amiral, et sur le nombre des vaisseaux qui doivent accompagner ces pavillons.

Édits, déclarations, etc. page 30. — *Code des armées navales*, page 18.

30 janvier 1668. — Ordonnance portant défense aux capitaines de quitter leurs vaisseaux pendant qu'ils sont dans les rades ou ports, pour aller coucher à terre.

Édits, déclarations, etc. page 245. — *Code des armées navales*, page 98.

16 mars 1669. — Ordonnance portant défense à tous capitaines de vaisseau de quitter leur bord pour coucher à terre.

Code des armées navales, page 99. — *Édits, déclarations, etc.* page 247.

15 avril 1669. — Règlement sur le commandement des officiers en pied et en second, servant sur les vaisseaux de Sa Majesté.

Édits, déclarations, etc. page 387. — *Code des armées navales*, page 154.

18 août 1669. — Ordonnance portant défense aux capitaines des vaisseaux de guerre d'embarquer des marchandises sur leurs bords[1].

Code des armées navales, page 99. — *Édits, déclarations, etc.* page 248.

3 octobre 1669. — Ordonnance qui règle le temps auquel doivent commencer la solde et les victuailles des équipages des vaisseaux du Roi.

Édits, déclarations, etc. page 401. — *Code des armées navales*, page 163.

15 janvier 1670. — Règlement pour la solde des équipages de Sa Majesté.

Archives de la marine.

[1] Voir les ordonnances des 14 février et 20 août 1676.

8 mai 1670. — Ordonnance portant que les capitaines de marine exécuteront les instructions des intendants sur la formation des équipages.

Édits, déclarations, etc. page 333. — *Code des armées navales,* page 130.

12 juillet 1670. — Règlement sur les pavillons, flammes et autres marques de commandement et reconnaissance que Sa Majesté veut être portés par ses vaisseaux.

Édits, déclarations, etc. page 34. — *Code des armées navales,* page 19.

24 août 1670. — Règlement sur la différence du salut des places du Roi, et des moindres États.

Code des armées navales, page 21.

27 septembre 1670. — Ordonnance portant défense aux officiers de vaisseau de quitter leur bord sans la permission du commandant de l'escadre.

Édits, déclarations, etc. page 460. — *Code des armées navales,* page 185.

19 décembre 1670. — Ordonnance sur la publication des classes et le payement de la solde et demi-solde.

Édits, déclarations, etc. page 345. — *Code des armées navales,* page 135.

20 mars 1671. — Ordonnance portant défense aux capitaines d'abandonner les vaisseaux qu'ils ont ordre d'escorter.

Édits, déclarations, etc. page 461. — *Code des armées navales,* page 186.

3 octobre 1671. — Ordonnance portant règlement sur les saluts que les vaisseaux de Sa Majesté doivent se rendre entre eux.

Édits, déclarations, etc. page 41. — *Code des armées navales,* page 22.

27 décembre 1671. — Règlement sur le nombre d'officiers qui doivent commander les vaisseaux de chaque rang.

Code des armées navales, page 102. — *Édits, déclarations, etc.* page 255.

12 février 1672. — Règlement sur le choix et la distribution des équipages des vaisseaux de Sa Majesté.

Code des armées navales, page 103 et 143. — *Édits, déclarations, etc.* page 257.

20 octobre 1672. — ORDONNANCE pour former les équipages et régler le payement de la table des capitaines.

Code des armées navales, page 144. — *Édits, déclarations, etc.* page 366.

20 octobre 1672. — ORDONNANCE portant que les matelots seront payés chez eux par les commissaires des classes, de leur solde, au désarmement.

Code des armées navales, page 144. — *Édits, déclarations, etc.* page 368.

20 octobre 1672. — ORDONNANCE portant défense de souffrir des tavernes sur les vaisseaux de guerre.

Code des armées navales, page 187. — *Édits, déclarations, etc.* page 464.

3 décembre 1672. — ORDONNANCE portant défense aux matelots d'abandonner le service sous prétexte de désarmement.

Code des armées navales, page 145. — *Édits, déclarations, etc.*, page 370.

13 janvier 1673. — ORDRE au trésorier de la marine de ne remettre aucuns fonds dans les ports et arsenaux de la marine, sans un ordre exprès, et de ne point divertir les fonds faits pour la solde des équipages à aucune dépense, à peine de radiation[1].

Code des armées navales, page 150. — *Édits, déclarations, etc.*, page 378.

13 mars 1673. — RÈGLEMENT sur les récompenses des capitaines de brûlots qui brûleront des vaisseaux ennemis.

Édits, déclarations, etc. page 466. — *Code des armées navales*, page 187.

16 mars 1673. — RÈGLEMENT sur la table des officiers de marine, servant sur les vaisseaux de Sa Majesté.

Édits, déclarations, etc. page 375. — *Code des armées navales*, page 151.

17 mars 1673. — RÈGLEMENT sur le nombre des valets des officiers de marine.

Édits, déclarations, etc. page 371. — *Code des armées navales*, page 146.

[1] Voir l'ordonnance du 10 octobre 1675.

18 mars 1673. — ORDONNANCE portant défense aux capitaines de marine d'embarquer aucun volontaire, sans ordre par écrit.

Édits, déclarations, etc. page 258. — *Code des armées navales*, page 103.

20 mai 1673. — ORDONNANCE pour la nourriture des aumôniers, chirurgiens et écrivains de chaque vaisseau.

Édits, déclarations, etc. page 449. — *Code des armées navales*, page 179.

26 juillet 1673. — ORDONNANCE portant défense aux capitaines d'abandonner leurs vaisseaux sans congé, pour aller coucher à terre.

Édits, déclarations, etc. page 467. — *Code des armées navales*, page 188.

22 novembre 1673. — RÈGLEMENT sur les appointements et solde des équipages des vaisseaux de guerre de Sa Majesté.

Archives de la marine. — *Édits, déclarations, etc.* page 379.

12 janvier 1674. — ORDRE aux capitaines de marine de faire débarquer les poudres et artifices, avant que d'entrer dans les ports.

Édits, déclarations, etc. page 259. — *Code des armées navales*, page 104.

14 mars 1674. — ORDONNANCE portant défense aux officiers de marine de prétendre aucun payement que celui qui leur sera fait au désarmement.

Édits, déclarations, etc. page 377. — *Code des armées navales*, page 151.

6 octobre 1674. — RÈGLEMENT pour la police générale des arsenaux de marine. . . . . . Titre IX. *De la police sur les vaisseaux.*

Édits, déclarations, etc. page 93. — *Code des armées navales*, page 42.

13 février 1675. — ORDONNANCE portant défense aux capitaines des vaisseaux du Roi, d'embarquer des marchandises sur leurs bords.

Archives de la marine.

7 août 1675. — ORDONNANCE pour la subsistance des femmes et

familles des officiers mariniers, matelots et soldats embarqués[1].

Edits, déclarations, etc. page 767. — *Code des armées navales,* page 152.

10 octobre 1675. — ORDONNANCE pour empêcher le divertissement des fonds destinés pour la solde des équipages et appointements des vaisseaux.

Édits, déclarations, etc. page 769.

10 janvier 1676. — ORDONNANCE portant défense aux officiers de marine de défoncer aucune futaille servant à mettre des boissons des équipages.

Code des armées navales, page 184.

14 février 1676. — ORDONNANCE portant confiscation de toutes les marchandises qui se trouveront embarquées sur les vaisseaux de Sa Majesté.

Édits, déclarations, etc. page 716. — *Code des armées navales,* page 105.

10 août 1676. — ORDONNANCE portant qu'il sera établi deux pilotes jurés dans chacun des arsenaux de marine, qui seront tenus de s'embarquer sur les vaisseaux qui sortiront des ports où les arsenaux seront établis, pour les conduire en rade.

Code des armées navales, page 94.

20 août 1676. — ORDONNANCE portant défense aux capitaines commandant les vaisseaux de Sa Majesté de faire débarquer aucunes choses desdits vaisseaux, lors de leur arrivée dans les rades, qu'ils n'aient été visités par les intendants ou commissaires généraux des ports où ils devront désarmer.

Édits, déclarations, etc. page 718. — *Code des armées navales,* page 105.

[1] Cette ordonnance permettait aux marins de déléguer à leurs familles jusqu'à concurrence du tiers de leur solde : c'est là l'origine des payements qui, sous le nom de *mois de famille,* s'exécutent encore aujourd'hui dans les quartiers des classes par l'entremise de l'établissement des invalides. (*Exposé préparatoire de l'établissement des invalides,* 1831. Page 6.)

15 octobre 1676. — Règlement pour l'établissement d'une école de canonniers de la marine.

Édits, déclarations, etc. page 712. — *Code des armées navales*, page 95.

10 novembre 1683. — Ordonnance défendant aux officiers mariniers de vendre, sur les vaisseaux du Roi, du vin, de l'eau-de-vie, du tabac, etc.

Archives de la marine.

18 avril 1691. — Ordonnance portant que les mariniers et matelots des vaisseaux seront payés de leur travail, outre la nourriture ordinaire.

Archives de la marine.

28 juillet 1693. — Ordonnance relative aux capitaines de frégate et lieutenants de vaisseau qui, pour cause de décès, remplacent les commandants à la mer.

Archives de la marine.

28 juillet 1693. — Ordonnance réglant à 360 livres par mois la table des capitaines qui commanderont des vaisseaux du second rang, dont les équipages seront de trois cent quatre-vingts hommes.

Archives de la marine.

2 septembre 1693. — Ordonnance qui défend aux commandants des vaisseaux et autres bâtiments de laisser leurs chaloupes à la remorque, et leur enjoint de les embarquer dans leurs vaisseaux.

Archives de la marine.

30 juillet 1696. — Ordonnance accordant, aux capitaines des bâtiments armés en guerre, 30 livres par mois, outre la fixation de leur table, pour chaque officier qui y sera embarqué au delà du nombre réglé par l'ordonnance du 15 avril 1689, et pareille somme de 30 livres pour chaque passager et volontaire qui sera embarqué par ordre de Sa Majesté.

Archives de la marine.

16 septembre 1705. — Dépêche qui explique que le commissaire embarqué n'est point assujetti à demander la permission de sortir du bord[1].

Index des ordonnances de la marine, tome Ier, page 136.

6 janvier 1706. — Ordonnance sur les fonctions des écrivains. — Défense, aux capitaines commandant les vaisseaux, de maltraiter ni de fait, ni de parole, les écrivains des vaisseaux.

Archives de la marine. — Index des ordonnances de la marine, tome Ier, page 214.

26 mai 1716. — Ordonnance pour prévenir les difficultés qui peuvent arriver à la mer, au sujet du commandement des vaisseaux, en cas de vacances par mort ou autrement.

Index des ordonnances de la marine, tome Ier, page 190.

10 juin 1716. — Ordonnance portant règlement sur la table des officiers, l'embarquement et nourriture des passagers et divers détails de police sur l'achat, la conservation et la distribution des vivres et rafraîchissements.

Index des ordonnances de la marine, tome III, page 70. — *Archives de la marine. — Recueil d'édits, arrêts, etc.* tome II, page 484.

13 mars 1717. — Ordonnance qui défend tout commerce aux officiers sur les vaisseaux du Roi, à peine de cassation et confiscation des marchandises.

Index des ordonnances de la marine, tome V, page 237. — *Archives de la marine. — Recueil d'édits, arrêts, etc.* tome IV, page 310.

5 juillet 1717. — Lettre du conseil de marine qui explique quels sont les officiers nourris de droit à la table des officiers généraux.

Index des ordonnances de la marine, tome V, page 19.

27 octobre 1717. — Décision portant que la table sera payée par le nombre de jours et non par mois de trente jours.

Archives de la marine.

[1] Voir l'ordonnance du 18 juin 1757.

27 octobre 1717. — DÉCISION sur le logement de l'écrivain à la Sainte-Barbe.

Archives de la marine.

1er août 1719. — ORDONNANCE pour régler le temps où doit commencer et finir la table des capitaines commandant les vaisseaux, et pour les décharger de la nourriture des valets des offices.

Archives de la marine. — *Recueil d'édits, arrêts, etc.* tome X, page 79.

5 août 1724. — DÉCISION sur le logement de l'écrivain, de l'aumônier, du chirurgien et du maître canonnier.

Archives de la marine.

14 mai 1725. — DÉCISION sur le logement dans la Sainte-Barbe, des écrivains, aumôniers et chirurgiens.

Archives de la marine.

10 mai 1728. — RÈGLEMENT concernant les classes, l'augmentation de paye, et la conduite à payer aux gens de mer.

Valin, tome Ier, page 713. — *Index des ordonnances de la marine*, tome V, page 69.

28 juin 1728. — LETTRE du ministre qui règle quels sont les officiers qui doivent être nourris, de droit, à la table des généraux.

Index des ordonnances de la marine, tome V, page 158.

19 septembre 1732. — LETTRE sur le choix des mousses pour les vaisseaux du Roi, et prescrivant de prendre de préférence les enfants d'officiers mariniers et matelots.

Index des ordonnances de la marine, tome V, page 74.

15 août 1734. — ORDONNANCE sur l'avancement des maîtres, seconds et aides-canonniers.

Recueil d'édits, arrêts, etc. tome XL, page 103.

1er mai 1746. — ORDONNANCE en faveur des familles des gens de mer décédés sur les vaisseaux du Roi pendant les campagnes de long cours, et sur les décharges des avances reçues en excédant de la solde gagnée.

Recueil d'édits, arrêts, etc. tome LXII, page 205. — *Archives de la marine.* — *Index des ordonnances de la marine,* tome V, page 96.

9 juin 1749. — LETTRE pour former les équipages des vaisseaux du Roi, un tiers de bons matelots, un tiers de médiocres, et un tiers de novices.

Index des ordonnances de la marine, tome II, page 315.

5 juin 1750. — ORDONNANCE concernant les officiers d'artillerie et les compagnies d'apprentis canonniers.

23 avril 1754. — RÈGLEMENT sur la demi-solde et la nourriture des équipages des vaisseaux de l'État, pendant le journalier d'armement.

13 juin 1757. — ORDONNANCE portant augmentation de solde en faveur des officiers mariniers et matelots employés sur les vaisseaux du Roi.

Recueil d'édits, arrêts, etc. tome LXXXI, page 440. — *Archives de la marine.* — *Index des ordonnances de la marine,* tome IV, page 226.

18 juin 1757. — ORDONNANCE qui règle que les écrivains embarqués demanderont la permission au capitaine pour sortir du bord.

Index des ordonnances de la marine, tome 1er, page 423.

18 juin 1759. — ORDONNANCE portant règlement sur ce qui doit être payé aux officiers généraux, capitaines et autres commandants des vaisseaux de Sa Majesté, pour la dépense de leur table à la mer.

Archives de la marine. — *Index des ordonnances de la marine,* tome V, page 299.

15 février 1761. — ORDONNANCE interprétative de l'ordonnance du 18 juin 1759 (art. 7), concernant la table à la mer, des commandants des vaisseaux de Sa Majesté.

Archives de la marine.

21 décembre 1761 — ORDONNANCE concernant le corps royal de l'artillerie de terre et de mer, et qui supprime les compagnies d'apprentis canonniers.

Recueil d'édits, arrêts, etc. tome XCII, page 389.

27 mars 1764. — RÈGLEMENT portant fixation du traitement de table des officiers généraux et autres.

14 septembre 1764. — ORDONNANCE concernant les gardes du pavillon et les volontaires de la marine.

Archives de la marine.

25 mars 1765. — RÈGLEMENT sur ce qui doit être payé aux officiers généraux commandants d'escadre, capitaines et autres officiers, en supplément d'appointements, pour la dépense de leur table à la mer, gages et subsistances de leurs valets, etc.

Archives de la marine.

5 novembre 1766. — ORDONNANCE concernant les compagnies des apprentis canonniers.

Recueil d'édits, arrêts, etc. tome CII, page 292. — *Index des ordonnances de la marine,* tome IV, page 516.

26 novembre 1775. — RÈGLEMENT tant sur le prix des passages que sur celui du fret à bord des bâtiments qui vont aux îles de France et de Bourbon ou dans les établissements au delà du cap de Bonne-Espérance.

27 novembre 1775. — ORDONNANCE accordant un supplément de 50 francs à l'enseigne qui remplace l'écrivain à bord, en cas de maladie, décès ou débarquement de celui-ci.

27 septembre 1776. — ORDONNANCE pour régler les fonctions dont les officiers seront chargés sur les escadres et à bord des vaisseaux relativement aux consommations et aux remplacements des munitions et des effets, et aux revues des équipages dans le cours des campagnes[1].

Recueil d'édits, arrêts, etc. tome CXXIII, page 167.

[1] Voir l'ordonnance et le règlement du 1er novembre 1784.

15 janvier 1780. — RÈGLEMENT concernant la propreté des vaisseaux et la conservation des équipages.

Archives de la marine.

7 mars 1781. — INSTRUCTION concernant les officiers des détachements des troupes de terre embarqués sur les vaisseaux de Sa Majesté.

4 décembre 1782. — RÈGLEMENT pour la table des vaisseaux à la mer. (Tarif des suppléments et du traitement des officiers de tout grade.)

Archives de la marine.

1er novembre 1784. — ORDONNANCE établissant des intendants ou commissaires attachés aux armées navales, escadres ou divisions, et des commis aux revues et aux approvisionnements à bord de chaque vaisseau, frégate ou autres bâtiments.

Recueil des ordonnances et règlements du maréchal de Castries. Imprimerie royale, 1786. — *Annales maritimes de 1821,* page 201.

1er novembre 1784. — RÈGLEMENT du Roi concernant le service à exécuter par les commis aux revues et aux approvisionnements à bord des vaisseaux armés, préposés par l'ordonnance de même date pour remplir les fonctions qui étaient attribuées, par celle du 27 septembre 1776, à l'officier chargé du détail.

Annales maritimes de 1821, page 206.

1er janvier 1786. — ORDONNANCE portant création de neuf divisions de canonniers-matelots sous le titre de *Corps royal de canoniers-matelots.*

Recueil des ordonnances et règlements du maréchal de Castries. Imprimerie royale, 1786.

1er janvier 1786. — ORDONNANCE concernant les volontaires employés sur les bâtiments.

Recueil des ordonnances et règlements du maréchal de Castries. Imprimerie royale, 1786. — *Annales maritimes de 1836,* page 378.

1er janvier 1786. — Règlement sur les payes et les avancements des gens de mer.

Annales maritimes de 1836, page 405.

1er janvier 1786. — Règlements sur différentes parties du service à la mer. (Payes, avancements, discipline, etc.)

Recueil des ordonnances et règlements du maréchal de Castries. Imprimerie royale, 1786. — *Annales maritimes de 1817*, pages 173, 200, 205, 211, 222 et 228.

25 janvier 1789. — Ordonnance concernant la paye et l'avancement du corps royal des canonniers-matelots.

Archives de la marine.

Février 1789. — Ordonnance chargeant les conseils d'administration de déterminer les avancements à donner aux équipages des vaisseaux de Sa Majesté.

Archives de la marine.

15 juin 1790. — Décret qui accorde une augmentation de solde à l'armée navale.

Recueil des lois de la marine, tome Ier, page 61.

11 juillet 1790. — Décret relatif au service des officiers de la marine marchande, à bord des vaisseaux de l'État.

Journal militaire de 1790, page 171. — *Recueil des lois de la marine*, tome Ier, page 80.

30 juillet 1790. — Décret concernant la dépense de la table des officiers de la marine sur les vaisseaux en rade.

Recueil des lois de la marine, tome Ier, page 84.

21 septembre 1790. — Décret portant règlement de répartition de l'augmentation de solde accordée aux gens de mer.

Recueil des lois de la marine, tome Ier, page 157.

21 septembre 1790. — Décret portant qu'aucune municipalité

ou corps administratif ne peut, sous aucun prétexte, arrêter ni suspendre le départ d'aucun bâtiment de guerre.

Recueil des lois de la marine, tome Ier, page 162.

31 octobre 1790. — DÉCRET qui fixe les couleurs dans les différents genres de pavillons français

Recueil des lois de la marine, tome Ier, page 177.

31 octobre 1790. — DÉCRET relatif à la paye et à la subsistance des soldats tenant garnison à bord des vaisseaux.

Recueil des lois de la marine, tome Ier, page 180.

17 novembre 1790.—DÉCRET relatif à la fourniture du tabac aux matelots.

Recueil des lois de la marine, tome Ier, page 191.

7 janvier 1791.—DÉCRET relatif à l'avancement des gens de mer, en paye et en grade, sur les vaisseaux de l'État.

Recueil des lois de la marine, tome Ier, page 227.—*Journal militaire de 1791*, page 191.

19 janvier 1791. — DÉCRET relatif à la réduction du traitement pour la table des officiers à bord des vaisseaux.

Recueil des lois de la marine, tome Ier, page 234.

11 février 1791.—DÉCRET qui règle les indemnités accordées aux commandants des bâtiments de l'État, lorsqu'ils passent à leur bord des personnes, en vertu d'ordres du Roi[1].

Administration des vaisseaux, 1840, page 257. — *Recueil des lois de la marine*, tome Ier, page 247.

11 février 1791. — DÉCRET relatif à la solde des gens de mer employés sur les vaisseaux de l'État et au service des ports.

Recueil des lois de la marine, tome Ier, page 243.

21 avril 1791.—DÉCRET relatif aux officiers commandant les escadres dans les parages éloignés.

Recueil des lois de la marine, tome Ier, page 394.

[1] Voir la circulaire du 9 octobre 1846 l'arrêté du 30 avril 1848.

26 et 27 mai 1791. — DÉCRETS relatifs à la solde des officiers de mer.

Recueil des lois de la marine, tome II, page 45.

16 mai 1792. — DÉCRET relatif aux canonniers-matelots formant les cinq divisions du port de Brest.

Recueil des lois de la marine, tome II, page 435.

14 juin 1792. — DÉCRET supprimant le corps royal des canonniers-matelots, et organisant l'artillerie et l'infanterie de la marine.

Recueil des lois de la marine, tome II, page 461.

26 juillet 1792. — DÉCRET qui accorde, aux commandants des vaisseaux de l'État, la faculté de choisir les premiers maîtres.

Recueil des lois de la marine, tome III, page 53.

23 août 1792. — DÉCRET relatif aux salaires des gens de mer, et aux dépenses de la marine dans les ports.

Recueil des lois de la marine, tome III, page 90.

9 janvier 1793. — RÈGLEMENT sur les pavillons et marques de commandement que les vaisseaux de la République française porteront à la mer et dans les rades.

Recueil des lois de la marine, tome III, page 223.

25 janvier 1793. — DÉCRET qui augmente de 9 livres par mois la paye des gens de mer, et réorganise les compagnies d'infanterie et d'artillerie de la marine.

Recueil des lois de la marine, tome III, page 242. — *Journal militaire de 1793*, page 71.

2 février 1793. — MÉMOIRE pour servir d'instruction générale aux officiers de marine commandant les batiments de la République française.

Recueil des lois de la marine, tome III, page 278.

10 mars 1793. — DÉCRET accordant un surcroît de paye aux marins.

Recueil des lois de la marine, tome III, page 370.

17 mai 1793. — DÉCRET accordant une augmentation de paye de

9 livres par mois aux marins de diverses classes, non compris dans les lois des 25 janvier et 10 mars même année.

Recueil des lois de la marine, tome III, page 443. — *Journal militaire de 1793*, page 329.

8 juillet 1793. — Décret portant que le traitement accordé aux commandants des vaisseaux, frégates ou autres bâtiments de la République, pour les dépenses de la table, sera réduit du tiers pour ceux de ces officiers qui sont ou seront employés sur les bâtiments stationnaires ou en croisière sur les côtes de France seulement.

Recueil des lois de la marine, tome IV, page 7.

19 nivôse an II (8 janvier 1794). — Décret relatif au salut des vaisseaux de la République.

Recueil des lois de la marine, tome IV, page 288.

8 nivôse an II (17 janvier 1794). — Décret fixant le nombre et le traitement des officiers embarqués sur des navires de transport.

Recueil des lois de la marine, tome IV, page 298.

28 nivôse an II (17 janvier 1794). — Arrêté qui prescrit des mesures pour l'embarquement des approvisionnements des vaisseaux.

Recueil des lois de la marine, tome IV, page 295.

14 pluviôse an II (2 février 1794). — Décret qui prescrit la conduite que doivent tenir les commandants des vaisseaux français devant les vaisseaux ennemis.

Recueil des lois de la marine, tome IV, page 312.

16 pluviôse an II (4 février 1794). — Décret qui établit un instituteur à bord des vaisseaux de la République de vingt canons et au-dessus.

Recueil des lois de la marine, tome IV, page 330.

16 pluviôse an II (4 février 1794). — Décret déterminant la composition du vêtement des marins.

Recueil des lois de la marine, tome IV, page 328. — *Journal militaire de l'an II*, page 453.

24 pluviôse an II (12 février 1794). — Arrêté portant établissement d'écoles de canonnage de marine dans plusieurs ports.

Recueil des lois de la marine, tome IV, page 355. — *Journal militaire de l'an II*, page 456.

24 prairial an II (12 juin 1794). — Arrêté qui détermine les fonctions des officiers généraux et des commandants des bâtiments de guerre en escadre.

Recueil des lois de la marine, tome IV, page 476.

8 frimaire an III (28 novembre 1794). — Arrêté concernant la solde des mousses.

Recueil des lois de la marine, tome V, page 99. — *Journal militaire de l'an III*, page 252.

23 messidor an III (11 juillet 1795). — Arrêté concernant les indemnités dues aux marins en cas de naufrage ou de prise des bâtiments de la République.

Recueil des lois de la marine, tome V, page 396. — *Code de l'inscription maritime*, tome Ier, page 52. — *Journal militaire de l'an III*, page 1117.

16 thermidor an III (3 août 1795). — Arrêté rendant commune à tous les gens de mer la loi du 5 thermidor, qui accorde un supplément de solde de 2 sous par jour, en numéraire, aux sous-officiers et soldats de toute arme présents aux drapeaux.

Recueil des lois de la marine, tome V, page 389. — *Journal militaire de l'an III*, page 1158.

27 thermidor an III (14 août 1795). — Décret concernant la solde des marins prisonniers de guerre.

Recueil des lois de la marine, tome V, page 404. — *Code de l'inscription maritime*, tome Ier, page 57.

14.

6e jour complémentaire an III (22 septembre 1795). — ARRÊTÉ qui assimile les marins qui servent sur les bâtiments stationnaires, aux marins qui montent les vaisseaux de l'État.

Recueil des lois de la marine, tome V, page 453.

3 brumaire an IV (25 octobre 1795). — DÉCRET relatif à l'avancement des gens de mer sur les vaisseaux de la République [1].

Recueil des lois de la marine, tome VI, page 108. — *Journal militaire de l'an IV*, page 167. — *Code de l'inscription maritime*, tome III, page 34.

3 brumaire an IV (25 octobre 1795). — DÉCRET concernant la composition des états-majors et équipages des vaisseaux et autres bâtiments de la République.

Recueil des lois de la marine, tome VI, page 120. — *Journal militaire de l'an IV*, page 126.

5 brumaire an IV (27 octobre 1795). — DÉCRET concernant l'instruction des apprentis canonniers marins.

Journal militaire de l'an IV, page 108. — *Recueil des lois de la marine*, tome VI, page 105.

[1] Voici, de 1670 à l'an IV (1795), l'indication des principaux actes qui ont successivement réglé la solde des gens de mer : Règlement du 15 janvier 1670. — Ordonnance du 19 décembre, même année. — Règlement du 23 novembre 1673. — Ordonnance du 15 avril 1689 (livre IX). — Règlement du 10 mai 1728. — Ordonnances des 13 juin 1757 et 25 mars 1765 (livre X). — Règlement du 1er janvier 1786. — Décrets des 15 juin 1790, 7 janvier et 11 février 1791, 23 août 1792, 25 janvier, 10 mars et 17 mai 1793. — Arrêté du 16 thermidor an III. — Décret du 3 brumaire an IV.

La solde mensuelle des matelots était ainsi réglée par le dernier de ces actes, savoir :

Matelots...	de 1re classe	30 francs.
	de 2e classe	27
	de 3e classe	24
	de 4e classe	21

Voir, pour le résumé des actes ultérieurs, la note préliminaire du présent titre.

17 ventôse an v (7 mars 1797). — Arrêté concernant le service des états-majors et des équipages en mer.

. . . .

Le traitement de table pour les capitaines et officiers des états-majors n'aura lieu qu'à compter du jour de la mise en rade, et cessera le jour de la rentrée dans le port (article 3).

Recueil des lois de la marine, tome VII, page 213.

17 ventôse an v (7 mars 1797). — Arrêté qui détermine provisoirement la solde des gens de mer de tout grade et de toutes classes, embarqués sur les bâtiments de la République.

Recueil des lois de la marine, tome VII, page 218.

17 ventôse an v (7 mars 1797). — Arrêté qui détermine provisoirement le traitement de table des officiers embarqués sur les bâtiments de la République.

Recueil des lois de la marine, tome VII, page 222.

25 floréal an v (14 mai 1797). — Arrêté concernant l'organisation des états-majors des armées navales.

Recueil des lois de la marine, tome VII, page 295.

25 floréal an v (14 mai 1797). — Arrêté contenant règlement sur la composition, l'instruction et le service des escouades des apprentis canonniers marins.

Recueil des lois de la marine, tome VII, page 297. — *Journal militaire de l'an v*, page 553.

11 prairial an v (30 mai 1797). — Loi relative à la solde des officiers et gens de mer, etc.

Recueil des lois de la marine, tome VII, page 337.

27 pluviôse an vii (15 février 1799). — Décret concernant le service et l'emploi des officiers mariniers embarqués en excédant du nombre déterminé par le tarif du 3 brumaire an iv.

Recueil des lois de la marine, tome IX, page 162. — *Journal militaire de l'an vii*, page 511.

19 frimaire an viii (10 décembre 1799). — Arrêté concernant la

police et la discipline militaire à bord des bâtiments de la République.

Recueil des lois de la marine, tome IX, page 489.

7 floréal an VIII (27 avril 1800). — RÈGLEMENT sur l'organisation de la marine.

. . . .

Titre IV. *Service à la mer.*

Recueil des lois de la marine, tome X, pages 235 et 243.

7 thermidor an VIII (26 juillet 1800). — ARRÊTÉ portant règlement sur l'organisation et le service général de la marine.

. . . .

Section VI. *Agents de la comptabilité à bord des vaisseaux.*

Recueil des lois de la marine, tome X, pages 290 et 305.

6 vendémiaire an IX (28 septembre 1800). — ARRÊTÉ contenant règlement sur la maistrance de canonnage et les compagnies d'apprentis canonniers de la marine [1].

Code de l'inscription maritime, tome II, page 108.

1er brumaire an IX (23 octobre 1800). — ARRÊTÉ portant que l'officier général commandant en chef l'armée navale recevra le traitement de table de 80 francs.

Recueil des lois de la marine, tome X, page 529.

5 brumaire an IX (27 octobre 1800). (*Personnel.*) — CIRCULAIRE portant que, par application des dispositions du règlement du 7 thermidor an VIII, il ne sera alloué, aux marins chargés de la comptabilité sur les petits bâtiments, aucun supplément spécial.

17 nivôse an IX (7 janvier 1801). — ARRÊTÉ relatif aux établissements de santé de la marine et des colonies.

. . . .

ART. 6.

Les officiers de santé embarqués recevront, pendant la durée

[1] Voir l'arrêté du 15 floréal an XI.

de leur embarquement, le tiers en sus des appointements fixés par l'article 9 de l'arrêté du 9 vendémiaire an IX.

Recueil des lois de la marine, tome XI, page 283.

3 fructidor an IX (21 août 1801). — ARRÊTÉ concernant les dépenses relatives à l'habillement des matelots tant à Paris que dans les ports.

Code de l'inscription maritime, tome III, page 119. — *Recueil des lois de la marine*, tome XI, page 490.

6 frimaire an X (27 novembre 1801). — CIRCULAIRE portant suppression des marchés pour l'habillement, et donnant la liste des vêtements dont les marins doivent se pourvoir eux-mêmes, à peine de retenues sur leurs avances [1].

Recueil des lois de la marine, tome XII, page 83. — *Code de l'inscription maritime*, tome III, page 163.

25 brumaire an XI (16 novembre 1802). — ARRÊTÉ contenant règlement sur la solde de l'armée navale. (Articles 13 et suivants, concernant les délégations des marins.)

Recueil des lois de la marine, tome XIII, page 65.

25 brumaire an XI (16 novembre 1802). — ARRÊTÉ portant augmentation de traitement de table aux officiers embarqués sur les bâtiments de l'État destinés pour les colonies [2].

Recueil des lois de la marine, tome XIII, page 75.

15 floréal an XI (5 mai 1803). — ARRÊTÉ relatif à l'organisation des troupes d'artillerie de la marine.

. . . .

Titre IX. *Apprentis canonniers.*

Recueil des lois de la marine, tome XIII, pages 314 et 343.

21 prairial an XI (10 juin 1803). — ARRÊTÉ relatif à la composition des états-majors des vaisseaux et bâtiments de l'État.

. . . .

[1] Voir la circulaire du 10 février 1843.

[2] Voir, en ce qui touche particulièrement le *supplément colonial* du traitement de table, les ordonnances des 17 mars 1832 et 15 mai 1834, et l'arrêté du 30 avril 1848.

Titre Ier. *Composition des états-majors.* — Titre II. *Traitement de table*[1]. — Titre III. *Service à bord.*

Recueil des lois de la marine, tome XIII, page 422.

30 fructidor an XI (17 septembre 1803).— ARRÊTÉ portant qu'il sera formé un bataillon de marins sous la dénomination de *bataillon des matelots de la garde*[2].

Recueil des lois de la marine, tome XIII, page 503.

16 brumaire an XII (8 novembre 1803). — ARRÊTÉ accordant, aux officiers remplissant les fonctions de chef d'état-major d'une armée navale et de capitaine de pavillon du général commandant en chef, un supplément égal aux deux tiers de leurs appointements, et la moitié en sus aux officiers attachés aux états-majors généraux[3].

Recueil des lois de la marine, tome XIV, page 57.

[1] Voir, pour les principaux actes relatifs au traitement de table,

Antérieurement au 21 prairial an XI :

L'ordonnance du 20 octobre 1672; le règlement du 16 mars 1673; les ordonnances des 28 juillet 1693, 30 juillet 1696, 10 juin 1716, 1er août 1719, 18 juin 1759 et 15 février 1761; les règlements des 27 mars 1764, 4 décembre 1782 et 1er janvier 1786; les décrets des 30 juillet 1790, 19 janvier 1791 et 8 juillet 1793; et les arrêtés des 17 ventôse an V, 1er brumaire an IX et 25 brumaire an XI;

Postérieurement au 21 prairial an XI :

Le règlement du 30 octobre 1807; les ordonnances des 31 janvier 1816 et 28 avril 1824; les décisions des 19 mars 1825 et 21 janvier 1831; la dépêche du 20 février 1831; les ordonnances des 11 juin 1831, 17 mars 1832 et 15 mai 1834; la décision du 23 juin 1834; le règlement du 14 septembre 1835; l'ordonnance du 30 décembre 1836; la décision du 18 mai 1840; les dépêches des 25 mai 1840, 8 février et 1er avril 1841; la décision du 14 juillet 1845 et l'arrêté du 30 avril 1848.

[2] Voir le décret du 16 septembre 1810 et l'ordonnance du 15 juin 1814.

[3] Voir la décision royale du 21 janvier 1831, l'ordonnance du 19 décembre 1834 et la dépêche du 29 du même mois.

15 floréal an XII (5 mai 1804). — ARRÊTÉ concernant le vêtement uniforme que doivent porter les marins composant les équipages des bâtiments de la République.

Recueil des lois de la marine, tome XIV, page 184.

29 fructidor an XII (16 septemdre 1804). — DÉCRET concernant le nombre, les classes et les appointements des officiers militaires et civils de la marine, et autres entretenus.

. . . .

Art. 11. *Supplément à la mer.* — Art. 12. *Commis de marine embarqués. . . . . Gratification de bonne gestion.*

Recueil des lois de la marine, tome XIV, page 331.

9 vendémiaire an XIII (1er octobre 1804). — DÉCRET sur le traitement de table des officiers de flottille.

15 pluviôse an XIII (4 février 1805). — DÉCRET concernant la retenue à exercer sur la solde de terre et de mer des officiers et autres attachés au service de la marine, pendant leur séjour à l'hôpital.

Les officiers embarqués, qui sont admis dans les hôpitaux, cessent d'avoir droit au traitement de table le jour de leur entrée. (3e et 4e observations à la suite du tarif.)

Recueil des lois de la marine, tome XV, page 56.

6 ventôse an XIII (25 février 1805). (*Personnel.*) — DÉPÊCHE portant que, pour faciliter aux officiers les moyens d'établir leur table à bord, aussitôt la mise en rade d'un bâtiment, il sera payé, à titre d'avance, au chef de gamelle, un mois de traitement de table.

Administration des vaisseaux, 1840, page 119.

20 floréal an XIII (10 mai 1805). — DÉCRET relatif à la solde des troupes du département de la guerre, embarquées comme garnisons sur les bâtiments de l'État.

Recueil des lois de la marine, tome XV, page 161.

25 janvier 1807. — DÉCRET portant création de trois régiments de flottille[1].

[1] Voir le décret du 7 avril 1808.

30 octobre 1807. — Règlement sur les frais de bureau des chefs d'état-major et officiers chargés du détail[1]. — Indemnités accordées aux officiers pour leur tenir lieu d'ustensiles de cuisine[2].

2 mars 1808. — Décret portant création de cinquante bataillons de la marine impériale, pour servir à l'équipage de cinquante vaisseaux.

Recueil des lois de la marine, tome XVIII, page 26.

2 mars 1808. — Décret ordonnant la formation immédiate de trente et un bataillons de la marine impériale, en exécution du décret du 2 mars 1808.

Recueil des lois de la marine, tome XVIII, page 34.

1er avril 1808. — Décret sur la division en compagnies des bataillons de la marine impériale, leur solde, uniformes, masses et administration.

Recueil des lois de la marine, tome XVIII, page 69.

7 avril 1808. — Décret portant organisation de cinq bataillons de flottille. — Suppression des trois régiments de flottille créés par le décret du 25 janvier 1807.

Recueil des lois de la marine, tome XVIII, page 90.

15 mai 1808. — Règlement sur l'administration, la tenue des contrôles, les revues, la solde et les masses des bataillons de la marine impériale.

Recueil des lois de la marine, tome XVIII, page 107.

23 janvier 1809. — Circulaire rappelant l'exécution littérale des articles 3 de la loi du 3 brumaire an IV et 21e du décret du 1er avril 1808, en ce qui concerne le supplément alloué aux gabiers.

Annales maritimes de 1809-1815, tome Ier, page 6.

[1] Voir les règlements des 3 mars 1818 et 24 février 1821.

[2] Voir la décision du 19 mars 1825, qui remplace l'indemnité d'ustensiles de cuisine par une addition de 25 centimes au traitement principal.

2 août 1809. — CIRCULAIRE faisant connaître la nouvelle composition d'équipage des bâtiments de dimensions inférieures à celles d'un vaisseau de soixante-quatorze.

Annales maritimes de 1809-1815, tome Ier, page 54.

27 mars 1810. — CIRCULAIRE fixant le traitement des passagers qui s'embarquent dans les ports de la Méditerranée pour se rendre en Corse.

28 juin 1810. — DÉCRET portant dissolution des régiments de marins et d'ouvriers formés dans les ports de Brest et de Toulon[1].

Annales maritimes de 1844, page 119.

16 septembre 1810. — DÉCRET sur la formation des équipages de haut bord et de flottille[2].

7 juin 1811. — DÉCRET qui affecte quatre-vingt dix-huit compagnies d'infanterie au service de garnison des vaisseaux[3].

26 août 1811. (*Personnel.*) — DÉPÊCHE portant que les officiers et élèves promus, pendant la campagne, à un grade supérieur jouiront des appointements attribués à leur nouveau grade, à compter du jour de leur nomination.

[1] La création de ces régiments remonte au décret du 14 décembre 1806.

[2] Voir l'ordonnance du 15 juin 1814.

[3] Voir, pour les dispositions relatives au service des garnisons à bord des bâtiments armés, les ordonnances des 21 février 1816 (article 59), et 7 août 1822 (article 2), sur les troupes; les ordonnances des 2 octobre 1825 (article 5), 28 mai 1829 (article 19) et 1er mars 1832 (article 48), sur les équipages de ligne, et l'ordonnance du 20 novembre 1838 (article 11), portant création de trois régiments d'infanterie de marine.

Voir, en outre, pour les actes antérieurs, l'instruction du 7 mars 1781 et les décrets des 31 octobre 1790 et 20 floréal an XIII.

20 août 1812. — RÈGLEMENT relatif au payement de la solde. (Article 143, concernant les délégations des marins[1]).

Annales maritimes de 1809-1815, tome Ier, page 227.

18 mars 1813. — DÉCRET portant organisation des équipages de haut bord[2].

Annales maritimes de 1809-1815, tome Ier, page 244.

10 mai 1813. — CIRCULAIRE supprimant le supplément à la mer aux officiers embarqués, lorsque les bâtiments rentrent dans le port pour subir des réparations qui exigent plus de dix jours.

10 mai 1814. — ORDONNANCE portant dissolution des équipages de haut bord et de flottille.

Annales maritimes de 1809-1815, tome II, page 21.

15 juin 1814. — Ordonnance qui dissout l'équipage des marins

[1] Afin de rassurer le marin sur le sort de sa famille, pendant des absences dont on ne peut à l'avance calculer la durée, la loi l'autorise à déléguer à ses parents, pour être touchée par eux pendant la durée de la campagne, une part de ses salaires présumés, déduction faite de ses avances (article 133, ordonnance de 1836); cela n'a lieu qu'au profit des femmes, enfants, ascendants, frères ou sœurs. La faculté n'est point étendue aux neveux et nièces. Les marins négligent rarement de faire usage de ce droit. On sait avec quelle piété ils réservent une part du produit de leurs travaux à leur famille, et avec quelle insouciante rapidité il leur arrive quelquefois de dissiper la part qu'ils ont gardée pour leurs plaisirs. Toutefois, s'il arrivait qu'un marin au service ne destinât pas ses à-compte à sa femme et à ses enfants, il serait tenu d'exposer ses motifs au commissaire, qui pourrait, s'il ne les trouvait pas raisonnables, faire lui-même la destination, en le déclarant au marin (art. 4 à 16, ordonnance de 1784). La quotité de la délégation, fixée au tiers par l'ordonnance de 1836, a été déterminée d'une manière très-précise par l'ordonnance du 15 août 1838.

(Beaussant, tome Ier, page 42.)

[2] Voir l'ordonnance du 10 mai 1814.

de la garde et nomme à différents grades plusieurs officiers de ce corps.

Annales maritimes de 1809-1815, tome II, page 70.

1er juillet 1814. — ORDONNANCE portant règlement sur les grades, classes et payes, sur le mode d'avancement des gens de mer et sur la composition des états-majors et équipages des bâtiments de la marine.

Annales maritimes de 1809-1815, tome II, page 87.

1er juillet 1814. — ORDONNANCE relative à l'organisation des canonniers de la marine.

Annales maritimes de 1809-1815, tome II, page 115. — *Bulletin des lois*, vᵉ série, n° 137, page 37.

23 mars 1815. — ORDONNANCE concernant le licenciement de l'armée.

Annales maritimes de 1809-1815, tome II, page 207.

10 août 1815. — ORDONNANCE portant dissolution de l'équipage des marins de la garde, organisé en conformité d'un acte du 6 mai 1815.

Annales maritimes de 1809-1815, tome II, page 400. — *Bulletin des lois*, viiᵉ série, n° 14, page 130.

29 février 1816. — RÈGLEMENT sur le mode de licenciement du corps des canonniers de la marine et des compagnies d'ouvriers militaires, et sur la première formation du corps royal d'artillerie de la marine.

Annales maritimes de 1816, page 249.

24 septembre 1816. — DÉCISION relative au traitement des enseignes commandant des transports.

15 juillet 1817. — DÉCISION ministérielle sur la manière dont sera réglée la gratification accordée aux commis aux revues, lors du désarmement des bâtiments.

Annales maritimes de 1817, page 266.

25 novembre 1817. — CIRCULAIRE autorisant l'admission et l'embarquement d'un certain nombre de volontaires.

9 janvier 1818. — ORDONNANCE fixant le prix des passages aux frais de l'État sur les bâtiments du commerce [1].

Annales maritimes de 1818, page 109.

26 janvier 1818. — TABLEAU des proportions à suivre dans la confection des pavillons, flammes et guidons des bâtiments du Roi.

Annales maritimes de 1818, page 127.

3 mars 1818. — RÈGLEMENT portant tarif des indemnités pour tenir lieu des frais de bureau aux officiers et agents de la marine embarqués [2].

Annales maritimes de 1818, page 129.

1er juin 1818. (*Ports.*) — DÉPÊCHE portant que si, lors de l'embarquement des passagers, le commissaire des armements reconnaît des irrégularités ou conçoit des soupçons contre eux, il doit à l'instant faire des communications à la police et au préfet du département.

16 octobre 1819. — DÉPÊCHE concernant l'indemnité pour frais de passage au Sénégal.

Administration des vaisseaux, 1840, page 259.

28 octobre 1819. — INSTRUCTIONS déterminant les avances à faire aux officiers composant les états-majors des bâtiments destinés pour les colonies. (Articles 3 et 4.)

Annales maritimes de 1820, page 181.

31 octobre 1819. — ORDONNANCE sur la composition, l'avancement, les appointements et l'uniforme du corps de la marine.

. . . .

ART. 19.

Les officiers de marine embarqués recevront, pendant la durée

[1] Abrogée par ordonnance du 22 juillet 1837.

[2] Voir le règlement du 24 février 1821.

de leur service à bord, un supplément égal au cinquième de leurs appointements fixes[1].

Annales maritimes de 1819, pages 383 et 387.

19 janvier 1820. (*Colonies.*) — Dépêche portant que les passagers qui embarqueront sur les bâtiments du Roi seront tenus de justifier qu'ils ont été vaccinés où qu'ils ont eu la petite vérole.

24 février 1821. — Règlement portant tarif des indemnités pour tenir lieu de fournitures de bureau, etc., aux officiers et agents embarqués.

Administration des vaisseaux, 1840, page 113. — *Annales maritimes de 1821*, page 190.

21 juin 1822. (*Ports.*) — Circulaire portant que l'indemnité de lit de bord ne peut être allouée, aux officiers d'artillerie qui vont tenir garnison aux colonies, que lorsqu'ils s'y rendent ou qu'ils en reviennent par ordre, et qu'elle ne doit jamais être payée, ni pour l'aller ni pour le retour, à ceux qui viennent en France en vertu de congés.

30 octobre 1822. — Règlement sur l'établissement d'un magasin général et sur le service des magasiniers, à bord des bâtiments du Roi.

Annales maritimes de 1823, page 169.

13 novembre 1822. — Ordonnance portant formation de deux équipages de ligne pour le service des vaisseaux et frégates[2].

Annales maritimes de 1822, page 645.

30 août 1823. (*Personnel.*) — Circulaire concernant les délégations de traitement des gens de mer.

[1] Disposition confirmée par l'article 23 de l'ordonnance du 1er mars 1831.

[2] Voir ci-après les actes qui ont successivement modifié l'organisation des équipages de ligne, savoir : Règlement du 9 janvier 1824. — Ordonnance des 11 août même année et 2 octobre 1825. — Règlement du 19 octobre même année. — Ordonnances des 28 mai 1829, 1er mars 1832 et 11 octobre 1836.

9 janvier 1824. — RÈGLEMENT sur la composition, le service, l'administration et la comptabilité des équipages de ligne[1].

Annales maritimes de 1824, page 224.

17 mars 1824. — ORDONNANCE portant règlement sur la solde et l'avancement des gens de mer.

Annales maritimes de 1824, page 267.

28 mars 1824. (*Personnel.*) — DÉPÊCHE relative à l'indemnité de lit de bord allouée aux officiers de troupe passagers.

28 avril 1824. — ORDONNANCE accordant un traitement de table de 40 francs par jour aux capitaines de vaisseau commandant une division de trois bâtiments au moins[2].

Si un ou plusieurs bâtiments de la division sont détachés et que le nombre de ceux réunis sous le pavillon du commandant soit au-dessous de trois, le traitement ne sera réduit qu'autant que l'absence de ces bâtiments se prolongerait au delà de quarante jours. (*Avis du conseil d'amirauté transmis par dépêche du 16 mai 1829. — Officiers militaires.*)

1er mai 1824. — CIRCULAIRE concernant l'avancement des agents des vivres embarqués.

Annales maritimes de 1824, page 339.

23 juin 1824. — ORDONNANCE sur la composition des états-majors et équipages des vaisseaux, frégates et autres bâtiments de la marine royale.

Annales maritimes de 1824, page 411.

10 juillet 1824. (*Personnel.*) — DÉPÊCHE sur l'indemnité de lit de bord allouée, soit aux officiers des troupes de la marine, soit aux officiers de l'armée de terre, passagers à bord des bâtiments de l'État.

[1] Voir l'ordonnance du 11 août 1824.

[2] Modifiée par l'ordonnance du 30 décembre 1830 et par l'arrêté du 30 avril 1848.

11 août 1824. — ORDONNANCE portant formation de deux nouveaux équipages de ligne [1].

Annales maritimes de 1824, page 448.

29 octobre 1824. (*Solde et Vivres*). — DÉPÊCHE portant que les officiers embarqués en sus du nombre réglementaire doivent jouir, comme les autres, de leur traitement de table en entier, à la mer.

20 novembre 1824. — TABLEAU des grades, classes et allocations des agents des vivres embarqués, dressé conformément aux ordonnances des 17 mars et 23 juin 1824.

Annales maritimes de 1825, page 210.

20 janvier 1825. (*Colonies.*) — DÉPÊCHE sur la nourriture des passagers, aux frais de l'État, par jour de quarantaine, soit à bord d'un bâtiment de Sa Majesté, soit dans un lazaret.

26 janvier 1825. — RÈGLEMENT sur les bâtiments à tenir en commission.

Annales maritimes de 1825, page 228.

12 mars 1825. — CIRCULAIRE qui alloue une indemnité aux marins employés aux coupes de bois dans des parages éloignés.

Annales maritimes de 1825, page 605.

19 mars 1825. — DÉCISION portant à 2 fr. 25 cent. par jour, le traitement de table des officiers de l'état-major, par l'addition de l'indemnité de batterie de cuisine au traitement principal. — L'indemnité de batterie de cuisine, allouée par l'article 6 du règlement du 30 octobre 1807, est supprimée.

27 avril 1825. — (*Personnel.*) — DÉPÊCHE portant que l'on doit suspendre le payement de l'indemnité fixée par la loi du 11 février 1791, pour les passagers d'Europe, lorsque les traversées sont de courte durée et ne sont pas dans les termes définis par

[1] Voir l'ordonnance du 2 octobre 1825.

la loi. — Dans ce cas, il faut une décision spéciale du ministre.

2 octobre 1825. — ORDONNANCE contenant l'organisation générale du personnel militaire de la marine en équipages de ligne[1].

Annales maritimes de 1825, page 567. — *Rapport*, page 565.

19 octobre 1825. — RÈGLEMENT qui détermine l'instruction et le mode d'examen des officiers mariniers et marins des équipages de ligne.

Annales maritimes de 1826, page 218.

19 octobre 1825. — RÈGLEMENT qui institue, sous la dénomination d'élèves-maîtres, une classe de jeunes marins destinée à recruter en partie celle des officiers mariniers de tout grade et de toute profession.

Annales maritimes de 1826, page 239.

19 octobre 1825. — RÈGLEMENT sur l'administration et la comptabilité des équipages de ligne, rédigé en vertu de l'article 120 de l'ordonnance du 2 octobre 1825[1].

Annales maritimes de 1826, page 244.

19 octobre 1825. — INSTRUCTION sur l'habillement et l'équipement des équipages de ligne.

Annales maritimes de 1826, page 277.

25 décembre 1825. — RÈGLEMENT sur les saluts et visites en mer et dans les rades[2].

Annales maritimes de 1837, page 383.

26 octobre 1826. — ORDONNANCE portant création et organisation des volontaires de la marine[3].

Annales maritimes de 1826, page 811.

[1] Voir l'ordonnance du 28 mai 1829.

[2] Voir l'ordonnance du 31 octobre 1827.

[3] Voir, pour les actes antérieurs sur les volontaires, les ordonnances des 14 septembre 1764 et 1er janvier 1786, et la circulaire du 25 no-

12 novembre 1826. — DÉCISION royale supprimant les compagnies d'apprentis canonniers de la marine [1].

31 octobre 1827. — ORDONNANCE sur le service à la mer [2].

Annales maritimes de 1827, tome II.

2 juillet 1828. — INSTRUCTION concernant les actes de l'état civil, procès-verbaux, testaments, etc. à dresser pendant les voyages en mer, à bord des bâtiments du Roi et des navires du commerce.

Annales maritimes de 1830, tome Ier, page 241. — *Administration des vaisseaux, 1840,* page 273.

27 août 1828. — DÉCISION royale fixant à 500 francs, au lieu de 375 francs, les frais de passage du Sénégal en France, des employés du Gouvernement à bord des navires du commerce.

27 août 1828. — ORDONNANCE sur les bâtiments en commission.

Annales maritimes de 1828, page 877.

6 septembre 1828. — CIRCULAIRE sur le logement des officiers à bord.

8 février 1829. — ORDONNANCE portant fixation du nombre, des grades et des fonctions des officiers d'administration de la marine.

ART 12.

. . . .

Supplément du quart du traitement aux officiers d'administration embarqués en qualité de commissaires d'armée,

vembre 1817. On trouvera ci-après un assez grand nombre d'actes relatifs aux volontaires.

[1] Ces compagnies avaient été créées par l'ordonnance du 13 novembre 1822, portant organisation d'un corps royal d'artillerie et d'un corps d'infanterie de la marine. — Voir le titre *Troupes.*

[2] Voir l'ordonnance du 1er juillet 1831.

d'escadre ou de division. — Art. 30, fixant la solde à la mer des commis embarqués.

Annales maritimes de 1829, page 249.

14 avril 1829. (*Colonies.*) — DÉPÊCHE prescrivant que l'indemnité de lit de bord soit exclusivement réservée aux officiers ou employés destinés pour les colonies, et nullement aux assimilés qui obtiennent passage sur les bâtiments de l'État.

Annales maritimes de 1829, page 394.

21 avril 1829. — DÉCISION sur le traitement des capitaines de vaisseau commandant une division navale.

28 mai 1829. — ORDONNANCE sur l'organisation du corps royal des équipages de ligne et sur la répartition de ce corps en divisions [1].

Annales maritimes de 1829, page 748.

28 mai 1829. — RÈGLEMENT sur les compagnies de mousses établies dans les divisions par l'ordonnance précédente.

Annales maritimes de 1829, page 830.

29 juillet 1829. — DÉCISION royale réduisant de la moitié au tiers le supplément dit *colonial* accordé aux états-majors des bâtiments de la station du Levant.

23 septembre 1829. — DÉCISION royale autorisant, dans certains cas, les gouverneurs des colonies à traiter de gré à gré avec les capitaines du commerce, pour les passages aux frais du Gouvernement.

20 octobre 1829. — CIRCULAIRE expliquant dans quelle proportion les hommes du recrutement et les marins de l'inscription doivent concourir à la formation des équipages de ligne.

Annales maritimes de 1829, page 1414.

15 décembre 1829. — ORDRE aux capitaines des bâtiments armés

[1] Voir l'ordonnance du 1er mars 1832.

d'adresser au ministre un rapport sur la conduite et les talents de chaque officier de l'état-major de leurs bâtiments [1].

Annales maritimes de 1830, tome Ier, page 61.

4 mars 1830. — Décision pour la formation d'escouades d'armuriers civils pour le service de la marine à terre et à la mer [2].

Annales maritimes de 1830, tome Ier, page 175.

11 avril 1830. — Décision royale sur les conditions d'admission des volontaires de la marine au grade d'élèves de 1re classe.

Annales maritimes de 1830, tome Ier, page 279.

1er mai 1830. — Dépêche télégraphique accordant le traitement de table sur le pied colonial aux officiers de l'armée d'Afrique.

29 mai 1830. — Ordonnance qui supprime les cayennes dans les ports d'armement, et qui les remplace par des compagnies à la suite des divisions.

Annales maritimes de 1830, tome Ier, page 301.

5 juin 1830. — (*Personnel.*) — Dépêche portant que les officiers de santé embarqués en chef toucheront une indemnité, pour frais de bureau, égale au tiers de celle accordée au chef d'état-major et au commissaire d'escadre.

16 juin 1830. — Circulaire relative aux compagnies de *marins inscrits* créées par l'ordonnance du 29 mai 1830.

Annales maritimes de 1830, tome II, page 25.

28 septembre 1830. — Ordonnance fixant le traitement des amiraux. — Lorsque les amiraux sont appelés au commandement des armées navales, ils jouissent d'un traitement annuel de 80,000 francs.

Annales maritimes de 1830, tome II, page 697.

[1] Article 301 de l'ordonnance du 31 octobre 1827. Voir, en outre, la circulaire du 20 juillet 1844.

[2] Voir l'ordonnance du 27 mars 1844.

8 novembre 1830. (*Personnel.*) — DÉPÊCHE portant que les officiers débarqués au lazaret recevront, pour chaque journée qu'ils y auront passée, une somme égale aux vacations attribuées à leur grade, d'après l'arrêté du 29 pluviôse an IX.

Administration des vaisseaux, 1840, page 104.

27 décembre 1830. — CIRCULAIRE contenant des prescriptions relatives aux frais de passage sur les bâtiments de l'État.

3 janvier 1831. (*Personnel.*) — DÉPÊCHE portant que les officiers mariniers ou matelots, que des circonstances de la navigation appellent à remplir les fonctions d'officiers à bord des bâtiments de l'État, ont droit au traitement de table accordé aux enseignes.

21 janvier 1831. — DÉCISION royale relative au traitement de table à bord, des capitaines commandants et des capitaines de pavillon[1].

Annales maritimes de 1831, page 145.

20 février 1831. (*Personnel.*) — DÉPÊCHE sur le traitement de table des commandants des stationnaires et des bâtiments de flottille (5 francs par jour).

1er mars 1831. — ORDONNANCE portant réorganisation du corps des officiers de la marine..... Art. 23. *Les officiers de marine embarqués recevront, pendant la durée de leur service à bord, un supplément égal au cinquième de leurs appointements fixes*[2].

Annales maritimes de 1831, page 171.

1er mars 1831. — ORDONNANCE relative aux passages à accorder aux frais de l'État[3].

Annales maritimes de 1831, page 160.

[1] Voir l'ordonnance du 19 décembre 1834 et la dépêche du 29 du même mois.

[2] Voir l'ordonnance du 24 novembre 1835

[3] Voir la circulaire du 9 juin 1834.

30 mai 1831. — ORDONNANCE portant création d'une compagnie d'ouvriers marins pour le service des bâtiments à vapeur.

Annales maritimes de 1831, page 370.

9 juin 1831. (*Personnel.*) — CIRCULAIRE portant instruction sur l'organisation de la compagnie d'ouvriers marins.

Annales maritimes de 1831, page 373.

11 juin 1831. — ORDONNANCE fixant le traitement de table, les vacations et frais de route à allouer aux capitaines de corvette, lieutenants de vaisseau et lieutenants de frégate.

Annales maritimes de 1831, page 384.

1er juillet 1831.—ORDONNANCE qui annule l'article 705 et le dernier paragraphe de l'article 707 de l'ordonnance du 31 octobre 1827, relatifs aux saluts en mer et aux visites dans les rades.

Annales maritimes de 1831, page 434.

6 juillet 1831.—ORDONNANCE portant que les élèves de 1re classe provenant des volontaires, pourront, après vingt-huit mois de navigation dans leur grade sur un bâtiment de l'État, être nommés lieutenants de frégate, concurremment avec les élèves de 1re classe provenant de l'École navale.

Annales maritimes de 1831, page 427.

6 septembre 1831. (*Personnel.*) — CIRCULAIRE sur la nécessité de réduire les états-majors des bâtiments armés au nombre d'officiers prescrit par les règlements.

Annales maritimes de 1831, page 585.

21 septembre 1831. — RÈGLEMENT général d'armement.

1 vol. Imprimerie royale, 1831.

23 janvier 1832. — DÉCISION du Roi relative à l'admission des volontaires de la marine dans les équipages de ligne.

Annales maritimes de 1832, page 357.

30 janvier 1832. — CIRCULAIRE sur le classement des volontaires de la marine.

Annales maritimes de 1832, page 61.

1er mars 1832. — RAPPORT et ordonnance portant nouvelle organisation des équipages de ligne[1].

Annales maritimes de 1832, pages 77 et 160.

11 mars 1832. — DÉCISION portant qu'il n'est plus accordé de traitement de table aux officiers pendant le temps qu'ils sont à bord des bâtiments en commission.

17 mars 1832. — ORDONNANCE portant suppression des augmentations pour traitement de table et de toute espèce de supplément dit *colonial.*

Annales maritimes de 1832, page 228.

19 mars 1832. — CIRCULAIRE portant instruction sur l'exécution de l'ordonnance du 1er mars 1832, relative à l'organisation des équipages de ligne.

Annales maritimes de 1832, page 170.

9 avril 1832. — (*Personnel.*) — CIRCULAIRE contenant des dispositions relatives aux engagements et rengagements dans les équipages, en exécution de la loi du 21 mars de la même année sur le recrutement de l'armée.

30 juin 1832. (*Personnel.*) — CIRCULAIRE portant que les capitaines de corvette, embarqués comme seconds sur les vaisseaux et sur les frégates, seront reçus à la table du capitaine de vaisseau commandant, soit qu'il se trouve ou qu'il ne se trouve pas à bord du vaisseau ou de la frégate, un officier général.

Administration des vaisseaux, 1840, page 123.

17 novembre 1832. — CIRCULAIRE sur les modifications à apporter aux dispositions générales du règlement d'armement.

Annales maritimes de 1832, page 701.

[1] Voir les ordonnances des 11 octobre 1836 et 15 août 1838.

Mars 1833. — Règlement sur la police et la discipline des équipages de ligne.

24 mars 1833. — Circulaire sur les effets à délivrer aux marins qui ont manqué leur bâtiment au départ, et dont les sacs sont restés à bord.

Annales maritimes de 1833, page 354.

22 mai 1833. — Décision royale relative au traitement des officiers de santé de la marine. — Le supplément de solde à la mer est fixé au quart en sus, au lieu du tiers[1].

Annales maritimes de 1833, page 690.

3 juin 1833. — Règlement sur le mode de remboursement des dettes des marins, lors de leur congédiement.

Annales maritimes de 1833, page 359.

2 août 1833. (*Personnel.*) — Dépêche portant assimilation pour les frais de passage des traversées des mers du Sud, aux traversées de l'Inde, pour lesquelles la loi du 30 janvier 1791 alloue 1,600, et 400 francs pour les domestiques.

Administration des vaisseaux, 1840, page 259.

9 septembre 1833. — Décision du ministre de la guerre, sur les frais de passage de France en Afrique. — Notifiée par dépêche du 20 septembre.

Administration des vaisseaux, 1840, page 259.

7 novembre 1833. — Ordonnance sur les fonctions des consuls dans leurs rapports avec la marine militaire.

Annales maritimes de 1833, page 517.

17 novembre 1833. — Décision du Roi obligatoire pour les parents ou tuteurs qui demandent l'admission de leurs enfants dans les compagnies de mousses.

Annales maritimes de 1833, page 666.

1er décembre 1833. — Règlement concerté entre les divers ministères pour déterminer la position des officiers fonctionnaires et

[1] Voir l'ordonnance du 17 juillet 1835.

agents de toutes classes, passagers à bord des bâtiments de l'État.

Annales maritimes de 1834, page 77.

9 janvier 1834. — Règlement du ministre de la guerre sur les passages accordés à l'administration civile d'Alger, notifié, le 27 du même mois, par une dépêche timbrée *Personnel, Solde.*

10 janvier 1834. (*Colonies.*) — Circulaire portant que le règlement du 1er décembre 1833, n'est point applicable au service des *colonies*. La position des agents de ce service, passagers à bord des bâtiments de l'État, continuera à être déterminée d'après les règles précédemment établies ou d'après les indications particulières qui seront données pour chacun d'eux.

20 janvier 1834. (*Personnel.*) — Dépêche sur le traitement de table à bord des bâtiments à vapeur.

21 février 1834. (*Personnel.*) — Circulaire portant décision sur la nature et la durée des secours à accorder aux familles des gens de mer qui ont disparu par suite de sinistres présumés.

Annales maritimes de 1834, page 396.

27 février 1834. (*Ports.*) — Dépêche faisant connaître les fonctionnaires du département de la guerre qui peuvent seuls délivrer des autorisations de passage sur les bâtiments de l'État aux individus provenant de l'Algérie.

17 mars 1834. — Tarif des sommes que le Trésor aura à réclamer pour le remboursement des frais auxquels auront donné lieu l'entretien et l'instruction des mousses qui seront retirés du service avant l'âge de seize ans, ou qui, étant parvenus à cet âge, ne contracteront pas d'engagement volontaire dans les équipages de ligne [1].

Annales maritimes de 1834, page 395. — *Circulaire portant envoi du tarif*, page 393.

[1] Voir l'article 25 de l'ordonnance du 11 octobre 1836.

15 mai 1834. — ORDONNANCE portant allocation d'un supplément de traitement de table aux officiers et élèves de la marine, embarqués sur les bâtiments employés dans les mers au delà des tropiques. (Moitié, tiers ou quart en sus des fixations d'Europe, suivant la position des officiers et les parages où se trouvent les navires.)

Annales maritimes de 1834, page 423.

9 juin 1834. (*Ports.*) — CIRCULAIRE sur certaines prescriptions de l'ordonnance du 1er mars 1831, relatives aux passages sur les bâtiments de l'État.

23 juin 1834. — DÉCISION sur le traitement de table des commandants des bâtiments chargés de la police de la pêche sur les côtes de France.

3 juillet 1834. (*Personnel.*) — DÉPÊCHE fixant à 50 centimes par jour, pour les passagers sur les bâtiments de l'État, le traitement à la table des maîtres.

Administration des vaisseaux, 1840, page 261.

7 août 1834. (*Personnel.*) — CIRCULAIRE au sujet des avances à faire aux officiers et surnuméraires embarqués.

Annales maritimes de 1834, page 510.

21 août 1834. (*Personnel.*) — CIRCULAIRE sur les règles à suivre pour la remise, aux familles des marins décédés, des décomptes qui leur reviennent.

Annales maritimes de 1834, page 608.

10 novembre 1834. (*Ports.*) — CIRCULAIRE portant que l'indemnité de lit de bord sera payée aux officiers d'infanterie comme à ceux d'artillerie en garnison aux colonies, lorsqu'ils reviendront en France avec des congés de convalescence et qu'ils retourneront aux colonies après l'expiration de ces congés; et qu'il n'y aura que ceux qui obtiendront des permissions d'absence pour affaires particulières qui seront privés de cet avantage.

8 décembre 1834. (*Personnel.*) — DÉPÊCHE concernant les individus assimilés aux élèves passant à bord des bâtiments où il n'y a point d'élèves.

Administration des vaisseaux, 1840, page 261.

19 décembre 1834. — ORDONNANCE remettant en vigueur les dispositions de l'arrêté du 16 brumaire an XII, relatives au supplément de traitement des capitaines de pavillon.

Annales maritimes de 1834, page 760.

29 décembre 1834. (*Personnel.*) — DÉPÊCHE portant que, dans les cas où le bien du service exigerait que le capitaine du pavillon tînt une table séparée, ledit capitaine recevra par exception à la règle générale, en remplacement du supplément attribué à ses fonctions, le traitement de table affecté à son grade.

Administration des vaisseaux, 1840, page 123.

12 janvier 1835. — RÈGLEMENT sur la police et la discipline des équipages de ligne.

Annales maritimes de 1835, page 141.

31 mars 1835. — DÉCISION du Roi portant modification à l'organisation des compagnies de mousses, créées par l'ordonnance du 1er mars 1832.

Annales maritimes de 1835, page 299.

6 avril 1835. (*Personnel.*) — CIRCULAIRE portant que les hommes du recrutement qui se rengageront dans les équipages de ligne auront droit aux avancements accordés aux marins de l'inscription.

Annales maritimes de 1835, page 312.

17 juillet 1835. — ORDONNANCE portant organisation du corps des officiers de santé de la marine [1].

. . . .

Titre III. *De la destination des chirurgiens pour le service à la mer.*

Titre IV..... — Art. 21. Supplément du quart des appointements aux officiers de santé embarqués. — Supplément de

[1] Voir le titre *Service de santé.*

moitié, si les chirurgiens sont embarqués en remplacement d'officiers de santé du grade supérieur.

Annales maritimes de 1835, page 634.

21 août 1835.—DÉCISION royale sur diverses améliorations dans la solde des marins qui remplissent des fonctions spéciales à bord des bâtiments l'État.

Annales maritimes de 1835, page 645.

14 septembre 1835.—RÈGLEMENT pour le service des bâtiments à vapeur affectés aux communications entre Toulon et les possessions françaises du nord de l'Afrique. — Frais de passage (art. 39).

Annales maritimes de 1835, page 799.

24 novembre 1835.—ORDONNANCE qui modifie, en ce qui concerne le commandement des bâtiments de l'État, les dispositions du titre Ier de l'ordonnance du 1er mars 1831.

Annales maritimes de 1835, page 940.

21 décembre 1835. (*Personnel.*)—DÉPÊCHE portant que les chirurgiens de 2e classe seront admis à la table de l'état-major.

Administration des vaisseaux, 1840, page 120.

24 décembre 1835.—TABLEAU du prix de remboursement des effets d'habillement des marins et mousses.

Annales maritimes de 1836, page 78.

8 février 1836.—CIRCULAIRE portant que la diminution exceptionnelle dans l'artillerie d'un bâtiment quelconque ne donnera lieu à aucune réduction dans les frais de bureau déterminés par le règlement de 1821.

8 février et 7 avril 1836. (*Personnel.*)—DÉPÊCHES sur le traitement de table à bord des bâtiments à vapeur.

4 avril 1836. (*Personnel.*)—DÉPÊCHE portant que les officiers munis d'un ordre d'embarquement sur un bâtiment en armement, jouiront, comme ceux des bâtiments en commission, du supplément à la mer.

4 avril 1836. (*Personnel.*) — Dépêche portant que les officiers de santé de 3e classe doivent être placés à bord à la table des élèves, hors le cas où ils se trouveraient chargés des fonctions de chirurgien-major.

Administration des vaisseaux, 1840, page 120.

5 mai 1836. (*Personnel.*) — Dépêche portant qu'une indemnité de 8 francs par mois, pour frais de bureau, est allouée aux patrons qui commandent des bâtiments de servitude pour de courtes traversées. Les patrons pris parmi les chefs de timonerie, les pilotes côtiers ou les maîtres, recevront, en outre de leur solde, un supplément de 50 centimes par jour.

21 juillet 1836. (*Personnel.*) — Dépêche sur le traitement de table, à bord des bâtiments en disponibilité. Le traitement complet ne peut être alloué aux capitaines des bâtiments en disponibilité que du jour de la revue définitive d'armement, lors même que ces bâtiments sortiraient pour exercer les hommes.

31 juillet 1836. — Règlement sur le personnel du service des paquebots de l'administration des postes[1].

Annales maritimes de 1836, page 1069.

8 septembre 1836. (*Personnel.*) — Dépêche renouvelant la défense formelle de ne jamais embarquer de femmes sur les bâtiments sans une autorisation spéciale du ministre.

30 septembre 1836. (*Personnel et Invalides.*) — Circulaire portant qu'il doit être délivré aux paquebots à vapeur de l'administration des postes des rôles d'équipage comme aux bâtiments de l'État[1].

Annales maritimes de 1836, page 1153.

[1] Voir, au titre *Dispositions diverses*, la loi du 2 juillet 1835, relative à l'établissement des paquebots à vapeur de l'administration des postes.

11 octobre 1836. — ORDONNANCE sur l'organisation générale des équipages de ligne[1].

Annales maritimes de 1836, page 1249.

12 octobre 1836. — (*Personnel.*) CIRCULAIRE portant envoi de la nouvelle ordonnance concernant les équipages de ligne.

Annales maritimes de 1836, page 1226.

7 novembre 1836. (*Personnel.*) — DÉPÊCHE sur le traitement de table des officiers généraux commandant en chef ou commandant de division.

24 novembre 1836. (*Personnel.*) — DÉPÊCHE portant que les frais de bureau ne suivent point les variations du traitement de table, pour le *supplément* dit *colonial*.

29 décembre 1836. — DÉCISION royale portant que les bâtiments employés sur les côtes d'Espagne recevront le supplément colonial du traitement de table. (Notifié par dépêche du 5 janvier 1837.)

30 décembre 1836. — ORDONNANCE relative aux emplois à la mer, aux appointements et suppléments et au traitement de table des officiers de vaisseau[2].

Annales maritimes de 1836, page 1503.

25 janvier 1837. (*Fonds.*) — DÉPÊCHE sur les conditions pécuniaires mises au passage des femmes et enfants des militaires de l'armée d'Afrique qui ont cessé d'avoir droit au passage gratuit.

Administration des vaisseaux, 1840, page 261.

[1] Cette ordonnance, qui ne comprend pas moins de 20 titres et de 275 articles, embrasse l'ensemble de l'organisation des équipages, soit à terre, soit à la mer. — Voir le tarif n° 6, pour la solde et les accessoires des officiers mariniers et marins, à terre et à la mer, et le tarif n° 7, pour les allocations diverses. — Voir, en outre, l'ordonnance du 15 août 1838.

[2] Voir l'ordonnance du 31 juillet 1845.

23 février et 2 mai 1837. (*Personnel.*) — DÉPÊCHES portant que les officiers des différents corps de la marine, embarqués comme passagers, soit sur un bâtiment de l'État, soit sur un navire du commerce, et provenant d'un bâtiment naufragé, ou dont le retour en France a été autorisé pour cause de maladie constatée, doivent être considérés comme servant à la mer avec les suppléments accessoires; et portant, en outre, que ces allocations sont dues aux officiers qui se rendent, *par ordre*, de France aux colonies, ou sur tout autre point, pour y remplir un service quelconque[1].

Administration des vaisseaux, 1840, page 104.

17 mars 1837. — RÈGLEMENT sur l'embarquement des officiers du corps royal de la marine et des compagnies permanentes des équipages de ligne.

Annales maritimes de 1837, page 266.

20 mars 1837. — DÉCISION relative aux états-majors des bâtiments à vapeur entre Toulon et Alger.

28 mars 1837. (*Fonds.*) — DÉPÊCHES sur les frais de passage des officiers de l'armée d'Afrique embarqués, soit sur des bâtiments à voiles, soit sur des bâtiments à vapeur.

Administration des vaisseaux, 1840, pages 259 et 260.

8 mai 1837. (*Personnel.*) — DÉPÊCHE relative à l'indemnité des frais de bureau des commis d'administration centralisant les écritures d'une division ou d'une station.

14 juin 1837. — ORDONNANCE portant création d'une école d'artillerie navale à Brest et à Toulon.

Annales maritimes de 1837, page 618.

[1] Voir une dépêche du 27 septembre 1842, en ce qui touche le service colonial.

14 juin 1837. — RÈGLEMENT sur le service et l'instruction des équipages de ligne dans les écoles d'artillerie navale.

Annales maritimes de 1837, page 627.

22 juillet 1837. — ORDONNANCE abrogeant celle du 9 janvier 1818, relative aux passages aux frais de l'État, sur les bâtiments du commerce. — A l'avenir, le prix et les conditions de ces passages seront réglés par des marchés spéciaux.

Annales maritimes de 1837, page 646.

20 août 1837. (*Personnel.*) — CIRCULAIRE interprétative de plusieurs articles de l'ordonnance du 11 octobre 1836, notamment en ce qui concerne les obligations imposées aux mousses, l'avancement des marins dans certains cas, l'allocation de quelques suppléments, etc.

16 septembre 1837. — DÉCISION royale qui approuve toutes les dispositions tendant à améliorer une institution fondée à Bordeaux, sous le titre d'école des mousses et novices.

Annales maritimes de 1837, page 909.

21 octobre 1837. — DÉCISION royale qui établit un mode d'instruction pratique à la mer, des officiers et sous-officiers mariniers des équipages de ligne.

Annales maritimes de 1837, page 998.

21 octobre 1837. — DÉCISION royale prescrivant la formation d'une compagnie de dépôt des matelots-canonniers dans chacun des ports de Brest et de Toulon[1].

Annales maritimes de 1837, page 1013.

31 octobre 1837. — RÈGLEMENT sur le service des corvettes destinées à l'instruction des compagnies de matelots-canonniers, créées en vertu de la décision royale du 21 octobre 1837[1].

Annales maritimes de 1837, page 1015.

[1] Voir, pour les organisations successives des écoles de canonnage, du corps royal des canonniers-matelots et des compagnies d'apprentis

25 décembre 1837. — ORDONNANCE sur le service de la solde et des revues, portant, article 271, que la marine pourvoit au couchage des officiers de l'armée de terre qui sont appelés à tenir garnison à bord des bâtiments de l'État, ou embarqués, soit pour aller tenir garnison ailleurs que dans les colonies, soit pour une expédition maritime.

12 janvier 1838. (*Personnel.*) — DÉCISION portant que les domestiques auxquels l'État accorde une solde, ne peuvent être admis à bord que comme passagers à la ration [1].

10 mai 1838. (*Personnel.*) — DÉPÊCHE portant que l'officier en second à bord de la corvette armée pour l'instruction des mousses, recevra l'indemnité pour frais de bureau.

17 mai 1838. (*Personnel.*) — LETTRE relative à l'allocation de traitement de table aux états-majors des bâtiments de transport pendant leur séjour dans les ports pour les opérations de chargement et de déchargement.

22 mai 1838. (*Personnel.*) — CIRCULAIRE portant que le supplément de mer sera alloué aux officiers des différents corps de la marine embarqués comme passagers, ou même comme auxiliaires [2].

canonniers, le règlement du 15 octobre 1676; — les ordonnances des 15 avril 1689 (livre XIX, titre II), 15 août 1734, 5 juin 1750, 21 décembre 1761, 5 novembre 1766, 1er janvier 1786 et 25 janvier 1789; — les décrets des 16 mai et 14 juin 1792; — l'arrêté du 24 pluviôse an II; — le décret du 5 brumaire an IV; les arrêtés des 25 floréal an V, 6 vendémiaire an IX et 15 floréal an XI; — les ordonnances des 1er juillet 1814 et 23 mars 1815; — le règlement du 29 février 1816; — la décision royale du 12 novembre 1826; — et l'ordonnance et le règlement du 14 juin 1837.

Voir, en outre, la circulaire du 20 août 1838, et les ordonnances relatives à l'organisation des équipages de ligne.

[1] Voir la circulaire du 8 juin 1848.

[2] Modifiée par décision du 20 décembre 1844.

18 juillet 1838. — DÉCISION royale portant que le capitaine de vaisseau, directeur du service des bâtiments à vapeur de la Méditerranée, sera considéré et traité comme commandant une division navale.

Annales maritimes de 1838, page 720.

15 août 1838. — RAPPORT et ordonnance portant règlement, à dater du 1er janvier 1839, de la solde, des suppléments et des délégations des gens de mer, à terre et embarqués[1].

Annales maritimes de 1838, pages 911 et 913.

20 août 1838. (*Personnel.*) — CIRCULAIRE contenant les modifications apportées à la décision royale du 21 octobre 1837, concernant la composition des compagnies de matelots-canonniers.

Annales maritimes de 1838, page 881.

25 août 1838. (*Personnel.*) — CIRCULAIRE sur le mode à suivre pour la vente des effets d'habillement appartenant aux marins morts, désertés ou condamnés.

Annales maritimes de 1838, page 886.

28 septembre 1838. — ORDONNANCE qui fixe le traitement et les frais de passage des officiers de toutes armes et des fonctionnaires employés et agents divers appartenant au service des colonies, lorsqu'ils obtiennent des congés de convalescence[2].

Annales maritimes de 1838, page 968.

[1] Par cette ordonnance, la solde a été augmentée :

De 3 francs par mois pour les seconds maîtres de 2e classe embarqués;
De 3 francs *id.*..... pour les quartiers-maîtres de 1re classe, à terre et embarqués;
De 3 francs *id.*..... pour les quartiers-maîtres de 2e classe, à terre;
De 6 francs *id.*..... pour les quartiers-maîtres de 2e classe embarqués;
De 3 francs *id.*..... pour les matelots à terre de 1re et de 2e classe;
De 6 francs *id.*..... pour les mêmes, embarqués.

[2] Voir le titre *Congés*.

25 mars 1839. (*Personnel.*) — CIRCULAIRE portant que les commis de la marine passagers à bord des bâtiments de l'État sont traités à la table de l'état-major.

18 avril 1839. (*Personnel.*) — DÉPÊCHE portant que les domestiques des officiers généraux ou supérieurs de l'armée de terre ne seront plus admis à l'office du commandant. A l'avenir, ils devront tous figurer, sans distinction, parmi les simples rationnaires, comme les domestiques des officiers ordinaires[1].

22 juillet 1839. (*Personnel.*) — DÉPÊCHE portant que la première mise d'habillement déterminée par l'ordonnance du 11 octobre 1836 (tarif n° 7) est allouée aux maîtres qui sont promus au grade d'enseigne de vaisseau, quelle que soit leur provenance.

1er août 1839. (*Personnel.*) — DÉPÊCHE portant que lorsqu'une commission se réunit à bord d'un bâtiment à vapeur pour faire des expériences, et qu'elle y est retenue pendant un ou plusieurs jours, tous les membres de cette commission, quel que soit le grade de chacun d'eux, sont admis à la table du capitaine, auquel il est alloué une indemnité de 6 francs par jour pour chaque membre[2].

12 août 1839. (*Personnel.*) — LETTRE du ministre de la marine, prescrivant l'embarquement des novices à bord des bâtiments de l'État.

Annales maritimes de 1839, page 731.

26 septembre 1839. — ORDONNANCE créant des volontaires de la marine.

Annales maritimes de 1839, page 871.

[1] Disposition rappelée par une dépêche du 6 août 1839. (*Fonds.*)

[2] Voir une autre dépêche du 9 août 1842.

30 septembre 1839. (*Personnel.*) — CIRCULAIRE sur l'exécution de l'ordonnance du 26 septembre 1839 qui crée des volontaires de la marine.

Annales maritimes de 1839, page 937.

19 décembre 1839. (*Personnel.*) — DÉPÊCHE relative aux frais de passage des officiers de la marine, sur les paquebots à vapeur de l'administration des postes[1].

18 mai 1840. — DÉCISION royale allouant aux états-majors des bâtiments affectés à la station d'Alger, le supplément colonial déterminé par l'ordonnance du 15 mai 1834, pour les bâtiments employés dans les mers au delà des tropiques.

24 mai 1840. — ORDONNANCE portant création d'un corps militaire d'ouvriers mécaniciens et d'ouvriers chauffeurs affectés au service des bâtiments à vapeur de la marine royale[2].

Annales maritimes de 1840, page 607.

25 mai 1840. (*Personnel.*) — CIRCULAIRE portant : 1° que tout bâtiment qui séjournera plus d'un mois consécutivement sur la côte d'Algérie, aura droit au supplément colonial, pour l'état-major et les passagers, à partir du jour de son arrivée dans ces parages; 2° que les états-majors des bâtiments, tant à voiles qu'à vapeur, dont le séjour sur la côte aura été de moindre durée, auront droit, pour les passagers qu'ils prendront en Afrique seulement, au supplément colonial, du jour de l'embarquement desdits passagers jusqu'à leur arrivée, soit dans un autre port de l'Algérie, soit dans un port de France.

29 mai 1840. (*Personnel.*) — CIRCULAIRE relative à la manière de supputer les services des officiers et des marins employés

[1] Voir, au titre *Dispositions diverses*, les actes relatifs à l'établissement de ces paquebots, notamment la loi du 2 juillet 1835.

[2] Voir l'ordonnance du 28 novembre 1845.

sur les bâtiments affectés aux expéditions du Mexique et de la Plata.

Annales maritimes de 1840, page 582.

1er juin 1840. (*Personnel.*) — Dépêche relative au traitement de table alloué aux officiers et officiers mariniers qui commandent, dans la Plata, de petits bâtiments armés localement.

23 juillet 1840. (*Personnel.*) — Circulaire fixant la solde des commis entretenus, embarqués comme secrétaires des officiers généraux.

Annales maritimes de 1840, page 1320.

31 août 1840. — Ordonnance portant création de 50 nouvelles compagnies permanentes des équipages de ligne.

Annales maritimes de 1840, page 844.

5 octobre 1840 et 11 mars 1841. (*Personnel.*) — Circulaires modifiant pour les officiers subalternes la composition des états-majors des bâtiments armés, déterminée par l'ordonnance du 11 octobre 1836.

11 novembre 1840. (*Personnel et invalides.*) — Circulaire contenant les nouvelles dispositions pour le payement mensuel à faire, dans les quartiers maritimes, des délégations ou mois de famille.

Annales maritimes de 1840, page 1156.

8 février 1841. (*Personnel.*) — Dépêche accordant le traitement de table colonial (1/3 pour le commandant, 1/2 pour les états-majors), aux navires en station à Tunis.

15 février 1841. (*Personnel.*) — Circulaire relative à l'allocation accordée pour les corps de musique embarqués sur les bâtiments montés par des officiers généraux [1].

[1] Voir la circulaire du 26 mai 1847. — Voir, en outre, au titre *Comptabilité*, les circulaires des 26 avril et 17 juin 1841.

15 mars 1841. (*Personnel.*) — Dépêche portant que les parages de Mahon seront assimilés en tous points, pour le droit au traitement de table colonial, aux parages de l'Algérie.

24 mars 1841. — Ordonnance accordant un supplément de solde aux commissaires d'escadre ou de division navale, ainsi qu'aux officiers du génie maritime et aux officiers de santé employés en chef sur une escadre ou division[1].

Annales maritimes de 1841, page 344.

1er avril 1841. (*Personnel.*) — Circulaire accordant aux officiers généraux une somme de 12 francs par jour, pour la nourriture des commissaires d'escadre admis à leur table.

5 avril 1841. (*Personnel.*) — Dépêche portant que la solde des volontaires reste fixée à 40 francs par mois, ainsi que l'a déterminé l'article 9 de l'ordonnance du 26 septembre 1839.

10 juin 1841. (*Personnel.*) — Dépêche portant que tout volontaire appelé à suppléer un officier, à bord des bâtiments armés, à défaut d'élève de 1re classe, jouira du traitement de table d'officier.

25 juin 1841. (*Personnel.*) — Dépêche portant qu'il n'y a pas lieu d'accorder des congés avec solde aux volontaires de la marine.

26 juillet 1841. (*Personnel.*) — Dépêche portant que le traitement de table d'officier est alloué aux volontaires qui en font le service à bord des bâtiments à vapeur.

2 août 1841. (*Personnel.*) — Circulaire qui signale de graves abus, et rectifie les fausses interprétations des dispositions de l'ordonnance du 26 septembre 1839, portant création des volontaires de la marine.

Annales maritimes de 1841, page 911.

[1] Voir la dépêche du 1er juillet 1843.

23 août 1841. (*Personnel.*) — Dépêche relative au traitement de table à allouer aux officiers embarqués sur des bâtiments à vapeur en réparation dans le port.

16 septembre 1841. — Ordonnance sur l'embarquement de sergents et de caporaux d'armes, à bord des bâtiments de l'État.

Annales maritimes de 1841, page 952.

18 octobre 1841. (*Personnel.*) — Circulaire portant que toute personne remplissant les fonctions d'officier a droit au traitement de table afférent à ce grade.

19 octobre 1841. — Règlement de la guerre déterminant la position, à bord des bâtiments de l'État, des fonctionnaires et agents de toutes classes de l'ordre civil en Algérie, admis comme passagers.

10 janvier 1842. (*Personnel.*) — Dépêche portant que tout élève ou volontaire embarqué sur les bâtiments à vapeur, en remplacement d'un enseigné de vaisseau, doit être considéré comme remplissant les fonctions d'officier, position qui lui ouvre droit au traitement de table afférent à ce grade.

24 janvier 1842. (*Personnel.*) — Circulaire portant que le traitement de table est dû à tout officier qui commande par intérim.

21 mars 1842. — Décision portant que les chirurgiens de 3e classe appelés par ordre supérieur, en exécution de l'article 18 de l'ordonnance du 17 juillet 1835, à remplir les fonctions de chirurgiens de 2e classe à bord des bâtiments de l'État, seront admis à la table des officiers pendant la durée de cet emploi temporaire, et recevront, en conséquence, le traitement de table alloué à ce grade.

14 juillet 1842. — Règlement pour le service des bâtiments à vapeur affectés aux communications entre Toulon et les possessions françaises du nord de l'Afrique.

Annales maritimes de 1842, page 880.

9 août 1842. (*Personnel.*) — CIRCULAIRE portant que les officiers et fonctionnaires faisant partie de commissions réunies à bord d'un bâtiment de l'État, pour quelque motif que ce soit, seront nourris à la table de l'officier commandant. — Quant à l'indemnité qui devra être payée au commandant, le ministre se réserve de la régler au fur et à mesure, sur la demande des préfets.

29 août 1842. (*Personnel.*) — CIRCULAIRE indiquant les proportions à observer pour les avancements, dont le nombre à accorder en fin d'année est déterminé par celui des officiers mariniers et matelots entrant réglementairement dans la composition de l'équipage.

Annales maritimes de 1842, page 923.

27 septembre 1842. (*Colonies.*) — DÉPÊCHE portant que les dispositions contenues dans la circulaire du 23 février 1837, ne sont pas applicables aux passagers du service colonial.

Administration des vaisseaux, 1840, page 104.

15 janvier 1843. — ORDONNANCE contenant diverses dispositions relativement aux bâtiments mis en disponibilité de rade.

Annales maritimes de 1843, page 27.

18 janvier 1843. — DÉCISION portant que tout lieutenant de vaisseau ou enseigne, qui remplit les fonctions d'adjudant auprès d'un capitaine de vaisseau commandant une division navale, ou qui est pourvu de lettres closes, aura droit aux deux tiers en sus de ses appointements à la mer et à 25 francs par mois pour indemnité de frais de bureau. — Les élèves de 1re classe, attachés aux états-majors généraux, recevront la moitié en sus de leur solde.

4 février 1843. (*Personnel.*) — DÉCISION ministérielle fixant les frais de passage dans l'Océanie (2,200 francs pour chaque passager admis à la table du commandant; 500 francs pour

chaque domestique nourri à l'office. L'allocation sera réduite de moitié pour les enfants âgés de 6 à 15 ans, et il ne sera rien payé pour les enfants au-dessous de 5 ans.)

10 février 1843. (*Personnel.*) — CIRCULAIRE sur des renseignements à fournir pour les dépenses qui se rattachent à l'habillement, à la masse générale et à la masse de casernement[1].

Annales maritimes de 1843, page 342.

[1] Dans le cours des trente dernières années, il a été pourvu de trois manières différentes à l'habillement des équipages des bâtiments de guerre.

Le premier mode consistait à en user avec les hommes de mer, dans la marine militaire, absolument comme on le fait avec eux dans la marine commerciale. Ainsi, on leur payait l'intégralité de leur solde, sauf à les laisser eux-mêmes se procurer, à prix débattu, tous les effets d'habillement, ensemble ceux de linge et chaussure dont ils pouvaient avoir besoin pour porter ou pour maintenir leur sac au complet. Ce mode, suivi jusqu'à la formation des équipages de haut bord, en 1805 et 1806, à l'envisager sous l'unique rapport de la comptabilité, était tout ce qu'il peut y avoir de plus simple. Il fut écarté comme inconciliable avec une bonne tenue militaire.

Le second système, emprunté des troupes, a été la *masse d'habillement*. Après une expérience longue et réitérée, malgré les plus grands efforts, tant de la part de l'administration que de la part des officiers, il a fallu abandonner ce régime comme décidément antipathique aux marins et à leurs familles.

La combinaison qui a prévalu et qui régit aujourd'hui l'habillement, est une sorte de combinaison mixte. Son principal mérite (car elle ne se recommande pas, on doit en convenir, par la simplicité d'exécution sous le rapport des écritures) est d'avoir su respecter ce principe, depuis longtemps passé en force de croyance et d'habitude dans la population maritime, savoir, que, dans la marine militaire, la solde du matelot, c'est-à-dire toute sa paye au service, lui appartient en propre, de même que ses salaires lui appartiennent pleinement lorsqu'il navigue pour le commerce.

Voici comment on s'est efforcé de concilier ce principe, d'une part,

18 avril 1843. (*Colonies.*) — Décision ministérielle fixant à 1,600 francs les frais de passage dans l'Océanie.

avec les intérêts bien compris du matelot; de l'autre, avec les garanties de la discipline.

Au lieu d'objets, souvent de qualité médiocre, plus ou moins mal confectionnés, sans uniformité, tels que les marins eux-mêmes se les procuraient à ce prix de détail chez les fournisseurs; au lieu du mode de délivrance établi par abonnement, avec réduction fixe de leur paye, comme sous le régime de la masse, l'État se charge d'acheter, de faire confectionner; puis il fait délivrer aux marins, à l'arrivée du quartier, ceux des objets qui leur manquent, et la valeur en est précomptée successivement dans une proportion convenable sur leur solde. Tout le surplus du décompte de leur solde, leur est acquis et leur est payé en deniers.

La comptabilité de l'habillement est confiée aux conseils d'administration, qui en présentent les résultats dans des feuilles dressées spécialement pour cet objet, et qui indiquent le montant des retenues exercées sur la solde de chaque officier marinier et marin, ainsi que la valeur des effets fournis pendant le cours du trimestre et la balance, soit au débit de chaque individu, soit à son crédit.

Dans le premier cas, la dette du marin est reportée sur le trimestre suivant, et, dans le second cas, il reçoit immédiatement, comme il a été dit plus haut, le décompte de ce qui lui revient.

Cette comptabilité, qui est un accessoire de la solde, se régularise par la revue générale de liquidation; elle est soumise à la vérification du commissaire aux revues.

(*Extrait du budget* de 1840, page 115.)

Nota. Indépendamment des ordonnances relatives à l'organisation des équipages de ligne, contenant presque toutes des prescriptions sur l'habillement des marins, on doit encore citer, comme spécialement applicables à cette partie du service, les actes suivants, indiqués dans le cours du présent travail : Décret du 16 pluviôse an II. — Arrêté du 3 fructidor an IX. — Circulaire du 6 frimaire an X. — Arrêté du 15 floréal an XII. — Instruction du 19 octobre 1825. — Tableau du 24 décembre 1835. — Et circulaire du 25 août 1838.

25 avril 1843. (*Colonies.*) — CIRCULAIRE expliquant les différences qui existent, pour les passages de l'Océanie, entre les décisions des 4 février 1843 (*Personnel*) et 18 avril 1843 (*Colonies*).

26 avril 1843. (*Personnel.*) — CIRCULAIRE portant que l'indemnité de lit de bord sera allouée aux gardes d'artillerie dans toutes les circonstances où elle est payée aux officiers.

20 mai 1843. (*Personnel.*) — CIRCULAIRE sur la responsabilité des membres des conseils d'administration des bâtiments[1].

Annales maritimes de 1843, page 516.

1er juillet 1843. (*Personnel.*) — DÉPÊCHE relative au supplément de solde à allouer aux membres de l'état-major général des escadres et divisions.

Annales maritimes de 1843, page 694.

12 août 1843. — DÉCISION portant que les bâtiments employés ou naviguant dans les parages des établissements français de l'Océanie et de la Nouvelle-Zélande seront traités, pour le traitement de table, d'après les prescriptions du 2e paragraphe de l'article 1er de l'ordonnance du 15 mai 1834.

21 octobre 1843. (*Personnel.*) — CIRCULAIRE portant que, par application des dispositions prescrites par la circulaire du 26 avril 1843, à l'égard des gardes d'artillerie, on devra faire payer l'indemnité de lit de bord aux contrôleurs d'armes, chefs et sous-chefs ouvriers d'état qu'il y aura lieu de faire embarquer pour des destinations coloniales.

17 janvier 1844. (*Personnel.*) — CIRCULAIRE relative aux concessions de passage et au congédiement des volontaires en cours de campagne.

Annales maritimes de 1844, page 53.

25 janvier 1844. (*Personnel.*) — CIRCULAIRE portant que les

[1] Voir l'ordonnance du 11 octobre 1836, articles 155 et 156.

lieutenants de vaisseau employés comme seconds à bord des bâtiments en commission, recevront le supplément du tiers de leurs appointements fixes, au lieu du cinquième par application du 2e paragraphe de l'article 9 de l'ordonnance du 30 décembre 1836.

10 février 1844. (*Personnel.*) — CIRCULAIRE contenant de nouvelles recommandations au sujet de la conservation des effets d'habillement embarqués en approvisionnements de prévoyance.

Annales maritimes de 1844, page 107.

27 mars 1844. — Ordonnance portant augmentation des salaires des ouvriers des escouades d'armuriers civils de la marine.

Annales maritimes de 1844, page 180.

15 mai 1844. (*Personnel.*) — CIRCULARE accordant aux volontaires une indemnité d'un franc, tenant lieu de traitement de table, lorsque les bâtiments font un séjour prolongé dans les ports.

20 juillet 1844. — CIRCULAIRE relative aux notes confidentielles que les commandants doivent adresser sur les officiers servant sous leurs ordres.

Annales maritimes de 1844, page 828.

24 juillet 1844. (*Personnel.*) — CIRCULAIRE contenant de nouvelles recommandations pour les soins à apporter dans l'annonce des décès des officiers, marins et militaires.

Annales maritimes de 1844, page 881.

27 novembre 1844. (*Personnel.*) — CIRCULAIRE portant qu'il sera embarqué réglementairement des lieutenants de vaisseau en second sur les bâtiments à vapeur de 150 chevaux, et facultativement sur les bâtiments à voiles portant 10 canons,

Annales maritimes de 1844, page 1533.

20 décembre 1844. — CIRCULAIRE portant que les officiers de marine passagers, par ordre, à bord des bâtiments de l'État ou

des navires de commerce, ont droit à l'allocation du supplément à la mer.

Annales maritimes de 1844, page 1545.

28 décembre 1844. — ORDONNANCE portant création d'une position de commision de rade pour les bâtiments de la flotte.

Annales maritimes de 1844, page 1608.

13 janvier 1845. — CIRCULAIRE sur les modifications à apporter aux règlements des vivres en ce qui concerne les tables des états-majors, des élèves et des maîtres. (Voir *Subsistances.*)

Annales maritimes de 1845, page 83.

18 juin 1845. (*Personnel.*) — CIRCULAIRE sur le mode de supputation des services des marins à bord des paquebots transatlantiques[1].

Annales maritimes de 1846, page 545.

14 juillet 1845. — DÉCISION royale fixant à 5 francs par jour le traitement de table des enseignes de vaisseau appelés à commander des bâtiments en disponibilité de rade.

16 juillet 1845. — DÉCISION royale allouant aux capitaines de corvette embarqués comme seconds, à titre de supplément de mer, une somme égale au tiers de leur solde fixe.

Annales maritimes de 1845, page 700.

31 juillet 1845. — ORDONNANCE qui modifie le titre Ier de l'ordonnance du 30 décembre 1836, en ce qui concerne la répartition des emplois à la mer.

Annales maritimes de 1845, page 732.

3 août 1845. (*Personnel.*) — CIRCULAIRE sur l'indemnité à payer à titre de traitement de table, aux enseignes de vaisseau commandant un bâtiment en commission de rade.

Annales maritimes de 1845, page 747.

[1] Voir la circulaire du 15 janvier 1846.

19 septembre 1845. — CIRCULAIRE sur la manière de supputer les services des officiers, marins et autres, employés sur les bâtiments qui ont pris part à l'expédition contre le Maroc.

Annales maritimes de 1845, page 788.

26 septembre 1845. (*Personnel.*) — CIRCULAIRE portant envoi du nouveau tarif des prix auxquels les effets d'habillement, destinés aux marins, devront être remboursés à compter du 1er janvier 1846. — Instruction à ce sujet.

Annales maritimes de 1845, page 805.

17 novembre 1845.—DÉCISION royale sur le supplément de traitement de table alloué aux commandants et aux états-majors des bâtiments employés sur les côtes occidentales d'Afrique. —Moitié en sus du traitement ordinaire pour les états-majors; le tiers pour les officiers généraux et capitaines.

17 novembre 1845.—DÉCISION royale sur le traitement de table à allouer dans le cas où un officier général ou un capitaine de vaisseau commandant en chef une division ou subdivision navale, monterait éventuellement un bâtiment autre que celui sur lequel il avait arboré d'abord son pavillon.

28 novembre 1845. — ORDONNANCE portant organisation des compagnies de mécaniciens et d'ouvriers chauffeurs affectés au service des bâtiments à vapeur de la marine royale[1].

Annales maritimes de 1846, page 1.

29 novembre 1845. — ORDONNANCE qui applique au corps des équipages de ligne et aux mécaniciens et ouvriers chauffeurs, le tarif concernant les hautes payes.

Annales maritimes de 1845, page 954.

15 janvier 1846. (*Personnel.*) — CIRCULAIRE sur la distinction à établir entre les services à bord *dans les ports*, et ceux *en rade* ou *à la mer.*

Annales maritimes de 1846, page 545.

[1] Voir l'arrêté du 7 mars 1849.

21 avril 1846. (*Personnel.*) — CIRCULAIRE prescrivant de porter les services des volontaires appartenant à l'inscription, à la connaissance de leurs quartiers respectifs.

Annales maritimes de 1846, page 551.

9 octobre 1846. (*Services administratifs.*) — CIRCULAIRE relative au règlement des frais de passage à la table des commandants.

12 novembre 1846. — Tableau de la composition des états-majors et des équipages des bâtiments à vapeur de tous rangs et dans toutes les positions [1].

Annales maritimes de 1847, page 54.

13 janvier 1847. (*Personnel.*) — CIRCULAIRE portant interprétation de l'article 47 de l'ordonnance du 11 octobre 1836, sur l'organisation des équipages de ligne. — Embarquement des ouvriers.

Annales maritimes de 1847, page 41.

27 janvier 1847. (*Personnel.*) — CIRCULAIRE portant envoi d'un tableau présentant la composition des états-majors et des équipages des bâtiments à vapeur de tous rangs et dans toutes les positions [2].

Annales maritimes de 1847, page 53.

31 mars 1847. (*Personnel.*) — CIRCULAIRE modifiant de nouveau l'article 47 de l'ordonnance du 11 octobre 1836, relatif au classement des ouvriers à leur embarquement.

Annales maritimes de 1847, page 318.

28 avril 1847. (*Services administratifs.*) — CIRCULAIRE sur le supplément de traitement de table accordé aux bâtiments employés dans un des lieux dépendant de la station de Bourbon. Moitié

[1] Voir les circulaires des 27 janvier 1847 et 1er septembre 1848.

[2] Voir la circulaire du 1er septembre 1848.

en sus du traitement ordinaire pour les états-majors, et le tiers pour les officiers généraux et les capitaines.

Annales maritimes de 1847, page 450.

26 mai 1847. (*Personnel.*) — CIRCULAIRE contenant des dispositions relatives à la musique des officiers généraux.

Annales maritimes de 1847, page 701.

25 juin 1847. (*Services administratifs et comptabilité.*) — DÉPÊCHE à Toulon, fixant une moyenne pour la durée des traversées sur des bâtiments à vapeur.—Versement à effectuer préalablement par les passagers, pour le payement de leur passage.

15 septembre 1847. (*Personnel.*) — CIRCULAIRE augmentant le nombre des mousses à embarquer en complément d'équipage, sur les vaisseaux, les frégates, les corvettes et les bricks de guerre de 1re classe.

Annales maritimes de 1847, page 980.

27 septembre 1847. — DÉCISION royale réglant les suppléments de fonctions à allouer aux bâtiments complétement armés.

20 octobre 1847. (*Personnel.*) — CIRCULAIRE interdisant toute espèce de vente à bord des bâtiments de la flotte.

Annales maritimes de 1847, page 1062.

20 octobre 1847. (*Personnel.*) — CIRCULAIRE portant envoi d'un nouveau tarif des suppléments de fonctions à allouer aux équipages des bâtiments complétement armés.

Annales maritimes de 1847, page 1057.

30 novembre 1847. (*Services administratifs.*) — CIRCULAIRE sur le mode à suivre pour le traitement de table des bâtiments de la station d'Afrique, qui relâchent en Espagne.

Annales maritimes de 1847, page 1563.

12 mars 1848. — DÉCRET du Gouvernement provisoire portant suppression des peines corporelles dans la marine.

Bulletin officiel de la marine, tome Ier, page 138.

7 avril 1848. — Arrêté ministériel pour régler le mode des engagements et rengagements des officiers mariniers et matelots des équipages de ligne.

Bulletin officiel de la marine, tome II, page 108.

30 avril 1848. — Arrêté ministériel portant fixation des frais de passage sur les bâtiments de l'État.

Bulletin officiel de la marine, tome Ier, page 234.

30 avril 1848. — Arrêté ministériel portant fixation des allocations de traitement de table à bord des bâtiments de la République.

Bulletin officiel de la marine, tome Ier, page 232.

30 avril 1848. — Arrêté ministériel portant fixation des suppléments de mer alloués aux officiers embarqués.

Bulletin officiel de la marine, tome Ier, page 239.

3 mai 1848. — Arrêté ministériel portant fixation du traitement de table des capitaines de frégate.

Bulletin officiel de la marine, tome Ier, page 241.

6 juin 1848. (*Personnel.*) — Circulaire portant défense aux officiers d'embarquer leurs femmes à bord[1].

Bulletin officiel de la marine, tome Ier, page 282.

8 juin 1848. (*Services administratifs.*) — Circulaire relative à l'embarquement, comme passagers, des domestiques soldés par l'État.

Bulletin officiel de la marine, tome Ier, page 284.

9 juin 1848. (*Services administratifs.*) — Circulaire relative à l'application de l'arrêté du 30 avril 1848, en ce qui concerne le supplément à la mer.

Bulletin officiel de la marine, tome Ier, page 287.

9 juin 1848. (*Services administratifs.*) — Circulaires relatives aux

[1] Défense renouvelée le 31 octobre 1848.

passagers à la table des commandants sur les bâtiments de l'État.

Bulletin officiel de la marine, tome Ier, pages 288 et 291.

15 juin 1848. (*Services administratifs.*) — CIRCULAIRE relative au supplément des commis d'administration sur les corvettes à vapeur.

Bulletin officiel de la marine, tome Ier, page 292.

17 juillet 1848. (*Services administratifs.*) — CIRCULAIRE relative au droit à l'allocation du traitement de table, en ce qui concerne les états-majors des bâtiments à vapeur armés à Indret ou dans les ports de commerce.

Bulletin officiel de la marine, tome II, page 21.

Ier août 1848. (*Services administratifs.*) — CIRCULAIRE portant que les dispositions de l'article 204 de l'ordonnance du 22 juin 1847[1] relatives à la gratification d'entrée en campagne, sont applicables à l'indemnité de lit de bord.

Bulletin officiel de la marine, tome II, page 88.

Ier août 1848. (*Services administratifs.*) — CIRCULAIRE relative au droit à l'allocation du traitement de table pendant le séjour, dans le port, des bâtiments de l'État armés commercialement.

Bulletin officiel de la marine, tome II, page 89.

1er septembre 1848. (*Personnel.*) — CIRCULAIRE portant fixation des équipages accordés aux bâtiments à vapeur en commission de port.

Bulletin officiel de la marine, tome II, page 154.

14 octobre 1848. — ARRÊTÉ rendant obligatoire, pour la marine à vapeur du commerce, le système d'éclairage et de tactique adopté par la marine à vapeur de la République.

Bulletin officiel de la marine, tome II, page 328.

[1] Ordonnance sur la solde et les revues. Voir le titre *Troupes*.

31 octobre 1848. (*Personnel.*) — CIRCULAIRE portant interdiction nouvelle aux officiers d'embarquer leurs femmes à bord.

Bulletin officiel de la marine, tome II, page 403.

4 décembre 1848. (*Personnel.*) — CIRCULAIRE faisant connaître un nouveau système d'éclairage des bâtiments à vapeur.

Bulletin officiel de la marine, tome II, page 615.

10 janvier 1849. (*Services administratifs.*) — CIRCULAIRE relative au supplément de solde à allouer aux chirurgiens et aux officiers du commissariat attachés aux divisions des équipages de ligne.

Bulletin officiel de la marine, tome III, page 11.

7 mars 1849. — ARRÊTÉ portant modification de l'article 77 de l'ordonnance du 28 novembre 1845 relative à l'organisation des compagnies de mécaniciens et de chauffeurs.

Bulletin officiel de la marine, tome III, page 127.

INSCRIPTION MARITIME

ET

POLICE DE LA NAVIGATION.

On lit à la page 168 du livre III de l'Hydrographie du père Fournier :

« Les vertus qu'on désire en un matelot sont, d'estre « laborieux, fidel, et point querelleux, attentif à soy, et « à ce qu'il faict, et garder bien le silence. . . . .

« Il ne sera pas hors de propos en ce chapitre, d'ad- « uiser nos matelots françois de la réputation, en laquelle « ils sont chez les autres nations. Je leur diray donc, que « tous aduouent qu'ils sont bons soldats, hardis iusques « à la témerité, bons mariniers, intelligents pour bastir ; « et se seruir de la carte marine, tirer les plans des lieux « où ils vont, prendre hauteur, et vser auec dexterité de « toutes sortes d'instruments, autant ou plus qu'aucune « autre nation, gens qui supportent très bien la fatigue, « lorsqu'ils n'ont rien, qui ne se troublent dans les tem- « pestes, manœuurent auec beaucoup de promptitude « entreprennent hardiment, et exécutent heureusement « de grands voyages, quoyque souuent pas vn de l'équi- « page n'y ait esté, se fiants sur leurs cartes, et indus-

« trie, et ont sans doute d'aussi bonnes conditions qu'au-« cuns autres, chacun estant propre à tout. »

Ce portrait si naïvement tracé au commencement du XVIIe siècle, est encore aujourd'hui celui de nos marins. D'autres nations, dont les armements commerciaux se sont accrus au détriment des nôtres, pendant ces deux derniers siècles, peuvent avoir des matelots plus exercés aux pratiques de la navigation de long cours; il n'en est nulle part de plus courageux; il n'en est point surtout qui aient, au même degré, cette intelligente initiative qui forme un des attributs les plus heureux du caractère français.

On comprend quelle ressource précieuse offrent de tels hommes au recrutement de l'armée navale. On conçoit aussi qu'ils en soient l'élément constitutif et indispensable.

Un ancien administrateur, dont toute la vie a été consacrée à défendre les intérêts des populations maritimes, et que nous avons toujours du bonheur à citer, disait :

« La marine militaire réclame des hommes de mer. « Elle ne peut en recevoir que du commerce, qui peut « seul en former, par une navigation active et continue. « C'est là le grand moyen, presque le moyen unique. « Tous les expédients factices par lesquels on prétend « le remplacer, sans être précisément nuls, sont privés « d'énergie[1]. »

Ces simples paroles établissent nettement le principe de l'inscription maritime.

[1] P. L. Boursaint, *Écrits divers*, page 291.

Quelques extraits d'un mémoire récent, d'un des écrivains les plus compétents sur la matière[1], feront bien comprendre l'origine, les développements et la situation présente de cette institution fondamentale de la marine :

« Le système de recrutement pour l'équipement de la « flotte, fondé originairement sous la dénomination de « *classes*, à laquelle a été depuis substitué celle d'*inscrip-* « *tion maritime*, est une des plus précieuses institutions « que nous ait léguées le règne de Louis XIV, si fécond « en grandes choses dans tous les genres.

« Le premier établissement des *classes* remonte à « 1665. L'essai s'en fit d'abord dans les provinces d'Aunis, « de Poitou et de Saintonge. Peu à peu, cette institution « s'étendit (ordonnance du 22 septembre 1668), et elle « fut régularisée, dans son application générale à tous « les ports du royaume, par l'ordonnance du 15 avril « 1689.

« Avant cette époque, les équipages des bâtiments de « la marine royale se formaient difficilement, et, lors- « qu'il y avait quelque armement considérable à faire, « il fallait recourir à l'expédient de fermer les ports pour « obtenir des marins, par le moyen de la *presse*, au grand « préjudice des expéditions commerciales, qui, tout à « coup, se trouvaient arrêtées.

« L'institution des *classes*, que l'Angleterre nous en- « vie et qu'elle cherche à introduire dans sa législation, « cette admirable conception, fruit du génie d'un grand « ministre et d'un grand roi, fut donc, au point de vue

[1] M. Marec, directeur du personnel au ministère de la marine. — *Mémoire sur plusieurs questions concernant l'inscription maritime*, 1847.

« des intérêts généraux du royaume, une mesure de « haute politique, tout comme elle fut, pour le com- « merce et la population maritime, un immense bienfait.

« En quoi consistait précisément le mode de recrute- « ment connu sous la dénomination de *classes?* — Quelle « était la cause, quelle était la signification de cette appel- « lation?

« Ici, on croit devoir laisser parler le plus judicieux, « le plus lucide des commentateurs, en un mot, le légiste « Valin, si digne d'expliquer les œuvres du ministre « Colbert :

. . . . . . « L'enrôlement des matelots (dit-il), avec leur dis- « tribution par classes dans chaque département, est un des « principaux moyens employés par Louis XIV pour soutenir « la splendeur de la marine du royaume, et la rendre toujours « formidable. — Ce grand prince, ayant compris que rien ne « pouvait plus contribuer à la gloire de son règne et à la pros- « périté de ses sujets que le rétablissement des forces mari- « times, du commerce et de la navigation dans toute l'étendue « de ses États, y donna une attention particulière dès qu'il eut « pris en main les rênes du gouvernement. De là, tant de ma- « gnifiques établissements pour la commodité et la sûreté des « ports, tant de sages règlements pour y maintenir l'ordre « et la police, tant d'utiles précautions pour la meilleure cons- « truction des vaisseaux, leur prompt équipement et leur con- « servation. L'activité du travail et le bon emploi des fonds « ayant répondu aux vues du monarque, en peu d'années, la « France fut en état de faire respecter son pavillon. Mais, jus- « que-là, elle n'avait encore que des vaisseaux et d'excellents « capitaines; les équipages se formaient difficilement. . . . . .

« . . . . Ce fut alors, en vue d'assurer et d'ac« tiver la composition des équipages des vaisseaux, sans ap« porter d'entrave aux armements du commerce, que l'on « forma (continue Valin) le projet de l'enrôlement des matelots « et autres gens de mer..... L'opération de l'essai fut confiée « à M. Colbert du Terron, conseiller d'État et intendant de « la marine en Ponant, par l'ordonnance du 17 décembre « 1665. Cette ordonnance portait que : *Revue serait faite en « chacune des communautés des villes et bourgs maritimes des « trois provinces d'Aunis, de Poitou et de Saintonge, pour recon« naître et enrôler ceux qui seraient jugés capables de servir dans « la marine; à l'effet de quoi, tous les ports de ces provinces demeu« reraient fermés, de manière qu'il n'en pût sortir aucun vaisseau, « ni autre bâtiment, jusqu'à ce que la revue eût été faite.*

« Le succès de cet essai fut tel, que le Roi, par une autre « ordonnance du 22 septembre 1668, déclara que son inten« tion était que l'enrôlement des matelots fût pratiqué dans « toutes les villes et communautés des côtes maritimes du « royaume, pour être ensuite les *matelots partagés en trois « classes, pour servir une année sur les vaisseaux de Sa Majesté, « et les deux années suivantes sur les navires marchands, de façon « que lesdites classes auraient à rouler et servir alternativement sur « les vaisseaux de guerre et les vaisseaux marchands.* »

« Les explications qui précèdent suffisent pour faire « saisir et comprendre le mécanisme du système de re« crutement assis sur la belle institution des classes, que « plusieurs actes, à la suite de l'ordonnance précitée, du « 22 septembre 1668, vinrent successivement consolider « et achever de régulariser, notamment l'édit du mois « d'août 1673, le règlement du 6 octobre 1674 et la cé« lèbre ordonnance du 15 avril 1689, où (comme le dit

« Valin) se trouve réuni, dans un seul corps, tout ce « qui avait déjà été réglé et prescrit pour le rétablissement « de la marine et l'enrôlement des matelots[1]. »

L'ordonnance *concernant les classes,* du 31 octobre 1784, substitue aux *levées en masses* par classes qu'avait consacrées la législation antérieure, le système des *levées partielles* et successives, à tour de rôle ou de service.

Le décret sur les classes des gens de mer, du 7 janvier 1791, reproduit en les simplifiant les dispositions de l'ordonnance de 1784. On y trouve posé nettement le principe de l'institution :

« Tous citoyens exerçant les professions maritimes « seront obligés au service public sur mer ou dans les « arsenaux; à cet effet, ils seront classés, et, dès lors, « dispensés de tout autre service public. »

Vient enfin le décret du 3 brumaire an IV, qui régit encore aujourd'hui le classement des gens de mer, sous la dénomination d'*Inscription maritime.*

Ici nous laisserons encore parler M. Marec :

« Ce décret, œuvre d'administrateurs éclairés appelés, « à cet effet, des ports auprès du comité de marine de « la Convention nationale, règle d'une manière complète « tout ce qui concerne l'inscription ou classement des « gens de mer et ouvriers.

« Il déclare compris dans l'inscription maritime tous « ceux qui exercent la navigation ou la pêche dans les « diverses situations qu'il indique avec précision.

[1] Pages 3 à 5 du mémoire de M. Marec.

« Il fixe les conditions et les actes dont la conséquence « est de faire entrer volontairemant ou d'office dans l'ins- « cription maritime.

« Il dispense les inscrits de tout service public autre « que ceux de l'armée navale, des arsenaux de la marine, « et de la garde nationale dans l'arrondissement de leurs « quartiers.

« Il pose le principe absolu que tout marin inscrit « sera tenu de servir sur les bâtiments et dans les arse- « naux de la République, toutes les fois qu'il en sera « requis.

« Il établit, comme le faisait le décret de 1791, que « des levées ne seront exécutées dans les quartiers, qu'au- « tant que le nombre des hommes qui se seront présen- « tés de bonne volonté, et dont il doit être tenu un en- « registrement particulier, serait inférieur au contingent « à fournir par ces quartiers. Il accorde d'ailleurs un mois « de solde à titre de gratification, aux hommes qui se se- « ront présentés volontairement.

« Il base les appels pour le service non pas, comme « l'ordonnance de 1784 et le décret de 1791, sur des « levées successives et à tour de rôle, mais bien sur des « levées dont l'action doit se combiner avec une distri- « bution des marins en quatre classes différentes de « celles qu'avaient établies les ordonnances antérieures « à 1784, lesdites classes ou catégories composées :

« La première, des célibataires ;

« La seconde, des veufs sans enfants ;

« La troisième, des hommes mariés et n'ayant point « d'enfants ;

« La quatrième, des pères de famille.

« La seconde classe ne devant être mise en réquisi-« tion que lorsque la première, étant épuisée, n'aura pu « suffire aux besoins du service, et ainsi de suite à « l'égard des troisième et quatrième classes.

« Il applique ce mode d'appel aux ouvriers des pro-« fessions maritimes.

« Il détermine les avantages de diverses sortes atta-« chés à l'état de marin inscrit, et au nombre desquels « figure la promesse d'un secours mensuel pour chacun « des enfants des deux sexes, au-dessous de l'âge de dix « ans, de tout marin en activité de service sur les bâti-« ments ou dans les arsenaux de la République.

« Il reconnaît aussi aux marins, sous les mêmes con-« ditions et restrictions que l'ordonnance de 1784 et le « décret de 1791, la faculté de renonciation à la navi-« gation et à la pêche, et, par suite, le droit à radiation « des matricules.

« Il fait descendre enfin à cinquante ans la limite d'âge « pour le terme du service obligatoire, précédemment « fixée, comme on l'a vu, à cinquante-six et soixante ans « par ledit décret de 1791 et ladite ordonnance de « 1784.

« Afin de compléter la série des actes se liant inti-« mement à la loi du 3 brumaire, on mentionne ici un « arrêté du 21 ventôse an IV, contenant règlement pour « l'exécution de ladite loi, et un décret impérial du « 19 mars 1808, qui a réduit aux quatre professions de « charpentier, calfat, perceur et voilier, les ouvriers com-« pris dans l'inscription maritime, en fixant les conditions

« auxquelles les apprentis desdites professions peuvent « être portés sur les matricules des ouvriers[1]. »

Il était réservé à un temps plus rapproché de nous, d'améliorer encore le jeu d'une institution que nos révolutions politiques ont toujours respectée dans l'intérêt de l'État, malgré les sacrifices qu'elle impose aux hommes de mer. Quelque soin qu'eussent pris les législateurs de 1784 et de l'an IV, pour rendre aussi impartial et aussi léger que possible pour les marins le mode des levées, la difficulté d'appliquer des règles bienveillantes, mais peu pratiques, avait conduit à y substituer graduellement un régime arbitraire. En 1834, une commission d'officiers chargés de l'inspection des quartiers porta avec précision, à la connaissance de l'autorité supérieure, les abus inséparables d'un tel régime.

« La commission s'est assurée (dit le rapport) qu'en « suivant la marche actuelle les hommes ne sont point « appelés au service dans l'ordre que prescrivent et les « règlements et l'équité, que les plaintes qui se sont « élevées, à ce sujet, de la part des marins et de leurs « familles, sont véritablement fondées, et qu'il est urgent « de faire cesser l'exécution d'un mode aussi manifes- « tement opposé à tout principe de justice, en même « temps qu'il est contraire à l'intérêt du recrutement des « équipages des vaisseaux.

« En effet (poursuit le rapport), les levées n'ont lieu « qu'à l'égard des inscrits maritimes qui se trouvent

[1] Pages 21 et 22 du mémoire.

« présents au quartier, à l'instant où elles s'exécutent. « Les hommes qui exercent habituellement la petite « pêche, ceux qui partagent leur industrie entre l'agri-« culture et la navigation sur les côtes, les individus « faibles et peu propres au métier de la mer, qui, en « raison de cela, sont rarement employés par le com-« merce : tous ces hommes étant presque toujours dans « leurs familles, sont aussi presque toujours atteints par « les levées; tandis que les vrais matelots, ceux dont « l'unique industrie est la navigation, passent généra-« lement la partie la plus active de leur vie, soit à la « mer sur les navires marchands, soit dans les ports de « commerce, où ils ne séjournent que le temps néces-« saire pour se procurer de nouveaux embarquements. « Ces vrais matelots, ne revenant dans leurs quartiers « qu'à des époques très-éloignées et pour y passer « quelques instants seulement, échappent sans cesse aux « levées, et, indépendamment du surcroît de charges « qui en résulte pour les inscrits sédentaires, la marine « de l'État se trouve ainsi privée de tous les services « qu'elle aurait le droit d'attendre de tous ces navigateurs « éprouvés qui représentent la partie vraiment vitale du « personnel de l'inscription maritime. »

La décision prise en 1835, sur les conclusions du rapport de cette commission, a consacré le régime nouveau de la *levée permanente* « mesure simple et féconde « en résultats utiles, véritable consécration du principe « de l'égalité des charges pour le service de la flotte; « car, laissant de côté les catégories à peu près impraticables du décret de brumaire, elle range indistincte-

« ment tous les inscrits, hommes mariés, veufs ou céli-« bataires, sous le même niveau, sauf à l'autorité à « adoucir, par des décisions administratives, par des sur-« sis, par des tempéraments, en un mot, employés avec « prudence et équité, ce que l'application absolue du « principe aurait parfois de trop rigoureux. Mais ce qui « constitue surtout l'essence de la levée permanente, c'est « que son action continue atteint, partout où il se pré-« sente à son retour, l'inscrit dont le tour de marcher « était arrivé pendant son absence: c'est là principale-« ment, car tout ce qui est juste obtient l'approbation « des masses, ce qui la recommande aux yeux de la po-« pulation maritime et garantit la conservation de son « existence.

« Appliquée, dans l'origine, aux marins naviguant au « long cours et au cabotage, qui n'avaient point encore « acquis de services à l'État, la levée permanente fut « successivement étendue aux hommes ayant moins de « deux, trois et quatre années de services. Restreinte « dans son exercice lorsque ses produits tendent à dé-« passer les besoins des ports militaires, elle fait arriver « successivement sur la flotte toute la portion jeune et « active de nos gens de mer. Elle répartit, aussi équita-« blement que possible, sur tous, les charges du ser-« vice, dont aucun n'est exempté, même à titre provi-« soire, à moins de motifs parfaitement valables[1]. »

Nous n'avons pas parlé, dans cette note, de la *Caisse des Invalides*, ce bienfaisant correctif des rigueurs de

[1] Pages 51 et 52 du mémoire de M. Marec.

l'inscription. Sous le titre *Invalides de la marine*, qui vient immédiatement après celui-ci, nous consacrons une note distincte à ce sujet si important.

Il nous reste à mentionner une ancienne institution toute spéciale à la marine, la juridiction des amirautés. Supprimée en 1791, cette institution n'a plus aujourd'hui qu'un intérêt historique[1]. Toutefois les actes qui la concernent avaient naturellement leur place marquée parmi les lois et règlements relatifs à la population maritime, et nous n'avons pas cru pouvoir les mieux classer

[1] On lit à la page 43 de l'introduction du *Manuel complémentaire des codes français, etc.* (Pailliet, 1846) :

« Les amirautés rendaient la justice au nom de l'amiral pour les af-« faires de marine, tant au civil qu'au criminel. (Voir l'ordonnance de « la marine de 1681, livre Ier, titre II, articles 1er et suivants.) La juridic-« tion des amirautés comprenait à la fois la connaissance des affaires « contentieuses de mer, les actes d'administration dans les ports mar-« chands, la recherche et le jugement des délits qui s'y commettaient. Il « y était attaché des gens du Roi et des procureurs en titre d'office.

« Il y avait des amirautés particulières dans tous les ports et havres « du royaume. Elles n'étaient souveraines que jusqu'à concurrence de « 50 livres. Au delà de cette somme, l'appel était porté aux amirautés « générales, qui jugeaient souverainement jusqu'à 150 livres. Les parle-« ments étaient tribunaux d'appel des amirautés générales.

« Il y avait deux amirautés générales, sous la dénomination de *Tables « de marbre*, savoir : celle qui siégeait à la table de marbre au Palais, à « Paris, et l'amirauté générale de Rouen.

« A la première ressortissaient les neuf amirautés particulières d'Ab-« beville, de Boulogne, de Bourg-d'Ault, de Calais, d'Eu et de Tréport, « de la Rochelle, des Sables-d'Olonne, de Saint-Valery-sur-Somme et de « Dunkerque. La dernière ressortissait directement au parlement de « Paris.

« Les amirautés particulières qui ressortissaient à l'amirauté géné-« rale de Rouen étaient celles de Harfleur, Bayeux, Caen, Carentan,

que sous le titre de l'*Inscription*, à laquelle se rattache plus ou moins directement tout ce qui intéresse le personnel de la marine.

L'importance du sujet justifiera peut-être l'étendue donnée à cette note, que nous terminerons par une pensée de M. Boursaint : « La navigation est un métier « dont les degrés d'apprentissage remplissent la vie en« tière. Pour y être utile, il faut l'exercer long-temps. « Voilà pourquoi l'institution des classes ne s'adresse « qu'aux marins de profession; voilà ce qui rend les « obligations de l'homme de mer si étendues : c'est une « loi de nécessité que rien ne saurait faire fléchir.

. . . .

« Puisqu'on veut une marine, puisqu'elle est néces« saire à l'État, il faut bien disposer des seuls hommes « qu'elle puisse utilement employer[1]. »

« Caudebec et Quillebœuf, Cherbourg, Coutances, Dieppe, Dives, Fé« camp, Grand-Champ, Granville, le Havre, la Hogue, Honfleur, Saint« Valery-en-Caux, Touques.

« Il y avait encore des amirautés qui ressortissaient à divers parle« ments et au conseil supérieur de Perpignan.

« Les amirautés d'Agde, Collioure, Aigues-Mortes, Cette, Narbonne, « ressortissaient au parlement de Toulouse;

« Celles de Bayonne, Bordeaux et Marennes, au parlement de Bor« deaux;

« Celles de Brest, Morlaix, Nantes, Quimper, Saint-Brieuc, Saint« Malo, Vannes, au parlement de Rennes;

« Celle de Mahon, au conseil supérieur de Perpignan.

« La suppression des amiraurés a été prononcée par l'article 1er du « titre V de la loi du 9-13 août 1791. Leurs diverses attributions sont « réparties entre les tribunaux de commerce, les juges de paix et les tri« bunaux d'arrondissement. »

[1] *Écrits divers*, pages 41 et 42.

INSCRIPTION MARITIME

ET

POLICE DE LA NAVIGATION[1].

7 décembre 1400. — Règlement du roi Charles VI, sur le fait de l'amirauté.

Fontanon, tome III, page 10.

1452. — Ordonnance qui établit à Marseille la juridiction des pêcheurs, sur la police de la pêche maritime [2].

Walker, tome Ier, page 6.

2 octobre 1480. — Ordonnance du roi Louis XI, touchant le fait et juridiction de l'amirauté.

Fontanon, tome III, page 13.

Juillet 1517. — Règlement général du roi François Ier, sur le fait de l'amirauté.

Archives de la marine. — *Fontanon*, tome III, page 14.

[1] Voir plus particulièrement, au titre *Administration et contrôle*, les dispositions relatives au personnel des commissaires de l'inscription dans les quartiers maritimes.

[2] Voir les lettres patentes de novembre 1622 ; les arrêts des 16 mai 1738, 9 novembre 1776, 4 octobre 1778 et 20 mars 1786, et le décret du 12 décembre 1790.

24 février 1534. — Règlement du roi François Ier, sur la juridiction et les droits des amiraux de France et de Guyenne.

Archives de la marine.

Avril 1554. — Édit du roi Henri II par lequel il a déclaré, statué et ordonné, que dorénavant, par lui seul et non autre, sera pourvu aux états et offices des amirautés et dépendances d'icelles, quand vacation y écherra.

Fontanon, tome III, page 26.

Avril 1554. — Édit du roi Henri II, portant établissement des amirautés de Saint-Vallery-en-Somme, Abbeville, Étaples et Boulogne, et augmentation d'officiers à la table de marbre de Paris.

Recueil d'édits, arrêts, etc. 1207 à 1631, page 78.

1565. — Règlement fait par M. de Mouy, vice-amiral de France, pour les pilotes de Quillebœuf, homologué au conseil.

Recueil d'édits, arrêts, etc. 1207 à 1631, page 128.

1584. — Ordonnance d'Henri III, réglant les conditions imposées aux armateurs de navires, pour l'avitaillement et les équipages de leurs vaisseaux[1].

Hydrographie du P. Fournier, livre III, page 172.

Mars 1584. — Édit concernant la pêche en mer et les parcs et pêcheries construits sur les bords des grèves de la mer, dans les baies et aux embouchures des rivières.

Recueil d'édits, arrêts, etc. 1207 à 1631, page 193.

[1] « Afin que nos suiets ne se perdent, et la réputation de nos forces « ne s'amoindrisse, tous nauires marchands ou allans en guerre, sortants « le royaume, auront l'équipage qui suit, à peine de confiscation de « corps et de biens. . . . . » (Article 60 de l'ordonnance.)

Mars 1584. — Édit du roi Henri III sur la juridiction de l'amirauté de France,

Recueil d'édits, arrêts, etc. 1207 à 1631, page 190. — *Fontanon*, tome IV, page 1119.

Novembre 1622. — Lettres patentes portant confirmation de la juridiction des prud'hommes pêcheurs de Marseille[1].

Walker, tome Ier, page 172.

17 août 1624. — Ordonnance rendue par M. le duc de Montmorency, à l'effet de faire dresser des états constatant les noms, surnoms et demeures de tous les capitaines, maîtres et pilotes de navires.

Archives de la marine.

28 février 1625. — Ordre du Roi, portant défense à tous capitaines, chefs et conducteurs de gens de guerre, tant de cavalerie qu'infanterie, de loger aux paroisses situées à demi-lieue de la mer, sujettes au guet, ni de lever ou exiger aucune étape sur les habitants d'icelles.

Hydrographie du P. Fournier, livre VI, page 344.

Janvier 1629. — Ordonnance sur les plaintes des États assemblés à Paris, en 1614, et de l'assemblée des notables réunie à Rouen et à Paris en 1617 et 1626.

. . . .

Articles 430 à 461. — *Amirauté, marine, droit maritime*[2].

Recueil général des anciennes lois françaises, par MM. Isambert et Taillandier, etc. Paris, 1829, tome XVI, page 223.

Août 1630. — Édit portant établissement des bureaux de l'amirauté en Languedoc.

Archives de la marine.

[1] Voir l'arrêt du 16 mai 1738.

[2] Quelques-uns de ces articles traitent de l'enseignement public et

1634. — ORDRES et règlements qui doivent être gardés dans les vaisseaux français, etc[1].

Hydrographie du P. Fournier, livre VII, page 411.

7 mai 1635. — DÉCLARATION du Roi, commandant à tous officiers de la couronne de se saisir de tous vagabonds, personnes sans aveu, bohémiens, mendiants valides, soldats débandés, et de les envoyer aux galères, pour fournir la chiourme des nouvelles galères dressées en Provence.

Hydrographie du P. Fournier, livre VI, page 353.

4 mai 1637. — DÉCLARATION du Roi qui exempte les officiers de l'amirauté de tailles, subsides, logement de gens de guerre, impôts et octrois.

Archives de la marine.

9 janvier 1640. — DÉCLARATION du Roi portant défense à tous capitaines de navire, de délester ailleurs que dans les endroits qui leur seront indiqués, à peine de 2,000 francs d'amende.

Archives de la marine.

23 mars 1641. — RÈGLEMENT des salaires et des vacations que prendront dorénavant les officiers de l'amirauté.

Archives de la marine.

gratuit de l'art de la navigation, des écoles de canonnage et de charpentage, et des moyens de faire rentrer en France les gens de mer résidant à l'étranger.

L'article 441 prescrit de former, au mois de décembre de chaque année, la liste des capitaines, maîtres conducteurs, pilotes, charpentiers, calfateurs, canonniers, matelots, mariniers et manouvriers, et généralement de tous les hommes qui font profession du métier de la mer, afin de savoir exactement les forces que l'on pourra mettre en mer, pour les employer aux occasions.

[1] Voir le titre *Service à la mer.*

23 décembre 1641. — ORDONNANCE enjoignant à tous maires et échevins, consuls et communautés des villes et bourgs situés le long des côtes de la mer, de faire recherche des matelots et canonniers de vaisseaux qui sont dans l'étendue desdites villes et bourgs, afin de les employer sur les vaisseaux qui composeront l'armée navale; lesquels matelots et canonniers devront être payés à prix raisonnable, ainsi qu'il est accoutumé.

Archives de la marine.

16 mars 1647. — ORDRE du Roi portant permission aux marchands de Bretagne d'envoyer leurs vaisseaux à leur trafic, en fournissant trois hommes pour chaque vaisseau.

Archives de la marine.

2 mai 1647. — DÉCLARATION pour l'établissement d'un siége de l'amirauté à Dunkerque.

Archives de la marine.

5 mai 1647. — ARRÊT portant défense à tous seigneurs prétendant des droits d'amirauté sur leurs terres et à leurs officiers, de prendre aucunes connaissances des naufrages, etc.

Archives de la marine.

31 octobre 1647. — DÉCLARATION du Roi, portant exemption à tous pilotes, mariniers, matelots et canonniers, qui serviront Sa Majesté aux armées navales, des contributions d'étapes, logement des gens de guerre, guet, garde de la côte, et autres charges des villes, pendant le temps dudit service.

Archives de la marine. — Us et coutumes de la mer, par Cleirac, page 468.

14 octobre 1650. — ARRÊT portant défense aux gouverneurs de province de s'immiscer aux fonctions de l'amirauté.

Archives de la marine.

17 août 1658. — ORDONNANCE contre les capitaines qui fourbent

sur l'usage de divers pavillons, et contre les Français qui arment sous commissions étrangères.

Archives de la marine.

27 avril 1659.— ORDONNANCE concernant les pêcheurs, les pêches, les pêcheries et les filets.

Archives de la marine.

12 mars 1661. — ORDONNANCE qui prescrit aux capitaines revenant des voyages de long cours, de faire le rapport de ce qui s'y est passé, et ordonne aux officiers des amirautés d'en faire la vérification dans les vingt-quatre heures.

Archives de la marine.

26 mars 1661. — ORDONNANCE qui prescrit de courre sus les armateurs français, amis et alliés qui arment sous commission étrangère, font des prises et les amènent dans les ports de France.

Archives de la marine.

9 octobre 1661. — ORDONNANCE sur les pavillons des vaisseaux marchands.

Édits, déclarations, etc. page 15. — *Code des armées navales,* page 13.

25 novembre 1661. — ORDONNANCE qui défend à tous sujets de prendre emploi chez les étrangers pour la pêche des baleines, sardes, chiens et loups de mer.

Archives de la marine.

17 décembre 1665. — ORDONNANCE pour l'enrôlement général des matelots et la fermeture des ports de Poitou et de Saintonge.

Édits, déclarations, etc. page 295. — *Code des armées navales,* page 118.

9 octobre 1666. — ORDONNANCE portant défense aux armateurs

français de mettre à rançon les prisonniers faits sur les vaisseaux ennemis.

Code des armées navales, page 189.

17 février 1667. — ARRÊT qui confirme le règlement du 23 avril 1663, touchant la visite des vaisseaux pour empêcher la contrebande.

Archives de la marine.

20 février 1667. — DÉCLARATION du Roi portant amnistie en faveur des officiers mariniers, soldats et matelots qui servent et se sont retirés dans les pays étrangers, à condition qu'ils reviendront en France.

Édits, déclarations, etc. page 303. — *Code des armées navales*, page 119.

4 mars 1667. — ORDONNANCE portant que les capitaines des vaisseaux de Sa Majesté, commis à la levée des équipages nécessaires pour l'armement des vaisseaux, pourront contraindre par toutes sortes de voies, les matelots, pilotes, canonniers, et autres gens de mer qui refuseront de s'engager volontairement.

Code des armées navales, page 120.

22 juin 1668. — ARRÊT sur la juridiction de l'amirauté.

Archives de la marine.

22 septembre 1668. — ORDONNANCE pour l'enrôlement général des matelots par classes[1].

Archives de la marine. — *Édits, déclarations, etc.* page 307. — *Code des armées navales*, page 121.

[1] Cette ordonnance reproduit, en les généralisant, les dispositions de l'ordonnance du 17 décembre 1665. On y voit que, voulant s'assurer du nombre de mariniers et matelots nécessaires pour le service de ses vaisseaux, et voulant aussi pourvoir à la commodité de ses sujets, qui

Août 1669. — ÉDIT portant défense aux sujets de Sa Majesté de s'habituer dans les pays étrangers et pour faire retourner en France ceux qui y sont établis.

Recueil d'édits, arrêts, etc. 1634 à 1670, page 249 *bis*. — *Édits, déclarations, etc.* page 297. — *Code des armées navales*, page 122.

4 septembre 1669. — ORDONNANCE pour l'enrôlement des matelots de Bretagne.

Édits, déclarations, etc. page 309. — *Code des armées navales*, page 123.

2 octobre 1669. — ORDONNANCE pour l'exécution de l'édit du mois d'août 1669, portant défense aux sujets de Sa Majesté de s'habituer dans les pays étrangers.

Édits, déclarations, etc. page 301. — *Code des armées navales*, page 124.

12 novembre 1669. — RÈGLEMENT sur les pouvoirs, fonctions, autorités et droits de la charge d'amiral[1].

Code des armées navales, page 4.

Janvier 1670. — ÉDIT pour l'enrôlement des matelots de Bretagne.

Édits, déclarations, etc. page 312. — *Code des armées navales*, page 125.

équipent des bâtiments pour leur commerce, Sa Majesté n'a pas trouvé de moyens plus justes et plus praticables que de faire procéder au rôle et dénombrement de tous les mariniers et matelots qui se trouveront habitués et demeureront dans toutes les villes et communautés des côtes maritimes de son royaume, pour être ensuite partagés en trois classes, et comme il s'est fait depuis peu dans les gouvernements de la Rochelle, Brouage et îles de Saintonge. On y voit, en outre, que l'une de ces classes sera tenue et censée engagée dès le premier jour de l'année, sous la caution desdites communautés, pour servir sur les vaisseaux de Sa Majesté, et les deux années suivantes sur les vaisseaux marchands; et qu'ainsi lesdites classes auront à rouler et servir alternativement sur les vaisseaux de guerre et sur les vaisseaux des négociants.

[1] Remplacé par le livre Ier de l'ordonnance de 1681. — Voir, en outre, le décret du 9 août 1791, portant suppression des tribunaux d'amirauté.

29 mars 1670. — Règlement sur le délestage des vaisseaux français et étrangers dans les ports du royaume.

Édits, déclarations, etc. page 82. — *Code des armées navales,* page 30.

13 avril 1670. — Arrêt portant que les commis au délestage représenteront leurs titres.

Code des armées navales, page 33.

19 avril 1670. — Ordonnance pour l'enrôlement général des matelots dans toutes les provinces maritimes du royaume.

Archives de la marine. — *Édits, déclarations, etc.,* page 323. — *Code des armées navales,* page 127.

25 avril 1670. — Ordonnance pour la division des classes de Provence en équipages complets.

Édits, déclarations, etc. page 331.

Mai 1670. — Édit pour l'enrôlement des matelots en Provence.

Édits, déclarations, etc. page 335. — *Code des armées navales,* page 130.

13 juillet 1670. — Ordonnance en exécution de l'édit de mai 1670, pour l'enrôlement fait en Provence des officiers mariniers, matelots et autres gens de marine.

Édits, déclarations, etc. page 343. — *Code des armées navales,* page 133.

Novembre 1670. — Déclaration du Roi, sur l'édit du mois de janvier 1670, pour l'enrôlement des matelots en Bretagne.

Édits, déclarations, etc. page 318. — *Code des armées navales,* page 134.

10 décembre 1670. — Déclaration du Roi portant défense à tous officiers mariniers, matelots et autres gens de mer, de s'habituer, ni servir en d'autres pays que le royaume, à peine de galères à perpétuité.

Code des armées navales, page 141.

19 décembre 1670. — Ordonnance sur la publication des classes et le payement de la solde et demi-solde.

Édits, déclarations, etc., page 345. — *Code des armées navales,* page 135.

30 décembre 1670. — ORDONNANCE touchant les bateliers de Saint-Malo qui vont au-devant des navires pour les piloter.

Recueil d'édits, arrêts, etc. 1634 à 1670, page 329.

8 janvier 1671. — ORDONNANCE pour fermer les ports du pays de labour.

Édits, déclarations, etc. page 346.

6 mars 1671. — ORDONNANCE pour la division des matelots de Bretagne en cinq classes.

Édits, déclarations, etc. page 348. — *Code des armées navales*, page 136.

28 avril 1671. — ARRÊT concernant la pêche des morues.

Valin, tome II, page 780.

Avril 1671. — ÉDIT portant que les matelots étrangers seront censés regnicoles et exempts du droit d'aubaine, après cinq ans de service, sans être tenus de prendre lettres de naturalité.

Code des armées navales, page 142.

22 mai 1671. — ORDONNANCE portant défense à tous marchands et propriétaires de vaisseaux français, de prêter leur nom aux étrangers.

Édits, déclarations, etc. page 469.

21 août 1671. — ORDONNANCE contre les matelots qui s'absentent lors de la publication des rôles.

Édits, déclarations, etc. page 352. — *Code des armées navales*, page 136.

20 octobre 1672. — ORDONNANCE portant que les matelots seront payés chez eux par les commissaires des classes de leur solde au désarmement.

Édits, déclarations, etc. page 368. — *Code des armées navales*, page 144.

14 avril 1673. — ORDONNANCE portant défense aux matelots des 4e et 5e classes de Bretagne, de s'embarquer sur aucun vaisseau marchand ou armé en course.

Édits, déclarations, etc. page 354. — *Code des armées navales*, page 137.

5 mai 1673. — ORDONNANCE portant qu'il sera fait un règlement du départ des vaisseaux d'escorte et pour permettre aux vaisseaux marchands de sortir des ports.

Édits, déclarations, etc. page 784.

18 juillet 1673. — ORDONNANCE pour la distribution des équipages entre les capitaines.

Édits, déclarations, etc. page 373. — *Code des armées navales*, page 146.

Août 1673. — ÉDIT du Roi pour l'enrôlement général des matelots dans les provinces maritimes du royaume.

Valin, tome Ier, page 527. — *Édits, déclarations, etc.* page 355. — *Code des armées navales*, page 137.

20 août 1673. — RÈGLEMENT des droits et salaires des officiers des siéges de l'amirauté.

Édits, déclarations, etc. page 526. — *Code des armées navales*, page 192.

19 décembre 1673. — ORDONNANCE portant qu'à l'avenir, il sera délivré des passe-ports à tous les vaisseaux flamands et autres ennemis qui voudront faire le commerce dans le royaume, en payant un écu par tonneau.

Archives de la marine.

27 janvier 1674. — ARRÊT pour l'exécution du règlement du 20 août 1673 sur les droits et salaires des siéges de l'amirauté.

Édits, déclarations, etc. page 536. — *Code des armées navales*, page 196.

23 février 1674. — ORDONNANCE portant que les armateurs donneront cautions et certificats et, en cas qu'ils se trouvent saisis de plusieurs pavillons, que le procès se trouvera fait comme forbans.

Édits, déclarations, etc. page 541. — *Code des armées navales*, page 197.

5 octobre 1674. — RÈGLEMENT du Roi sur les conditions auxquelles les vaisseaux de Sa Majesté pourront être donnés aux armateurs pour la course.

Code des armées navales, page 199.

6 octobre 1674. — Règlement pour la police générale des arsenaux de marine.

. . . .

Titre XI. *De l'enrôlement général des matelots.*

Édits, déclarations, etc. page 93. — *Code des armées navales,* page 42.

13 juillet 1675. — Ordonnance portant défense, aux capitaines de vaisseau, de donner congé aux matelots qui doivent servir sur lesdits vaisseaux, à peine de faire les remplacements sur leurs appointements.

Édits, déclarations, etc. page 765. — *Code des armées navales,* page 149.

27 novembre 1675. — Arrêt qui assujettit les vaisseaux de Terre-Neuve, et autres pays, au payement du droit de *trois livres* par tonneau.

Édits, déclarations, etc. page 509.

20 décembre 1675. — Arrêt qui défend, aux capitaines et armateurs et à tous autres, de relâcher les vaisseaux pris, ni de faire aucune composition par rançon, à peine d'être punis suivant les ordonnances.

Archives de la marine.

5 août 1676. — Ordonnance portant défense d'arrêter aucun vaisseau étranger porteur de passe-ports de Sa Majesté.

Édits, déclarations, etc. page 553. — *Code des armées navales,* page 201.

20 août 1676. — Ordonnance portant qu'il sera établi deux pilotes jurés en chacun des arsenaux de marine, qui seront tenus de s'embarquer sur les vaisseaux qui sortiront des ports où lesdits arsenaux sont établis, pour les conduire en rade.

Édits, déclarations, etc. page 709. — *Code des armées navales,* page 94.

13 octobre 1676. — Arrêt portant défense aux officiers de l'amirauté de surseoir l'exécution des arrêts de mainlevée des vaisseaux pris par les armateurs français.

Édits, déclarations, etc. page 555. — *Code des armées navales,* page 202.

2 janvier 1677. — Arrêt portant, que du jour de sa publication,

il sera payé, par les capitaines et maîtres des vaisseaux qui prendront du trésorier de la marine des passe-ports de Sa Majesté pour aller à la pêche des morues ès mers de Terre-Neuve et autres îles de l'Amérique septentrionale, *trois livres* pour chaque tonneau desdits vaisseaux.

Archives de la marine.

2 mai 1678. — ORDONNANCE qui permet aux bâtiments de 50 tonneaux et au-dessous de naviguer le long des côtes du royaume de port en port.

Archives de la marine.

2 juillet 1679. — RÈGLEMENT du Roi sur les fonctions des officiers mariniers entretenus dans les ports.

Archives de la marine.

Août 1681. — ORDONNANCE de Louis XIV touchant la marine.

Livre Ier. — *Des officiers de l'amirauté et de leur juridiction.*
Livre II. — *Des gens et des bâtiments de mer.*
Livre III. — *Des contrats maritimes.*
Livre IV. — *De la police des ports, côtes, rades et rivages de la mer.*
Livre V. — *De la pêche qui se fait en mer.*

Ordonnance commentée par Valin, deux volumes in-4°. La Rochelle, 1766.

24 octobre 1681. — RÈGLEMENT que le Roi veut être observé par ses sujets qui achèteront ou feront construire des vaisseaux, barques et autres bâtiments de mer, tant en France que dans les pays étrangers, et par ceux qui seront préposés pour la délivrance des congés et passe-ports de l'amiral de France, pour la navigation desdits bâtiments.

Code des armées navales, page 9.—*Recueil d'édits, arrêts, etc. 1671 à 1686*, page 198.

18 mai 1682. — DÉCLARATION du Roi contre les gens de mer domiciliés dans le royaume et qui en sortiront avec leurs familles pour s'établir dans les pays étrangers.

Archives de la marine.

19 mai 1682. — ORDONNANCE enjoignant, aux officiers mariniers et matelots de la classe de service, de se rendre dans le département, quinze jours après la publication des rôles.

Archives de la marine.

12 juin 1683. — ORDONNANCE portant défense d'engager aucun matelot en qualité de soldat.

Archives de la marine.

1er septembre 1683. — ORDONNANCE portant que les officiers mariniers et matelots qui ne se présenteront pas après la publication des rôles seront arrêtés prisonniers pendant un mois et serviront sur les vaisseaux, sans solde, pendant six mois.

Archives de la marine. — Recueil d'édits, arrêts, etc. 1671 à 1686, page 215.

3 octobre 1683. — ORDONNANCE portant qu'on ne recevra aucun maître pilote hauturier et pilote lamaneur, qu'il n'ait vingt-cinq ans.

Archives de la marine.

11 décembre 1683. — ORDONNANCE portant que les maîtres de barques, pêcheurs et traîneurs de seine en Bretagne, ne pourront, à l'avenir, être exemptés de l'ordre des classes en Bretagne qu'en rapportant, au commissaire chargé de l'enrôlement des matelots, les congés qui leur auront été délivrés.

Archives de la marine.

30 janvier 1684. — ORDRE du Roi pour obliger les capitaines des vaisseaux de Saint-Malo, qui vont en Terre-Neuve, de signer un acte de société pour passer tous ensemble dans la Méditerranée.

Archives de la marine.

4 février 1684. — ORDONNANCE enjoignant aux commissaires départis pour l'enrôlement des matelots, de visiter les bâtiments qui entrent et sortent dans leurs ports, pour voir s'il n'y a point sur leurs rôles des matelots de la classe de service, et en faire condamner les capitaines, qui se trouveront en avoir, à 500 livres d'amende.

Archives de la marine.

3 mars 1684. — ARRÊT sur la pêche des morues.

Valin, tome II, page 782.

3 mars 1684. — ARRÊT qui ordonne que, conformément à l'ordonnance de la marine du mois d'août 1681, les capitaines, maîtres et officiers des vaisseaux français, qui iront pêcher aux côtes de Terre-Neuve, seront tenus de déclarer par écrit, une heure après leur arrivée, les havres ou galets qu'ils auront choisis pour faire leur pêche et sécherie.

Recueil d'édits, arrêts, etc. 1671 à 1686, page 218.

Juillet 1684. — RÈGLEMENT qui fixe le nombre des pilotes lamaneurs de Quillebœuf, alors de cent treize, à cent.

Recueil d'édits, arrêts etc. 1671 à 1686, page 220.

Mai 1685. — ORDONNANCE qui permet aux jeunes matelots de quatorze à quinze ans de s'embarquer sur les vaisseaux anglais et hollandais, pour apprendre la langue des deux nations.

Archives de la marine.

31 mai 1685. — ORDONNANCE portant que les matelots qui quittent leur bord, ou ne s'y rendent pas au temps prescrit, ou ne rapportent point de congés de leurs officiers ou commissaires, seront punis comme déserteurs.

Index des ordonnances de la marine, tome V, page 1.

26 juillet 1685. — ORDONNANCE portant qu'à l'avenir tous les officiers mariniers et matelots de toutes les classes seront tenus de comparaître par-devant le commissaire du département, lors de la revue qu'il fera deux fois par an, afin qu'il ôte du rôle les morts et les invalides et y ajoute les nouveaux.

Archives de la marine.

2 octobre 1685. — ORDONNANCE réglant que les équipages des vaisseaux qui s'équiperont à Bordeaux, La Rochelle et Nantes,

seront composés au moins des deux tiers de matelots de la religion catholique.

Archives de la marine. — Recueil d'édits, arrêts, etc. 1671 à 1686, page 266.

14 février 1686. — Ordonnance sur le rapatriement des marins[1].

16 avril 1686.—Ordonnance faisant défense aux cabaretiers, et à tous autres bourgeois des ports, de retirer chez eux les officiers mariniers et matelots, sans permission de l'intendant ou commandant des classes.

Archives de la marine.

30 juin 1686. — Ordonnance qui défend aux matelots d'abandonner le service sous prétexte de désarmement.

28 février 1687. — Ordonnance qui défend à tous maîtres de navires et matelots français, se trouvant en pays étranger, de se pourvoir à raison de leurs différends, devant les juges des lieux, et enjoint aux consuls français de les juger.

Valin, tome Ier, page 236.

24 mars 1687. — Arrêt qui règle le temps de la pêche appelée *dreige* ou des *vives*, dans tous les ports et côtes du royaume.

Valin, tome II, page 710.

24 mars 1687. — Arrêt concernant la pêche du hareng.

Valin, tome II, page 772.

14 septembre 1687. — Arrêt portant défense à tous les sujets de Sa Majesté et aux étrangers, d'apporter, ni faire entrer, dans aucuns ports des provinces de Normandie, Picardie et Dunkerque et de Flandre, du hareng autrement qu'en vrac et salé du sel de brouage, à peine de confiscation et de 1500 francs d'amende.

Archives de la marine.

[1] Voir l'ordonnance du 12 mai 1836.

28 novembre 1687. — ORDONNANCE portant défense aux marchands pêcheurs de Dieppe et des environs, de vendre leurs harengs frais.

Archives de la marine.

12 décembre 1687. — ARRÊT qui défend aux marchands pêcheurs des ports de Normandie et Picardie et autres, de faire transporter le hareng desdits ports, dans les lieux de consommation, autrement que parqué et salé du sel de brouage et en baril.

Archives de la marine.

20 décembre 1687. — ARRÊT portant que les morues vertes et sèches de la pêche des étrangers, payeront à l'entrée du royaume les droits y portés.

Archives de la marine.

27 janvier 1688. — ORDONNANCE concernant la réception des maîtres, pilotes et lamaneurs.

25 février 1688. — ORDONNANCE portant que les capitaines et maîtres de vaisseaux marchands qui seront une année sans aller à la mer ne seront pas exempts de l'ordre des classes.

Archives de la marine. — Index des ordonnances de la marine, tome V, page 27.

20 novembre 1688. — ORDONNANCE portant que les bâtiments de Sa Majesté seront donnés aux corsaires français pour faire la course, exempts de toutes charges, même de la perte des vaisseaux.

Archives de la marine.

15 avril 1689. — ORDONNANCE de Louis XIV, pour les armées navales et arsenaux de marine.

. . . .

Livre VIII. — *De l'enrôlement, levée, distribution, payement et récompense des officiers mariniers, matelots et autres gens de mer servant sur les vaisseaux de Sa Majesté.*

Code des armées navales, page 207. — *Annales maritimes de 1847*, page 91.

7 décembre 1689. — ORDONNANCE portant défense d'arrêter les vaisseaux porteurs des passe-ports de Sa Majesté.

Archives de la marine.

17 décembre 1689. — ORDONNANCE qui défend de recevoir à bord aucun matelot, qu'il n'ait été distribué par le bureau des classes.

22 décembre 1689. — ORDONNANCE qui défend aux équipages de descendre à terre sans congé par écrit, et qui prescrit de ne recevoir aucun matelot sur les vaisseaux sans un billet du bureau des armements.

Index des ordonnances de la marine, tome II, page 41.

31 mars 1690. — ORDONNANCE qui défend les remplacements dans les équipages, après la revue générale.

5 décembre 1690. — ARRÊT concernant la levée du droit de *sol pour livre* attribué aux vendeurs de poisson, en faveur des pêcheurs et mariniers qui habitent le long des côtes de Normandie et Picardie et autres faisant le négoce de la pêche des morues et du hareng.

Archives de la marine.

5 janvier 1691. — ARRÊT qui défend de faire entrer, dans le royaume, du hareng autrement qu'en vrac et salé de sel de brouage, à peine de confiscation.

Archives de la marine.

Juin 1691. — ÉDIT portant création de sept siéges particuliers d'amirautés dans la province de Bretagne, et qui règle le nombre des officiers de chaque siége et leur compétence.

Recueil d'édits, arrêts, etc. 1687 à 1699, page 138.

27 juin 1691. — ORDONNANCE portant défense de fumer et de tenir du feu allumé dans les bâtiments marchands du Havre et autres lieux.

Archives de la marine.

24 juillet 1691. — DÉCLARATION pour la perception du droit de consommation sur le poisson de mer frais ou salé.

Archives de la marine.

2 octobre 1691. — ORDONNANCE qui défend aux capitaines marchands de recevoir des matelots qui n'ont pas de congé de leurs commissaires.

5 décembre 1691. — RÈGLEMENT pour faire remettre les vaisseaux de l'État prêtés aux particuliers pour la course, en état de naviguer, et les faire jouir en entier des prises qu'ils feront.

Nouveau code des prises, tome Ier, page 143.

4 février 1692. — ORDONNANCE défendant aux cabaretiers de Brest de donner à boire aux matelots, sans un ordre de l'intendant.

Archives de la marine.

1er octobre 1692. — ORDONNANCE faisant défense, à tous corsaires, de donner à aucuns bâtiments ennemis qu'ils rencontreront, pêcheurs ou autres, la permission de continuer leur pêche ou leur navigation.

Archives de la marine.

31 décembre 1692. — RÈGLEMENT portant instructions pour tenir les registres des classes des matelots.

Archives de la marine.

10 janvier 1693. — LETTRES PATENTES qui règlent la pêche du hareng.

Archives de la marine.

4 février 1693. — ORDONNANCE contre les cabaretiers qui recevront des officiers mariniers et matelots dans le temps des armements.

4 avril 1693. — ORDONNANCE contre les matelots qui se cachent après avoir reçu leurs avances.

Index des ordonnances de la marine, tome II, page 44.

12 août 1693. — ORDONNANCE portant que les capitaines commandant les vaisseaux de Sa Majesté seront obligés, au retour de chaque campagne, de donner un mémoire au bureau des classes de la paye que chaque matelot de leur bord pourra mériter, et d'être présents au parfait payement de leurs équipages.

Archives de la marine. — Recueil d'édits, arrêts, etc. 1687 à 1699, page 199. — *Index des ordonnances de la marine,* tome II, page 45.

7 septembre 1693. — ORDONNANCE qui impose une peine afflictive aux matelots libertins.

Index des ordonnances de la marine, tome V, page 125.

17 février 1694. — RÈGLEMENT concernant les vaisseaux neutres.

Valin, tome II, page 246.

7 août 1694. — ORDONNANCE qui règle la distribution et l'embarquement des jeunes garçons tirés de l'hôpital général.

6 octobre 1694. — ORDONNANCE portant que, lorsqu'il aura été accordé des vaisseaux de l'Etat à des particuliers pour armer en course, le cinquième des prises appartiendra à Sa Majesté, après qu'on en aura distrait, sur la totalité, le dixième de l'amiral.

Nouveau code des prises, tome Ier, page 193.

12 octobre 1694. — ORDONNANCE qui défend à tous capitaines et autres officiers commandant les vaisseaux de Sa Majesté, servant d'escorte à des bâtiments marchands, de les abandonner, à peine de cassation.

Index des ordonnances de la marine.

16 février 1695. — ORDONNANCE qui fait défense aux capitaines de bâtiments marchands de quitter l'escorte sous laquelle ils seront.

28 mai 1695. — ORDONNANCE pour défendre aux capitaines corsaires et autres, de consommer la poudre en saluts entre eux et

d'autres réjouissances, à moins qu'elles ne soient ordonnées par Sa Majesté.

Archives de la marine.

9 juillet 1695. — ORDONNANCE défendant aux vaisseaux qui sont à la pêche en Terre-Neuve, d'entrer dans la Méditerranée.

Archives de la marine.

31 août 1695. — ORDONNANCE défendant aux officiers mariniers et matelots levés pour le service, d'en substituer d'autres à leur place, sous peine d'être traités comme déserteurs, et les autres comme passe-volants.

Recueil d'édits, arrêts, etc. 1687 à 1699, page 263. — *Archives de la marine.* — *Index des ordonnances de la marine*, tome V, page 2.

12 mai 1696. — ORDONNANCE au sujet des vaisseaux échoués ou neutres.

Valin, tome II, page 247.

16 décembre 1696. — ORDONNANCE défendant aux habitants des villes de recevoir chez eux des matelots dans les temps de levées, ni de recevoir les meubles et effets de ceux qui cherchent à se cacher.

Index des ordonnances de la marine, tome II, page 54.

15 juillet 1698. — ORDONNANCE sur le rapatriement des marins naufragés ou délaissés en pays étrangers [1].

20 août 1698. — RÈGLEMENT pour le commerce et la navigation des îles de l'Amérique.

Valin, tome Ier, page 414.

22 septembre 1699. — DÉCLARATION de Louis XIV, contre les officiers mariniers et matelots qui abandonnent en mer les vaisseaux sur lesquels ils sont embarqués.

Archives de la marine. — *Recueil d'édits, arrêts, etc. 1687 à 1699*, page 373.

[1] Voir l'ordonnance du 12 mai 1836.

14 octobre 1699. — ARRÊT du Conseil au sujet du payement des droits d'entrée des morues, huîtres et harengs.

Archives de la marine.

25 février 1700. — ARRÊT qui prescrit les formalités à observer pour les habitants de Dunkerque qui iront à la pêche des morues.

Archives de la marine.

14 avril 1700. — ORDONNANCE défendant à tous capitaines de vaisseaux et autres bâtiments qui iront à la pêche de la morue au petit nord de Terre-Neuve, de détacher leurs chaloupes pour le choix et la prise des havres, et graves en ladite côte, avant que les vaisseaux soient arrivés à la vue de ladite côte et que les pilotes et équipages en aient eu connaissance, à peine de 500 francs d'amende contre lesdits capitaines.

Archives de la marine.

20 octobre 1700. — ORDONNANCE défendant aux gardiens des forts des environs de Saint-Malo, d'exiger aucuns droits de pêche de goëmon, à peine de 300 francs d'amende.

8 mars 1702. — ORDONNANCE sur la pêche de la morue au banc de Terre-Neuve.

Valin, tome II, page 781.

29 juillet et 7 septembre 1702. — ARRÊT du conseil d'État et lettres patentes réglant la compétence des officiers de l'amirauté du royaume.

Archives de la marine.

7 novembre 1702. — ARRÊT concernant les parcs et pêcheries.

Archives de la marine.

6 février 1704. — ORDRE du Roi portant défense aux officiers et équipages des vaisseaux envoyés dans l'Inde, d'y faire aucun commerce.

9 avril 1704. — Ordonnance sur le rapatriement des marins naufragés ou délaissés en pays étrangers[1].

18 mars 1705. — Ordonnance qui défend d'arrêter les vaisseaux étrangers munis des passe-ports du Roi.

Valin, tome II, page 238.

14 décembre 1705. — Ordonnance portant règlement sur les fonctions des commissaires des classes.

Recueil d'édits, arrêts, etc. 1703 à 1708, page 86.

16 décembre 1705. — Ordonnance défendant le port des armes aux matelots et autres gens d'équipage, sous peine des galères.

Index des ordonnances de la marine, tome II, page 202.

27 janvier 1706. — Règlement concernant les rançons.

Valin, tome II, page 289.

2 février 1710. — Lettre du roi Louis XIV sur le jet des papiers à la mer.

Valin, tome II, page 268.

20 décembre 1710. — Arrêt qui défend de vendre des harengs frais, après le dernier décembre et jusqu'à la fin de septembre, à peine de confiscation des harengs et des voitures et de 500 francs d'amende contre les contrevenants, conformément à l'arrêt du 24 mars 1687.

Archives de la marine.

24 août 1712. — Ordonnance concernant la sûreté des bâtiments marchands en rade pendant la guerre.

Walker, tome II, page 71.

5 avril 1713. — Ordonnance qui défend aux Français de naviguer sous pavillon étranger.

Archives de la marine.

[1] Voir l'ordonnance du 12 mai 1836.

7 février 1716. — ORDONNANCE qui défend de pêcher des moules, huîtres et autres coquillages le long des quais, jetées et forts construits dans la mer.

Archives de la marine.

1er mars 1716. — RÈGLEMENT du Roi concernant les congés de navigation [1].

Valin, tome Ier, page 291.

27 mai 1716. — ORDONNANCE portant permission de recevoir maîtres et pilotes les navigateurs qui n'auraient pas fait les deux campagnes sur les vaisseaux de Sa Majesté [2].

Recueil d'édits, arrêts, etc. tome II, page 453.

12 janvier 1717. — RÈGLEMENT concernant les siéges d'amirautés que le Roi veut être établis dans tous les ports des îles et colonies françaises, en quelque partie du monde qu'elles soient situées.

Recueil d'édits, arrêts, etc. tome IV, page 42.

4 février 1717. — ORDONNANCE qui impose la peine des galères aux matelots et autres gens de mer, qui s'engageront dans les troupes de terre, sans avoir déclaré qu'ils sont enrôlés dans les classes.

Recueil d'édits, arrêts, etc. tome IV, page 151.

5 juin 1717. — ORDONNANCE prescrivant d'embarquer un chirurgien sur les bâtiments marchands qui auront vingt hommes d'équipage [3].

Valin, tome Ier, page 502. — *Recueil d'édits, arrêts, etc.* tome V, page 127.

[1] Voir la déclaration du 24 décembre 1726.

[2] Modification de l'article 11 du titre Ier du livre VIII de l'ordonnance d'avril 1689.

[3] Voir l'ordonnance du 4 août 1819.

6 août 1717. — Arrêt qui exempte et dispense de tout service personnel les invalides de la marine.

Archives de la marine. — *Index des ordonnances de la marine*, tome II, page 339.

25 juillet 1719. — Ordonnance enjoignant aux capitaines de prendre les matelots dégradés qui leur sont donnés par les consuls.

Valin, tome Ier, page 559. — *Index des ordonnances de la marine*, tome IV, page 549.

8 novembre 1719. — Lettre du conseil de marine sur l'ordre à observer pour les levées des mousses.

Index des ordonnances de la marine, tome II, page 58.

8 avril 1721. — Ordonnance qui défend aux capitaines des bâtiments marchands de tirer des coups de canon dans les rades des colonies sans nécessité.

Valin, tome Ier, page 446.

23 décembre 1721. — Ordonnance au sujet des matelots qui désertent dans les colonies [1].

Valin, tome Ier, page 537.

8 mars 1722. — Règlement ordonnant que tous les matelots embarqués sur les navires marchands seront compris dans le rôle d'équipage.

Valin, tome Ier, page 422.

25 mai 1722. — Déclaration du Roi sur l'article 13, titre IX, de l'ordonnance de 1681, qui autorise, en matière civile, les consuls de la nation française à l'étranger à rendre leurs sentences en y appelant deux députés ou principaux négociants de la

[1] Voir l'ordonnance du 13 mai 1738 et le règlement du 19 mai 1745.

nation, et ordonne que les jugements seront exécutés par provision, en donnant caution [1].

Valin, tome Ier, page 256.

31 août 1722. — Règlement sur ce qui doit être observé, au sujet du rôle d'équipage, par les maîtres et patrons de bateaux portant mâts, voiles et gouvernails, qui font la pêche du poisson frais.

Valin, tome Ier, page 517.

20 octobre 1723. — Ordonnance permettant aux capitaines, maîtres et patrons des bâtiments armés pour le commerce, d'employer, dans le nombre des matelots qui composeront leurs équipages, jusqu'à la concurrence du tiers, des matelots étrangers, à condition que les officiers mariniers seront Français.

Valin, tome Ier, page 564. — *Recueil d'édits, arrêts*, etc. tome XVII, page 381.

5 janvier 1724. — Lettre prescrivant de mettre douze mousses pour cent hommes, au lieu de huit.

Index des ordonnances de la marine, tome V, page 154.

17 janvier 1724. — Ordonnance portant établissement des commissaires aux classes.

Index des ordonnances de la marine, tome Ier, page 146.

Mai 1724. — Lettres patentes portant confirmation de la juridiction des prud'hommes pêcheurs de Toulon [2].

Walker, tome II, page 251.

12 décembre 1724. — Ordonnance portant que les matelots ne

[1] Voir l'édit de juin 1778, sur la juridiction consulaire.

[2] Cette juridiction a été créée par lettres patentes d'avril 1618, et confirmée par celles de septembre 1662. (*Walker*, tome II, page 251.)

Voir les lettres patentes du 19 octobre 1776 et l'arrêt du 10 avril 1778.

pourront, à l'avenir, être reçus maîtres pilotes et pilotes lamaneurs, qu'ils n'aient fait deux campagnes, de trois mois chacune, sur les vaisseaux de Sa Majesté.

Recueil d'édits, arrêts, etc., tome XIX, page 360.

6 mars 1725. — LETTRE sur l'enregistrement des mousses et sur la règle d'en embarquer un sur dix hommes, à bord des navires marchands.

Index des ordonnances de la marine, tome IV, page 101.

27 mars 1725. — ORDONNANCE qui impose la peine des galères aux matelots qui s'engageront dans les troupes de terre.

Valin, tome Ier, page 519. — *Recueil d'édits, arrêts*, etc., tome XX, page 113.

6 mai 1725. — LETTRE qui autorise, conformément à l'ordonnance de 1689, les commissaires des classes à examiner si les maîtres et pilotes ont été reçus suivant les règles des ordonnances.

Index des ordonnances de la marine, tome IV, page 99.

25 mai 1725. — LETTRE pour assujettir les capitaines des navires armés pour le Levant à embarquer, pour 10 piastres, les religieux qui vont en terre sainte.

Index des ordonnances de la marine, tome IV, page 101.

24 juillet 1725. — ARRÊT qui permet aux sujets de Sa Majeté de faire le commerce du hareng en vrac, comme avant l'arrêt du 14 septembre 1687, qui demeure nul et comme non avenu.

Archives de la marine.

15 août 1725. — RÈGLEMENT concernant la réception des maîtres ou patrons pilotes, et pilotes lamaneurs ou locmans.

Valin, tome Ier, page 376. — *Index des ordonnances de la marine*, tome II, page 190.

28 novembre 1725. — LETTRE portant que les jeunes gens de

famille qui naviguent seront enregistrés aux classes et soumis aux lois générales, à moins de dispense.

Index des ordonnances de la marine, tome IV, page 107.

23 avril 1726.—DÉCLARATION pour le rétablissement de la pêche du poisson de mer.

Valin, tome II, page 703.

21 mai 1726. — ARRÊT qui règle le temps et la manière de faire la coupe ou récolte des herbes de mer connues sous le nom de *varech* ou *vrarcq*, *sart* ou *goëmon* [1].

Archives de la marine.

2 septembre 1726. — DÉCLARATION qui défend la pêche du poisson appelé *blanche* ou *blacquet.*

Valin, tome II, page 747.

24 décembre 1726.—DÉCLARATION qui défend la pêche, le transport et la vente du poisson nommé *blanche* ou *blacquet*, et du frai de poisson de mer.

Pailliet, page 162. — *Valin*, Tome II, page 748.

24 décembre 1726.—DÉCLARATION au sujet des congés à délivrer pour les vaisseaux construits ou achetés en pays étranger [2].

Valin, tome Ier, page 297.

23 janvier 1727. — RÈGLEMENT sur la navigation au petit cabotage, et sur l'obligation de faire établir les matelots sur le rôle d'équipage [3].

Valin, tome Ier, page 510.

[1] Voir, sur la pêche du *varech*, l'ordonnance d'août 1681, livre IV, titre X; les déclarations des 30 mai 1731 et 30 octobre 1772; et l'arrêté du 18 thermidor an X.

[2] Voir le décret du 13 août 1791, relatif à la police de la navigation.

[3] Voir l'ordonnance du 18 octobre 1740.

18 mars 1727. — DÉCLARATION concernant les filets des hauts et bas parcs.

Valin, tome II, page 751.

16 août 1727. — DÉCLARATION du Roi, concernant la pêche de la sardine dans la province de Bretagne.

Walker, tome II, page 522. — *Pailliet*, page 171.

21 octobre 1727. — DÉCLARATION du Roi sur les congés de l'amiral, les rôles d'armement, la formation des équipages, et autres obligations imposées aux propriétaires, capitaines et patrons des navires marchands.

Index des ordonnances de la marine, tome Ier, page 319.

27 décembre 1727. — ORDONNANCE donnant pouvoir au conseil de guerre de juger les officiers mariniers et autres composant les équipages des bâtiments marchands qui auront déguisé leurs noms.

Archives de la marine. — *Index des ordonnances de la marine*, tome V, page 200.

10 mai 1728. — RÈGLEMENT concernant les classes, l'augmentation de paye, et la conduite à payer aux gens de mer.

Valin, tome Ier, page 713.

23 mai 1728. — ORDONNANCE permettant aux capitaines d'embarquer à l'étranger, pour passagers sur leurs navires, les étrangers qui y chargeront leurs marchandises.

Recueil d'édits, arrêts, etc. tome XXVII, page 226. — *Index des ordonnances de la marine*, tome Ier, page 333.

24 mai 1728. — ORDONNANCE servant de règlement pour les consulats de la nation française.

Walker, tome II, page 347. — *Pailliet*, page 181.

25 mai 1728. — ARRÊT du conseil portant règlement au sujet des contestations entre l'amirauté de France et les fermiers généraux, sur la compétence des matières de la contrebande du

commerce prohibé qui se fait, tant en mer et dans les ports, havres et rivages du royaume, qu'aux îles et colonies françaises de l'Amérique.

Archives de la marine.

17 août 1728. — LETTRE décidant que les mousses qui s'engagent pour soldats ne peuvent être réclamés.

Index des ordonnances de la marine, tome V, page 159.

23 août 1728. — DÉCLARATION concernant la pêche du poisson de mer en Languedoc.

Walker, tome II, page 356. — *Pailliet*, page 181.

30 août 1728. — ORDONNANCE établissant des commissaires aux classes, réglant leurs fonctions, leur rang et celui des commis principaux des classes et des écrivains principaux de la marine.

Recueil d'édits, arrêts, etc. tome XXVIII, page 142.

7 septembre 1728. — ORDONNANCE portant qu'il doit être embarqué des pilotins sur les vaisseaux de Sa Majesté.

Recueil d'édits, arrêts, etc. tome XXVIII, page 179. — *Index des ordonnances de la marine*, tome V, page 72.

18 décembre 1728. — DÉCLARATION concernant l'embarquement et le débarquement des matelots dans les ports du royaume et dans les ports étrangers, et les à-compte qui peuvent être donnés auxdits matelots [1].

Valin, tome Ier, page 714.

18 décembre 1728. — DÉCLARATION au sujet de la pêche des *moules*.

Valin, tome II, page 757.

[1] Voir l'ordonnance du 19 janvier 1734, concernant le payement des salaires des matelots; celle du 19 juillet 1742, qui étend les dispositions de la précédente aux navires désarmés dans les colonies; l'ordonnance du 1er novembre 1745, portant défense aux officiers de prêter pendant

26 janvier 1729. — ORDONNANCE concernant le désarmement des vaisseaux, qui doit être fait en entier par les équipages, et sur le congédiement des mousses et des valets, et la demi-solde des équipages.

Recueil d'édits, arrêts, etc. tome XIX, page 59. — *Index des ordonnances de la marine,* tome V, page 134.

26 novembre 1729. — DÉCLARATION du Roi concernant le commerce dans les échelles du Levant.

Annales maritimes de 1821, page 554.

20 décembre 1729. — DÉCLARATION qui permet l'usage du filet nommé *rets traversier* ou *chalut.*

Valin, tome II, page 708. — *Annales maritimes de 1829,* page 305.

10 janvier 1730. — ORDONNANCE autorisant l'embarquement des enfants des gens de mer comme mousses.

Recueil d'édits, arrêts, etc. tome XXXI, page 19. — *Valin,* tome Ier, page 388. — *Index des ordonnances de la marine,* tome II, page 223.

23 août 1730. — ORDONNANCE portant qu'il sera embarqué, sur tous les bâtiments qui armeront à Bordeaux, un matelot novice par chaque dix hommes de l'équipage desdits bâtiments.

Recueil d'édits, arrêts, etc. tome XXXII, page 93.

11 octobre 1730. — DÉCLARATION du Roi portant qu'il ne sera

le cours des voyages, aux matelots; et l'arrêté du 5 germinal an XII, concernant les frais de conduite à payer aux matelots congédiés dans des ports autres que ceux où les vaisseaux ont été armés.

Tous ces règlements sont restés en vigueur; ils contiennent des dispositions qui ont pour but de protéger le commerce maritime, en donnant aux matelots, pour le payement de leurs salaires, des assurances sans lesquelles ils manqueraient aux armateurs; et ils n'ont rien que de très-compatibles avec les articles 252 et suivants du code de commerce. (*Walker,* tome II, page 374.)

Voir, en outre, pour le rapatriement des marins, l'ordonnance du 12 mai 1836, et la note qui l'accompagne.

laissé aucun mousse dans les échelles du Levant ni en Barbarie.

Index des ordonnances de la marine, tome II, page 312.

30 mai 1731. — DÉCLARATION au sujet de la coupe du varech, sart ou gouêsmon[1].

Valin, tome II, page 680.

18 décembre 1731. — ORDONNANCE concernant la pêche avec le filet nommé *rets traversier* ou *chalut,* pratiquée dans la baie de Cancale.

Annales maritimes de 1829, page 305.

15 août 1732. — ORDONNANCE relative à l'embarquement des mousses sur les navires marchands.

Recueil d'édits, arrêts, etc. tome XXXVI, page 173. — *Valin,* tome Ier, page 389. — *Index des ordonnances de la marine,* tome II, page 368.

19 septembre 1732. — LETTRE sur le choix des mousses pour les vaisseaux du Roi, et prescrivant de prendre de préférence les enfants d'officiers mariniers et matelots.

Index des ordonnances de la marine, tome V, page 74.

31 décembre 1732. — ARRÊT qui ordonne que les gardes jurés ou syndics des pêcheurs du poisson de mer, établis dans les lieux maritimes des provinces de Flandre, pays conquis et reconquis, Boulonais, Picardie et Normandie, pourront être continués dans cet emploi aussi longtemps qu'il plaira à Sa Majesté.

Archives de la marine.

24 février 1733. — ARRÊT qui autorise les chasse-marées à acheter librement le poisson dont ils auront besoin pour la provision de Paris.

Archives de la marine.

12 janvier 1734. — ORDONNANCE concernant l'exemption des ca-

[1] Voir l'ordonnance de 1681, livre IV, titre X; la déclaration du 30 octobre 1772; et l'arrêté du 18 thermidor an X.

pitaines, maîtres ou patrons et pilotes, de l'ordre et de la discipline des classes.

Recueil d'édits, arrêts, etc. tome XXXIX, page 33. — *Valin*, tome Ier, page 522. — *Index des ordonnances de la marine*, tome III, page 105.

19 janvier 1734. — ARRÊT concernant l'embarquement et le débarquement des matelots dans les ports du royaume et dans les pays étrangers, les à-compte qui peuvent leur être donnés et le lieu du payement de leurs salaires au désarmement[1].

Recueil d'édits, arrêts, etc. tome XXXIX, page 43. — *Valin*, tome Ier, page 713. — *Index des ordonnances de la marine*, tome III, page 101.

23 février 1734. — LETTRE pour observer l'article de l'ordonnance de 1689 qui fait perdre l'exemption du service aux maîtres et patrons qui restent un an à terre.

Index des ordonnances de la marine, tome IV, page 119.

20 mars 1736. — LETTRE sur la remise au bureau des classes des salaires dus aux matelots déserteurs des bâtiments marchands.

Index des ordonnances de la marine, tome III, page 319.

24 avril 1736. — LETTRE décidant que les campagnes sur les vaisseaux du Roi, armés en course par les particuliers, ne tiendront pas lieu de celles que les navigateurs sont tenus de faire sur les vaisseaux du Roi pour passer capitaines ou patrons.

Index des ordonnances de la marine, tome II, page 374.

31 juillet 1736. — LETTRE portant que le payement de la solde due aux officiers mariniers et matelots, pour leur service sur les vaisseaux du Roi, sera fait par les officiers des classes des quartiers, qui dresseront aussi les états de service des marins.

Index des ordonnances de la marine, tome II, page 377.

11 août 1736. — ARRÊT concernant les *pêcheries exclusives appe-*

[1] Voir l'ordonnance du 19 juillet 1742.

lées parcs de clayonnage ou *bouchots*, situées sur les grèves de la baie de Cancale et sur celles du territoire de Dol, dans le ressort du port de Saint-Malo.

Walker, tome II, page 470. — *Pailliet*, page 220. — *Annales maritimes de 1829*, page 302.

23 juillet 1737. — ORDONNANCE qui défend aux gens de mer de l'équipage des navires destinés pour la pêche de la morue, d'embarquer des paillasses ni autres meubles où il y ait de la paille, foin ou herbes sèches.

Valin, tome II, page 792.

13 mai 1738. — ORDONNANCE qui confirme celle du 23 décembre 1721 concernant les matelots qui désertent dans les colonies [1].

Valin, tome Ier, page 538.

16 mai 1738. — ARRÊT portant confirmation de la juridiction des prud'hommes pêcheurs de la ville de Marseille [2].

Walker, tome III, page 41.

2 mai 1739. — ARRÊT concernant les parcs et pêcheries, écluses et bouchots.

Valin, tome II, page 760.

23 août 1739. — RÈGLEMENT du Roi pour la recherche des soldes et produits d'inventaires des gens de mer et passagers morts sans tester pendant leurs voyages.

Archives de la marine. — *Valin*, tome II, page 443.

13 octobre 1739. — LETTRE portant que les mousses doivent être levés par les officiers des classes.

Index des ordonnances de la marine, tome V, page 187.

22 décembre 1739. — ORDONNANCE prescrivant l'embarquement d'un novice par dix hommes.

Valin, tome Ier, page 523.

[1] Voir le règlement du 19 mai 1745.

[2] Voir l'arrêt du 9 novembre 1776.

18 octobre 1740. — ORDONNANCE sur la distinction des voyages de long cours, de ceux au petit cabotage, et sur les règles à observer à cet égard pour les congés, rôles, etc. [1].

Valin, tome Ier, page 379.

5 avril 1742. — LETTRE qui rend les capitaines de vaisseau responsables des équipages qui leur auront été distribués, et qui rend les officiers des classes aussi responsables des matelots qui ne se rendront pas à leur destination sur les vaisseaux, s'ils n'ont fait toutes leurs diligences pour les obliger d'obéir.

Index des ordonnances de la marine, tome II, page 380.

19 juillet 1742. — ORDONNANCE défendant aux capitaines des navires désarmés aux îles, de payer leurs équipages dans lesdites îles.

Valin, tome Ier, page 717.

13 juin 1743.—ORDONNANCE relative à la réception des capitaines, maîtres et patrons dans les colonies françaises de l'Amérique.

Recueil d'édits, arrêts, etc. tome LVII, page 239.

15 août 1743. — ORDONNANCE assujettissant à l'ordre des classes, tous les particuliers qui tendent des filets à la basse eau.

Recueil d'édits, arrêts, etc. tome LVIII, page 65.

27 décembre 1743. — LETTRE prescrivant de retrancher exactement la solde et la ration aux équipages absents à la revue des écrivains.

Index des ordonnances de la marine, tome 1er, page 255.

16 avril 1744. — ORDONNANCE qui suspend l'usage du filet nommé *rets traversier* ou *chalut*.

Valin, tome II, page 709.

20 mai 1744.— ARRÊT portant que, dans un voyage rompu à cause de la guerre, il n'est dû aux matelots que le salaire de leurs journées.

Valin, tome 1er, page 689.

[1] Voir l'arrêté du 14 ventôse an XI.

31 octobre 1744. — ORDONNANCE qui rétablit l'usage du filet nommé *rets traversier* ou *chalut.*

Valin, tome II, page 710.

4 février 1745. — LETTRE sur les matelots épileptiques, sur les précautions à prendre à leur égard, et sur d'autres maladies prétextées.

Index des ordonnances de la marine, tome III, page 276.

19 mai 1745. — RÈGLEMENT du Roi sur les mesures à prendre contre les marins qui désertent dans les colonies des navires de commerce armés en France.

Valin, tome Ier, page 539. — *Recueil d'édits, arrêts, etc.* tome LX, page 220.

25 mai 1745. — ORDONNANCE sur ce qui doit être observé par les capitaines, maîtres ou patrons des bâtiments marchands, lorsqu'ils trouveront des vaisseaux du Roi mouillés dans les rades et ports, soit du royaume, soit des pays étrangers.

Valin, tome Ier, page 438. — *Recueil d'édits, arrêts, etc.* tome LX, page 246.

23 juillet 1745. — ORDONNANCE réglant le nombre des novices qui doivent être embarqués sur les navires marchands[1].

Valin, tome Ier, page 523.

1er novembre 1745. — ORDONNANCE portant défense aux mariniers de se rien prêter en cours de voyage, et à tous les habitants des villes maritimes de former aucune action sur la solde des matelots, si ce n'est pour loyer de maison, subsistances ou hardes fournies du consentement des officiers des classes.

Valin, tome Ier, page 720. — *Nouveau code des prises*, tome Ier, page 505.

15 novembre 1745. — ORDONNANCE pour la discipline de la course sur les vaisseaux du Roi accordés aux particuliers.

Valin, tome II, page 234.

[1] Abrogée par l'ordonnance du 4 juillet 1784.

24 mars 1746. — LETTRE du Roi qui permet de commander un bâtiment en course sans avoir été reçu capitaine.

Valin, tome Ier, page 383.

21 avril 1746. — ORDONNANCE réglant le payement des équipages des navires en attendant le départ des convois.

Recueil d'édits, arrêts, etc. tome LXII, page 148. — *Valin*, tome Ier, page 696.

18 mai 1746. — ORDONNANCE qui réduit les équipages des bâtiments marchands armés pour l'Amérique, à la demi-solde, pendant le temps qu'ils sont détenus dans des rades pour attendre l'escorte des vaisseaux de guerre.

Recueil d'édits, arrêts, etc. tome LXII, page 227.

28 juillet 1746. — ORDONNANCE portant qu'aucun officier marinier et matelot ne peut être exempt du service des vaisseaux, en vertu de l'acquisition d'une charge de finances, à moins que le prix n'en soit de 500 livres et au-dessus, et à condition de renoncer à la profession de marin.

Recueil d'édits, arrêts, etc. tome LXIII, page 37. — *Valin*, tome Ier, page 526.

6 octobre 1746. — LETTRE prescrivant de classer matelots les mousses de seize ans.

Index des ordonnances de la marine, tome II, page 268.

1er novembre 1746. — ORDONNANCE portant fixation des avances qui doivent être payées aux officiers mariniers, matelots et autres gens de mer, engagés pour servir sur les navires armés en course.

Recueil d'édits, arrêts, etc. tome LXIII, page 218.

6 avril 1747. — LETTRE pour ne classer qu'à l'âge de dix-huit ans les fils de soldats qui ont servi comme mousses.

Index des ordonnances de la marine, tome II, page 384.

28 janvier 1748. — ORDONNANCE portant règlement au sujet des patentes de santé que les patrons et autres qui naviguent d'un

port à l'autre de Provence, Languedoc et Roussillon, doivent prendre, tant pour eux que pour les passagers qu'ils embarquent.

Annales maritimes de 1821, page 557.

9 juin 1749. — LETTRE pour former les équipages des vaisseaux du Roi, un tiers de bons matelots, un tiers de médiocres et un tiers de novices.

Index des ordonnances de la marine, tome II, page 315.

18 février 1750. — LETTRE qui recommande, à l'occasion d'une levée, de faire servir les matelots qui ont le moins navigué.

Index des ordonnances de la marine, tome V, page 193.

23 juillet 1751. — LETTRE sur les règles à observer dans le choix des mousses.

Index des ordonnances de la marine, tome III, page 338.

12 décembre 1752. — ORDONNANCE portant que les salaires des matelots déserteurs seront déposés au bureau des classes.

Valin, tome Ier, page 541.

22 juin 1753. — RÈGLEMENT pour la police et discipline des équipages des vaisseaux armés pour les colonies, leur embarquement et débarquement dans le royaume et les pays étrangers, la punition des déserteurs et libertins, celle des capitaines qui débauchent des équipages, le payement des salaires, etc.

Recueil d'édits, arrêts, etc. tome LXXV, page 523.

23 juillet 1756. — LETTRE réglant que les équipages des bâtiments armés en course seront au moins de cinquante hommes.

Index des ordonnances de la marine, tome V, page 224.

13 avril 1757. — ORDONNANCE portant que tout matelot engagé sur un navire doit être porté sur le rôle d'équipage.

Valin, tome Ier, page 423. — *Nouveau code des prises*, tome Ier, page 599.

11 juillet 1759. — RÈGLEMENT sur la police et discipline des équipages des navires expédiés pour les colonies d'Amérique.

Valin, tome Ier, page 542.

16 novembre 1759. — ORDONNANCE défendant aux marins de s'engager dans les troupes ou de prendre parti sur des bâtiments étrangers dans les colonies.

Valin, tome Ier, page 546.

12 décembre 1759. — ORDONNANCE concernant les novices à embarquer sur les vaisseaux du Roi.

Valin, tome Ier, page 525.

25 mars 1765. — ORDONNANCE concernant la marine.

. . . .

Livre X. — *Des levées des équipages, de leur solde et distribution sur les vaisseaux, etc.*

8 mars 1767. — ARRÊT qui supprime tout les droits d'entrée, à Paris, sur la morue sèche ou merluche.

Archives de la marine.

10 mai 1767. — ARRÊT qui fait défense à tous particuliers et habitants des villes maritimes, de former aucune action sur la solde des matelots, si ce n'est pour loyer de maison, subsistance ou hardes fournies du consentement des officiers des classes.

Recueil d'édits, arrêts, etc. tome CIII, page 213.

15 novembre 1767. — DÉCLARATION du Roi concernant les chirurgiens qui s'embarquent sur les navires marchands, et la visite du coffre de chirurgie[1].

Recueil d'édits, arrêts, etc. tome CIV, page 249. — *Archives de la marine.*

10 janvier 1770. — LETTRES PATENTES du Roi portant règlement des droits et salaires des officiers des amirautés.

Archives de la marine.

24 mars 1771. — ARRÊT portant défense de percevoir des droits

[1] Voir l'ordonnance du 4 août 1819.

de consulats et de boîte qui avaient lieu dans quelques amirautés.

Archives de la marine.

Juin 1771. — ÉDIT du Roi portant suppression du siége général de l'amirauté de Paris [1].

Recueil d'édits, arrêts, etc. tome CXI, page 447.

30 octobre 1772. — DÉCLARATION permettant à tous riverains des côtes maritimes de cueillir, ramasser et arracher le *varech* [2].

Walker, tome IV, page 249. — *Recueil d'édits, arrêts, etc.* tome CXIV, page 419.

Juillet 1775. — ÉDIT du Roi portant rétablissement de l'amirauté de France au siége général de la Table de marbre du Palais, à Paris, supprimé par l'édit du mois de juin 1771.

Recueil d'édits, arrêts, etc. tome CXX, page 9.

10 juillet 1776. — LETTRES PATENTES qui ordonnent que les maîtres et marchands qui arriveront dans un port, soit en relâche, soit pour faire le commerce de leurs cargaisons, et qui sauront la langue française, seront dispensés de se servir des interprètes-courtiers.

Recueil d'édits, arrêts, etc. tome CXXII, page 374.

27 septembre 1776. — ORDONNANCE portant établissement des commissaires et syndics des classes des gens de mer.

Recueil d'édits, arrêts, etc. tome CXXIII, page 180. — *Archives de la marine.* — *Walker,* tome IV, page 438.

19 octobre 1776. — LETTRES PATENTES portant nouvelle confirmation de la juridiction des prud'hommes pêcheurs de Toulon, et règlement pour cette juridiction [3].

Walker, tome IV, page 440.

[1] Voir l'édit de juillet 1775.

[2] Voir l'arrêté du 18 thermidor an x.

[3] Voir l'arrêt du 10 avril 1778.

9 novembre 1776. — ARRÊT portant règlement pour la communauté des patrons pêcheurs de la ville de Marseille [1].

Walker, tome IV, page 456.

21 mars 1778. — DÉCLARATION du Roi concernant les priviléges des gens de mer.

Recueil d'édits, arrêts, etc. tome CXXVI, page 249. — *Annales maritimes de 1836*, page 309.

10 avril 1778. — ARRÊT servant de règlement pour la communauté des patrons pêcheurs de Toulon.

Walker, tome V, page 1re.

Juin 1778. — ÉDIT portant règlement sur les fonctions judiciaires et de police des consuls de France dans les pays étrangers [2].

Walker, tome V, page 8. — *Pailliet*, page 554.

26 juillet 1778. — RÈGLEMENT du Roi, concernant la navigation des bâtiments neutres en temps de guerre [3].

Nouveau code des prises, tome II, page 58. — *Walker*, tome V, page 25.

4 octobre 1778. — ARRÊT portant règlement pour la communauté des patrons pêcheurs de Marseille [4].

Walker, tome V, page 32.

3 janvier 1779. — ORDONNANCE portant que le nombre des gens de mer sera augmenté de 11,500 hommes pris dans les paroisses situées sur le bord de la mer.

Recueil d'édits, arrêts, etc. tome CXXVIII, page 11.

20 juillet 1779. — DÉCLARATION permettant aux riverains de la

[1] Voir le règlement du 4 octobre 1778.

[2] Voir la loi du 28 mai 1836, modificative du présent édit en ce qui concerne les échelles du Levant.

[3] Voir les lois des 29 nivôse an VI et 23 frimaire an VIII, et l'arrêté du 29 du même mois.

[4] Voir le règlement du 20 mars 1786.

côte de Bretagne de faire la pêche de la sardine, et défendant de les inscrire, pour ce fait, sur les registres de la matricule des gens de mer.

17 août 1779. — DÉCLARATION du Roi concernant la navigabilité des bâtiments expédiés au grand et au petit cabotage et les assurances maritimes.

Walker, tome V, page 77. — *Pailliet*, page 580. — *Annales maritimes de 1836*, page 416.

12 juin 1780. — ORDONNANCE concernant le classement des bateliers et pêcheurs de la rivière de Loire et autres affluents.

21 septembre 1780. — ORDONNANCE concernant le classement, pour le service de la marine, des bateliers et pêcheurs des rivières des provinces méridionales.

Archives de la marine.

6 novembre 1780. — ARRÊT portant défense de capturer, en temps de guerre maritime, des bateaux pêcheurs ennemis.

Nouveau code des prises, tome II, page 271. — *Walker*, tome V, page 108.

24 décembre 1780. — TARIF pour la composition des équipages des navires du commerce destinés aux voyages de long cours.

Recueil d'ordonnances et de décisions sur la marine, tome Ier, page 1.

9 janvier 1781. — ORDONNANCE concernant les novices matelots volontaires.

Archives de la marine. — *Recueil d'ordonnances et de décisions sur la marine*, tome Ier, page 8.

3 mars 1781. — ORDONNANCE concernant les consulats, la résidence, le commerce et la navigation des sujets du Roi dans les échelles du Levant et de Barbarie[1].

Annales maritimes de 1821, page 333.

4 juillet 1782. — ORDONNANCE concernant la composition des équipages des navires marchands.

Archives de la marine.

[1] Voir les instructions du 1er octobre 1814.

10 mars 1784. — RÈGLEMENT concernant la réception des pilotes lamaneurs.

Annales maritimes de 1836, page 313.

4 juillet 1784. — ORDONNANCE concernant la composition des équipages des navires marchands.

Annales maritimes de 1836, page 318.

30 août 1784. — ARRÊT concernant le commerce étranger dans les îles françaises d'Amérique.

Walker, tome V, page 280. — *Pailliet*, page 655.

31 octobre 1784. — ORDONNANCE du Roi concernant les classes [1].

Annales maritimes de 1836, page 321.

13 février 1785. — RÈGLEMENT du Roi concernant les droits, salaires, vacations des officiers des amirautés et des experts, pour la visite des navires ordonnée par la déclaration du 17 août 1779.

Annales maritimes de 1836, page 421.

[1] ....

« L'ordonnance du 31 octobre 1784 vint régulariser encore, amélio- « rer et réglementer, avec un soin parfait, la législation des classes. Cette « ordonnance supprima la division des classes, voulut que la liste des « marins se composât de deux colonnes, l'une des garçons, l'autre des « gens mariés, établit que les gens classés serviraient successivement et « à tour de rôle, de façon à ce que les garçons fissent un tiers de plus « de service que les gens mariés. Elle créa plusieurs exemptions, pres- « crivit la revue chaque année des marins classés, et l'affiche des rôles « de chaque syndicat; elle régla la conduite des gens de mer se rendant « de leurs quartiers dans les ports, les pensions et soldes des invalides, « les à-compte à payer aux familles des marins, les peines de la déser- « tion, le classement, la police des gens classés, et traça toutes les règles « d'administration nécessaires pour arriver à un heureux résultat. Les « lois nouvelles sont empruntées, pour la plus grande partie, à cette belle « ordonnance. » (*Beaussant*, tome Ier, page 30.)

18 septembre 1785. — ARRÊT qui accorde des primes d'encouragement aux négociants français qui transporteront des morues sèches de pêche nationale dans les îles du vent et sous le vent ainsi que dans les ports de l'Europe, tels que ceux d'Italie, d'Espagne et de Portugal.

Recueil d'arrêts, d'édits, etc. tome VII.

25 septembre 1785. — ARRÊT portant à 5 livres par quintal la taxe imposée sur la morue de pêche étrangère qui sera importée aux îles de l'Amérique du vent et sous le vent.

Recueil d'arrêts, d'édits, etc. tome VII.

1er janvier 1786. — RÈGLEMENT concernant les écoles d'hydrographie et la réception des capitaines, maîtres ou patrons.

Annales maritimes de 1836, page 384.

1er janvier 1786. — RÈGLEMENT sur l'ordre, la police et la discipline des casernes des matelots.

Annales maritimes de 1836, page 394.

4 février 1786. — LETTRES concernant les hardes des gens de mer.

Recueil d'ordonnances et de décisions sur la marine, tome III, page 242.

20 mars 1786. — ARRÊT portant règlement sur les pêcheurs français et étrangers de Marseille[1].

Walker, tome V, page 407.

4 août 1786. — INSTRUCTION concernant les formalités à remplir tant par les gens de mer que par leurs familles, pour obtenir le payement de ce qui peut leur être dû par Sa Majesté.

Recueil d'ordonnances et de décisions sur la marine, tome IV, page 43.

5 décembre 1786. — RÈGLEMENT concernant les salaires dus aux matelots, ouvriers, journaliers et autres personnes employées

[1] Voir le décret du 12 décembre 1790.

au service des ports, lesquelles se trouvent absentes lorsque les payements sont ouverts [1].

Recueil d'ordonnances et de décisions sur la marine, tome IV, page 235. — *Walker*, tome V, page 432. — *Pailliet*, page 710.

27 mars 1787. — Instruction sur les ordres qui seront donnés pour les levées des gens de mer et ouvriers nécessaires pour le service du Roi.

Recueil d'ordonnances et de décisions sur la marine, tome V, page 67.

20 juillet 1787. — Règlement pour la pêche des huîtres dans la baie de Cancale.

Walker, tome V, page 469. — *Pailliet*, page 727.

1er juin 1790. — Décret concernant la levée des matelots.

Recueil des lois de la marine, tome Ier, page 61.

11 juillet 1790. — Décret relatif au service des officiers de la marine marchande, à bord des vaisseaux de l'État.

Journal militaire de 1790, page 171. — *Recueil des lois de la marine*, tome Ier, page 80.

15 août 1790. — Décret concernant les réclamations que pourraient avoir à faire les gens de mer, relativement aux comptes de solde et de part de prises.

Recueil des lois de la marine, tome Ier, page 105. — *Journal militaire de 1790*, page 193. — *Nouveau code des prises*, tome III, page 12.

24 août 1790. — Loi sur l'organisation judiciaire.

....

Titre XII. — *Des juges en matière de commerce.* — Articles 1 et 2 portant qu'il sera établi, pour connaître de toutes les affaires de commerce tant de terre que de mer, sans distinction, un tribunal de commerce dans les villes où cet établissement sera jugé nécessaire [2].

Recueil des lois de la marine, tome Ier page 113.

[1] Voir le règlement du 17 juillet 1816.

[2] Voir les décrets des 11 septembre 1790 et 7 janvier 1791.

11 septembre 1790. — Décret additionnel à celui du 24 août 1790, sur l'organisation judiciaire.

. . . .

Article 8, relatif aux mesures à prendre par suite de l'attribution aux tribunaux de commerce de tout le contentieux des transactions précédemment du ressort des amirautés. — Article 11, maintenant provisoirement les tribunaux de l'amirauté et de prévoté de la marine[1].

Recueil des lois de la marine, tome Ier, page 151.

12 décembre 1790. — Décret relatif aux pêcheurs des différents ports du royaume, et notamment à ceux de la ville de Marseille.

Recueil des lois de la marine, tome Ier, page 204.

7 janvier 1791. — Décret portant établissement des tribunaux de commerce dans les villes maritimes où il existait des amirautés.

Recueil des lois de la marine, tome Ier, page 215.

7 janvier 1791. — Décret sur les classes des gens de mer.

Recueil des lois de la marine, tome Ier, page 219.

11 février 1791. — Décret concernant les matelots ou autres gens de mer, qui, au désarmement des vaisseaux, voyageront pour retourner dans leurs quartiers.

Recueil des lois de la marine, tome Ier, page 263. — *Journal militaire de 1791*, page 169.

10 avril 1791. — Décret concernant la pêche de la morue et du hareng, et le commerce de ces denrées.

Recueil des lois de la marine, tome Ier, page 373.

15 avril 1791. — Décret relatif à la pêche dans les provinces du Languedoc et du Roussillon.

Recueil des lois de la marine, tome Ier, page 390.

[1] Voir le décret du 13 août 1791, portant suppression de ces tribunaux.

20 avril 1791. — Décret qui établit une juridiction de prud'hommes pêcheurs pour les communautés des patrons pêcheurs dits *de la pêche à la tartane* et *de l'art menu*, lesquelles n'en formeront qu'une à l'avenir, qui sera régie par les statuts de la communauté des pêcheurs de Marseille.

Recueil des lois de la marine, tome Ier, page 394.

1er mai 1791. — Décret concernant le corps de la marine.

. . . .

Articles 22 et suivants, relatifs à la paye des pilotes.

Recueil des lois de la marine, tome II, page 1.

15 mai 1791. — Décret relatif à l'organisation de la marine.

. . . .

Articles 1er à 13. — *Officiers mariniers et marins.*

Recueil des lois de la marine, tome Ier, page 419.

6 juillet 1791. — Décret relatif à la marine (*des maîtres pilotes non entretenus, pilotes, volontaires*).

Recueil des lois de la marine, tome II, page 127.

17 juillet 1791. — Décret relatif aux armements des vaisseaux destinés pour le commerce des îles et colonies françaises.

Recueil des lois de la marine, tome II, page 130.

10 août 1791. — Décret relatif aux écoles de la marine.

. . . .

Titre V. — *Examen pour être fait maître au petit cabotage, pilote côtier, pilote lamaneur ou locman* [1].

Recueil des lois de la marine, tome II, page 188.

13 août 1791. — Décret relatif à la police de la navigation et des ports de commerce.

. . . .

Titre V. — Article 1er. . . . . Les tribunaux d'amirauté. . . . . demeurent supprimés.

Recueil des lois de la marine, tome II, page 260.

[1] Voir le titre *Écoles spéciales*.

22 août 1791. — DÉCRET concernant l'exécution du nouveau tarif des droits d'entrée et de sortie, dans les relations du royaume avec l'étranger.

Recueil des lois de la marine, tome II, page 209.

15 janvier 1792. — DÉCRET relatif à la forme de congé indiquée par le décret du 13 août 1791 sur la police de la navigation et des ports de commerce[1].

Recueil des lois de la marine, tome II, page 374.

27 mai 1792. — DÉCRET relatif à la pêche de la baleine et du cachalot dans les mers du Nord et du Sud.

Recueil des lois de la marine, tome II, page 451.

27 mai 1792. — DÉCRET relatif à la police des ports, à la perception des droits de navigation et à la nouvelle forme des passe-ports qui doivent être délivrés aux capitaines des navires étrangers.

Recueil des lois de la marine, tome II, page 448.

25 juillet 1792. — DÉCRET relatif aux quartiers des classes et aux officiers d'administration qui doivent y être établis.

Recueil des lois de la marine, tome III, page 39.

15 août 1792. — DÉCRET sur les pilotes lamaneurs [2].

Recueil des lois de la marine, tome III, page 10. — *Code de l'inscription maritime*, tome III, page 20.

3 mars 1793. — DÉCRET relatif aux citoyens non classés qui se livrent, pendant la guerre, à la navigation intérieure des rivières et des canaux.

Recueil des lois de la marine, tome III, page 340. — *Code de l'inscription maritime*, tome Ier, page 37. — *Journal militaire de 1793*, page 220.

2 septembre 1793. — DÉCRET fixant les délais accordés aux gens

[1] Voir le décret du 21 septembre 1793.

[2] Voir le décret du 12 décembre 1806.

de mer, pour se pourvoir en cassation des jugements rendus contre eux, en dernier ressort, pendant leur absence.

Recueil des lois de la marine, tome IV, page 53. — *Journal militaire de 1793,* page 862.

21 septembre 1793. — Acte de navigation [1].

Recueil des lois de la marine, tome IV, page 121.

21 septembre 1793. — Décret relatif à la réquisition des gens de mer et ouvriers classés pour le service des vaisseaux, ports et arsenaux de la République.

Recueil des lois de la marine, tome IV, page 106. — *Code de l'inscription maritime,* tome Ier, page 38.

21 septembre 1793. — Décret relatif aux congés des bâtiments sous pavillon français.

Recueil des lois de la marine, tome IV, page 109.

2 octobre 1793. — Décret portant que les engagements relatifs à la pêche ne peuvent excéder le terme d'une année.

Recueil des lois de la marine, tome IV, page 151.

4 octobre 1793. — Décret mettant en réquisition les flotteurs et ouvriers employés à la fabrication et à la conduite des trains de bois de construction et autres, propres au service de la marine.

Recueil des lois de la marine, tome IV, page 152. — *Journal militaire de l'an II,* page 42.

15 vendémiaire an II (6 octobre 1793). — Décret qui déclare libre la pêche du hareng et du maquereau, pour tous les ports de la République [2].

Recueil des lois de la marine, tome IV, page 159.

[1] Voir le décret du 27 vendémiaire an II.

[2] Disposition reproduite par l'arrêté du 13 pluviôse an XI, et par le décret du 8 octobre 1810. — Voir les ordonnances des 14 août 1816 et 4 janvier 1822.

27 vendémiaire an II (18 octobre 1793). — DÉCRET contenant des dispositions relatives à l'acte de navigation[1].

Bulletin des lois; lois et actes du Gouvernement, tome VII, page 477. — *Recueil des lois de la marine*, tome IV, page 183.

12 nivôse an II (1er janvier 1794). — DÉCRET qui détermine la manière de calculer le tonnage des bâtiments[2].

Recueil des lois de la marine, tome IV, page 272.

16 nivôse an II (5 janvier 1794). — DÉCRET sur le rétablissement de la discipline militaire à bord des vaisseaux de la République.

Recueil des lois de la marine, tome IV, page 279. — *Journal militaire de l'an II*, page 401.

16 pluviôse an II (4 février 1794). — DÉCRET sur la formation des novices dans la marine.

Recueil des lois de la marine, tome IV, page 326. — *Journal militaire de l'an II*, page 452.

16 pluviôse an II (4 février 1794). — DÉCRET qui établit un ins-

[1] « Le navire, dans sa navigation, est obligé de payer, en France et à « l'étranger, un assez grand nombre de taxes indépendantes de celles qui « frappent les marchandises. Avant la révolution, elles étaient en France « très-nombreuses et très-variées. Il y avait alors des droits de fret, an- « crage, feux, tonnes, balises, signaux, lestage et délestage, pontage, « traversage et autres de cette nature. La loi du 27 vendémiaire an II a « aboli toutes ces taxes, et y a substitué un système nouveau et uniforme, « fondé sur la capacité des navires ou sur le nombre de tonneaux qu'ils « contiennent; ce qui a fait donner à cette taxe le nom de *droit de ton- « nage*. Cette même loi a créé aussi, pour frais d'expédition, d'entrée et « de sortie, un autre droit également uniforme et déterminé d'après le « même principe. » *(Extrait d'un travail inédit de feu M. Sanson, commissaire général de la marine.)*

Voir, pour les actes antérieurs, l'ordonnance de 1681; le règlement du 1er mars 1716; la déclaration du 24 décembre 1726, et les décrets des 13 août 1791, 15 janvier 1792 et 21 septembre 1793.

[2] Voir l'ordonnance du 8 août 1821 et la circulaire du 10 janvier 1828.

tituteur à bord des vaisseaux de l'État de 20 canons et au-dessus[1].

Journal militaire de l'an II, page 450. — *Recueil des lois de la marine*, tome IV, page 330.

24 pluviôse an II (12 février 1794). — DÉCRET relatif aux secours accordés aux familles des marins employés sur les bâtiments de commerce frétés au nom de la République.

Recueil des lois de la marine, tome IV, page 354.

4 germinal an II (24 mars 1794). — DÉCRET relatif au commerce maritime et aux douanes de la République.

. . . .

Titre III. — *Déclarations, visites, payement des droits.*

Recueil des lois de la marine, tome IV, page 379.

18 floréal an II (7 mai 1794). — LOI portant qu'une instruction théorique et pratique pour les marins sera envoyée aux armées navales et dans les ports.

Journal militaire de l'an II, page 773.

14 prairial an II (2 juin 1794). — ARRÊTÉ concernant la réquisition des gens de mer et ouvriers classés.

Code de l'inscription maritime, tome Ier, page 42. — *Journal militaire de l'an II*, page 747.

16 messidor an II (4 juillet 1794). — DÉCRET déclarant commune aux marins, la loi qui accorde 650 livres aux défenseurs de la patrie qui ont perdu un de leurs membres.

Recueil des lois de la marine, tome IV, page 493.

16 messidor an II (4 juillet 1794). — DÉCISION portant que les capitaines des bâtiments du commerce que la guerre, ou d'autres circonstances, font désarmer dans un port étranger doivent fournir à la dépense du renvoi de leurs équipages[2].

22 fructidor an II (8 septembre 1794). — ARRÊTÉ qui met en réquisition tous les mariniers *non classés* de la Loire et des canaux y affluant.

Recueil des lois de la marine, tome V, page 34.

[1] Voir la loi du 18 floréal an II.

[2] Voir les instructions des 1er octobre 1814 et 31 août 1848.

12 vendémiaire an III (3 octobre 1794). — ARRÊTÉ concernant l'état à dresser des mariniers non classés et des ouvriers nécessaires à la navigation intérieure.

Journal militaire de l'an III, page 146.

6 brumaire an III (27 octobre 1794). — DÉCRET désignant les places auxquelles les anciens marins et les anciens ouvriers des ports sont admissibles.

Recueil des lois de la marine, tome V, page 69. — *Journal militaire de l'an III*, page 155.

11 frimaire an III (1er décembre 1794). — ARRÊTÉ prescrivant les mesures à prendre pour arrêter la désertion des mariniers classés de la Loire.

Recueil des lois de la marine, tome V, page 102. — *Journal militaire de l'an III*, page 206.

27 frimaire an III (17 décembre 1794). — ARRÊTÉ concernant le classement des citoyens habitués à la pêche dans les quartiers des classes.

Journal militaire de l'an III, page 364. — *Recueil des lois de la marine*, tome V, page 116.

6 nivôse an III (26 décembre 1794). — DÉCRET augmentant les salaires des pilotes lamaneurs de la Seine.

Recueil des lois de la marine, tome V, page 121. — *Journal militaire de l'an III*, page 360.

18 nivôse an III (7 janvier 1795). — ARRÊTÉ concernant les citoyens inscrits sur les registres des classes de la marine.

Recueil des lois de la marine, tome V, page 140. — *Journal militaire de l'an III*, page 577.

3 floréal an III (22 avril 1795). — ARRÊTÉ contenant des mesures pour faire rejoindre les marins fuyards et déserteurs[1].

Recueil des lois de la marine, tome V, page 266. — *Code de l'inscription maritime*, tome Ier, page 46.

[1] Voir plus particulièrement, en ce qui concerne la désertion, le titre *Justice maritime*.

28 floréal an III (17 mai 1795). — ARRÊTÉ qui exempte du service à bord des vaisseaux les ramasseurs de *goëmon* ou *varech*.

Recueil des lois de la marine, tome V, page 297.

25 prairial an III (13 juin 1795). — ARRÊTÉ concernant l'enrôlement des marins étrangers.

Journal militaire de l'an III, page 1070. — *Recueil des lois de la marine* tome V, page 337.

23 messidor an III (11 juillet 1795). — ARRÊTÉ concernant les indemnités dues aux marins dans le cas de naufrage ou de prise.

Recueil des lois de la marine, tome V, page 396.

7 thermidor an III (25 juillet 1795). — ARRÊTÉ relatif aux marins et ouvriers, classés ou non classés, employés au service de la République.

Recueil des lois de la marine, tome V, page 377. — *Code de l'inscription maritime*, tome Ier, page 56.— *Journal militaire de l'an III*, page 1089.

3 brumaire an IV (25 octobre 1795). — LOI concernant l'inscription maritime[1].

Recueil des lois de la marine, tome VI, page 49. — *Code de l'inscription maritime*, tome Ier, page 1. — *Journal militaire de l'an IV*, page 161.

3 brumaire an IV (25 octobre 1795). — DÉCRET concernant la

[1] Malgré les modifications qu'elle a subies, la loi du 3 brumaire an IV est encore aujourd'hui la loi fondamentale de l'inscription.

Aux termes de cette loi, tout citoyen qui commence à naviguer ne peut s'embarquer, ni être employé sur les rôles d'équipage d'un bâtiment de l'État ou du commerce, que sous la dénomination de *mousse* depuis l'âge de dix ans jusqu'à quinze ans accomplis, et sous celle de *novice* au-dessus de ce dernier âge. (Article 3.)

Après avoir fait deux voyages au long cours, la navigation pendant dix-huit mois, la petite pêche pendant deux ans, ou bien avoir servi pendant deux ans en qualité d'apprenti marin, tout citoyen devient inscrit maritime, soit qu'il déclare continuer la navigation ou la pêche,

réception des capitaines des bâtiments du commerce, maîtres au petit cabotage, pilotes côtiers et pilotes lamaneurs.

Recueil des lois de la marine, tome VI, page 58. — *Journal militaire de l'an IV*, page 157. — *Code de l'inscription maritime*, tome III, page 25.

oit qu'il continue la profession de marin, sans se faire inscrire au bureau de son quartier. (Articles 5 et 6.)

Tout marin inscrit est tenu de servir sur les bâtiments et dans les arsenaux toutes les fois qu'il en est requis. (Article 10.)

Dans chaque quartier maritime les marins sont distribués en quatre classes :

La première comprend les célibataires;

La seconde, les veufs sans enfants;

La troisième, les hommes mariés sans enfants;

La quatrième, les pères de famille.

Et ces classes ne sont mises en réquisition, dans l'ordre de leurs numéros, qu'au fur et à mesure de l'épuisement de chacune d'elles. (Articles 15 et 16.)

Tout marin âgé de cinquante ans est exempt de la réquisition pour le service, sans néanmoins perdre la faculté de continuer la pêche ou la navigation, même sur les bâtiments de l'État. (Article 24.)

Sauf les cas de guerre, tout marin, quel que soit son âge, qui veut renoncer à la navigation et à la pêche, est rayé de l'inscription maritime un an après avoir fait sa déclaration au bureau des classes. (Article 25.)

D'autres articles de la loi (27 à 36) traitent des avantages attachés à l'état des marins inscrits, soit par le libre exercice de leur profession sur les navires marchands ou bâteaux de pêche, soit par l'obtention de pensions ou de secours pour eux et leurs familles, soit enfin par les bénéfices résultant des prises faites sur l'ennemi.

La même loi du 3 brumaire assimile aux marins inscrits, pour les charges et les bénéfices de l'inscription, les charpentiers de navire, perceurs, calfats, voiliers, poulieurs, tonneliers, cordiers et scieurs de long, exerçant leur profession dans les ports et lieux maritimes. (Articles 44 à 46.)

Cette dernière disposition de la loi du 3 brumaire a été modifiée par le décret du 19 mars 1808, lequel a prescrit que les charpentiers de vaisseau, les perceurs, les calfats et les voiliers seraient seuls susceptibles d'être compris dans l'inscription maritime.

7 ventôse an IV (26 février 1796). — ARRÊTÉ sur le classement et la levée. — L'ordonnance du 31 octobre 1784 est applicable aux ouvriers comme aux marins.

21 ventôse an IV (11 mars 1796). — ARRÊTÉ contenant un règlement pour l'exécution de la loi du 3 brumaire an IV, sur l'inscription maritime. — État des quartiers de l'inscription maritime.

Recueil des lois de la marine, tome VI, page 268. — *Code de l'inscription maritime*, tome Ier, page 14. — *Journal militaire de l'an IV*, page 497.

22 ventôse an IV (12 mars 1796). — DÉCISION du ministre des finances, portant que la franchise doit être accordée à un navire français qui naviguerait sous pavillon neutre.

24 fructidor an IV (10 septembre 1796). — ARRÊTÉ concernant les gens de mer et ouvriers requis pour les armées navales et qui cherchent à se soustraire au service.

Recueil des lois de la marine, tome VI, page 427. — *Code de l'inscription maritime*, tome Ier, page 59. — *Journal militaire de l'an IV*, page 929.

9 frimaire an V (29 novembre 1796). — ARRÊTÉ qui détermine la manière dont seront acquittés les frets et surestaries résultant de l'arrestation des bâtiments neutres.

Journal militaire de l'an V, page 196. — *Recueil des lois de la marine*, tome VII, page 17.

12 ventôse an V (2 mars 1797). — ARRÊTÉ concernant la navigation des navires neutres chargés de marchandises appartenant aux ennemis de la République et le jugement des contestations sur la validité des prises maritimes [1].

Recueil des lois de la marine, tome VII, page 193.

30 ventôse an V (20 mars 1797). — ARRÊTÉ relatif aux enfants âgés de 12 ans qui prendront le service de mer.

Recueil des lois de la marine, tome VII, page 228.

[1] Voir l'arrêté du 28 ventôse an VII (18 mars 1799).

24 messidor an v (12 juillet 1797). (*Intérieur.*) — Circulaire concernant les passe-ports des matelots.

Recueil des lois de la marine, tome VII, page 424.

29 nivôse an vi (18 janvier 1798). — Loi concernant la navigation des bâtiments du commerce en temps de guerre.

Recueil des lois de la marine, tome VIII, page 242.

6 pluviôse an vi (25 janvier 1798). — Circulaire concernant la visite en mer des bâtiments et bateaux de pêche.

Code de l'inscription maritime, tome II, page 11.

22 pluviôse an vi (10 février 1798). — Circulaire concernant les maîtres de bateaux pêcheurs.

Code de l'inscription maritime, tome II, page 12.

4 germinal an vi (24 mars 1798). (*Guerre.*) — Circulaire concernant les marins voyageant dans l'intérieur sans passe-port.

Code de l'inscription maritime, tome 1er, page 82.

25 floréal an vi (14 mai 1798). (*Guerre.*) — Circulaire relative aux marins voyageant dans l'intérieur avec des passe-ports des administrations municipales.

Code de l'inscription maritime, tome 1er, page 84.

7 messidor an vi (25 juin 1798). — Arrêté établissant l'inscription maritime dans les départements réunis.

Recueil des lois de la marine, tome VIII, page 502. — *Code de l'inscription maritime*, tome 1er, page 88.

29 messidor an vi (17 juillet 1798). — Circulaire relative aux signalements des marins et ouvriers sur les passe-ports, permis et congés qui leur sont délivrés.

Code de l'inscription maritime, tome III, page 54.

14 fructidor an vi (31 août 1798). — Circulaire contenant des mesures pour arrêter la désertion des marins.

Code de l'inscription maritime, tome 1er, page 89.

27 pluviôse an VII (15 février 1799). — DÉCRET concernant le service et l'emploi des officiers mariniers embarqués en excédant du nombre déterminé par le tarif du 3 brumaire an IV.

Recueil des lois de la marine, tome IX, page 162. — *Journal militaire de l'an VII*, page 511.

28 ventôse an VII (18 mars 1799). — ARRÊTÉ en interprétation de celui du 12 ventôse an V (2 mars 1797) concernant la navigation des bâtiments neutres.

Recueil des lois de la marine, tome IX, page 196.

11 messidor an VII (29 juin 1799). — INSTRUCTION concernant les dispenses ou l'admission au service de la marine.

Code de l'inscription maritime, tome 1er, page 112.

18 messidor an VII (6 juillet 1799). — LOI relative aux déserteurs de l'armée de mer.

Recueil des lois de la marine, tome IX, page 256. — *Code de l'inscription maritime*, tome 1er, page 123. — *Journal militaire* de l'an VII, page 603.

25 thermidor an VII (12 août 1799). — CIRCULAIRE rappelant les dispositions des lois qui défendent aux corps administratifs de s'immiscer dans tout ce qui est relatif aux opérations maritimes[1].

Recueil des lois de la marine, tome IX, page 289. — *Code de l'inscription maritime*, tome 1er, page 133.

23 frimaire an VIII (14 décembre 1799). — LOI qui abroge l'article premier de celle du 29 nivôse an VI (18 janvier 1798), relative à la course maritime.

Recueil des lois de la marine, tome IX, page 492.

29 frimaire an VIII (20 décembre 1799). — ARRÊTÉ qui remet

[1] Lois et arrêtés des 26 janvier et 20 juillet 1793, 15 brumaire an II, 3 floréal an III et 24 fructidor an IV.

en vigueur le règlement du 26 juillet 1778 concernant la navigation des bâtiments neutres.

Recueil des lois de la marine, tome IX, page 497.

1er nivôse an VIII (22 décembre 1799). — CIRCULAIRE concernant les maîtres au petit cabotage qui cherchent à se soustraire aux levées pour le service des vaisseaux de l'État.

Code de l'inscription maritime, tome II, page 42.

19 nivôse an VIII (9 janvier 1800). — CIRCULAIRE contenant des mesures pour la délivrance des congés ou permis aux marins.

Code de l'inscription maritime, tome II, page 52.

7 floréal an VIII (27 avril 1800). — RÈGLEMENT sur l'organisation de la marine. — État des arrondissements, quartiers et syndicats de l'inscription maritime.

Recueil des lois de la marine, tome X, page 235. — *Code de l'inscription maritime*, tome II, page 162. — *Journal militaire de l'an VIII*, page 939.

8 floréal an VIII (28 avril 1800). — CIRCULAIRE concernant les congés sollicités par les réquisitionnaires et conscrits qui ont opté pour le service de la marine.

Recueil des lois de la marine, tome X, page 222. — *Code de l'inscription maritime*, tome II, page 74.

7 thermidor an VIII (26 juillet 1800). — ARRÊTÉ portant règlement sur l'organisation et le service général de la marine.... Section 7. *Inscription maritime*.

Code de l'inscription maritime, tome II, page 88. — *Recueil des lois de la marine*, tome X, page 290.

26 thermidor an VIII (14 août 1800). (*Intérieur.*) — CIRCULAIRE concernant les autorités administratives qui s'immiscent dans les opérations maritimes.

Code de l'inscription maritime, tome II, page 92. — *Recueil des lois de la marine*, tome X, page 327.

7 fructidor an VIII (25 août 1800). — CIRCULAIRE concernant les

autorités administratives qui s'immiscent dans les opérations maritimes.

Code de l'inscription maritime, tome II, page 104. — *Recueil des lois de la marine*, tome X, page 350.

14 fructidor an VIII (1er septembre 1800). — ARRÊTÉ assujettissant à l'*inscription maritime* les marins étrangers, résidant en France, qui ont épousé une femme française, et navigué sur les bâtiments du commerce.

Code de l'inscription maritime, tome II, page 106. — *Journal militaire de l'an VIII*, page 867. — *Recueil des lois de la marine*, tome X, page 358.

7 vendémiaire an IX (29 septembre 1800). — ARRÊTÉ déterminant dans quel cas les maîtres ou patrons de bateaux sont exempts de servir sur les vaisseaux de l'État.

Code de l'inscription maritime, tome II, page 123. — *Journal militaire de l'an IX*, page 29. — *Recueil des lois de la marine*, tome X, page 497.

15 frimaire an IX (6 décembre 1800). — CIRCULAIRE interdisant le passage des marins à Paris.

Code de l'inscription maritime, tome II, page 150.

29 pluviôse an IX (18 février 1801). — ARRÊTÉ sur les frais de route et vacations alloués dans le département de la marine.

. . . .

Articles 9 à 13, relatifs aux frais de conduite et port de hardes des officiers mariniers et marins.

Recueil des lois de la marine, tome XI, page 316. — *Code de l'inscription maritime*, tome III, page 60.

15 ventôse an IX (6 mars 1801.) — ARRÊTÉ portant que les syndics des gens de mer ne peuvent être poursuivis ni détenus à l'occasion de l'exercice de leurs fonctions, sans l'autorisation du conseil d'État.

Recueil des lois de la marine, tome XI, page 343. — *Code de l'inscription maritime*, tome III, page 75.

9 germinal an IX (30 mars 1801). — ARRÊTÉ relatif aux permis-

sions de caler des madragues pour la pêche des thons, et touchant la police de ces établissements.

Recueil des lois de la marine, tome XI, page 370.

19 germinal an IX (9 avril 1801). — LETTRE du ministre de la marine au ministre de l'intérieur, concernant les enfants abandonnés, élevés dans les hospices et proposés pour le service de la marine.

Code de l'inscription maritime, tome III, page 80.

23 germinal an IX (13 avril 1801). — LETTRE du ministre de la marine au préfet du département de la Seine, concernant les marins qui contractent mariage.

Code de l'inscription maritime, tome III, page 81.

13 floréal an IX (3 mai 1801). — DÉCISION portant qu'il ne sera plus payé d'indemnité pour pertes d'effets en cas de naufrage ou de prises, sans un ordre particulier du Gouvernement.

25 prairial an IX (14 juin 1801). — DÉPÊCHE concernant les réceptions de capitaines, maîtres au petit cabotage et pilotes lamaneurs.

Code de l'inscription maritime, tome II, page 84.

5 messidor an IX (24 juin 1801). — CIRCULAIRE concernant les individus qui pratiquaient la pêche ou la navigation, sans être assujettis à l'inscription maritime.

Code de l'inscription maritime, tome III, page 100. — *Recueil des lois de la marine*, tome XI, page 410.

5 thermidor an IX (24 juillet 1801). — CIRCULAIRE concernant les marins blessés ou morts dans les combats.

Recueil des lois de la marine, tome XI, page 430.

3 fructidor an IX (21 août 1801). — ARRÊTÉ accordant un supplément de traitement aux préposés à l'inscription maritime et aux syndics des marins.

Recueil des lois de la marine, tome XI, page 475.

27 fructidor an IX (14 septembre 1801). — ARRÊTÉ défendant de payer à Paris la solde des marins.

Code de l'inscription maritime, tome III, page 148. —*Recueil des lois de la marine*, tome XI, p. 502.

3e jour complémentaire an IX (20 septembre 1801).—CIRCULAIRE portant que les marins qui ont servi provisoirement comme enseignes non entretenus, rentrent dans l'inscription maritime.

Code de l'inscription maritime, tome III, page 149.—*Recueil des lois de la marine*, tome XI, p. 503.

29 vendémiaire an X (21 octobre 1801). — CIRCULAIRE sur les moyens d'améliorer et de restaurer l'inscription maritime.

Code de l'inscription maritime, tome III, page 156.

3 brumaire an X (25 octobre 1801). — CIRCULAIRE concernant les secours à accorder aux marins et aux militaires provenant des prisons d'Angleterre.

Code de l'inscription maritime, tome III, page 157. —*Recueil des lois de la marine*, tome XII, page 32.

9 nivôse an X (30 décembre 1801). — ARRÊTÉ relatif à la prime accordée pour la pêche de la baleine et du cachalot.

Recueil des lois de la marine, tome XII, page 134. — *Bulletin des lois*, 3e série, n° 145, page 10.

3 pluviôse an X (23 janvier 1802). — CIRCULAIRE relative aux cautionnements à fournir par les bâtiments neutralisés.

Recueil des lois de la marine, tome XII, page 141.

17 ventôse an X (8 mars 1802). — ARRÊTÉ relatif aux primes accordées pour l'encouragement de la pêche de la morue [1].

Recueil des lois de la marine, tome XII, page 151.

13 floréal an X (3 mai 1802).— CIRCULAIRE concernant la validité de l'opposition d'un créancier à l'embarquement de son débiteur.

Recueil des lois de la marine, tome XII, page 222.

[1] Voir l'arrêté du 17 prairial an X.

14 floréal an x (4 mai 1802). — Loi relative aux contributions indirectes de l'an xi.

. . . .

Titre V. — *Administration forestière.* — *De la pêche* [1].

Recueil des lois de la marine, tome XII, page 223.

30 floréal an x (20 mai 1802). — Loi relative à l'établissement d'un droit de navigation intérieure.

Recueil des lois de la marine, tome XII, page 261.

17 prairial an x (6 juin 1802). — Arrêté additionnel à celui du 17 ventôse an x, sur la pêche de la *morue*.

Recueil des lois de la marine, tome XII, page 294.

17 prairial an x (6 juin 1802). — Arrêté interprétatif de celui du 9 nivôse an x, concernant les primes accordées pour l'encouragement de la pêche de la *baleine*.

Recueil des lois de la marine, tome XII, page 294.

27 prairial an x (16 juin 1802). — Arrêté relatif aux places de passagers dans les navires expédiés pour les îles et colonies françaises [2].

Recueil des lois de la marine, tome XII, page 298.

11 thermidor an x (30 juillet 1802). — Arrêté concernant l'admission aux examens prescrits pour être reçu maître au petit cabotage.

Recueil des lois de la marine, tome XII, page 407. — *Journal militaire de l'an x*, page 881. — *Bulletin des lois*, 3e série, n° 207, page 553.

18 thermidor an x (6 août 1802). — Arrêté concernant la pêche en *goëmon et varech*. Les préfets pourront déterminer, par des règlements conformes aux lois, tout ce qui est relatif à cette pêche.

Recueil des lois de la marine, tome XII, page 409. — *Bulletin des lois*, 3e série, n° 207, page 556.

[1] Voir l'arrêté du 17 nivôse an xii.

[2] Voir la circulaire du 8 novembre 1816.

25 thermidor an x (13 août 1802). — ARRÊTÉ portant que les marins employés pour le service des douanes ne pourront être requis pour aucun autre service.

Recueil des lois de la marine, tome XII, page 430.

13 pluviôse an xi (2 février 1803). — ARRÊTÉ qui accorde une prime pour la pêche du hareng d'automne.

Recueil des lois de la marine, tome XIII, page 145.

15 pluviôse an xi (4 février 1803). — ARRÊTÉ concernant la police de la pêche de la morue à l'île de Terre-Neuve.

Recueil des lois de la marine, tome XIII, page 155.

7 ventôse an xi (26 février 1803). — ARRÊTÉ relatif à l'enregistrement et à la levée des officiers de la marine.

Recueil des lois de la marine, tome XIII, page 216. — *Journal militaire de l'an xi*, page 348.

14 ventôse an xi (5 mars 1803). — ARRÊTÉ relatif aux concessions des *grèves* ou *graves* dans les îles Saint-Pierre et Miquelon [1].

Recueil des lois de la marine, tome XIII, page 228.

14 ventôse an xi (5 mars 1803). — ARRÊTÉ relatif à la navigation dite du petit cabotage, et qui en fixe les limites [2].

Recueil des lois de la marine, tome XIII, page 223.

21 ventôse an xi (12 mars 1803). — LOI qui prohibe la pêche dite *pêche aux bœufs* ou *à la drége*, et la *pêche au ganguy*.

Recueil des lois de la marine, tome XIII, page 242.

8 floréal an xi (28 avril 1803). — LOI relative aux douanes.

. . . .

Titre VIII. — 1re section. — *Du cabotage.*

Bulletin des lois, 3e série, n° 276, page 251.

[1] Voir l'ordonnance du 12 mai 1819.

[2] Voir l'ordonnance du 12 février 1815.

2 prairial an XI (22 mai 1803). — ARRÊTÉ contenant règlement sur les armements en course.

Recueil des lois de la marine, tome XIII, page 362.

8 prairial an XI (28 mai 1803). — ARRÊTÉ relatif à la navigation intérieure de la France.

Bulletin des lois, 3e série, n° 285, page 489.

18 fructidor an XI (5 septembre 1803). — ARRÊTÉ accordant, pour la durée de la guerre, une indemnité aux préposés de l'inscription maritime et aux syndics des marins.

Recueil des lois de la marine, tome XIII, page 500. — *Journal militaire de l'an XI*, page 368.

19 fructidor an XI (6 septembre 1803). (*Intérieur.*) — CIRCULAIRE relative à l'inscription maritime.

Recueil des circulaires du ministre de l'intérieur, tome V, page 255.

1er vendémiaire an XII (24 septembre 1803). ARRÊTÉ relatif au classement des marins des départements réunis.

Recueil des lois de la marine, tome XIV, page 1.

17 nivôse an XII (8 janvier 1804). — ARRÊTÉ relatif à la pêche sur les fleuves et rivières navigables [1].

Recueil des lois de la marine, tome XIV, page 99.

22 ventôse an XII (13 mars 1804). — DÉPÊCHE portant que, dans aucun cas, le trésorier des invalides, ou caissier des gens de mer, ne peut remplacer le commissaire de l'inscription maritime.

5 germinal an XII (26 mars 1804). — ARRÊTÉ relatif à la conduite accordée aux gens de mer naviguant pour le commerce. — Rapatriement des marins.

Recueil des lois de la marine, tome XIV, page 156. — *Journal militaire de l'an XII*, page 48.

[1] Voir la loi du 15 avril 1829.

26 floréal an XII (16 mai 1804). — ARRÊTÉ relatif aux marins étrangers qui seront congédiés de leurs navires.

Recueil des lois de la marine, tome XIV, page 190.

2 messidor an XII (21 juin 1804). — DÉCRET relatif aux marins employés sur les pataches et embarcations attachées au douanes.

Recueil des lois de la marine, tome XIV, page 253.

9 frimaire an XIII (30 novembre 1804). (*Personnel.*) — CIRCULAIRE portant que tout officier marinier ou matelot, condamné à une peine afflictive, sera réduit à la basse paye de matelot[1].

22 pluviôse an XIII (11 février 1805). — CIRCULAIRE relative à la navigation des bateaux sur les rivières et canaux situés dans l'étendue des quartiers assujettis à l'inscription maritime[2].

Recueil des lois de la marine, tome XV, page 61.

25 octobre 1806. — DÉCRET portant que les capitaines commandants des navires ou barques, faisant le petit cabotage ou la pêche, ne sont pas assujettis au droit de patente.

Recueil des lois de la marine, tome XVI, page 119.

5 décembre 1806. — CIRCULAIRE relative à l'inscription maritime.

Journal militaire de 1806, page 359.

12 décembre 1806. — DÉCRET contenant règlement sur le service du pilotage[3].

Bulletin des lois, 4e série, n° 129, page 629. — *Recueil des lois de la marine*, tome XVI, page 137.

[1] Voir, pour l'embarquement sur les vaisseaux du Roi, à la plus basse paye de leur grade, des marins déserteurs des navires du commerce, le titre XVIII de l'ordonnance de 1784 et l'article 55 du décret du 22 août 1790.

[2] Voir la circulaire du 23 octobre 1848.

[3] Les règlements et tarifs de pilotage pour les différents arrondisse-

15 décembre 1806. — Circulaire relative à la conscription militaire et à l'inscription maritime.

Recueil des lois de la marine, tome XVI, page 152.

10 mars 1807. — Décret concernant les officiers de port du commerce.

Recueil des lois de la marine, tome XVII, page 4.

15 septembre 1807. — Loi portant que les dispositions du Code de commerce ne seront exécutées qu'à compter du 1er janvier 1808[1].

Bulletin des lois, 4e Série, n° 164, page 283.

16 septembre 1807. — Loi relative à la concession des relais de mer, alluvions des fleuves navigables et autres objets dépendant du domaine public[2].

27 octobre 1807. — Décision concernant les exemptions de droit, accordées aux gens de mer, pour les expéditions d'actes de l'état civil[3].

ments maritimes, rendus en exécution des décrets des 15 août 1792 e 12 décembre 1806, ont été renouvelés tous les cinq ans, depuis 1817 Les dernières ordonnances rendues à ce sujet sont celles des :

19 mars 1843,	pour le 5e arrondissement;	
5 mai 1843,	3e	*idem.*
4 juin 1843,	1er	*idem.*
23 novembre 1844,	4e	*idem.*
13 mai 1846,	2e	*idem.*

Voir, à chacune de ces ordonnances, l'indication des modifications de détail survenues depuis leur publication, pour chaque arrondissement maritime.

[1] Voir, pour le texte du code de commerce, les ordonnances des 30 août 1816 et 31 janvier 1841.

[2] Voir l'ordonnance du 23 septembre 1825.

[3] Voir la circulaire du 28 août 1829.

19 mars 1808. — Décret portant que les charpentiers de vaisseau, perceurs, calfats et voiliers, seront seuls susceptibles d'être compris dans l'inscription maritime.

Recueil des lois de la marine, tome XVIII, page 37.

11 avril 1808. — Circulaire du ministre de la guerre, déterminant quels sont les individus qui devront être considérés comme bien et dûment classés.

Recueil des lois de la marine, tome XVIII, page 98.

7 juin 1808. — Lettre du ministre de la marine déterminant dans quelle classe de marins doivent être pris les contre-maîtres.

Recueil des lois de la marine, tome XVIII, page 152.

27 février 1809. — État des arrondissements, quartiers, syndicats et communes de l'inscription maritime [1].

1 volume in-8°, Paris, de l'Imprimerie impériale.

17 mai 1809. — Décret portant que la connaissance des ventes des navires saisis appartient aux tribunaux ordinaires.

Annales maritimes de 1809-1815, tome Ier, page 49.

10 août 1809. — Décret concernant l'application à la marine des dispositions de l'article 7 du décret du 17 mars 1809, relatif à la solde des prisonniers de guerre.

Annales maritimes de 1809-1815, tome Ier, page 72.

20 septembre 1809. — Instruction du ministre directeur de l'administration de la guerre, sur le gîte et geôlage des marins détenus.

Journal militaire de 1809, page 321.

5 juillet 1810. — Circulaire prescrivant de ne donner à la douane

[1] Voir l'ordonnance du 5 août 1826, supprimant les *quartiers* dits *de l'intérieur;* les décisions ministérielles des 12 septembre 1842 et 1er avril 1843. — Voir aussi le nouvel état publié au mois de septembre 1846.

qu'une communication instantanée des rôles d'équipages, et une copie certifiée conforme.

Annales maritimes de 1809-1815, tome Ier, page 107.

8 octobre 1810. — DÉCRET concernant la pêche du hareng et du maquereau sur la côte comprise entre Calais et Barfleur, ainsi que la salaison et la vente de ces poissons.

Annales maritimes de 1809-1815, tome Ier, page 132. — *Bulletin des lois*, 4e série, n° 319, page 297.

13 décembre 1810. — SÉNATUS-CONSULTE réservant les cantons littoraux de trente départements, pour la conscription du service de mer, et ordonnant la levée de 40,000 conscrits pour la marine.

Annales maritimes de 1809-1815, tome Ier, page 144.

19 janvier 1811. — DÉCRET mettant les enfants trouvés à l'âge de 12 ans à la disposition du ministre de la marine.

12 avril 1811. — DÉCRET concernant les bâtiments armés en course ou lettres de marque, à bord desquels il serait trouvé des déserteurs des bâtiments de guerre, etc. [1].

Bulletin des lois, 4e série, n° 362, page 339.

4 novembre 1811. (*Personnel.*) — CIRCULAIRE portant que les marins condamnés à la dégradation civique seront licenciés du service.

21 janvier 1812. — DÉCRET sur la police de la pêche de la Loire.

Annales maritimes de 1809-1815, tome Ier, page 184.

24 janvier 1812. — DÉCRET soumettant à la conscription les marins et ouvriers appartenant à l'inscription maritime [2].

Annales maritimes de 1809-1815, tome Ier, page 192.

[1] Voir, plus particulièrement, en ce qui concerne la désertion, le titre *Justice maritime*.

[2] Disposition révoquée par la loi du 10 mars 1818, sur le recrutement de l'armée.

25 avril 1812. — DÉCRET concernant les pêches de la morue, du hareng et du poisson frais, dans les arrondissements maritimes de Hollande et d'Anvers.

Bulletin des lois, 4e série, n° 435, page 373. — *Journal militaire de l'an XII*, 1re série, page 174.

4 février 1814. — DÉCRET portant qu'il ne sera plus établi de garnisaires chez les parents des marins déserteurs, sans un ordre spécial du ministre.

Annales maritimes de 1809-1815, tome Ier, page 292.

27 juin 1814. — ORDONNANCE relative au doublement des droits sur le poisson de mer provenant de pêche étrangère.

Annales maritimes de 1809-1815, tome II, page 73.

9 juillet 1814. — CIRCULAIRE recommandant aux administrateurs des ports d'envoyer, tous les ans, un mémoire sur l'état du commerce et des classes maritimes.

Annales maritimes de 1809-1815, tome II, page 116.

1er octobre 1814. (*Ports.*) — INSTRUCTIONS sur les principales dispositions législatives et réglementaires relatives au service de la marine, dont l'exécution concerne les consuls[1].

3 décembre 1814. — CIRCULAIRE sur les rapports des capitaines des bâtiments du commerce avec les consuls en pays étranger.

Annales maritimes de 1809-1815, tome II, page 161.

12 février 1815. — ORDONNANCE étendant à l'est et à l'ouest, dans la Méditerranée, les limites du petit cabotage[2].

Annales maritimes de 1809-1815, tome II, page 171.

[1] Voir le règlement du Roi du 17 juillet 1816, la circulaire du 21 septembre 1821, et les instructions des 31 août 1848 et 31 mars 1849.

[2] Voir l'ordonnance du 31 août 1848.

13 février 1815. — ORDONNANCE et règlement sur la police de la pêche de la morue à l'île de Terre-Neuve [1].

Annales maritimes de 1816, pages 130 et 132.

24 février 1815. — ORDONNANCE portant que les navires étrangers, destinés pour l'étranger, ne seront assujettis, en cas de relâche forcée dans un port français de la Méditerranée, qu'aux droits ordinaires de navigation.

Annales maritimes de 1809-1815, tome II, page 198.

9 décembre 1815. — ORDONNANCE rétablissant l'emploi d'inspecteur général des classes, créé par l'ordonnance du 31 octobre 1784.

Annales maritimes de 1816, page 43.

8 février 1816. — ORDONNANCE relative aux primes pour la pêche de la morue [2].

Annales maritimes de 1816, page 118.

8 février 1816. — ORDONNANCE relative aux primes pour la pêche de la baleine [3].

Annales maritimes de 1816, page 144.

11 mars 1816. — ARRÊTÉ sur la police et discipline des gens de mer employés pour le commerce, et sur la subordination des marins de l'équipage envers leur capitaine et autres officiers.

Annales maritimes de 1816, page 171.

19 mars 1816. — CIRCULAIRE sur l'exemption de plusieurs droits accordée aux bâtiments destinés pour la pêche de la morue.

Annales maritimes de 1816, page 177.

31 mars 1816. (*Personnel.*) — CIRCULAIRE portant que les

[1] Voir l'ordonnance du 21 novembre 1821, et la dépêche du 30 du même mois.

[2] Voir l'ordonnance du 21 octobre 1818.

[3] Voir l'ordonnance du 14 février 1819.

commissaires des classes ne doivent pas envoyer de marins à Paris [1].

24 juin 1816. (*Personnel.*) — CIRCULAIRE relative au renouvellement des matricules des quartiers de l'inscription maritime.

2 juillet 1816. — DÉPÊCHE sur l'acquittement des droits consulaires dans les pays étrangers.

Annales maritimes de 1816, page 308.

17 juillet 1816. — RÈGLEMENT du Roi portant instruction sur l'administration et la comptabilité de l'établissement des invalides de la marine [2].

Annales maritimes de 1816, page 311.

22 juillet 1816. (*Personnel.*) — CIRCULAIRES relatives à l'inscription des marins qui se livrent à la navigation intérieure.

24 juillet 1816. — RÈGLEMENT du Roi sur la pêche des huîtres et du poisson frais dans les baies de Granville et de Cancale.

Annales maritimes, page 361.

14 août 1816. — ORDONNANCE portant règlement sur la pêche du hareng et du maquereau.

Annales maritimes de 1816, page 389.

30 août 1816. — ORDONNANCE contenant la nouvelle édition du Code de commerce [3].

Bulletin des lois, 7e série, n° 111 *bis*.

30 octobre 1816. — ORDONNANCE relative aux quantités de sel

[1] Défense renouvelée le 13 avril 1837 et le 26 octobre 1848.

[2] Ce règlement fait suite à l'ordonnance du 22 mai 1816, qui, conformément aux dispositions de l'édit de 1720 et de la loi du 13 mai 1791, rétablit la caisse des invalides sur les bases de son institution, et la replace dans les attributions exclusives du ministre de la marine.

[3] Voir l'ordonnance du 31 janvier 1841, contenant une nouvelle édi-

allouées en franchise pour la salaison des différentes espèces de poisson provenant des pêches françaises.

Annales maritimes de 1816, page 506.

8 novembre 1816. — Circulaire relative aux passagers à la ration, sur les bâtiments du commerce.

Annales maritimes de 1816, page 512.

16 novembre 1816. — Dépêche relative à l'embarquement de marins étrangers sur les navires français.

Annales maritimes de 1816, page 515.

1816. — Instructions aux consuls, pour les guider dans leurs rapports administratifs avec le département de la marine.

Annales maritimes de 1816, page 465.

11 janvier 1817. (*Personnel.*) — Dépêche portant que les marins déserteurs des bâtiments employés hors de France sont justiciables des conseils de guerre maritimes permanents établis par l'ordonnance du 22 mai 1816 [1].

13 janvier 1817. — Loi relative aux moyens de constater le sort des militaires et marins absents.

Annales maritimes de 1817, page 90.

15 mars 1817. — Circulaire relative à l'observation des lois et règlements sur les passe-ports et les embarquements.

Annales maritimes de 1817, page 132.

12 mai 1817. (*Ports.*) — Circulaire portant que les frais de nourriture et de passage sur les bâtiments du commerce des marins renvoyés en France, seront payés à raison de 80 centimes, au lieu de 50 centimes [2].

tion du code de commerce, tenant compte des modifications introduites par les lois des 19 mars 1817, 31 mars 1833, 28 mai 1838 et 3 mars 1840.

[1] Voir *Justice maritime.*

[2] Voir les ordonnances des 29 octobre 1833 (art. 36), et 12 mai 1836.

3 juin 1817. — Circulaire relative à la tenue des rôles d'équipages des bâtiments du commerce.

Annales maritimes de 1817, page 241.

27 juin 1817. — Dépêche relative aux armes de guerre à délivrer aux armateurs du commerce.

Annales maritimes de 1817, page 262.

18 août 1817. — Circulaire relative à l'exportation des armes de guerre pour le commerce.

Annales maritimes de 1817, page 309.

25 octobre 1817. (*Intérieur.*) — Circulaire sur les fonctions des courtiers interprètes conducteurs de navires[1].

Annales maritimes de 1817, page 458.

28 octobre 1817. — Circulaire sur les permis d'absence délivrés aux gens de mer par les commissaires de l'inscription.

4 novembre 1817. (*Personnel.*) — Circulaire concernant la désertion des marins français en pays étrangers.

17 novembre 1817. — Dépêche portant que les navires faisant le cabotage ne sont soumis qu'à une seule visite par an, sauf l'existence notoire d'avaries majeures, survenues avant l'expiration de ce terme.

19 novembre 1817. — Circulaire concernant les gens de mer et ouvriers qui renoncent aux professions maritimes.

3 décembre 1817. — Règlement sur les pavillons des navires du commerce.

Annales maritimes de 1817, page 477.

9 janvier 1818. — Ordonnance fixant le prix des passages aux frais de l'État sur les bâtiments du commerce[2].

Annales maritimes de 1818, page 109.

[1] Voir la circulaire du 17 février 1819.

[2] Abrogée par ordonnance du 22 juillet 1837.

10 mars 1818. — Loi sur le recrutement de l'armée[1].

....

Article 15. Dispensant des appels les jeunes marins et les ouvriers portés sur les registres matricules de l'inscription maritime, conformément aux prescriptions de la loi du 3 brumaire an IV.

Annales maritimes de 1818, page 136.

13 mai 1818. — ORDONNANCE sur l'emploi des filets de pêche dits *rets traversiers* ou *chaluts*, et *petits chaluts à la chevrette*.

Annales maritimes de 1818, page 207.

18 mai 1818. — CIRCULAIRE sur les inconvénients des passe-ports délivrés aux marins par les autorités civiles.

1er juin 1818. (*Ports.*) — DÉPÊCHE portant que, si, lors de l'embarquement des passagers, le commissaire des armements reconnaît des irrégularités, ou conçoit des soupçons contre eux, il doit à l'instant faire des communications à la police et au préfet du département.

21 octobre 1818. — ORDONNANCE relative aux primes d'encouragement pour la pêche de la morue[2].

Annales maritimes de 1818, page 498.

21 octobre 1818. — AVIS officiel faisant connaître comment, aux termes des règlements, sera payé le produit des liquidations de l'arriéré faites en faveur des gens de mer.

Annales maritimes de 1818, page 484.

1er décembre 1818. (*Ports.*) — CIRCULAIRE sur les formalités à remplir par les armateurs qui vendent des navires à l'étranger.

Annales maritimes de 1820, page 488.

29 janvier 1819. (*Fonds.*) — CIRCULAIRE contenant les disposi-

[1] Loi modifiée dans quelques parties par celle du 9 juin 1824. — Voir, en outre, la loi du 21 mars 1832.

[2] Voir l'ordonnance du 4 octobre 1820.

tions à prendre pour assurer le recouvrement des sommes payées par les consuls pour le compte des armateurs et marins naviguant pour le commerce, et dont le montant ne doit pas rester à la charge de l'État.

14 février 1819. — ORDONNANCE relative aux primes d'encouragement pour la pêche de la baleine et du cachalot [1].

Annales maritimes de 1819, page 101.

17 février 1819. (*Intérieur.*) — CIRCULAIRE relative aux attributions des courtiers conducteurs des navires.

Annales maritimes de 1819, page 120.

11 mai 1819. (*Ports.*) — CIRCULAIRE portant que les navires français, vendus en France à des étrangers, seront munis de congés dans la forme ordinaire.

12 mai 1819. — ORDONNANCE concernant les concessions et ventes de grèves ou graves faites dans les îles Saint-Pierre et Miquelon [2].

Hautefeuille, *Code de la pêche maritime*, page 570.

3 août 1819. — CIRCULAIRE portant que l'on doit toujours indiquer, sur les rôles d'équipages des navires du commerce, le quartier d'inscription des navires et celui des marins.

4 août 1819. — ORDONNANCE concernant les chirurgiens embarqués sur les navires du commerce et la visite des coffres de médicaments et des caisses d'instruments de chirurgie dont ces navires doivent être pourvus [3].

Annales maritimes de 1819, page 330.

27 août 1819. (*Ports.*) — CIRCULAIRE faisant envoi de l'ordonnance du 4 du même mois, concernant les chirurgiens des

[1] Voir les ordonnances des 11 décembre 1821 et 5 février 1823.

[2] Voir l'ordonnance du 26 juillet 1833.

[3] Voir la dépêche du 2 mai 1844.

navires du commerce, les coffres de médicaments et les caisses d'instruments de chirurgie dont ces navires doivent être pourvus.

Annales maritimes de 1819, page 345.

30 novembre 1819. — Circulaire concernant les frais de conduite et de rapatriement des marins des navires du commerce naufragés, et les frais de recherche, geôlage, etc., faits contre les marins des mêmes bâtiments en général.

Annales maritimes de 1835, page 7.

11 février 1820. — Ordonnance portant autorisation, conformément aux statuts y annexés, d'une compagnie royale d'assurances maritimes.

Annales maritimes de 1820, page 224.

25 avril 1820. (*Ports.*) — Circulaire sur la rédaction des ordres d'embarquement délivrés pour le renvoi en France des marins disgraciés. — L'indemnité de 80 centimes par jour est payée, *sans acception de grade*, pour tout marin, renvoyé en France, sur un navire du commerce[1].

Annales maritimes de 1820, page 485.

4 octobre 1820. — Ordonnance additionnelle à celle du 21 octobre 1818, relative aux primes d'encouragement pour la pêche de la morue[2].

Annales maritimes de 1820, page 449.

10 octobre 1820. (*Ports.*) — Circulaire portant que les consuls ne doivent point percevoir le droit de sortie sur les navires français vendus à l'étranger.

Annales maritimes de 1820, page 491.

27 octobre 1820. (*Douanes.*) — Circulaire relative à l'augmen-

[1] Voir l'ordonnance du 12 mai 1836.

[2] Voir l'ordonnance du 20 février 1822.

tation de la prime accordée aux armements de la pêche de la morue au banc de Terre-Neuve.

Annales maritimes de 1821, page 174.

23 juin 1821. (*Personnel.*) — Circulaire portant que les mousses doivent être payés comme novices et les novices comme matelots de 3e classe, depuis le moment où ils ont rempli les conditions prescrites pour être portés au grade supérieur.

1er août 1821. — Ordonnance relative aux primes d'encouragement pour la pêche de la morue [1]. (Cette ordonnance n'a pas été publiée.)

8 août 1821. — Ordonnance concernant le mode de mesurage des bâtiments à vapeur pour la perception des droits [2].

Annales maritimes de 1821, page 414.

21 septembre 1821. (*Fonds.*) — Circulaire relative au service des consuls, comme suppléant les administrateurs de la marine [3].

Annales maritimes de 1821, page 508.

27 septembre 1821. — Ordonnance qui prescrit les mesures à suivre pour préserver le sol français de la contagion.

Annales maritimes de 1821, page 539.

29 septembre 1821. — Instruction pour l'exécution de l'ordonnance du 27 septembre, concernant les mesures sanitaires à prendre contre l'introduction de la fièvre jaune.

Annales maritimes de 1821, page 562.

21 novembre 1821. — Ordonnance portant règlement sur la police de la pêche de la morue à l'île de Terre-Neuve [4].

Annales maritimes de 1821, page 600.

[1] Voir l'ordonnance du 20 février 1822.

[2] Voir la circulaire du 10 janvier 1828.

[3] Voir les instructions des 31 août 1848 et 31 mars 1849.

[4] Voir l'ordonnance du 24 avril 1842.

30 novembre 1821. — DÉPÊCHE contenant des modifications apportées au règlement du 13 février 1815, sur la police de la pêche de la morue à l'île de Terre-Neuve.

Annales maritimes de 1822, page 205.

11 décembre 1821. — ORDONNANCE qui proroge l'exécution des dispositions des articles 3, 4 et 10 de l'ordonnance du 14 février 1819, relative à la pêche de la baleine et du cachalot.

Annales maritimes de 1822, page 174.

31 décembre 1821. — ARRÊTÉ de la cour de cassation portant que le propriétaire du navire est obligé de rembourser au prêteur les sommes empruntées par le capitaine, lors même que celui-ci fait l'emprunt sans l'autorisation du juge ou agent consulaire.

Annales maritimes de 1822, page 179.

4 janvier 1822. — ORDONNANCE portant que la pêche du hareng reste libre et non limitée pour tous les ports du royaume.

Annales maritimes de 1822, page 184.

19 janvier 1822. — CIRCULAIRE portant que les individus qui pêchent avec des filets, sans embarcations, doivent être soumis au régime de l'inscription maritime.

20 février 1822. — ORDONNANCE qui modifie celles des 21 octobre 1818, 4 octobre 1820 et 1er août 1821, relatives aux primes d'encouragement pour la pêche de la morue [1].

Annales maritimes de 1822, page 309.

3 mars 1822. — LOI relative à la police sanitaire [2].

Annales maritimes de 1822, page 319.

[1] Voir l'ordonnance du 24 février 1825.

[2] Voir les ordonnances des 7 août 1822, 19 juillet 1832 et 13 novembre 1839; la circulaire du 17 juin 1843 et l'ordonnance du 20 mai 1845. — Voir, pour les actes antérieurs, qui sont fort anciens et très-nombreux, les explications données par Walker (tome Ier, page 456) et par Pailliet (page 708). Parmi ces derniers actes, on doit particulière-

7 août 1822. — ORDONNANCE qui, en exécution de la loi du 3 mars 1822, détermine les mesures relatives au régime et à la police sanitaire.

Annales maritimes de 1822, page 478.

14 décembre 1822. (*Personnel.*) — CIRCULAIRE relative aux dispositions applicables aux célibataires qui doivent être considérés comme chefs de famille.

8 janvier 1823. — DÉCISION royale pour l'encouragement de la pêche de la baleine.

Annales maritimes de 1823, page 260.

5 février 1823. — ORDONNANCE additionnelle à celle du 14 février 1819, relative à la pêche de la baleine et du cachalot[1].

Annales maritimes de 1823, page 286.

2 avril 1823. — Ordonnance relative à la police de la navigation des bateaux à vapeur[2].

Annales maritimes de 1823, page 342.

7 mai 1823. — DÉCISION du Roi qui remet en vigueur quelques-unes des dispositions de la loi du mois d'octobre 1795 (3 brumaire an IV), relatives à l'avancement des gens de mer.

Annales maritimes de 1823, page 367.

30 août 1823. (*Personnel.*) — CIRCULAIRE concernant les délégations de traitement des gens de mer[3].

ment consulter le règlement du 16 août 1683, la déclaration du 26 novembre 1729, l'ordonnance du 28 janvier 1748, l'édit de septembre 1778, et l'ordonnance du 27 août 1786.

[1] Voir l'ordonnance du 24 février 1825.

[2] Les dispositions prescrites par le présent acte ont été complétées par les ordonnances des 29 octobre 1823, 7 et 25 mai 1828 et 23 mai 1843, également insérées aux *Annales maritimes*.

[3] Voir la circulaire du 15 janvier 1830.

23 octobre 1824. — CIRCULAIRE contenant des explications sur le service des consuls, notamment sur le rapatriement des marins, et déterminant le rang dans lequel devront être payées les créances privilégiées[1].

31 décembre 1824. (*Guerre.*) — CIRCULAIRE concernant le mode de payement des indemnités de route et de port de hardes et d'outils dues aux marins isolés[2].

24 février 1825. — ORDONNANCE concernant les primes d'encouragement pour la pêche de la morue et la pêche de la baleine[3].

Annales maritimes de 1825, page 240.

12 mars 1825. — CIRCULAIRE qui alloue une indemnité aux marins employés aux coupes de bois de chauffage dans des parages éloignés.

Annales maritimes de 1825, page 605.

24 mars 1825. — LOI relative à la suspension temporaire, dans certaines localités, de la perception du droit de navigation et du demi-droit de tonnage.

Annales maritimes de 1825, page 294.

10 avril 1825. — Loi pour la sûreté de la navigation et du commerce maritime.

Bulletin des lois, 8e série n° 28, page 213. — *Annales maritimes de 1825*, page 298.

7 août 1825. — ORDONNANCE sur les écoles d'hydrographie et sur la réception des capitaines du commerce[4].

Annales maritimes de 1825, page 377.

[1] Voir la circulaire du 19 mai 1848.

[2] Voir, au titre *Troupes*, la circulaire du 26 août 1825.

[3] Voir les ordonnances du 7 décembre 1829.

[4] Voir le titre *Écoles spéciales*.

23 septembre 1825. — ORDONNANCE relative aux formalités qui doivent précéder la concession des relais de mer, alluvions et autres objets dépendant du domaine public.

Annales maritimes de 1825, page 553.

19 octobre 1825. — RÈGLEMENT qui institue, sous la dénomination d'*élèves maîtres*, une classe de jeunes marins destinés à recruter en partie celle des officiers mariniers de tout grade et de toute profession[1].

Annales maritimes de 1826, page 239.

7 décembre 1825. — CIRCULAIRE portant qu'à l'avenir il ne sera perçu aucun droit sur les brevets de capitaine au long cours et de maître au cabotage.

29 avril 1826. — CIRCULAIRE portant recommandation aux capitaines de la marine marchande d'envoyer, sans retard, à l'hôpital, les hommes de leur équipage qui tombent malades pendant le séjour de leurs navires aux Antilles.

Annales maritimes de 1826, page 793.

29 mai 1826. (*Guerre.*) — CIRCULAIRE portant que les sous-intendants militaires ne doivent être appelés à pourvoir au traitement de route des marins isolés, que dans les places où il ne réside aucun agent de la marine. — Observations sur la quotité de l'indemnité de route à allouer aux marins isolés.

Annales maritimes de 1826, page 610.

8 juillet 1826. (*Personnel.*) — CIRCULAIRE portant que la peine des coups de corde devra être commuée dans toutes les circonstances[2].

[1] Voir la décision royale du 21 septembre 1827.

[2] Plusieurs dépêches prescrivant de s'abstenir de frapper de coups de corde les militaires embarqués comme garnison des navires, ainsi que les marins, avaient déjà été transmises dans les ports, sous le timbre *Personnel : troupes*, notamment les 19 mai 1808, 11 mai 1822 et 5 juil-

5 août 1826. — ORDONNANCE supprimant seize quartiers de l'inscription maritime placés dans l'intérieur, surtout sur la Loire[1].

Annales maritimes de 1826, page 685.

27 septembre 1826. — ORDONNANCE contenant des dispositions prohibitives de l'introduction et de la salaison frauduleuse, en France, des poissons provenant de la pêche étrangère.

Annales maritimes de 1826, page 747.

26 octobre 1826. (*Personnel.*) — CIRCULAIRE portant que le cabotage sur les côtes d'Espagne est permis aux navires français.

Annales maritimes de 1826, page 796.

1er novembre 1826. — ORDONNANCE portant que, dans les ports où il n'y a pas de tribunal de commerce, les procès-verbaux de visite des navires pourront être reçus par le juge de paix du canton.

Annales maritimes de 1826, page 832.

9 novembre 1826. — CIRCULAIRE relative aux formalités à observer pour les changements de nom des navires du commerce.

Annales maritimes de 1826, pages 802, 803 et 804.

27 novembre 1826. — CIRCULAIRE annonçant l'intention de sévir contre les capitaines de navires du commerce allant aux Antilles, lorsqu'ils n'enverront pas promptement à l'hôpital les hommes malades dans leurs équipages.

Annales maritimes de 1826, page 837.

23 janvier 1827. — RÈGLEMENT portant que les commissaires des classes doivent passer la revue des équipages et viser les rôles des navires de commerce, non-seulement lors de l'armement et du désarmement, mais encore et surtout au moment du départ et de l'arrivée des navires.

let 1823. — Voir, en outre, au titre *Justice maritime*, le décret du 12 mars 1848, qui supprime les peines corporelles dans la marine.

[1] Ces quartiers avaient été annexés aux classes, par ordonnance du 12 juin 1780. (*Écrits divers* de P. L. Boursaint, page 50.)

15 mars 1827. (*Personnel.*) — INSTRUCTIONS portant qu'en général on ne doit permettre de s'embarquer pour l'étranger, qu'aux personnes munies d'un passe-port qui les autorise à sortir du royaume et, dans tous les cas, qu'on ne doit viser que les passeports déjà visés par l'autorité civile du lieu d'embarquement.

21 mai 1827. (*Ports.*) — CIRCULAIRE sur la visite des navires du commerce dans les ports consulaires. — Instructions à ce sujet.

Annales maritimes de 1827, tome Ier, page 533.

1er août 1827. — CIRCULAIRE portant que les jeunes gens qui suivent les cours d'hydrographie, pour se présenter aux examens de capitaine au long cours, ne doivent pas être exemptés des levées.

21 septembre 1827. — DÉCISION royale relative à l'instruction des élèves-maîtres. — Modification du règlement du 19 octobre 1825.

Annales maritimes de 1827, tome Ier, page 724.

25 octobre 1827. (*Ports.*) — CIRCULAIRE aux chefs de service des ports de l'Océan, portant que les voyages des ports français pour les ports de la Baltique et de la Méditerranée, ne doivent plus être considérés que comme voyage de grand cabotage.

Annales maritimes de 1827, tome Ier, page 747.

22 novembre 1827. (*Personnel et Ports.*) — CIRCULAIRE sur les facilités accordées pour les armements du commerce, et notamment pour l'emploi des navires expédiés au long cours.

Annales maritimes de 1828, page 616. — *Rapport*, page 613.

25 novembre 1827. — ORDONNANCE portant que les maîtres au petit cabotage seront désignés, désormais, sous le titre de *Maîtres au cabotage*, et pourront commander des navires tant pour le grand que pour le petit cabotage [1].

Annales maritimes de 1828, page 8.

[1] Voir, page 631 des *Annales maritimes de 1828*, la circulaire portant envoi de cette ordonnance, et page 633, la dépêche particulière au port de Toulon.

30 novembre 1827. — INSTRUCTIONS pour parvenir à rendre uniformes, moins dispendieuses et plus efficaces, les opérations relatives à la visite des navires du commerce.

Annales maritimes de 1828, page 121.

13 décembre 1827. (*Personnel.*) — INSTRUCTIONS sur l'embarquement des mousses à bord des bâtiments du commerce.

Annales maritimes de 1828, page 639.

20 décembre 1827. (*Ports.*) — DÉPÊCHE relative aux dispositions projetées pour améliorer, dans l'intérêt des marins pêcheurs et des armateurs, le service de santé à Terre-Neuve.

Annales maritimes de 1828, page 643.

3 janvier 1828. — ORDONNANCE concernant la poursuite des contraventions à l'article 3 de l'ordonnance du 14 août 1816, qui défend expressément, à tous pêcheurs et autres, d'acheter en mer du hareng de pêche étrangère.

Annales maritimes de 1828, p. 151. — *Bulletin des lois,* 8ᵉ série, n° 208, p. 41.

10 janvier 1828. (*Ports.*) — CIRCULAIRE annonçant le projet de réformer le système suivi en France, d'après la loi du 12 nivôse an II, pour le jaugeage des bâtiments du commerce [1].

Annales maritimes de 1828, page 655.

2 juillet 1828. (*Personnel.*) — CIRCULAIRE contenant des dispositions relatives aux marins qui, après avoir obtenu leur déclassement, se font porter, sous de fausses dénominations, sur les navires du commerce.

2 juillet 1828. — INSTRUCTION concernant les actes de l'état civil, procès-verbaux, testaments, etc., à dresser pendant les voyages en mer, à bord des bâtiments du Roi et des navires du commerce.

Annales maritimes de 1830, tome Iᵉʳ, page 241. — *Administration des vaisseaux, 1840,* page 273.

[1] Voir la loi du 5 juillet 1836; les ordonnances des 18 novembre 1837, 2 septembre 1838, 20 février et 18 août 1839, et 12 mars 1842, et les circulaires de l'administration des douanes, des 5 décembre 1837 et 16 août 1841.

31 août 1828. — ORDONNANCE déterminant les limites du grand et du petit cabotage pour chaque colonie, et soumettant à des règles uniformes la réception des capitaines, maîtres et patrons des bâtiments employés à ces deux espèces de navigations [1].

Annales maritimes de 1828, page 723.

1er septembre 1828. — CIRCULAIRE sur les devoirs imposés aux capitaines des navires du commerce qui sont convoyés par les bâtiments du Roi.

Annales maritimes de 1828, page 728.

8 septembre 1828. (*Ports.*) — CIRCULAIRE portant ordre de ne plus exiger des capitaines des navires du commerce, le remboursement du prix des coups de canon de semonce tirés par les stationnaires.

Annales maritimes de 1828, page 730.

8 septembre 1828. (*Ports.*) — CIRCULAIRE renfermant des instructions sur ce que doivent faire les commissaires aux classes, à l'égard des filets ou engins prohibés, lorsqu'ils s'abstiennent de traduire devant les tribunaux les pêcheurs en contravention.

Annales maritimes de 1828, page 732.

15 septembre 1828. (*Ports.*) — CIRCULAIRE contenant des explications sur la question de savoir à qui, des consuls ou des commandants des bâtiments du Roi, en pays étranger, est dévolu le droit de police sur les navires du commerce.

Annales maritimes de 1828, page 893.

[1] Voir, pour les dispositions relatives au cabotage, le règlement du 23 janvier 1727; l'ordonnance du 18 octobre 1740; l'arrêté du 14 ventôse an XI; l'ordonnance du 12 février 1815 et la circulaire du 25 octobre 1827.

Voir, en outre, l'article 377 du code de commerce, qui définit les voyages de long cours. (*Annales maritimes de 1841*, page 454.)

30 septembre 1828. (*Personnel.*) — Dépêche sur les formalités à remplir lors du débarquement des passagers.

13 décembre 1828. — Arrêt de la cour de cassation portant :

1° Que l'ordonnance du 31 octobre 1784, concernant *les classes*, est encore en vigueur dans la partie de la police des marins classés ;

2° Que les commissaires des classes ont, encore aujourd'hui, le droit de surveiller et de punir ces marins ;

3° Que les tribunaux maritimes seuls sont compétents pour juger si la détention momentanée d'un marin classé, ordonnée par un sous-commissaire des classes de la marine, est juste et légale.

Annales maritimes de 1828, page 985.

18 décembre 1828. — Décision ministérielle relative au commandement des navires destinés à la pêche de la morue sur le grand banc de Terre-Neuve.

Annales maritimes de 1829, page 278.

7 janvier 1829. — Décision royale sur la délimitation de la pêche au chalut devant le littoral du quartier de Boulogne.

Annales maritimes de 1829, page 40.

16 février 1829. (*Ports.*) — Circulaire sur les précautions sanitaires à prendre à bord des navires qui transportent des mulets aux colonies.

Annales maritimes de 1829, page 290.

2 mars 1829. — Circulaire recommandant encore aux capitaines des navires qui vont aux Antilles, d'envoyer leurs malades à l'hôpital dès le début de la maladie [1].

Annales maritimes de 1829, page 294.

15 avril 1829. — Loi relative à la pêche fluviale.

Annales maritimes de 1829, page 366.

[1] Voir les circulaires des 29 avril et 27 novembre 1826.

28 mai 1829. — Règlement sur les compagnies de mousses établies dans les divisions des équipages de ligne par l'ordonnance du même jour [1].

Annales maritimes de 1829, page 830.

29 juin 1829. (*Personnel.*) — Circulaire relative aux *délégations d'office* que la loi autorise les commissaires de l'inscription à faire établir, dans certains cas, au profit des femmes et des enfants des marins.

29 juillet 1829. — Ordonnance portant que l'administration des contributions indirectes fournira exclusivement aux armateurs et négociants les poudres de chasse et autres pour l'armement et le commerce maritime.

Annales maritimes de 1829, page 863.

28 août 1829. — Circulaire sur les exemptions de droit accordées aux gens de mer, d'après les principes établis par une décision du 27 octobre 1807 et l'article 80 de la loi de finances de 1818, en ce qui concerne les expéditions d'actes de l'état civil.

Annales maritimes de 1829, page 1135.

1er octobre 1829. — Circulaire portant demande de renseignements pour la fixation des limites entre la pêche fluviale et la pêche maritime.

Annales maritimes de 1830, tome Ier, page 25.

10 octobre 1829. — Décision royale relative à la pêche des huîtres et des moules dans les quartiers d'Auray et du Croisic.

Annales maritimes de 1830, tome Ier, page 19.

5 novembre 1829. — Circulaire aux chambres de commerce des principales places maritimes du royaume, pour l'encouragement de la pêche de la baleine.

Annales maritimes de 1829, page 1404.

[1] Voir le titre *Service à la mer*.

7 décembre 1829. — ORDONNANCE qui règle les primes d'encouragement pour la pêche de la morue [1].

Annales maritimes de 1830, tome Ier, page 43.

7 décembre 1829. — ORDONNANCE qui règle les primes d'encouragement pour la pêche de la baleine [1].

Annales maritimes de 1830, tome Ier, page 49.

15 janvier 1830. — CIRCULAIRE contenant des dispositions à suivre uniformément pour les payements de délégations et autres opérations résultant du décomptage des rôles.

Annales maritimes de 1830, tome Ier, page 150.

4 octobre 1830. — DÉCISION royale relative aux armements effectués pour la pêche de la baleine.

Annales maritimes de 1830, tome II, page 699.

22 mars 1831. — EXTRAIT, en ce qui intéresse la marine, de la loi sur la garde nationale.

Annales maritimes de 1832, page 718.

14 juillet 1831. — CIRCULAIRE portant que, pour être inscrits comme candidats à l'examen de capitaine du commerce, les marins étrangers doivent produire des lettres de naturalisation.

21 février 1832. (*Fonds.*) — CIRCULAIRE aux consuls, sur le rapatriement des marins naufragés et sur le payement des salaires qui leur sont dus [2].

Annales maritimes de 1832, page 213.

9 avril 1832. (*Personnel.*) — CIRCULAIRE sur les renonciations adressées aux commissaires de l'inscription maritime.

[1] Voir les lois du 22 avril 1832.

[2] Voir la circulaire du 19 mai 1848 et les instructions des 31 août 1848 et 31 mars 1849.

9 avril 1832. (*Personnel.*) — CIRCULAIRE portant que les individus faisant la pêche avec des filets, sans embarcations, sont passibles de l'inscription.

13 avril 1832. (*Fonds.*)—CIRCULAIRE relative au rapatriement des marins provenant des bâtiments français naufragés sur les côtes étrangères.

Annales maritimes de 1835, page 892.

22 avril 1832.—LOI sur la pêche de la morue.

Annales maritimes de 1832, page 288.

22 avril 1832.—LOI sur la pêche de la baleine.

(Par les articles 5 et 6, la loi exempte des levées, sous certaines conditions, les marins qui se livrent à cette industrie).

Annales maritimes de 1832, page 291.

16 juin 1832. — ORDONNANCE sur le droit de tonnage à payer par les navires français revenant des ports du Royaume-Uni d'Angleterre et d'Irlande, ou de ses possessions en Europe.

Annales maritimes de 1832, page 363.

18 juin 1832. — ORDONNANCE sur les quarantaines des bâtiments de l'État, provenant des ports d'Alger, Bône, etc.

Annales maritimes de 1832, page 366.

19 juillet 1832. — ORDONNANCE qui autorise divers fonctionnaires de la marine à assister, avec voix délibérative, aux séances des intendances et commissions sanitaires.

Annales maritimes de 1832, page 548.

26 juillet 1832. — CIRCULAIRE sur les moyens d'obtenir la remise des déserteurs des bâtiments de l'État ou du commerce, embarqués sur des navires étrangers.

Annales maritimes de 1832, page 549.

6 septembre 1832. (*Personnel.*) — CIRCULAIRE concernant la rédaction des actes de décès à bord des bâtiments de l'État.

7 janvier 1833. (*Personnel.*) — Dépêche portant que, chaque fois que les marins de l'inscription maritime seront levés pour le service des bâtiments de l'État, ils y serviront pendant trois années consécutives, et qu'ils ne pourront être congédiés avant l'expiration de ce terme, sans une autorisation du ministre[1].

Administration des vaisseaux, 1840, page 52.

26 avril 1833. — Ordonnance relative aux primes pour la pêche de la morue.

Annales maritimes de 1833, page 319.

26 avril 1833. — Ordonnance relative aux primes pour la pêche de la baleine[2].

Annales maritimes de 1833, page 340.

26 juillet 1833. — Ordonnance concernant les concessions de grèves, etc., aux îles Saint-Pierre et Miquelon.

Annales maritimes de 1833, page 438.

29 octobre 1833. — Ordonnance sur les fonctions des consuls dans leurs rapports avec la marine commerciale[3].

Annales maritimes de 1833, page 493.

7 novembre 1833. — Ordonnance sur les fonctions des consuls dans leurs rapports avec la marine militaire.

Annales maritimes de 1833, page 517.

17 novembre 1833. — Décision du Roi obligatoire pour les parents ou tuteurs qui demandent l'admission de leurs enfants dans les compagnies de mousses.

Annales maritimes de 1833, page 660.

[1] Voir, à partir du 9 avril 1835, l'établissement et les modifications successives du système de la levée permanente.

[2] Voir l'ordonnance du 12 mars 1842.

[3] Voir les instructions des 8 octobre 1839 et 31 août 1848.

14 janvier 1834. — CIRCULAIRE sur le service des consuls, vice-consuls et agents consulaires, dans leurs rapports avec la marine marchande ou militaire.

Annales maritimes de 1834, page 248.

11 février 1834. — CIRCULAIRE portant décision sur la manière d'assurer la jouissance non interrompue de la solde aux marins laissés dans les hôpitaux aux colonies.

Annales maritimes de 1834, page 260.

21 février 1834. — CIRCULAIRE portant décision sur la nature et la durée des secours à accorder aux familles des gens de mer qui ont disparu par suite de sinistres présumés.

Annales maritimes de 1834, page 396.

17 mars 1834. — TARIF des sommes que le trésor aura à réclamer pour le remboursement des frais auxquels auront donné lieu l'entretien et l'instruction des mousses qui seront retirés du service avant l'âge de seize ans, ou qui, étant parvenus à cet âge, ne contracteront pas d'engagement volontaire dans les équipages de ligne[1].

Annales maritimes de 1834, page 395.

10 juillet 1834. — CIRCULAIRE portant que la quotité des retenues pour sommes dues à l'État par les gens de mer, sera réglée par les commissaires des classes, suivant les facultés des marins débiteurs; mais que cette quotité ne pourra jamais excéder le cinquième des salaires.

21 août 1834. — CIRCULAIRE sur les règles à suivre pour la remise, aux familles des marins décédés, des décomptes qui leur reviennent.

Annales maritimes de 1834, page 608.

2 décembre 1834. (*Fonds.*) — CIRCULAIRE portant qu'il doit être accordé des secours aux marins naufragés.

Annales maritimes de 1834, page 747.

[1] Voir l'article 25 de l'ordonnance du 11 octobre 1836.

31 mars 1835. — DÉCISION du Roi portant modification à l'organisation des compagnies de mousses, créées par l'ordonnance du 1er mars 1832 sur les équipages de ligne.

Annales maritimes de 1835, page 299.

9 avril 1835. (*Levée permanente.*) — CIRCULAIRE établissant le système de la levée permanente, comprenant les marins âgés de 20 à 40 ans et les officiers mariniers ayant moins de 45 ans[1].

28 avril 1835. (*Levée permanente.*) — CIRCULAIRE portant instruction pour l'application de la levée permanente. Le nouveau mode de levée ayant principalement pour but d'atteindre les gens de mer qui échappent au service par une navigation continuelle sur les navires du commerce, il convient de ne comprendre, jusqu'à nouvel ordre, dans les levées, que les marins sans services à l'État, naviguant au long cours et au cabotage.

[1] Extrait de la circulaire du 9 avril 1835.

« Monsieur le préfet, les officiers qui ont été chargés, l'année dernière, de l'inspection des quartiers m'ont soumis des observations sur le mode d'après lequel s'opèrent les levées des marins. Ils m'ont représenté que les appels ayant lieu pour des armements immédiats, il en résulte qu'ils portent toujours sur les hommes dans leurs foyers, et n'atteignent que rarement les meilleurs matelots, qui naviguent constamment sur les navires du commerce.

« Ce système présente de graves inconvénients : il prive les équipages des bâtiments de guerre d'un grand nombre de marins expérimentés, et il soustrait une partie de la population maritime à l'obligation de servir l'État.

« J'ai reconnu la nécessité d'adopter des dispositions plus conformes au vœu de la loi, ainsi qu'à l'intérêt du service, et j'ai décidé que désormais les levées seront permanentes dans tous les quartiers du royaume.

« Vous voudrez bien donner des instructions en conséquence aux commissaires chargés de l'inscription maritime dans votre arrondissement. Vous leur prescrirez de lever les officiers mariniers et les matelots, au fur et à mesure de leur débarquement des navires du commerce, etc.

18 mai 1835. (*Personnel.*) — CIRCULAIRE sur les dispositions de la loi du 22 avril 1832, qui exempte des levées les marins baleiniers. Elle doit avoir son effet malgré la mesure relative aux levées permanentes.

Annales maritimes de 1838, page 1021.

3 juin 1835. — DÉCISION du Roi autorisant les armateurs à embarquer, en remplacement des *mousses*, un nombre égal de *novices* à bord des bâtiments de commerce destinés pour le long cours ou le grand cabotage.

Annales maritimes de 1835, page 532.

6 juin 1835. (*Personnel.*) — CIRCULAIRE relative à la décision du 3 du même mois, autorisant à employer, en remplacement des mousses, un nombre égal de novices à bord des bâtiments de commerce.

Annales maritimes de 1835, page 535.

15 juin 1835. (*Personnel.*) — CIRCULAIRE relative aux formalités à remplir à l'égard des mousses qui, devenus orphelins de père et de mère et ayant perdu leur tuteur, ont atteint l'âge pour contracter des engagements volontaires.

Annales maritimes de 1835, page 550.

16 juin 1835. — ORDONNANCE qui autorise la pêche de la guildre en mer et dans les rivières.

Annales maritimes de 1835, page 571.

10 juillet 1835. — ORDONNANCE relative à la pêche fluviale. (Limite entre la pêche fluviale et la pêche maritime.)

Annales maritimes de 1835, page 663.

20 juillet 1835. (*Levée permanente.*) — CIRCULAIRE portant que le service sur les bâtiments de l'État, comme mousse ou novice seulement, ne peut exempter des levées.

12 octobre 1835. (*Fonds et Invalides.*) — CIRCULAIRE contenant des instructions sur différentes parties du service *Invalides*. (Ar-

mements et désarmements des navires du commerce, bris et naufrages, etc.)[1].

Annales maritimes de 1835, page 827.

6 janvier 1836. (*Fonds.*) — CIRCULAIRE relative à la communication à faire aux chambres de commerce, touchant les frais de passage et de conduite des officiers de la marine marchande naufragés.

Annales maritimes de 1836, page 533.

26 février 1836. (*Fonds et Invalides.*) — CIRCULAIRE rappelant à l'exécution des règles établies pour le décomptage des rôles des navires du commerce.

Annales maritimes de 1836, page 285.

12 mai 1836. — ORDONNANCE relative au rapatriement des hommes de mer naufragés ou délaissés en pays étranger[2].

Annales maritimes de 1836, page 540.

[1] Voir les circulaires des 26 février et 12 août 1836.

[2] Les principales dispositions de cette ordonnance ont été basées :

1° Sur les ordonnances des 14 février 1686, 15 juillet 1698 et 9 avril 1704, qui obligeaient, sous peine d'amende, les capitaines des navires de commerce français à recevoir à leur bord, sans indemnité, pour les rapatrier, les marins naufragés ou délaissés en pays étranger;

2° Sur les ordonnances des 25 juillet 1719 et 3 mars 1781, qui, en maintenant cette obligation, ont fondé le principe d'une indemnité pour le passage des marins naufragés, sans nulle distinction de grades;

3° Sur l'arrêté du 5 germinal an XII, fixant la conduite à payer, dans les cas de naufrage ou de débarquement, aux hommes de mer provenant des navires du commerce;

4° Et sur l'ordonnance du 29 octobre 1833, relative aux fonctions des consuls, dans leurs rapports avec la marine commerciale.

Voir, en outre, pour les dispositions relatives au rapatriement des marins :

Antérieurement au 12 mai 1836 :

L'ordonnance du 28 février 1687; — les circulaires des 30 novembre 1819, 25 avril 1820, 21 février et 13 avril 1832; — l'ordonnance du

28 mai 1836. — Loi relative à la poursuite et au jugement des contraventions, délits et crimes commis par des Français dans les échelles du Levant et de Barbarie.

Annales maritimes de 1836, page 578.

21 juin 1836. — Loi sur les maîtres au cabotage.

Annales maritimes de 1836, page 644.

5 juillet 1836. — Loi relative aux douanes.

. . . .

Article 6. *Jaugeage des navires du commerce.* — Article 7. *Tonnage que doivent avoir les navires en certains cas.* — Article 8. *Changement de noms des navires.*

Bulletin des lois, 9e série, n° 441, page 64.

9 juillet 1836. — Loi sur la pêche de la morue.

Annales maritimes de 1836, page 697.

9 juillet 1836. — Loi sur la pêche de la baleine.

Annales maritimes de 1836, page 699.

12 août 1836. (*Fonds et Invalides.*) — Circulaire sur les frais de rapatriement des marins du commerce débarqués pour cause d'insubordination.

Annales maritimes de 1836, page 857.

12 août 1836. (*Fonds et Invalides.*) — Circulaire portant rappel des règles à observer en ce qui touche les rôles d'armement et de désarmement des bâtiments du commerce.

Annales maritimes de 1836, page 902.

23 août 1836. (*Fonds et Invalides.*) — Dépêche portant que la marine ne doit acquitter, ni à titre définitif, ni à titre provisoire, les frais

7 novembre 1833; — et les circulaires des 14 janvier et 2 décembre 1834, et 6 janvier 1836;

Postérieurement au 12 mai 1836 :

Les circulaires des 12 août 1836, 28 mars et 17 octobre 1837; — l'ordonnance du 20 décembre, même année; — et les circulaires des 26 juin et 8 octobre 1838, 31 août 1848 et 31 mars 1849.

de rapatriement de Français résidant à l'extérieur, lorsque, par leur profession, ils lui sont complètement étrangers. Elle n'est tenue de rapatrier, à ses frais, que les hommes de mer et les fonctionnaires ou agents attachés à son service. Lorsque le rapatriement d'autres individus que ces derniers a lieu par ordre des consuls, c'est auprès du ministre des affaires étrangères que les capitaines ou armateurs doivent réclamer le payement des frais de passage.

Annales maritimes de 1836, page 899.

2 septembre 1836. — Ordonnance relative aux primes pour la pêche de la morue.

Annales maritimes de 1836, page 1090.

5 septembre 1836. — Circulaire portant que le nombre des étrangers à embarquer sur les navires du commerce est fixé dans la proportion du quart au lieu du sixième de l'équipage, permis par l'article 3 de l'ordonnance du 4 juillet 1784.

6 septembre 1836. (*Guerre.*) — Circulaire contenant des dispositions relatives à la libération des inscrits maritimes dispensés.

Annales maritimes de 1836, page 1068.

30 septembre 1836. (*Personnel et Invalides.*) — Circulaire portant qu'il doit être délivré aux paquebots à vapeur de l'Administration des postes, des rôles d'équipage comme aux bâtiments de l'État[1].

Annales maritimes de 1836, page 1153.

12 février 1837. — Circulaire sur les dispositions relatives aux marins que les bâtiments en cours de campagne seront dans le cas de renvoyer en France sur des navires de commerce.

20 février 1837. — Circulaire sur la fixation des limites entre la pêche fluviale et la pêche maritime[2].

Annales maritimes de 1837, page 242.

[1] Voir, au titre *Dispositions diverses,* la loi du 2 juillet 1835, relative à l'établissement des paquebots à vapeur de l'administration des postes.

[2] Voir, page 121 du tome Ier de la partie non officielle des *Annales maritimes de 1837,* une note dont la circulaire du 20 février a fait envoi.

28 mars 1837. — CIRCULAIRE relative aux frais de conduite des marins du commerce naufragés.

Annales maritimes de 1837, page 288.

13 avril 1837. (*Personnel.*) — CIRCULAIRE rappelant les dispositions de celle du 31 mars 1816, qui défend aux commissaires de l'inscription maritime d'envoyer des marins à Paris[1].

20 avril 1837. (*Levée permanente.*) — CIRCULAIRE étendant la levée permanente aux marins âgés de 20 à 40 ans, employés au long cours et au cabotage, et comptant moins de deux ans de service à l'État.

5 mai 1837. (*Fonds et Invalides.*) — CIRCULAIRE faisant connaître les conditions auxquelles est subordonnée la vente, dans les consulats, des marchandises provenant des bâtiments français naufragés.

Annales maritimes de 1837, page 409.

22 juillet 1837. — ORDONNANCE abrogeant celle du 9 janvier 1818, relative aux passages, aux frais de l'État, sur les bâtiments du commerce. — A l'avenir, le prix et les conditions de ces passages seront réglés par des marchés spéciaux.

Annales maritimes de 1837, page 646.

17 août 1837. — CIRCULAIRE sur la visite des marins levés pour le service, soit par les conseils de santé de la marine, soit par les officiers de santé de terre et de mer.

28 août 1837. (*Personnel.*) — CIRCULAIRE portant fixation des frais d'arrestation et de capture des marins déserteurs des bâtiments du commerce[2].

16 septembre 1837. — DÉCISION royale qui approuve toutes les dispositions tendant à améliorer une institution fondée à Bordeaux, sous le titre d'école des mousses et novices.

Annales maritimes de 1837, page 909.

[1] Voir la circulaire du 26 octobre 1848.

[2] Application du tarif n° 9, de l'ordonnance du 11 octobre 1836, sur les équipages de ligne. (Voir cette ordonnance au titre *Service à la mer.*)

5 octobre 1837. (*Levée permanente.*) — CIRCULAIRE étendant la levée permanente aux marins, sans services à l'État, employés à la pêche locale ou en inactivité dans leurs foyers.

17 octobre 1837. (*Fonds.*) — CIRCULAIRE portant que les marins à rapatrier ne seront remis à bord des bâtiments français qu'à raison de deux hommes par 100 tonneaux.

Annales maritimes de 1837, page 1001.

18 novembre 1837. — ORDONNANCE modifiant le mode de jaugeage des navires du commerce, prescrit par la loi du 5 juillet 1836.

Annales maritimes de 1837, page 1107.

5 décembre 1837. (*Douanes.*) — CIRCULAIRE sur le jaugeage des navires du commerce.

Annales maritimes de 1838, page 271.

14 décembre 1837. (*Levée permanente.*) — CIRCULAIRE étendant la levée permanente à tous les officiers mariniers et marins ayant moins de trois années de services à l'État. La limite d'âge reste toujours fixée de 20 à 40 ans, pour les marins, et 45 ans pour les officiers mariniers.

Annales maritimes de 1837, page 1124.

20 décembre 1837. — ORDONNANCE portant règlement sur les frais de route des militaires isolés dans l'intérieur du royaume, ou en pays étranger, et sur les avances en argent et les fournitures qui peuvent leur être faites [1].

Annales maritimes de 1838, page 462.

21 décembre 1837. (*Personnel.*) — CIRCULAIRE portant défense de débarquer en pays étranger les marins embarqués sur les bâtiments de l'État.

Annales maritimes de 1838, page 241.

16 janvier 1838. (*Levée permanente.*) — CIRCULAIRE prescrivant de

[1] Ce service avait été précédemment réglé par une ordonnance du 24 septembre 1823. — Voir le titre *Troupes*.

comprendre dans les appels de la levée permanente les officiers mariniers ayant moins de trois années de service dans ce grade.

5 février 1838. — CIRCULAIRE portant que les marins de l'inscription maritime ne recevront qu'un à-compte au moment de leur congédiement, mais que le parfait payement de leur décompte devra leur être immédiatement envoyé, par voie de remises, dans leurs quartiers respectifs.

26 juin 1838. (*Fonds.*) — DÉPÊCHE relative à l'application de l'ordonnance du 12 mai 1836, sur le rapatriement des marins.

Annales maritimes de 1838, page 667.

23 juillet 1838. — ORDONNANCE relative aux douanes.

. . . .

Article 5. *Droit de navigation au cabotage et de congé.*

Bulletin des lois, 9e série, n° 590, page 168.

6 août 1838. (*Personnel.*) — CIRCULAIRE portant que les marins nommés maîtres au cabotage, dans les colonies, doivent être levés pour le service avec le grade qu'ils ont acquis à l'inscription maritime.

Annales maritimes de 1838, page 965.

13 août 1838. (*Levée permanente.*) — CIRCULAIRE portant que la levée permanente ne devra atteindre les officiers mariniers ayant moins de trois années d'activité dans le grade, qu'autant que la somme de leurs services à l'État, tout compris, ne s'élèverait point à six années.

25 août 1838. (*Personnel.*) — CIRCULAIRE sur le mode à suivre pour la vente des effets d'habillement appartenant aux marins morts, désertés ou condamnés.

Annales maritimes de 1838, page 886.

2 septembre 1838. — ORDONNANCE qui applique aux bateaux à vapeur le mode de jaugeage employé pour les navires à voiles[1].

Annales maritimes de 1838, page 937.

[1] Voir l'ordonnance du 18 août 1839.

8 octobre 1838. (*Personnel.*) — DÉPÊCHE sur l'étendue des obligations imposées aux capitaines des navires pour le rapatriement des marins délaissés en pays étranger [1].

Annales maritimes de 1838, page 1064.

15 octobre 1838. (*Personnel.*) — CIRCULAIRE confirmant la dépêche du 18 mai 1835, et faisant connaître le véritable sens de la disposition de la loi du 22 avril 1832, qui exempte des levées, sous certaines conditions, les marins adonnés à la pêche de la baleine.

Annales maritimes de 1838, page 1020.

15 octobre 1838. (*Personnel.*) — CIRCULAIRE portant que les marins qui réuniront 60 mois au moins de navigation, dont 3 campagnes à la pêche de la baleine, seront autorisés à séjourner à terre, comme provisoirement dispensés de levée, pour pouvoir se présenter aux examens de capitaine au long cours.

Annales maritimes de 1838, page 1024.

20 février 1839. — ORDONNANCE qui détermine le certificat de jaugeage à délivrer aux navires baleiniers [2].

Annales maritimes de 1839, page 323.

11 juillet 1839. (*Personnel.*) — CIRCULAIRE relative aux marins qui ont droit à la dispense conférée par le § 2 de l'article 14 de la loi du 21 mars 1832, sur le recrutement et aux hommes qui sont inscrits définitivement après avoir accompli leur vingtième année [3].

25 juillet 1839. (*Guerre.*) — CIRCULAIRE indiquant une nouvelle jurisprudence à suivre pour l'examen des droits à l'exemption des frères des inscrits maritimes. (Transmise dans les ports par circulaire du 28 août 1839.)

Annales maritimes de 1839, page 808.

[1] Voir les instructions des 31 août 1848 et 31 mars 1849.

[2] Abrogée par l'ordonnance du 12 mars 1842.

[3] Voir la circulaire du 29 mai 1840.

5 août 1839. (*Levée permanente.*) — CIRCULAIRE recommandant aux commissaires de l'inscription maritime l'exécution ponctuelle de la levée permanente.

12 août 1839. (*Personnel.*) — CIRCULAIRE prescrivant l'embarquement en qualité de novices, à bord des bâtiments de l'État, des jeunes gens de 16 à 18 ans qui se destinent au métier de la mer. — Ils sont assujettis à rester deux ans au service.

Annales maritimes de 1839, page 731.

18 août 1839. — ORDONNANCE relative au jaugeage des bateaux à vapeur.

Annales maritimes de 1839, page 817.

27 août 1839. — ORDONNANCE qui prescrit la publication de la convention conclue à Paris, le 2 août 1839, entre la France et la Grande-Bretagne, pour la délimitation des pêcheries sur les côtes respectives des deux pays.

Annales maritimes de 1839, page 860.

19 septembre 1839. (*Guerre.*) — CIRCULAIRE faisant connaître quelles sont les pièces à produire, aux conseils de révision, pour les jeunes gens qui réclament l'exemption comme frères d'inscrits maritimes.

Annales maritimes de 1839, page 941.

26 septembre 1839. (*Personnel.*) — CIRCULAIRE sur l'embarquement des novices.

3 octobre 1839. (*Levée permanente.*) — CIRCULAIRE recommandant de nouveau, à l'occasion de la rentrée des bâtiments venant de la pêche de la morue, l'exécution de la levée permanente.

8 octobre 1839. (*Fonds et invalides.*) — INSTRUCTIONS sur le titre V, de l'ordonnance du 29 octobre 1833, relatif aux navires français naufragés en pays étrangers.

Annales maritimes de 1839, page 981.

17 octobre 1839. (*Intérieur.*) — CIRCULAIRE prescrivant des dis-

positions sur la mise en liberté des marins détenus dans les maisons centrales.

Annales maritimes de 1839, page 1017.

13 novembre 1839. — Ordonnance qui modifie dans quelques-unes de ses dispositions, l'ordonnance du 7 août 1822, relative au régime et à la police sanitaire.

Annales maritimes de 1839, page 1061.

23 janvier 1840. (*Levée permanente.*) — Circulaire qui recommande d'indiquer à l'article de chaque marin, sur les rôles d'équipage des navires du commerce, le chiffre des services à l'État, et l'époque du dernier congédiement.

10 février 1840. (*Levée permanente.*) — Circulaire contenant des dispositions relatives aux marins congédiés par mesure d'administration, avant d'avoir accompli trente-six mois effectifs de service.

Annales maritimes de 1840, page 407.

27 avril 1840. (*Personnel.*) — Circulaire portant instruction relative à la surveillance à exercer sur les marins et ouvriers inscrits, afin de pouvoir constater leur position ou leur résidence, lorsque leurs frères réclament l'exemption en matière de recrutement.

Annales maritimes de 1840, page 503.

25 mai 1840. (*Personnel.*) — Circulaire ayant pour objet de renouveler, aux capitaines de commerce, les recommandations faites dans l'intérêt de la santé des équipages.

Annales maritimes de 1840, page 567.

29 mai 1840. (*Personnel.*) — Circulaire contenant des instructions complémentaires de la dépêche du 11 juillet 1839, touchant les marins qui sont inscrits définitivement après avoir accompli leur vingtième année.

Annales maritimes de 1840, page 565.

20 juillet 1840. (*Personnel.*) — CIRCULAIRE portant que les mousses auxiliaires doivent passer novices, du jour où ils entrent dans leur dix-septième année.

6 août 1840. (*Levée permanente.*) — CIRCULAIRE portant que les hommes qui, après avoir accompli sept années de service dans l'armée de terre, deviennent inscrits maritimes, sont soumis, comme tous les autres marins, à l'action de la levée.

7 août 1840. (*Levée permanente.*) — CIRCULAIRE contenant des recommandations relatives à la formation des équipages des nouveaux armements.

24 août 1840. (*Levée permanente.*) — CIRCULAIRE portant que les marins atteints par la levée permanente ne peuvent se faire remplacer.

Annales maritimes de 1840, page 985.

25 août 1840. (*Levée permanente.*) — CIRCULAIRE portant que la levée permanente comprendra désormais les matelots âgés de vingt à quarante ans, ayant moins de quatre années de service à l'État, ainsi que les officiers mariniers, âgés de vingt à quarante-cinq ans, qui, n'ayant pas quatre années de service dans ce grade, réuniront moins de six ans de service en totalité, et que toutefois, provisoirement, les réquisitions ne seront adressées qu'à ceux des hommes de cette nouvelle catégorie congédiés depuis un an et plus.

Annales maritimes de 1840, page 829.

31 août 1840. — DÉCISION royale qui accorde des avancements extraordinaires aux matelots inscrits, retenus au service au delà du temps ordinaire.

Annales maritimes de 1840, page 926.

7 septembre 1840. — DÉPÊCHE portant que les bateaux plats naviguant sur le Rhône, d'Arles à Marseille, doivent prendre un rôle d'équipage et un mousse, lorsqu'il y a trois hommes, et être commandés par des maîtres au cabotage.

15 octobre 1840. — CIRCULAIRE sur l'interprétation du paragraphe n° 3 de l'article 5 de la loi du 3 brumaire an IV, lequel rend passible de l'inscription tout citoyen âgé de 18 ans révolus, qui aura fait la petite pêche pendant 2 ans.

Annales maritimes de 1840, page 1085.

11 novembre 1840. (*Personnel et Invalides*). — CIRCULAIRE contenant les nouvelles dispositions pour le payement mensuel à faire, dans les quartiers maritimes, des délégations ou mois de famille.

Annales maritimes de 1840, page 1156.

31 janvier 1841. — ORDONNANCE contenant le texte officiel du Code de commerce.

. . . .

Livre II. — *Du commerce maritime.* (Titre IV. *Du capitaine.* — Titre V. *De l'engagement et des loyers des matelots et gens de l'équipage.*)

Annales maritimes de 1841, page 389.

11 février 1841. — CIRCULAIRE relative aux retenues à opérer sur la solde des marins déserteurs des navires du commerce, embarqués sur les bâtiments de l'État.

15 février 1841. (*Personnel.*) — CIRCULAIRE qui prescrit l'inscription des délégations d'office au profit des ascendants des marins.

Annales maritimes de 1841, page 283.

1er avril 1841. — ARRÊT de la cour royale de Rennes portant que lorsqu'un navire vient à se perdre dans un voyage intermédiaire, les gens de mer ont droit à leurs loyers échus pendant un voyage précédent heureusement accompli, et que l'administration de la marine a le droit d'intervenir dans toutes les causes où il s'agit de loyers de matelots.

Annales maritimes de 1841, page 372.

6 mai 1841. — Loi relative aux douanes[1].

. . . .

Titre IV. — *Dispositions réglementaires*..... Art. 9 et 10. Relatifs à la pêche. — Art. 20 et 21. Relatifs à la police de la navigation.

Annales maritimes de 1841, page 570.

27 mai 1841. (*Levée permanente.*) — Circulaire portant interprétation des articles 5 et 6 de la loi du 3 brumaire an IV.

Annales maritimes de 1841, page 666.

25 juin 1841. — Loi sur la pêche de la morue.

Annales maritimes de 1841, page 876.

25 juin 1841. — Loi sur la pêche de la baleine.

Annales maritimes de 1841, page 878.

5 juillet 1841. (*Personnel.*) — Lettre qui abroge la circulaire du 6 août 1838, et assure aux maîtres au grand cabotage des colonies, l'avantage de n'être embarqués sur les bâtiments de l'État qu'en qualité de quartiers-maîtres.

Annales maritimes de 1841, page 776.

10 août 1841. — Ordonnance qui détermine les conditions spéciales à remplir par les armateurs qui expédieront des navires à la pêche du cachalot.

Annales maritimes de 1841, page 880.

10 août 1841. — Ordonnance qui réduit à moitié, pour les bâtiments à vapeur, les taxes établies par les tarifs de pilotage, pour les bâtiments à voiles.

Annales maritimes de 1841, page 902.

13 août 1841. (*Personnel.*) — Circulaire faisant connaître que l'on ne doit admettre comme français, dans les équipages des navires baleiniers, que des marins possédant cette qualité,

[1] Voir l'ordonnance du 2 juillet 1843, rendue en exécution des dispositions de l'article 9.

soit par le fait de leur naissance, soit par le fait de leur naturalisation, au moment où ils sont inscrits sur le rôle d'équipage.

Annales maritimes de 1841, page 909.

16 août 1841. (*Douanes.*) — CIRCULAIRE réduisant le tonnage de 2/5, en faveur des bâtiments à vapeur.

Annales maritimes de 1841, page 940.

9 septembre 1841. (*Personnel.*) — CIRCULAIRE portant que les marins exclus du service militaire, par suite de condamnations, doivent être maintenus sur les matricules des gens de mer, mais n'y figurer que pour mémoire.

Annales maritimes de 1843, page 981.

23 septembre 1841. — CIRCULAIRE portant que, lorsque des marins embarqués sur des bâtiments de l'État tombent au sort, le ministre doit en être informé, pour faire lui même la demande nécessaire, afin qu'ils soient maintenus au service de la flotte.

27 septembre 1841. (*Personnel.*) — CIRCULAIRE portant instructions touchant les déclarations de renonciation aux professions maritimes, faites par les marins au service.

Annales maritimes de 1841, page 1045.

30 septembre 1841. (*Personnel.*) — CIRCULAIRE qui autorise les commandants d'escadre ou de divisions navales, à convoquer des conseils de discipline, pour juger les marins embarqués qui auront mérité d'être envoyés à la compagnie de punition.

Annales maritimes de 1841, page 1006.

25 février 1842. — ORDONNANCE sur la pêche de la morue[1].

Annales maritimes de 1842, page 333.

[1] Voir la circulaire du 26 janvier 1843, relative à l'exécution des articles 4 et 5 de la présente ordonnance.

Voir aussi la circulaire du 24 mars 1847.

9 mars 1842. — ORDONNANCE qui augmente les taxes du pilotage de quinze pour cent.

Annales maritimes de 1842, page 416.

12 mars 1842. — ORDONNANCE relative au jaugeage des bâtiments expédiés pour la pêche de la baleine.

Annales maritimes de 1842, page 417.

24 avril 1842. — ORDONNANCE portant règlement sur la police de la pêche de la morue, à l'île de Terre-Neuve.

Annales maritimes de 1842, page 493.

6 mai 1842. (*Personnel.*) — CIRCULAIRE portant prolongation de congé pour les marins de l'inscription maritime qui ont été renvoyés dans leurs foyers, après trente-six mois de services consécutifs sur les bâtiments de l'État.

Annales maritimes de 1842, page 520.

13 juin 1842. (*Personnel.*) — CIRCULAIRE portant que le mousse congédié à l'âge de dix-huit ans a droit à l'indemnité de route, et que le mousse maintenu provisoirement au service au delà de dix-huit ans a droit à la paye de matelot de 3e classe et à l'indemnité de route.

Annales maritimes de 1842, page 683.

25 août 1842. (*Personnel.*) — CIRCULAIRE indiquant une mention à consigner sur les états de service délivrés aux candidats pour le commandement des bâtiments du commerce, en vue d'empêcher qu'un marin ne puisse se présenter deux fois aux examens de la même année.

Annales maritimes de 1842, page 927.

12 septembre 1842. — DÉCISION ministérielle apportant des modifications à la constitution des quartiers de l'inscription maritime. — Érection de trente-six nouveaux syndicats. — Suppression de huit autres. — Erection de Cancale en sous-quartier.

6 octobre 1842. (*Personnel.*) — CIRCULAIRE portant que le marin de l'inscription maritime, embarqué sur un bâtiment de l'État, est admis à compter pour les trois années consécutives de service, depuis sa dernière levée, le temps qu'il passe sur un navire de commerce, lorsqu'il en reçoit l'ordre de qui de droit.

Annales maritimes de 1842, page 994.

1er décembre 1842. (*Levée permanente.*) — CIRCULAIRE portant que l'action de la levée permanente est restreinte aux officiers mariniers et matelots qui, ayant moins de quatre ans de service à l'État, ont été congédiés depuis deux ans et plus.

Annales maritimes de 1842, page 1120.

14 janvier 1843. — CIRCULAIRE portant que ce n'est qu'à titre d'absent qu'on peut requérir l'arrestation d'un mousse qui a abandonné son bord ou la division, sans permission, et que, par suite, il n'y a lieu d'appliquer aux capteurs, pour frais d'arrestation, que le tarif n° 9 de l'ordonnance du 11 octobre 1836 relatif à l'arrestation des marins absents, non encore dénoncés déserteurs, et dont la poursuite a été réclamée.

18 janvier 1843. (*Levée permanente.*) — CIRCULAIRE sur des modifications apportées dans l'application de la levée permanente aux officiers mariniers. Les quartiers-maîtres seront placés sous le même régime que les matelots pour l'appel au service. Les mêmes conditions sont applicables pour l'appel des seconds maîtres, mais avec maintien de la limite d'âge, pour ces derniers, jusqu'à quarante-cinq ans.

Annales maritimes de 1843, page 23.

26 janvier 1843. (*Douanes.*) — CIRCULAIRE annonçant un nouveau sursis d'exécution des articles 4 et 5 de l'ordonnance du 25 février 1842, relative à la pêche de la morue.

Annales maritimes de 1843, page 38.

18 février 1843. (*Levée permanente.*) — CIRCULAIRE contenant une

explication complémentaire de la circulaire du 27 mai 1841, relative à la levée des marins.

Annales maritimes de 1843, page 84.

19 mars 1843. — ORDONNANCE portant approbation des règlement et tarifs de pilotage pour le cinquième arrondissement maritime[1].

Annales maritimes de 1843, page 533.

1er avril 1843. — DÉCISION ministérielle relative au nouveau classement des syndicats.

5 avril 1843. — CIRCULAIRE prescrivant un nouveau classement des syndicats.

12 avril 1843. (*Levée permanente.*) — CIRCULAIRE portant que l'action de la levée permanente est provisoirement restreinte aux marins âgés de vingt à quarante ans, qui n'ont point de service à l'État. — Autorisation d'accorder des sursis aux hommes mariés qui se trouveraient compris dans cette catégorie.

5 mai 1843. — ORDONNANCE portant approbation des règlement et tarifs de pilotage pour le troisième arrondissement maritime[2].

Annales maritimes de 1843, page 725.

23 mai 1843. (*Colonies.*) — CIRCULAIRE pour rappeler aux commissaires de l'inscription maritime l'obligation qu'ils ont à remplir à l'égard des actes de décès dressés en mer.

Annales maritimes de 1843, page 521.

4 juin 1843. — ORDONNANCE portant approbation des règlement et tarifs de pilotage pour le premier arrondissement maritime[3].

Annales maritimes de 1843, page 757.

[1] Modifiée par les ordonnances des 26 mai et 18 septembre 1844, 14 mai et 22 octobre 1845, 29 mars, 18 mai et 28 juin 1846, et 7 février 1848.

[2] Modifiée par l'ordonnance du 25 septembre 1844.

[3] Modifiée par les ordonnances des 28 juin 1844, 30 avril 1846 et 22 juin 1847.

17 juin 1843. (*Personnel.*) — Circulaire relative à des modifications apportées dans le système des quarantaines pour les provenances du Levant.

Annales maritimes de 1843, page 650.

23 juin 1843. — Règlement général des pêcheries entre la France et la Grande-Bretagne.

Annales maritimes de 1846, page 646.

2 juillet 1843. — Ordonnance sur les formalités et les conditions à remplir par les armements expédiés pour la pêche du hareng [1].

Annales maritimes de 1843, page 677.

5 juillet 1843. — Décision ministérielle apportant des modifications au classement de quelques syndicats de l'inscription maritime.

12 juillet 1843. (*Levée permanente.*) — Circulaire relative aux demandes de sursis de levée, formées par des marins mariés depuis la notification de la circulaire du 12 avril 1843.

22 juillet 1843. (*Personnel.*) — Circulaire sur les congés et les certificats de bonne conduite à délivrer aux officiers mariniers et marins libérés du service.

Annales maritimes de 1843, page 857.

2 août 1843. (*Personnel.*) — Circulaire relative aux marins inscrits qui ont droit à dispense, et aux hommes portés définitivement sur les matricules après avoir accompli leur vingtième année.

Annales maritimes de 1843, page 860.

5 août 1843. (*Personnel.*) — Circulaire portant que toute proposition de nomination à un emploi de syndic des gens de mer,

[1] Voir, page 675, le rapport au Roi, et page 682, la lettre portant envoi de cette ordonnance.

doit être accompagnée de l'acte de naissance et de l'état des services du candidat.

Annales maritimes de 1843, page 1071.

9 août 1843. (*Personnel.*) — CIRCULAIRE portant rappel des prescriptions de l'instruction du 2 juillet 1828, relative aux actes de l'état civil.

Annales maritimes de 1843, page 1072.

13 septembre 1843. (*Personnel.*) — CIRCULAIRE prescrivant d'apostiller, sur les rôles d'équipage des bâtiments du commerce, que le capitaine a été muni, au départ, de l'instruction du 2 juillet 1828, sur la rédaction des actes de l'état civil et des imprimés y relatifs.

Annales maritimes de 1843, page 1073.

17 octobre 1843. (*Levée permanente.*) — CIRCULAIRE remettant en vigueur, pour l'action de la levée permanente, des dispositions de la circulaire du 1er décembre 1842. — Suppression du congédiement des hommes mariés.

25 octobre 1843. (*Personnel.*) — CIRCULAIRE relative aux irrégularités à prévenir dans les pièces délivrées aux armateurs pour être produites à l'appui de demandes en liquidation de primes.

Annales maritimes de 1843, page 1083.

5 décembre 1843. — ARRÊTÉ [1] des ministres de l'agriculture et du commerce et des finances, portant règlement sur la perception et la comptabilité des droits sanitaires.

Annales maritimes de 1844, pages 14 et 15.

11 décembre 1843. — CIRCULAIRE portant que tout marin de l'inscription qui, ayant accompli la période triennale de service qu'il doit à l'État après chaque levée, demandera à ne pas

[1] Rendu en exécution de l'article 9 de la loi du 24 juillet 1843, portant fixation du budget des recettes de l'exercice 1844. — Voir page 913 des *Annales maritimes de 1843.*

être congédié, sera tenu de continuer ses services pendant dix-huit mois.

5 février 1844. — Instruction médicale pour les capitaines de navires sur lesquels il n'est pas embarqué de chirurgien.

Annales maritimes de 1844, page 837.

17 février 1844. (*Personnel.*) — Circulaire contenant des instructions sur le concours que doit apporter l'administration de la marine à l'exécution de quelques dispositions du règlement arrêté le 5 décembre 1843, pour la perception des droits sanitaires.

Annales maritimes de 1844, page 87.

3 avril 1844. (*Personnel.*) — Circulaire notifiant la modification des articles 8 et 20 du règlement du 5 décembre 1843 sur la comptabilité des recettes du service sanitaire.

Annales maritimes de 1844, page 430.

2 mai 1844. (*Personnel.*) — Circulaire relative à la publication de la nouvelle instruction médicale pour les capitaines des navires qui n'embarquent pas de chirurgien.

Annales maritimes de 1844, page 880.

11 mai 1844. (*Personnel.*) — Circulaire relative à la délivrance des certificats constatant les chargements de morue effectués sur les côtes de Terre-Neuve.

Annales maritimes de 1844, page 531.

26 mai 1844. — Ordonnance portant tarif des droits sur le tonnage des navires et les marchandises, au port d'Aigues-Mortes.

Annales maritimes de 1844, page 606.

28 juin 1844. — Ordonnance portant approbation des règlement et tarifs de pilotage et de halage sur le canal du Tréport à Eu.

Annales maritimes de 1844, page 902.

14 août 1844. — Circulaire relative au mode de payement des gardes de santé à bord des bâtiments de l'État.

18 septembre 1844. — ORDONNANCE modifiant le règlement de pilotage spécial au port de la Nouvelle.

Annales maritimes de 1844, page 1092.

25 septembre 1844. — ORDONNANCE qui modifie le règlement général de pilotage du troisième arrondissement maritime.

Bulletin des lois, 9e série, n° 743, page 387.

16 novembre 1844. (*Levée permanente.*) — CIRCULAIRE apportant des modifications aux dispositions qui régissent le congédiement des inscrits et l'exercice de la levée permanente.

Annales maritimes de 1844, page 1302.

23 novembre 1844. — ORDONNANCE portant approbation des règlement et tarifs de pilotage du quatrième arrondissement maritime[1].

Annales maritimes de 1845, page 283.

10 décembre 1844. (*Personnel et colonies.*) — DÉCISION du ministre et lettre au gouverneur de la Guadeloupe au sujet de l'exercice du pouvoir disciplinaire des consuls, à l'égard des matelots étrangers.

Annales maritimes de 1844, page 1544.

18 décembre 1844. (*Personnel.*) — CIRCULAIRE contenant des dispositions relatives à la création et à l'organisation du service des gardes maritimes.

26 décembre 1844. (*Personnel.*) — CIRCULAIRE contenant des informations relatives à l'application de la législation sur les primes accordées pour la pêche de la morue.

Annales maritimes de 1845, page 78.

15 janvier 1845. (*Personnel.*) — CIRCULAIRE au sujet de la déli-

[1] Modifiée par l'ordonnance du 20 février 1847. — Voir la circulaire du 7 septembre et l'arrêté du 24 novembre 1848.

vrance du certificat à produire par les capitaines de navires, pour l'obtention de la patente de santé[1].

Annales maritimes de 1845, page 84.

15 janvier 1845. (*Personnel.*) — CIRCULAIRE relative à la faculté accordée aux maîtres au cabotage de commander les navires destinés à la pêche de la morue.

22 janvier 1845. (*Douanes.*) — CIRCULAIRE portant nouvelle modification de l'article 8 du règlement du 5 décembre 1843, en ce qui touche la délivrance, aux bâtiments français et étrangers, du certificat nécessaire pour l'obtention de la patente de santé.

Annales maritimes de 1845, page 71.

1er février 1845. (*Personnel.*) — CIRCULAIRE relative aux volontaires de la marine qui sollicitent le grade de second maître de timonerie de 1re classe.

15 février 1845. (*Personnel.*) — CIRCULAIRE au sujet de la faculté accordée aux maîtres au cabotage de commander les navires destinés à la pêche de la morue.

Annales maritimes de 1845, page 152.

15 mars 1845. (*Personnel.*) — CIRCULAIRE complétant les dispositions contenues dans celle du 26 décembre 1844 relative à l'application de la législation sur les primes accordées à la pêche de la morue.

Annales maritimes de 1845, page 212.

15 mars 1845. (*Personnel.*) — CIRCULAIRE prescrivant de ne pas comprendre dans les levées, les militaires libérés des corps de

[1] Voir, sur le même sujet, page 69 des *Annales maritimes de 1844*, une circulaire du ministre de l'agriculture et du commerce, en date du 11 décembre 1844, et page 71 *idem*, une circulaire du directeur de l'administration des douanes, du 22 janvier 1845.

l'armée de terre ou de la marine, qui se livrent à la navigation ou à la pêche.

Annales maritimes de 1845, page 211.

14 mai 1845. — ORDONNANCE portant modification du tarif des droits sur le tonnage des navires et des marchandises entrant dans le port d'Aigues-Mortes, ou expédiés de ce port, et qui dispose que deux pilotes et une chaloupe seront entretenus pour le service du pilotage au port de la Nouvelle.

Annales maritimes de 1845, page 342.

20 mai 1845. — ORDONNANCE relative à la police sanitaire.

Annales maritimes de 1845, page 343.

7 juin 1845. (*Personnel.*) — CIRCULAIRE pour rappeler à l'observance de la règle en matière d'arboration de la flamme aux couleurs nationales par les navires de commerce français.

Annales maritimes de 1845, page 641.

31 juillet 1845. (*Personnel.*) — CIRCULAIRE prescrivant les dispositions relatives aux novices qui accomplissent, dans le cours des deux années qu'ils sont tenus de passer au service, les conditions d'âge et de navigation exigées pour être définitivement inscrits.

Annales maritimes de 1845, page 745.

6 août 1845. (*Personnel.*) — CIRCULAIRE prescrivant de ne congédier désormais les hommes de l'inscription maritime qu'après trente-six mois de services consécutifs depuis leur dernière levée.

Annales maritimes de 1845, page 748.

18 août 1845. (*Personnel.*) — CIRCULAIRE contenant des dispositions relatives à l'organisation du service des gardes maritimes.

3 septembre 1845. (*Personnel.*) — CIRCULAIRE prescrivant de comprendre temporairement dans les levées les marins ayant des services à l'État et qui demanderaient de l'emploi.

17 septembre 1845. (*Personnel.*) — CIRCULAIRE relative à la transmission au département du commerce, des certificats de sécherie de morue.

Annales maritimes de 1845, page 786.

22 octobre 1845. — ORDONNANCE qui augmente les salaires des pilotes-lamaneurs de Port-Vendres.

Bulletin des lois, 9e série, n° 808, page 540.

25 novembre 1845. (*Personnel.*) — CIRCULAIRE sur l'obligation imposée aux capitaines des navires du commerce de remettre des rapports à l'autorité maritime, à leur retour des voyages de long cours.

Annales maritimes de 1846, page 256.

31 décembre 1845. (*Personnel.*) — CIRCULAIRE contenant des dispositions relatives aux marins déserteurs des navires du commerce, condamnés à une campagne extraordinaire à bord des bâtiments de l'État.

Annales maritimes de 1846, page 94.

17 janvier 1846. — ORDONNANCE relative aux bâtiments à vapeur français destinés à la navigation maritime.

Annales maritimes de 1846, page 269.

2 mars 1846. — ORDONNANCE portant que les officiers des stationnaires gardes-côtes de la marine pourront visiter les bateaux de pêche et les navires de petit cabotage, avant leur admission à la libre pratique.

Annales maritimes de 1846, page 290.

29 mars 1846. — ORDONNANCE qui modifie le titre II (*Port d'Arles*) et le titre III (*Pilotage intérieur du Rhône*), du règlement général de pilotage du cinquième arrondissement maritime.

Bulletin des lois, 9e série, n° 836, page 729.

30 mars 1846. (*Personnel.*) — CIRCULAIRE relative à l'insuffisance des moyens propres à prévenir les accidents de mer à bord des

navires du commerce. — Nouvelle recommandation pour la visite réglementaire qui doit précéder le départ du bâtiment.

4 avril 1846. — DÉCISION du tribunal de première instance de Nantes, qui, jugeant en police correctionnelle, condamne un gabarier de cette ville à 600 francs d'amende pour avoir contrevenu aux dispositions de l'article 1er, titre XIV, de l'ordonnance du 31 octobre 1784, et à l'article 21 de la loi du 6 mai 1841, en embarquant deux jeunes gens sans les porter au rôle d'équipage, et en ne mettant pas le nom de son bateau sur la poupe.

Annales maritimes de 1846, page 593.

21 avril 1846. (*Personnel.*) CIRCULAIRE prescrivant de porter les services des volontaires appartenant à l'inscription, à la connaissance de leurs quartiers respectifs.

Annales maritimes de 1846, page 551.

30 avril 1846. — ORDONNANCE portant approbation des règlement et tarifs de pilotage pour la station de *Berville-sur-Mer* (navigation de la Rille, 1er arrondissement maritime).

Bulletin des lois, 9e série, n° 846, page 990.

8 mai 1846. (*Agriculture et Commerce.*) — CIRCULAIRE transmettant, aux membres de l'administration de la santé, une nouvelle instruction concernant la perception des droits sanitaires.

Annales maritimes de 1846, pages 595 et 599.

13 mai 1846. — ORDONNANCE portant approbation des règlement et tarifs de pilotage pour le deuxième arrondissement maritime[1].

Annales maritimes de 1846, pages 701 et 923.

18 mai 1846. — ORDONNANCE modifiant, en ce qui concerne le *port de Cette*, le règlement général de pilotage du cinquième arrondissement maritime.

Annales maritimes de 1846, page 664.

[1] Voir l'ordonnance du 19 janvier 1848.

23 juin 1846. — Loi relative à la répression des infractions au règlement général du 23 juin 1843, sur les pêcheries dans les mers situées entre les côtes de France et celles du royaume-uni de la Grande-Bretagne et d'Irlande.

Annales maritimes de 1846, page 641.

23 juin 1846. — Ordonnance qui prescrit la publication de la déclaration portant règlement général des pêcheries entre la France et la Grande-Bretagne.

Annales maritimes de 1846, page 645.

28 juin 1846. — Ordonnance qui modifie l'article 108 du règlement général de pilotage du cinquième arrondissement maritime.

Bulletin des lois, 9e série, n° 849, page 1106.

25 juillet 1846. (*Levée permanente.*) — Circulaire prescrivant de comprendre dans les levées les marins qui comptent moins de trente-six mois de services à l'État.

Septembre 1846. — État des arrondissements, sous-arrondissements, quartiers, sous-quartiers, syndicats et communes de l'inscription maritime.

Paris, Imprimerie royale, 1 volume.

21 octobre 1846. (*Personnel.*) — Circulaire transmettant une ordonnance rendue le 17 janvier 1846, sur le rapport du ministre des travaux publics, et relative aux bâtiments à vapeur de commerce destinés à la navigation maritime.

Annales maritimes de 1846, page 886.

29 octobre 1846. — Ordonnance portant que les premiers maîtres, maîtres et capitaines d'armes, appartenant à l'inscription maritime, qui, après avoir accompli vingt années de services effectifs, seront renvoyés dans leurs quartiers, faute d'emploi, jouiront de la solde de congé attribuée à leur grade.

Annales maritimes de 1846, pages 889 et 891.

19 décembre 1846. — Arrêté de la cour de cassation confirmatif

des dispositions de l'ancienne législation relative à l'embarquement des mousses. — Obligation imposée à tous maîtres et patrons de bateaux pêcheurs d'embarquer des mousses à chaque voyage qu'ils font en mer.

Annales maritimes de 1847, page 21.

24 janvier 1847. (*Levée permanente.*) — CIRCULAIRE prescrivant d'étendre la levée permanente aux officiers mariniers et marins qui ont moins de trente-six mois de services à l'État et qui sont congédiés depuis deux ans.

20 février 1847. — ORDONNANCE modifiant certaines dispositions du règlement général de pilotage du quatrième arrondissement maritime.

Annales maritimes de 1847, page 30.

24 mars 1847. (*Personnel.*) — CIRCULAIRE portant que le sursis à l'exécution des dispositions de l'ordonnance du 25 février 1842, relative aux armements du grand banc avec salaison à bord, prend fin avec l'année 1847.

Annales maritimes de 1847, page 314.

18 avril 1847. — ORDONNANCE relative aux provenances des pays suspects de peste.

Bulletin des lois, 9e série, n° 1377, page 349.

21 mai 1847. (*Levée permanente.*) — CIRCULAIRE portant que la levée permanente sera provisoirement restreinte aux matelots sans services à l'État. — Les quartiers-maîtres et marins non passibles de la levée, qui demanderaient de l'emploi, pourront être dirigés sur les ports militaires.

Annales maritimes de 1847, page 695.

9 juin 1847. (*Personnel.*) — CIRCULAIRE sur les moyens légaux à employer pour obtenir la remise des marins déserteurs embarqués sur navires étrangers.

Annales maritimes de 1847, page 739.

22 juin 1847. — ORDONNANCE qui modifie les articles 1 et 3 du règlement général de pilotage du premier arrondissement maritime. (*Rivière d'Orne.*)

Bulletin des lois, 9e série, n° 906, page 989.

27 juillet 1847. (*Personnel.*) — CIRCULAIRE relative aux rôles délivrés pour la liquidation des primes d'armement.

18 août 1847. (*Personnel.*) — CIRCULAIRE relative à une nouvelle classification des syndicats et à l'amélioration de la solde des syndics des gens de mer.

19 août 1847. (*Personnel.*) — CIRCULAIRE portant envoi d'un tableau indicatif des lettres que devront porter les bateaux de pêche français, en exécution du règlement général des pêcheries du 23 juin 1846.

Annales maritimes de 1847, page 937.

19 octobre 1847. — ORDONNANCE relative à l'admission en franchise de droits, dans les ports français, des poissons de mer provenant de pêche faite sur les côtes de l'Algérie.

Annales maritimes de 1847, page 1068.

19 janvier 1848. — ORDONNANCE qui approuve le règlement et le tarif de pilotage pour la station du port de Landerneau (deuxième arrondissement maritime).

Bulletin des lois, 9e série, n° 933, page 232.

21 janvier 1848. (*Personnel.*) — CIRCULAIRE prescrivant les dispositions à prendre relativement aux inscrits maritimes appelés par leur âge à concourir, chaque année, aux opérations du recrutement.

Bulletin officiel de la marine, tome Ier, page 45.

7 février 1848. — ORDONNANCE portant que l'article 165 du règlement général de pilotage du 5e arrondissement maritime est applicable aux bateaux à vapeur, de construction française,

faisant une navigation régulière entre les ports de Bastia et de Saint-Florent et les ports étrangers.

Bulletin des lois, 9e série, n° 934, page 266.

12 mars 1848. — DÉCRET portant suppression des peines corporelles dans la marine.

Bulletin officiel de la marine, tome Ier, page 138.

3 mai 1848. — DÉCRET sur l'application aux colonies des dispositions qui régissent en France . . . . l'inscription maritime [1].

Bulletin officiel de la marine, tome Ier, page 223.

19 mai 1848 (*Comptabilité et Invalides.*) — CIRCULAIRE modifiant les dispositions de celle du 23 octobre 1824, en ce qui touche l'imputation des salaires des équipages naufragés, dans les liquidations de sauvetage.

Bulletin officiel de la marine, tome Ier, page 254.

24 mai 1848 (*Personnel.*) — CIRCULAIRE relative à l'appréciation du temps d'embarquement sur les stationnaires et sur le vaisseau-école.

Bulletin officiel de la marine, tome Ier, page 256.

13 juillet 1848 (*Personnel.*) — CIRCULAIRE prescrivant de rappeler les capitaines du commerce à l'exécution des prescriptions des articles 242 et 244 du Code de commerce. — Formalité à remplir, par les capitaines, en pays étranger.

Bulletin officiel de la marine, tome II, page 12.

17 juillet 1848 (*Personnel.*) — CIRCULAIRE interprétative de la législation relative à la conduite due aux marins employés sur les navires du commerce.

Bulletin officiel de la marine, tome II, page 19.

25 juillet 1848 (*Levée permanente.*) — CIRCULAIRE contenant des dispositions relatives à l'application de la levée permanente.

[1] Voir la circulaire du 15 novembre 1848.

14 août 1848. (*Personnel.*) — CIRCULAIRE relative à l'application de l'article 34 du décret du 12 décembre 1806 sur le pilotage.

Bulletin officiel de la marine, tome II, page 103.

24 août 1848. — DÉCRET concernant la prime accordée à l'exportation des morues sèches de pêche française.

Bulletin officiel de la marine, tome II, page 523.

31 août 1848. (*Invalides.*) — INSTRUCTIONS sur le service dont les consuls sont chargés comme suppléant, en pays étranger, les administrateurs de la marine, et comme remplissant les fonctions de trésoriers des invalides.

Bulletin officiel de la marine, tome II, page 263.

7 septembre 1848. (*Personnel.*) — CIRCULAIRE relative à l'embarquement des pilotes à bord des bâtiments de l'État.

Bulletin officiel de la marine, tome II, page 157.

13 septembre 1848. (*Personnel.*) — CIRCULAIRE relative à l'application de l'article 2 de l'acte de navigation, aux bâtiments à vapeur, en ce qui touche les ouvriers mécaniciens et chauffeurs étrangers.

13 septembre 1848. (*Personnel.*) — CIRCULAIRE relative aux examens des capitaines du commerce, et aux dispenses d'âge à accorder pour ces examens.

Bulletin officiel de la marine, tome II, page 194.

5 octobre 1848. (*Personnel.*) — CIRCULAIRE portant que les inscrits *à titre définitif* ne doivent point être compris sur les contrôles de la garde nationale *mobile*.

Bulletin officiel de la marine, tome II, page 301.

14 octobre 1848. — ARRÊTÉ rendant obligatoire, pour la marine à vapeur du commerce, le système d'éclairage et de tactique adopté par la marine à vapeur de la République [1].

Bulletin officiel de la marine, tome II, page 328.

[1] Voir la circulaire du 14 décembre 1848.

23 octobre 1848. (*Personnel.*) — CIRCULAIRE signalant à l'attention des administrateurs de la marine deux jugements rendus par la cour d'appel de Bordeaux en matière de police de la navigation et des pêches.

Bulletin officiel de la marine, tome II, page 359.

26 octobre 1848. (*Personnel.*) — DÉPÊCHE rappelant les dispositions des circulaires des 31 mars 1816 et 13 avril 1837, relatives à la délivrance, aux gens de mer, de permis pour les villes de l'intérieur.

Bulletin officiel de la marine, tome II, page 382.

15 novembre 1848. (*Colonies.*) — CIRCULAIRE contenant des dispositions relatives à l'exécution du décret du 3 mai 1848, qui rend applicables aux colonies les lois sur l'inscription maritime.

Bulletin officiel de la marine, tome II, page 446.

23 novembre 1848. — LOI relative aux sels étrangers destinés à la pêche de la morue.

Bulletin officiel de la marine, tome II, page 524.

24 novembre 1848. — ARRÊTÉ portant approbation d'un règlement et d'un tarif de pilotage pour la création d'une section de lamaneurs pratiques au port de Saint-Denis (île d'Oléron).

Bulletin officiel de la marine, tome II, page 480.

14 décembre 1848. (*Personnel.*) — CIRCULAIRE faisant connaître un nouveau système d'éclairage des bâtiments à vapeur.

Bulletin officiel de la marine, tome II, page 615.

2 février 1849. (*Levée permanente.*) — CIRCULAIRE portant que l'action de la levée permanente est rétablie à l'égard des marins sans services à l'État. — Les quartiers-maîtres et matelots non passibles de la levée, qui demanderaient de l'emploi, pourront être dirigés sur les ports militaires.

Bulletin officiel de la marine, tome III, page 63.

12 février 1849. (*Personnel.*) — CIRCULAIRE portant que les marins inscrits, de toutes tailles, doivent être compris dans les levées.

Bulletin officiel de la marine, tome III, page 87.

22 février 1849. (*Personnel.*) — CIRCULAIRE. — Pêche de la morue. — Salaires des marins morts en cours de voyage. — Interprétation de l'article 265 du Code de commerce. — Communication d'un arrêt rendu par la cour d'appel de Saint-Pierre et Miquelon.

Bulletin officiel de la marine, tome III, page 93.

31 mars 1849. (*Comptabilité.*) — Instructions relatives à la comptabilité des agents diplomatiques et consulaires, en ce qui concerne le service *Marine*.

Bulletin officiel de la marine, tome III, page 167.

CAISSE DES INVALIDES

DE LA MARINE.

Dans un de ses admirables mémoires sur l'établissement des invalides de la marine, M. Boursaint s'exprimait ainsi :

« Depuis que les armées françaises, qui dans les temps « féodaux n'avaient été que des rassemblements confus « et momentanés, étaient devenues permanentes (1450), « on éprouvait le besoin d'ouvrir des asiles aux soldats « mutilés et à la vétérance; mais les vices, ou, pour « mieux dire, l'insuffisance de l'administration publique, « la modicité des revenus de l'État, la difficulté de les « accroître au milieu du désordre des guerres intestines, « dans un pays hérissé de coutumes et de priviléges; « tout concourait à prolonger des essais également dé- « pourvus d'ensemble et de grandeur.

« Ainsi, par exemple, faute d'établissements spéciaux, « on s'efforçait de profiter des institutions subsistantes. « A Paris et dans les provinces, les monastères les plus « riches recevaient les invalides de l'armée. Ce tableau « des vieux serviteurs de l'État placés sous la protection « d'une religion sainte présentait des images assez tou- « chantes pour séduire les esprits; mais combien la réalité

« différait de ces illusions ! En multipliant les scandales « par une opposition choquante de mœurs, on livrait au « dégoût et à l'abandon ceux qu'on avait voulu secourir.

« Louis XIV, secondé par le génie et par la persévérance « d'un grand ministre, ajouta à tous les bienfaits de son « règne celui d'une fondation si longtemps attendue. Il « fit excuser cette fois la magnificence par l'utilité. Ce « fut au sein de la capitale, et sous un dôme éclatant, que « les défenseurs de la France vinrent se reposer de leurs « glorieuses fatigues[1]. »

L'édit de création de l'hôtel royal des Invalides est du mois d'avril 1674. Les nobles et touchantes considérations qui s'y trouvent développées, en faveur des invalides de l'armée de terre, peuvent être également invoquées en faveur de ceux de l'armée de mer. Nous croyons devoir les reproduire :

« Louis, par la grâce de Dieu, etc... La paix qu'il « plût à Dieu de nous donner vers la fin de l'année 1659, « et qui fut concluë aux Pirénées entre nous et le roy ca-« tholique, ayant rétabli pour lors le repos presque dans « toute la chrestienté, et nous ayant délivré des soins que « nous estions obligez de prendre pour la conservation « de nostre Estat, et de veiller au dehors à nous oppo-« ser aux entreprises que nos ennemis y pouvoient faire, « nous n'aurions eu d'autre application, pendant que la-« dite paix a duré, que de songer à réparer, au dedans « d'iceluy, les maux que la guerre y avoit causez, et de « corriger les abus qui s'estoient introduits dans la plus

[1] *Écrits divers* de P. L. Boursaint, page 25.

« part de tous les ordres. Ce qui a eu tout le succès que « nous en pouvions espérer. Et comme, pour accomplir un « dessein si utile et si avantageux, nous avons estimé qu'il « n'estoit pas moins digne de nostre pieté, que de nostre « justice, de tirer hors de la misère et de la mandicité « les pauvres officiers et soldats de nos troupes, qui ayans « vieilli dans le service, ou qui dans les guerres passées « ayans esté estropiez, estoient non seulement hors d'état « de continuer à nous en rendre, mais aussi de rien faire « pour pouvoir vivre et subsister; et qu'il estoit bien rai- « sonnable que ceux qui ont exposé librement leur vie et « prodigué leur sang pour la défense et le soutien de cette « monarchie, et qui ont si utilement contribué au gain des « batailles que nous avons remportées sur nos ennemis, « aux prises de leurs places, et à la défense des nostres, « et qui par leur vigoureuse résistance et leurs généreux « efforts les ont réduits souvent à nous demander la paix, « jouissent du repos qu'ils ont asseuré à nos autres sujets, « et passent le reste de leurs jours en tranquillité : Con- « sidérans aussi que rien n'est plus capable de détourner « ceux qui auroient la volonté de porter les armes, « d'embrasser cette profession, que de voir la méchante « condition où se trouveroient réduits la pluspart de « ceux qui s'y estant engagez, et n'ayans point de bien, « y auroient vieilli, ou esté estropiez, si l'on n'avoit « soin de leur subsistance et entretenement; nous avons « pris résolution d'y pourvoir. Et quoy que nous ayons « cy-devant, à l'exemple des rois nos prédécesseurs, « tâché d'adoucir la misère desdits estropiez, soit en leur « accordant des places de religieux lays dans les abbayes

« et prieurez de nostre royaume, qui de tout temps leur « ont esté affectées, soit en les envoyant, comme nous « avions fait dans nos places frontières, pour y subsister « et y estre entretenus au moyen de la solde que nous « leur avions ordonnée, ainsi qu'aux autres soldats de « nos troupes; néantmoins, comme il est arrivé que la « pluspart desdits soldats préférans la liberté de vaguer « à tous ces avantages, après avoir les uns composé et « traité desdites places de religieux lays dont ils estoient « pourveus, les autres quitté et déserté lesdites places « frontières, sont retombez dans leur premiere misère, « nous aurions jugé à propos, pour apporter remède à « ce mal, de recourir à d'autres moyens; et, après en « avoir fait examiner plusieurs qui nous ont esté propo-« sez sur ce sujet, nous n'en avons pas trouvé de meilleur « que celuy de faire bastir et construire en quelque en-« droit commode, et proche de nostre bonne ville de « Paris, un hostel royal d'une grandeur et espace capable « d'y recevoir et loger tous les officiers et soldats, tant « estropiez, que vieux et caducs de nos troupes, et d'y « affecter un fonds suffisant pour leur subsistance et en-« tretenement. A l'effet de quoy, et pour suivre un si « pieux et loüable dessein, et mettre la dernière main à « un ouvrage si utile et si important, nous avons donné « nos ordres pour faire bastir et édifier ledit hostel royal « au bout du fauxbourg Saint-Germain de nostre bonne « ville de Paris, à la construction duquel l'on travaille « incessamment, au moyen du fonds de deux deniers « pour livre, que, par arrest de nostre conseil d'Estat du « 12 mars 1670, nous avons ordonné aux trésoriers, tant

« de l'ordinaire que de l'extraordinaire de la guerre et ca-
« valerie légère, de retenir par leurs mains, sur toutes
« les dépenses généralement qu'ils feront du maniement
« des deniers de leurs charges, pour estre ce fonds de
« deux deniers pour livre employé, tant à la construction
« dudit hostel, qu'à le meubler convenablement. De sorte
« que ledit hostel estant déjà fort avancé, et presqu'en
« état de loger lesdits officiers et soldats estropiez, vieux
« et caducs, il ne reste plus qu'à pourvoir à les y faire
« subsister commodément, et aux autres choses concer-
« nans le bon ordre et discipline que nous desirons
« estre gardez dans ledit hostel[1]. »

« La marine, poursuivait M. Boursaint, la marine,
« qui partage la défense du territoire, qui combat pour
« les intérêts nationaux sur toutes les mers, qui protége
« nos relations, qui féconde notre industrie, qui nous
« soumet de nouvelles contrées, la marine ne pouvait
« échapper à la sollicitude du monarque.

« Mais, pour que la libéralité souveraine conservât
« tout son prix, il importait qu'elle fût appropriée aux
« mœurs et aux habitudes de ceux qui en étaient l'objet.
« Les gens de mer, presque tous mariés de bonne heure,
« ne pouvaient, comme les vieux soldats, être réunis
« dans un même édifice. Les ports réclamaient leurs tra-
« vaux, que l'âge le plus avancé ne saurait interrompre.
« Il fallait qu'après avoir consacré leur jeunesse aux ex-
« péditions lointaines et hasardeuses, ils pussent revenir
« se fixer sur quelque point de la côte, dans une activité

[1] *Recueil d'édits, arrêts, etc., 1671 à 1686*, page 73.

« paisible. C'était là qu'il convenait de leur procurer des « secours devenus plus utiles par le partage qu'ils devaient « en faire avec leurs familles.

« La caisse des invalides de la marine concilia tous ces « avantages. L'édit de création, présenté au Roi par Col- « bert en 1674 (6 octobre), assurait au nouvel établisse- « ment un revenu spécial, et mettait à sa charge les se- « cours qui, sous le titre de *demi-solde*, étaient accordés « aux invalides de la marine [1]. »

Ces considérations, émanées d'esprits si éminents, et à des époques si diverses, suffiraient sans doute pour rappeler l'importance et l'utilité de la vieille caisse des invalides. Qu'on nous permette cependant une dernière citation.

Voici les paroles prononcées par M. Thiers, à la Chambre des députés, dans la séance du 16 avril 1846 :

« Colbert a dit : Tout homme qui travaille sur mer, « qui se livre à la navigation, a besoin de protection plus « qu'un autre....... Vous avez besoin de protection plus « que les autres, vous serez protégés; mais j'exige de « vous que vous soyez sans cesse sous la main du Gouver- « nement : si vous réclamez de ma part plus de protec- « tion, de votre côté, vous rendrez plus de services!

« Telle est l'admirable pensée qu'a eue Colbert, pen- « sée qu'on a quelquefois méconnue, mais qui, avec le « temps, a fini par prévaloir.

« Colbert a ajouté : Si je prends votre vie, en revanche

[1] *Écrits divers*, page 26.

« je suis votre père nourricier, j'institue la caisse des in-
« valides, qui n'existe nulle part. Quand vous serez vieux,
« quand vous serez devenus infirmes au service, je pour-
« voirai à vos besoins; si vous avez une femme et des
« enfants qui, pendant vos longues absences, manquent
« de pain, la caisse des invalides leur en donnera.

« Telle a été cette institution de paternité, ou plutôt
« de maternité, qui est le contre-poids de l'inscription
« maritime [1]. »

[1] *Moniteur* du 17 avril 1846, page 977.

CAISSE DES INVALIDES

DE LA MARINE.

29 janvier 1568. — Règlement de Charles IX sur les bris et naufrages.

Hydrographie du P. Fournier, livre VI, page 330.

1er février 1650. — Déclaration portant règlement sur le fait de la navigation, armement des vaisseaux et des prises qui se font en mer.

Nouveau code des prises, tome Ier, page 30.

Décembre 1659. — Lettres patentes portant établissement de commissaires pour juger les prises[1].

Nouveau code des prises, tome Ier, page 43.

19 avril 1670. — Ordonnance pour l'enrôlement général des matelots.

Cette ordonnance porte : « Quant à ceux qui se trouveront « estropiés à l'occasion du service de Sa Majesté, elle veut aussi « qu'il leur soit payé, leur vie durant, deux écus par mois dont « elle fera les fonds sur ses états. »

6 juin 1672. — Instruction pour la procédure des prises.

Édits, déclarations, etc. page 519. — *Code des armées navales*, page 189

5 décembre 1672. — Ordonnance portant que les vaisseaux corsaires ennemis qui seront pris par les armateurs français leur

[1] Voir l'arrêté du 6 germinal an VIII.

appartiendront entièrement, et qu'en outre il leur sera payé cinq cents livres pour chaque pièce de canon.

Recueil d'édits, arrêts, etc. 1634 à 1670, page 327. — *Édits, déclarations, etc.* page 524. — *Code des armées navales,* page 192.

23 septembre 1673. — Règlement qui prescrit une retenue de 6 deniers pour livre sur les appointements et solde de tous les officiers généraux de marine, officiers particuliers des vaisseaux et solde des équipages[1], pour la subsistance, entretien et récompense des officiers mariniers, matelots et soldats qui seront estropiés en servant sur les armées navales, escadres ou vaisseaux de guerre. — Création d'un hôpital général de la marine dans chacun des ports de Toulon et de Rochefort.

Édits, déclarations, etc. page 397. — *Code des armées navales,* page 160.

23 février 1674. — Ordonnance portant règlement sur les procédures, ventes et adjudications des prises adjugées au Roi.

Édits, déclarations, etc. page 538. — *Code des armées navales,* page 196.

vril 1674. — Ordonnance du Roi pour l'établissement de l'hôtel des Invalides.

Recueil d'édits, arrêts, etc. 1671 à 1686, page 73.

6 juin 1674. — Ordonnance portant défense aux capitaines commandant les vaisseaux de Sa Majesté de laisser ou envoyer aucune des prises qu'ils pourront faire dans les pays étrangers.

Édits, déclarations, etc. page 543. — *Code des armées navales,* page 198.

[1] Les retenues en faveur des invalides de la marine, sur la solde, les salaires et les prises faites sur l'ennemi, ont été principalement déterminées par les actes ci-après, successivement rappelés dans le cours du présent travail : Arrêts du conseil des 26 février 1691 et 31 mars 1703. — Édits de mai 1709 et mars 1713. — Déclaration du Roi du 23 juillet 1713. — Édit de juillet 1720. — Arrêt du 23 juin 1759. — Ordonnance du 28 avril 1760. — Loi du 13 mai 1791. — Décrets des 22 vendémiaire an II et 9 messidor an III. — Arrêtés des 27 nivôse et 9 ventôse an IX, 3 brumaire, 19 frimaire, 28 pluviôse et 2 prairial an XI. — Et ordonnances des 22 mai 1816 et 9 octobre 1837.

25 août 1674. — ORDONNANCE portant que toutes les procédures concernant les prises, et ventes des marchandises provenant d'icelles, seront faites à la requête des procureurs du Roi ès siéges d'amirauté, et à la diligence des contrôleurs de marine.

Édits, déclarations, etc. page 544. — *Code des armées navales,* page 198.

5 octobre 1674. — RÈGLEMENT sur les conditions auxquelles les vaisseaux de l'État pourront être armés en course par les armateurs particuliers.

Édits, déclarations, etc. page 545. — *Code des armées navales,* page 199. — *Nouveau code des prises,* tome Ier, page 64.

6 octobre 1674. — RÈGLEMENT pour la police générale des arsenaux de marine.

. . . .

Titre XIV, article 1er. « Sa Majesté ayant pourvu, par son règlement du mois de septembre de l'année 1673, aux fonds « nécessaires pour l'établissement d'un hôpital général dans chacun des deux arsenaux de Rochefort et de Toulon[1] . . . ., « elle veut qu'à l'avenir les officiers, matelots et soldats servant « sur ses vaisseaux, et qui seront estropiés à son service, soient « secourus et soulagés des fonds et revenus qui seront attachés « auxdits hôpitaux et dépendant d'eux. »

Édits, déclarations, etc. page 93. — *Code des armées navales,* page 42.

7 août 1675. — ORDONNANCE pour la subsistance des femmes et familles des officiers mariniers, matelots et soldats embarqués[2].

Édits, déclarations, etc. page 767. — *Code des armées navales,* page 152.

[1] Voir le titre *Service de santé.*

[2] Cette ordonnance permettait aux marins de déléguer à leurs familles jusqu'à concurrence du tiers de leur solde. C'est là l'origine des payements qui, sous le nom de *mois de famille,* s'exécutent encore aujourd'hui dans les quartiers des classes, par l'entremise de l'établissement des invalides.

22 juillet 1676. — Règlement sur le sujet de la procédure des prises qui seront faites en mer.

Édits, déclarations, etc., page 548. — *Code des armées navales*, page 200.

8 novembre 1685. — Ordonnance qui accorde aux armateurs le tiers des prises faites par les vaisseaux de l'État qui leur auront été prêtés.

Nouveau code des prises, tome Ier, page 109.

21 octobre 1688. — Règlement au sujet des prises qui seront faites en mer pendant la guerre.

Code des armées navales, page 206.

15 avril 1689. — Ordonnance de Louis XIV pour les armées navales et arsenaux de marine[1].

. . . .

Livre VIII. *De l'enrôlement, levée, distribution, payement et récompense des officiers mariniers, matelots et autres gens de mer servant sur les vaisseaux de Sa Majesté.*

Livre IX. *Des appointements, tables, valets des officiers et solde des équipages.*

. . . .

Livre XXII. *Des prises.*

Code des armées navales, page 207. — *Annales maritimes de 1847*, page 91.

[1] Par cette ordonnance fondamentale, qui organisait tout le service militaire et administratif de la marine, les invalides obtinrent une amélioration notable. Il fut réglé qu'en attendant leur admission aux hôpitaux, qui devaient être établis exclusivement pour eux à Rochefort et à Toulon (mais qui ne l'ont jamais été), les marins invalides recevraient, au lieu de deux écus par mois seulement, une demi-solde ou moitié de leur paye d'activité au service. Telle est l'origine du nom de *demi-soldes* que ces pensions ont toujours conservé, bien que, par l'augmentation survenue dans les tarifs de solde à la mer, les pensions dites demi-soldes soient loin aujourd'hui de représenter la moitié de la paye dont les titulaires ont joui pendant leur activité.

(*Exposé préparatoire de l'établissement des invalides.* — 1831, page 6.)

20 juin 1689. — ORDONNANCE qui déclare nulles les ventes faites par les matelots des parts qu'ils avaient dans les prises.

Nouveau code des prises, tome Ier, page 128.

27 novembre 1689. — ORDONNANCE et règlement concernant les avances, le payement des parts des matelots dans les prises et leurs loyers en course, et qui fixent le délai dans lequel les armateurs seront tenus de payer les matelots de leurs parts de prises.

Nouveau code des prises, tome Ier, page 132.

29 mai 1690. — ARRÊT du conseil qui adjuge à l'hôpital de Saint-Malo un denier pour livre sur les prises conduites en ce port.

Nouveau code des prises, tome Ier, page 135.

26 février 1691. — ARRÊT du conseil statuant qu'un prélèvement de trois deniers pour livre, sur les produits de prises conduites dans certains ports de Bretagne et de Normandie, sera affecté au rachat des gens de mer tombés aux mains des Barbaresques[1].

Nouveau code des prises, tome Ier, page 137.

5 décembre 1691. — RÈGLEMENT pour faire remettre les vaisseaux de l'État, prêtés aux particuliers pour la course, en état de naviguer, et les faire jouir en entier des prises qu'ils feront.

Nouveau code des prises, tome Ier, page 143.

16 août 1692. — Instruction pour les prises.

Valin, tome II, page 313.

3 septembre 1692. — ORDONNANCE qui attribue aux officiers et équipages des vaisseaux de l'État un dixième dans les prises qu'ils feront[2].

Valin, tome II, page 387. — *Nouveau code des prises*, tome Ier, page 159.

[1] Voir l'arrêt du 31 mars 1703.

[2] Extrait de l'ordonnance du 3 septembre 1692 :

« Sa Majesté, voulant exciter les officiers commandant ses vaisseaux à

5 mai 1693. — ORDONNANCE qui défend aux commissaires de la marine de prendre aucun intérêt dans les armements en course.

Valin, tome II, page 229.

25 novembre 1693. — RÈGLEMENT sur les avances qui seront faites aux officiers, matelots et soldats des vaisseaux armés en course et les parts qui doivent revenir à chacun, des prises faites sur les ennemis.

Valin, tome II, page 230. — *Recueil d'édits, arrêts, etc. 1687 à 1699* page 201. — *Nouveau code des prises*, tome Ier, page 178.

6 octobre 1694. — ORDONNANCE portant que, lorsqu'il aura été accordé des vaisseaux de l'État à des particuliers pour armer en course, le cinquième des prises appartiendra à Sa Majesté, après qu'on en aura distrait, sur la totalité, le dixième de l'amiral.

Nouveau code des prises, tome Ier, page 193. — *Recueil d'édits, arrêts, etc. 1687 à 1699*, page 231.

9 mars 1695. — LETTRES PATENTES portant établissement du conseil des prises.

Valin, tome II, page 315.

29 octobre 1695. — ARRÊT qui défend aux officiers du Roi de s'associer avec les corsaires dans les prises.

Valin, tome II, page 408.

« garder leur croisière avec plus d'application, et chercher les occasions « de faire des prises sur les ennemis de l'État et interrompre leur com« merce, elle a estimé qu'il n'y avait pas de moyen plus sûr que de leur « accorder une part dans les prises qu'ils feront, étant persuadée qu'ils « réussiront dans leur course avec plus de succès lorsqu'ils y seront en« gagés par la voix de leur devoir et de leur intérêt particulier, et qu'ils « retiendront aussi les équipages et les empêcheront avec plus de facilité « de divertir les marchandises des prises : pour cet effet, etc. . . . . »

. . . .

NOTA. Voir une autre ordonnance du 6 décembre 1702, renouvelant cette concession.

6 mars 1696. — ARRÊT qui règle les contestations qui surviennent entre les réclamateurs des vaisseaux pris, et les armateurs qui en ont fait la prise.

Recueil d'édits, arrêts, etc. 1687 à 1699, page 289.

12 mai 1696. — ORDONNANCE touchant la manière de juger les vaisseaux qui échouent ou qui sont portés aux côtes de France par tempête ou autrement.

Recueil d'édits, arrêts, etc. 1687 à 1699, page 295.

20 juin 1702. — ARRÊT portant règlement sur les prises faites en mer et les échouements, pendant la guerre, et sur les marchandises qui en proviendront.

Recueil d'édits, arrêts, etc., 1703 à 1708, page 323.

6 décembre 1702. — ORDONNANCE qui accorde un dixième aux capitaines, officiers et équipages des vaisseaux de Sa Majesté dans les prises des bâtiments marchands qu'ils feront pour son compte[1].

Index des ordonnances de la marine, tome Ier, page 14. — *Nouveau code des prises,* tome Ier, page 265.

24 mars 1703. — ARRÊT portant règlement sur les prises et échouements.

Recueil d'édits, arrêts, etc. tome XXXVIII, page 399.

31 mars 1703. — ARRÊT qui ordonne la levée de 3 deniers pour livre, sur toutes les marchandises des prises, au profit des matelots qui auront été estropiés sur les vaisseaux armés en course.

Recueil d'édits, arrêts, etc. 1703 à 1708, pages 5 et 7.

23 juillet 1704. — RÈGLEMENT pour les prises faites en mer, et pour assurer la navigation des états neutres et alliés, pendant la guerre.

Valin, tome II, page 248.

[1] Voir l'ordonnance citée plus haut, du 3 septembre 1692.

1er octobre 1705. — ORDONNANCE portant que les corsaires qui sortiront avec les vaisseaux de l'État ou qui les joindront à la mer, auront part dans les prises, etc.

Nouveau code des prises, tome Ier, page 299.

27 janvier 1706. — RÈGLEMENT concernant le partage des prises.

Nouveau code des prises, tome Ier, page 320.

Mai 1709. — ÉDIT ramenant de 6 à 4 deniers pour livre, la retenue prescrite par le règlement du 23 septembre 1673, sur la solde des officiers et marins au service du Roi, et portant que cette retenue sera étendue à tout le personnel de l'ordre civil et aux ouvriers des arsenaux, comme aux gages et salaires payés par les armateurs dans la marine marchande. — Établissant une prestation équivalente pour les marins naviguant à *la part*. — Élevant de 3 à 4 deniers pour livre le prélèvement sur la vente des prises.

Recueil d'édits, arrêts, etc. 1709 à 1713, page 1.

1er juillet 1709. — ORDONNANCE qui remet le cinquième que le Roi s'était réservé, sur les prises faites par les vaisseaux de l'État prêtés aux particuliers pour armer en course.

Nouveau code des prises, tome Ier, page 339.

25 septembre 1709. — LETTRE du roi Louis XIV, concernant la punition du pillage des prises.

Valin, tome II, page 294.

Décembre 1709. — ÉDIT portant création, dans les ports et havres du royaume, d'offices de gardes dépositaires et receveurs des parts de prises, intérêts, effets, etc., appartenant aux officiers mariniers, matelots et passagers[1].

Archives de la marine. — *Nouveau code des prises*, tome Ier, page 347.

[1] Voir l'édit de décembre 1712.

30 août 1710. — ORDONNANCE pour régler ce qui concerne les prises faites par les armateurs.

Recueil d'édits, arrêts, etc., 1709 à 1713, page 97.

15 octobre 1710. — RÈGLEMENT pour les fonctions des trésoriers et contrôleurs particuliers des invalides de la marine, conformément à l'édit de mai 1709.

Archives de la marine.— Recueil d'édits, arrêts, etc. 1709 à 1713, page 102.

5 décembre 1712. — DÉCLARATION du Roi pour constituer les récépissés des trésoriers généraux de la marine et des galères, en rentes sur la ville de Paris, en faveur des invalides de la marine.

Archives de la marine.

5 décembre 1712. — DÉCLARATION du Roi concernant les 4 deniers pour livre sur les dépenses de la marine et des galères, invalides et autres.

Archives de la marine.

Décembre 1712. — ÉDIT portant suppression des offices de gardes dépositaires et receveurs des parts de prises et effets appartenant à ceux qui sont embarqués sur les vaisseaux armés en course ou pour le commerce, et création, dans chaque siége d'amirauté, d'un office de conseiller du Roi commissaire-receveur-garde et dépositaire des vaisseaux et bâtiments des prises qui se feront en mer, de ceux qui échoueront et feront naufrage, etc. [1].

Recueil d'édits, arrêts, etc. 1709 à 1713, page 287. — *Nouveau code des prises*, tome 1er, page 357.

Mars 1713. — ÉDIT portant de 4 à 6 deniers pour livre la retenue sur les salaires des marins naviguant pour le commerce, et sur les produits des prises, et étendant, à toutes les dépenses de la marine et des colonies, la retenue de 4 deniers pour livre, établie sur les dépenses du personnel.

Nouveau code des prises, tome 1er, page 371.

23 juillet 1713. — DÉCLARATION du Roi augmentant, dans la pro-

[1] Voir l'édit d'octobre 1716.

portion des retenues prescrites sur les salaires des marins du commerce naviguant *à la paye*, c'est-à-dire au mois ou au voyage, les retenues à faire aux marins qui naviguent *à la part*.

Archives de la marine.—Recueil d'édits, arrêts, etc. 1709 à 1713, page 297.

25 décembre 1713. — Arrêt qui, pour abréger les procédures des trésoriers ou contrôleurs des invalides, ou de leurs préposés, les autorise à faire sans permission de justice, commandement aux débiteurs desdits invalides de payer, dans la huitaine, et, à défaut, de saisir les biens des débiteurs devant les amirautés tenues d'y faire droit.

Archives de la marine.— Recueil d'édits, arrêts, etc. 1709 à 1713, page 396.

11 avril 1714. — Ordonnance portant que les comptes des trésoriers particuliers des invalides seront arrêtés par ceux que Sa Majesté commettra à cet effet.

24 septembre 1714. — Arrêt qui ordonne que le dixième de toutes les prises, généralement quelconques, faites en deçà du cap de Bonne-Espérance, sera payé à l'amiral, et celui des prises faites au delà du cap, à la compagnie des Indes.

Archives de la marine. — Nouveau code des prises, tome Ier, page 373.

Octobre 1716. — Édit portant suppression des offices de commissaires-receveurs-gardes-dépositaires, créés par l'édit de 1712.

Recueils d'édits, arrêts, tome III, page 304.

25 juin 1718. — Ordonnance qui exempte à perpétuité les invalides de la marine et des galères, du payement de la capitation, à commencer du 1er janvier 1718. (Confirmée par l'édit de 720.)

Index des ordonnances de la marine, tome Ier, page 311.

12 février 1719. — Règlement du Roi pour l'établissement d'un conseil des prises [1].

Recueil d'édits, arrêts, etc., tome IX, page 88.

[1] Voir l'arrêté du 6 germinal an VIII.

Juillet 1720. — Édit du Roi concernant les invalides de la marine[1].

Valin, tome Ier, page 727. — *Recueil d'édits, arrêts, etc.* tome XII, page 3.

15 septembre 1720. — Arrêt concernant le remboursement des contrats de rentes sur l'Hôtel de ville de Paris appartenant aux invalides.

Archives de la marine.

30 décembre 1720. — Déclaration du Roi, en interprétation de l'édit du mois de juillet dernier, concernant les invalides de la marine.

Valin, tome II, page 746. — *Recueil d'édits, arrêts, etc.* tome XII, p. 571.

18 janvier 1721. — Déclaration du Roi interprétative de certaines prescriptions de l'édit de 1720, relatives aux décomptes de solde, parts de prises et successions non réclamées.

12 juillet 1722. — Déclaration du Roi relative aux effets des gens de mer morts sans tester sur les vaisseaux armés pour le commerce ou pour la course.

Valin, tome Ier, page 742. — *Recueil d'édits, arrêts, etc.* tome XV, page 25.

[1] Après avoir coordonné toutes les dispositions des actes antérieurs déjà nombreux, cet édit organisa le système de la comptabilité des invalides sur des bases généralement excellentes : le titre Ier maintient tous les revenus de l'établissement; le titre II est dirigé contre les obstacles que l'intérêt personnel opposait, dans les premiers temps, à la recherche et au versement à la caisse des sommes dues aux marins absents ou décédés..... En ce qui touche l'emploi des revenus, les titres III et IV règlent qu'ils continueront d'être affectés au payement des pensions des officiers de vaisseau, des intendants et autres officiers des ports et arsenaux, comme aussi au payement de la demi-solde, tant des officiers mariniers, matelots, soldats et ouvriers des vaisseaux et des arsenaux, que des marins employés par les négociants et armateurs. (*Exposé préparatoire de l'établissement des invalides,* 1831, p. 10 et 11.)

9 juin 1723. — DÉCLARATION du Roi en interprétation des édits de mai 1709, mars 1713 et juillet 1720, concernant les invalides de la marine.

Recueil d'édits, arrêts, etc., tome XVI, page 591.

3 avril 1724. — ARRÊT qui déclare n'avoir prétendu assujettir à la retenue des quatre deniers pour livre des invalides, les taxations casuelles dont jouissaient les trésoriers généraux de la marine et des galères, et que leurs gages y demeurent seulement assujettis.

Archives de la marine.

23 décembre 1726. — ORDRE du Roi pour dispenser de la retenue des quatre deniers pour livre, les sommes employées à l'achat des chanvres tirés de Bretagne.

Archives de la marine.

23 février 1733. — LETTRE du ministre qui prescrit aux trésoriers de joindre, à chaque semestre, aux projets de demi-soldes, un rôle des invalides qui ne se sont pas présentés au payement, et un autre rôle détaillé des morts pendant le semestre.

Index des ordonnances de la marine, tome I, page 250.

3 novembre 1733. — RÈGLEMENT du Roi pour l'établissement d'un conseil des prises [1].

Recueil d'édits, arrêts, etc., tome XXXVIII, page 385.

15 juin 1735. — DÉCLARATION royale relativement au sauvetage des navires coulés près des côtes et dans les rades et rivières du royaume ou de ses dépendances [2].

Valin, tome II, page 620.

23 août 1739. — RÈGLEMENT du Roi pour la recherche des soldes et produits d'inventaires des gens de mer qui meurent sans tester pendant leurs voyages sur les bâtiments marchands, de

[1] Voir l'arrêté du 6 germinal an VIII.

[2] Voir les instructions du 20 avril 1841.

même que des effets et hardes des passagers qui meurent sur lesdits bâtiments, et des produits des débris et naufrages revenant aux invalides.

Archives de la marine. — *Index des ordonnances de la marine*, tome Ier, page 289. — *Valin*, tome II, page 443.

26 août 1743. — ÉDIT concernant le dixième de l'amiral de France sur les prises faites en mer.

Valin, tome II, page 378. — *Nouveau code des prises*, tome Ier, page 445.

23 avril 1744. — RÈGLEMENT du Roi pour l'établissement du conseil des prises, et par lequel l'instruction des procédures de toutes les prises faites par les escadres du Roi ou ses vaisseaux particuliers est dévolue aux officiers de l'amirauté, ainsi que celle des échouements, etc.[1].

Valin, tome II, page 317.

21 octobre 1744. — RÈGLEMENT concernant les prises des vaisseaux neutres[2].

Valin, tome II, page 250. — *Recueil d'édits, arrêts, etc.*, tome LX *bis*, page 194.

30 août 1745. — ARRÊT concernant la retenue des six deniers pour livre à prendre sur les prises, en faveur des invalides de la marine.

Valin, tome II, page 386. — *Recueil d'édits, arrêts, etc.* tome LXI, page 125.

31 décembre 1746. — ARRÊT qui attribue la moitié des six deniers pour livre affectés aux invalides de la marine, aux deux hôpitaux de Saint-Malo, dans les prises amenées en ce port.

Nouveau code des prises, tome Ier, page 520.

[1] Voir l'arrêté du 6 germinal an VIII.

[2] Voir au titre *Inscription maritime* le règlement du Roi du 26 juillet 1778, concernant la navigation des bâtiments neutres en temps de guerre.

2 juin 1747. — Règlement concernant les parts, portions d'intérêt et dixièmes non réclamés appartenant aux officiers et équipages des bâtiments armés en course, dans les prises qu'ils ont faites sur les ennemis de l'État.

Valin, tome II, page 410. — *Archives de la marine.*

5 mars 1748. — Déclaration portant la suspension du dixième de l'amiral, sur les prises faites en mer et autres encouragements pour la course [1].

Valin, tome II, page 379. — *Nouveau code des prises*, tome Ier, page 523.

5 novembre 1748. — Arrêté qui ordonne que les navires ennemis pris par les vaisseaux de l'État ou par des bâtiments particuliers armés en course, recous par les ennemis et repris ensuite sur eux, appartiendront en entier au dernier preneur.

Nouveau code des prises, tome Ier, page 532.

13 avril 1754. — Lettre du ministre qui oblige les trésoriers des invalides à rapporter, à chaque reddition de compte, un certificat de vie de leurs cautions.

Index des ordonnances de la marine, tome III, page 341.

15 mai 1756. — Déclaration du Roi portant suspension du dixième de l'amiral et autres encouragements pour la course.

Valin, tome II, page 382. — *Recueil d'édits, arrêts, etc.* tome LXXIX, page 286. — *Nouveau code des prises*, tome Ier, page 541.

15 juin 1757. — Ordonnance concernant les prises faites par les vaisseaux, frégates et autres bâtiments de Sa Majesté.

Valin, tome II, page 388. — *Recueil d'édits, arrêts, etc.* tome LXXXI, page 455. — *Nouveau code des prises*, tome Ier, page 002.

[1] Le dixième de l'amiral, établi par divers règlements, notamment par l'ordonnance de 1681 (livre III, titre IX, article 32), a été de nouveau suspendu par la déclaration du 15 mai 1756, et supprimé ensuite à perpétuité par l'édit du mois de septembre 1758.

Septembre 1758. — ÉDIT portant suppression à perpétuité du droit de dixième sur les prises et conquêtes faites en mer, attribué à la charge d'amiral de France.

Valin, tome II, page 390. — *Nouveau code des prises*, tome Ier, page 612.

23 juin 1759. — ARRÊT concernant la retenue des six deniers pour livre, à prendre sur les prises en faveur des invalides de la marine.

Nouveau code des prises, tome Ier, page 623.

3 janvier 1760. — ORDONNANCE concernant les prises faites par les vaisseaux.

Valin, tome II, page 391.

28 avril 1760. — ORDONNANCE qui attribue aux invalides de la marine le tiers du produit net des prises, quand ce tiers ne sera pas assez considérable pour pouvoir en faire la répartition et la remise dans les quartiers.

Recueil d'édits, arrêts, etc., tome LXXXIX, page 58. — *Nouveau code des prises*, tome Ier, page 630.

Février 1762. — ÉDIT du Roi portant création de trente mille rentes viagères ou actions de tontines de quarante livres chacune, avec accroissement, en faveur des matelots français et étrangers.

Recueil d'édits, arrêts, etc. tome XCIII, page 33. — *Archives de la marine.*

6 août 1763. — ARRÊT concernant les parts, portions d'intérêts et dixièmes, non réclamés, appartenant aux officiers et équipages des bâtiments armés en course, dans les prises qu'ils ont faites sur les ennemis de l'État; et la recherche des soldes et produits d'inventaire des gens de mer qui meurent sans tester pendant leurs voyages sur les navires marchands.

Nouveau code des prises, tome Ier, page 671.

20 octobre 1764. — RÈGLEMENT portant que la taxe relative aux bateaux de pêche du quartier de la Hougue aurait pour base, au lieu du personnel, le tonnage de ces bateaux [1].

[1] Système adopté quarante ans plus tard, d'une manière générale, pour cette sorte de navigation.

10 janvier 1770. — DÉCLARATION du Roi concernant les naufrages et échouements.

Annales maritimes de 1843, page 622.

28 mars 1778. — ORDONNANCE concernant le partage des prises faites sur l'ennemi par les bâtiments de l'État.

Recueil d'édits, arrêts, etc. tome CXXVI, page 278. — *Nouveau code des prises*, tome II, page 13.

7 janvier 1779. — DÉCLARATION du Roi concernant les pensions de l'État, et portant que ces pensions sont insaisissables et incessibles [1].

Walker, tome V, page 50. — *Pailliet*, page 573.

8 novembre 1779. — RÈGLEMENT concernant les prises qui seront conduites dans les ports étrangers, et les formalités que doivent remplir les consuls qui y sont établis.

Nouveau code des prises, tome II, page 139.

1er juin 1782. — RÈGLEMENT du Roi concernant la recette et l'emploi des fonds dont la remise se fait dans les quartiers des classes, pour le payement des salaires et des conduites des gens de mer.

Walker, tome V, page 193.

15 décembre 1782. — ARRÊT concernant les armateurs en retard de payer les parts appartenant aux équipages des bâtiments armés en course, dans les prises qu'ils ont faites sur les ennemis de l'État.

Walker, tome V, page 215. — *Pailliet*, page 629. — *Nouveau code des prises*, tome II, page 457.

15 janvier 1783. — ARRÊT portant défense à tous capitaines ou commandants des bâtiments armés en course, de revendre à la mer, à des ennemis de l'État, les prises qu'ils auront faites sur eux.

Nouveau code des prises, tome II, page 467.

[1] Voir la loi du 22 floréal an VII, l'arrêté du 7 thermidor an X et l'ordonnance du 27 août 1817.

31 octobre 1784.—ORDONNANCE du Roi concernant les classes[1].

Annales maritimes de 1836, page 321.

12 novembre 1784.—DÉCISION ministérielle sur les taxations des trésoriers des invalides, caissiers des gens de mer.

Janvier 1786.—INSTRUCTION relative aux payements que l'on fait aux invalides de la marine, retirés dans les différentes généralités.

Supplément à la collection du Journal militaire, tome Ier, page 586.

1er juillet 1786.—RÈGLEMENT du Roi concernant les effets des bas officiers, des soldats et des canonniers-matelots de la marine et des colonies, qui meurent au service du Roi sans tester; les parts de prises et les gratifications non réclamées par les familles de ces mêmes officiers, et les parts de prises des bas officiers et soldats morts ou déserteurs, ou qui, ayant été congédiés, n'auraient pas réclamé ce qui leur appartient depuis leur réforme.

Walker, tome V, page 419. — *Pailliet,* page 703.

15 décembre 1786. — RÈGLEMENT du Roi concernant les salaires dus aux matelots, ouvriers, journaliers et autres personnes employées au service des ports, lesquelles se trouvent absentes, lorsque les payements sont ouverts.

Recueil d'ordonnances et de décisions sur la marine, tome IV, page 235.— *Walker,* tome V, page 432.— *Pailliet,* page 710.

[1] L'ordonnance sur les classes, du 31 octobre 1784, après avoir fait connaître les obligations des gens de mer, depuis l'âge de dix-huit ans jusqu'à soixante ans, spécifie les récompenses qui, en retour, leur seraient accordées et garanties ; c'est l'objet des titres XV, XVI et XVII. Les titres XV et XVII confirment avec extension le droit que les gens de mer et leurs familles auront d'obtenir, soit des demi-soldes ou pensions après un temps fixé de services, ou lorsqu'ils auront été tués ou blessés, soit, en d'autres cas, des gratifications et secours; le tout imputable sur la caisse des invalides.

(*Exposé préparatoire de l'établissement des invalides,* 1831, page 17.)

24 juin 1788. — Règlement concernant les pensions de retraite du département de la marine.

15 août 1790. — Décret concernant les réclamations que pourraient avoir à faire les gens de mer, relativement aux comptes de solde et de part de prises.

Recueil des lois de la marine, tome Ier, page 105. — *Journal militaire de 1790*, page 193. — *Nouveau code des prises*, tome III, page 12.

22 août 1790. — Loi relative aux pensions et gratifications [1].

Recueil des lois de la marine, tome Ier, page 87.

26 novembre 1790. — Instruction sur le payement des invalides de la marine.

Supplément à la collection du Journal militaire, tome Ier, page 585.

25 décembre 1790. — Décret relatif aux retraites des sous-officiers et soldats.

Recueil des lois de la marine, tome Ier, page 211. — *Journal militaire de 1790*, page 621.

13 mai 1791. — Loi relative à l'établissement des invalides de la marine.

. . . .

Titre Ier. Maintenant les retenues de 4 deniers pour livre sur

[1] La loi du 22 août 1790, adoptée après une belle et forte discussion, est la charte des récompenses publiques. Elle est une des conséquences les plus logiques et les plus intimes du régime nouveau fondé par notre première révolution.

Elle établit le principe des pensions;

Elle le rend universel;

Elle l'applique aux armées de terre et de mer, à la magistrature, aux fonctions civiles, en un mot, à tous ceux qui servent l'État.

. . . .

(*Écrits divers* de P. L. Boursaint. — *Note sur les caisses dites de retenue*, 1833, page 244.)

Voir, en outre, ci-après, le décret interprétatif du 22 août 1791, et la note de l'arrêté du 11 fructidor an XI.

toutes les dépenses de la marine et des colonies, et de 6 deniers pour livre sur les gages des marins employés au commerce. — Prescrivant la même retenue de 6 deniers pour livre sur les bénéfices des marins qui naviguent à la part. — Modifiant, dans quelques parties, les prélèvements à faire sur les produits de prises.

Les autres titres de la loi du 13 mai 1791 déterminent les règles pour l'obtention des pensions et des demi-soldes sur la caisse des invalides[1].

Recueil des lois de la marine, tome Ier, page 427. — *Journal militaire de 1791*, page 573.

22 août 1791. — DÉCRET concernant l'exécution du nouveau tarif

[1] Nous croyons devoir reproduire la note suivante, récemment insérée au *Bulletin des lois :*

« Les pensions viagères dites *demi-soldes*, réglées d'après la loi du « 13 mai 1791 et les actes subséquents, s'obtiennent pour ancienneté, « aux conditions suivantes :

« Par les marins et ouvriers naviguants, à cinquante ans d'âge et après « trois cents mois de services mixtes à l'État ou sur les bâtiments de « commerce et les bateaux de pêche;

« Et par les ouvriers de profession, à cinquante ans d'âge et vingt- « cinq années de services effectifs dans les ports et arsenaux, et dans les « forges et fonderies royales de la marine.

« Le chiffre de ces pensions est basé sur la paye au service de l'État, « et conformément au tarif annexé à la loi du 13 mai 1791.

« Les demi-soldiers ont droit, en outre, à un traitement annuel de 24 « ou de 36 francs, suivant la classe à laquelle ils appartiennent, pour « chacun de leurs enfants au-dessous de dix ans.

« A soixante ans d'âge, depuis l'ordonnance du 5 octobre 1844, ou « pour cause d'aggravation d'infirmités, les demi-soldiers obtiennent un « supplément de 72 francs ou de 108 francs par an, suivant la classe.

« Les veuves ayant droit à pension, d'après la loi précitée du 13 mai « 1791, obtiennent la moitié de la demi-solde simple dont leur mari « était titulaire ou qu'il aurait pu obtenir; plus, le traitement annuel de « 24 ou de 36 francs par an, dont il est parlé plus haut. »

NOTA. Quant aux officiers, maîtres entretenus, ouvriers naviguants

des droits d'entrée et de sortie, dans les relations du royaume avec l'étranger.

. . . .

Titre VII. *Des marchandises qui seront sauvées des naufrages.*

Recueil des lois de la marine, tome II, page 209.

22 août 1791. — DÉCRET portant interprétation de plusieurs articles de la loi du 22 août 1790, relative aux pensions.

Recueil des lois de la marine, tome II, page 275.

8 juin 1792. — LOI confirmant les dispositions antérieurement arrêtées et relatives à la comptabilité de la caisse des invalides de la marine.

Recueil des lois de la marine, tome II, page 456.

13 janvier et 6 février 1793. — DÉCRETS portant que la valeur totale des bâtiments marchands qui seront pris par les vaisseaux de la nation sera partagée entre l'équipage qui aura fait la capture.

Recueil des lois de la marine, tome III, page 299.

14 février 1793. — DÉCRET relatif au jugement des contestations qui pourront s'élever sur les prises faites par les vaisseaux de l'État ou par les corsaires.

Recueil des lois de la marine, tome III, page 307.

1er octobre 1793. — DÉCRET déterminant le mode de répartition des prises faites par les vaisseaux de la République, et disposant, article 1er, que la valeur totale des vaisseaux, frégates et

et autres des divers corps, qui réunissent le temps voulu pour la pension de retraite proprement dite (soit vingt-cinq ans de service entièrement à l'État, soit des blessures), ensemble les veuves de cette catégorie, on leur applique la loi du 18 avril 1831, sur les pensions de l'armée de mer, qui a été calquée sur la loi du 11 avril, concernant les pensions de l'armée de terre.

autres bâtiments de guerre pris sur l'ennemi sera partagée entre l'équipage qui aura fait la capture.

Recueil des lois de la marine, tome IV, page 137. — *Journal militaire de l'an II*, page 19. — *Nouveau code des prises*, tome III, page 97.

22 vendémiaire an II (13 octobre 1793). — DÉCRET qui supprime la retenue de 4 deniers pour livre sur les dépenses de la marine, et remplace cette retenue par un supplément annuel de fonds à accorder par la République.

Recueil des lois de la marine, tome IV, page 175. — *Journal militaire de l'an II*, page 44.

7 germinal an III (27 mars 1795). — DÉCRET qui détermine la manière de compter aux militaires ou marins les campagnes de guerre hors d'Europe.

Recueil des lois de la marine, tome V, page 216.

15 germinal an III (4 avril 1795). — DÉCRET concernant les pensionnaires et les invalides de la marine.

Recueil des lois de la marine, tome V, page 223.

14 floréal an III (3 mai 1795). — ARRÊTÉ concernant les règles à suivre pour assurer aux marins la jouissance de leurs droits sur les prises.

Recueil des lois de la marine, tome V, page 277. — *Journal militaire de l'an III*, page 867. — *Nouveau code des prises*, tome III, page 253.

9 messidor an III (27 juin 1795). — DÉCRET qui distrait de la trésorerie nationale la caisse des invalides de la marine, et qui établit, au profit de cette caisse, une prestation d'un sou pour livre, sur le produit net de toutes les prises faites par les bâtiments de la République, ainsi que sur le produit de celles faites par les armateurs du commerce.

Recueil des lois de la marine, tome V, page 353. — *Nouveau code des prises*, tome III, page 281.

14 messidor an III (2 juillet 1795). — ARRÊTÉ portant que le même individu pourra cumuler plusieurs pensions, jusqu'à concurrence de 3,000 livres.

Recueil des lois de la marine, tome V, page 360.

24 messidor an III (12 juillet 1795). — Décret portant que les fonctionnaires publics pourront provisoirement cumuler pensions et traitements, jusqu'à concurrence de 3,000 livres par an [1].

Recueil des lois de la marine, tome V, page 366.

18 thermidor an III (5 août 1795)— Arrêté relatif au versement du produit des prises à la caisse des invalides, et au mode de liquidation et de répartition desdites prises.

23 thermidor an III (10 août 1795). — Loi qui permet les armements en course et accorde une amnistie aux marins déserteurs.

Recueil des lois de la marine, tome V, page 401.— *Nouveau code des prises,* tome III, page 313. — *Bulletin des lois,* 1re série, n° 170, page 15.

3 brumaire an IV (25 octobre 1795). — Loi concernant l'inscription maritime [2].

Recueil des lois de la marine, tome VI, page 49. — *Code de l'inscription maritime,* tome Ier, page 1. — *Journal militaire de l'an IV,* page 161.

3 brumaire an IV (25 octobre 1795). — Loi concernant l'administration des prises faites sur les ennemis de la République.

Nouveau code des prises, tome III, page 351.

[1] Voir la décision du 8 messidor an XII (prohibition du cumul de plusieurs pensions). — Voir, en outre, les lois de finances des 25 mars 1817 (article 27) et 15 mai 1818 (articles 12 et 13).

[2] La loi organique du 3 brumaire an IV, sur l'institution des classes, devenue l'inscription maritime, après avoir déterminé les devoirs rigoureux imposés aux gens de mer jusqu'à l'âge de cinquante ans, fait connaître les avantages particuliers qui leur sont assurés.

L'article 28 porte : « Il sera accordé aux marins inscrits des pensions « suivant leur grade, âge, blessures ou infirmités. — Ces pensions seront « réglées sur la durée de leurs services à bord des bâtiments et dans les « arsenaux de la République et sur les navires du commerce. »

Ainsi cette loi, qui régit encore aujourd'hui le service de l'inscription maritime, a maintenu et confirmé, sous le rapport des pensions, les dispositions de tous les actes antérieurs, et notamment celles de l'ordonnance de 1784.

(*Exposé préparatoire de l'établissement des invalides,* 1831, pages 37 et 38.)

8 floréal an IV (27 avril 1796). — LOI qui prescrit la forme de procéder sur les appels en matière de prises [1].

Recueil des lois de la marine, tome VI, page 337.

12 ventôse an V (2 mars 1797). — ARRÊTÉ concernant la navigation des navires neutres chargés de marchandises appartenant aux ennemis de la République; et le jugement des contestations sur la validité des prises maritimes.

Recueil des lois de la marine, tome VII, page 193.

5 prairial an V (24 mai 1797). — ARRÊTÉ qui prescrit de nouvelles mesures pour les prises faites sur les ennemis de l'État.

Nouveau code des prises, tome III, page 431.

27 brumaire an VI (17 novembre 1797). (*Justice.*) — CIRCULAIRE relative à la solde et aux parts de prises des marins. — Dispositions prises pour assurer aux gens de mer le prix de leurs travaux et de leur dévouement.

Recueil des lois de la marine, tome VIII, page 79.

22 floréal an VII (11 mai 1799). — LOI contenant des mesures pour assurer et faciliter le payement des rentes et pensions [2].

Bulletin des lois, 2e série, n° 278, page 7.

27 thermidor an VII (14 août 1799). — ARRÊTÉ qui prescrit des mesures pour le sauvetage des bâtiments naufragés.

Recueil des lois de la marine, tome IX, page 294.

28 fructidor an VII (14 septembre 1799). — LOI sur la solde de retraite pour l'armée de terre [3].

Bulletin des lois, 2e série, n° 310, page 1.

14 brumaire an VIII (5 novembre 1799). — ARRÊTÉ qui ordonne

[1] Voir l'arrêté du 6 germinal an VIII.

[2] Voir l'arrêté du 7 thermidor an X et l'ordonnance du 27 août 1817.

[3] Voir l'arrêté du 7 brumaire an IX. (Application à la marine.)

la retenue de un décime par franc sur le produit net de toutes les prises, pour être employé au soulagement des marins français prisonniers de guerre en Angleterre.

Recueil des lois de la marine, tome IX, page 453. — *Journal militaire de l'an VIII*, page 75. — *Nouveau Code des prises*, tome III, page 607.

6 germinal an VIII (27 mars 1800). — ARRÊTÉ portant création d'un conseil des prises [1].

Recueil des lois de la marine, tome X, page 197. — *Nouveau code des prises*, tome III, page 618.

7 fructidor an VIII (25 août 1800). — ARRÊTÉ portant que l'on continuera de verser dans la caisse des invalides de la marine un décime par franc sur le produit net de toutes les prises.

Journal militaire de l'an VIII, page 867. — *Recueil des lois de la marine*, tome X, page 345. — Page 365, *Circulaire à ce sujet.*

16 fructidor an VIII (3 septembre 1800). — ARRÊTÉ portant que le président du conseil des prises jouira du supplément accordé aux présidents des sections du conseil d'État.

Recueil des lois de la marine, tome X, page 361.

7 brumaire an IX (29 octobre 1800). — ARRÊTÉ qui déclare applicable à l'armée navale, la loi du 28 fructidor an VII sur la solde de retraite pour l'armée de terre.

Recueil des lois de la marine, tome X, page 538.

27 nivôse an IX (17 janvier 1801). — ARRÊTÉ relatif au mode

[1] Cet arrêté règle la compétence du conseil, sa composition au nombre de huit membres et un président, le traitement de ces magistrats, et toutes les dispositions de détail sur l'instruction de la procédure relative aux prises. L'article 15 maintient le versement des produits de vente dans les caisses de l'établissement des Invalides.

Voir, pour la suite des actes relatifs au conseil des prises, les décrets des 8 mai 1806, 25 janvier 1807, et 8 novembre 1810, et les ordonnances des 8 et 20 juin 1814, 9 janvier et 5 septembre 1815.

d'exécution de la loi du 13 mai 1791, sur la caisse des invalides.

Cet arrêté porte que la retenue des invalides sera faite, à raison de 3 centimes par franc, sur toutes les dépenses de la marine et des colonies, comme aussi sur les gages des marins employés par le commerce, et sur les bénéfices de ceux qui naviguent *à la part*.

Recueil des lois de la marine, tome XI, page 292. — *Code de l'inscription maritime*, tome II, page 156.

9 ventôse an IX (28 février 1801). — Arrêté relatif à la répartition des prises faites par les vaisseaux et autres bâtiments de l'État [1].

Recueil des lois de la marine, tome XI, page 325. — *Code de l'inscription maritime*, tome III, page 64.

[1] Ainsi qu'on a pu le voir dans le cours du présent travail, la législation concernant les *prises* remonte à l'origine de l'établissement naval.

On lit, en effet, dans l'Hydrographie du P. Fournier, page 408, le passage suivant extrait des ordonnances de 1543 et 1584 : « Afin de donner courage aux bourgeois des nauires, qui arment pour leur compte, « de faire bastir de grands et forts vaisseaux, et iceux armer et équiper « quand besoin sera, il leur est ordonné de prendre et retenir sur la totalité des prises et butin que leurs nauires feront en mer, la quatrième « partie d'icelle, le dixième de l'amiral déduit, et du reste les auitailleurs « doiuent auoir vn quart et demy, et l'autre partie doit estre déliurée « aux mariniers et compagnons de guerre. »

En ce qui touche les droits des capteurs, voici les principaux actes qui s'y rattachent : Règlement du 1er février 1650. — Ordonnance du 5 décembre 1672. — Règlement du 5 octobre 1674. — Ordonnances du mois d'août 1681 et des 8 novembre 1685, 15 avril, 20 juin et 27 novembre 1689. — Règlement du 5 décembre 1691. — Ordonnance du 3 septembre 1692. — Règlement du 25 novembre 1693. — Ordonnances des 6 octobre 1694, 6 décembre 1702, 1er octobre 1705 et 1er juillet 1709. — Déclaration du 5 mars 1748. — Arrêté du 5 novembre même année. — Déclaration du 15 mai 1756. — Ordonnance du 15 juin 1757. — Édit du mois de septembre 1758. — Ordonnance

17 floréal an IX (7 mai 1801). — ARRÊTÉ relatif au sauvetage des bâtiments naufragés, et à la vente de ces bâtiments et des prises.

Recueil des lois de la marine, tome XI, page 401.

5 prairial an IX (25 mai 1801). — Lettre du ministre de la marine au ministre des finances, concernant les marins employés au service des douanes, et sujets à la retenue en faveur de la caisse des invalides de la marine.

Code de l'inscription maritime, tome III, page 84.

9 messidor an IX (28 juin 1801). — ARRÊTÉ portant qu'une somme de 6000 francs est accordée à l'hôpital de Rochefort,

du 28 mars 1778. — Décrets des 15 août 1790 et 1er octobre 1793. — Arrêté du 14 floréal an III.

Mais la législation qui régit aujourd'hui les prises peut se résumer en deux actes principaux :

1° L'arrêté du 9 ventôse an IX, concernant les prises faites par les bâtiments de l'État ;

2° L'arrêté du 2 prairial an XI, concernant les prises faites par les corsaires.

Le premier de ces arrêtés dispose (article 1er) que les vaisseaux, frégates et autres bâtiments de guerre ennemis qui seront pris par les vaisseaux, frégates et autres bâtiments de l'État, appartiendront en totalité aux individus composant les états-majors et équipages des bâtiments preneurs.

A l'égard des corsaires, bâtiments armés en guerre et marchandises, et navires marchands pris également par les vaisseaux et autres bâtiments de l'État, le même arrêté prescrit (article 2), qu'un tiers du produit net de la prise sera prélevé au profit de la caisse des invalides de la marine, et les deux autres tiers distribués entre les états-majors et les équipages des bâtiments capteurs.

Aux termes du second arrêté relatif aux armements en course (2 prairial an XI), la totalité des prises revient aux capteurs, sauf la retenue de cinq centimes par franc, établie par l'arrêté du 9 messidor an III, au profit de la caisse des invalides de la marine.

pour la subsistance de douze veuves et quarante orphelins de marins, ouvriers et militaires.

Recueil des lois de la marine, tome XI, page 416.

7 thermidor an X (26 juillet 1802). — ARRÊTÉ qui déclare les pensions *inaliénables et insaisissables*, et ne réserve de recours aux créanciers, que sur les décomptes payés après décès[1].

Recueil des lois de la marine, tome XII, page 400.

3 brumaire an XI (25 octobre 1802). — ARRÊTÉ convertissant en une taxe fixe, conformément à l'édit de 1720, la retenue de 3 p. o/o des invalides de la marine, réglée par l'arrêté du 27 nivôse an IX, sur les bénéfices des gens de mer naviguant à la part; augmentant d'un cinquième la taxe fixée par l'édit de 1720, pour la mettre en proportion avec la retenue de 3 p. o/o prescrite en l'an IX; augmentant, dans la même proportion, les prestations payées par les bateaux de pêche.

Recueil des lois de la marine, tome XIII, page 60.

19 frimaire an XI (10 décembre 1802). — ARRÊTÉ modifiant, en ce qui concerne les bateaux de pêche, les prestations déterminées par l'arrêté du 3 brumaire an XI; et maintenant, en ce qui touche les bénéfices des gens de mer naviguant à la part, la taxe fixe établie par le même arrêté, conformément à l'édit de 1720.

Recueil des lois de la marine, tome XIII, page 117.

19 frimaire an XI (10 décembre 1802). — ARRÊTÉ qui rejette sur la caisse des invalides de la marine les soldes de retraite et les traitements de réforme dont le payement était affecté sur les fonds de la marine.

Recueil des lois de la marine, tome XIII, page 120.

23 nivôse an XI (13 janvier 1803). — ARRÊTÉ admettant en prin-

[1] Voir l'avis du conseil d'État du 2 février 1808 et l'ordonnance du 27 août 1817.

cipe qu'on ne peut perdre, dans une position inférieure, les avantages d'un grade exercé en cours de service.

28 pluviôse an XI (17 février 1803). — ARRÊTÉ portant que la retenue des 3 centimes par franc, ordonnée par l'arrêté du 27 nivôse an IX, au profit des invalides de la marine, sera exercée sur toutes les dépenses du service de la marine dans les colonies.

Recueil des lois de la marine, tome XIII, page 196.

15 germinal an XI (5 avril 1803). — LOI relative aux pensions.

Recueil des lois de la marine, tome XIII, page 275.

8 floréal an XI (28 avril 1803). — LOI relative au mode d'admission à la solde de retraite et au traitement de réforme, dans le département de la guerre [1].

Recueil des lois de la marine, tome XIII, page 288.

15 floréal an XI (5 mai 1803). — ARRÊTÉ relatif aux pensions.

. . . .

Art. 9, relatif aux pensions dont les arrérages n'auront pas été réclamés pendant trois ans [2].

Recueil des lois de la marine, tome XIII, page 352 bis.

prairial an XI (22 mai 1803). — ARRÊTÉ contenant règlement sur les armements en course [3].

Recueil des lois de la marine, tome XIII, page 362.

11 fructidor an XI (29 août 1803). — ARRÊTÉ relatif à la solde de

[1] Voir l'arrêté du 11 fructidor an XI. (Application à la marine.)

[2] Voir l'article 135 du règlement du 17 juillet 1816.

[3] Le chapitre II de cet arrêté (articles 9 à 14) traite des *équipages*, et détermine, entre autres dispositions, le nombre de marins inscrits qui pourront être employés sur les bâtiments armés en course.

L'article 95 dispose qu'il ne sera fait, sur les prises, d'autre retenue au profit des invalides de la marine, que celle de cinq centimes par franc prescrite par la loi du 9 messidor an III.

(Voir la note de l'arrêté du 9 ventôse an IX.)

retraite et au traitement de réforme dans la marine [1]. (Application de la loi du 8 floréal an XI, rendue pour l'armée de terre.)

Recueil des lois de la marine, tome XIII, page 486.

[1] Voici ce que M. Boursaint écrivait, le 18 avril 1829, à l'un des membres de la commission du budget de la Chambre des députés :

« Avant la révolution, la pension était plutôt une grâce du Gouver« nement qu'un droit des individus. Dans cette situation, on éprouvait « peu le besoin de réglementer. Cependant, comme il fallait quelques « bases, le département de la guerre les posa de bonne heure, le départe« ment de la marine plus tard. Le premier acte, je ne dirai pas qui existe, « mais que je connaisse dans notre département, est un règlement du « 24 juin 1788. Je fais faire la recherche du texte que je n'ai pas sous la « main. Tout cela n'est plus qu'un objet de curiosité; mais, en attendant « qu'on ait retrouvé la pièce, je vous envoie un sommaire de ce qu'elle « contient.

« C'est la révolution, et spécialement la loi du 22 août 1790 qui, par « une juste conséquence des principes nouveaux, surtout du principe de « l'admissibilité de tous les Français à tous les emplois, a tranformé en « un droit positif ce qui, jusque-là n'avait été qu'une faveur.

« Cette loi présentée par Camus au nom du comité des pensions, est excellente. On n'a fait depuis lors que la commenter.

« Mais, à cette époque, on ne distinguait pas encore nettement les « pensions militaires des pensions civiles.

« Ce fut la loi du 28 fructidor an VII, rendue pour l'armée de terre, « qui les spécialisa. La même loi créa le traitement de réforme.

« Elle fut appliquée au département de la marine, par un arrêté du « 7 brumaire an IX, mais avec diverses modifications.

« En l'an XI (8 floréal), nouvelle loi pour l'armée de terre.

« Bientôt après, nouvelle application à la marine. (Règlement du « 11 fructidor an XI.)

« Je n'ai pas mentionné, dans l'intervalle de 1790 à l'an XI, une foule « de lois de détail qui n'ont eu qu'une existence éphémère ou qui « manquent d'intérêt. Les grands actes de la matière sont ceux que je « vous ai cités.

« Quoique le département de la guerre ait encore remanié les choses « générales en 1814 (ordonnance du 27 août), nous sommes restés sur

11 ventôse an XII (2 mars 1804). — ARRÊTÉ portant que les pensions des chefs et employés du ministère de la marine et des colonies seront acquittées sur les fonds de la caisse des invalides de la marine [1].

8 messidor an XII (27 juin 1804). — DÉCISIONS relatives aux pensions. — Prohibition du cumul en fait de pensions [2].

Recueil des lois de la marine, tome XIV, page 257.

20 floréal an XIII (10 mai 1805). — DÉCRET qui accorde aux employés des douanes la même indemnité pour le sauvetage des bâtiments, qu'aux officiers et employés de la marine [3].

Recueil des lois de la marine, tome XV, page 162.

8 mai 1806. — DÉCRET plaçant le conseil des prises dans les attributions du grand juge ministre de la justice [4].

Recueil des lois de la marine, tome XVI, page 86.

9 septembre 1806. — DÉCRET relatif au mode de partage des prises concurremment faites par plusieurs corsaires.

Recueil des lois de la marine, tome XVI, page 114.

13 septembre 1806. — DÉCRET relatif aux pensions.

Recueil des lois de la marine, tome XVI, page 115.

« notre règlement du 11 fructidor an XI, sauf les actes circonstanciels ou « spéciaux, parmi lesquels le plus important est l'ordonnance du 25 oc« tobre 1822, qui a donné au corps de la marine le titre et les priviléges « de corps royal. » (*Écrits divers*, page 345.)

Telle était la législation, en 1829. — Depuis lors, sont intervenues, pour les départements de la guerre et de la marine, les deux lois des 11 et 18 avril 1831.

[1] Voir les décrets des 2 février et 4 mars 1808.

[2] Voir les lois de finances des 25 mars 1817 et 15 mai 1818.

[3] Voir les circulaires des 9 septembre 1847 et 20 novembre 1848.

[4] Voir l'ordonnance du 8 juin 1814.

25 janvier 1807. — Décret portant création d'un substitut du procureur général impérial près le conseil des prises.

Bulletin des lois, 4e série, n° 135, page 28.

11 mai 1807. — Décision ministérielle sur les taxations des trésoriers des invalides, caissiers des gens de mer.

11 septembre 1807. — Loi relative aux pensions des grands fonctionnaires de l'empire[1].

Bulletin des lois, 4e série, n° 161, page 86.

2 février 1808. — Avis du conseil d'État, approuvé par l'empereur, sur l'inaliénabilité des soldes de retraite, des traitements de réforme et des pensions militaires et de la Légion d'honneur.

Bulletin des lois, 4e série, n° 182, page 113.

2 février et 4 mars 1808. — Décrets sur les pensions de retraite des chefs et employés du ministère de la marine et des colonies[2].

11 février 1809. — Décret déclarant le trésorier général des invalides justiciable de la Cour des comptes.

Annales maritimes de 1809-1815, tome Ier, page 7.

13 août 1810. — Décret portant création de plusieurs caisses spéciales.

. . . .

Titre III. *De la caisse des invalides de la marine.*

Annales maritimes de 1809-1815, tome Ier, page 110.

13 septembre 1810. — Décret mettant à la charge de la caisse des invalides, les traitements de réforme des officiers militaires et civils de la marine et des colonies.

[1] Abrogée par la loi du 31 janvier 1832.

[2] Le décret du 4 mars applique au département de la marine, les règles déterminées pour le département de la guerre, par le décret du 2 février 1808. — Voir l'ordonnance du 31 décembre 1833.

[3] Voir l'ordonnance du 22 mai 1816.

8 novembre 1810. — DÉCRETS portant que les membres du conseil des prises prendront le titre de conseillers, et qu'il leur sera alloué un supplément de traitement.

Bulletin des lois, 4e série, n° 325, page 440. — *Annales maritimes de 1809-1815*, tome Ier, page 143.

12 avril 1811. — DÉCRET concernant les bâtiments armés en course ou lettres de marque, à bord desquels il serait trouvé des déserteurs des bâtiments de guerre, etc. — Amendes au profit de la caisse des invalides.

Bulletin des lois, 4e série, n° 362, page 339. — *Annales maritimes de 1809-1815*, tome Ier, page 162,

15 juin 1812. — DÉCRET relatif à la durée de la jouissance du traitement de réforme.

Annales maritimes de 1809-1815, tome Ier, page 208.

21 novembre 1812. — RÈGLEMENT sur la comptabilité de l'établissement des invalides de la marine.

9 février 1813. — DÉCRET qui fixe le chiffre des cautionnements à fournir par les trésoriers des invalides de la marine dans les ports.

Annales maritimes de 1809-1815, tome Ier, page 237.

8 juin 1814. — ORDONNANCE qui replace le conseil des prises dans les attributions du ministère de la marine.

Bulletin des lois, 5e série, n° 19, page 234. — *Annales maritimes de 1809-1815*, tome II, page 66.

20 juin 1814. — ORDONNANCE qui en réduisant les membres du conseil des prises au nombre et aux appointements déterminés par l'arrêté du 6 germinal an VIII (art. 3 et 7), fixe le terme de sa durée au 1er novembre 1814.

Annales maritimes de 1809-1815, tome II, page 72.

14 août 1814. — ORDONNANCE portant règlement sur les pensions et secours à accorder aux veuves et aux enfants orphelins des militaires.

Annales maritimes de 1809-1815, tome II, page 134.

27 août 1814. — ORDONNANCE qui fixe la solde de retraite pour chaque grade dans l'armée.

Bulletin des lois, 5ᵉ série, nᵒ 36, page 121. — *Annales maritimes de 1809-1815*, tome II, page 136.

9 janvier 1815. — ORDONNANCE qui renvoie au comité du contentieux du conseil d'État, le jugement des affaires dont l'instruction n'était pas achevée au moment de la suppression du conseil des prises, et statue sur la conservation des archives de ce conseil.

Bulletin des lois, 5ᵉ série, nᵒ 70, page 4. — *Annales maritimes de 1809-1815*, tome II, page 167.

5 septembre 1815. — ORDONNANCE qui prescrit la remise des archives du conseil des prises au secrétaire du conseil d'État, et rapporte l'ordonnance du 9 janvier 1815.

Annales maritimes de 1809-1815, tome II, page 421.

21 février 1816. — ORDONNANCE portant règlement sur les pensions et secours aux veuves et enfants orphelins des officiers militaires et autres entretenus du département de la marine.

Annales maritimes de 1816, page 169.

22 mai 1816. — ORDONNANCE portant rétablissement de la caisse des invalides dans les attributions du département de la marine[1].

Annales maritimes de 1816, page 281.

29 mai 1816. — ORDONNANCE autorisant la liquidation des créances arriérées appartenant à la caisse des invalides, et leur conversion en inscriptions au grand-livre, qui devront être immobilisées[2].

Bulletin des lois (1832), 9ᵉ série, nᵒ 192, page 321.

[1] Voir, en outre, le chapitre XXIV de l'ordonnance du 31 mai 1838, portant règlement général sur la comptabilité publique.

[2] Voir l'ordonnance du 21 octobre 1832.

5 juin 1816. — ORDONNANCE qui fixe définitivement le sort et les droits des militaires étrangers susceptibles de conserver ou d'obtenir en France des soldes de retraite ou des traitements de réforme.

Bulletin des lois, 7e série, n° 93, page 813.

17 juillet 1816. — RÈGLEMENT du Roi, portant instruction sur l'administration et la comptabilité de l'établissement des invalides de la marine[1].

Annales maritimes de 1816, page 311.

12 août 1816. — CIRCULAIRE sur l'exécution du règlement du 17 juillet 1816.

7 décembre 1816. — ORDONNANCE relative aux militaires pensionnés, français ou naturalisés, qui résident en pays étranger[2].

Annales maritimes de 1816, page 531.

12 février 1817. — ORDONNANCE qui convertit en solde de retraite les traitements de réforme dont jouissent les officiers militaires et civils, ainsi que tous les entretenus du département de la marine.

Annales maritimes de 1817, page 155.

25 mars 1817. — LOI sur les finances.

. . . .

TITRE IV. *Dispositions relatives aux pensions*[3]. . . . .

ART. 27.

Nul ne pourra cumuler deux pensions, ni une pension avec un trai-

[1] Ce règlement fait suite à l'ordonnance du 22 mai 1816, qui, conformément aux dispositions de l'édit de 1720 et de la loi du 13 mai 1791, rétablit la caisse des invalides sur les bases de son institution, et la replace dans les attributions exclusives du ministre de la marine.

[2] Voir les ordonnances des 20 mai 1818, 13 juillet 1820, 24 février et 11 septembre 1832, et la circulaire du 12 octobre, même année.

[3] Voir la loi de finances du 15 mai 1818.

tement d'activité, de retraite ou de réforme. Le pensionnaire aura le choix de la pension ou du traitement le plus élevé. — Néanmoins, les pensions de retraite pour services militaires pourront être cumulées avec un traitement civil d'activité.

Bulletin des lois, 7e série, n° 145, page 217.

9 juin 1817. — CIRCULAIRE ayant pour objet de prémunir contre les manœuvres des agents d'affaires, les marins intéressés dans la liquidation de l'arriéré.

Annales maritimes de 1817, page 242.

20 juin 1817. — ORDONNANCE qui règle le mode d'exécution du titre IV de la loi de finances du 25 mars 1817, concernant les pensions.

Annales maritimes de 1817, page 253.

27 août 1817. — ORDONNANCE portant application aux pensions de la marine des règles générales prescrites par la loi de finances du 25 mars 1817.

Annales maritimes de 1817, page 301.

27 août 1817. — ORDONNANCE qui déclare incessibles et insaisissables les pensions de retraite affectées sur les fonds de retenue[1].

Annales maritimes de 1817, page 306.

3 septembre 1817. — ORDONNANCE qui assujettit à la retenue proportionnelle établie par l'article 138 de la loi de finances du 25 mars 1817, les pensions à la charge des caisses de traite des ministères et des administrations.

Annales maritimes de 1817, page 312.

12 septembre 1817. — CIRCULAIRE concernant le mode d'exécution des dispositions de l'ordonnance du 27 août 1817, sur les pensions, relativement au cumul, aux retenues, etc.

Annales maritimes de 1817, page 314.

[1] Voir la déclaration du Roi du 7 janvier 1779, la loi du 22 floréal an VII et l'arrêté du 7 thermidor an X.

1817. — Mémoire sur l'établissement des invalides de la marine.

Écrits divers de P. L. Boursaint, page 25.

14 janvier 1818. — Décision étendant aux employés de l'administration centrale le bénéfice de l'arrêté du 23 nivôse an XI, admettant en principe, qu'on ne peut perdre dans une position inférieure, les avantages d'un grade exercé en cours de service.

6 mai 1818. — Ordonnance qui détermine la manière de calculer les services militaires dans la liquidation des pensions à la charge des fonds de retenue des administrations financières.

Annales maritimes de 1818, page 199.

15 mai 1818. — Loi sur les finances.

. . . .

Titre IV. — *Dispositions sur les pensions*[1]. . . . . .

Art. 12, relatif au cumul des pensions des académiciens et hommes de lettres. — Art. 13, permettant le cumul des pensions et traitements de toute nature, jusqu'à concurrence de 700 francs. — Art. 22. Les comptes de la caisse des invalides de la marine doivent être présentés aux Chambres.

Bulletin des lois, 7e série, n° 211 pages 322 et 353.

20 mai 1818. — Ordonnance sur les soldes de retraite, traitements de réforme et traitements de non-activité.

Annales maritimes de 1818, page 214.

20 mai 1818. — Ordonnance concernant les délivrances et les

[1] Voir, en outre, pour les dispositions relatives au cumul des pensions, et postérieurement aux actes déjà cités : l'ordonnance du 8 juillet 1818; la circulaire du 11 septembre même année; la loi de finances du 14 juillet 1819; les circulaires des 24 juillet 1819, 21 mars, 22 avril et 29 mai 1848; le décret du 12 août 1848; l'arrêté, les instructions et la circulaire des 14, 18 et 27 octobre, même année.

légalisations des certificats de vie, des rentiers viagers et pensionnaires de l'État, résidant hors du royaume[1].

Annales maritimes de 1818, page 234.

8 juillet 1818. — ORDONNANCE concernant le cumul des pensions inscrites au Trésor, avec celles accordées sur des fonds de retenue.

Annales maritimes de 1818, page 293.

11 septembre 1818. — CIRCULAIRE contenant des dispositions pour l'exécution de la dernière loi de finances (15 mai 1818), en ce qui concerne les pensions.

Annales maritimes de 1818, page 471.

14 juillet 1819. — LOI relative à la fixation du budget des dépenses de 1819.

Titre Ier. — *Dispositions relatives aux pensions.*

Bulletin des lois, 7e série, n° 292, page 1.

24 juillet 1819. — CIRCULAIRE contenant des dispositions pour l'exécution des prescriptions des lois de finances des 14 et 17 juillet 1819[2], en ce qui touche les pensions.

Annales maritimes de 1819, page 327.

13 juillet 1820. — ORDONNANCE qui impose aux veuves des militaires, résidant en pays étranger, la retenue d'un tiers sur leurs pensions[3].

Annales maritimes de 1820, page 382.

25 octobre 1821. (*Invalides.*) — DÉPÊCHE portant que l'application d'une peine correctionnelle ne fait pas perdre les droits à une pension.

[1] Voir l'ordonnance du 13 juillet 1820.

[2] Voir au titre *Comptabilité*.

[3] Voir l'ordonnance du 24 février 1832.

17 août 1822. — Loi relative à la fixation du budget des recettes et des dépenses de 1823.

. . . .

Titre II. — *Dispositions relatives aux pensions.*

Annales maritimes de 1822, page 564. — *Bulletin des lois,* 7e série, n° 549, page 201.

16 octobre 1822. — Ordonnance qui détermine de quelle manière les veuves de militaires justifieront de la condition légale relative à la privation de moyens d'existence.

Annales maritimes de 1822, page 587.

25 octobre 1822. — Ordonnance portant que le corps des officiers de vaisseau aura désormais le titre de corps royal de la marine. (Articles 2 et 3. — *Des retraites*[1].)

Annales maritimes de 1822, page 600.

11 décembre 1822. — Ordonnance en faveur des veuves des marins, ouvriers et autres non entretenus, employés sur les bâtiments du Roi ou dans les arsenaux, et qui meurent dans les naufrages, ou par suite d'accidents d'un service requis et commandé.

Annales maritimes de 1823, page 200.

8 janvier 1823. — Ordonnance assimilant pour la retraite les aumôniers de la marine aux lieutenants de vaisseau et fixant pour eux le minimum d'ancienneté à 20 ans au lieu de 25.

Annales maritimes de 1823, page 278.

5 février 1823. — Ordonnance qui modifie le décret du 15 juin

[1] Aux termes de l'article 2 de cette ordonnance, les officiers, jusqu'au grade de capitaine de vaisseau inclusivement, obtiennent, après dix ans de grade, la retraite du grade immédiatement supérieur.

Disposition abrogée par l'article 11 de la loi du 18 avril 1831, remplaçant, après douze ans de grade, la pension du grade supérieur par le cinquième en sus du maximum de la pension du grade au service.

1812, en ce qui concerne la durée du traitement de réforme, pour les officiers de tous grades et de toutes armes.

Annales maritimes de 1823, page 287.

19 février 1823. — ORDONNANCE assimilant, pour la retraite, les directeurs et sous-directeurs des constructions navales, aux commissaires généraux et principaux de la marine.

Annales maritimes de 1823, page 290.

9 avril 1823. — DÉCISION sur les délais accordés aux héritiers d'un pensionnaire pour réclamer les arrérages qui resteraient dus au moment du décès[1].

Annales maritimes de 1823, page 348.

20 avril 1823. — CIRCULAIRE relative à la comptabilité des gens de mer.

Annales maritimes de 1823, page 356.

30 avril 1823. — ORDONNANCE qui rend applicable aux indemnités dont jouissent les employés réformés les dispositions de l'ordonnance du 27 août 1817, qui déclare les pensions sur fonds de retenue incessibles et insaisissables.

Annales maritimes de 1823, page 361.

17 septembre 1823. — ORDONNANCE qui admet par moitié, dans le calcul des pensions et demi-soldes, le temps employé par les marins à la pêche du poisson frais[2].

Annales maritimes de 1823, page 612.

22 janvier 1824. — ORDONNANCE sur la manière de compter pour la demi-solde le temps de captivité comme prisonnier de guerre.

Annales maritimes de 1824, page 211.

21 juillet 1824. — ORDONNANCE portant que les services publics de toute nature pourront concourir avec les services militaires

[1] Voir l'arrêté du 15 floréal an XI, article 10.

[2] Voir les ordonnances des 29 juin 1828, 28 juin 1829 et 9 octobre 1837.

pour la solde de retraite, sous la condition que cette solde de retraite acquise par des services mélangés, ne jouira pas du privilége qu'ont les pensions militaires de se cumuler avec un traitement civil d'activité.

Annales maritimes de 1824, page 588.

15 octobre 1824. — CIRCULAIRE portant que lorsque des pensionnaires auront engagé leurs brevets, il ne leur sera pas délivré de duplicata. On se bornera à viser lors du payement de chaque trimestre, les certificats de vie présentés.—Il n'en sera délivré qu'à ceux dont les titres seront réellement perdus.

10 avril 1825. — LOI pour la sûreté de la navigation et du commerce maritime.

. . . .

ART. 10.

Le produit de la vente des navires et bâtiments de mer capturés pour cause de piraterie sera réparti conformément aux lois et règlements sur les prises maritimes.

Annales maritimes de 1825, page 298.

7 août 1825. — ORDONNANCE portant application, à l'établissement des invalides, du mode de compter par gestion annuelle[1].

Annales maritimes de 1825, page 372. — *Bulletin des lois*, 8e série, n° 53, page 112.

12 août 1825. — INSTRUCTION réglementaire pour servir à l'exécution de l'ordonnance du 7 août 1825.

Annales maritimes de 1825, page 495.

2 octobre 1825. — RAPPORT au Roi et ordonnance sur la création d'une commission supérieure près de l'établissement des invalides de la marine[2].

Écrits divers de P. L. Boursaint, page 86. — *Annales maritimes de 1825*, pages 557, 562 et 564. — *Bulletin des lois*, 8e série, n° 61, page 260.

[1] Voir le règlement du 30 septembre 1829.

[2] Voir l'arrêté du 22 septembre 1848.

Novembre 1825. — Mémoire sur l'établissement maritime de Colbert, la population du littoral et l'institution des invalides de la marine.

Écrits divers de P. L. Boursaint, page 92.

12 mars 1826. — Ordonnance concernant les soldes de retraite, demi-soldes et pensions des officiers militaires et civils non entretenus, des premiers et seconds maîtres, des officiers mariniers, des marins, ouvriers, surnuméraires, de leurs veuves et de leurs enfants[1].

Annales maritimes de 1826, pages 399 et 403.

9 mai 1828. (*Invalides.*) — Dépêche portant que le supplément de 6 à 9 francs est accordé aux invalides, bien qu'ils n'aient pas atteint leur 65e année, quand ils sont infirmes et incapables de tout travail.

29 juin 1828. — Ordonnance qui réduit à 65 ans l'âge auquel les marins demi-soldiers obtiendront le supplément, et admet pour les trois quarts de sa durée, dans la fixation des demi-soldes, le temps passé à la pêche du poisson frais[2].

Annales maritimes de 1828, page 667. — *Rapport*, page 664.

28 juin 1829. — Ordonnance portant : 1° Que le supplément de

[1] Cette ordonnance assimile les gens de mer et autres non entretenus de la marine aux militaires de l'armée, pour les pensions en cas de blessures, et permet d'accorder:

1° La demi-solde (moyennant trois cents mois de navigation mixte), à l'âge de cinquante ans, au lieu de soixante;

2° Le supplément de 6 ou 9 francs par mois, à l'âge de soixante-dix ans, au lieu de soixante-quinze;

3° La pension aux veuves des demi-soldiers, à l'âge de quarante ans, au lieu de cinquante.

[2] Voir les ordonnances des 28 juin 1829 et 9 octobre 1837.

Voir, en outre, pour les améliorations successivement réalisées, le résumé qui en a été donné à l'article de la loi du 13 mai 1791.

6 ou 9 francs par mois, qui n'était acquis qu'à 70 ans aux marins jouissant de la pension dite *demi-solde,* pourra leur être accordé à 65 ans;

2° Que le temps passé à la pêche du poisson frais comptera pour les trois quarts de sa durée, dans la liquidation des demi-soldes.

Annales maritimes de 1829, page 872.

2 août 1829. — Loi relative à la fixation du budget des recettes de l'exercice 1830.

. . . .

Art. 5, d'après lequel la caisse des invalides est tenue de verser au Trésor public la moitié de la retenue de 3 p. 0/0 sur les dépenses du matériel de la marine[1].

Bulletin des lois, 8e série, n° 306, page 111.

30 septembre 1829. — Règlement du Roi pour servir à l'exécution de l'ordonnance du 7 août 1825, portant application à l'établissement des invalides du mode de compter par gestion annuelle.

Annales maritimes de 1829, page 1424.

27 novembre 1829. — Circulaire faisant envoi du règlement du 30 septembre 1829 destiné à remplacer, à partir de la gestion 1830, l'instruction ministérielle qui avait été rédigée pour l'exécution de l'ordonnance du Roi du 7 août 1825, concernant le mode de compter par gestion annuelle.

Annales maritimes de 1829, page 1442.

15 janvier 1830. (*Invalides.*) — Circulaire prescrivant les dispositions à suivre pour les payements de délégations et autres opérations résultant du décomptage des rôles[2].

Annales maritimes de 1830, tome Ier, page 150.

[1] Retenue supprimée en totalité par la loi de finances du 11 juin 1842.

[2] Voir la dépêche du 9 avril 1849.

28 mars 1830. — ORDONNANCE portant organisation du corps du génie maritime.

. . . .

ART. 1er

Ce corps prendra le titre de corps royal, et les officiers qui en feront partie jouiront des prérogatives et des avantages attachés à ce titre[1].

Annales maritimes de 1830, tome Ier, page 199.

4 mars 1831. — LOI concernant la répression de la traite des noirs.

. . . .

ART. 16.

Les fonds provenant de la vente des navires et cargaisons seront affectés, ainsi que le produit des amendes, à l'amélioration du sort des noirs libérés, sauf les droits attribués aux capteurs conformément aux lois et règlements sur les prises maritimes.

Annales maritimes de 1831, page 166.

30 mars 1831. — LOI portant amélioration des pensions accordées de 1814 à 1817 aux officiers de tous les corps de la marine réformés par mesure générale.

Annales maritimes de 1831, page 203.

11 avril 1831. — LOI sur les pensions de l'armée de terre.

Bulletin des lois, 9e série, n° 36, page 161.

18 avril 1831. — LOI sur les pensions de l'armée de mer.

. . . .

Titre Ier. *Des pensions militaires pour ancienneté de services.* — Titre II. *Des pensions de retraite pour cause de blessures ou d'infirmités.* — Titre III. *Des pensions des veuves et orphelins.* — Titre IV. *Dispositions générales.* — Titre V. *Dispositions transitoires.*

Bulletin des lois, 9e série, n° 41, page 233. — *Annales maritimes de 1831*, page 318.

[1] Voir la note mise à l'ordonnance du 25 octobre 1822, relative au corps des officiers de vaisseau.

16 mai 1831. (*Invalides.*) — Circulaire portant envoi de la loi du 18 avril 1831 sur les pensions de l'armée de mer.

Annales maritimes de 1831, page 360.

2 juillet 1831. — Ordonnance rendue en exécution de la loi du 11 avril 1831, portant règlement d'administration publique sur les justifications à faire dans certains cas, par les militaires, veuves et orphelins, pour établir leurs droits à la pension.

Bulletin des lois, 9e série, n° 86, page 2.

9 septembre 1831. — Ordonnance sur les formes de jugement, au conseil d'État, des prises maritimes.

Annales maritimes de 1831, page 586.

Octobre 1831. — Observations à la commission chargée d'examiner l'établissement des invalides de la marine.

Écrits divers de P. L. Boursaint, page 128.

16 novembre 1831. — Ordonnance qui règle la répartition des sommes provenant des ventes de navires capturés pour motifs de traite des noirs.

Annales maritimes de 1831, page 697.

26 janvier 1832. — Ordonnance portant règlement d'administration publique sur les justifications à faire dans certains cas pour établir le droit à la pension, en exécution de la loi du 18 avril 1831, pour le département de la marine.

Annales maritimes de 1832, page 46.

31 janvier 1832. — Loi qui abroge celle du 11 septembre 1807, relative aux pensions extraordinaires des grands fonctionnaires de l'État.

Bulletin des lois, 9e série, n° 57, page 31.

3 février 1832. (*Fonds et Invalides.*) — Circulaire portant recommandations générales sur l'initiative à exercer par l'administration, quant aux opérations comptables sans exception, en

laissant toutefois aux trésoriers le maniement exclusif des fonds. — Surveillance des caisses, etc.

Annales maritimes de 1832, page 72.

15 février 1832. — Loi relative aux pensions des militaires promus à des grades dans l'intervalle du 20 mars au 7 juillet 1815.

Annales maritimes de 1832, page 209.

24 février 1832. — Ordonnance relative aux titulaires de pensions militaires résidant en pays étranger [1].

Annales maritimes de 1832, page 215.

8 mars 1832. (*Invalides.*) — Dépêche portant que dans aucun cas le cinquième en sus de la pension de retraite alloué par l'article 11 de la loi du 18 avril 1831, ne peut être accordé qu'après douze années d'activité dans le dernier grade.

7 juillet 1832. (*Invalides.*) — Circulaire sur les moyens à prendre pour activer le payement à domicile des dépôts versés dans les caisses de l'établissement des invalides.

Annales maritimes de 1832, page 401.

20 août 1832. (*Invalides.*) — Dépêche notifiant la décision qui exclut de la disposition accordant le bénéfice du cinquième en sus, les professeurs et autres agents qui, par le fait de leurs fonctions, ne doivent pas embarquer.

11 septembre 1832. — Ordonnance relative aux pensionnaires de la marine résidant en pays étranger.

Annales maritimes de 1832, page 569.

12 octobre 1832. (*Fonds et Invalides.*) — Circulaire relative aux pensionnaires de la marine résidant en pays étranger.

Annales maritimes de 1832, page 629.

21 octobre 1832. — Ordonnance immobilisant toutes les rentes

[1] Voir l'ordonnance du 11 septembre 1832, et la circulaire du 12 octobre, même année.

sur l'État inscrites ou à inscrire au nom de la caisse des invalides[1].

Annales maritimes de 1832, page 633. — *Bulletin des lois*, 9e série, n° 192, page 320.

6 novembre 1832. — (*Fonds et Invalides.*) Circulaire portant des décisions relatives aux non-entretenus qui sont susceptibles d'être assimilés aux entretenus.

Annales maritimes de 1832, page 695.

28 décembre 1832. — Circulaire portant que les délégations consenties de *gré à gré* par les pensionnaires en faveur de leurs femmes sont toujours admises.

31 décembre 1832. (*Personnel et fonds.*) — Circulaire sur les règles à suivre dans l'application de la loi du 18 avril 1831, et de l'ordonnance du 26 janvier 1832 sur les pensions de l'armée de mer.

Annales maritimes de 1833, page 349.

4 janvier 1833. — Ordonnance portant création d'une commission chargée de réviser la législation sur les pensions.

Annales maritimes de 1833, pages 24 et 25.

Février 1833. — Note sur les caisses dites de retenue.

Écrits divers de P. L. Boursaint, page 244.

19 juillet 1833. — Arrêté du conseil d'État portant que la loi du 30 mars 1831, en améliorant le sort des officiers compris dans les réformes générales de 1814 à 1817, n'a pas établi que ces officiers jouiraient à la fois des améliorations et des avantages accordés en vertu d'une législation postérieure à leur mise à la retraite.

Annales maritimes de 1836, page 23.

[1] Voir la circulaire du 24 octobre 1832, portant envoi de l'ordonnance. — *Annales maritimes*, page 636.

26 octobre 1833. — ORDONNANCE portant acceptation du legs fait par M. Boursaint, conseiller d'État, directeur des fonds et invalides de la marine, aux dix veuves de matelots les plus pauvres de Saint-Malo [1].

Annales maritimes de 1833, page 674.

31 décembre 1833. — ORDONNANCE qui élève de 3 à 5 centimes par franc la retenue à exercer sur les appointements des chefs et employés des bureaux de l'administration centrale de la marine. — Autres retenues à verser également à la caisse des Invalides.

Annales maritimes de 1834, pages 73 et 75.

19 mai 1834. — LOI sur l'état des officiers de terre et de mer [2].

Annales maritimes de 1834, page 438.

6 août 1834. — (*Fonds et Invalides.*) CIRCULAIRE faisant suite à celle du 6 novembre 1832, concernant les non-entretenus, et spécialement les écrivains de la marine.

Annales maritimes de 1834, page 506.

24 mars 1835. (*Invalides.*) —Dépêche portant que les employés des forges et fonderies n'ayant pas de grade dans le commissariat, sont exclus de la disposition accordant le bénéfice du cinquième en sus.

31 mars 1835. (*Invalides.*) — CIRCULAIRE contenant de nouvelles explications sur le mode d'application de la loi du 18 avril 1831 et de celle du 13 mai 1791, sur les pensions.

Annales maritimes de 1835, page 320.

7 avril 1835. — DÉCISION ministérielle autorisant l'impression d'un répertoire des bâtiments de l'État armés de 1829 à 1834,

[1] Par une autre disposition testamentaire, M. Boursaint léguait en même temps, à l'hôpital de Saint-Malo, sa ville natale, une part considérable de sa fortune, pour la fondation, dans ledit hôpital, de plusieurs lits de matelots.

[2] Voir au titre *Officiers de vaisseau*.

faisant suite au répertoire imprimé en 1830, et qui comprenait les armements de 1800 à 1828.

11 juillet 1835. — ORDONNANCE qui fixe le nombre de parts de prises assigné aux capitaines de corvette.

Annales maritimes de 1835, page 591.

15 septembre 1835. (*Invalides.*) — CIRCULAIRE sur le travail des propositions d'après la loi du 13 mai 1791. — Bordereau simplifié des pièces à produire à l'appui.

Annales maritimes de 1835, page 682.

18 septembre 1835. (*Invalides.*) — DÉPÊCHE portant que tout individu non marin qui ne réunit pas six ans de navigation ou neuf ans de service, tant sur les vaisseaux de l'État que dans les colonies, est exclu de la disposition accordant le bénéfice du cinquième en sus.

Annales maritimes de 1835, page 709.

18 septembre 1835. (*Invalides.*) — DÉPÊCHE portant qu'il n'y a pas lieu de joindre, pour le bénéfice spécial du cinquième en sus, les services comme auxiliaire et les services comme entretenu, rendus par un maître entretenu dans les ports.

Annales maritimes de 1835, page 795.

12 octobre 1835. (*Fonds et Invalides.*) — CIRCULAIRE contenant des instructions sur différentes parties du service *Invalides.* (Armements et désarmements des navires du commerce, bris et naufrages, etc.)[1].

Annales maritimes de 1835, page 827.

12 novembre 1835. — ORDONNANCE prescrivant de verser à la caisse des Invalides de la marine le montant des sommes provenant des retenues à exercer en cas de congé.

Annales maritimes de 1835, page 941.

[1] Voir les circulaires des 26 février et 12 août 1836.

27 novembre 1835. (*Invalides.*) — Dépêche portant que les services civils ne peuvent être cumulés comme bénéfice de campagne.

26 février 1836. (*Fonds et Invalides.*) — Circulaire rappelant à l'exécution des règles établies pour le décomptage des rôles des navires du commerce.

Annales maritimes de 1836, page 285.

9 juillet 1836. — Loi portant règlement définitif du budget de 1833. — Article 17. Services spéciaux (caisse des Invalides) rattachés pour ordre au budget de l'État.

Recueil des lois de finances, session de 1836, page 123.—*Bulletin des lois*, 9e série, n° 443, page 73.

30 juillet 1836. (*Invalides.*) — Circulaire sur les officiers appelés à passer de la position d'activité ou de non-activité, à la position de retraite, telles qu'elles sont définies par la loi du 19 mai 1834. — Modifications apportées au régime établi en vertu de la circulaire imprimée du 2 octobre 1832.

Annales maritimes de 1836, page 801.

12 août 1836. (*Fonds et Invalides.*) — Circulaire portant rappel des règles à observer en ce qui touche les rôles d'armement et de désarmement des bâtiments du commerce.

Annales maritimes de 1836, page 902.

13 septembre 1836. — (*Fonds et Invalides.*) Dépêche portant envoi de jugements souverains qui confirment la législation spéciale du département de la marine en matière de payement de solde et de part de prises.

Annales maritimes de 1836, page 1039.

23 février 1837. (*Invalides.*) — Circulaire sur la manière dont on doit compter le service des officiers qui reviennent en France, comme passagers, par suite de maladies, d'ordre, etc.

Annales maritimes de 1838, page 220.

4 avril 1837. (*Invalides.*) — Dépêche portant que les trésoriers

des Invalides sont exclus de la disposition accordant le bénéfice du cinquième en sus.

5 mai 1837. (*Fonds et Invalides.*) — CIRCULAIRE faisant connaître les conditions auxquelles est subordonnée la vente, dans les consulats, des marchandises provenant des bâtiments français naufragés.

Annales maritimes de 1837, page 409.

27 mai 1837. — (*Fonds et Invalides.*) CIRCULAIRE contenant des communications relatives à l'établissement des Invalides de la marine.

Annales maritimes de 1837, page 492.

16 juin 1837. — LOI relative aux sous-officiers, soldats et marins amputés, nommés membres de la Légion d'honneur depuis leur admission à la retraite.

Annales maritimes de 1837, page 544.

26 septembre 1837. (*Invalides.*) — CIRCULAIRE portant envoi d'un avis relatif aux manœuvres des trafiquants de créances des gens de mer.

Annales maritimes de 1837, pages 945 et 948.

9 octobre 1837. — ORDONNANCE maintenant au profit de l'établissement des Invalides, la retenue de 3 centimes par franc sur le salaire des marins engagés au mois ou au voyage; portant que la même retenue sera exercée sur les décomptes des marins employés aux pêches de la baleine et de la morue, dites *grandes pêches*, et établissant sur de nouvelles bases la taxe fixe à payer par les marins engagés à la part, soit pour le cabotage, soit pour la petite pêche du poisson frais[1].

Annales maritimes de 1837, pages 976 et 985.

21 novembre 1837. (*Invalides.*) — DÉPÊCHE portant que les pensions sont constituées sur la tête des veuves à titre viager. Ni la

[1] La même ordonnance introduit diverses améliorations dans la rémunération des services des gens de mer : 1° Admission des marins, après six ans de service sur les bâtiments de la flotte, à compter, pour

loi du 13 mai 1791, ni celle du 18 avril 1831 (pas plus que la loi du 11 avril 1831 applicable à l'armée de terre), ne comportent de dispositions restrictives pour le cas de second mariage. Il n'y aurait donc aucun motif, dans le département de la marine, pour discontinuer le payement des pensions aux veuves remariées, et quant aux arrérages de leur pension lorsqu'elles viennent à décéder, ils sont nécessairement partageables d'après le droit commun.

Annales maritimes de 1837, page 1076.

21 novembre 1837. (*Invalides.*) — DÉPÊCHE sur la manière de compter pour la demi-solde le temps d'embarquement sur les bateaux employés à la petite pêche ou pêche du poisson frais.

Annales maritimes de 1837, page 1094.

5 décembre 1837. — CIRCULAIRE sur l'exécution de l'article 4 de l'ordonnance du 9 octobre 1837, en ce qui touche les traites pour fonds versés et les produits qui doivent continuer d'être transmis gratuitement par la caisse des gens de mer.

Annales maritimes de 1837, page 1112.

3 avril 1838. — (*Invalides.*) CIRCULAIRE faisant connaître les modifications apportées aux règles établies jusqu'ici, quant à la durée de l'exercice, pour les opérations du service *Invalides*.

Annales maritimes de 1838, page 457.

10 avril 1838. — DÉCISION ministérielle portant que les greffiers des tribunaux maritimes sont exclus de la disposition accordant le bénéfice du cinquième en sus.

Annales maritimes de 1838, page 558.

la pension dite *demi-solde*, le temps d'embarquement sur les bateaux de pêche, à raison de sa durée effective, au lieu des trois quarts de cette durée;—2° Concession aux veuves des demi-soldiers de la jouissance de leur pension, à partir du décès de leur mari, etc.

(Voir, pour les améliorations successivement réalisées, le résumé qui en a été donné à l'article de la loi du 13 mai 1791.)

31 mai 1838. — ORDONNANCE portant règlement général sur la comptabilité publique.

. . . .

Chapitre XXIV. *Comptabilité de la caisse des invalides de la marine*[1].

Bulletin des lois, 9e Série, n° 579, page 829.

21 juillet 1838. — CIRCULAIRE faisant envoi d'une formule pour les procurations ou indications de payement, à souscrire par les marins, avec l'attache de l'autorité maritime.

31 août 1838. — (*Fonds et Invalides.*) CIRCULAIRE portant envoi d'un règlement qui complète, en ce qui touche le service spécial de l'établissement des invalides, le règlement général du 22 août 1837, sur le service financier dans les colonies.

Annales maritimes de 1838, page 957.

13 novembre 1838. — (*Invalides.*) CIRCULAIRE contenant des dispositions d'ordre sur les remises du service *Gens de mer.*

Annales maritimes de 1838, page 1098.

18 janvier 1839. — ORDONNANCE relative aux justifications à faire dans le but d'assurer l'exercice du droit à pension, ouvert en faveur des familles des officiers et marins composant les équipages des bâtiments de la flotte, qui seraient réputés avoir péri en mer, corps et biens.

Annales maritimes de 1839, page 65.

23 février 1839. — RÈGLEMENT concernant l'administration et la police des équipages des paquebots de postes de la Méditerranée.

. . . .

Art. 171 et 175 relatifs aux pensions de retraites et pensions aux veuves et aux orphelins.

Annales maritimes de 1839, page 413.

24 décembre 1839. — DÉCISION ministérielle sur l'assimilation

[1] Voir le règlement du 31 octobre 1840.

en matière de pensions, etc., des employés du dépôt des cartes et plans, avec les employés du ministère de la marine, proprement dits. — Extension à donner à ce principe d'assimilation.

4 janvier 1840. — DÉCISION sur la classification des trésoriers des invalides dans les ports et les quartiers d'inscription maritime, suivant leur rang d'importance.

Annales maritimes de 1840, page 80.

28 mars 1840. — INSTRUCTION relative aux amendes et confiscations prononcées pour contraventions aux lois et règlements maritimes.

Annales maritimes de 1840, page 991.

4 juin 1840. — DÉPÊCHE contenant les dispositions prescrites au sujet des officiers, sous-officiers et soldats d'infanterie de marine aux colonies, qui sont proposés pour la retraite, la réforme ou la non-activité.

15 septembre 1840. (*Invalides.*) — CIRCULAIRE faisant envoi d'une instruction concertée entre le département des finances et celui de la marine, pour le recouvrement des confiscations prononcées en matière de contraventions aux lois et règlements maritimes, et pour le versement du produit net à faire à la caisse des invalides de la marine.

Annales maritimes de 1840, page 988.

31 octobre 1840. — RÈGLEMENT financier du département de la marine et des colonies.

. . . .

Titre XII. *Comptabilité de l'établissement des invalides de la marine.*

Annales maritimes de 1840, page 1193.

11 novembre 1840. (*Personnel.—Fonds et Invalides.*)—CIRCULAIRE contenant de nouvelles dispositions pour le payement mensuel à faire, dans les quartiers, des délégations ou mois de famille.

La caisse des invalides en fera les avances, sauf remboursement dans le mois qui suivra le trimestre.

Annales maritimes de 1840, page 1156.

15 février 1841. (*Personnel.*)—Circulaire prescrivant l'inscription des délégations d'office au profit des ascendants des marins.

Annales maritimes de 1841, page 283.

20 avril 1841. (*Invalides.*) — Instruction sur les mesures à prendre pour l'exécution des dispositions contenues dans la déclaration royale du 15 juin 1735, relativement au sauvetage des navires coulés près des côtes ou dans les rades et rivières du royaume ou de ses dépendances.

Annales maritimes de 1841, page 690.

30 avril 1841. (*Invalides.*) — Dépêche ministérielle sanctionnant l'avis du conseil d'État, qui porte que les services rendus à bord des stationnaires, et en général de tous les bâtiments qui ne sont pas destinés à prendre la mer, ne peuvent être comptés comme bénéfice de campagne.

10 mai 1841. — Ordonnance réglant la prestation à verser à la caisse des invalides par le capitaine ou maître qui serait propriétaire du navire qu'il commande en personne, et dans quelques cas non prévus par les règlements généraux.

10 mai 1841. — Ordonnance portant amélioration du régime des pensions dites *demi-soldes*, en faveur des hommes de mer pourvus du brevet de capitaine au long cours ou de maître au petit cabotage.

Annales maritimes de 1841, pages 620 et 623.

21 juin 1841. — Décision royale pour l'application aux trésoriers des invalides de la marine du bénéfice de l'ordonnance du 14 décembre 1840, relative à l'indemnité de logement.

Annales maritimes de 1841, page 802.

16 septembre 1841. (*Invalides.*) — CIRCULAIRE sur l'exécution des lois, ordonnances et règlements, qui traitent du payement des marins, soit en cours de voyage, soit au port de désarmement, et généralement des formalités relatives au décomptage des rôles.

Annales maritimes de 1841, page 946.

21 décembre 1841. (*Invalides.*) — CIRCULAIRE contenant des explications, faisant suite à la circulaire du 16 septembre 1841, sur le décomptage des bâtiments de commerce.

Annales maritimes de 1841, page 1183.

11 juin 1842. — LOI portant fixation du budget des dépenses de l'exercice 1843.

Art. 3, qui supprime, *en totalité,* la retenue de 3 p. o/o sur les dépenses du matériel, à compter du 1er janvier 1843.

. . . .

Annales maritimes de 1842, page 828. — *Bulletin des lois,* 9e série, n° 915, page 501.

23 août 1842. (*Invalides.*) — CIRCULAIRE sur les formalités à suivre, lorsque des marins, réputés avoir péri sur des bâtiments du commerce ou des bateaux de pêche, étaient titulaires de pension, ou en possession de droits à la pension.

Annales maritimes de 1842, page 925.

5 octobre 1844. — ORDONNANCE qui améliore le régime des pensions au profit des marins et des ouvriers naviguants, et, spécialement, accorde le supplément d'invalidité aux *demi-soldiers,* dès l'âge de soixante ans au lieu de soixante-cinq ans [1].

Annales maritimes de 1844, pages 1281 et 1285.

1er juillet 1845. — CIRCULAIRE portant communication d'un projet d'instruction générale sur les naufrages par échouement avec bris.

[1] Voir, pour les améliorations successivement réalisées, le résumé qui en a été donné à l'article de la loi du 13 mai 1791.

31 juillet 1845. — (*Invalides.*) CIRCULAIRE aux consuls portant recommandations nouvelles au sujet du service de l'établissement des invalides de la marine.

Annales maritimes de 1845, page 773.

27 août 1845. — (*Invalides et contrôle.*) CIRCULAIRE sur les modifications que l'ordonnance du 14 juin 1844 a introduites dans les formes de la comptabilité de l'établissement des invalides de la marine.

Annales maritimes de 1845, page 777.

16 octobre 1845. — CIRCULAIRE portant communication d'un projet d'instruction sur les épaves maritimes, faisant suite à celui qui a fait l'objet de la circulaire du 1er juillet 1845.

25 mai 1846. (*Invalides.*) — CIRCULAIRE sur la comptabilité de l'établissement des invalides de la marine dans les colonies.

Annales maritimes de 1846, page 567.

23 décembre 1846. (*Invalides et contrôle.*) — CIRCULAIRE relative aux vérifications par voie administrative, qui doivent précéder l'action du contrôle dans les ports, en ce qui concerne les opérations du service *gens de mer.*

Annales maritimes de 1847, page 2.

20 mai 1847. (*Services administratifs et Invalides.*) — CIRCULAIRE portant qu'un secours peut être payé aux femmes des officiers mariniers et des marins jusqu'à concurrence d'un mois de solde, sur les sommes déposées au nom de leurs maris à la caisse des gens de mer. — Recommandations à ce sujet pour l'avenir.

Annales maritimes de 1847, page 694.

9 septembre 1847. (*Invalides.*) — CIRCULAIRE faisant connaître les vacations à payer aux fonctionnaires et agents des douanes en matière de sauvetage[1].

Annales maritimes de 1847, page 966.

[1] Voir la circulaire du 20 novembre 1848.

21 mars 1848. (*Invalides et comptabilité.*) — Circulaire portant notification du décret du Gouvernement provisoire du 13 mars, lequel interdit tout cumul entre une pension et un traitement d'activité dont le montant réuni dépasserait 700 francs[1].

Bulletin officiel de la marine, tome Ier, pages 138 et 159.

28 mars 1848. (*Travaux.*) — Circulaire relative aux ouvriers proposés pour la demi-solde.

Bulletin officiel de la marine, tome Ier, page 161.

22 avril 1848. (*Invalides et comptabilité.*) — Explications faisant suite à la circulaire du 21 mars 1848, concernant l'interdiction du cumul entre une pension et un traitement, si ce n'est dans la limite de 700 francs.

Bulletin officiel de la marine, tome Ier, page 193.

25 avril 1848. (*Invalides.*) — Circulaire relative à la retenue proportionnelle à laquelle sont assujettis les traitements et pensions au-dessus de 2,000 francs payés sur la caisse des invalides.

Bulletin officiel de la marine, tome Ier, page 208.

29 mai 1848. (*Invalides.*) — Envoi d'une nouvelle circulaire touchant l'interdiction du cumul entre une pension et un traitement d'activité. — Instructions spéciales pour l'exécution de l'arrêté qui traite de la retenue proportionnelle, en ce qui concerne le service des invalides.

29 mai 1848. (*Invalides.*) — Réponse à une réclamation de divers pensionnaires de Brest, au sujet de la retenue proportionnelle.

Bulletin officiel de la marine, tome Ier, page 334.

5 juillet 1848. (*Invalides.*) — Circulaire contenant de nouvelles

[1] Voir le décret du 12 août 1848.

recommandations pour activer le payement des sommes versées dans la caisse des gens de mer.

Bulletin officiel de la marine, tome II, page 5.

12 août 1848. — DÉCRET relatif aux retenues à exercer sur le traitement civil des militaires retraités[1].

Moniteur du 15 août 1848.—Bulletin officiel de la marine, tome II, page 390.

31 août 1848. (*Invalides.*) — INSTRUCTIONS sur le service dont les consuls sont chargés, comme suppléant, en pays étrangers, les administrateurs de la marine, et comme remplissant les fonctions de trésoriers des invalides.

Bulletin officiel de la marine, tome II, page 263.

22 septembre 1848. — ARRÊTÉ portant reconstitution de la commission supérieure des invalides de la marine.

Bulletin officiel de la marine, tome II, page 246.

14 octobre 1848. (*Finances.*) — ARRÊTÉ déterminant les règles à

[1] Voici, quant au *cumul*, l'indication et l'analyse des principales dépêches ministérielles, qui, sous l'empire des anciennes lois de finances des 25 mars 1817 et 15 mai 1818, ont eu pour objet d'interpréter les règles rappelées dans l'ordonnance du 31 mai 1838 sur la comptabilité publique :

Dépêche du 27 septembre 1817. (*Invalides.*)—Le traitement des officiers des ports de commerce est considéré comme civil et peut se cumuler avec la demi-solde ou pension militaire.

Dépêches des 6 juin et 15 août 1823. (*Invalides.*)—Une femme peut cumuler deux pensions comme veuve de deux maris, à condition qu'en tout elle n'ait pas plus de 700 francs.

Dépêches des 13 septembre 1822, 7 avril 1828 et 14 décembre 1832. (*Invalides.*)—Nul ne peut cumuler une pension de retraite ou une pension mixte dite demi-solde, avec un traitement d'activité, payable sur les fonds de la marine, et donnant droit à pension, sauf les exceptions ci-après :

1° Les syndics des gens de mer ;

2° Les marins et militaires des corps du département, amputés, qui,

suivre pour la retenue à opérer, en vertu du décret du 12 août 1848, sur les traitements civils et les pensions militaires cumulés.

Bulletin officiel de la marine, tome II, page 391.

18 octobre 1848. (*Finances.*) — INSTRUCTIONS aux payeurs. — Dispositions à suivre pour l'exécution du décret du 12 août, re-

ayant été pensionnés pour cette amputation, seraient néanmoins encore propres à remplir l'emploi de gardiens et portiers ;

3° Les hommes (en petit nombre) qu'une aptitude particulière pour certains travaux rendrait indispensables.

Ces exceptions continueront de faire l'objet d'une autorisation ministérielle accordée après vérification.

Dépêche du 10 mai 1833. (*Invalides.*) — Les blessures ou infirmités équivalentes à la perte d'un membre n'autorisent pas le cumul qui n'est accordé qu'au seul cas d'amputation.

Dépêche du 6 septembre 1836. (*Invalides.*) — Le comité des finanes du conseil d'État, par un avis du 10 août 1831, a déclaré passibles de débets envers le Trésor pour cumul illégal, plusieurs veuves de militaires qui avaient cru pouvoir se prévaloir des termes de l'article 27 de la loi du 25 mars 1817, pour jouir simultanément des traitements et remises attachés à des emplois civils qu'elles occupaient dans l'administration des finances et des pensions qui leur avaient été accordées, en considération des services de leurs maris.

La même solution est de plein droit applicable aux pensions payées sur les fonds de la caisse des Invalides de la marine.

Dépêche du 24 avril 1838. (*Invalides.*) — Dans le cas où le traitement et la pension excéderaient 700 francs, la réduction profiterait à la caisse des pensions, le traitement d'activité devant être payé intégralement.

Dépêche du 13 septembre 1838. (*Invalides.*) — Arrêtant qu'un mousse qui a une pension comme orphelin, ne peut la cumuler avec sa solde d'activité.

Circulaire du 14 juin 1842. (*Invalides.*) — Sur la nouvelle jurisprudence consacrée relativement aux veuves titulaires de pensions militaires et qui seraient employées comme directrices de postes ou d'un bureau de tabac.

latif aux retenues à exercer sur les traitements civils d'activité cumulés avec une pension de retraite par des militaires, des marins, des ouvriers des ports et employés du service actif des douanes, ou par leurs veuves.

27 octobre 1848. (*Comptabilité.*) — CIRCULAIRE relative au mode d'application du décret du 12 août 1848, sur les retenues à exercer sur le traitement civil des militaires retraités.

Bulletin officiel de la marine, tome II, page 388.

6 novembre 1848. (*Invalides.*) — CIRCULAIRE notifiant le décret de l'Assemblée nationale, en date du 12 août. — Il y a dans le département de la marine fort peu d'emplois qui soient de nature à être cumulés avec la pension de retraite réglée d'après la loi du 18 avril 1831, ou avec la demi-solde, d'après la loi du 13 mai 1791.

Bulletin officiel de la marine, tome II, page 427.

20 novembre 1848. (*Invalides.*) — CIRCULAIRE relative aux frais de conduite et de vacations des agents de l'administration des douanes, en matière de bris et naufrages.

Bulletin officiel de la marine, tome II, page 470.

24 novembre 1848. — LOI relative aux pensions des ouvriers de la marine. — Le minimum nécessaire pour que les contre-maîtres, aides contre-maîtres et ouvriers des professions classées, jouissent de la *pension de retraite* établie par la loi du 18 avril 1831, est ramené à la limite de vingt-cinq ans de service effectif. — Ces pensions ne pourront être réclamées par les ayants droit avant l'âge de cinquante ans, à moins d'infirmités dûment constatées, etc.

Bulletin officiel de la marine, tome II, page 525.

28 mars 1849. (*Invalides.*) — CIRCULAIRE notifiant deux nouvelles solutions relatives à l'exécution du décret du 12 août 1848. — Travail demandé pour examiner à nouveau les questions du

cumul entre pensions et *traitements civils*, dans les termes dudit décret.

Bulletin officiel de la marine, tome III, page 184.

9 avril 1849. (*Invalides.*) — Dépêche relative au payement *à la Banque*, des sommes remises à la caisse des gens de mer, sous le titre de Mois de famille. — Rappel du principe que la caisse des gens de mer ne doit être employée que dans les cas de nécessité absolue, c'est-à-dire pour les absents.

TROUPES.

ARTILLERIE. — INFANTERIE.

Depuis que le service de la flotte a été assuré en France par la création du système de l'inscription maritime, les divers gouvernements qui se sont succédé ont toujours reconnu la nécessité d'appuyer la population maritime d'une force permanente militaire qui pût, au besoin, venir en aide aux équipages des bâtiments de guerre, et pourvoir, en même temps, à la garde de nos possessions d'outre-mer, comme à celle de nos arsenaux de la métropole.

La première organisation régulière des troupes de la marine date de la fin de 1761.

Avant cette époque, la garde des arsenaux, qui n'exigeait qu'un très-petit nombre de postes, était confiée à des soldats gardiens et à des compagnies franches dont le nombre et la force variaient selon les circonstances de paix ou de guerre [1]. Le service de l'artillerie était

[1] C'est en 1622 que furent formées les premières troupes chargées spécialement du service de la marine, sous la dénomination de *compagnies franches* et de *compagnies ordinaires de la marine*.

(*Aperçu sur l'artillerie de la marine.* — Perrinon. — 1838.)

fait par des compagnies de bombardiers et d'apprentis canonniers, et les garnisons d'outre-mer étaient composées de compagnies qui prenaient ordinairement le nom de la colonie à laquelle elles étaient affectées.

Dans l'intervalle de 1689 à 1762, les établissements de la marine ayant pris un grand accroissement, on sentit le besoin d'augmenter les moyens de surveillance, et d'organiser une force permanente qui permît d'assurer tous les services du département. Pour atteindre ce but, on créa trois brigades d'artillerie, et l'on fit passer à la marine un certain nombre de régiments d'infanterie.

A ce système succéda de nouveau celui des compagnies franches pour le service de l'infanterie, et diverses organisations subséquentes eurent pour résultat de faire faire le service colonial, tantôt par la guerre et tantôt par la marine.

A travers les nombreuses réorganisations qu'ont subies depuis près de trente ans les différentes branches du service de la marine, il serait difficile de citer, parmi les institutions du personnel, un corps qui eût été plus réglementé, plus modifié que celui des troupes. Nous allons essayer d'extraire des budgets, à partir de 1820, l'analyse des idées à l'aide desquelles on a successivement motivé les demandes de crédit applicables à ce service.

BUDGET DE 1820.

8 bataillons d'artillerie............	4,980 hommes.
5 compagnies d'ouvriers............	541
5 compagnies d'apprentis canonniers.	660

Dans le système établi par ce budget, les bataillons d'artillerie de la marine doivent servir à terre, à la mer et dans les colonies [1].

Les anciens canonniers de la marine avaient été compris dans le licenciement général de l'armée.

BUDGET DE 1821.

8 bataillons d'artillerie...........	4,524 hommes.
5 compagnies d'ouvriers..........	536
5 compagnies d'apprentis canonniers.	655

BUDGET DE 1822.

1 régiment d'artillerie...........	2,104 hommes.
5 compagnies d'ouvriers d'artillerie..	456
5 compagnies d'apprentis canonniers.	641
2 régiments d'infanterie...........	4,876

Cette organisation nouvelle repose sur une ordonnance du 7 août 1821 portant dissolution des 8 bataillons d'artillerie, et prescrivant, à compter du 1er octobre de la même année, la formation d'un régiment d'artillerie destiné à assurer le service des ports et des colonies.

Il est dit, à l'appui de cette organisation, que le *service de garnison* à bord des vaisseaux et dans les ports exige au moins 7,000 hommes; que le service de la marine réclame nécessairement des troupes spéciales; que la spécialité est la garantie du succès; qu'on ne doit pas assujettir, à des obligations quelquefois pénibles, des corps étrangers et mobiles qui, prêtés accidentelle-

[1] De 1820 à 1825 compris, le service des *garnisons coloniales* a été imputé sur le chapitre spécial des colonies.

ment à la marine, ne pourraient attendre d'elle aucun des avantages par lesquels il est juste de balancer les chances d'une vie plus dure et d'un service plus périlleux.

On ne veut plus alors de canonnage à bord des vaisseaux. On soutient que ce mélange forcé de militaires et de marins, dans un service purement nautique, contrarie l'ordre.

Les troupes doivent assurer le service de l'artillerie sur les côtes, dans les ports et dans les colonies. (Fortifications, parcs, fonderies, etc.)

Elles doivent fournir des garnisons sur les vaisseaux. Il importe, dit-on, d'avoir auprès des matelots une force militaire qui serve alternativement à la police et dans les combats où la mousqueterie peut être employée.

Le service des garnisons coloniales doit être confié, par continuation, à des corps appartenant à l'armée de terre, organisés et recrutés par le département de la guerre, mais administrés et payés par le département de la marine.

BUDGET DE 1823.

1 régiment d'artillerie............	2,075 hommes.
5 compagnies d'ouvriers..........	455
5 compagnies d'apprentis canonniers.	668
2 régiments d'infanterie...........	5,865

Ces troupes doivent être recrutées au moyen des hommes fournis par le contingent des appels. Cette disposition, ajoute-t-on, ne contrarie pas le principe de la loi du 10 mars 1818, et rien ne s'oppose à ce que, dans les limites du complet de paix, le Gouvernement emploie selon ses vues, et pour le plus grand avantage public, les hommes légalement appelés à servir.

BUDGET DE 1824.

1 régiment d'artillerie...........	2,067 hommes.
5 compagnies d'ouvriers.........	670
5 compagnies d'apprentis canonniers.	675
4 régiments d'infanterie..........	10,732

Deux nouveaux régiments d'infanterie sont alors destinés à faire le service des colonies, en alternant avec les deux régiments déjà formés.

Il importe, dit-on, que les troupes relèvent du ministre à qui le sort des colonies est confié. L'intérêt individuel s'unit à l'intérêt général pour décider la question. Au lieu d'employer aux colonies des troupes neuves tirées à l'improviste de l'intérieur du royaume, il faut que la marine puisse toujours assigner ces postes éloignés à des troupes préparées, et pour ainsi dire acclimatées par des embarquements antérieurs, par la fréquentation de régions analogues et par le séjour momentané des bâtiments sur les rades même des colonies.

BUDGET DE 1825.

1 régiment d'artillerie............	2,169 hommes.
5 compagnies d'ouvriers..........	627
5 compagnies d'apprentis canonniers.	675
2 régiments d'infanterie...........	5,805

Le projet de créer de nouveaux régiments affectés au service des colonies n'avait pas eu de suite. Le conseil des ministres avait pensé qu'il était plus convenable de faire successivement participer tous les corps de l'armée de terre aux avantages comme aux dangers qui se rattachaient au service des colonies.

BUDGET DE 1826[1].

1 régiment d'artillerie.	2,071 hommes.
5 compagnies d'ouvriers.	671
5 compagnies d'apprentis canonniers.	675
2 régiments d'infanterie.	5,382

BUDGET DE 1827.

1 régiment d'artillerie.	1,615 hommes.
5 compagnies d'ouvriers.	453
5 compagnies d'apprentis canonniers.	338
2 régiments d'infanterie.	4,710

La réduction des troupes balance à peu près l'accroissement d'effectif des équipages de ligne.

BUDGET DE 1828.

1 régiment d'artillerie.	2,155 hommes.
5 compagnies d'ouvriers.	695

Ainsi, de 1827 à 1828, suppression des deux régiments d'infanterie de la marine et des compagnies d'apprentis canonniers.

Une ordonnance du 27 décembre 1826, met au compte du département de la guerre, les deux régiments d'infanterie de la marine, spécialement affectés au service des ports.

[1] De 1826 à 1829 inclusivement, le service des garnisons coloniales a été fait par des troupes payées sur le budget du département de la guerre.

Et l'augmentation d'effectif des équipages de ligne permet de supprimer également les compagnies d'apprentis canonniers.

BUDGET DE 1829.

1 régiment d'artillerie............	2,118 hommes.
5 compagnies d'ouvriers..........	680

Les deux régiments d'infanterie, précédemment affectés à la garde des ports, sont provisoirement remplacés, dans les arsenaux, par des troupes de l'armée de terre, en attendant que les armements, réduits par les circonstances, permettent de confier ce service aux équipages de ligne.

C'est au budget de 1829 que figure, à l'article des équipages de ligne, un corps d'environ deux cent soixante officiers d'infanterie que la guerre ne pouvait reprendre dans ses cadres. Ces officiers sont chargés de diriger, sous les ordres des commandants des dépôts généraux des équipages, l'instruction à terre des hommes nouvellement incorporés. Cette disposition est maintenue dans les budgets suivants, malgré les observations des commissions de finances.

BUDGET DE 1830.

1 régiment d'artillerie............	2,536 hommes.
5 compagnies d'ouvriers d'artillerie..	783

L'augmentation s'applique au service de l'artillerie dans les colonies. Ce service, précédemment confié aux troupes de terre, doit, aux termes d'une ordonnance du

21 décembre 1828, être rendu à la marine, à compter du 1er janvier 1830 [1].

De 1831 à 1836, les effectifs demeurent à peu près les mêmes. C'est ce que prouve le tableau suivant :

	ARTILLERIE.	OUVRIERS.
1831	2,586	815
1832	2,612	815
1833 [2]	2,690	804
1834	2,690	804
1835	2,723	815
1836	2,723	815

[1] C'est également à partir de 1830 que les troupes destinées aux garnisons coloniales sont rentrées à la charge du département de la marine. De 1830 à 1839 inclusivement, la solde de ces troupes a été payée sur les crédits du service colonial, lequel service reparaît au budget à dater de cette époque. — Voir les nouvelles combinaisons adoptées au budget de 1840.

[2] La commission du budget demande l'embarquement des troupes d'artillerie, en plus grand nombre.

La commission de 1834 renouvelle cette demande.

La commission de 1835 insiste de nouveau, ou pour que l'embarquement soit plus considérable, ou pour que le corps soit réduit. On lit dans le rapport de 1835, page 79 : « En conséquence du rétablissement « des équipages de ligne, les officiers de vaisseau firent établir en prin« cipe qu'on n'embarquerait, à l'avenir, sur les bâtiments de l'État au« cune garnison qui fût tirée du régiment d'artillerie.

« Cet ordre de choses subsista depuis 1825 jusqu'au commencement « de 1832.

« L'ordonnance du 1er mars 1832, qui réorganise par compagnies les

BUDGET DE 1837.

1 régiment d'artillerie.	1,389 hommes.
5 compagnies d'ouvriers.	825

Réduction du nombre des compagnies du régiment d'artillerie, de 24 à 12, dont 8 aux colonies et 4 à Lorient, avec la compagnie hors rang. (Ordonnance du 14 septembre 1835.)

La garde des ports doit être confiée, soit aux hommes des équipages de ligne, soit à l'armée de terre.

BUDGET DE 1838.

1 régiment d'artillerie.	1,392 hommes.
5 compagnies d'ouvriers.	825

BUDGET DE 1839.

1 régiment d'artillerie.	1,392 hommes.
5 compagnies d'ouvriers.	825
1 régiment d'infanterie.	4,583

C'est au budget de 1839 que l'on voit reparaître l'in-

« équipages de ligne, admet de nouveau sur les bâtiments de l'État « des détachements d'artillerie, dans les proportions suivantes (suit le « détail).

« L'indication de ces nombres donne l'explication de tout un système.

« On a senti qu'il pouvait être utile de rappeler à bord des bâtiments « de l'État les artilleurs de la marine; mais on a voulu qu'ils fussent en « trop petit nombre, même sur un vaisseau de premier rang, pour qu'ils « eussent besoin d'être commandés par un officier de leur corps. »

Une ordonnance du 14 septembre 1835 ayant réduit à douze compagnies le régiment d'artillerie, c'est à dater de cette époque que des détachements du corps ont cessé d'être embarqués sur les bâtiments de l'État.

fanterie de la marine pour la garde des ports et des arsenaux.

Projet de loi spécial.

Voici les principaux motifs sur lesquels il s'appuie.

Lorsque les équipages de ligne furent créés en 1825, il existait deux régiments d'infanterie de la marine chargés de la garde des ports et des arsenaux. L'accroissement successif des équipages permit d'espérer qu'ils pourraient remplacer les régiments. On supprima ces derniers. Les besoins de la politique exigeant un plus grand développement des forces navales, les équipages ne peuvent plus suffire. On recrée l'infanterie de marine, mais un seul régiment, composé de 4,583 hommes, et destiné à la seule garde des ports et des arsenaux [1].

BUDGET DE 1840.

1 régiment d'artillerie (*France et colonies*).	1,392 hommes.
5 compagnies d'ouvriers (*idem*).........	825
Troupes d'infanterie (*France*)..........	5,614

Les troupes d'infanterie, réunies à celles des colonies, forment, dans le projet de budget de 1840, 3 régiments (ensemble, 10,973 hommes) appelés à servir alternativement en France et dans les établissements

[1] Le Gouvernement, au commencement de la session de 1838 (cours de 1838), avait saisi la Chambre des députés d'un projet de loi spécial pour la formation d'un régiment d'infanterie, à dater du 1er octobre 1838.

La commission nommée déclara qu'il n'y avait pas urgence. Le projet fut retiré, et la question revint entière au budget de 1839.

Le régiment fut voté pour sept mois, à dater du 1er juin.

d'outre-mer. La dépense se trouve partagée, dans le budget, entre les chapitres respectifs du service *marine* et du service *colonial*.

BUDGET DE 1841.

1 régiment d'artillerie	1,378	hommes.
5 compagnies d'ouvriers	814	
Infanterie	10,347	

Dans le budget de 1841, transport complet du service *colonial* au service *marine*, de la solde et des suppléments des 5,390 hommes employés aux colonies.

En vertu d'une ordonnance du 20 novembre 1838, dont les dispositions sont ensuite sanctionnées par la loi du budget, les trois régiments d'infanterie de la marine cessent d'être destinés à servir exclusivement, les deux premiers dans les colonies (ordonnance du 14 mai 1831), et le dernier dans les ports de France. Ces corps sont fondus en une seule arme; la spécialité propre à chacun d'eux disparaît. Le service ordinaire des établissements d'outre-mer, celui des ports, l'embarquement éventuel sur les vaisseaux, toutes ces obligations et ces chances deviennent communes entre eux [1].

BUDGETS DE 1842 A 1848 COMPRIS.

A partir de 1842, l'organisation des troupes demeure la même. Il y a seulement quelques variations d'effectifs. Le tableau suivant fait connaître ces différences. Les chiffres reproduits dans ce tableau sont ceux

[1] Voir la note préliminaire du budget de 1841, page 525.

des effectifs réglementaires, termes employés dans le cours de la présente note.

	ARTILLERIE.	OUVRIERS.	INFANTERIE.
1842	4,454	825	15,809
1843	3,407	852	15,850
1844	3,426	856	15,915
1845	3,431	953	15,923
1846	3,438	953	15,923
1847	3,438	953	15,923
1848	3,428	953	15,918

L'augmentation considérable que présente 1842, comparativement à l'année précédente (21,088 hommes au lieu de 12,539), n'est pas expliquée dans le budget. On trouve seulement à la page 628 ces simples paroles : « En élevant « considérablement les effectifs appelés à servir à bord, à « terre et dans les colonies, on a, en même temps, aug- « menté dans une proportion correspondante la dépense « qu'ils entraînent à la charge du chapitre v (*Solde*)[1]. »

Tels sont les faits depuis 1820. — Nous n'en tirons aucune conséquence. — Ainsi que nous l'avons déjà dit dans le cours du présent travail, notre unique but est de réunir des éléments d'étude et d'appréciation.

Les chiffres que nous venons de présenter, se résument dans le tableau suivant :

[1] Dans le budget rectifié de 1849, que l'Assemblée nationale est au moment de discuter, l'ensemble des troupes de la marine présente une réduction d'environ 4,500 hommes.

EFFECTIFS RÉGLEMENTAIRES DES TROUPES, DEPUIS 1820. (*BUDGETS.*)

	RÉGIMENT d'artillerie.	COMPAGNIES d'ouvriers.	APPRENTIS canonniers.	INFANTERIE. (A)	TOTAL.	OBSERVATIONS.
1820..	4,980	541	660	"	6,181	(A) Moins les garnisons coloniales, qui, de 1820 à 1840, ont été payées tantôt sur les chapitres des colonies, tantôt sur les fonds du budget de la guerre (sur les fonds de la guerre, de 1826 à 1829 inclusivement).
1821..	4,524	536	655	"	5,715	
1822..	2,104	456	641	4,876	8,077	
1823..	2,075	455	668	5,865	9,063	
1824..	2,067	670	675	10,732 (B)	14,144	
1825..	2,169	627	675	5,805	9,276	
1826..	2,071	671	675	5,382	8,799	(B) Cette augmentation n'a pas été réalisée.
1827..	1,615	453	338	4,710	7,116	
1828..	2,155	695	"	"	2,850	
1829..	2,118	680	"	"	2,798	
1830..	2,536	783	"	"	3,319	
1831..	2,586	815	"	"	3,401	
1832..	2,612	815	"	"	3,427	
1833..	2,690	804	"	"	3,494	
1834..	2,690	804	"	"	3,494	
1835..	2,723	815	"	"	3,538	
1836..	2,723	815	"	"	3,538	
1837..	1,389	825	"	"	2,214	
1838..	1,392	825	"	"	2,217	
1839..	1,392	825	"	4,583	6,800	
1840..	1,392	825	"	5,614	7,831	
1841..	1,378	814	"	10,347	12,539 (C)	(C) Transport des garnisons coloniales au compte du service *Marine.*
1842..	4,454	825	"	15,809	21,088	
1843..	3,407	852	"	15,850	20,109	
1844..	3,426	856	"	15,915	20,197	
1845..	3,431	953	"	15,923	20,307	
1846..	3,438	953	"	15,923	20,314	
1847..	3,438	953	"	15,923	20,314	
1848..	3,428	953	"	15,918	20,299	

TROUPES.

ARTILLERIE. — INFANTERIE.

15 octobre 1691. — RÈGLEMENT du Roi pour le logement, conduite, marche, police et discipline des compagnies franches de la marine.

Index des ordonnances de la marine, tome Ier, page 52.

29 septembre 1693. — RÈGLEMENT du Roi sur les logement, payement, subsistance, police, marche et discipline des compagnies franches de la marine.

Index des ordonnances de la marine, tome Ier, page 361.

8 août 1696. — ORDONNANCE prescrivant de suivre, pour la police et la discipline des troupes de la marine, les ordonnances faites pour les troupes de terre, dans tous les cas qui n'auront pas été prévus par des ordonnances de marine.

Index des ordonnances de la marine, tome II, page 15.

9 juin 1700. — ORDONNANCE qui défend aux officiers de compagnies, de se servir de leurs soldats dans leurs maisons.

Index des ordonnances de la marine, tome III, page 144.

3 janvier 1703. — LETTRE du ministre portant défense d'engager des gentilshommes pour soldats.

Index des ordonnances de la marine, tome III, page 291.

24 décembre 1704. — ORDONNANCE portant défense d'acheter aucun habillement ou arme des soldats.

Index des ordonnances de la marine, tome III, page 112.

5 novembre 1708. — ORDONNANCE sur les officiers d'artillerie de la marine, et leur rang à terre.

Archives de la marine. — *Recueil d'édits, arrêts, etc.* 1703 à 1708, page 159.

5 juin 1750. — ORDONNANCE concernant les officiers d'artillerie et les compagnies d'apprentis canonniers.

21 décembre 1761. — ORDONNANCE concernant le corps royal de l'artillerie de terre et de mer, et supprimant les compagnies d'apprentis canonniers.

Recueil d'édits, arrêts, etc. tome XCII, page 389.

1er juillet 1768. — ORDONNANCE portant règlement sur les voitures qui doivent être fournies aux troupes pendant leurs marches.

Recueil d'édits, arrêts, etc. tome CVI, page 1.

18 août 1772. — ORDONNANCE portant création de quatre régiments pour le service des colonies de l'Amérique.

Recueil d'édits, arrêts, etc. tome CXIV, page 158.

23 août 1772. — ORDONNANCE concernant le corps royal de l'artillerie.

Recueil d'édits, arrêts, etc. tome CXIV, page 249.

3 octobre 1774. — ORDONNANCE concernant le corps royal de l'artillerie.

Recueil d'édits, arrêts, etc. tome CXVIII, page 133.

26 décembre 1774. — ORDONNANCE pour régler provisoirement ce qui sera observé dans le service et l'administration de l'artillerie de la marine.

Recueil d'édits, arrêts, etc. tome CXVIII, page 497.

26 décembre 1774. — ORDONNANCE portant création de cent compagnies de fusiliers en un seul corps, sous la dénomination de corps royal d'infanterie de la marine.

Recueil d'édits, arrêts, etc. tome CXVIII, page 508.

7 mars 1781. — INSTRUCTION concernant les officiers des détachements des troupes de terre embarquées sur les vaisseaux de Sa Majesté.

5 septembre 1782. — ORDONNANCE portant création d'une milice maritime.

24 octobre 1784. — ORDONNANCE portant création du corps royal de l'artillerie des colonies.

Recueil d'arrêts, d'édits, etc. tome V.

1er janvier 1786. — ORDONNANCE concernant l'artillerie de la marine. — Service des directions d'artillerie dans les ports.

Recueil des ordonnances et règlements du maréchal de Castries. Imprimerie royale, 1786.

8 avril 1790. — DÉCRET qui étend aux troupes de la marine l'augmentation de solde accordée aux troupes de terre.

Recueil des lois de la marine, tome Ier, page 28.

31 octobre 1790. — DÉCRET relatif à la paye et à la subsistance des soldats tenant garnison à bord des vaisseaux.

Recueil des lois de la marine, tome Ier, page 180.

20 juillet 1791. — DÉCRET relatif aux régiments et autres troupes soldées des colonies. — Elles sont placées sous la direction du ministre de la guerre.

Recueil des lois de la marine, tome II, page 160.

1er août 1791. — DÉCRET relatif aux troupes coloniales actuellement en France.

Recueil des lois de la marine, tome II, page 201.

6 août 1791. — DÉCRET concernant la police et la discipline des troupes coloniales.

Recueil des lois de la marine, tome II, page 203.

16 octobre 1791. — DÉCRET qui licencie les divers régiments pré-

cédemment employés à la garde des colonies, et fixe le mode de leur remplacement.

Recueil des lois de la marine, tome II, page 353.

25 janvier 1792. — DÉCRET relatif au licenciement des troupes employées à la garde des colonies.

Recueil des lois de la marine, tome II, page 364.

23 mai 1792. — DÉCRET relatif à la discipline de l'armée.

Bulletin des lois.—Lois et actes du Gouvernement, tome V, page 389.

14 juin 1792. — DÉCRET supprimant le corps royal des canonniers matelots [1], et organisant l'artillerie et l'infanterie de la marine.

Recueil des lois de la marine, tome II, page 461.

29 juin 1792. — DÉCRET qui met sous la direction du département de la guerre toutes les troupes soldées et employées à la défense des colonies.

Recueil des lois de la marine, tome II, page 454.

1er juillet 1792. — DÉCRET relatif au remplacement des officiers de l'artillerie des colonies. — Suppression provisoire de la place d'inspecteur général.

Recueil des lois de la marine, tome III, page 8.

22 juillet 1792. — DÉCRET relatif à l'organisation des troupes des colonies qui se trouvent en France. — Elles seront formées en régiments de ligne.

Recueil des lois de la marine, tome III, page 39.

25 juillet 1792. — DÉCRET relatif aux ci-devant troupes coloniales. — Réunion aux forces mises à la disposition du ministre de la guerre.

Recueil des lois de la marine, tome III, page 52.

[1] Voir plus particulièrement, au titre *Service à la mer*, les actes relatifs aux écoles de canonnage et aux canonniers matelots. — Voir le décret du 9 pluviôse an II, portant suppression des régiments de la marine.

23 août 1792.—DÉCRET relatif aux régiments d'infanterie et d'artillerie de la marine.

Recueil des lois de la marine, tome III, page 89.

27 août 1792. — DÉCRET relatif à l'organisation des troupes coloniales en régiments de ligne.

Recueil des lois de la marine, tome III, page 102.

9 pluviôse an II (28 janvier 1794). — DÉCRET portant suppression des régiments de la marine.

Recueil des lois de la marine, tome IV, page 305.

14 ventôse an II (4 mars 1794).— DÉCRET qui crée une commission des transports militaires (guerre et marine).

Recueil des lois de la marine, tome IV, page 369.

3 brumaire an IV (25 octobre 1795). — DÉCRET sur l'établissement des troupes d'artillerie de la marine, leur réorganisation et les divers services auxquels elles sont affectées.

Recueil des lois de la marine, tome VI, page 79.

9 vendémiaire an VI (30 septembre 1797). — ARRÊTÉ concernant la réorganisation des troupes des colonies.

Bulletin des lois, 2e série, n° 149, page 15.

19 fructidor an VI (5 septembre 1798). — LOI relative au mode de formation de l'armée de terre.

Recueil des lois de la marine, tome VIII, page 600.

23 germinal an IX (13 avril 1801). — DÉCRET relatif au mode d'avancement dans l'artillerie de la marine.

Recueil des lois de la marine, tome XI, page 380.

3 thermidor an X (22 juillet 1802). — ARRÊTÉ relatif à la haute paye accordée aux caporaux et soldats pour ancienneté de service [1].

Bulletin des lois, 3e série, n° 203, page 502.

[1] Voir la loi du 10 mars 1818.

28 fructidor an x (15 septembre 1802). — ARRÊTÉ relatif à l'organisation des cipayes dans l'Inde.

Recueil des lois de la marine, tome XII, page 452.

28 vendémiaire an XI (20 octobre 1802). — DÉCRET relatif aux avances à faire aux troupes qui s'embarquent pour les colonies.

Recueil des lois de la marine, tome XIII, page 56.

20 frimaire an XI (10 décembre 1802). — ARRÊTÉ portant qu'il sera formé six dépôts pour recevoir, habiller et armer les soldats qui voudront servir aux colonies.

Recueil des lois de la marine, tome XIII, page 121.

20 ventôse an XI (11 mars 1803). (*Guerre.*) — CIRCULAIRE relative aux rations distribuées aux troupes de la marine ou aux marins détenus, en route, ou conduits sous l'escorte de la gendarmerie.

Journal militaire de l'an XI, 2e semestre, page 32.

15 floréal an XI (5 mai 1803). — ARRÊTÉ relatif à l'organisation des troupes d'artillerie de la marine.

Recueil des lois de la marine, tome XIII, page 314. — *Bulletin des lois*, 3e série, n° 282, page 390.

18 brumaire an XIII (9 novembre 1804). — DÉCRET qui donne aux troupes d'artillerie de la marine le titre de *corps impérial d'artillerie* de la marine.

Recueil des lois de la marine, tome XV, page 19.

25 germinal an XIII (15 avril 1805). — DÉCRET portant règlement sur les revues, la solde et les masses.

Recueil des lois de la marine, tome XV, page 78.

20 floréal an XIII (10 mai 1805). — DÉCRET relatif à la solde des troupes du département de la guerre, embarquées comme garnison sur les bâtiments.

Recueil des lois de la marine, tome XV, page 161.

18 frimaire an XIV (9 décembre 1805). — RÈGLEMENT concernant

les services des convois militaires et des transports directs du ressort de l'administration de la guerre.

Journal militaire de l'an XIV, 2e semestre, page 245.

10 avril 1806. — DÉCRET relatif à la formation d'une *masse*, dite *de compagnie*, dans chaque compagnie de l'armée.

Recueil des lois de la marine, tome XVI, page 75.

10 avril 1806. (*Guerre.*) — DÉCRET relatif aux transports directs et convois militaires à la suite des corps et détachements de troupes.

Journal militaire de 1806, 1er semestre, page 117.

17 avril 1806. (*Guerre.*) — INSTRUCTION pour l'exécution du décret du 10 avril 1806, qui charge les troupes de pourvoir aux transports directs de leurs gros bagages, ainsi qu'aux fournitures de convois militaires à leur suite.

Journal militaire de 1806, 1er semestre, page 122.

26 août 1806. — DÉCRET relatif au traitement des militaires voyageant sous l'escorte de la gendarmerie.

Journal militaire de 1806, 2e semestre, page 121.

4 décembre 1806. (*Guerre.*) — INSTRUCTION sur l'exécution du décret du 26 août 1806, concernant les militaires détenus près des conseils de guerre, et ceux conduits de brigade en brigade par la gendarmerie.

Journal militaire de 1806, 2e semestre, page 316.

15 février 1809. — CIRCULAIRE sur le traitement en route des militaires français et étrangers[1].

Annales maritimes de 1809-1815, tome Ier, page 8.

20 février 1809. — CIRCULAIRE portant qu'aucun homme apparte-

[1] Voir les ordonnances des 24 septembre 1823, et 26 octobre 1825, et la circulaire du 12 juin 1826.

nant aux troupes de la marine ne peut être congédié sans l'avis de l'inspecteur général et l'autorisation du ministre.

Annales maritimes de 1809-1815, tome Ier, page 32.

16 novembre 1809. (*Guerre.*) — CIRCULAIRE sur l'habillement et l'équipement des troupes destinées à être embarquées sur les bâtiments de l'État pour y tenir garnison, ou comme passagères.

Annales maritimes de 1809-1815, tome Ier, page 79.

16 mai 1810. — DÉCRET sur le mode de payement de la solde et des masses de l'armée, les indemnités de route, etc.

Bulletin des lois, 4e série, n° 289, page 416.

26 mars 1812. (*Personnel.*) — INSTRUCTION sur l'administration de l'habillement des corps organisés du département de la marine.

Archives de la marine.

3 août 1812. (*Guerre.*) — INSTRUCTION sur le mode de payement et de comptabilité des troupes de terre mises à la disposition de la marine et réciproquement, de celles de la marine momentanément employées au compte du département de la guerre.

Annales maritimes de 1809-1815, tome Ier, page 209.

24 janvier 1813. — DÉCRET qui met les quatre régiments d'artillerie de la marine à la disposition du département de la guerre [1].

Annales maritimes de 1809-1815, tome Ier, page 233.

13 février 1813. (*Guerre.*) — CIRCULAIRE sur le mode de payement et de comptabilité des troupes de terre au service de la marine, et des troupes de marine au service de terre.

Annales maritimes de 1809-1815, tome Ier, page 241.

1er mai 1814. — DÉCISION portant que les quatre régiments d'ar-

[1] Voir la décision du 1er mai 1814.

tillerie de marine mis à la disposition du département de la guerre, le 24 janvier 1813, sont rendus à celui de la marine.

Annales maritimes de 1809-1815, tome II, page 17.

26 juin 1814.—Décision du Roi portant que les officiers de tout grade tirés des corps de l'armée de terre, pour entrer dans l'artillerie de la marine, seront rendus au département de la guerre à compter du 1er juillet 1814.

Annales maritimes de 1809-1815, tome II, page 73.

1er juillet 1814.—Ordonnance sur le classement des officiers du corps royal des canonniers de la marine.—Organisation du corps des canonniers.

Annales maritimes de 1809-1815, tome II, pages 110 et 115.

8 août 1814.—Ordonnance relative à l'organisation des troupes qui doivent être entretenues dans les colonies françaises.

Annales maritimes de 1809-1815, tome II, page 131.

30 août 1814.—Ordonnance qui fixe la solde, sur le pied de paix, des officiers, sous-officiers, brigadiers, soldats, etc., des escadrons des trains d'artillerie.

Annales maritimes de 1809-1815, tome II, page 146.

2 septembre 1814.—Ordonnance concernant les congés absolus et les hautes payes.

Annales maritimes de 1809-1815, tome II, page 149.

28 septembre 1814.—Ordonnance concernant l'organisation des premier et second bataillons coloniaux.

Annales maritimes de 1809-1815, tome II, page 150.

16 décembre 1814.—Ordonnance portant formation d'un régiment colonial étranger.

Annales maritimes de 1809-1815, tome II, page 164.

23 mars 1815.—Ordonnance concernant le licenciement de l'armée.

Annales maritimes de 1809-1815, tome II, page 207.

21 février 1816. — ORDONNANCE portant création d'un corps royal d'artillerie de la marine.

Annales maritimes de 1816, page 179.

9 juillet 1816. (*Personnel.*) — CIRCULAIRE qui autorise l'admission des gens de mer dans le corps royal d'artillerie.

19 août 1816. — CIRCULAIRE portant qu'il ne doit être reçu, dans l'artillerie, ni officiers mariniers, ni matelots de 1re classe, à moins d'un ordre spécial du ministre.

16 juillet 1817. — ORDONNANCE relative aux services des sous-officiers et canonniers des anciens régiments d'artillerie de la marine, antérieurs à l'époque du licenciement de ces régiments.

Annales maritimes de 1817, page 278.

28 juillet 1817. — INSTRUCTIONS pour la fourniture des effets d'habillement nécessaires aux troupes de la marine et pour la comptabilité des dépenses.

10 mars 1818. — LOI sur le recrutement de l'armée [1].

. . . .

Art. 15, dispensant des appels les jeunes marins et les ouvriers portés sur les registres matricules de l'inscription maritime, conformément aux prescriptions de la loi du 3 brumaire an IV. — Art. 22. Haute paye de rengagement [2].

Annales maritimes de 1818, page 136.

1er avril 1818. — ORDONNANCE prescrivant la formation de compagnies détachées, dites *compagnies de discipline;* déterminant le

[1] Loi modifiée, dans quelques parties par celle du 9 juin 1824. — Voir, en outre, la loi du 21 mars 1832.

[2] Voir l'instruction du 3 décembre 1818, et l'ordonnance de la même date, ainsi que celles des 9 juin 1821 et 6 novembre 1822.

cas où les militaires y seront incorporés, et contenant des dispositions sur les bataillons coloniaux [1].

Annales maritimes de 1818, page 158.

3 décembre 1818. — INSTRUCTION approuvée par le Roi, sur les remplacements dans les corps, sur la libération du service actif et sur les rengagements, donnée en exécution de la loi du 10 mars précédent, sur le recrutement de l'armée.

Bulletin des lois, 7e série, n° 248, page 781.

3 décembre 1818. — ORDONNANCE qui crée, en faveur des sous-officiers et soldats qui contracteront un rengagement à l'expiration de leur temps de service, une haute paye, sous le nom de *haute paye de premier rengagement.*

Bulletin des lois, 7e série, n° 248, page 806.

22 septembre 1819. — ORDONNANCE relative aux suppléments de traitement à allouer aux officiers militaires, sous-officiers et soldats, et aux officiers et employés civils, dans les colonies [2].

Annales maritimes de 1819, page 395.

5 janvier 1820. — ORDONNANCE qui modifie l'article 15 de celle du 1er avril 1818, relative à la formation des compagnies de discipline.

Annales maritimes de 1820, page 176.

14 mars 1821. — ORDONNANCE qui accorde un supplément de solde aux lieutenants en premier et en second attachés au corps royal d'artillerie de la marine.

Annales maritimes de 1821, page 200.

9 juin 1821. — ORDONNANCE qui modifie les dispositions des précédentes ordonnances relatives aux hautes payes accordées aux sous-officiers et soldats de toutes armes.

Annales maritimes de 1821, page 320.

[1] Voir l'ordonnance du 5 janvier 1820.
[2] Voir l'ordonnance du 22 juin 1847.

15 août 1821. — Ordonnance réglant le mode d'avancement des officiers employés aux colonies.

Annales maritimes de 1821, page 426.

3 janvier 1822. — Ordonnance portant que toute absence non régulièrement autorisée, de la part des jeunes soldats, sera déduite des années de service exigées par la loi du 10 mars 1818.

Annales maritimes de 1822, page 182.

7 août 1822. — Ordonnance portant dissolution des huit bataillons d'artillerie et formation d'un régiment d'artillerie et de deux régiments d'infanterie de marine.

Annales maritimes de 1822, page 603.

31 août 1822. — Décision ministérielle portant que tout militaire convalescent, revenant des colonies et se retirant dans ses foyers, recevra l'indemnité de route de son grade, sans qu'il lui en soit fait aucune imputation.

Annales maritimes de 1822, page 521.

2 octobre 1822. — Ordonnance qui détermine la nouvelle composition du pain destiné à la subsistance des troupes.

Annales maritimes de 1822, page 653.

6 novembre 1822. — Ordonnance qui alloue aux soldats de toutes armes qui contracteront des rengagements, l'avance de la haute paye fixée pour les caporaux d'infanterie de la ligne.

Annales maritimes de 1822, page 657.

13 novembre 1822. — Ordonnance portant organisation d'un corps royal d'artillerie et d'un corps d'infanterie de la marine.

Annales maritimes de 1822, page 606.

23 janvier 1823. — Décision royale sur le nombre des maîtres tailleurs affectés au régiment d'artillerie de la marine.

19 mars 1823. (*Guerre.*) — ORDONNANCE portant règlement sur le service de la solde et sur les revues [1].

Journal militaire de 1823. — Volume spécial.

14 juin 1823. — TARIFS de la solde et des diverses indemnités à allouer aux officiers, sous-officiers et soldats du corps royal d'artillerie et des régiments d'infanterie de la marine.

Annales maritimes de 1823, page 529.

24 septembre 1823. (*Guerre.*) — ORDONNANCE portant règlement sur les indemnités et les avances payables en route aux militaires isolés [2].

Annales maritimes de 1824, page 179.

30 décembre 1823. — ORDONNANCE portant qu'à l'avenir les troupes destinées à former les garnisons des colonies seront fournies par le département de la guerre.

Annales maritimes de 1823, page 679.

21 avril 1824. — ORDONNANCE portant création d'une compagnie de discipline de la marine [3].

Annales maritimes de 1824, page 330.

9 juin 1824. — LOI qui modifie quelques dispositions de celle du 10 mars 1818, sur le recrutement de l'armée [4].

Annales maritimes de 1824, page 362.

20 juillet 1824. (*Guerre.*) — RÈGLEMENT sur l'administration du service des lits militaires et sur le logement des troupes chez les habitants.

Journal militaire de 1824, 2e semestre, page 71.

[1] Voir l'ordonnance du 25 décembre 1837, qui a modifié les trois premières parties de la présente ordonnance, et celle du 10 mai 1844 modifiant la quatrième partie.

[2] Abrogée par l'ordonnance du 20 décembre 1837.

[3] Voir l'ordonnance du 25 décembre 1842.

[4] Voir la loi du 21 mars 1832.

28 juillet 1824. — ORDONNANCE portant que les officiers européens du bataillon de cypahis seront pris dans le corps d'infanterie de la marine.

Annales maritimes de 1824, page 428.

17 août 1824. (*Guerre.*) — RÈGLEMENT sur le service du casernement des troupes.

Journal militaire de 1824, 2e semestre, page 173.

13 octobre 1824. — INSTUCTION réglementaire sur l'exécution de l'ordonnance du 30 décembre 1823, relative aux troupes d'infanterie envoyées en garnison dans les colonies.

Annales maritimes de 1824, page 597.

27 décembre 1824. (*Guerre.*) — DÉCISION ministérielle relative au payement de la première mise d'équipement aux sous-officiers des corps de l'armée de terre promus au grade de sous-lieutenant dans la marine.

Journal militaire de 1824, 2e semestre, page 651.

26 janvier 1825. — ORDONNANCE portant qu'à dater du 1er janvier 1826, les troupes, officiers sans troupe et autres, nécessaires au service militaire des colonies, seront fournis par le département de la guerre, qui pourvoira en même temps, à la confection, aux réparations et à l'entretien des fortifications et bâtiments militaires, etc.

Annales maritimes de 1825, page 226.

23 mai 1825. (*Guerre.*) — CIRCULAIRE sur le mode de recouvrement des avances faites en route aux jeunes soldats mis en activité, pour servir dans les troupes de la marine.

Annales maritimes de 1826, page 582.

26 août 1825. (*Guerre.*) — CIRCULAIRE portant que les indemnités et la solde de route dues aux marins ou aux jeunes soldats

destinés au recrutement des troupes de la marine cesseront d'être payées sur les fonds de la guerre, à partir du 1er janvier 1826[1].

Annales maritimes de 1825, page 512.

28 août 1825. — INSTRUCTION royale pour servir à l'exécution de l'ordonnance du 26 janvier 1825, relative aux troupes en garnison dans les colonies[2].

Annales maritimes de 1825, page 514.

26 octobre 1825. (*Guerre.*) — ORDONNANCE portant que les indemnités de route et de séjour que perçoivent les sous-officiers et soldats seront remplacées, à partir du 1er janvier 1826, par une allocation fixée par grade et par gîte d'étape ou de séjour.

Journal militaire de 1825, 2e semestre, page 103.

27 janvier 1826. (*Guerre.*) — CIRCULAIRE portant que les frais de gîte et de geôlage des hommes appartenant à la marine seront payés sur le budget de ce département, à partir du 1er janvier 1826[1].

Annales maritimes de 1826, page 586.

21 mai 1826. — DÉCISION du Roi qui fixe les indemnités à accorder, pour frais de bureau, de tournée et de représentation, aux officiers d'artillerie, chefs et sous-chefs de service et adjoints, dans les colonies.

Annales maritimes de 1826, page 592.

12 juin 1826. — CIRCULAIRE sur le mode de payement du traitement de route aux marins isolés. — Délégations aux intendants militaires[2].

Annales maritimes de 1826, page 617.

[1] Voir les circulaires des 21 novembre et 3 décembre 1833.

[2] Voir, page 544 des Annales maritimes de 1825, une circulaire faisant envoi de cette instruction.

29 octobre 1826. — Ordonnance affectant un cinquième chef de bataillon au régiment d'artillerie.

Annales maritimes de 1826, page 781.

12 novembre 1826. — Décision royale supprimant les cinq compagnies d'apprentis cannoniers.

27 décembre 1826. — Décision royale faisant passer au service de la guerre, à dater du 1er juillet 1827, les deux régiments d'infanterie de la marine.

14 février 1827. — Décision ministérielle réglant le traitement des professeurs des écoles d'artillerie.

28 août 1827. — Ordonnance relative au licenciement des deux régiments d'infanterie de marine et à leur incorporation dans les 11e, 13e et 15e régiments d'infanterie légère.

Annales maritimes de 1827, tome Ier, page 605.

17 août 1828. — Ordonnance affectant spécialement trois régiments d'infanterie au service ordinaire des colonies, et portant organisation de ces trois régiments.

Annales maritimes de 1828, page 707.

21 décembre 1828. — Ordonnance portant qu'à dater du 1er janvier 1830, la direction, l'administration et la comptabilité de tous les services militaires, dans les colonies, ressortiront exclusivement au département de la marine et des colonies.

Annales maritimes de 1829, page 392.

28 janvier 1829. — Ordonnance relative à la nouvelle composition des vingt-quatre compagnies du régiment d'artillerie de la marine.

Annales maritimes de 1829, page 307.

24 juin 1829. — Circulaire portant que les devancements d'appel, pour les troupes de mer, ne pourront être reçus que pour l'artillerie de marine.

Annales maritimes de 1829, page 868.

21 février 1830. — ORDONNANCE relative à l'armée de terre. — Augmentation de la solde de présence des sous-officiers et soldats; suppression de la haute paye acquittable à l'avance; création d'une masse individuelle; nouvelle fixation de la masse d'entretien[1].

Annales maritimes de 1830, tome Ier, page 217.

4 mars 1830. — DÉCISION pour la formation d'escouades d'armuriers civils pour le service de la marine, à terre et à la mer.

Annales maritimes de 1830, tome Ier, page 175.

7 avril 1830. — ORDONNANCE qui applique, sous certaines modifications, aux régiments d'infanterie dans les colonies françaises, les dispositions de l'ordonnance du 21 février 1830.

Annales maritimes de 1830, tome Ier, page 222.

7 septembre 1830. — DÉCISION royale rapportant, en ce qui concernait l'avancement des officiers, l'ordonnance du 21 avril 1824, relative à la compagnie de discipline.

Annales maritimes de 1830, tome II, page 697.

14 mai 1831. — ORDONNANCE portant création de deux régiments de la marine, affectés au service des colonies, avec un dépôt commun à Landerneau.

Annales maritimes de 1831, page 351.

29 août 1831. — DÉCISION royale qui crée, à compter du 1er janvier 1832, dans les compagnies d'artillerie de la marine, seize maîtres, dont onze ouvriers en métaux et cinq ouvriers en bois.

Annales maritimes de 1831, page 570.

8 septembre 1831. — TARIFS sur la solde et les accessoires alloués aux différents corps des troupes de la marine.

Annales maritimes de 1831, page 651.

[1] Voir l'ordonnance du 26 janvier 1832.

14 septembre 1831. — Ordonnance portant création d'une compagnie hors rang dans le régiment d'artillerie de la marine.

Annales maritimes de 1831, page 576.

29 novembre 1831. (*Guerre.*) — Circulaire sur l'appel à faire aux sous-officiers et soldats qui seraient aptes à concourir à la formation des deux régiments de la marine destinés pour les colonies, créés par l'ordonnance du 14 mai 1831.

Annales maritimes de 1831, page 723.

19 décembre 1831. — Ordonnance sur la composition du conseil d'administration des dépôts des régiments de la marine.

Annales maritimes de 1832, page 2.

23 décembre 1831. (*Guerre.*) — Circulaire relative à la désignation des sous-officiers, caporaux et soldats aptes à être admis dans les deux régiments d'infanterie de la marine.

Annales maritimes de 1832, page 30.

19 janvier 1832. — Règlement sur la formation des détachements d'artillerie de la marine destinés pour les colonies.

Annales maritimes de 1832, page 35.

26 janvier 1832. (*Guerre.*) — Ordonnance modifiant les nomenclatures, ainsi que les tarifs de la masse individuelle et de la masse d'entretien, joints à l'ordonnance du 21 février 1830.

Journal militaire de 1832, 1er semestre, page 63.

10 février 1832. (*Guerre.*) — Instruction pour l'exécution de l'ordonnance du 26 janvier 1832.

Journal militaire de 1832, 1er semestre, page 72.

21 mars 1832. — Loi sur le recrutement de l'armée[1].

Annales maritimes de 1832, page 233.

[1] Voir l'ordonnance du 28 avril 1832.

14 avril 1832. — Loi sur l'avancement dans l'armée[1].

Annales maritimes de 1832, page 274.

28 avril 1832. (*Guerre.*)—Ordonnance sur les engagements volontaires et les rengagements[2].

Annales maritimes de 1832, page 309.

7 mai 1832. — Décision royale supprimant, dans l'artillerie de la marine, les emplois de porte-drapeau et d'officier d'armement.

Annales maritimes de 1832, page 400.

18 juin 1832. — Décision royale appliquant aux régiments de la marine, avec certaines modifications, les ordonnances des 21 novembre 1831 et 26 janvier 1832, relatives aux masses individuelles et à la solde des troupes de l'armée de terre.

Annales maritimes de 1832, page 397.

18 septembre 1832. — Ordonnance qui rend applicable aux deux régiments d'infanterie et au corps d'artillerie de la marine, les dispositions de l'ordonnance du 3 juin 1832, portant création de deux bataillons d'Afrique.

Annales maritimes de 1832, page 577.

31 octobre 1832. — Décision royale créant trois classes de gardes d'artillerie dans les colonies.

21 novembre 1833. (*Guerre.*) — Circulaire portant qu'à partir du 1er janvier 1834, les dépenses du service de marche des marins et des troupes de la marine, seront acquittées par les fonds du ministère de la guerre, sauf remboursement par le département de la marine.

Journal militaire de 1833, 2e semestre, page 278.

[1] Voir l'ordonnance du 16 mars 1838.

[2] Voir l'ordonnance du 15 janvier 1837.

3 décembre 1833. (*Fonds.*) — CIRCULAIRE aux intendants militaires contenant les dispositions relatives à la reprise par la guerre, à titre d'avances, du service de marche des marins et des troupes de la marine.

31 janvier 1834. — DÉCISION royale relative à la formation des conseils d'administration des corps de la marine.

Annales maritimes de 1834, page 255.

19 mai 1834. — LOI sur l'état des officiers[1].

Annales maritimes de 1834, page 438.

14 septembre 1835. — ORDONNANCE portant organisation d'un régiment d'artillerie et de cinq compagnies d'ouvriers, et affectant un certain nombre d'officiers de ce corps au service des forges, fonderies et directions d'artillerie.

Annales maritimes de 1835, page 691.

29 février 1836. — DÉCISION royale portant que les officiers d'artillerie de la marine, qui seront embarqués sur les bâtiments de l'État, recevront, pendant tout le temps de leur embarquement, un supplément égal au quart de leurs appointements.

Administration des vaisseaux, 1840, page 102. — *Annales maritimes de 1836*, page 293.

15 janvier 1837. (*Guerre.*) — ORDONNANCE portant que les engagements volontaires et les rengagements seront contractés sans distinction de corps ni d'arme.

Annales maritimes de 1837, page 237.

20 décembre 1837. (*Guerre.*) — ORDONNANCE portant règlement sur les frais de route, sur les avances payables aux militaires voyageant isolément dans l'intérieur du royaume ou en pays étranger, et sur les fournitures qui peuvent leur être faites.

Bulletin des lois, 9e série, n° 551, page 858.

[1] D'après l'article 24, la loi est applicable aux officiers des troupes de la marine et aux officiers entretenus des autres corps de ce département. — Voir le titre *Officiers de vaisseau*.

25 décembre 1837. (*Guerre.*) — ORDONNANCE portant règlement sur le service de la solde et sur les revues[1].

Bulletin des lois, 9e série, n° 561, page 117.—*Annales maritimes de 1838*, page 629.

16 mars 1838. — ORDONNANCE portant règlement d'après la hiérarchie militaire des grades et des fonctions, sur la progression de l'avancement et la nomination aux emplois dans l'armée, en exécution de la loi du 14 avril 1832. (Armée de terre.)

Bulletin des lois, 9e série, n° 566, page 429.

13 juin 1838. (*Personnel.*) — CIRCULAIRE contenant des dispositions relatives à l'application, dans le corps de la marine, de l'ordonnance du 25 décembre 1837 sur la solde et les revues, et de celle du 16 mars 1838 sur l'avancement.

Annales maritimes de 1838, page 629.

20 novembre 1838. — ORDONNANCE créant un corps d'infanterie de marine, composé de trois régiments destinés à assurer la garde des cinq grands ports militaires du royaume et des établissements français d'outre-mer.

Annales maritimes de 1838, page 1071

25 juillet 1839. (*Guerre.*) — ORDONNANCE portant augmentation de la solde des lieutenants et sous-lieutenants, de l'indemnité de logement et de diverses allocations accessoires[2].

Journal militaire de 1839, 2e semestre, page 52.

27 février 1840. (*Guerre.*) — ORDONNANCE relative à l'indemnité accordée aux commandants des corps pour frais de représentation.

Journal militaire de 1840, 1er semestre, page 406.

[1] Voir les ordonnances des 5 décembre 1840, 26 octobre 1843 et 22 juin 1847.

[2] Rendue applicable aux corps organisés de la marine par décision ministérielle du 8 août 1839. — Voir les ordonnances des 5 décembre 1840 et 22 juin 1847.

14 août 1840. — ORDONNANCE portant création de quarante nouvelles compagnies d'infanterie de marine.

Annales maritimes de 1840, page 808.

14 août 1840. — ORDONNANCE portant de douze à dix-huit compagnies, le régiment d'artillerie de la marine.

Annales maritimes de 1840, page 813.

19 septembre 1840. — ORDONNANCE portant de dix-huit à quarante compagnies, le régiment d'artillerie de la marine.

Annales maritimes de 1840, page 980.

5 décembre 1840. (*Guerre.*) — ORDONNANCE augmentant la solde de présence des sous-officiers, caporaux, brigadiers et soldats, et portant que le tarif y annexé sera substitué à ceux des 25 décembre 1837 et 25 juillet 1839[1].

Bulletin des lois, 9e série, n° 780, page 807.

18 décembre 1840. — ORDONNANCE portant création, à Toulon, d'une école centrale de pyrotechnie pour le service de la marine.

Annales maritimes de 1840, page 1322.

28 janvier 1841. (*Personnel.*) — CIRCULAIRE rendant applicable à la marine l'ordonnance du 5 décembre 1840, augmentant la solde de présence des sous-officiers et soldats de l'armée.

9 février 1841. — ORDONNANCE qui admet les enseignes de vaisseau et les élèves de la marine de 1re classe à concourir pour les grades de capitaine en second, de lieutenant et de sous-lieutenant dans le corps royal d'artillerie de marine.

Annales maritimes de 1841, page 301.

6 mars 1841. (*Personnel.*) — CIRCULAIRE prescrivant de faire admettre à la retraite, conformément aux règles de la guerre :

les colonels et lieutenants-colonels à 60 ans,

les chefs de bataillon à 58 ans,

et les officiers des grades inférieurs à 55 ans[2].

[1] Voir l'ordonnance du 22 juin 1847.

[2] Appliquée aux officiers de vaisseau par circulaire du 3 novembre 1843. (Voir le titre *Officiers de vaisseau.*)

1er avril 1841. — Règlement sur le service et l'administration de l'école centrale de pyrotechnie établie à Toulon pour l'instruction des troupes de la marine et des canonniers-marins.

Annales maritimes de 1841, page 533.

29 juin 1841. — Décision royale créant deux nouveaux emplois d'adjudant sous-officier dans le régiment d'artillerie de marine.

Annales maritimes de 1841, page 771.

12 juillet 1841. — Ordonnance portant augmentation et répartition d'un nouvel effectif des compagnies d'ouvriers d'artillerie de la marine.

Annales maritimes de 1841, page 810.

10 août 1841. — Ordonnance créant seize emplois nouveaux dans les trois régiments d'infanterie de marine.

Annales maritimes de 1841, page 907.

4 janvier 1842. — Ordonnance concernant le corps royal d'artillerie de la marine[1].

Annales maritimes de 1842, page 25.

9 mars 1842. — Rapport au Roi et décision portant que les officiers mariniers et les sous-officiers des troupes de la marine pourront être admis dans le personnel des gardes forestiers et dans celui des préposés des douanes.

Annales maritimes de 1842, page 415.

9 juin 1842. — Ordonnance créant au département de la marine un maréchal de camp inspecteur général des troupes d'infanterie de marine.

Annales maritimes de 1842, page 589.

31 octobre 1842. — Ordonnance qui augmente l'effectif de l'état-major du régiment d'artillerie de la marine.

Annales maritimes de 1842, page 1038.

[1] Voir l'ordonnance du 13 avril 1843.

13 novembre 1842. — ORDONNANCE portant création d'emplois dans les régiments d'infanterie de marine.

Annales maritimes de 1842, page 1089.

19 novembre 1842. — ORDONNANCE qui porte que les dispositions de l'art. 6 de la loi du 17 juin 1841 sur l'admission des officiers généraux de l'armée de mer, à la réserve, sont applicables aux officiers généraux de l'artillerie et de l'infanterie de la marine.

Annales maritimes de 1842, page 1122.

25 décembre 1842. — ORDONNANCE portant création d'une section de pionniers dans la compagnie de discipline de la marine[1].

Annales maritimes de 1842, page 1145.

29 janvier 1843. — ORDONNANCE portant formation des conseils d'administration éventuels des portions des 2e et 3e régiments d'infanterie de marine.

Annales maritimes de 1843, page 42.

13 avril 1843. — ORDONNANCE qui annule l'article 37 de l'ordonnance du 4 janvier 1842, constitutive du corps royal d'artillerie de la marine, et fait application de l'article 21 de ladite ordonnance, relatif au tour de départ pour les colonies.

Annales maritimes de 1843, page 437.

24 août 1843. — ORDONNANCE qui augmente le corps royal d'artillerie de la marine d'un chef de bataillon et d'un capitaine en premier.

Annales maritimes de 1843, page 862.

7 septembre 1843. — ORDONNANCE qui ajoute un tambour ou clairon au cadre armé de la compagnie de discipline de la marine.

Annales maritimes de 1843, page 993.

[1] Voir l'ordonnance du 7 septembre 1843.

26 octobre 1843. — ORDONNANCE qui modifie, en ce qui concerne les officiers des troupes de la marine employés aux colonies, les articles 33 et 34 de l'ordonnance du 25 décembre 1837, sur la solde et les revues[1].

Annales maritimes de 1843, pages 1088 et 1090.

2 novembre 1843. (*Personnel.*) — CIRCULAIRE faisant envoi de l'ordonnance du 26 octobre 1843, sur les troupes servant aux colonies.

Annales maritimes de 1843, page 1194.

7 novembre 1843. — ORDONNANCE établissant une nouvelle répartition des cent trente compagnies d'infanterie de marine, et augmentant l'effectif de ces troupes de trois officiers et de trente sous-officiers et soldats.

Annales maritimes de 1843, page 1167.

7 novembre 1843. — ORDONNANCE augmentant le cadre des sous-officiers et des caporaux de chaque compagnie d'infanterie de marine.

Annales maritimes de 1843, page 1196.

30 avril 1844. — ORDONNANCE concernant le corps royal d'artillerie de la marine.

Annales maritimes de 1844, page 581.

3 mai 1844. — INSTRUCTION concernant la délivrance des congés de réforme aux sous-officiers, caporaux ou brigadiers et soldats.

Journal militaire de 1844, Ier semestre, page 277.

10 mai 1844. (*Guerre.*) — ORDONNANCE portant règlement sur l'administration et la comptabilité des corps de troupe[1].

Annales maritimes de 1844, page 701.

[1] Voir l'ordonnance du 22 juin 1847.

28 juin 1844. (*Personnel.*) — CIRCULAIRE faisant application aux corps de troupe de la marine de l'ordonnance du 10 mai 1844, relative à l'administration et à la comptabilité des corps de l'armée de terre[1].

Annales maritimes de 1844, page 697.

21 octobre 1844. (*Guerre.*) — CIRCULAIRE portant que les dispositions de l'instruction du 3 mai 1844, relatives à la délivrance des congés de réforme, sont rendues applicables aux troupes de la marine.

Annales maritimes de 1844, page 1287.

21 novembre 1844. (*Guerre.*) — CIRCULAIRE portant envoi d'un *livret des itinéraires militaires.*

Journal militaire de 1844, 1 volume spécial.

26 mai 1845. — INSTRUCTION pour les revues d'inspection générale des troupes d'artillerie et d'infanterie de la marine.

Annales maritimes de 1845, page 568.

13 août 1845. (*Personnel.*) — CIRCULAIRE portant qu'il sera fait aux officiers des troupes de la marine, retenus en séjour dans les ports, application des dispositions de l'article 16 (38e position) de l'ordonnance du 20 décembre 1837.

Annales maritimes de 1845, page 760.

21 décembre 1845. — ORDONNANCE relative à l'inspecteur général de l'infanterie de marine.

Annales maritimes de 1845, page 1073.

20 janvier 1847. (*Personnel.*) — CIRCULAIRE sur le recrutement des compagnies d'ouvriers d'artillerie, par des *ouvriers à fer* employés dans les arsenaux, qui contracteraient des engagements volontaires.

Annales maritimes de 1847, page 45.

[1] Voir l'ordonnance du 22 juin 1847.

21 mars 1847. — ORDONNANCE relative à la composition du corps royal d'artillerie de marine[1].

Annales maritimes de 1847, page 324.

21 mars 1847. — ORDONNANCE relative à la composition du corps d'infanterie de marine[1].

Annales maritimes de 1847, page 329.

22 juin 1847. — ORDONNANCE portant règlement sur la solde, les revues, l'administration et la comptabilité des corps de troupe de la marine. — Rapport qui précède l'ordonnance[2].

Annales maritimes de 1847, pages 1089 et 1312.

23 juillet 1847. — LOI relative à l'avancement des lieutenants nommés à des fonctions spéciales dans les corps de troupe.

Annales maritimes de 1847, page 791.

4 novembre 1847. — ORDONNANCE relative à l'administration et à la comptabilité de l'école du corps royal d'artillerie de marine, à Lorient.

Annales maritimes de 1847, page 1545.

17 décembre 1847. (*Guerre.*) — NOTE relative aux engagements volontaires et aux devancements de mise en activité pour les corps de la marine.

Annales maritimes de 1847, page 1712.

7 février 1848. — ORDONNANCE concernant les officiers et agents militaires du département de la guerre employés aux colonies.

Bulletin officiel de la marine, tome Ier, page 85.

31 mars 1848.—DÉCRET qui autorise les engagements de deux ans.

Bulletin des lois, 10e série, n° 22, page 203.

[1] Ces ordonnances ont été notifiées aux ports et aux colonies par deux circulaires du 31 mars 1847. Voir pages 345 et 346 des *Annales maritimes*.

[2] Voir, page 1591 des *Annales maritimes* de 1847, une circulaire rectifiant une erreur qui s'est glissée dans cette ordonnance.

10 juillet 1848. — DÉCRET portant que tout Français, âgé de dix-sept ans, pourra être admis à contracter un engagement volontaire.

Bulletin des lois, 10e série, n° 49, page 19.

1er août 1848. (*Services administratifs.*) — CIRCULAIRE portant que les dispositions de l'article 204 de l'ordonnance du 22 juin 1847, relatives à la gratification d'entrée en campagne, sont applicables à l'indemnité de lit de bord.

Bulletin officiel de la marine, tome II, page 88.

24 août 1848. — ARRÊTÉ déterminant la composition et l'effectif des corps de l'artillerie et de l'infanterie de la marine.

Bulletin officiel de la marine, tome II, page 129.

15 septembre 1848. — ARRÊTÉ modifiant le tarif déterminé par l'ordonnance du 22 juin 1847, pour les frais de représentation alloués aux officiers généraux et aux officiers de tous grades des troupes de la marine.

Bulletin officiel de la marine, tome II, page 197.

16 octobre 1848. (*Personnel.*) — CIRCULAIRE contenant des dispositions relatives à l'exécution de l'arrêté du 24 août 1848, portant nouvelle composition de trois régiments d'infanterie de la marine.

Bulletin officiel de la marine, tome II, page 331.

20 octobre 1848. — ARRÊTÉ pour fixer la situation des officiers du corps de l'artillerie de marine, dont les emplois ont été supprimés en vertu de l'arrêté du 24 août 1848, portant réorganisation du corps.

Bulletin officiel de la marine, tome II, page 351.

26 octobre 1848. (*Personnel.*) — CIRCULAIRE relative à l'application de l'arrêté du 24 août 1848, aux autres dispositions qui modifient la constitution actuelle du corps d'artillerie de la marine.

Bulletin officiel de la marine, tome II, page 369.

15 novembre 1848. (*Personnel.*) — CIRCULAIRE faisant envoi d'un règlement qui détermine le mode d'examen des sous-officiers, candidats au grade de sous-lieutenant d'artillerie de marine.

Bulletin officiel de la marine, tome II, page 440.

GENDARMERIE MARITIME[1].

12 octobre 1791. — DÉCRET sur l'organisation d'une cour martiale maritime.

. . . .

Titre II. *Police des arsenaux. — Suppression des compagnies des prévôtés de la marine et formation de brigades de gendarmerie employées dans les ports.*

Recueil des lois de la marine, tome II, pages 284 et 298.

28 germinal an VI (17 avril 1798). — LOI relative à l'organisation de la gendarmerie nationale.

Bulletin des lois, 2e série, n° 197, page 1.

12 thermidor an IX (31 juillet 1801). — ARRÊTÉ sur l'organisation de la gendarmerie nationale. — Tableau de la force, composition et distribution des compagnies des ports et arsenaux.

Recueil des lois de la marine, tome XI, page 434.

24 vendémiaire an XI (16 octobre 1802). — ARRÊTÉ portant établissement d'une masse de casernement pour le corps de la gendarmerie.

Recueil des lois de la marine, tome XIII, page 52.

20 nivôse an XI (10 janvier 1803). — ARRÊTÉ portant qu'il sera formé cinq compagnies de gendarmerie des colonies, composées d'hommes ayant servi dans cette arme et de bonne volonté.

Recueil des lois de la marine, tome XIII, page 127.

[1] Cette troupe était précédemment dans les attributions et à la charge du budget de la guerre. Elle en a été distraite pour passer au département de la marine, en vertu de l'ordonnance royale du 19 juin 1832.

6 fructidor an XI (24 août 1803). — RÈGLEMENT relatif à l'administration, à la comptabilité et au service de la gendarmerie près les ports et arsenaux.

Recueil des lois de la marine, tome XIII, page 475.

16 germinal an XII (6 avril 1804). — ARRÊTÉ relatif aux indemnités accordées à la gendarmerie détachée en service extraordinaire.

Journal militaire de l'an XII, 2e semestre, page 193.

20 pluviôse an XIII (9 février 1805). (*Guerre.*) — CIRCULAIRE relative au logement des gendarmes détachés hors de leur résidence pour un service public.

Journal militaire de l'an XIII, 1re semestre, page 218.

12 janvier 1811. — DÉCRET portant à 25 francs la gratification accordée pour arrestation des réfractaires ou déserteurs[1].

Bulletin des lois, 4e série, n° 344, page 41.

10 septembre 1815. — ORDONNANCE concernant la gendarmerie. — Nombre des brigades affectées au service des arrondissements maritimes.

Bulletin des lois, 7e série, n° 34, page 347.

29 octobre 1820. — ORDONNANCE portant règlement sur le service de la gendarmerie. (Sections I et II du chapitre II, relatives à la gendarmerie des ports et arsenaux.)

Annales maritimes de 1820, pages 493 et 563.

21 novembre 1823. (*Guerre.*) — EXTRAIT en ce qui concerne la gendarmerie maritime et coloniale, du règlement sur les allocations de la gendarmerie royale.

Annales maritimes de 1824, page 200.

8 septembre 1830. — ORDONNANCE qui détermine les dénominations et l'uniforme des corps de gendarmerie destinés à la sur-

[1] Voir le titre *Justice maritime*.

veillance des départements, des arrondissements maritimes et des colonies.

Annales maritimes de 1830, tome II, page 185.

19 juin 1832. — ORDONNANCE faisant rentrer dans les attributions du ministre de la marine les cinq compagnies de gendarmerie affectées au service des ports et arsenaux.

Annales maritimes de 1832, page 396.

17 août 1835. — ORDONNANCE relative à l'organisation de la gendarmerie coloniale.

Annales maritimes de 1835, page 668.

6 septembre 1840. — ORDONNANCE relative à l'organisation de la gendarmerie coloniale, à la Martinique, à la Guadeloupe, à Bourbon et à la Guyane française.

Annales maritimes de 1840, page 950.

30 avril 1841. (*Guerre*).—ORDONNANCE augmentant la solde de la gendarmerie.

Bulletin des lois, 9e série, n° 812, p. 661. — *Journal militaire de 1841,* 1er semestre, page 21.

31 octobre 1842. — ORDONNANCE qui augmente l'effectif de la première compagnie de gendarmerie maritime.

Annales maritimes de 1842, page 1040.

31 octobre 1842. — ORDONNANCE relative à l'emploi de trésorier de gendarmerie dans le cinquième arrondissement maritime et à la manière dont il sera pourvu à cet emploi.

Annales maritimes de 1842, page 1041.

28 novembre 1843. — ORDONNANCE qui augmente l'effectif de la cinquième compagnie de gendarmerie maritime.

Annales maritimes de 1843, page 1225.

31 décembre 1845. — ORDONNANCE qui augmente l'effectif de la troisième compagnie de gendarmerie maritime.

Annales maritimes de 1846, page 96.

13 avril 1846. — ORDONNANCE concernant la gendarmerie coloniale.

Annales maritimes de 1846, page 549.

17 octobre 1846. — ORDONNANCE qui crée un détachement de gendarmerie à cheval, pour le service des établissements français dans l'Océanie.

Annales maritimes de 1846, page 947.

21 novembre 1846. — ORDONNANCE portant création de trois nouvelles brigades de gendarmerie maritime.

Annales maritimes de 1846, page 916.

8 septembre 1848. (*Services administratifs.*) — CIRCULAIRE portant que les administrations des ports ont à fournir le relevé trimestriel des payements effectués à la gendarmerie maritime pour solde et accessoires de solde.

Bulletin officiel de la marine, tome II, page 165.

PERSONNEL.

(SUITE.)

SERVICES COMMUNS

AUX

DIVERSES BRANCHES DU PERSONNEL.

JUSTICE MARITIME.

Il existe dans la marine des tribunaux de cinq ordres différents.

Les crimes et délits commis à bord des bâtiments de la République, par les marins ou militaires, par les passagers et tous autres individus, quelle que soit leur qualité, sont déférés à deux tribunaux :

1° Le conseil de justice;

2° Le conseil de guerre maritime.

Les crimes et délits commis à terre, dans les ports et arsenaux, soit par les marins ou les hommes faisant partie des troupes de la marine, soit par les ouvriers ou les forçats, sont déférés à trois tribunaux :

1° Les conseils de guerre maritimes permanents;

2° Le tribunal maritime;

3° Le tribunal maritime spécial.

Les grandes ordonnances organiques de 1689, 1765 et 1784, avaient posé les principes de la législation criminelle maritime, et donné à la marine, avec la sanction pénale nécessaire au maintien de la discipline, les juridictions propres à ses besoins et tirées de son sein.

De cette ancienne organisation, révisée par l'Assemblée nationale sous l'inspiration des idées libérales de l'époque, rien ne resta que le titre XVIII (relatif aux déserteurs), de l'ordonnance de 1784 sur les *classes.*

Une législation toute nouvelle, quant à la procédure surtout, se produisit dans les décrets des 22 août 1790 et 12 octobre 1791. Profondément modifiés depuis, ces actes constituent encore aujourd'hui, en ce qui concerne la pénalité, le Code de la marine, lequel se complète, au besoin, par le Code pénal militaire.

Le décret du 22 août 1790, ou *Code pénal des vaisseaux,* définissait (titre II) les crimes et délits et fixait les peines dont ils sont passibles.

Puis, il instituait deux ordres de juridiction :

1° Le conseil de justice (ci-devant conseil de guerre), qui connaissait des délits emportant peines afflictives, et qui se transformait en jury militaire, lorsqu'il s'agissait de juger des officiers prévenus de crimes;

2° Le conseil martial qui jugeait les crimes passibles des galères ou de la mort.

Chacun de ces conseils, ainsi que cela se pratique dans les cours d'assises, ne faisait que prononcer la peine, après que les jurys avaient préalablement statué sur la culpabilité.

C'était, on le voit, l'application, aussi complète que possible, des principes du droit commun.

Le décret du 12 octobre 1791 ou *Code pénal des arsenaux,* réalisait, pour la police des ports, un système analogue, avec des formes différentes.

Il définissait également les délits et les crimes et fixait les pénalités. Il instituait aussi deux juridictions :

1° Un tribunal correctionnel pour la répression de certains délits ;

2° Une cour martiale pour la poursuite des crimes et de ceux des délits qui dépassaient la compétence du tribunal correctionnel.

Ainsi que cela avait été établi pour le conseil martial des vaisseaux, un jury assistait la cour martiale des arsenaux.

Et, de même aussi que cela se pratiquait pour le conseil de justice et le conseil martial de la flotte, le tribunal correctionnel et la cour martiale des arsenaux n'étaient formés qu'éventuellement et se dissolvaient l'affaire jugée. Ils avaient seulement un parquet permanent.

Les crimes commis par les forçats ressortissaient à la cour martiale, qui jugeait, dans ce cas, sans assistance du jury.

Cette pensée si libérale de donner aux prévenus, sur la flotte et dans les arsenaux, la garantie du verdict par le jury, ne devait pas tarder à céder devant les leçons de l'expérience. L'indiscipline, rapidement développée à bord des vaisseaux, appela un nouveau mode de répression plus énergique. L'arrêté du 16 nivôse an II, rendu par la Convention, sur le rapport des représentants Jean Bon Saint-André et Bréard, qui avaient reçu mission de rétablir l'ordre dans l'escadre de l'Océan, substitua au conseil de justice et au conseil martial de la flotte, pour certains délits dont il définissait la nature, un seul tribunal, le conseil de discipline. L'arrêté de nivôse prévoyait même des cas où les coupables devaient être traduits devant les tribunaux révolutionnaires. Le conseil de discipline jugeait sans l'assistance du jury. Ainsi, par le fait, l'action du conseil de justice et celle de la cour martiale furent, pour ainsi dire, annihilées.

Sous l'empire des décrets de 1790 et 1791 et sous celui de l'arrêté de l'an II, les tribunaux spéciaux à la marine jugeaient sans révision ou cassation. La loi du 13 thermidor an VII soumit leurs jugements à révision et à cassation.

Telle était la législation spéciale de la marine, lorsqu'intervinrent enfin, en 1806, le 22 juillet, pour la flotte, et le 12 novembre, pour les arsenaux, deux décrets impériaux, qui, laissant subsister la partie purement pénale des décrets de 1790 (titre II) et de 1791 (titres II et III), introduisirent de nouvelles formes de procédure. Il fut institué alors, ce qui existe encore aujourd'hui.

Pour la flotte :

1° Le conseil de justice;

2° Le conseil de guerre maritime.

Ces deux conseils jugent sans assistance de jurés et sans appel. Le pourvoi en cassation ne peut être formé que dans l'intérêt de la loi.

Pour les arsenaux :

1° Le tribunal maritime, qui statue sur tous les faits dont connaissaient précédemment le tribunal correctionnel et la cour martiale; tribunal qui juge sans assistance de jurés, mais dont les jugements sont soumis à révision et à cassation d'office, c'est-à-dire, dans l'intérêt de la loi;

2° Le tribunal maritime spécial pour le jugement des forçats; tribunal qui juge sans recours en révision, ni cassation.

Indépendamment de ces deux principaux ordres de juridiction, il avait été formé dans les ports, des tribunaux analogues à ceux de l'armée de terre; nous voulons parler des conseils de guerre permanents, des conseils de révision et des conseils de guerre spéciaux pour la désertion.

La loi du 13 brumaire an V sur les conseils de guerre de l'armée de terre, fut de plein droit appliquée aux troupes de la marine. D'abord elle donna lieu, dans chaque port, à la création d'*un conseil de guerre permanent,* appelé à connaître des crimes et délits militaires commis par les individus appartenant à ces troupes, et non embarqués. Plus tard, une loi complémentaire du 18 vendémiaire an VI, établit un second conseil de guerre permanent et *un conseil de révision.*

En dehors de ces conseils de guerre permanents, l'arrêté du 19 vendémiaire an XII créa un *conseil de guerre spécial,* pour statuer sur les cas de désertion des troupes de terre. Cet arrêté fut également appliqué aux troupes de la marine.

Enfin, indépendamment de ces différents conseils, l'arrêté des 5 germinal et 1er floréal an XII, avait constitué, pour connaître de la désertion des marins, un *conseil de guerre maritime spécial.*

De ces trois dernières institutions (conseil de guerre permanent pour les crimes et délits autres que la désertion; conseil de guerre pour la désertion des troupes;

conseil de guerre pour la désertion des marins), sont résultés : les *conseils de guerre permanents* et les *conseils de révision* actuels, dont la composition varie suivant le corps de l'inculpé, et dans le ressort desquels ont été placés, par l'ordonnance du 22 mai 1816, tous les faits dont connaissait isolément chacun des trois conseils qui viennent d'être indiqués.

La confusion qu'on a souvent reprochée à la législation maritime nous a conduit, par le désir de jeter quelque lumière sur ce sujet si important, à dépasser les limites que nous avions assignées à cet exposé. Nous devons mentionner encore, cependant, au nombre des attributions données au *tribunal maritime,* la connaissance des faits de piraterie qui a été déférée à cette juridiction par l'article 17 de la loi du 10 avril 1825.

Nous constaterons, en terminant, qu'aux termes du décret du Gouvernement provisoire, en date du 12 mars 1848, les peines corporelles ont été supprimées dans la marine.

JUSTICE MARITIME.

23 septembre 1673. — Règlement sur la tenue du conseil de guerre de marine, pour le jugement des crimes qui pourront être commis, et spécialement pour la punition des déserteurs.

Édits, déclarations, etc. page 392. — *Code des armées navales*, page 156.

23 septembre 1673. — Ordonnance portant peine de mort contre les matelots déserteurs, ou qui ne se rendent pas dans le port.

Archives de la marine. — *Édits, déclarations, etc.* page 395. — *Code des armées navales*, page 157.

5 juin 1674. — Ordonnance sur les fonctions du prévôt de la marine.

Index des ordonnances de la marine, tome Ier, page 77.

5 août 1676. — Arrêt portant que tous les Français qui seront pris sur les vaisseaux étrangers, qui appartiendront aux ennemis, seront condamnés aux galères perpétuelles.

Édits, déclarations, etc. page 756. — *Code des armées navales*, page 140.

19 septembre 1676. — Ordonnance changeant la peine de mort en celle des galères perpétuelles contre les officiers mariniers et matelots coupables du crime de désertion.

Index des ordonnances de la marine, tome IV, page 55. — *Édits, déclarations, etc.*, page 773. — *Code des armées navales*, page 159.

9 janvier 1677. — ORDONNANCE pour régler la préséance, dans les conseils de guerre de la marine, entre les capitaines de frégates légères et les lieutenants de vaisseau, et pour y admettre les enseignes de marine, pourvu qu'ils aient vingt-deux ans passés.

Édits, déclarations etc., page 775. — *Code des armées navales*, page 159.

23 janvier 1680. — RÈGLEMENT sur la tenue du conseil de guerre des galères, pour le jugement des crimes qui pourront être commis.

10 mai 1689. — ORDONNANCE portant que les crimes commis entre les matelots des vaisseaux et les soldats des galères, seront jugés par l'intendant de la marine.

Archives de la marine.

31 octobre 1691. — ORDONNANCE contre les déserteurs des vaisseaux armés en course.

Valin, tome II, page 229. — *Nouveau code des prises*, tome Ier, page 142.

22 septembre 1699. — DÉCLARATION du Roi portant que les officiers, maîtres ou marins qui abandonneront, en mer, le navire sur lequel ils sont embarqués, sans le consentement du capitaine, seront punis de trois ans de galères, et de plus forte peine si le cas y échoit.

Recueil d'édits, arrêts, etc. 1687 à 1699, page 373. — *Valin*, tome Ier, page 551.

2 janvier 1717. — ORDONNANCE condamnant les déserteurs à la peine de mort.

Index des ordonnances de la marine, tome II, page 286.

4 février 1717. — ORDONNANCE infligeant la peine des galères aux matelots et autres gens de mer qui s'engageront dans les troupes de terre.

Index des ordonnances de la marine, tome Ier, page 192.

22 mai 1719. — ORDONNANCE sur ce qui doit être observé dans les colonies par rapport aux matelots qui déserteront des navires armés.

Archives de la marine. — *Index des ordonnances de la marine*, tome IV, page 547.

23 décembre 1721. — ORDONNANCE relative aux matelots qui désertent dans les colonies.

Valin, tome Ier, page 537.

27 mars 1725. — ORDONNANCE qui impose la peine des galères aux matelots qui s'engageront dans les troupes de terre.

Recueil d'édits, arrêts, etc. tome XX, page 113. — *Index des ordonnances de la marine*, tome II, page 182.

1er juillet 1727. — ORDONNANCE concernant les crimes et délits militaires.

Index des ordonnances de la marine, tome Ier, page 92.

27 décembre 1727. — ORDONNANCE donnant pouvoir au conseil de guerre de juger les officiers mariniers et autres, composant les équipages des bâtiments marchands qui auront déguisé leurs noms.

Archives de la marine. — *Index des ordonnances de la marine*, tome V, page 200. — *Recueil d'édits, arrêts, etc.* tome XXVI, page 390 *bis*.

25 mars 1745. — ORDONNANCE portant règlement pour la punition des déserteurs des navires armés en course.

Recueil d'édits, arrêts, etc. tome LX, page 122. — *Valin*, tome II, page 233.

22 juin 1753. — RÈGLEMENT pour la police et discipline des équipages des vaisseaux armés pour les colonies, leur embarquement et débarquement dans le royaume et les pays étrangers, la punition des déserteurs et libertins, celle des capitaines qui débauchent des équipages, etc.

Recueil d'édits, arrêts, etc. tome LXXV, page 523. — *Index des ordonnances de la marine*, tome V, page 202.

27 décembre 1760. — Lettre du ministre qui décide qu'un soldat arrêté pour avoir volé, la nuit, dans l'arsenal, doit être jugé par l'intendant.

Index des ordonnances de la marine, tome IV, page 400.

12 décembre 1761. — Ordonnance fixant ce qui doit être observé par les conseils de guerre contre les gens de mer poursuivis comme déserteurs.

Recueil d'édits, arrêts etc., tome XCII, page 369. — *Index des ordonnances de la marine*, tome V, page 363.

29 mars 1762. — Ordonnance portant règlement des peines contre les gens de mer désobéissants et déserteurs.

Recueil d'édits, arrêts, etc. tome XCIII, page 142. — *Index des ordonnances de la marine*, tome IV, page 415.

13 janvier 1776. — Ordonnance qui établit de nouvelles peines contre les déserteurs.

Recueil d'édits, arrêts, etc. tome CXXI, page 7.

22 août 1790. — Décret (*Code pénal des vaisseaux.*) concernant les peines à infliger pour les fautes et délits commis par les officiers, officiers mariniers et sous-officiers, matelots et soldats et autres personnes servant dans l'armée navale[1].

Recueil des lois de la marine, tome Ier, page 116. — *Annales maritimes de 1843*, page 453. — *Journal militaire de 1790*, page 295.

9 septembre 1790. — Décret relatif aux délits des forçats et à la sûreté des ports[2].

Recueil des lois de la marine, tome Ier, page 152.

[1] Voir les lois des 2 novembre 1790, 23 janvier 1791 et 15 septembre 1793, les décrets des 12 octobre 1791, 5 germinal et 1er floréal an XII, 22 juillet et 12 novembre 1806, et l'ordonnance du 22 mai 1816.

[2] Voir le titre *Chiourmes*, pour toutes les dispositions spécialement relatives à la police des bagnes et au personnel des condamnés.

2 novembre 1790. — Loi qui modifie le Code pénal de la marine. (Loi du 22 août 1790.)

Annales maritimes de 1843, p. 470. — *Journal militaire de 1790*, p. 322.

23 janvier 1791. — Loi contenant des articles additionnels au Code pénal de la marine.

Recueil des lois de la marine, tome Ier, page 242. — *Journal militaire de 1791*, page 43.

28 septembre 1791. — Décret relatif à l'administration de la marine.

. . . .

Fixation des appointements des commissaires auditeurs et des greffiers près les cours martiales.

Recueil des lois de la marine, tome II, pages 319 et 325.

12 octobre 1791. — Décret (*Code pénal des arsenaux*) sur l'organisation des cours martiales destinées à prononcer sur les délits commis dans les arsenaux et sur tous ceux relatifs au service maritime commis à terre.

Recueil des lois de la marine, tome II, page 284.

16 mai 1792. — Loi relative à la tenue des cours martiales et à la forme des jugements militaires en campagne.

Bulletin des lois. — Lois et actes du Gouvernement, tome V, page 339.

6 octobre 1792. — Décret portant que la peine des fers est provisoirement remplacée par celle des galères. — La peine des fers commence à courir du jour de l'exposition au poteau des condamnés.

Recueil des lois de la marine, tome III, page 166.

12 mai 1793. — Décret relatif à l'organisation des tribunaux criminels militaires[1].

Bulletin des lois. — Lois et actes du Gouvernement, tome VII, page 53.

[1] Voir le décret du 14 mars 1808, l'ordonnance du 23 janvier 1828, et la loi du 15 juillet 1829.

12 mai 1793. — Loi contenant le Code pénal militaire pour toutes les troupes de la République en temps de guerre[1].

Bulletin des lois. — *Lois et actes du Gouvernement,* tome VII, page 67.

2 septembre 1793. — Décret fixant les délais accordés aux gens de mer pour se pourvoir en cassation des jugements rendus contre eux en dernier ressort pendant leur absence.

Recueil des lois de la marine, tome IV, page 53. — *Journal militaire de 1793,* page 862.

15 septembre 1793. — Décret interprétatif des articles 5 et 18 du titre II du Code pénal de la marine, du 22 août 1790.

Recueil des lois de la marine, tome IV, page 93.

25 brumaire an II (15 novembre 1793). — Décret portant la peine de dix années de fers contre ceux qui détourneraient de leur destination les subsistances et approvisionnements destinés pour la marine.

Recueil des lois de la marine, tome IV, page 221.

26 frimaire an II (16 décembre 1793). — Décret portant des peines contre les fonctionnaires publics, fournisseurs ou entrepreneurs qui auront touché deux fois leur traitement, ou auront perçu des sommes plus fortes que celles qui leur revenaient.

Recueil des lois de la marine, tome IV, page 259.

16 nivôse an II (5 janvier 1794). — Décret sur le rétablissement de la discipline à bord des bâtiments de la République.

Recueil des lois de la marine, tome IV, page 279. — *Journal militaire de l'an II,* Ier semestre, page 401.

3 pluviôse an II (22 janvier 1794). — Loi sur l'organisation de la justice militaire.

Bulletin des lois. — *Lois et actes du Gouvernement,* tome VIII, page 238.

[1] Voir le décret du 14 mars 1808, l'ordonnance du 23 janvier 1828, et la loi du 15 juillet 1829.

14 pluviôse an II (2 février 1794). — DÉCRET qui prescrit la conduite que doivent tenir les commandants des vaisseaux français devant les vaisseaux ennemis.

. . . .

Articles 1 et 2 déterminant les peines applicables, dans certains cas, aux officiers qui rendent leurs navires.

Recueil des lois de la marine, tome IV, page 312.

22 germinal an II (11 avril 1794. — LOI portant que le titre Ier du dércet du 3 pluviôse, sur la juridiction des tribunaux militaires, sera dès à présent exécuté, comme si l'organisation ordonnée par ce décret était achevée et en activité.

Journal militaire de l'an II, 2e semestre, page 622.

18 prairial an II (6 juin 1794). — LOI pour remédier aux inconvénients qui résultent des déplacements multipliés et fréquents des militaires assignés pour déposer, comme témoins, devant les tribunaux.

Journal militaire de l'an II, 2e semestre, page 741.

1er messidor an II (19 juin 1794). — DÉCRET portant que le commandant d'un vaisseau au poste duquel la ligne se trouverait coupée, sera puni de mort.

Recueil des lois de la marine, tome IV, page 491.

3 floréal an III (22 avril 1795). — ARRÊTÉ contenant des mesures pour faire rejoindre les marins fuyards et déserteurs.

Recueil des lois de la marine, tome V, page 266. — *Code de l'inscription maritime*, tome Ier, page 46.

2e jour complémentaire an III (18 septembre 1795). — LOI qui établit un nouveau mode pour les jugements des délits militaires.

Bulletin des lois, 1re série, n° 179, page 11.

17 germinal an IV (6 janvier 1796). LOI qui détermine les formalités à observer avant l'exécution des jugements militaires.

Bulletin des lois, 2e série, n° 39, page 2.

22 messidor an IV (10 juillet 1796). — LOI qui fixe la compétence des conseils militaires.

Bulletin des lois, 2e série, n° 57, page 14.

18 fructidor an IV (4 septembre 1796). — LOI qui détermine les cas dans lesquels il y a lieu à la révision des jugements militaires.

Bulletin des lois, 2e série, n° 74, page 2.

13 brumaire an V (3 novembre 1796). — LOI qui règle la manière de procéder au jugement des délits militaires.

Recueil des lois de la marine, tome VI, page 486.

21 brumaire an V (11 novembre 1796). — CODE des délits et des peines pour les troupes de la République.

Recueil des lois de la marine, tome VI, page 489. — *Bulletin des lois*, 2e série, n° 89, page 1.

17 floréal an V (6 mai 1797). — ARRÊTÉ concernant l'indemnité accordée aux citoyens non militaires appelés en témoignage devant les conseils de guerre, les frais de bureau des commissaires rapporteurs, l'indemnité due aux greffiers, et en général tous les frais occasionnés par les opérations des conseils de guerre.

Journal militaire de l'an V, 2e semestre, page 595.

4 vendémiaire an VI (25 septembre 1797). — LOI relative aux préposés à la garde des détenus. — Peines portées contre ceux qui laissent évader des individus confiés à leur surveillance.

Recueil des lois de la marine, tome VIII, page 1.

13 vendémiaire an VI (4 octobre 1797). — ARRÊTÉ qui fixe le traitement des commissaires auditeurs et greffiers près les cours martiales maritimes.

Recueil des lois de la marine, tome VIII, page 33.

18 vendémiaire an VI (9 octobre 1797). — LOI portant établisse-

ment de conseils permanents pour la révision des jugements des conseils de guerre.

Recueil des lois de la marine, tome VIII, page 36.

15 brumaire an VI (5 novembre 1797). — LOI relative à la révision des jugements militaires.

Recueil des lois de la marine, tome VIII, page 72.

24 brumaire an VI (14 novembre 1797). — LOI concernant l'exécution de celles relatives aux déserteurs et aux réquisitionnaires.

(Peines prononcées contre les fonctionnaires et contre les habitants de l'intérieur qui favorisent la désertion [1].)

Recueil des lois de la marine, tome VIII, page 76.

26 brumaire an VI (16 novembre 1797). (*Justice.*) — CIRCULAIRE fixant l'époque à laquelle la peine des fers commence à courir après le jugement [2].

29 prairial an VI (17 juin 1798). — LOI relative à la nouvelle instruction des procès, en cas d'annulation de jugements rendus par des conseils de guerre.

Bulletin des lois, 2e série, n° 206, page 14. — *Journal militaire de l'an VI*, 2e semestre, page 478.

3 fructidor an VI (20 août 1798). — ARRÊTÉ sur l'exécution des lois relatives aux réquisitionnaires et aux déserteurs.

Recueil des lois de la marine, tome VIII, page 575.

4 fructidor an VI (21 août 1798). — LOI relative à la composition du jury dans les cours martiales maritimes.

Recueil des lois de la marine, tome VIII, page 579.

7 fructidor an VI (24 août 1798). — ARRÊTÉ sur les marins condamnés aux fers. — Formation d'un bagne au Havre.

Recueil des lois de la marine, tome VIII, page 582.

[1] Voir l'arrêté du 14 vendémiaire an XII.

[2] Voir la circulaire du 21 septembre 1812.

18 germinal an VII (7 avril 1799). — LOI relative au remboursement des frais de justice en matière criminelle[1].

Bulletin des lois, 2e série, n° 270, page 5. — *Journal militaire de 1807*, 2e semestre, page 12.

18 messidor an VII (6 juillet 1799). — LOI relative aux déserteurs de l'armée de mer.

Recueil des lois de la marine, tome IX, page 256. — *Code de l'inscription maritime*, tome Ier, page 123. — *Journal militaire de l'an VII*, 2e semestre, page 603.

13 thermidor an VII (31 juillet 1799). — LOI relative au recours en cassation et en révision contre les jugements des cours martiales, des conseils de justice et des conseils martiaux maritimes.

Recueil des lois de la marine, tome IX, page 280.

19 frimaire an VIII (10 décembre 1799). — ARRÊTÉ concernant la police et la discipline militaire à bord des bâtiments de la République.

Recueil des lois de la marine, tome IX, page 489.

22 frimaire an VIII (18 décembre 1799). — CONSTITUTION de la République française.

. . . .

Titre VII. — *Dispositions diverses.* — Article 85. Les délits des militaires sont soumis à des tribunaux spéciaux et à des formes particulières de jugement.

Bulletin des lois, 2e série, n° 333, page 1.

3 vendémiaire an IX (25 septembre 1800). — ARRÊTÉ relatif aux fonctions de grand juge dans les cours martiales maritimes.

Recueil des lois de la marine, tome X, page 486.

3 germinal an IX (24 mars 1801). — ARRÊTÉ concernant les frais

[1] Voir la circulaire du 14 juillet 1807.

de poursuite contre les condamnés par contumace pour cause de désertion.

Recueil des lois de la marine, tome XI, page 368.

18 germinal an IX (8 avril 1801). — ARRÊTÉ qui fixe l'indemnité allouée aux greffiers des conseils de guerre par chaque jugement de contumace.

Recueil des lois de la marine, tome XI, page 380.

6 floréal an X (26 avril 1802). (*Personnel.*) — DÉPÊCHE concernant les militaires condamnés à la détention ou à l'emprisonnement.

23 floréal an X (13 mai 1802). — LOI relative aux délits emportant peine de flétrissure, et aux tribunaux spéciaux qui en auront la connaissance.

Bulletin des lois, 3ᵉ série, n° 190, page 294.

10 vendémiaire an XI (2 octobre 1802). (*Justice.*) — CIRCULAIRE au sujet des recours en grâce des individus condamnés par conseil de guerre[1].

Recueil des lois de la marine, tome XIII, page 50. — *Annales maritimes de 1821*, page 307.

15 pluviôse an XI (4 février 1803). — ARRÊTÉ concernant la police de la pêche de la morue à l'île de Terre-Neuve.

. . . .

Articles 22 et 23. *Des crimes et délits commis pendant la pêche.*

Recueil des lois de la marine, tome XIII, page 155.

2 prairial an XI (22 mai 1803). — ARRÊTÉ contenant règlement sur les armements en course[2].

Recueil des lois de la marine, tome XIII, page 362.

[1] Voir page 49 du même volume (tome XIII), la lettre du ministre de la justice au ministre de la marine. — Voir aussi la dépêche du 12 juin 1818.

[2] L'article 31 du titre Iᵉʳ (chap. V), rend applicables aux équipages de ces navires les lois et règlements sur la police et la discipline militaire.

28 prairial an XI (17 juin 1803). — AVIS DU CONSEIL D'ÉTAT portant que la connaissance des crimes de piraterie appartient aux tribunaux maritimes[1].

8 vendémiaire an XII (1er octobre 1803). — DÉCISION relative aux attributions des conseils de guerre.

Journal militaire de l'an XII, 1er semestre, page 73.

14 vendémiaire an XII (7 octobre 1803). — ARRÊTÉ relatif aux fauteurs de la désertion.

Journal militaire de l'an XII, 1er semestre, page 43.

19 vendémiaire an XII (12 octobre 1803). ARRÊTÉ concernant les dépôts de conscrits déclarés réfractaires, la composition et la compétence des conseils de guerre spéciaux, la procédure devant ces conseils, et les peines contre la désertion.

Recueil des lois de la marine, tome XIV, page 9.

26 pluviôse an XII (16 février 1804). (*Guerre*). — ARRÊTÉ qui accorde aux gendarmes une somme de 12 francs pour chaque conscrit réfractaire arrêté; et qui réduit à 88 francs la gratification de 100 francs accordée, aux sous-officiers et gendarmes, sur les 1,500 francs d'amende auxquels sont condamnés les déserteurs et conscrits réfractaires[2].

Journal militaire de l'an XII, 2e semestre, page 257.

17 ventôse an XII (8 mars 1804). — DÉCISION relative aux peines de la désertion avec armes.

Recueil des lois de la marine, tome XIV, page 134.

18 ventôse an XII (9 mars 1804). ARRÊTÉ portant établissement des conseils de guerre spéciaux pour la flottille nationale.

Recueil des lois de la marine, tome XIV, page 136.

[1] Voir la dépêche du 27 octobre 1807.

[2] Voir le décret du 12 janvier 1811.

5 germinal et 1er floréal an XII (26 mars et 21 avril 1804). — ARRÊTÉ relatif aux conseils de guerre maritimes spéciaux. — Dispositions relatives à la répression de la désertion des marins embarqués ou levés pour être embarqués sur les bâtiments de la République[1].

Recueil des lois de la marine, tome XIV, page 161. — *Journal militaire de l'an XII*, 2e semestre, pages 85 et 92.

25 thermidor an XII (13 août 1804). — DÉCRET relatif à la formation de cours martiales maritimes dans les ports d'Anvers, du Havre, de Cherbourg et de Dunkerque.

Recueil des lois de la marine, tome XIV, page 324.

7 fructidor an XII (25 août 1804). — ARRÊTÉ relatif à la compétence en matière de délits ordinaires commis par des militaires en congé, ou hors de leurs corps.

Recueil des lois de la marine, tome XIV, page 325. — *Journal militaire de l'an XII*, 2e semestre, page 227.

29 fructidor an XII (16 septembre 1804). — DÉCRET concernant

[1] Les principales dispositions des arrêtés des 5 germinal et 1er floréal an XII, sur la désertion, ont été réproduites dans le décret impérial du 4 mai 1812, cité plus loin, et l'un des documents les plus importants de la matière.

Quant à la législation antérieure à l'an XII, elle se compose principalement des actes suivants, rappelés dans le cours du présent travail: Ordonnances des 23 septembre 1673, 19 septembre 1676, août 1681 (livres I, II et III), 15 avril 1689 (livre IV titre II), 31 octobre 1691, 2 janvier 1717, 22 mai 1719, 23 décembre 1721 et 25 mars 1745. — Règlement du 22 juin 1753. — Ordonnances des 12 décembre 1761, 29 mars 1762, 25 mars 1765 (livre XVI, titre CIII) et 31 octobre 1784 (titre XVIII). — Loi du 18 messidor an VII.

Voir, postérieurement à 1812, le décret du 4 janvier 1814; l'ordonnance du 22 mai 1816, portant que les officiers mariniers et marins, prévenus du crime de désertion, seront jugés par des conseils de guerre permanents et des conseils de révision, à l'instar de ce qui se pratique pour l'armée de terre, en vertu de l'ordonnance du 21 février 1816.

le nombre, les classes et les appointements des officiers et agents entretenus de la marine.

Recueil des lois de la marine, tome XIV, page 331.

9 frimaire an XIII (30 novembre 1804). (*Personnel*). — CIRCULAIRE portant que tout officier marinier ou matelot, condamné à une peine afflictive, sera réduit à la basse paye de matelot[1].

30 frimaire an XIII (21 décembre 1804). — CIRCULAIRE fixant à 12 francs, les frais de capture des marins déserteurs[2].

23 ventôse an XIII (14 mars 1805). — DÉCRET concernant la peine à infliger pour provocation à la désertion.

Recueil des lois de la marine, tome XV, page 76.

9 messidor an XIII (28 juin 1805). — DÉCRET concernant la peine encourue pour recèlement de marins déserteurs.

Recueil des lois de la marine, tome XV, page 190.

8 vendémiaire an XIV (30 septembre 1805). — DÉCRET relatif à la désertion. — Peine portée contre les chefs de complot.

Recueil des lois de la marine, tome XV, page 324.

22 juillet 1806. — DÉCRET relatif à l'organisation des conseils de marine et à l'exercice de la police et de la justice à bord des vaisseaux.

Recueil des lois de la marine, tome XVI, page 95.

22 septembre 1806. (*Personnel.*) — CIRCULAIRE ordonnant de substituer la peine de la cale à celle de la bouline.

12 novembre 1806. — DÉCRET portant création et organisation

[1] Voir, pour l'embarquement, sur les vaisseaux du Roi, à la plus basse paye de leur grade, des marins déserteurs des navires du commerce, le titre XVIII de l'ordonnance de 1784, et l'article 55 du décret du 22 août 1790.

[2] Voir le décret du 12 janvier 1811.

de tribunaux maritimes destinés à connaître de tous les délits commis dans les ports et arsenaux, en remplacement des cours martiales établies par le décret du 12 octobre 1791.

. . . .

Titre Ier. *Organisation des tribunaux maritimes.* — Titre VIII. *Création de tribunaux maritimes spéciaux pour les chiourmes et bagnes*[1].

Recueil des lois de la marine, tome XVI, page 120.

12 décembre 1806. — Décret sur le service du pilotage.

. . . .

Articles 28 et suivants, qui déterminent les peines applicables aux pilotes, lorsqu'ils sont coupables d'infractions dans l'exercice de leurs fonctions.

Recueil des lois de la marine, tome XVI, page 137. — *Journal militaire de 1806*, 2e semestre, page 350.

29 décembre 1806. (*Personnel*). — Circulaire ordonnant de se conformer aux dispositions du Code pénal, relativement à l'application de la peine encourue par les Français portant les armes contre la patrie.

16 février 1807. — Décret relatif au jugement des enrôlés volontaires qui ne rejoignent pas.

Journal militaire de 1807, 2e semestre, page 3.

16 février 1807. — Décret relatif à la composition des conseils de guerre et de révision permanents de l'intérieur.

Journal militaire de 1807, 1er semestre, page 102.

16 mars 1807. — Décret qui applique aux militaires détenus dans les bagnes de Cherbourg et de Nice, pour cause de désertion ou

[1] Une ordonnance du 2 janvier 1817, restrictive de la compétence des tribunaux maritimes spéciaux établis pour le service des chiourmes, dispose, article 2, que les détenus dans les bagnes sont seuls justiciables de ces tribunaux.

Voir également une autre ordonnance du 14 octobre 1818.

d'insubordination, les dispositions de l'arrêté du 19 vendémiaire an XII.

Recueil des lois de la marine, tome XVII, page 9.

23 avril 1807. — DÉCRET qui désigne les officiers admissibles comme suppléants dans la formation des conseils de guerre maritimes spéciaux.

Recueil des lois de la marine, tome XVII, page 16.

23 avril 1807. — DÉCRET relatif aux Français prévenus d'avoir été employés sur les bâtiments ennemis.

Recueil des lois de la marine, tome XVII, page 17.

9 juin 1807. — DÉCISION relative aux conseils de guerre maritimes spéciaux.

2 juillet 1807. — DÉCRET interprétant l'article 69 du décret du 12 novembre 1806, relatif aux tribunaux maritimes.

Recueil des lois de la marine, tome XVII, page 20.

14 juillet 1807. (*Guerre.*) — CIRCULAIRE sur la manière de liquider les frais de justice en matière criminelle.

Journal militaire de 1807, 2e semestre, page 10.

12 août 1807. — DÉCRET ayant pour objet de régler l'ordre de préséance à observer, lors de la convocation des tribunaux maritimes.

Recueil des lois de la marine, tome XVII, page 26.

27 octobre 1807. (*Ports.*) — DÉPÊCHE rappelant l'avis du conseil d'État du 28 prairial an XI, portant que la connaissance des crimes de piraterie appartient aux tribunaux maritimes.

3 novembre 1807. — DÉCRET sur la composition des conseils de guerre, pour le jugement des majors.

Journal militaire de 1807, 2e semestre, page 129.

7 mars 1808. — DÉCRET concernant les condamnés aux travaux

publics ou au boulet, qui, ayant obtenu leur grâce, ne se rendraient pas à leur destination.

Bulletin des lois, 4e série, n° 184, page 143.

14 mars 1808. — DÉCRET concernant les vols commis dans les arsenaux maritimes. — Référence au code pénal militaire du 12 mai 1793.

Recueil des lois de la marine, tome XVIII, page 36.

29 mai 1808. (*Personnel.*) — CIRCULAIRE relative à la conduite à tenir envers les soldats à bord, au sujet de leur punition.

7 octobre 1808. (*Personnel.*) CIRCULAIRE relative aux militaires qui vendent leurs hardes.

19 octobre 1808. — DÉCRET sur la peine encourue par les militaires et marins condamnés aux fers, en cas d'évasion ou de récidive.

Recueil des lois de la marine, tome XVIII, page 188.

22 octobre 1808. — DÉCRET relatif aux peines encourues pour crime de désertion par les individus incorporés dans les bataillons de marine impériale.

Recueil des lois de la marine, tome XVIII, page 189.

28 février 1809. — DÉCRET relatif au jugement des conscrits réfractaires qui s'évadent.

Bulletin des lois, 4e série, n° 227, page 66.

31 août 1809. — CIRCULAIRE relative au traitement des officiers militaires et d'administration de la marine, dans le cas où ils seraient mis en jugement, et pendant le temps de leur détention.

Annales maritimes de 1809-1815, tome Ier, page 75.

20 septembre 1809. (*Guerre.*) — CIRCULAIRE sur les frais de gîte et geôlage des marins détenus.

Annales maritimes de 1809-1815, tome Ier, page 76. — *Journal militaire de 1809*, 2e semestre, page 321.

8 janvier 1810. — DÉCRET concernant les préposés responsables de l'évasion des détenus dans les hôpitaux civils et militaires.

Bulletin des lois, 4e série, n° 259, page 1.

7 janvier 1811. — CIRCULAIRE portant que les gardes-chiourmes déserteurs, devront désormais recevoir l'application de la peine déterminée par l'article 72 de l'arrêté du 19 vendémiaire an XII.

12 janvier 1811. — AVIS DU CONSEIL D'ÉTAT portant que les officiers disponibles, prévenus d'un délit commun, doivent être traduits devant les tribunaux ordinaires.

Annales maritimes de 1809-1815, tome Ier, page 151.

12 janvier 1811. — DÉCRET portant à vingt-cinq francs la gratification accordée pour l'arrestation des réfractaires ou déserteurs [1].

Bulletin des lois, 4e série, n° 344, page 41.

9 février 1811. — DÉCRET relatif aux déserteurs jugés comme tels, par contumace, et qui se trouveraient en activité dans les dépôts de réfractaires ou dans un régiment.

Bulletin des lois, 4e série, n° 351, page 174.

25 mars 1811. — DÉCRET portant qu'il y a lieu à l'application du Code pénal ordinaire, dans le cas où les auteurs et complices de vols, commis dans les ports et arsenaux, sont étrangers au service de la marine.

Annales maritimes de 1809-1815, tome Ier, page 156.

12 avril 1811. — DÉCRET concernant les bâtiments armés en

[1] Modifié par le tarif n° 9 de l'ordonnance du 11 octobre 1836 sur l'organisation des équipages de ligne.

Voir, en outre, le décret du 10 avril 1813, la circulaire du 2 septembre 1813, la décision du 6 mai 1820 et les circulaires des 9 juin 1820, 7 avril 1821 et 5 octobre 1826.

Voir également la circulaire du 28 août 1837.

course ou lettres de marque, à bord desquels il serait trouvé des déserteurs des bâtiments de guerre, etc.

Bulletin des lois, 4ᵉ série, n° 362, page 339.

15 juin 1811. (*Personnel.*) — Circulaire relative aux mesures à prendre contre les marins, soldats, ouvriers et gardes-chiourmes déserteurs.

11 juillet 1811. — Circulaire portant que les forçats ne peuvent pas être produits comme témoins devant le tribunal maritime, mais qu'ils peuvent être appelés pour donner des renseignements, sauf à avoir à leur déclaration tel égard que de raison.

14 octobre 1811. — Décret relatif à la recherche et à la punition des déserteurs.

Bulletin des lois, 4ᵉ série, n° 398, page 372. — *Journal militaire de 1811*, 2ᵉ semestre, page 201.

4 novembre 1811. (*Personnel.*) — Circulaire portant que les marins condamnés à la dégradation civique seront licenciés du service.

23 novembre 1811. — Décret relatif à la punition des déserteurs et réfractaires qui, après avoir obtenu grâce ou pardon, ne se rendraient pas à leur corps, ou déserteraient après s'y être rendus.

Bulletin des lois, 4ᵉ série, n° 403, page 468. — *Journal militaire de 1811*, 2ᵉ semestre, page 202.

30 novembre 1811. — Décret relatif aux sous-officiers et soldats accusés de désertion qui seront arrêtés ou se représenteront après l'expiration du délai accordé au repentir par l'acte du Gouvernement du 19 vendémiaire an XII.

Bulletin des lois, 4ᵉ série, n° 405, page 502.

10 décembre 1811. (*Guerre.*) — Instruction pour l'exécution des décrets des 14 octobre, 23 et 30 novembre 1811, répressifs de la désertion.

Journal militaire de 1811, 2ᵉ semestre, page 257.

19 janvier 1812. — DÉCRET relatif aux peines qu'encourent les déserteurs. — Peine de mort.

Journal militaire de 1812, 1er semestre, page 84.

24 janvier 1812. — DÉCRET qui déclare les majors en premier et en second, habiles à suppléer les colonels dans les conseils de guerre et de révision.

Annales maritimes de 1809-1815, tome Ier, page 186.

2 février 1812. — DÉCRET relatif aux complots de désertion.

Bulletin des lois, 4e série, n° 419, page 143.

2 février 1812. — DÉCRET qui applique à tout officier des armées de terre et de mer, ayant formé ou favorisé un complot de désertion, la peine de mort prononcée par les articles 5 et 6 de la loi du 21 brumaire an V.

Annales maritimes de 1809-1815, tome Ier, page 187.

24 février 1812. — CIRCULAIRE sur les prescriptions de l'action judiciaire à l'égard des forçats évadés [1].

4 mai 1812. — DÉCRET répressif de la désertion des marins et des militaires de la marine [2].

Annales maritimes de 1809-1815, tome Ier, page 203.

4 mai 1812. — DÉCISION portant que les officiers faits prisonniers de guerre, qui, après avoir faussé leur parole, sont repris les

[1] Voir la circulaire du 22 février 1820.

[2] Le décret impérial du 4 mai 1812, applique au service de la marine les dispositions des décrets du 14 octobre 1811, et des 23 et 30 novembre de la même année, rendus pour le département de la guerre.

L'instruction ministérielle du 22 juin suivant, basée sur celle publiée par le département de la guerre sous la date du 10 décembre 1811, en ce qui concerne les corps ou détachements employés à terre, indique d'une manière précise les formes à suivre pour la recherche et l'arrestation des déserteurs de la marine, la destination qu'il convient de leur donner, les jugements dont ils sont passibles, et détermine les obligations

armes à la main, doivent être traduits devant une commission militaire avant d'être mis à mort.

Annales maritimes de 1809-1815, tome Ier, page 207.

22 juin 1812. — INSTRUCTION ministérielle pour l'exécution du décret du 4 mai 1812; répressif de la désertion des marins et des militaires du département de la marine.

31 août 1812. — CIRCULAIRE portant que les gardes-chiourmes déserteurs doivent être jugés par des conseils de guerre, conformément à l'article 47 de l'instruction du 22 juin 1812[1].

21 septembre 1812. — CIRCULAIRE sur l'époque à laquelle doit commencer la peine des fers, lorsque le jugement, ni aucun acte particulier, ne constate que l'individu condamné ait subi l'exposition au poteau.

19 octobre 1812. — CIRCULAIRE portant que les *gardes-chiourmes coupables d'insubordination*, doivent être jugés par les tribunaux maritimes spéciaux, et non par les conseils de guerre. — *Les gardes-chiourmes déserteurs* ne sont justiciables des conseils de guerre qu'autant que, dans leur évasion, ils n'ont favorisé celle d'aucun forçat; dans le cas contraire, ils sont jugés par les tri-

imposées à chacun des fonctionnaires qui doivent concourir à l'exécution de cette partie du service.

Les dispositions pénales, introduites ou rappelées par le décret et l'instruction de 1812, sont, en outre, extraites des actes suivants:

1° Arrêtés des 5 germinal et 1er floréal an XII, cités dans le cours du présent travail;

2° Lois, décrets ou décisions applicables à l'armée de terre, des 21 brumaire an V, 15 floréal an XI (*artillerie de marine*), 19 vendémiaire an XII, 23 ventôse et 8 fructidor an XIII, 8 vendémiaire an XIV, 16 février 1807, 15 janvier (*ouvriers militaires*), 7 mars et 22 octobre 1808, et 2 février 1812.

NOTA. Voir, pour le complément des observations relatives à la désertion, les notes des arrêtés des 5 germinal et 1er floréal an XII, et de l'ordonnance du 22 mai 1816.

[1] Voir la circulaire du 11 mars 1817.

bunaux maritimes spéciaux, conformément à l'article 71 du décret du 12 novembre 1806.

3 février 1813. — Décret qui autorise les chefs de bataillon ou d'escadron, à remplir les fonctions de rapporteur, aux conseils de guerre permanents.

22 février 1813. — Décret concernant les individus jugés par contumace dans des armées supprimées.

Annales maritimes de 1809-1815, tome Ier, page 256.

10 avril 1813. — Décret sur les gratifications de capture des déserteurs de la marine, qu'ils proviennent du recrutement ou de l'inscription maritime.

Administration des vaisseaux, 1840, page 72.

29 avril 1813. — Circulaire portant que les ingénieurs des ponts et chaussées, affectés aux travaux maritimes, ne doivent point être appelés à faire partie des tribunaux maritimes.

14 juin 1813. — Décret relatif au mode d'exécution des décisions portant grâce, ou commutation de peine, en faveur des condamnés pour crime de désertion, ou pour tout autre délit militaire.

Annales maritimes de 1809-1815, tome Ier, page 278.

2 septembre 1813. — Circulaire sur le mode d'exécution du décret du 10 avril 1813, en ce qui concerne le recouvrement des amendes prononcées contre les déserteurs de la marine provenant de la conscription.

Annales maritimes de 1809-1815, tome Ier, page 285.

2 décembre 1813. — Décret portant création d'un commissaire rapporteur et d'un greffier près le tribunal maritime de Cherbourg.

Annales maritimes de 1809-1815, tome Ier, page 288.

4 janvier 1814. — DÉCRET relatif au jugement des déserteurs.

Annales maritimes de 1809-1815, tome Ier, page 289. — *Bulletin des lois*, 4e série, n° 550, page 1.

14 janvier 1815. (*Justice.*) — DÉPÊCHE portant que la grâce, en matière correctionnelle, est affranchie des formalités usitées pour l'entérinement des autres lettres de grâce.

Annales maritimes de 1821, page 297.

11 mars 1815. — ORDONNANCE qui détermine les peines à infliger aux embaucheurs et aux provocateurs de la désertion.

Annales maritimes de 1809-1815, tome II, page 201.

16 décembre 1815. — RÈGLEMENT portant fixation du nombre, des grades, classes, appointements et frais de bureau des officiers militaires et civils de la marine, employés dans les ports du royaume.

Annales maritimes de 1816, page 45.

22 mai 1816. — ORDONNANCE qui détermine la composition et les attributions, en ce qui concerne la désertion, des conseils de guerre permanents et des conseils de révision établis dans les ports du royaume, en remplacement des conseils de guerre maritimes spéciaux, créés par les décrets des 5 germinal et 1er floréal an XII [1].

Annales maritimes de 1816, page 255.

3 juillet 1816. — DÉCISION royale, qui rend aux conseils de guerre permanents la connaissance des faits imputés aux militaires des bataillons coloniaux.

Annales maritimes de 1816, page 299.

2 janvier 1817. — ORDONNANCE qui réduit à trois ans la peine de l'évasion des forçats et restreint la compétence des tribunaux

[1] Voir les décrets des 22 août 1790, 5 germinal et 1er floréal an XII, 22 juillet 1806 et 4 mai 1812.

maritimes spéciaux à la connaissance des délits commis par les forçats.

Annales maritimes de 1817, page 88.

11 janvier 1817. (*Personnel.*) — Dépêche portant que les marins, déserteurs des bâtiments employés hors de France, sont justiciables des conseils de guerre maritimes permanents établis par l'ordonnance du 22 mai 1816.

14 février 1817. — Circulaire qui détermine de quels conseils de guerre sont justiciables les gardes-chiourmes prévenus de désertion, et qui fixe l'indemnité de frais de bureau à accorder aux rapporteurs des conseils permanents de guerre et de révision.

11 mars 1817. — Circulaire portant que les *gardes-chiourmes prévenus de désertion* doivent être jugés par les tribunaux maritimes ordinaires[1].

14 novembre 1817. (*Justice.*) — Dépêche sur les peines encourues par les militaires en état de désertion qui ont vendu ou mis en gage ou simplement détourné les effets appartenant aux corps.

Annales maritimes de 1821, page 298.

25 novembre 1817. (*Justice.*) — Décision portant que les militaires ou marins condamnés à une peine afflictive ou infamante ne doivent pas être exposés.

1er décembre 1817. — Circulaire portant que la dégradation des marins ou militaires condamnés à une peine afflictive ou infamante, tient lieu d'exposition.

6 avril 1818. — Circulaire faisant suite à la décision du ministre de la justice, du 25 novembre 1817.

[1] Voir le titre *Chiourmes*.

21 avril 1818. (*Justice.*) — DÉPÊCHE sur la nature des peines applicables aux divers cas de la désertion.

Annales maritimes de 1821, page 303.

22 avril 1818. — ORDONNANCE portant que les sous-officiers et soldats qui ont abandonné ou qui n'ont pas rejoint leurs drapeaux ne peuvent être réputés déserteurs, ni poursuivis comme tels, avant l'expiration des jours de repentir accordés par l'arrêté du 19 vendémiaire an XII.

Annales maritimes de 1818, page 189.

12 juin 1818. (*Justice.*) — DÉPÊCHE portant que les dispositions de la circulaire du 10 vendémiaire an XI, aux commissaires du Gouvernement près les tribunaux militaires et les conseils de guerre, n'ont pas cessé d'être en vigueur [1].

Annales maritimes de 1821, page 306.

14 octobre 1818. — ORDONNANCE relative aux sous-officiers et soldats qui, après avoir obtenu grâce pour crime de désertion et s'être rendus aux corps qui leur ont été assignés, désertent de nouveau.

Annales maritimes de 1818, page 491.

14 octobre 1818. — ORDONNANCE relative à la compétence des tribunaux maritimes.

Annales maritimes de 1818, page 495.

24 février 1819. (*Justice.*) — DÉPÊCHE relative à un conflit élevé à l'occasion d'un jugement rendu contre trois canonniers d'artillerie de marine.

Annales maritimes de 1821, page 309.

1er octobre 1819. (*Justice.*) — DÉPÊCHE transmettant un arrêt de la Cour de cassation statuant sur un conflit et renvoyant devant le 2e conseil de guerre permanent du 4e arrondissement mari-

[1] Voir aux *Annales maritimes de 1821*, p. 307, la circulaire du 10 vendémiaire an XI.

time, deux canonniers de marine prévenus du crime de fabrication et d'émission de fausse monnaie.

Annales maritimes de 1821, page 313.

22 janvier 1820. (*Justice.*) — Dépêche portant que la grâce accordée à un condamné n'emporte jamais la remise des frais de la procédure.

Annales maritimes de 1821, page 314.

22 février 1820. — Circulaire notifiant un arrêt de la Cour de cassation du 27 janvier 1820, relatif à la prescription de l'évasion des forçats. — La prescription pour la poursuite des crimes qui doivent être jugés par les tribunaux maritimes, est réglée par l'article 57 du titre Ier de la loi du 12 octobre 1791, qui n'a été abrogée par aucune loi postérieure sur cette matière; et, conformément au premier paragraphe de cet article, *il ne peut être intenté aucune action criminelle pour raison d'un crime après 3 années révolues, lorsque, dans cet intervalle, il n'a été fait aucune poursuite.*

24 mars 1820. (*Justice.*) — Dépêche portant que les séances des conseils de guerre doivent se tenir dans un lieu accessible au public.

Annales maritimes de 1821, page 315.

6 mai 1820. — Décision maintenant à 25 francs la prime de capture des déserteurs de la marine.

6 juin 1820. (*Ports.*) — Dépêche portant que les marins employés à la direction du port sont assimilés aux ouvriers; que, dès lors, ils sont dans le cas d'être condamnés pour vol, au carcan, et exposés publiquement, et qu'ils ne pourront plus ensuite être admis sur les bâtiments du Roi.

9 juin 1820. (*Comptabilité.*) — Circulaire portant que la prime de capture n'est due aux capteurs qu'autant qu'ils reconduisent les déserteurs à leur poste.

21 novembre 1820. (*Justice.*) — Dépêche portant que l'officier

qui exerce les fonctions de procureur du Roi près d'un conseil de guerre ne peut pas se pourvoir à la Cour de cassation contre les décisions de ce conseil.

Annales maritimes de 1821, page 316.

7 avril 1821. (*Personnel.*) — CIRCULAIRE portant que les frais de capture ne sont dus que lorsque les déserteurs sont arrêtés après le troisième jour d'absence.

16 janvier 1822. — ORDONNANCE relative à l'application de l'article 10 du décret du 12 novembre 1806 concernant la compétence des tribunaux maritimes.

Annales maritimes de 1822, page 199.

18 septembre 1822. — ORDONNANCE portant qu'un jugement rendu par un conseil de guerre permanent n'est pas nul parce qu'on a omis, dans l'information, de répéter à chaque déposition la mention du serment prêté par le témoin.

Annales maritimes de 1822, page 553.

22 juillet 1823. (*Ports.*) — DÉPÊCHE portant que les avocats nommés d'office n'auront droit à aucune indemnité pour leur défense, si les prévenus n'ont pas les moyens de les payer.

10 avril 1825. — LOI pour la sûreté de la navigation et du commerce maritime.

. . . .

Les crimes de piraterie sont jugés par les tribunaux maritimes (titre III, article 17).

Bulletin des lois, 8ᵉ série, n° 28, page 213. — *Annales maritimes de 1825*, page 298.

8 juillet 1826. (*Personnel.*) — CIRCULAIRE portant que la peine des coups de corde devra être commuée dans toutes les circonstances[1].

18 août 1826. — ARRÊT de la cour de cassation prononçant sur

[1] Plusieurs dépêches prescrivant de s'abstenir de frapper de coups de corde les militaires embarqués comme garnison des navires, ainsi que

un conflit qui s'était élevé entre un conseil de guerre maritime et le tribunal maritime de Brest.

Annales maritimes de 1826, page 717.

5 octobre 1826. (*Personnel.*) — CIRCULAIRE relative aux frais de capture des déserteurs des équipages de ligne.

16 février 1827. — ORDONNANCE qui statue sur la question de savoir quel tribunal doit juger un forçat libéré, accusé d'un délit commis et poursuivi avant sa libération.

Annales maritimes de 1827, tome Ier, page 300.

16 mars 1827. (*Guerre.*) — CIRCULAIRE sur le nouveau mode de liquidation des frais de justice militaire. — Frais ordinaires des conseils de guerre et de révision. — Taxe de témoins, etc. — Gratifications pour arrestation de déserteurs, etc.

Annales maritimes de 1827, tome Ier, page 410. — *Journal militaire de 1827*, 1er semestre, page 138.

11 avril 1827. (*Guerre.*) — NOTE ministérielle relative aux frais qui doivent être compris dans la liquidation des dépens auxquels donnent lieu les condamnations prononcées par les conseils de guerre.

Annales maritimes de 1827, tome Ier, page 437.

15 septembre 1827. (*Justice.*) — LETTRE portant que la prescription des peines qui ont reçu un commencement d'exécution, ne court que du jour de l'évasion du condamné et non du jour du jugement.

29 octobre 1827. — CIRCULAIRE sur la translation des individus condamnés par des tribunaux maritimes.

les marins, avaient été déjà transmises dans les ports, sous le timbre *Personnel — Troupes*, notamment le 19 mai 1808, 11 mai 1822 et 5 juillet 1823.

Voir, en outre, le décret du Gouvernement provisoire du 12 mars 1848, portant suppression des peines corporelles dans la marine.

31 octobre 1827. — ORDONNANCE sur le service à la mer.

. . . .

Article 289 relatif aux conseils de guerre.

Annales maritimes de 1827, un volume spécial.

23 janvier 1828. — ORDONNANCE portant que la peine à appliquer à tout militaire convaincu d'avoir volé de l'argent de l'ordinaire de ses camarades ou tout autre effet à eux appartenant, est celle de 6 ans de fers portée par la loi du 12 mai 1793.

Annales maritimes de 1828, page 164.

7 avril 1828. — CIRCULAIRE sur l'époque à laquelle doit commencer à courir la peine des travaux forcés prononcée par des conseils de guerre contre des militaires, lorsque ce renseignement n'a pas été consigné par les capitaines rapporteurs au bas des expéditions des jugements. — Pour les jugements dont on n'a pas interjeté appel, le lendemain de leur date. Pour ceux qui ont été confirmés, le jour même du rejet du pourvoi.

15 juillet 1829. — LOI relative à l'interprétation de plusieurs dispositions des lois pénales militaires.

Annales maritimes de 1829, page 869.

4 mars 1830. — ORDONNANCE réglant le traitement, et déterminant le costume des commissaires rapporteurs et des greffiers près les tribunaux maritimes.

Annales maritimes de 1830, tome Ier, page 190.

27 mai 1830. — CIRCULAIRE portant qu'aucune indemnité ne doit être allouée aux avocats nommés d'office pour défendre les accusés traduits devant les conseils de guerre et devant les tribunaux maritimes.

5 juin 1830. (*Personnel.*) — DÉPÊCHE portant que les fixations progressives établies par l'article 1er de l'ordonnance du 4 mars 1830, seront appliquées en raison de la durée totale des services des commissaires rapporteurs et des greffiers.

3 juillet 1830. (*Guerre.*) — CIRCULAIRE portant signification d'un

arrêt de la Cour de cassation qui fixe la jurisprudence à suivre par les conseils de guerre sur l'application de la peine des travaux forcés ou de la reclusion.

Annales maritimes de 1830, tome II, page 152.

4 juillet 1830. — DÉCISION de la cour de cassation, portant que les tribunaux maritimes sont compétents pour connaître d'un crime commis à bord d'un bâtiment français, en pays étranger, par un individu qui n'est pas Français.

Annales maritimes de 1830, tome Ier, page 305.

23 octobre 1830. — CIRCULAIRE portant que par application aux officiers mariniers et marins, canonniers et ouvriers d'artillerie et aux agents de surveillance de ce qui est prescrit pour le département de la guerre, il sera sursis à l'exécution de tout jugement prononçant la peine des fers pour insubordination, et que, dans ce cas, on provoquera une commutation de peine en faveur des condamnés.

4 mars 1831. — LOI sur la répression de la traite des noirs.

Annales maritimes de 1831, page 166.

16 août 1831. (*Justice.*) — DÉPÊCHE portant que les conseils de guerre maritimes créés par ordonnance du 22 mai 1816, ne peuvent prononcer des peines de discipline.

Annales maritimes de 1831, page 565.

19 août 1831. (*Justice.*) — DÉPÊCHE portant que les conseils de guerre ne sont pas tenus de faire prêter serment aux témoins qui déposent devant eux.

Annales maritimes de 1831, page 566.

15 septembre 1831. (*Personnel.*) — CIRCULAIRE faisant envoi de la décision royale qui prescrit de surseoir à l'exécution de tous les jugements portant condamnation à la peine capitale.

Annales maritimes de 1831, page 569.

13 février 1832. — ARRÊT de la cour de cassation sur un conflit

négatif élevé entre la juridiction ordinaire du tribunal de police correctionnelle à Rochefort, et la juridiction exceptionnelle des tribunaux maritimes.

Annales maritimes de 1832, page 195.

28 avril 1832. — ORDONNANCE contenant le texte officiel du Code d'instruction criminelle.

Bulletin des lois, 9e série, n° 150, page 253.

28 avril 1832. — ORDONNANCE contenant le texte officiel du Code pénal.

Bulletin des lois, 9e série, n° 151, page 389.

16 mai 1832. — ORDONNANCE portant que la loi du 15 juillet 1829 s'applique expressément aux vols d'effets appartenant à l'État.

Annales maritimes de 1832, page 283.

2 mars 1833. — ARRÊT de la Cour de cassation qui fixe la jurisprudence à suivre par les conseils de guerre, relativement à la question des circonstances atténuantes.

Annales maritimes de 1833, page 209.

22 juillet 1835. — CIRCULAIRE portant que la contumace doit être purgée par le tribunal qui l'a prononcée.

20 août 1835. (*Personnel.*) — CIRCULAIRE portant solution de plusieurs questions relatives à la composition des conseils de guerre maritimes permanents, et faisant connaître les mesures prescrites pour l'administration de la justice militaire dans les ports et à bord des bâtiments de l'État.

11 octobre 1836. — ORDONNANCE sur l'organisation des équipages de ligne.

. . . .

Tableau n° 9. — Tarif des retenues à exercer sur la solde des marins pour frais d'arrestation et de capture.

Annales maritimes de 1836, page 1365.

28 août 1837. (*Personnel.*) — CIRCULAIRE sur la fixation des frais

d'arrestation et de capture des marins déserteurs des bâtiments du commerce. — Application du tarif n° 9 annexé à l'ordonnance du 11 octobre 1836.

30 août 1837. — ORDONNANCE qui détermine la forme dans laquelle seront intentées et suivies les instances ayant pour objet de faire prononcer par jugement, contre un officier, la perte de sa qualité de Français.

Annales maritimes de 1837, page 930.

17 octobre 1839. (*Intérieur.*) — CIRCULAIRE faisant connaître les dispositions à prendre pour la mise en liberté des marins détenus dans les maisons centrales.

Annales maritimes de 1839, page 1017.

6 août 1842. — CIRCULAIRE portant que nul ne peut siéger dans les conseils de guerre, s'il n'est âgé de 25 ans accomplis.

Annales maritimes de 1842, page 1000.

6 octobre 1842. — ARRÊT de la cour de cassation portant que les délits commis, par les marins, envers les préposés des douanes doivent être considérés comme commis envers les habitants et sont justiciables des tribunaux ordinaires. — Les conseils de guerre maritimes ne doivent connaître que des délits commis dans le service maritime.

Annales maritimes de 1842, page 394.

25 novembre 1842. (*Personnel.*) — CIRCULAIRE appliquant à la marine la décision royale, rendue le 30 octobre 1842, sur la proposition du ministre de la guerre, et portant qu'à l'avenir les emplois de greffiers près les conseils de guerre, seront de préférence confiés aux officiers ou sous-officiers en retraite.

14 janvier 1843. (*Personnel.*) — LETTRE portant que la partie plaignante ou lésée, doit toujours être entendue comme témoin, tant dans l'instruction que pendant les débats des affaires à juger par les conseils de guerre maritimes.

Annales maritimes de 1843, page 58.

18 janvier 1843. (*Personnel.*) — CIRCULAIRE portant que le droit de fixer le jour et l'heure de la réunion des conseils de guerre, dans les ports, appartient à l'autorité maritime.

Annales maritimes de 1843, page 71.

10 février 1843. — ARRÊT de la cour de cassation, déclarant que c'est encore la loi du 22 août 1790, relative aux peines à infliger pour les fautes et délits commis dans l'armée navale et dans les ports et arsenaux, qui constitue aujourd'hui le Code pénal maritime.

Annales maritimes de 1843, page 471.

31 mai 1843. (*Personnel.*) — DÉPÊCHE portant qu'en raison de la permanence de leurs fonctions les commissaires du Roi, rapporteurs près les tribunaux maritimes, sont dispensés de siéger comme jurés dans les cours d'assises.

16 mars 1844.—ARRÊT de la cour de cassation.—Les conseils de justice, tenus à bord des vaisseaux de l'État, ne sont pas compétents pour connaître des faits passibles de peines plus fortes que celles de la cale ou de la bouline. Les juridictions maritimes ne peuvent déclarer l'existence de circonstances atténuantes à l'égard des crimes prévus par les lois spéciales à l'armée navale; elles le peuvent, lorsqu'elles connaissent des délits prévus par le Code pénal ordinaire.

Annales maritimes de 1844, page 979.

3 décembre 1844. — ARRÊTÉ pris en commun par les ministres de la guerre, de l'intérieur et de la marine, relatif à la détention au mont Saint-Michel, ou au bagne, des militaires et marins condamnés aux fers (ou travaux forcés), pour insubordination ou tout autre crime purement militaire.

Annales maritimes de 1845, page 89.

24 septembre 1845. (*Personnel.*) — CIRCULAIRE portant que les prévenus, renvoyés en France pour y être jugés par un conseil

de guerre, doivent être accompagnés des témoins du fait qui leur est imputé.

Annales maritimes de 1845, page 791.

11 janvier 1847. (*Personnel.*) — CIRCULAIRE relative aux marins condamnés à la peine de la chaîne.

Annales maritimes de 1847, page 39.

18 août 1847. (*Personnel.*) — CIRCULAIRE portant que la prescription décennale n'est pas applicable au délit de désertion.

Annales maritimes de 1847, page 935.

12 mars 1848. — DÉCRET portant suppression des peines corporelles dans la marine.

Bulletin officiel de la marine, tome Ier, page 138.

16 juillet 1848. — ARRÊTÉ portant création, dans chacun des cinq ports militaires, d'un emploi de capitaine rapporteur permanent près des conseils de guerre maritimes.

Bulletin officiel de la marine, tome II, page 17.

16 août 1848. (*Personnel.*)—DÉCISION ministérielle[1] portant que, nonobstant l'arrêté qui précède, les tribunaux maritimes continueront de fonctionner comme par le passé.

4 novembre 1848. — Constitution de la République française.

. . . .

Chapitre VII. *Du pouvoir judiciaire.* — . . . . . Article 88. Les conseils de guerre et de révision des armées de terre et de mer, les tribunaux maritimes . . . . . conservent leur organisation et leurs attributions actuelles, jusqu'à ce qu'il y ait été dérogé par une loi.

Bulletin officiel de la marine, tome II, pages 406 et 421.

[1] Notifiée dans les ports le 18 août.

SUBSISTANCES.

PERSONNEL. — RATIONS.

Pendant les quinze années qui ont précédé la révolution de 1789, le service des subsistances de la marine a été administré en régie simple par quatre régisseurs généraux à appointements fixes.

Les régisseurs avaient fourni une mise de fonds dont la marine leur payait l'intérêt. Ils recevaient sur les ordonnances du ministre, les fonds nécessaires au service, payaient toutes les dépenses et comptaient de clerc à maître, sous le nom d'un munitionnaire dont ils étaient la caution.

Cette régie fut supprimée en novembre 1792 par le conseil exécutif provisoire. A cette époque, les bureaux des subsistances furent réunis à ceux du ministère, et les directeurs et autres employés des vivres dans les ports furent placés sous les ordres des administrateurs en chef de la marine.

Le même système a été continué, sauf quelques variations dans le mode d'exécution, jusqu'au 22 septembre 1798.

A cette dernière époque, le Directoire exécutif traita avec un munitionnaire pour la fourniture générale des vivres nécessaires au service de la marine. Cet entrepreneur n'était pas chargé de la garde, de la conservation et de la distribution des vivres à bord des bâtiments. La valeur de ses fournitures lui était acquise à la sortie de ses magasins, et, dès ce moment, les vivres étaient au compte de la marine. Le traité avait été passé pour six ans; mais, le gouvernement consulaire l'ayant jugé onéreux, le résilia au bout de dix-sept mois.

Un autre marché fut passé avec une autre compagnie à des prix inférieurs, également pour six ans. Après quatre mois d'exercice, la nouvelle entreprise allait abandonner le service, et, sur sa demande, son traité fut transporté à une autre compagnie. Celle-ci marcha assez péniblement pendant quinze mois. Arrivée à ce terme, elle fit faillite et le Gouvernement transporta encore le même marché à un autre entrepreneur, mais pour un an seulement.

Pendant cette dernière année, on s'occupa de la rédaction d'un nouveau cahier des charges, d'après lequel le munitionnaire devait être chargé de la responsabilité des vivres à bord, ainsi que de leur distribution, et n'être payé de ses fournitures que sur des états de revues constatant le nombre des hommes présents et la quantité des rations délivrées. Un traité fut passé à ces conditions pour six ans avec une forte maison de banque de la capitale; mais, dès le quatrième mois de sa gestion, cette compagnie fit faillite et fut forcée d'abandonner le service.

Quelques mois après, on traita pareillement pour six

ans, et à des prix supérieurs à ceux du précédent marché, avec une autre compagnie qui était déjà chargée du service des vivres de la guerre. Pas plus que le précédent, ce traité ne put recevoir son exécution complète. Il ne fut appliqué que quatre ans et trois mois.

Le traité pour le service de la guerre finissait à la même époque.

Alors le Gouvernement renonça aux entreprises générales, tant pour la guerre que pour la marine, et les eux services furent remis en régie, mais séparément.

A l'époque de la première restauration, les finances se trouvant embarrassées, le Gouvernement crut devoir s'aider du crédit des particuliers et provoqua des soumissions pour la fourniture générale des vivres, tant à la guerre qu'à la marine. Un traité fut passé pour le premier département; mais, la commission nommée par le ministre de la marine pour l'examen du cahier des charges s'étant montrée contraire à ce système, et ayant présenté celui de la régie simple, comme le plus avantageux au Gouvernement, il ne fut pas donné suite au projet de remettre à l'entreprise le service des vivres de la marine.

A la fin de 1817, la question fut agitée de nouveau et résolue encore en faveur du système de la régie. Seulement le ministre jugea indispensable d'en changer le mode et de rétablir, pour le service des subsistances, une administration spéciale, au lieu de laisser ce service sous la direction des administrateurs en chef des ports.

Par suite, une ordonnance du 13 décembre 1817, après avoir distrait le service des vivres de l'ensemble des services placés dans les attributions du chef d'administration de la marine, l'avait constitué à titre indépendant, avec un administrateur en chef à Paris.

Cette ordonnance a été suivie jusqu'en 1830, époque à laquelle fut rendue celle du 13 décembre qui supprima ce titre d'administrateur particulier. Le personnel des subsistances dans les ports fut replacé sous les ordres du commissaire général, et une assimilation de grades fut établie entre l'administration des subsistances et l'administration de la marine.

Nous mentionnons ici, pour ne rien omettre d'essentiel, une ordonnance du 29 septembre 1835, qui rendait aux commissaires et sous-commissaires des subsistances, les anciens titres de directeurs et de sous-directeurs; et nous arrivons enfin à la dernière organisation de ce service, à celle du 23 décembre 1847.

Par cette ordonnance, le corps de l'administration des subsistances a été licencié et les attributions qui lui étaient confiées sont exercées aujourd'hui par les officiers du corps du commissariat de la marine. Il a été en outre créé des chefs et sous-chefs de manutention, et les attributions de comptabilité furent remises à des agents spéciaux faisant partie du personnel institué, par une ordonnance du même jour, pour le service de la comptabilité du matériel de la marine.

SUBSISTANCES.

PERSONNEL. — RATIONS.

2 octobre 1669. — ARRÊT portant que la fourniture des vivres des vaisseaux du Roi sera publiée au conseil et adjugée au rabais.

Édits, déclarations, etc. page 403. — *Code des armées navales*, page 162.

3 octobre 1669. — ORDONNANCE qui règle le temps auquel doivent commencer la solde et les victuailles des équipages des vaisseaux du Roi.

Édits, déclarations, etc. page 401. — *Code des armées navales*, page 163.

4 mars 1670. — ORDONNANCE sur la fourniture des vivres aux vaisseaux.

Édits, déclarations, etc. page 406. — *Code des armées navales*, page 163.

20 mai 1670. — ARRÊT portant décharge des droits d'octroi de la ville de Toulon, pour les vivres destinés pour les équipages des vaisseaux du Roi.

Édits, déclarations, etc. page 412. — *Code des armées navales*, page 166.

4 juillet 1670. — RÈGLEMENT sur la fourniture des vivres aux équipages des vaisseaux et sur les tables des capitaines.

Édits, déclarations, etc. page 415. — *Code des armées navales*, page 166.

16 août 1670.—ORDONNANCE réglant le temps auquel doivent com-

mencer la distribution des vivres aux équipages et le payement de leur solde.

Archives de la marine. — *Édits, déclarations, etc.* page 422. — *Code des armées navales,* page 169.

31 décembre 1671.—ORDONNANCE portant que les capitaines donneront un certificat de la quantité et qualité des vivres embarqués sur leur bord.

Édits, déclarations, etc. page 423. — *Code des armées navales,* page 169.

4 mars 1672. — ORDONNANCE portant défense aux capitaines de faire nourrir leurs bestiaux, ni les passagers par le munitionnaire, ni de faire fournir des doubles rations au delà du nombre porté par les états de Sa Majesté.

Édits, déclarations, etc. page 1672.— *Code des armées navales,* page 176.

2 octobre 1672. — RÈGLEMENT sur la forme des états du munitionnaire, qui doivent être arrêtés par les intendants et commissaires généraux de la marine.

Code des armées navales, page 170.

12 octobre 1672. — ORDONNANCE portant défense de défoncer les futailles vides.

Édits, déclarations etc. page 427. — *Code des armées navales,* page 171.

14 octobre 1672. — RÈGLEMENT sur la forme des états du munitionnaire, qui doivent être arrêtés par les intendants et commissaires généraux de la marine.

Édits, déclarations, etc. page 425.

26 octobre 1672. — ORDONNANCE portant défense au munitionnaire de fournir des vivres en argent, et aux capitaines d'en recevoir.

Édits, déclarations, etc. page 446. — *Code des armées navales,* page 177.

26 mars 1673. — ORDONNANCE portant que les capitaines signeront l'état des vivres embarqués sur les vaisseaux.

Édits, déclarations, etc. page 777. — *Code des armées navales,* page 177.

20 avril 1673. — Ordonnance portant permission au munitionnaire de mettre du pain dans la grande chambre de chaque vaisseau.

Édits, déclarations, etc. page 447. — *Code des armées navales*, page 178.

26 avril 1673. — Ordonnance portant que le munitionnaire pourra mettre dans les vaisseaux qui auront les plus grands fonds de cale, des vivres destinés pour les autres vaisseaux.

Édits, déclarations, etc. page 429. — *Code des armées navales*, page 179.

20 mai 1673. — Ordonnance pour la nourriture des aumônier, chirurgien et écrivain de chaque vaisseau.

Édits, déclarations, etc. page 449. — *Code des armées navales*, page 179.

24 février 1674. — Ordonnance portant défense aux intendants et commissaires généraux de marine, de passer dans les comptes des munitionnaires, aucune demi-ration pour les mousses.

Édits, déclarations, etc. page 450. — *Code des armées navales*, page 180.

15 mai 1674. — Règlement sur la fourniture des vivres.

Édits, déclarations, etc. page 451. — *Code des armées navales*, page 180.

9 octobre 1675. — Ordonnance portant défense aux intendants et commissaires généraux de passer aucune fourniture de vivres au munitionnaire, au delà de ce qui est porté par les états de Sa Majesté.

Édits, déclarations, etc. page 779. — *Code des armées navales*, page 183.

10 janvier 1676. — Ordonnance portant défense aux officiers de marine de défoncer aucune futaille servant à mettre des boissons des équipages.

Édits, déclarations, etc. page 782. — *Code des armées navales*, page 184.

4 juin 1692. — Ordonnance portant défense de maltraiter les commis du munitionnaire.

Index des ordonnances de la marine, tome II, page 47.

4 juin 1698. — ORDONNANCE qui défend toute vente de vivres embarqués sur les vaisseaux.

Index des ordonnances de la marine, tome Ier, page 162.

28 octobre 1705. — ORDONNANCE concernant les vivres à embarquer pour les campagnes aux colonies.

Archives de la marine.

29 décembre 1742. — DÉPÊCHE prescrivant de retrancher la ration aux gens de mer qui s'absenteront des vaisseaux et batteries où ils sont employés.

Archives de la marine.

25 février 1753. — LETTRE du ministre qui défend de faire délivrer à bord des vaisseaux, pendant la campagne, des rations extraordinaires.

Index des ordonnances de la marine, tome III, page 278.

8 novembre 1758. — LETTRE du ministre qui accorde la fourniture du pain aux troupes.

Index des ordonnances de la marine, tome IV, page 353.

15 janvier 1785. — RÈGLEMENT sur la composition de la ration des gens de mer.

Archives de la marine. — Recueil d'ordonnances et de décisions sur la marine, tome II, page 21.

14 février 1793. — DÉCRET relatif à l'administration des vivres de la marine.

Recueil des lois de la marine, tome III, page 313.

4 mai 1793. — DÉCRET relatif aux subsistances.

Recueil des lois de la marine, tome III, page 422.

8 juillet 1793. — DÉCRET qui accorde le biscuit à discrétion aux équipages des bâtiments de la République, lorsqu'ils sont sous voiles.

Recueil des lois de la marine, tome IV, page 6. — *Journal militaire de 1793*, page 496.

22 juillet 1793. — INSTRUCTION pour la distribution à discrétion du biscuit aux équipages des bâtiments de la République.

Recueil des lois de la marine, tome IV, page 18.

29 septembre 1793. — DÉCRET rétablissant la ration en nature accordée aux officiers servant à bord des vaisseaux de la République[1].

Recueil des lois de la marine, tome IV, page 134.

19 pluviôse an II (7 février 1794). — DÉCRET relatif aux rations de viande à délivrer aux équipages des vaisseaux de la République.

Recueil des lois de la marine, tome IV, page 337. — *Journal militaire de l'an II*, page 411.

21 pluviôse an II (9 février 1794). — DÉCRET portant que la ration du soldat de terre et de mer sera la même que celle de l'officier.

Recueil des lois de la marine, tome IV, page 338.

13 ventôse an II (3 mars 1794). — ARRÊTÉ relatif à l'administration des vivres de la marine.

Recueil des lois de la marine, tome IV, page 367.

2 brumaire an IV (24 octobre 1795). — DÉCRET concernant l'administration des ports et arsenaux de la marine.

. . . .

Titre II. Section V. Articles 26 et suivants : *Vivres.*

Recueil des lois de la marine, tome VI, pages 38 et 40.

30 floréal an VIII (20 mai 1800). — ARRÊTÉ relatif à l'approvisionnement des vivres de la marine.

Recueil des lois de la marine, tome X, page 256.

9 prairial an IX (29 mai 1801.) — AVIS DU CONSEIL D'ÉTAT : 1° sur

[1] Disposition confirmée par les actes subséquents, et notamment par les arrêtés des 17 ventôse an V, et 21 prairial an XI, et par l'ordonnance du 30 décembre 1836. (Voir ces actes au titre *Service à la mer.*)

le retranchement de vin aux mousses; 2° sur l'indemnité à leur accorder pour leur en tenir lieu.

Recueil des lois de la marine, tome XI, page 407.

5 germinal an XI (26 mars 1803.) — ARRÊTÉ relatif aux approvisionnements en vivres, pour le service de la marine.

Recueil des lois de la marine, tome XIII, page 268.

13 janvier 1806. — DÉCRET relatif à la composition des rations en usage dans le département de la marine[1].

Annales maritimes de 1820, page 288.

16 octobre 1809. — CIRCULAIRE portant ordre de faire aux douanes une déclaration exacte de toutes les denrées qui seront expédiées d'un port sur un autre.

Annales maritimes de 1809-1815, tome Ier, page 78.

29 mars 1810. — CIRCULAIRE renfermant les dispositions à suivre pour que les abonnements des gardes-magasins des vivres cessent au 1er juillet 1810, ou plus tôt s'il est possible.

Annales maritimes de 1809-1815, tome Ier, page 95.

4 février 1811. — CIRCULAIRE prescrivant diverses mesures de surveillance et d'économie dans le service des vivres.

Annales maritimes de 1809-1815, tome Ier, page 153.

14 février 1811. — CIRCULAIRE faisant connaître que c'est devant les conseils d'administration que doivent être rendus les comptes de gestion des commis aux vivres embarquants.

Annales maritimes de 1809-1815, tome Ier, page 155.

18 mai 1811. — CIRCULAIRE portant que les comptes rendus précédemment aux administrateurs des vivres, par leurs agents dans les ports, devront parvenir au ministre par l'intermédiaire des préfets maritimes.

Annales maritimes de 1809-1815, tome Ier, page 170.

[1] Voir le règlement du 5 février 1823.

1er avril 1813. — Instruction pour les commis aux vivres embarquants.

Annales maritimes de 1809-1815, tome Ier, page 256.

10 août 1814. — Circulaire sur la fixation du mode de payement des préposés des vivres embarqués.

Annales maritimes de 1809-1815, tome II, page 133.

10 novembre 1814. — Circulaire relative aux commis aux vivres à bord.

Annales maritimes de 1809-1815, tome II, page 155.

13 décembre 1817. — Ordonnance portant que le service des subsistances de la marine sera confié à un administrateur, sous les ordres du ministre[1].

Annales maritimes de 1817, page 475.

31 décembre 1817. — Règlement organique pour l'administration des subsistances de la marine.

Annales maritimes de 1818, page 89.

3 mars 1818. — Tarif concernant les frais de bureau fixés en argent pour les commis aux vivres embarqués.

Annales maritimes de 1818, page 129.

31 mars 1818.—Instruction sur la comptabilité des subsistances de la marine.

Annales maritimes de 1818, page 133.

4 avril 1820. — Instruction sur la tenue et l'apurement de la comptabilité des vivres à bord des vaisseaux et autres bâtiments. — Composition des rations.

Annales maritimes de 1820, page 259.

28 janvier 1823. — Dépêche faisant connaître que l'administration des subsistances rentre, quant à l'ordonnancement et à la comptabilité, sur la ligne commune à tous les services de la

[1] Voir l'ordonnance du 13 décembre 1830.

marine. (Exécution de l'ordonnance du 14 septembre 1822 sur la comptabilité publique.)

Annales maritimes de 1823, page 268.

5 février 1823. — ORDONNANCE sur la composition des diverses rations en usage dans le département de la marine[1].

Annales maritimes de 1824, page 239.

10 mars 1823. — CIRCULAIRE portant instructions sur l'exécution de l'ordonnance du 5 février 1823, réglant la composition des rations en usage dans le département de la marine.

Annales maritimes de 1823, page 310.

1er mai 1824. — CIRCULAIRE concernant l'avancement des agents des vivres embarqués.

Annales maritimes de 1824, page 339.

20 novembre 1824. — TABLEAU des grades, classes et allocations des agents des vivres embarqués, dressé conformément aux ordonnances des 17 mars et 23 juin 1824[2].

Annales maritimes de 1825, page 210.

17 septembre 1825. — LETTRE faisant connaître que les dispositions de l'article 35 du règlement du 30 octobre 1822, relatif aux magasiniers, seront appliquées aux commis comptables des vivres[3].

Annales maritimes de 1825, page 606.

17 décembre 1828. — ORDONNANCE sur le service des ports.

. . . .

Titre VIII. *Du service des subsistances.*

Annales maritimes de 1829, page 1.

[1] Modifiée par le règlement du 31 janvier 1837.

[2] Voir le titre *Service à la mer.*

[3] Voir le titre *Matériel.*

17 mai 1830. — Décision ministérielle sur la composition de la ration à allouer aux condamnés aux travaux forcés, employés dans les hôpitaux de la marine.

13 décembre 1830. — Ordonnance faisant rentrer le service des vivres dans les attributions de l'administration de la marine[1].

Annales maritimes de 1830, tome II, page 721.

26 février 1831. — Circulaire faisant connaître la décision relative à l'entretien d'un nombre déterminé de commis aux vivres embarquants. — Fixation des appointements.

Annales maritimes de 1831, page 195.

7 mai 1831. (Ports.) — Dépêche relative aux frais de bureau des directeurs des subsistances.

19 novembre 1832. — Circulaire prescrivant d'employer, pour la fabrication du pain de forçats, des farines de pur froment, avec addition de basses matières[2].

17 août 1833. — Circulaire contenant des dispositions relatives à l'avancement, l'ordre et la durée d'embarquement des commis et autres préposés des vivres à la mer.

Annales maritimes de 1833, page 670.

11 janvier 1834. (*Ports.*) — Circulaire portant additions et modifications aux dispositions de la circulaire du 17 août 1833.

Annales maritimes de 1834, page 245.

24 janvier 1835. (*Ports.*) — Dépêche contenant l'interprétation de l'ordonnance du 3 du même mois, en ce qui concerne le service des subsistances. — Cette administration est sous l'autorité immédiate du préfet maritime.

29 septembre 1835. — Ordonnance portant que les commissaires

[1] Voir l'ordonnance du 23 décembre 1847.

[2] Voir la décision du 15 février 1844.

et sous-commissaires des subsistances prendront, à dater du 1er janvier 1836, les titres de directeurs et de sous-directeurs.

Annales maritimes de 1835, page 774.

31 janvier 1837. — Ordonnance sur la composition des diverses rations en usage dans le département de la marine[1].

Annales maritimes de 1837, page 234.

2 septembre 1837. — Tarif sur la solde et les accessoires de la solde des commis et des autres préposés des vivres embarqués sur les bâtiments de l'État.

Annales maritimes de 1837, page 1086.

8 décembre 1837. — Instruction sur le mode de comptabilité du service des subsistances de la marine.

Annales maritimes de 1838, page 220.

23 juin 1838. (*Ports.*) — Circulaire qui recommande de ne faire embarquer sur les bâtiments de l'État destinés aux stations d'outre-mer, que des seconds commis des vivres et des premiers distributeurs réunissant toutes les connaissances pour remplacer au besoin et avec succès les commis des vivres comptables.

11 août 1838. — Instruction réglementaire sur la tenue et l'apurement de la comptabilité des vivres à bord des bâtiments de l'État.

Administration des vaisseaux, 1840, page 387.

10 novembre 1838. (*Ports.*) — Circulaire supprimant l'institution des élèves des subsistances de la marine et créant une classe d'écrivains pour ce service spécial.

12 juin 1839. (*Ports.*) — Dépêche portant que l'ordonnance du 3 mai 1839 sur les ouvriers des arsenaux, n'est point applicable aux hommes qui travaillent dans les magasins des subsistances.

[1] Voir l'ordonnance du 16 septembre 1841.

16 septembre 1841. — ORDONNANCE portant règlement de nourriture des malades à bord des bâtiments de l'État.

Annales maritimes de 1841, page 1111.

25 décembre 1841. (*Ports.*) — CIRCULAIRE portant confirmation des règlements qui interdisent la vente des denrées provenant des économies qui peuvent être faites sur la ration à bord des bâtiments[1].

Annales maritimes de 1842, page 12.

12 février 1842. — CIRCULAIRE relative aux commis aux vivres entretenus et auxiliaires, ainsi qu'aux autres agents de la cambuse.

Annales maritimes de 1842, page 309.

15 février 1844. — DÉCISION ministérielle sur les mélanges qui doivent être opérés pour la fabrication du pain des forçats.

13 janvier 1845. (*Ports.*) — CIRCULAIRE relative aux modifications à apporter au règlement des vivres, en ce qui concerne les tables des états-majors, des élèves et des maîtres, et spécialement les *économies de rations*[2].

Annales maritimes de 1845, page 83.

24 novembre 1845. (*Personnel.*) — CIRCULAIRE portant que tous les mousses ayant atteint leur seizième année, ont droit à la ration de boisson.

Annales maritimes de 1845, page 954.

9 mars 1847. (*Services administratifs.*) — CIRCULAIRE portant que l'ordonnance du 7 décembre 1846, relative à la fixation des salaires des ouvriers dans les arsenaux, sera appliquée provisoirement au service des subsistances.

Annales maritimes de 1847, page 295.

[1] Voir les circulaires des 13 janvier 1845 et 12 mars 1849, sur les nouvelles dispositions adoptées en ce qui touche les économies de rations.

[2] Voir la circulaire du 12 mars 1849.

24 mars 1847. (*Services administratifs.*) — CIRCULAIRE concernant les agents des vivres à bord des frégates à vapeur.

Annales maritimes de 1847, page 313.

7 août 1847. (*Services administratifs.*) — CIRCULAIRE contenant des dispositions relatives à la solde des commis aux vivres entretenus, embarqués sur les bâtiments amiraux.

Annales maritimes de 1847, page 923.

23 décembre 1847. — ORDONNANCE concernant le service et le personnel des subsistances de la marine. — Licenciement du corps; fusion avec le commissariat.

Annales maritimes de 1847, page 1640.

28 février 1848. — DÉCRET prescrivant d'introduire, dans le régime alimentaire des équipages des bâtiments de la République, les améliorations qu'il comporte [1].

Bulletin officiel de la marine, tome Ier, page 130.

31 mars 1848. — ARRÊTÉ ministériel pour l'exécution du décret du 28 février 1848, concernant le régime alimentaire des équipages des bâtiments de la flotte.

Bulletin officiel de la marine, tome Ier, page 170.

2 avril 1848. — ARRÊTÉ ministériel portant formation d'une commission chargée de rechercher les fraudes qui pourraient être commises dans la composition de la ration des équipages des bâtiments de la flotte.

Bulletin officiel de la marine, tome Ier, page 171.

[1] Les actes qui ont successivement déterminé la composition des rations en usage dans le département de la marine sont principalement le décret du 13 janvier 1806, le règlement du 5 février 1823, et l'ordonnance du 31 janvier 1837.

Voir, en outre, quant à ce service, la lettre du 25 février 1753, le règlement du 15 janvier 1785, et les décrets des 8 juillet 1793, 19 et 21 pluviôse an II.

14 octobre 1848. — ARRÊTÉ apportant des modifications dans le régime alimentaire des bâtiments de la République.

Bulletin officiel de la marine, tome II, page 314.

1er décembre 1848. (*Services administratifs.*) — CIRCULAIRE relative aux gratifications accordées, pour bonne gestion, aux commis aux vivres des bâtiments.

Bulletin officiel de la marine, tome II, page 500.

12 décembre 1848. (*Services administratifs.*) — CIRCULAIRE faisant connaître les simplifications apportées dans les comptes produits au ministère par le service des subsistances[1].

Bulletin officiel de la marine, tome II, page 518.

7 janvier 1849. (*Services administratifs.*) — CIRCULAIRE relative aux mesures à prendre pour assurer le remboursement de la valeur des rations délivrées aux personnes admises comme passagères à leurs frais.

Bulletin officiel de la marine, tome III, page 31.

12 mars 1849. (*Services administratifs.*) — CIRCULAIRE portant que les économies de rations faites par les tables des bords, ne seront plus remboursées aux officiers, élèves et maîtres embarqués, et qu'elles demeureront, comme avant 1845, la propriété de l'État.

Bulletin officiel de la marine, tome III, page 137.

[1] Voir au titre *Comptabilité financière* l'ensemble des actes relatifs aux comptes généraux du département de la marine.

SERVICE DE SANTÉ.

PERSONNEL. — HÔPITAUX.

L'organisation du service de santé de la marine, dont les premières bases subsistent dans l'ordonnance du 15 avril 1689, a été déterminée par un règlement du 1er mars 1768.

Avant cette époque, les hôpitaux des villes recevaient les blessés et les malades des armées de terre et de mer, et l'on retrouve, dans un règlement du 23 septembre 1673, l'indication du besoin que l'on éprouvait dès lors, de fonder des établissements spéciaux pour le service naval.

Mais, sans nous appesantir sur des commencements dont la trace est difficile à suivre, il suffira de dire que le service de santé de la marine ne prit une consistance réelle que sous le règne de Louis XV. Ce fut pendant ce règne qu'on organisa, non-seulement les hôpitaux maritimes, mais encore le personnel des officiers de santé destinés à faire le triple service de ces hôpitaux, des vaisseaux et des colonies.

Le règlement de 1768, qui organisa complétement

toutes les branches du service de santé, prescrivit que chaque grade serait l'objet d'un concours, créa une classe d'élèves et fonda, dans les principaux ports militaires, trois écoles de médecine navale, où les élèves et les jeunes chirurgiens pussent acquérir les connaissances nécessaires et se présenter au concours avec succès.

Ces sages institutions ont dû puissamment contribuer à entretenir l'émulation et les lumières parmi les officiers de santé de la marine.

Elles ont été conservées dans toutes les organisations ultérieures, notamment dans l'arrêté du 17 nivôse an IX, les ordonnances des 29 novembre 1815 et 17 juillet 1835 et le règlement royal du 23 juillet 1836.

Les deux derniers de ces actes, qui régissent encore aujourd'hui le corps des officiers de santé, méritent une analyse succincte.

L'ordonnance de 1835 statue sur l'ordre hiérarchique du corps, l'admission et l'avancement, les conditions d'embarquement et le nombre et le grade des officiers à embarquer sur les bâtiments de toutes classes et de tous rangs, le traitement des officiers, les conditions de leur service aux colonies, les conseils de santé et leur action dans les ports, l'inspection générale à Paris et la centralisation qu'elle opère, sous les yeux du ministre, de tout ce qui concerne la discipline du corps et les intérêts des membres qui le composent.

Le règlement du 23 juillet 1836 est le développement méthodique et complet de la partie de l'ordonnance de 1835 relative à l'admission, au mode d'enseignement et à l'ordre des concours.

Les actes intervenus depuis lors ont eu pour effet d'améliorer ces conditions générales, sans les modifier essentiellement. On doit citer, dans le nombre, l'ordonnance du 2 décembre 1839, concernant l'avancement aux colonies.

Le cadre des officiers de santé a été fixé en dernier lieu par l'ordonnance du 17 septembre 1847. Il comprend quatre cent quarante-six officiers, chirurgiens et pharmaciens, à la tête desquels se trouve un inspecteur général.

SERVICE DE SANTÉ.

PERSONNEL. — HÔPITAUX.

23 janvier 1631. — Arrêt du grand conseil portant permission aux capitaines, soldats estropiés, de se pourvoir sur les abbayes, prieurés et couvents du royaume.

Recueil d'édits, arrêts, etc. 1207-1631, page 291.

23 septembre 1673. — Règlement sur la récompense des estropiés, etc. — Création d'un hôpital général de la marine, dans chacun des ports de Toulon et de Rochefort.

Édits, déclarations, etc. page 397. — *Code des armées navales,* page 160.

6 octobre 1674. — Règlement pour la police générale des arsenaux de marine.

. . . .

Titre XIV. — *Dispositions relatives à l'hôpital créé dans les arsenaux de Rochefort et Toulon.*

Édits, déclarations, etc. page 93. — *Code des armées navales,* page 42.

13 janvier 1676. — Règlement au sujet du soulagement des matelots et soldats des équipages des vaisseaux, lorsqu'ils tombent malades.

Archives de la marine.

25 août 1683. — Règlement qui sera observé à l'avenir dans les ports de Toulon et de Marseille, pour empêcher que la peste ne s'introduise dans le royaume.

Annales maritimes de 1821, page 551.

11 novembre 1685. — ORDONNANCE sur le service des aumôniers et des chirurgiens établis sur les galères.

Archives de la marine.

26 février 1686. — ORDONNANCE pour les coffres des chirurgiens.

Archives de la marine.

12 avril 1717. — RÈGLEMENT sur ce qui doit être observé avant la réception des chirurgiens de la marine.

Archives de la marine.

10 novembre 1727. — DÉCISION sur la paye des élèves chirurgiens.

Archives de la marine.

25 octobre 1738. — ORDONNANCE sur les fonctions et priviléges des chirurgiens entretenus par le Roi dans les villes maritimes.

Index des ordonnances de la marine, tome II, page 246.

30 avril 1741.—LETTRE du ministre pour comprendre les aides et garçons chirurgiens dans l'état de dépense ordinaire des hôpitaux.

Index des ordonnances de la marine, tome II, page 257.

1er janvier 1749. — RÈGLEMENT à observer dans l'hôpital des chiourmes à Toulon et à Brest.

Archives de la marine.

12 août 1759. — RÈGLEMENT déterminant le nombre et le traitement des chirurgiens et apothicaires embarqués sur les vaisseaux de Sa Majesté.

Archives de la marine.

8 novembre 1759. — MARCHÉ passé avec les religieux de la Charité, pour la fourniture des hôpitaux de Brest.

Index des ordonnances de la marine, tome V, page 276.

1er juillet 1760. — RÈGLEMENT du Roi sur les retenues à faire aux officiers bombardiers, canonniers, soldats, et autres entretenus, pour journées de maladies dans les hôpitaux.

Index des ordonnances de la marine, tome IV, pages 303 et 321.

1er juillet 1760. — Tarif pour servir à fixer les drogues qui doivent entrer dans la formation des coffres de médicaments à embarquer sur les vaisseaux.

Index des ordonnances de la marine, tome IV, page 307.

8 juillet 1761. — Lettre du ministre pour fixer le prix de la retenue à faire pour journée de maladie dans les hôpitaux, en attendant un marché fixe.

Index des ordonnances de la marine, tome V, page 351.

29 janvier 1762. — Lettre du ministre qui règle quels seront les malades à recevoir dans les hôpitaux et les formalités à observer pour les états des journées.

Index des ordonnances de la marine, tome IV, page 418.

1er février 1766. — Règlement concernant l'hôpital de la marine au port de Brest.

Imprimé à la suite de l'ordonnance du 27 septembre 1776, sur les ports et arsenaux. — Imprimerie royale, 1776.

11 mai 1767. — Règlement portant fixation des appointements des chirurgiens employés dans les hôpitaux des ports.

15 novembre 1767. — Déclaration du Roi concernant les chirurgiens qui s'embarquent sur les navires marchands, et la visite du coffre de chirurgie [1].

Recueil d'édits, arrêts, etc. tome CIV, page 249. — *Archives de la marine.*

1er mars 1768. — Règlement concernant les écoles de chirurgie de la marine.

Archives de la marine.

[1] Voir plus particulièrement, pour ce qui concerne les navires marchands, le titre *Inscription maritime*.

27 mai 1785. — Règlement fixant les retenues à faire sur les appointements et la solde des individus attachés au service de la marine et des colonies qui seront traités, tant dans les hôpitaux de la marine, que dans ceux des provinces du royaume.

Archives de la marine.

30 juin 1785. — Règlement pour les chirurgiens qui font le service dans les hôpitaux de la marine.

1er janvier 1786. — Règlement sur l'ordre, la propreté et la salubrité à maintenir à bord des vaisseaux.

Annales maritimes de 1817, page 211.

1787. — Ordonnance concernant le nombre de chirurgiens à embarquer en temps de paix, sur chacune des neuf escadres.

26 janvier 1793. — Décret fixant le nombre et le traitement des officiers de santé de la marine.

Recueil des lois de la marine, tome III, page 259.

3 ventôse an II (21 février 1794). — Décret relatif au service de santé des armées et des hôpitaux militaires.

Bulletin des lois. — Lois et actes du Gouvernement, tome VIII, page 318.

2 floréal an II (21 avril 1794). — Arrêté créant un comité de salubrité navale [1].

6 brumaire an III (27 octobre 1794). — Décret portant que les officiers de santé de mer recevront le traitement accordé aux officiers de santé de terre, par le décret du 3 ventôse an II.

Recueil des lois de la marine, tome V, page 69.

21 brumaire an III (11 novembre 1794). — Arrêté relatif aux officiers de santé de la marine.

Recueil des lois de la marine, tome V, page 81.

[1] Voir l'article 4 de l'arrêté du 19 pluviôse an VI.

14 frimaire an III (4 décembre 1794). — Loi portant qu'il sera établi à Paris, à Montpellier et à Strasbourg, des écoles destinées à former des officiers de santé pour le service des hôpitaux et spécialement des hôpitaux militaires et de marine.

Recueil des lois de la marine, tome V, page 106.

12 pluviôse an III (31 janvier 1795). — Décret portant réorganisation de la commission de santé, sous le nom de *Conseil de santé*.

Recueil des lois de la marine, tome V, page 166.

15 nivôse an IV (5 janvier 1796). — Loi qui accorde un supplément de traitement aux officiers et membres du conseil de santé.

Bulletin des lois, 2e série, n° 17, page 6.

11 frimaire an VI (1er décembre 1797). — Loi qui fixe le traitement des officiers de santé des armées de terre.

Recueil des lois de la marine, tome VIII, page 91.

19 pluviôse an VI (7 février 1798). — Arrêté contenant règlement pour le service de santé des hôpitaux de marine et des armées navales.

Recueil des lois de la marine, tome VIII, page 249. — *Administration des vaisseaux*, *1840*, page 77.

9 ventôse an VII (27 février 1799). — Arrêté qui rapporte les dispositions de celui du 19 pluviôse an VI (7 février 1798), quant à la suppression de l'hospice maritime de Cherbourg.

Recueil des lois de la marine, tome IX, page 172.

11 messidor an VII (29 juin 1799). — Instruction rédigée par l'inspection générale du service de santé de la marine, concernant les dispenses ou l'admission au service de la marine.

Journal militaire de l'an XII, 2e semestre, page 209.

7 vendémiaire an VIII (29 septembre 1799). — ARRÊTÉ concernant le service de santé de la marine.

Recueil des lois de la marine, tome IX, page 364.

27 vendémiaire an VIII (19 octobre 1799). — ARRÊTÉ portant que les officiers militaires, d'administration et de santé, etc., payeront 2 francs par jour, à compter de celui de leur entrée dans les hôpitaux de la marine.

Recueil des lois de la marine, tome IX, page 443.

9 vendémiaire an IX (1er octobre 1800). — ARRÊTÉ portant réduction des appointements des officiers et agents entretenus de la marine.

Recueil des lois de la marine, tome X, page 515.

17 nivôse an IX (7 janvier 1801). — ARRÊTÉ relatif aux établissements de santé de la marine et des colonies.

Recueil des lois de la marine, tome XI, page 283.

29 pluviôse an IX (18 février 1801). — ARRÊTÉ tendant à régulariser toutes les parties du service de santé de la marine.

Recueil des lois de la marine, tome XI, page 322.

7 messidor an IX (26 juin 1801). — ARRÊTÉ relatif aux décomptes et retenues d'hôpital des militaires attaqués de maladies vénériennes et autres.

Recueil des lois de la marine, tome XI, page 415.

23 vendémiaire an X (15 octobre 1801). — ARRÊTÉ déclarant applicables aux marins les dispositions de celui du 7 messidor an IX (26 juin 1801) sur les décomptes et retenues d'hôpital des militaires attaqués de maladies vénériennes.

Recueil des lois de la marine, tome XII, page 18.

19 ventôse an XI (10 mars 1803). — LOI relative à l'exercice de la médecine.

Bulletin des lois, 3e série, n° 256, page 567.

21 germinal an XI (11 avril 1803). — Loi contenant organisation des écoles de pharmacie[1].

Bulletin des lois, 3e série, n° 270, page 121.

25 thermidor an XI (13 août 1803). — Arrêté portant que les officiers de santé auxiliaires de la marine seront répartis en trois classes, à l'instar des officiers de santé entretenus.

Recueil des lois de la marine, tome XIII, page 470.

9 frimaire an XII (11 décembre 1803). — Arrêté portant règlement sur le service de santé de la guerre.

Bulletin des lois, 3e série, n° 330, page 194.

29 fructidor an XII (16 septembre 1804). — Décret concernant le nombre, les classes et les appointements des officiers et agents entretenus de la marine.

Recueil des lois de la marine, tome XIV, page 331.

16 vendémiaire an XIII (8 octobre 1804). — Règlement sur l'économie intérieure des hôpitaux de la marine.

Recueil des lois de la marine, tome XV, page 3.

15 pluviôse an XIII (4 février 1805). — Arrêté concernant la retenue à exercer sur la solde de terre et de mer des officiers et autres attachés au service de la marine, pendant leur séjour à l'hôpital[2].

Recueil des lois de la marine, tome XV, page 56. — *Administration des vaisseaux, 1840*, page 85.

6 ventôse an XIII (25 février 1805). — Circulaire portant rectification de l'article 6 de l'arrêté du 17 nivôse an IX, sur la

[1] Voir l'ordonnance du 27 septembre 1840.

[2] Ce décret a été remplacé par le tarif du 7 mars 1840.

Voir, pour les actes antérieurs, les règlements des 1er juillet 1760 et 27 mai 1785; les arrêtés des 27 vendémiaire an VIII, 7 messidor an IX et 23 vendémiaire an X.

fixation des appointements à la mer, des officiers de santé de 3e classe.

Recueil des lois de la marine, tome XV, page 73.

15 mai 1808. — Règlement sur l'administration, etc., des bataillons de la marine impériale.

. . . .

Titre III, art. 75..... Titre V, art. 106, relatifs aux retenues à exercer pour journées de traitement dans les hôpitaux.

Recueil des lois de la marine, tome XVIII, page 107.

11 décembre 1808. — Décret portant que les officiers de santé de la marine parvenus au grade d'entretenus par la voie du concours, sont dispensés de tout service public, autre que celui des armées navales et des hôpitaux des ports.

Recueil des lois de la marine, tome XVIII, page 191.

29 janvier 1810. — Circulaire modifiant le règlement du 15 mai 1808, en ce qui concerne les retenues à exercer sur la solde des individus attachés à la marine, qui sont traités dans les hôpitaux.

Annales maritimes de 1809-1815, tome Ier, page 91.

30 novembre 1811. (*Guerre*). — Décret relatif à la subordination des officiers de santé militaires.

Journal militaire de 1811, 2e semestre, page 190.

20 août 1812. — Règlement portant que les décomptes des hommes décédés, soit à bord, soit dans les hôpitaux, seront établis, jusques et compris le jour du décès.

Si l'homme est mort à l'hôpital, le jour du décès ne devra pas être compris dans la retenue.

15 janvier 1813. — Décret portant qu'un médecin en chef de la marine sera chargé de l'inspection générale du service de santé de ce département, et que les appointements dudit médecin seront les mêmes que ceux fixés par l'arrêté du 9 fri-

maire an XII pour les inspecteurs généraux du service de santé de la guerre.

Annales maritimes de 1809-1815, tome Ier, page 231.

25 octobre 1813. — Décision fixant l'indemnité de logement de l'inspecteur général du service de santé.

16 décembre 1815. — Règlement portant fixation du nombre des grades, classes, appointements, frais de bureau des officiers militaires et civils de la marine employés dans les ports du royaume.

Annales maritimes de 1816, page 45.

1er avril 1816. — Circulaire fixant l'indemnité à payer aux chirurgiens civils chargés du service de santé de la marine dans les ports secondaires.

12 août 1816. — Décision portant création d'élèves de chirurgie dans les cinq ports principaux du royaume.

3 mars 1818. — Tarif des indemnités tenant lieu de fournitures de bureau de toute espèce qui seront allouées par mois aux officiers de santé de la marine embarqués sur les bâtiments de l'État.

Annales maritimes de 1818, page 129.

24 août 1818. — Décision ministérielle fixant le traitement de l'inspecteur général du service de santé de la marine.

11 mai 1819. (*Hôpitaux.*) — Dépêche portant que les pensionnaires de la marine pourront être admis dans les hôpitaux, mais dans le cas seulement de maladies graves, et quand le pensionnaire sera effectivement reconnu hors d'état de se procurer chez lui les soins nécessaires.

4 août 1819. — Ordonnance concernant les chirurgiens embarqués sur les navires du commerce et la visite des coffres de

médicaments et des caisses d'instruments de chirurgie dont ces navires doivent être pourvus [1].

Annales maritimes de 1819, page 330.

13 novembre 1819. — DÉCISION ministérielle accordant à l'inspecteur général du service de santé une somme annuelle de 1,200 francs pour lui tenir lieu de frais d'écrivain.

18 décembre 1819. (*Personnel.*) — DÉPÊCHE sur les congés à accorder aux officiers de santé qui désireraient se rendre dans les facultés de médecine pour y concourir pour le grade de docteur [2].

Administration des vaisseaux, 1840, page 94.

13 juillet 1822. (*Personnel.*) — DÉPÊCHE portant que les marins congédiés et les marins en congé absolu seront admis dans les hôpitaux, aux frais de l'État, s'ils tombent malades dans les quarante jours qui suivent la date de leur congé.

Ceux en congé limité pourront y entrer pendant toute la durée de leur congé.

5 février 1823. — DÉCISION royale portant augmentation du cadre des officiers de santé et leur répartition dans les ports.

Annales maritimes de 1823, page 285.

5 mai 1824. — DÉCISION royale concernant le traitement des officiers de santé attachés aux différents corps de la marine.

Annales maritimes de 1824, page 340.

18 septembre 1824. — ORDONNANCE portant réorganisation du personnel du service de santé et des hôpitaux de l'armée de terre.

Journal militaire de 1824, 2e semestre, page 743.

20 décembre 1824. — RÈGLEMENT sur le service des hôpitaux de la guerre.

Journal militaire de 1824, 2e semestre, page 794.

[1] Voir l'instruction du 5 février 1844 et la dépêche du 2 mai suivant.

[2] Rappelée par dépêches des 9 juin et 29 juillet 1834.

30 décembre 1824. — Règlement sur le personnel du service de santé et des hôpitaux de l'armée de terre.

Journal militaire de 1824, 2e semestre, page 754.

18 juin 1827. (*Hôpitaux.*) — Circulaire contenant des dispositions relatives aux domestiques embarqués, qui peuvent être traités dans les hôpitaux aux frais de la marine.

Annales maritimes de 1827, tome Ier, page 569.

5 septembre 1827. — Règlement sur la destination et l'avancement des officiers de santé dans le service des colonies.

Annales maritimes de 1828, page 591.

31 octobre 1827. — Ordonnance sur le service à la mer.

. . . .

Titre XV. *Des officiers de santé.*

Annales maritimes de 1827, tome II, page 143.

17 décembre 1828. — Ordonnance sur le service des ports.

. . . .

Titre VII. *Du service de santé* [1].

Annales maritimes de 1829, page 1.

5 juin 1830. (*Personnel.*) — Circulaire concernant l'indemnité, pour frais de bureau, aux médecins en chef d'armée, d'escadre ou de division.

Administration des vaisseaux, 1840, page 114.

31 décembre 1830. — Ordonnance réduisant de 2,500 à 1,500 francs les frais de logement et de bureau de l'inspection générale.

25 avril 1832. (*Personnel.*) — Dépêche portant que les officiers de santé de garde, ainsi que les sœurs hospitalières, ne reçoivent plus en argent, mais en nature, la ration qui leur est allouée.

[1] Voir, au titre *Administration*, les ordonnances des 3 janvier 1835, 11 octobre 1836 et 14 juin 1844.

22 mai 1833. — DÉCISION royale portant augmentation de solde en faveur des officiers de santé de la marine.

Annales maritimes de 1833, page 690.

31 janvier 1834. (*Personnel.*) — CIRCULAIRE sur la manière d'établir le décompte des marins. — Dispositions relatives aux hommes laissés à l'hôpital, lors de l'embarquement de leurs compagnies ou du départ de leurs bâtiments.

Annales maritimes de 1834, page 258.

19 mai 1834. — LOI sur l'état des officiers [1].

Annales maritimes de 1834, page 438.

26 septembre 1834. — ORDONNANCE concernant les officiers de santé employés à Alger.

Annales maritimes de 1834, page 681.

4 juillet 1835. (*Personnel.*) — DÉPÊCHE prescrivant de n'employer que des hommes libres, soit comme cuisiniers, soit comme garçons de pharmacie dans les hôpitaux de la marine.

17 juillet 1835. — ORDONNANCE portant organisation du corps des officiers de santé de la marine [2].

. . . .

Article 21. Supplément du quart des appointements aux officiers de santé embarqués. — Supplément de moitié, si les chirurgiens sont embarqués en remplacement d'officiers de santé du grade supérieur.

Annales maritimes de 1835, page 634.

31 octobre 1835. (*Personnel.*) — DÉPÊCHE portant que les marins qui n'ont aucune solde ne peuvent être traités plus de trois mois dans les hôpitaux.

[1] D'après l'article 24, la loi est applicable aux officiers des troupes de la marine et aux officiers entretenus des autres corps de ce département. Voir le titre *Officiers de vaisseau.*

[2] Voir les ordonnances des 29 avril 1836, 29 avril 1837, 12 juillet et 21 octobre 1841, et 17 septembre 1847.

2 décembre 1835. (*Personnel.*) — DÉPÊCHE réfutant les objections élevées contre l'emploi des servants libres dans les hôpitaux, et fixant le nombre et la solde de ces agents.

18 janvier 1836. (*Personnel.*) — DÉPÊCHE maintenant les forçats à la pharmacie et à la cuisine de l'hôpital du bagne.

29 avril 1836. — ORDONNANCE modifiant quelques dispositions de l'ordonnance du 17 juillet 1835, relatives aux chirurgiens et pharmaciens de la marine.

Annales maritimes de 1836, page 522.

2 juin 1836. (*Personnel.*) — DÉPÊCHE portant que les dispositions de l'ordonnance du 17 juillet 1835, relatives à l'avancement, concernent exclusivement les officiers de santé entretenus.

23 juillet 1836. — RÈGLEMENT royal concernant le mode d'admission, d'enseignement et de concours dans le service de santé de la marine.

Annales maritimes de 1836, page 768.

12 août 1836. — ORDONNANCE relative à l'organisation du corps des officiers de santé militaires [1].

Bulletin des lois, 9e série, n° 450, page 257.

11 octobre 1836. — ORDONNANCE sur l'organisation générale des équipages de ligne.

Aux termes de l'article 210 de cette ordonnance, les hommes à l'hôpital ne doivent être rappelés de leur solde qu'à leur retour à bord du bâtiment.

Annales maritimes de 1836, page 1249.

23 mars 1837. — RÈGLEMENT relatif aux caisses d'instruments de chirurgie à embarquer sur les bâtiments de l'État.

. . . .

Article 4, accordant une indemnité de 8 francs par chaque mois de campagne aux officiers de santé embarqués.

Annales maritimes de 1837, page 657.

[1] Voir l'ordonnance du 6 février 1839.

29 avril 1837. — Ordonnance portant modification du cadre des officiers de santé de la marine, déterminé par l'ordonnance du 17 juillet 1835.

Annales maritimes de 1837, page 407.

8 juin 1837. (*Personnel.*) — Dépêche réglant la répartition des officiers de santé à employer pour le service des ports, et de la flotte.

18 juillet 1837. (*Personnel.*) — Dépêche contenant les dispositions arrêtées concernant les destinations de chirurgien de la marine de 1re classe, tant pour le service de la flotte, que pour le service à terre, dit sédentaire.

11 décembre 1837. — Instruction ministérielle relative au service de santé des chiourmes.

22 janvier 1838. (*Personnel.*) — Dépêche fixant le mode de nourriture des officiers supérieurs chargés du service administratif ou de santé, dans un hôpital *extra muros*.

2 août 1838. (*Personnel.*) — Dépêche portant que les chirurgiens de 1re classe sont tenus d'embarquer lorsqu'ils en reçoivent l'ordre, et pendant tout le temps qu'ils font partie du cadre d'activité.

6 février 1839. — Ordonnance qui modifie celle du 12 août 1836, relative à l'organisation du corps des officiers de santé militaires.

Bulletin des lois, 9e série, n° 627, page 105.

2 juin 1839. — Décision royale fixant les appointements d'activité, la solde de retraite, l'assimilation et l'avancement des jardiniers botanistes de la marine.

Annales maritimes de 1839, page 597.

6 juin 1839. (*Personnel.*) — Dépêche sur les chirurgiens à embarquer sur les bâtiments destinés à naviguer au delà du cap de Bonne-Espérance.

19 septembre 1839. (*Personnel.*) — DÉPÊCHE fixant à 23 ans, le *maximum* d'âge, pour être chirurgien de 3e classe.

6 novembre 1839. — DÉCISION royale qui élève à 1,200 francs par an, la solde à terre des officiers de santé de la marine de 3e classe.

Annales maritimes de 1839, page 1082.

2 décembre 1839. — ORDONNANCE concernant l'avancement dans le service de santé aux colonies.

Annales maritimes de 1839, page 1108.

7 mars 1840. — TARIF des retenues à exercer sur les appointements ou les salaires des officiers, sous-officiers et marins, pendant leur séjour à l'hôpital. — Ce tarif remplace celui du 15 pluviôse an XIII (4 février 1805).

Annales maritimes de 1840, page 415.

30 avril 1840. — ORDONNANCE accordant un supplément annuel de 500 francs, aux quarante chirurgiens de 1re classe les plus anciens, dans l'ordre de leur rang de nomination à ce grade[1].

Annales maritimes de 1840, page 543.

10 août 1840. — INSTRUCTION relative au service pharmaceutique des hôpitaux maritimes.

15 août 1840. — ORDONNANCE accordant un supplément annuel de 500 fr. aux huit chirurgiens de 1re classe *servant aux colonies,* les plus anciens dans l'ordre de leur rang de nomination à ce grade.

Annales maritimes de 1840, page 803.

27 septembre 1840. — ORDONNANCE sur l'organisation des écoles de pharmacie.

Bulletin des lois, 9e série, n° 772, page 609.

[1] Voir les circulaires des 25 avril 1842 et 14 janvier 1843.

13 octobre 1840. — ORDONNANCE concernant les écoles secondaires de médecine.

Bulletin des lois, 9e série, n° 775, page 602.

16 mai 1841. — ORDONNANCE concernant les étudiants en médecine et en pharmacie, admis dans le service de santé militaire[1].

Bulletin des lois, 9e série, n° 817, page 744.

12 juillet 1841. — ORDONNANCE modifiant le cadre du personnel des officiers de santé employés au service des ports et à bord des bâtiments de l'État.

Annales maritimes de 1841, page 804.

17 juillet 1841. — ORDONNANCE admettant sous certaines conditions, les chirurgiens auxiliaires de la marine, à concourir pour les emplois de chirurgiens entretenus de 3e classe.

Annales maritimes de 1841, page 836.

26 juillet 1841. (*Personnel.*) — DÉPÊCHE portant que des emplois sédentaires dans les ports sont rétablis au profit des chirurgiens de 1re classe les plus anciens.

16 septembre 1841. — ORDONNANCE portant règlement de la nourriture des malades à bord des bâtiments de l'État.

Annales maritimes de 1841, page 1111.

21 octobre 1841. — ORDONNANCE modifiant celle du 17 juillet 1835, relative à l'organisation du corps des officiers de santé de la marine.

Annales maritimes de 1841, page 1042.

25 avril 1842. (*Personnel.*) — CIRCULAIRE annonçant que le supplément de 500 fr. accordé par l'ordonnance du 30 avril 1840, aux quarante premiers chirurgiens de 1re classe, doit cesser d'être alloué à ceux de ces chirurgiens qui passent de la position d'activité à celle de non-activité.

[1] Voir les ordonnances des 15 mai 1842 et 26 octobre 1847.

15 mai 1842. — ORDONNANCE relative à la *gratuité* des inscriptions accordées, dans le service de santé de la marine, aux aspirants au doctorat en médecine ou en chirurgie, et au titre de pharmacien[1].

Annales maritimes de 1842, page 512.

7 novembre 1842. (*Personnel.*) — DÉPÊCHE portant que le chirurgien de 1re classe chargé du service de santé dans l'hôpital français, à Smyrne, jouira d'un supplément de fonctions de 1,200 fr. par an.

21 décembre 1842. (*Personnel.*) — DÉPÊCHE portant que les capitaines au long cours embarqués comme seconds sur des bâtiments de l'État armés commercialement, seront, lors de leur admission dans les hôpitaux, assimilés aux élèves de la marine et traités comme tels.

7 janvier 1843. (*Personnel.*) — CIRCULAIRE appelant l'attention des chirurgiens-majors des bâtiments de l'État, sur les dispositions à prendre lorsque les hommes succombent à des maladies qualifiées de pestilentielles par les instructions sur la police sanitaire[2].

Annales maritimes de 1843, page 32.

14 janvier 1843. (*Personnel.*) — DÉPÊCHE portant que, dans les positions de congé soumises à réduction de traitement, le supplément de 500 fr., alloué aux quarante premiers chirurgiens de 1re classe, doit subir les mêmes diminutions que la solde fixe.

7 février 1843. — DÉCISION du ministre de la guerre qui autorise les officiers de santé des corps de troupe à faire transporter, aux frais de l'État, les livres formant leur bibliothèque.

Annales maritimes de 1843, page 355.

[1] Voir l'ordonnance du 26 octobre 1847.

[2] Voir, au titre *Inscription maritime*, les actes relatifs à la police sanitaire, notamment la loi du 3 mars 1822.

22 février 1843. (*Personnel.*) — DÉPÊCHE qui rend applicable à la marine une décision du ministre de la guerre, du 15 décembre 1842, portant que les agents principaux comptables de l'artillerie, les gardes et autres employés militaires de l'artillerie et du génie, jusqu'au grade de sous-chef ouvrier d'état inclusivement, seront désormais traités dans les hôpitaux, comme les lieutenants et les sous-lieutenants.

5 février 1844. — INSTRUCTION médicale pour les capitaines de navires sur lesquels il n'est pas embarqué de chirurgien.

Annales maritimes de 1844, page 837.

2 mai 1844. (*Personnel.*) — CIRCULAIRE relative à la publication de la nouvelle instruction médicale pour les capitaines des navires qui n'embarquent pas de chirurgiens.

Annales maritimes de 1844, page 837.

14 juin 1844. — ORDONNANCE concernant le service administratif de la marine.

. . . .

Titre IV. *Des chefs de service dans les ports.* — Chapitre 8. *Du service de santé.*

Annales maritimes de 1844, page 627.

8 janvier 1845. (*Personnel.*) — CIRCULAIRE portant qu'un chirurgien de 1re classe doit être adjoint, en qualité de chef des travaux anatomiques, aux professeurs de cette science dans les écoles de médecine de la marine.

Annales maritimes de 1845, page 259.

3 décembre 1845. (*Personnel.*) — CIRCULAIRE portant instruction sur le mode à suivre pour l'embarquement des officiers de santé.

Annales maritimes de 1845, page 1066.

19 décembre 1845. (*Personnel.*) — CIRCULAIRE portant qu'un

chirurgien de 1re classe pourra être embarqué sur tout bâtiment commandé par un capitaine de vaisseau.

Annales maritimes de 1845, page 1074.

17 septembre 1847. — ORDONNANCE qui fixe le cadre des officiers de santé de la marine, à dater du 1er janvier 1848.

Annales maritimes de 1847, page 1025.

26 octobre 1847. — ORDONNANCE portant que la condition imposée aux chirurgiens ou pharmaciens de 3e 2e et 1re classe de la marine (engagement de 15 ans), par l'art. 1er des ordonnances des 16 mai 1841 et 15 mai 1842, cessera immédiatement.

Annales maritimes de 1847, page 1543.

23 octobre 1848. — CIRCULAIRE relative au mode de retenue exercée sur la solde des ouvriers traités dans les hôpitaux.

Bulletin officiel de la marine, tome II, page 355.

FRAIS DE ROUTE.

VACATIONS ET SUPPLÉMENTS DE TRAITEMENT.

Parmi les actes assez nombreux que l'on trouvera classés sous le présent titre, le plus important est, sans contredit, l'arrêté du 29 pluviôse an IX, qui, sauf quelques modifications de détail, nécessitées par de nouvelles créations de grades ou par de nouvelles assimilations, a constamment servi de règle dans la marine, tant pour la fixation des frais de route aux officiers et agents de tout grade, que pour celle des vacations ou suppléments d'appointements accordés dans les cas de missions spéciales. Modifié, quant au chiffre des allocations individuelles, par un autre arrêté du 30 avril 1848, l'arrêté de l'an IX est encore appliqué, dans la plupart des cas, pour le principe même des allocations de frais de route et de vacations.

Deux décisions royales, en date des 25 juin 1829 et 15 mai 1840, ont déterminé les allocations spéciales à payer pour frais de route, de séjour et de dépenses de toute nature, aux officiers qui reçoivent l'ordre de se rendre en Angleterre pour le service.

Les frais de route des officiers appartenant aux troupes de la marine sont fixés d'après les règles du département de la guerre, notamment par l'ordonnance du 20 décembre 1837, en ce qui concerne les militaires voyageant isolément dans l'intérieur de la France et en pays étranger.

Quant aux frais de route, des marins et ouvriers, levés ou congédiés pour le service, ils sont encore déterminés par l'arrêté du 29 pluviôse an IX, dont les dispositions se combinent, dans certains cas, avec les tarifs annexés à l'ordonnance du 11 octobre 1836 sur les équipages de ligne.

FRAIS DE ROUTE.

VACATIONS ET SUPPLÉMENTS DE TRAITEMENT.

13 juillet 1727. — ORDONNANCE portant rétablissement, et nouveau règlement sur les étapes.

Recueil d'édits, arrêts, etc. tome XXVI, page 32.

20 août 1782. — TARIF des frais de conduite et vacations à payer aux officiers de marine, administrateurs et autres entretenus, lorsqu'ils voyagent pour le service.

10 mars 1787. — Tarif des sommes allouées aux gens de mer pour frais de route.

Recueil d'ordonnances et de décisions sur la marine, tome V, page 29.

1er avril 1787. — TARIF sur les frais de voyage et vacations alloués aux officiers et divers agents du service de la marine.

Archives de la marine.

10 mars 1788. — TARIF des conduites, frais de voyage et vacations alloués aux officiers de marine et d'administration.

10 août 1791. — DÉCRET relatif aux écoles de la marine.

Article Ier, fixant à 4,800 francs les frais de tournée des examinateurs.

Recueil des lois de la marine, tome II, page 188.

20 août 1792. — DÉCRET autorisant l'envoi aux eaux thermales ou minérales, des militaires invalides ou blessés. — Ils auront droit à une indemnité équivalant aux frais de route et de séjour.

Recueil des lois de la marine, tome III, page 84.

10 mai 1793. — Décret accordant six sous par lieue aux officiers mariniers, timoniers, ouvriers, matelots, novices et mousses.

Recueil des lois de la marine, tome III, page 437.

19 floréal an II (8 mai 1794). — Arrêté qui accorde l'étape aux marins, comme aux soldats de l'armée de terre.

Journal militaire de l'an II, 2e semestre, page 803.

27 brumaire an III (17 novembre 1794). — Décret étendant aux marins servant sur les vaisseaux de la République, les dispositions de la loi du 2 thermidor an II, relativement à la somme accordée par chaque jour de marche aux troupes qui composent l'armée de terre.

Recueil des lois de la marine, tome V, page 92. — *Journal militaire de l'an III*, page 201.

8 germinal an III (28 mars 1795). — Arrêté concernant les frais de route et de vacations des officiers civils, militaires et autres agents entretenus de la marine [1].

Recueil des lois de la marine, tome V, page 217.

27 fructidor an III (13 septembre 1795.) — Arrêté concernant le transport des hardes et effets des marins en route.

Recueil des lois de la marine, tome V, page 446. — *Journal militaire de l'an IV*, page 15.

10 brumaire an IV (1er novembre 1795). — Arrêté rendant commun aux marins l'arrêté du 13 fructidor an III, concernant les militaires marchant isolément en route.

Recueil des lois de la marine, tome VI, page 141. — *Journal militaire de l'an IV*, page 100.

25 pluviôse an V (13 février 1797). — Arrêté supprimant l'étape en nature pour les militaires voyageant isolément, et

[1] Voir les arrêtés des 28 germinal an V et 29 pluviôse an IX.

remplaçant cette allocation par une indemnité de trois sous par lieue.

Recueil des lois de la marine, tome VII, page 82. — *Code de l'inscription maritime*, tome Ier, page 67.

2 ventôse an V (20 février 1797). — ARRÊTÉ étendant aux marins les dispositions de l'arrêté du 25 pluviôse relatif à l'étape des militaires.

Recueil des lois de la marine, tome VII, page 86. — *Journal militaire de l'an V*, page 338.

28 germinal an V (17 avril 1797). — ARRÊTÉ concernant les frais de voyage et les vacations des employés civils et militaires et autres entretenus ou non entretenus, employés au service de la marine.

Recueil des lois de la marine, tome VII, page 242.

1er ventôse an VI (19 février 1798). — ARRÊTÉ relatif à la conduite des marins et ouvriers voyageant pour le service, naufragés ou provenant des prisons de l'ennemi (trois sous par lieue).

Recueil des lois de la marine, tome VIII, page 336. — *Code de l'inscription maritime*, tome Ier, page 86. — *Journal militaire de l'an VI*, page 353.

6 brumaire an VIII (28 octobre 1799). — CIRCULAIRE concernant le payement des conduites des marins, d'après les nouvelles lois qui prescrivent de compter par *myriamètre* les distances d'un lieu à un autre.

Code de l'inscription maritime, tome II, page 36.

7 thermidor an VIII (26 juillet 1800). — ARRÊTÉ portant règlement sur l'organisation et le service général de la marine.

. . . .

Section X. *Dispositions générales*. — Articles 54 et 55 relatifs aux frais de route.

Recueil des lois de la marine, tome X, pages 290 et 311.

1er fructidor an VIII (19 août 1800). — ARRÊTÉ relatif aux étapes.

Recueil des lois de la marine, tome X, page 340.

19 frimaire an IX (10 décembre 1800). — ARRÊTÉ additionnel à celui du 1er fructidor an VIII, relatif au service des étapes.

Recueil des lois de la marine, tome X, page 586.

29 pluviôse an IX (18 février 1801). — ARRÊTÉ fixant les frais de route et vacations accordés aux officiers militaires, d'administration et autres employés au service de la marine [1].

Recueil des lois de la marine, tome XI, page 316. — *Code de l'inscription maritime*, tome III, page 60.

28 fructidor an X (15 septembre 1802). — ARRÊTÉ qui accorde un supplément d'indemnité aux troupes en marche dans l'intérieur de la République.

Recueil des lois de la marine, tome XII, page 463.

5 germinal an XII (26 mars 1804). — ARRÊTÉ relatif à la conduite accordée aux gens de mer naviguant pour le commerce.

Recueil des lois de la marine, tome XIV, page 156. — *Journal militaire de l'an XII*, page 48.

25 germinal an XIII (15 avril 1805). — DÉCRET contenant règlement sur les revues, la solde et les masses.

. . . .

Art. 43, relatif à l'indemnité de route des officiers réformés ou admis à la retraite. — Art. 52, 87, 120 à 136, relatifs à l'indemnité de route et au supplément d'étape.

Recueil des lois de la marine, tome XV, page 78.

6 mars 1806. — DÉCISION qui fixe les frais de route des officiers d'artillerie voyageant par urgence.

25 janvier 1807. (*Guerre.*) — DÉCRET qui fixe les frais de route des officiers de santé des hôpitaux militaires et règle le mode de payement.

Journal militaire de 1807, 1er semestre, page 145.

[1] Réimprimé le 1er août 1843, avec des notes explicatives.

15 février 1809. (*Guerre.*) — CIRCULAIRE sur le traitement en route des militaires français et étrangers.

Annales maritimes de 1809-1815, tome Ier, page 8.

11 décembre 1811. (*Guerre.*) — CIRCULAIRE portant que les militaires arrêtés par la gendarmerie, et déposés, *le jour de leur arrestation*, dans des communes qui ne seraient pas gîtes d'étapes, doivent y recevoir le même traitement que dans ces gîtes, mais qu'ils ne doivent pas y séjourner plus de deux jours, y compris celui de l'arrestation.

Journal militaire de 1811, 2e semestre, page 232.

16 décembre 1815. — RÈGLEMENT portant fixation des appointements, frais de bureau, etc., des officiers militaires et civils employés dans les ports.

. . . .

Art. 16 et 17. — *Frais de voyage, vacations.*

Annales maritimes de 1816, pages 45 et 48.

9 janvier 1818. — RÈGLEMENT concernant les agents employés dans les directions forestières de la marine.

Annales maritimes de 1818, pages 114 et 123.

23 février 1819. — CIRCULAIRE fixant les frais de route et vacations à payer aux ingénieurs des travaux maritimes.

22 septembre 1819. — ORDONNANCE relative aux suppléments de traitement à allouer aux officiers militaires, sous-officiers et soldats, et aux officiers et employés civils dans les colonies [1].

Annales maritimes de 1819, page 395.

14 avril 1821. — DÉPÊCHE sur le calcul des frais de route pour les sauvetages opérés hors du rayon de la banlieue.

Annales maritimes de 1835, page 27.

15 juin 1821. — DÉPÊCHE sur les frais de conduite et de vaca-

[1] Voir au titre *Troupes* l'ordonnance du 22 juin 1847.

tions attribués aux commis d'administration et autres officiers embarqués qui se déplacent par ordre.

31 août 1822. (*Guerre.*) — Décision ministérielle portant que tout militaire convalescent revenant des colonies et se retirant dans ses foyers, recevra l'indemnité de route de son grade, sans qu'il lui en soit fait aucune imputation.

Annales maritimes de 1822, page 521.

11 avril 1823. — Note interprétative d'une décision du ministre de la guerre, du 17 février 1823, relative à l'indemnité de route à allouer aux compagnies de gendarmerie des arrondissements maritimes.

Annales maritimes de 1823, page 541.

24 septembre 1823. — Ordonnance portant règlement sur les indemnités et les avances payables en route aux militaires isolés[1].

Annales maritimes de 1824, page 179.

3 février 1824. — Décision ministérielle fixant à 10 francs par poste et à 15 francs par jour, les frais de route et les vacations de l'inspecteur général adjoint du génie maritime.

14 juillet 1824. — Décision royale accordant une indemnité de 1,500 francs aux examinateurs de l'École polytechnique chargés d'interroger les candidats pour l'admission au collége royal de la marine.

31 décembre 1824. (*Guerre.*) — Circulaire concernant le mode de payement des indemnités de route et de port de hardes et d'outils dues aux marins isolés[2].

Journal militaire de 1824, 2e semestre, page 652.

[1] Voir l'ordonnance du 20 décembre 1837.

[2] Voir la circulaire du 26 août 1825.

23 février 1825. — DÉCISION fixant le traitement de plusieurs officiers d'artillerie momentanément employés à Paris.

18 juillet 1825. — DÉCISION ministérielle fixant les frais de route à payer aux ingénieurs et autres agents des ponts et chaussées attachés au service de la marine.

20 août 1825. — DÉCISION ministérielle fixant à 15 francs par myriamètre et à 20 francs par jour les frais de route et de vacation du directeur des ports et arsenaux de la marine.

26 août 1825. (*Guerre.*) — CIRCULAIRE portant que les indemnités et la solde de route dues aux marins ou aux jeunes soldats destinés au recrutement des troupes de la marine, cesseront d'être payées sur les fonds de la guerre, à partir du 1er janvier 1826[1].

Annales maritimes de 1825, page 512.

25 janvier 1826. (*Personnel.*) — CIRCULAIRE portant que la conduite et l'indemnité de port de hardes doivent être payées aux domestiques des officiers.

29 mai 1826. (*Guerre.*) — CIRCULAIRE relative au traitement de route des marins isolés. — Observations sur la quotité de l'indemnité de route à allouer aux marins.

Annales maritimes de 1826, page 610.

31 juillet 1826. (*Guerre.*) — DÉCISION ministérielle qui accorde un supplément de convois aux équipages de ligne au compte de la marine.

Journal militaire de 1826, 2e semestre, page 65.

26 août 1826. — DÉCISION fixant à 7 francs par poste, et à 12 francs par jour, les frais de route et de vacation alloués au sous-directeur des constructions, sous-directeur des ports.

[1] Voir au titre *Troupes* l'ensemble des actes relatifs, soit à la solde de route des marins et des jeunes soldats, soit aux dépenses de convois militaires et de gîte et geôlage.

30 juin 1827. — DÉCISION ministérielle fixant le traitement d'un capitaine de frégate pendant un voyage en Angleterre[1].

12 août 1827. (*Fonds et Personnel.*) — CIRCULAIRE relative à la prestation des 3 p. o/o des invalides sur les frais de route et les ports de hardes des marins voyageant isolément.

21 février 1828. (*Fonds.*) — CIRCULAIRE faisant connaître que les frais de gîte et geôlage et les menues avances pour achats d'objets de petit équipement, tels que souliers, etc., continueront de ne pas être passibles de la retenue de 3 p. o/o.

23 février 1828. — DÉCISION ministérielle accordant aux aumôniers de la marine les frais de route accordés aux lieutenants de vaisseau.

17 septembre 1828. — DÉCISION ministérielle relative aux frais de voyage du ministre au port de Cherbourg.

6 octobre 1828. — DÉCISION ministérielle réglant, comme pour les inspecteurs généraux de la marine, les frais de route de l'inspecteur du matériel de l'artillerie.

25 juin 1829. — DÉCISION royale fixant l'indemnité à payer pour frais de route, de séjour et de dépenses de toute nature, aux officiers qui reçoivent l'ordre de se rendre en Angleterre pour le service. (40 francs par jour pour les officiers supérieurs, 35 francs pour les officiers d'un grade inférieur[2].)

Annales maritimes de 1837, page 1084.

13 février 1830. (*Guerre.*) — CIRCULAIRE portant que les frais de route des marins condamnés au boulet et leur traitement dans les hôpitaux, doivent figurer dans les comptes du département de la guerre.

Annales maritimes de 1830, tome II, page 171.

[1] Voir les décisions des 25 juin 1829 et 15 mai 1840.

[2] Voir la décision du 15 mai 1840.

28 mars 1830. — ORDONNANCE concernant le génie de la marine.

. . . .

Article 22. *Suppléments, frais de voyage, vacations alloués aux officiers du génie employés à la recherche des bois de marine.*

Annales maritimes de 1830, tome Ier, pages 199 et 210.

25 juin 1830. (*Guerre.*) — CIRCULAIRE contenant des dispositions relatives aux frais de route des hommes dirigés sur les corps de la marine, ou appartenant aux régiments spéciaux des colonies.

Annales maritimes de 1830, tome II, pages 32 et 172.

8 septembre 1830. (*Personnel.*) — DÉPÊCHE portant que les officiers qui débarquent au lazaret recevront, pour chaque journée qu'ils y auront passée, une somme égale aux vacations déterminées par l'arrêté du 29 pluviôse an IX.

28 septembre 1830. — DÉCISION royale accordant une indemnité de route aux anciens officiers venus à Paris pour réclamer.

26 février 1831. (*Personnel.*) — DÉPÊCHE disposant que les magasiniers doivent recevoir la conduite fixée par l'arrêté du 29 pluviôse an IX, d'après le grade dont ils seront pourvus.

11 juin 1831. — ORDONNANCE fixant le traitement de table, les vacations et les frais de route à allouer aux capitaines de corvette, lieutenants de vaisseau et lieutenants de frégate.

Annales maritimes de 1831, page 384.

30 janvier 1832. (*Personnel.*) — DÉPÊCHE contenant des dispositions relatives aux ingénieurs, administrateurs et chirurgiens de la marine débarqués dans un port autre que celui auquel ils appartiennent.

Administration des vaisseaux, 1840, page 141.

31 mars 1832. — DÉCISION royale accordant des conduites spéciales aux ouvriers engagés pour servir dans les usines de la marine.

16 avril 1832. (*Personnel.*) — Dépêche portant que les officiers militaires et civils de la marine recevront à leur débarquement des frais de route pour se rendre à leurs ports respectifs, lorsqu'il y aura impossibilité de les diriger par mer.

5 juin 1832. — Décision portant que les officiers employés à Paris ne recevront, à l'avenir, que leurs appointements, sans supplément.

Annales maritimes de 1837, page 1084.

22 août 1832. (*Guerre.*) — Note concernant l'indemnité de route des marins voyageant dans l'intérieur du royaume.

Annales maritimes de 1832, page 564.

18 février 1833. — Décision ministérielle réglant les frais de route des professeurs d'hydrographie, d'après les appointements fixes alloués pour chaque grade.

25 février 1833. (*Personnel.*) — Circulaire relative à la fixation des frais de conduite à allouer aux professeurs d'hydrographie.

29 avril 1833. (*Personnel.*) — Dépêche faisant connaître qu'il est de règle de n'accorder les frais de route à un *officier en congé*, qui reçoit un ordre de service, que du lieu où il se trouve[1].

13 mai 1833. (*Personnel.*) — Dépêche portant que l'officier absent au moment de sa mise en retraite pourra choisir tout autre lieu que son département, et que la conduite lui sera payée.

29 octobre 1833. — Ordonnance sur les fonctions des consuls dans leurs rapports avec la marine commerciale. (*Rapatriement des marins.*)

Annales maritimes de 1833, page 493.

[1] Disposition rappelée par une dépêche du 6 avril 1837 (*Ports*).

7 novembre 1833. — ORDONNANCE sur les fonctions des consuls dans leurs rapports avec la marine militaire. (*Rapatriement des marins.*)

Annales maritimes de 1833, page 517.

29 juillet 1834. — DÉPÊCHE portant que les officiers qui se rendront aux eaux auront droit à la conduite pour aller et revenir, si l'état de ces officiers exige qu'ils soient accompagnés.

2 janvier 1835. (*Personnel.*) — DÉPÊCHE portant que les officiers de vaisseau qui iront aux eaux conserveront la totalité de leurs appointements, et qu'ils ne seront rappelés de ces appointements qu'en justifiant de leur retour.

Administration des vaisseaux, 1840, page 93.

13 juin 1836. (*Personnel.*) — DÉPÊCHE qui explique les cas où l'indemnité de route peut être payée aux marins qui vont en congé de convalescence.

20 février 1837. (*Personnel.*) — CIRCULAIRE sur les allocations pour indemnités de route aux officiers et autres entretenus de la marine qui arrivent des colonies ou de la mer.

Annales maritimes de 1837, page 253.

23 février 1837. — DÉCISION relative aux allocations dues aux officiers qui se rendent, *par ordre*, de France aux colonies.

Annales maritimes de 1838, page 220.

18 avril 1837. (*Personnel.*) — DÉPÊCHE portant approbation du payement des frais de route à un enseigne de vaisseau mis en *non-activité* par retrait d'emploi.

27 avril 1837. (*Personnel.*) — DÉPÊCHE qui fait connaître que le préfet maritime est juge du mérite des demandes faites par les officiers admis à la retraite pour obtenir les frais de route jusqu'au lieu de leur domicile, et que le ministre prononce sur la proposition qui lui en est faite.

20 décembre 1837. — ORDONNANCE portant règlement sur les frais

de route des militaires isolés dans l'intérieur du royaume et en pays étranger, et sur les avances en argent et les fournitures qui peuvent leur être faites[1].

Annales maritimes de 1838, page 462.

28 mai 1838. (*Personnel.*) — DÉPÊCHE portant que les frais de conduite à allouer, à l'avenir, aux officiers, sous-officiers et soldats des troupes de la marine, seront déterminés suivant l'ordonnance du 20 décembre 1837, rendue pour le département de la guerre.

11 octobre 1838. (*Personnel.*) — DÉPÊCHE sur les frais de route alloués aux officiers et entretenus admis à la retraite.

Avril 1839. (*Personnel.*) — CIRCULAIRE affranchissant de la retenue des 3 p. o/o des invalides de la marine, les frais de route des militaires des corps organisés, voyageant par *journées de marche*.

7 juin 1839. (*Guerre.*) — DÉCISION fixant le délai dans lequel les officiers ou employés militaires, voyageant *par urgence*, doivent arriver à destination pour avoir droit à la double indemnité de route.

Annales maritimes de 1839, page 584.

9 janvier 1840. (*Personnel.*) — DÉPÊCHE faisant connaître que les ouvriers non naviguants des professions maritimes sont traités, pour la conduite, d'après l'arrêté du 29 pluviôse an IX.

Les ouvriers faisant partie temporairement des corps organisés reçoivent 1 franc par étape et par journée de séjour, suivant l'ordonnance du 20 décembre 1837.

14 mai 1840. (*Personnel.*) — CIRCULAIRE qui détermine comment doivent être payés les frais de route et les vacations aux

[1] Ce service avait été précédemment réglé par une ordonnance du 24 septembre 1823.

officiers de marine voyageant dans les colonies ou en pays étranger.

Annales maritimes de 1840, page 1321.

15 mai 1840. — DÉCISION royale fixant à 50 francs par jour l'indemnité à allouer aux officiers généraux qui sont envoyés en Angleterre.

Annales maritimes de 1840, page 577.

9 février 1841. — ORDONNANCE fixant les frais de premier établissement et de déplacement dans le service colonial.

Annales maritimes de 1841, page 319.

31 mai 1841. (*Personnel.*) — CIRCULAIRE relative aux frais de route des officiers allant aux eaux.

3 juin 1841. (*Personnel.*) — DÉPÊCHE relative aux frais de route et de séjour des officiers et agents des différents corps de la marine, appelés comme témoins devant les cours d'assises et autres tribunaux.

5 mars 1842. (*Ports.*) — DÉPÊCHE portant que les ouvriers voyageant pour le service seront traités, pour leurs frais de route, de la même manière que les marins, c'est-à-dire, d'après les fixations du tarif n° 6, annexé à l'ordonnance du 11 octobre 1836, sur les équipages de ligne.

6 juin 1842. (*Personnel.*) — CIRCULAIRE portant que les frais de route à allouer aux volontaires de la marine, seront les mêmes que ceux accordés aux élèves.

Annales maritimes de 1842, page 652.

13 juin 1842. (*Personnel.*) — CIRCULAIRE portant que le mousse congédié à l'âge de 18 ans a droit à l'indemnité de route, et que le mousse, maintenu provisoirement au service, au delà de dix-huit ans, a droit à la paye de matelot de 3e classe et à l'indemnité de route.

Annales maritimes de 1842, page 683.

28 décembre 1842. (*Personnel.*) — CIRCULAIRE sur les frais de route à allouer aux volontaires de la marine.

Annales maritimes de 1843, page 10.

21 janvier 1843. (*Personnel.*) — CIRCULAIRE portant que la nouvelle carte d'étapes, transmise par dépêche du 30 juin 1842, doit être suivie pour le payement de l'indemnité de route des marins et militaires.

8 février 1843. (*Personnel.*) — DÉPÊCHE portant que les frais de route à allouer aux sœurs affectées au service des hôpitaux sont fixés à 2 fr. 50 c. par myriamètre.

15 avril 1843. (*Personnel.*) — DÉPÊCHE accordant la conduite d'élève aux volontaires qui sont congédiés, après trois ans d'emploi, en cette qualité.

27 mai 1843. (*Personnel.*) — CIRCULAIRE sur la manière de décompter l'indemnité de séjour aux marins voyageant isolément.

Annales maritimes de 1843, page 662.

28 décembre 1843. (*Personnel.*) — CIRCULAIRE sur les frais de route à payer aux volontaires congédiés après trois ans successifs d'emploi sur la flotte, tant comme matelots que comme volontaires.

4 mars 1844. (*Personnel.*) — CIRCULAIRE relative à l'envoi des officiers et fonctionnaires aux eaux thermales.

Annales maritimes de 1844, page 461.

27 octobre 1847. (*Services administratifs.*) — CIRCULAIRE portant que les novices qui ont complété leurs deux années de service, ont droit à l'indemnité de route.

Annales maritimes de 1847, page 1064.

30 avril 1848. — ARRÊTÉ portant fixation des indemnités de

route et de séjour pour les officiers, employés et agents de la marine [1].

Bulletin officiel de la marine, tome Ier, page 230.

30 avril 1848. — Arrêté portant fixation des suppléments de solde et de l'indemnité de logement alloués aux officiers, employés et agents du département de la marine en résidence à Paris.

Bulletin officiel de la marine, tome Ier, page 238.

29 mai 1848. (*Services administratifs.*) — Circulaire faisant connaître les cas spéciaux dans lesquels la conduite doit être payée aux officiers mariniers et marins.

Bulletin officiel de la marine, tome Ier, page 264.

17 juillet 1848. (*Personnel.*) — Circulaire interprétative de la législation relative à la conduite due aux marins employés sur les navires du commerce.

Bulletin officiel de la marine, tome II, page 19.

12 octobre 1848. (*Travaux.*) — Circulaire sur la solde à allouer aux ouvriers des arsenaux autorisés à se rendre aux eaux aux frais de l'État.

Bulletin officiel de la marine, tome II, page 313.

27 octobre 1848. — Arrêté rendant applicable aux colonies, l'arrêté du 30 avril 1848 relatif aux indemnités de route et de séjour.

Bulletin officiel de la marine, tome II, page 388.

20 novembre 1848. (*Invalides.*) — Circulaire relative aux frais de conduite et de vacation des agents de l'administration des douanes, en matière de bris et de naufrages [2].

Bulletin officiel de la marine, tome II, page 476.

[1] L'art. 2 de cet arrêté a été rapporté par l'arrêté du 26 février 1849.

[2] Voir au titre *Invalides* le décret du 20 floréal an XIII, et la circulaire du 9 septembre 1847.

19 février 1849. (*Personnel et services administratifs.*) — CIRCULAIRE relative au traitement des officiers chargés de suivre le montage des machines des bâtiments à vapeur.

Bulletin officiel de la marine, tome III, page 90.

26 février 1849. — ARRÊTÉ qui rapporte l'article 2 de celui du 30 avril 1848, portant fixation des indemnités de route pour les officiers, employés et agents de la marine.

Bulletin officiel de la marine, tome III, page 98.

CONGÉS.

Nous n'avions pas eu d'abord la pensée de faire des congés l'objet d'une division sous un titre spécial. En effet, un très-grand nombre des ordonnances et règlements constitutifs des divers corps de la marine contiennent des dispositions sur les congés. Mais nous avons dû considérer que, dans un département qui met en mouvement un personnel aussi nombreux et aussi varié, et dans lequel les congés, accordés le plus souvent à la suite de campagnes à la mer ou de séjour aux colonies, occasionnent à l'État de grandes dépenses, les dispositions réglementaires qui consacrent à cet égard les droits réciproques des personnes et de l'État, offraient un intérêt assez important pour être présentées avec suite dans une même catégorie.

Toutefois, on ne trouvera sous ce titre que les actes spécialement rendus en vue de régler les congés. Pour les détails concernant chacun des corps en particulier, on pourra se reporter aux ordonnances et règlements organiques de celui des corps dont on aurait à s'occuper.

CONGÉS.

17 septembre 1792. — DÉCRET concernant les congés des officiers dont la santé aura été altérée à la mer.

Recueil des lois de la marine, tome III, page 141.

27 thermidor an VII (14 août 1799.) — ARRÊTÉ concernant les officiers et employés de tout grade qui passent des colonies en France.

Recueil des lois de la marine, tome IX, page 297.

20 août 1812. — RÈGLEMENT portant que les officiers et entretenus de tout grade, qui obtiendront des congés avec appointements, n'en seront payés qu'à leur retour dans les ports. — (Art. 128.)

26 janvier 1816. — CIRCULAIRE portant que les officiers de marine qui demandent des congés de plus de six mois, seront remplacés dans le service et mis en disponibilité.

Annales maritimes de 1816, page 176.

16 juillet 1817. — CIRCULAIRE défendant aux officiers des différents corps de la marine de s'absenter de leur département sans l'autorisation du ministre [1].

Annales maritimes de 1817, page 268.

18 décembre 1819. (*Personnel.*) — DÉPÊCHE sur les congés à ac-

[1] Voir la circulaire du 27 mars 1837.

corder aux officiers de santé qui désireraient se rendre dans les facultés de médecine pour y concourir pour le grade de docteur[1].

Administration des vaisseaux, 1840, page 94.

22 décembre 1821. (*Personnel.*) — Décision ministérielle restreignant à trois mois, avec deux tiers ou moitié des appointements, la durée des congés accordés aux officiers du génie, d'administration et de santé de la marine. — Exception en faveur de ceux de ces derniers qui seraient autorisés à se faire recevoir docteurs.

19 février 1823. — Circulaire relative aux congés de convalescence réclamés par les officiers et employés des colonies.

Annales maritimes de 1823, page 555.

26 janvier 1829. (*Personnel.*) — Circulaire portant qu'aucun officier ne peut obtenir de congé sans l'autorisation préalable du ministre, à moins d'urgence qui mette dans l'impossibilité d'attendre une réponse. — Aucun officier en congé ne peut se rendre à Paris sans autorisation préalable.

13 mars 1830. (*Guerre.*) — Circulaire relative à la direction à donner aux demandes de prolongation de congé qui peuvent être faites par des marins.

Annales maritimes de 1830, tome Ier, page 215.

1er mars 1831. — Ordonnance sur la réorganisation du corps des officiers de la marine.

. . . .

Articles 26 et 27 relatifs aux congés. — Après une campagne d'un an, les officiers peuvent obtenir, si les besoins du service ne s'y opposent pas, un congé de six mois, avec deux tiers d'appointements. — Dans d'autres circonstances, la solde de congé est réduite à la moitié des appointements.

Annales maritimes de 1831, page 183.

9 septembre 1832. (*Guerre.*) — Circulaire sur les nouvelles formes

[1] Rappelée par dépêches des 9 juin et 29 juillet 1834.

adoptées pour la transmission des demandes de congés et de prolongation de congés formées par des militaires de l'armée de mer.

Annales maritimes de 1832, page 582.

29 mars 1833. — CIRCULAIRE portant application aux sous-officiers et soldats de la marine, des dispositions de la circulaire du 25 février 1833 [1] relative aux hommes de l'armée de terre en congé d'un an.

Annales maritimes de 1833, page 217.

28 mars 1835. — DÉCISION relative à la délivrance des congés de six mois aux militaires des régiments d'infanterie de marine.

Annales maritimes de 1835, page 297.

12 novembre 1835. — ORDONNANCE sur le versement à la caisse des invalides de la marine des sommes provenant des retenues à exercer en cas de congé.

Annales maritimes de 1835, page 942.

20 janvier 1836. (*Ports.*) — DÉPÊCHE relative à la solde de congé des ingénieurs des travaux hydrauliques.

8 août 1836. (*Personnel.*) — CIRCULAIRE relative au payement de la solde de congé des officiers appartenant aux équipages de ligne.

8 décembre 1836. — DÉPÊCHE portant que les trésoriers des Invalides de la marine qui obtiennent des congés doivent être assujettis à une retenue sur leurs appointements, au profit de la caisse commune des pensions.

Annales maritimes de 1836, page 1490.

6 mars 1837. (*Personnel.*) — DÉPÊCHE portant que, par analogie aux dispositions en vigueur dans le service de la guerre, pour les militaires revenant des possessions françaises dans le nord de l'Afrique, les officiers militaires et civils de la marine, ayant

[1] Voir page 214 des *Annales maritimes de 1833*.

cette provenance, conserveront la totalité de leurs appointements pendant la durée des congés qu'ils pourront obtenir.

27 mars 1837. — CIRCULAIRE ayant pour objet de défendre aux officiers de venir à Paris, sous quelque prétexte que ce soit, sans une autorisation formelle du ministre.

Annales maritimes de 1837, page 1084.

28 septembre 1838. — ORDONNANCE qui fixe le traitement et les frais de passage des officiers de toutes armes, et des fonctionnaires, employés et agents divers appartenant au service des colonies, lorsqu'ils obtiennent des congés de convalescence[1].

Annales maritimes de 1838, page 968.

16 avril 1839. (*Guerre.*) — CIRCULAIRE prescrivant de nouvelles dispositions au sujet des demandes de congé et de permissions de mariage formées par des militaires de l'armée de mer.

Annales maritimes de 1839, page 457.

16 août 1839. — ORDONNANCE portant que les officiers, fonctionnaires et employés divers, appartenant au service des colonies, conserveront l'intégralité de leurs appointements, lorsqu'ils obtiendront des congés de convalescence.

Annales maritimes de 1839, page 751.

14 décembre 1840. — ORDONNANCE relative aux idemnités de logement.

. . . .

Article 3 portant que l'indemnité de logement est due aux officiers de marine en congé, ou en prolongation de congé.

Annales maritimes de 1840, page 1314.

24 octobre 1843. (*Guerre.*) — CIRCULAIRE contenant des dispositions relatives aux congés et aux permissions de mariage des militaires de l'armée de mer.

Annales maritimes de 1843, page 1192.

[1] Modifiée par ordonnance du 16 août 1839.

3 février 1844. — CIRCULAIRE sur l'application aux officiers des différents corps de la marine, qui obtiendront des congés, des dispositions de l'article 74 de l'ordonnance du 25 décembre 1837, sur le service de la solde et des revues dans l'armée de terre.

Annales maritimes de 1844, page 101.

14 février 1844. (*Personnel.*) — CIRCULAIRE portant que les droits à l'allocation des deux tiers de solde, dans la position de congé, sont périmés par un séjour à terre de plus d'un an.

Annales maritimes de 1844, page 459.

26 mars 1845. — CIRCULAIRE relative aux permis d'absence que peuvent obtenir les élèves de la marine.

Annales maritimes de 1845, page 235.

25 juillet 1845. (*Colonies.*) — CIRCULAIRE contenant de nouvelles dispositions et recommandations concernant les concessions de congés de convalescence ou d'affaires dans le service colonial.

Annales maritimes de 1845, page 742.

22 août 1846. (*Personnel.*) — CIRCULAIRE relative aux prolongations de congé.

Annales maritimes de 1846, page 816.

18 février 1847. (*Services administratifs.*) — CIRCULAIRE portant que les marins de l'Inscription maritime en congé provisoire, ont droit au rappel de leur solde de congé dans tous les cas d'absence légale, sauf le cas où ils renonceront à la navigation.

Annales maritimes de 1847, page 63.

27 avril 1847. (*Invalides.*) — CIRCULAIRE au sujet de la retenue à exercer sur le traitement des trésoriers des invalides en cas de congé.

Annales maritimes de 1847, page 448.

11 août 1847. (*Personnel.*) — CIRCULAIRE contenant des dispo-

sitions à prendre à l'égard des marins de l'inscription envoyés en congé de convalescence.

Annales maritimes de 1847, page 924.

3 mai 1848. (*Personnel.*) — CIRCULAIRE portant interdiction de délivrer des permissions d'absence aux officiers militaires ou civils. — Instruction pour la concession des congés.

Bulletin officiel de la marine, tome Ier, page 277.

9 juin 1848. (*Personnel.*)—CIRCULAIRE portant qu'il pourra être accordé des congés de quatre mois, au maximum, aux officiers rentrant en France après de longues campagnes.

Bulletin officiel de la marine, tome Ier, page 287.

LOGEMENTS.

FOURNITURES DE BUREAUX.

CHAUFFAGE ET ÉCLAIRAGE.

Aux termes du règlement du 16 décembre 1815, les principaux chefs du service de la marine étaient logés. Ce système fut modifié en partie par une décision royale du 5 juillet 1820; et, en 1827, après le rétablissement des préfectures maritimes, le logement en nature, maintenu dans les ports militaires pour les préfets, a été, quant aux membres du conseil d'administration, remplacé par l'indemnité suivante :

Cherbourg et Lorient.	1,000 francs.
Rochefort.	1,200 *idem.*
Brest et Toulon.	1,500 *idem.*

Les actes principaux qui règlent aujourd'hui les indemnités de logement dans le département de la marine, sont l'ordonnance du 14 décembre 1840 et la décision royale du 17 janvier 1841.

Quant aux fournitures de bureau, de chauffage et d'éclairage, elles ont été réglées, en dernier lieu, par les actes des 23 décembre 1845 et 19 juillet 1848.

LOGEMENTS.

FOURNITURES DE BUREAUX.

CHAUFFAGE ET ÉCLAIRAGE.

28 septembre 1674. — ORDONNANCE portant défense aux officiers de marine de prendre aucun logement dans l'arsenal de Rochefort, sans un ordre de Sa Majesté.

Édits, déclarations, etc. page 708. — *Code des armées navales*, page 42.

22 août 1792. — DÉCRET qui applique aux commandants, ordonnateurs et autres officiers de la marine, la loi du 16 octobre 1790, en ce qui concerne les logements des fonctionnaires publics dans les bâtiments destinés aux administrations.

Recueil des lois de la marine, tome III, page 84.

16 décembre 1815. — RÈGLEMENT portant fixation du nombre, des grades, classes, appointements et frais de bureau des officiers militaires et civils de la marine, employés dans les ports du royaume.

Annales maritimes de 1816, page 45.

5 juillet 1820. — DÉCISION royale accordant à différents chefs de service une indemnité de logement de 1,000 francs par an.

3 novembre 1821. — DÉCISION ministérielle accordant des indemnités spéciales de logement à divers fonctionnaires de la marine au Havre [1].

1er mars 1827. (*Ports.*) — CIRCULAIRE relative aux frais de loge-

[1] Voir la décision du 25 janvier 1841.

ment des chefs de service. (*Logement, ameublement, chauffage, etc.*)

4 juin 1827. — Décision ministérielle allouant aux directeurs d'artillerie de Brest, Toulon et Cherbourg, l'indemnité de logement accordée aux membres des conseils d'administration des ports.

26 juillet 1829. — Loi portant règlement définitif du budget de l'exercice 1827.

. . . .

Art. 8, relatif aux inventaires du mobilier fourni à des fonctionnaires publics.

Bulletin des lois, 8ᵉ série, n° 303, page 41.

17 septembre 1829. (*Ports.*) — Dépêche relative à l'indemnité de logement accordée aux membres du conseil d'administration du port.

3 février 1830. — Ordonnance relative au mode d'exécution de l'article 8 de la loi du 26 juillet 1829, qui prescrit la formation d'un inventaire du mobilier fourni, soit par l'État, soit par les départements, à des fonctionnaires publics.

Bulletin des lois, 8ᵉ série, n° 340, page 65.

31 décembre 1830. — Ordonnance royale réduisant de 2,500 à 1,500 francs, les frais de logement et de bureau de l'inspection générale du service de santé.

23 avril 1833. — Loi portant fixation du budget des dépenses de l'exercice 1833.

. . . .

Art. 12. Conditions auxquelles il pourra être fait des concessions de logement dans les bâtiments de l'État.

Bulletin des lois, 9ᵉ série, n° 93, page 92.

11 décembre 1834. — Ordonnance sur les logements concédés

dans les divers hôtels et établissements ressortissant au ministère de la marine.

Annales maritimes de 1835, page 265.

11 octobre 1836. — ORDONNANCE sur l'organisation des équipages de ligne.

. . . .

Tarif n° 4. — Tableau des accessoires de la solde, suppléments, allocations diverses.

Annales maritimes de 1836, pages 1357, 1358, 1361 et 1363.

14 décembre 1840. — ORDONNANCE accordant des indemnités de logement aux officiers et agents du service général des ports[1].

Annales maritimes de 1840, page 1313.

17 janvier 1841. — DÉCISION royale portant rectification à faire dans le tarif annexé à l'ordonnance du 14 décembre 1840, sur les indemnités de logement dans la marine.

Annales maritimes de 1841, page 11.

23 janvier 1841. (*Ports.*) — DÉPÊCHE portant que les ingénieurs des travaux hydrauliques ne peuvent participer aux avantages de l'ordonnance du 14 décembre 1840, sur l'indemnité de logement, parce qu'ils conservent la solde fixe et les émoluments variables que leur accorde le département des travaux publics, auquel ils appartiennent.

23 janvier 1841. (*Personnel.*) — DÉPÊCHE portant que l'indemnité de logement doit être allouée aux professeurs de mathématiques et de dessin des écoles d'artillerie de la marine sur le pied de 360 francs par an, comme pour les capitaines.

25 janvier 1841. — DÉCISION maintenant l'indemnité spéciale de logement accordée à certains fonctionnaires du Havre, de Nantes et de Bordeaux.

[1] Voir la décision du 3 juin 1841.

28 janvier 1841. (*Personnel.*) — Dépêche portant que l'indemnité de logement doit être allouée au professeur de dessin de l'école de maistrance.

1er février 1841. (*Personnel.*) — Dépêche portant que les chirurgiens auxiliaires n'ont pas droit à l'indemnité de logement.

29 mars 1841. (*Personnel.*) — Dépêche réglant l'indemnité de logement des professeurs des écoles élémentaires des divisions.

3 juin 1841. — Décision ministérielle accordant moitié en sus de l'indemnité de logement déterminée par l'ordonnance royale du 14 décembre 1840, à certaines catégories d'officiers employés à Paris savoir : aux membres du conseil des travaux, aux ingénieurs hydrographes et aux aides de camp du ministre.

21 juin 1841. — Décision royale faisant application, aux trésoriers des invalides de la marine, du bénéfice de l'ordonnance du 14 décembre 1840, relative à l'indemnité de logement.

Annales maritimes de 1841, pages 801 et 802.

8 juillet 1841. (*Personnel.*) — Dépêche portant que l'indemnité de logement doit continuer à être payée aux officiers qui se trouveront sur des bâtiments en armement, jusqu'au jour de l'entrée en rade de ces bâtiments.

17 mai 1843. (*Personnel.*) — Circulaire relative à l'indemnité de logement pour les chefs de service non encore entrés en fonction, et pour les intérimaires.

Annales maritimes de 1843, page 514.

15 janvier 1844. (*Ports.*) — Dispositions relatives aux assimilations des ingénieurs des ponts et chaussées attachés à la marine et à la fixation de leur indemnité de logement.

3 février 1844. (*Personnel.*) — Lettre relative à l'indemnité de logement des professeurs de l'école navale. — Cette indemnité doit être suspendue pendant la durée des vacances.

29 février 1844. (*Ports.*) — Décision relative à la fixation des frais de bureau de l'inspecteur général des travaux hydrauliques, et des indemnités de logement des ingénieurs des ponts et chaussées attachés au service de la marine.

8 juin 1844. (*Personnel.*) — Circulaire portant que les officiers admis à faire valoir leurs droits à la retraite, doivent recevoir l'indemnité de logement, lors même qu'ils sont en congé.

Annales maritimes de 1844, page 669.

7 juillet 1844. — Ordonnance qui spécifie, à l'égard des personnes logées dans les bâtiments affectés aux services publics, les frais accessoires de l'habitation auxquels elles ont à subvenir.

Annales maritimes de 1844, page 884.

21 décembre 1844. — Ordonnance qui détermine, à l'égard des fonctionnaires et agents du ministère de la marine, les conditions accessoires de la concession d'un logement dans les bâtiments de l'État.

Annales maritimes de 1845, page 72.

23 décembre 1845. — Règlement pour l'exécution de l'ordonnance du 21 décembre 1844, sur les concessions de logement aux fonctionnaires et agents du département de la marine.

Annales maritimes de 1846, page 117.

23 décembre 1845. — Règlement concernant les fournitures de bureau dans les divers services de la marine.

Annales maritimes de 1846, page 125.

23 décembre 1845. — Règlement concernant les fournitures de chauffage et d'éclairage dans les ports et établissements maritimes.

Annales maritimes de 1846, page 135.

20 mars 1847. — Circulaire portant addition d'un paragraphe

à l'article 20 du règlement du 23 décembre 1845 sur les concessions de logement.

Annales maritimes de 1847, page 306.

31 août 1847. — Règlement sur l'ameublement des bureaux des divers établissements de la marine[1].

Annales maritimes de 1847, page 1003.

19 juillet 1848. — Règlement sur les abonnements pour fournitures de bureau dans les divers services de la marine.

Bulletin officiel de la marine, tome II, page 48.

19 juillet 1848. — Règlement concernant les fournitures de chauffage et d'éclairage dans les ports et établissements maritimes.

Bulletin officiel de la marine, tome II, page 70.

[1] Voir, page 1008 des *Annales maritimes de 1847*, la circulaire portant envoi de ce règlement.

HONNEURS ET DISTINCTIONS.

Sous ce titre, nous avons classé en deux sections :

1° Les règles relatives aux assimilations, honneurs et préséances et aux uniformes;

2° Celles qui concernent les décorations.

Dans un département militaire qui fait mouvoir autant de corps différents que celui de la marine, ces règles ont une importance réelle au double point de vue de l'émulation qu'elles entretiennent et de la discipline qu'elles confirment. De là vient la multiplicité des actes concernant les honneurs et distinctions. Le premier qui figure dans ce répertoire remonte à 1647. La grande ordonnance de 1689 et toutes les ordonnances générales sur la marine, ont consacré plusieurs titres à définir, soit les assimilations de grades entre les officiers des différents corps, soit les droits et les honneurs attribués à chaque grade, soit enfin les honneurs à rendre aux officiers et fonctionnaires étrangers, tant à la mer que dans les arsenaux.

Le décret du 24 messidor an XII a réglé pour la marine, en même temps que pour tous les services de l'État, les rangs et préséances dans les cérémonies publiques.

Les uniformes ont souvent varié au gré, pour ne pas

dire suivant le caprice du temps. Un arrêté du 1er décembre 1848, le dernier sur la matière, a eu pour objet de simplifier et de ramener autant que possible à une même règle, l'armement et l'habillement des différents corps de la marine.

En ce qui concerne les décorations, nous nous sommes borné à relever les principaux actes qui ont régi, aux diverses époques, les institutions honorifiques, communes à tous les services de l'État.

HONNEURS ET DISTINCTIONS.

§ Ier. ASSIMILATIONS, HONNEURS ET PRÉSÉANCES. — UNIFORMES.

22 juillet 1647. — RÈGLEMENT sur le rang, les honneurs, fonctions et commandements entre les chefs et officiers de l'armée navale.

Code des armées navales, page 108.

2 mars 1665. — ORDONNANCE pour permettre aux capitaines et lieutenants de marine, de porter un juste au corps bleu.

Édits, déclarations, etc. page 722. — *Code des armées navales*, page 110.

9 mai 1665. — RÈGLEMENT pour les saluts entre les vaisseaux, galères et forteresses, tant de Sa Majesté que des princes étrangers.

Code des armées navales, page 15.

21 mars 1668. — RÈGLEMENT sur le rang des intendants de marine et des chefs d'escadre dans les conseils.

Édits, déclarations, etc. page 287. — *Code des armées navales*, page 110.

24 août 1670. — RÈGLEMENT sur la différence du salut des places du Roi et des moindres États.

Code des armées navales, page 21.

3 octobre 1671. — ORDONNANCE portant règlement sur les saluts que les vaisseaux de Sa Majesté doivent se rendre entre eux.

Édits, déclarations, etc. page 41. — *Code des armées navales*, page 22.

12 mars 1672. — RÈGLEMENT sur le commandement des lieutenants généraux et des chefs d'escadre dans les ports.

Édits, déclarations, etc. page 289. — *Code des armées navales*, page 111.

24 mars 1672. — RÈGLEMENT entre les anciens lieutenants et les capitaines en second.

Édits, déclarations, etc. page 290. — *Code des armées navales,* page 111.

1er avril 1672. — RÈGLEMENT du rang des capitaines et des officiers de marine.

Édits, déclarations, etc. page 291.

18 juin 1672. — POUVOIR aux capitaines de frégate légère de commander aux lieutenants de vaisseau.

Édits, déclarations, etc. page 293. — *Code des armées navales,* page 112.

3 août 1674. — RÈGLEMENT pour le commandement entre les chefs d'escadre, portant le titre de provinces.

Édits, déclarations, etc. page 723. — *Code des armées navales,* page 112.

14 décembre 1674. — ORDONNANCE portant que les capitaines de frégate légère commanderont aux capitaines de brûlot, à la mer et dans les ports.

Édits, déclarations, etc. page 294. — *Code des armées navales,* page 113.

30 janvier 1675. — RÈGLEMENT sur le rang des officiers généraux et des autres officiers de la marine.

Archives de la marine.

17 avril 1675. — RÈGLEMENT sur le commandement des officiers généraux et particuliers dans les ports.

Édits, déclarations, etc. page 770. — *Code des armées navales,* page 155.

15 janvier 1676. — RÈGLEMENT sur le rang des officiers généraux, capitaines et autres officiers de marine.

Édits, déclarations, etc. page 733.

26 octobre 1676. — ORDONNANCE portant que les lieutenants des ports commanderont aux capitaines de brûlot dans lesdits ports.

Édits, déclarations, etc. page 753. — *Code des armées navales,* page 117.

27 octobre 1676. — ORDONNANCE portant que les capitaines en se-

cond commanderont tant sur les vaisseaux sur lesquels ils auront ordre de servir, que partout ailleurs, aux lieutenants de marine.

Édits, déclarations, etc. page 754. — *Code des armées navales*, page 117.

4 mars 1684. — RÈGLEMENT sur le rang des commissaires généraux de la marine.

Index des ordonnances de la marine, tome Ier, page 136.

10 novembre 1697. — RÈGLEMENT du Roi sur le rang entre les officiers de la marine et ceux de terre.

Recueil d'édits, arrêts, etc. 1687-1699, page 320. — *Archives de la marine.*

27 février 1698. — ORDONNANCE qui règle le rang des lieutenants et aides-majors de la marine, qui ont des commissions de capitaines de compagnie.

Recueil d'édits, arrêts, etc. 1687-1699, page 331. — *Archives de la marine.*

1er novembre 1702. — ORDONNANCE réglant le rang que les commissaires ordonnateurs et ordinaires doivent avoir avec les officiers de la marine, tant à terre que sur les vaisseaux du Roi.

Archives de la marine.

23 juillet 1704. — ORDONNANCE portant que les commissaires de la marine auront rang immédiatement après les capitaines de vaisseau.

Archives de la marine. — *Index des ordonnances de la marine*, tome Ier, page 141.

28 août 1709. — DÉCISION sur les honneurs funèbres à rendre aux commissaires de la marine.

Index des ordonnances de la marine, tome Ier, page 141.

27 mai 1713. — RÈGLEMENT sur les cérémonies funèbres des officiers de marine et de plume qui mourront, tant dans les ports, qu'à la mer sur les vaisseaux de Sa Majesté.

Archives de la marine.

8 mai 1746. — LETTRE du ministre sur une contestation survenue

au Havre entre les officiers et les écrivains, pour l'entrée au banc de la marine dans l'église, et qui explique que les écrivains sont officiers de la marine.

Index des ordonnances de la marine, tome Ier, page 307.

25 octobre 1756. — LETTRE du ministre et règlement qui autorisent l'uniforme réglé pour les officiers de la marine.

Index des ordonnances de la marine, tome IV, page 337.

27 septembre 1772. — ARRÊT concernant l'uniforme des ingénieurs des ponts et chaussées.

Recueil d'édits, arrêts, etc. tome CXIV, page 361.

3 mars 1781. — ORDONNANCE concernant les consulats, la résidence, le commerce et la navigation des sujets du Roi, dans les Échelles du Levant et de Barbarie.

Annales maritimes de 1821, page 333.

1er janvier 1786. — ORDONNANCE concernant les officiers de la marine.

. . . .

Titre IV. *Du rang des officiers de la marine avec ceux des armées de terre.*

Recueil des ordonnances et règlements du maréchal de Castries. Imprimerie royale, 1786.

1er janvier 1786. — ORDONNANCE qui supprime les compagnies des gardes du pavillon amiral et celles des gardes de la marine, crée des élèves de la marine, etc.

. . . .

Art. 72 à 74. — Uniforme des élèves de la marine à terre et à la mer.

Recueil des ordonnances et règlements du maréchal de Castries. Imprimerie royale, 1786.

1er janvier 1786. — ORDONNANCE réglant les appointements et l'uniforme des officiers de la marine.

Recueil des ordonnances et règlements du maréchal de Castries. Imprimerie royale, 1786.

1er janvier 1786. — ORDONNANCE concernant les officiers de port.

. . . .

Articles 2 à 6. *Assimilations.* — Articles 16 et 17. *Uniforme.*

Recueil des ordonnances et règlements du maréchal de Castries. Imprimerie royale, 1786.

1er janvier 1786. — ORDONNANCE concernant les ingénieurs constructeurs de la marine.

. . . .

Article 2. *Assimilation.* — Article 12. *Uniforme.*

Recueil des ordonnances et règlements du maréchal de Castries. Imprimerie royale, 1786.

1er avril 1786. — RÈGLEMENT concernant l'école des élèves ingénieurs-constructeurs et des élèves ingénieurs des bâtiments civils de la marine.

. . . .

Article 19. *Uniforme.*

Recueil des ordonnances et règlements du maréchal de Castries. Imprimerie royale, 1786.

20 mai 1791. — DÉCRET relatif aux officiers de la marine. — Correspondance entre les grades des services de terre et de mer.

Recueil des lois de la marine, tome II, page 7.

28 septembre 1791. — DÉCRET relatif à l'administration de la marine.

. . . .

Article 28. *Uniforme des ordonnateurs, contrôleurs, etc. — Honneurs et prérogatives.*

Recueil des lois de la marine, tome II, page 324.

2 septembre 1792. — DÉCRET concernant l'uniforme des officiers de l'administration civile de la marine.

Recueil des lois de la marine, tome III, page 101.

16 septembre 1792. — DÉCRET relatif à l'uniforme des officiers généraux de la marine.

Recueil des lois de la marine, tome III, page 136.

19 nivôse an II (8 janvier 1794). — DÉCRET relatif au salut des vaisseaux de la république.

Recueil des lois de la marine, tome IV, page 288.

12 messidor an III (30 juin 1795). — ARRÊTÉ concernant l'assimilation des officiers de santé de l'armée navale, aux officiers de santé de l'armée de terre.

Recueil des lois de la marine, tome V, page 356.

2 brumaire an IV (24 octobre 1795). — DÉCRET concernant l'administration des ports.

. . . .

Titre VI. — Article 79. *Assimilation entre l'administration des ports et les officiers de la marine ou de l'armée de terre.*

Recueil des lois de la marine, tome VI, pages 31 et 48.

3 brumaire an IV (25 octobre 1795). — DÉCRET relatif à la nomination, aux fonctions, à l'uniforme et au traitement des employés de l'administration des ports.

. . . .

Article 17. Réglant l'uniforme des agents de tous grades.

Recueil des lois de la marine, tome VI, pages 62 et 66.

3 brumaire an IV (25 octobre 1795). — DÉCRET sur l'organisation de la marine militaire.

. . . .

Article 12. *Assimilation des grades avec ceux de l'armée de terre.* — Article 17. *Règlement de l'uniforme.*

Recueil des lois de la marine, tome VI, pages 125 et 126.

8 messidor an VIII (27 juin 1800). — ARRÊTÉ qui règle le costume des ingénieurs et élèves des ponts et chaussées.

Recueil des lois de la marine, tome X, page 279.

7 thermidor an VIII (26 juillet 1800). — ARRÊTÉ portant règlement sur l'organisation et le service général de la marine.

. . . .

SECTION X.—*Dispositions générales.*—Article 56. Les préfets maritimes jouiront des honneurs accordés aux vice-amiraux. —Articles 58 et 59, réglant la place que doivent occuper les officiers des différents corps de la marine dans les cérémonies publiques.

Recueil des lois de la marine, tome X, page 290.

7 fructidor an VIII (25 août 1800). — ARRÊTÉ relatif à l'uniforme des préfets maritimes, vice-amiraux et autres officiers de la marine.

Recueil des lois de la marine, tome X, page 346.

25 frimaire an IX (16 décembre 1800). — ARRÊTÉ relatif au service et à la direction des parcs d'artillerie dans les ports de Brest, Toulon, Rochefort et Lorient.

. . . .

Article 27. *Rang des chefs, sous-chefs et adjudants des parcs.*

Recueil des lois de la marine, tome X, page 592.

9 vendémiaire an X (1er octobre 1801). — CIRCULAIRE relative à la préséance dans les cérémonies publiques.

Recueil des lois de la marine, tome XII, page 5.

26 pluviôse an XII (16 février 1804). — ARRÊTÉ qui détermine l'uniforme des ingénieurs hydrographes de la marine.

Bulletin des lois, 3e série, n° 342, page 363.

7 prairial an XII (27 mai 1804).— DÉCRET contenant règlement sur l'uniforme des officiers et des fonctionnaires civils de la marine.

Recueil des lois de la marine, tome XIV, page 226.

24 messidor an XII (13 juillet 1804). — DÉCRET relatif aux cérémonies publiques, préséances, honneurs civils et militaires.

Recueil des lois de la marine, tome XIV, page 268.

5 brumaire an XIII (27 octobre 1804). — AVIS du conseil d'État, relatif à l'usage que l'on doit faire de l'épée et des armes d'honneur des militaires, après leur décès.

Recueil des lois de la marine, tome XV, page 18.

6 frimaire an XIII (27 novembre 1804). — DÉCRET relatif aux honneurs militaires dans les ports et arsenaux de la marine.

Recueil des lois de la marine, tome XV, page 21.

7 prairial an XIII (27 mai 1805). — CIRCULAIRE relative aux honneurs à rendre par la marine les jours de fête nationale et religieuse.

Recueil des lois de la marine, tome XV, page 180.

12 août 1807. — DÉCISION qui détermine le rang que les préfets maritimes doivent avoir dans les cérémonies publiques.

Recueil des lois de la marine, tome XVII, page 26.

17 mai 1809. — DÉCRET qui détermine l'uniforme des officiers du génie maritime.

Annales maritimes de 1809-1815, tome Ier, page 47.

6 juin 1814. — ORDONNANCE concernant l'organisation du dépôt de la marine.

. . . .

Article 4. *Assimilation des ingénieurs hydrographes.*

Annales maritimes de 1809-1815, tome II, page 63.

1er juillet 1814. — ORDONNANCE portant règlement sur la composition du corps de la marine, et sur le service, l'avancement, les appointements et le rang des officiers.

. . . .

Titre V. *Du rang des officiers de la marine avec ceux de l'armée de terre.*

Annales maritimes de 1809-1815, tome II, page 75.

1er juillet 1814. — ORDONNANCE relative aux titres et dénominations des officiers supérieurs militaires et civils de la marine employés dans les ports et arsenaux et sur les flottes.

Annales maritimes de 1809-1815, tome II, page 83.

18 avril 1816. — ORDONNANCE relative au rang, aux marques distinctives et aux honneurs dont jouiront les capitaines de frégate et les cinquante plus anciens lieutenants de vaisseau.

Annales maritimes de 1816, page 279.

31 décembre 1817. — RÈGLEMENT organique pour l'administration des subsistances de la marine.

. . . .

Article 3. *Assimilation et uniforme.*

Annales maritimes de 1818, page 89.

6 janvier 1818. — RÈGLEMENT déterminant l'uniforme des officiers de l'administration et du contrôle de la marine.

Annales maritimes de 1818, page 105.

1er juin 1818. — ORDONNANCE apportant plusieurs modifications à l'uniforme déterminé par le règlement du 6 janvier 1818, pour les officiers de l'administration et du contrôle de la marine.

Annales maritimes de 1818, page 241.

18 juillet 1818. — DÉPÊCHE et instructions sur l'uniforme des agents de l'administration des subsistances de la marine.

16 novembre 1818. — RÈGLEMENT sur l'habillement des divers agents attachés au service des ports militaires du royaume. (Gardiens, portiers, rondiers, etc.)

Annales maritimes de 1819, page 74.

31 octobre 1819. — ORDONNANCE sur la composition, l'avancement, les appointements et l'uniforme des officiers de la marine.

. . . .

Titre V. *Assimilation.* — Titre VI. *Uniforme.*

Annales maritimes de 1819, page 383.

10 juillet 1821. — Décision royale relative aux épaulettes des officiers de l'armée de terre.

Annales maritimes de 1821, page 398.

1er février 1823. — Règlement sur l'uniforme des officiers de santé de la marine.

Annales maritimes de 1823, page 335.

5 juillet 1823. (*Personnel.*) — Dépêche portant que les écrivains embarqués comme agents comptables porteront l'uniforme des commis entretenus.

Administration des vaisseaux, 1840, page 13.

7 août 1825. — Règlement sur l'uniforme des examinateurs de la marine et des professeurs des écoles d'hydrographie.

Annales maritimes de 1825, page 390.

22 août 1827. — Règlement sur l'uniforme des préfets maritimes.

31 octobre 1827. — Ordonnance sur le service à la mer.

. . . .

Titre XVIII. *Des honneurs.*

Annales maritimes de 1827, tome II.

14 décembre 1828. — Ordonnance qui augmente les cadres du corps royal de la marine et porte que la dignité de maréchal de France pourra être conférée aux vice-amiraux.

. . . .

Article 4. *Honneurs et prérogatives.*

Annales maritimes de 1829, page 29.

17 décembre 1828. — Ordonnance sur le service des ports.

. . . .

Art. 17.

Le préfet maritime jouira des honneurs attribués au vice-amiral commandant en chef une escadre.

Annales maritimes de 1829, page 1.

4 mars 1830. — Ordonnance réglant le traitement et déterminant

le costume des commissaires rapporteurs et des greffiers près les tribunaux maritimes.

. . . .

Articles 2 et 3. *Assimilation et uniforme.*

Annales maritimes de 1830, tome Ier, page 190.

28 mars 1830. — ORDONNANCE portant organisation du corps royal du génie maritime.

. . . .

Titre V. *De l'assimilation des grades et de l'uniforme.* — Titre VII. — *Des adjoints du génie maritime.* — Art. 30 et 31. *Assimilation et uniforme.*

Annales maritimes de 1830, tome Ier, page 199.

2 juin 1830. — ORDONNANCE accordant au corps des ingénieurs hydrographes le titre de corps royal, et réglant les conditions d'admission dans ce corps.

. . . .

Article 3, § 2. *Assimilation des sous-ingénieurs.*

Annales maritimes de 1830, tome Ier, page 285.

13 août 1830. — ORDONNANCE qui crée trois places d'amiraux assimilés aux maréchaux de France.

Annales maritimes de 1830, tome II, page 136.

8 septembre 1830. — ORDONNANCE qui détermine les dénominations et l'uniforme des corps de gendarmerie destinés à la surveillance des départements, des arrondissements maritimes et des colonies.

. . . .

Articles 2 et 3. *Uniforme.*

Annales maritimes de 1830, tome II, page 185.

1er novembre 1830. — ORDONNANCE portant organisation de l'École navale.

Articles 2, 4, 31. *Assimilations et uniformes.*

. . . .

Annales maritimes de 1830, tome II, page 643.

13 décembre 1830. — ORDONNANCE faisant rentrer le service des vivres dans les attributions de l'administration de la marine.

. . . .

Articles 5 et 6. *Assimilation et uniforme.*

Annales maritimes de 1830, tome II, page 721.

7 février 1831. (*Personnel.*) — CIRCULAIRE sur l'uniforme, l'armement et l'équipement de l'artillerie de la marine.

Annales maritimes de 1831, page 147.

1er mars 1831. — ORDONNANCE portant réorganisation du corps des officiers de la marine.

. . . .

Titre V. *Correspondance de rang entre les officiers de la marine et ceux de l'armée de terre.* — TITRE VI. *De l'uniforme.*

Annales maritimes de 1831, page 178.

25 mars 1831. (*Personnel.*) — CIRCULAIRE sur les modifications apportées à l'uniforme des corps militaires et civils de la marine.

Annales maritimes de 1834, page 707.

1er juillet 1831. — ORDONNANCE sur les saluts en mer.

Bulletin des Lois, 9e série, n° 94, page 101. — *Annales maritimes de 1831,* page 434.

25 avril 1834. (*Personnel.*) — CIRCULAIRE sur les modifications apportées à l'uniforme des corps militaires et civils de la marine.

Annales maritimes de 1834, page 709.

3 janvier 1835. — ORDONNANCE portant organisation du corps du commissariat de la marine.

. . . .

Titre V. — Article 25. *Uniforme.*

Annales maritimes de 1835, page 93.

17 juillet 1835. — ORDONNANCE portant organisation du corps des officiers de santé de la marine.

. . . .

Article 3. *Assimilations.*

Annales maritimes de 1835, page 634.

29 septembre 1835. — ORDONNANCE donnant aux commissaires et sous-commissaires des subsistances dans les ports le titre de directeurs et sous-directeurs des subsistances.

. . . .

Article 2. *Assimilation.*

Annales maritimes de 1835, page 774.

21 décembre 1835. (*Personnel.*) — DÉPÊCHE disposant que, par suite des assimilations de grades déterminées par l'ordonnance du 17 juillet dernier concernant le personnel des officiers de santé de la marine, les chirurgiens de la marine de deuxième classe, dans tous les cas où ils seront embarqués sur les bâtiments de l'État, seront placés à la table de l'état-major.

Administration des vaisseaux, 1840, page 120.

29 février 1836. — CIRCULAIRE prescrivant que, lorsqu'un *contre-amiral* arrivera dans un port pour y prendre le commandement d'une division, il fera la *première visite au maréchal de camp commandant résidant.*

10 mars 1836. — RÈGLEMENT sur l'uniforme des commis principaux et commis entretenus des états-majors des ports, des directions des constructions navales, des mouvements des ports et de l'artillerie.

Annales maritimes de 1836, page 424.

31 mars 1836. (*Personnel.*) — CIRCULAIRE portant que les contre-amiraux, revêtus des fonctions de préfets maritimes, sont assimilés au vice-amiral commandant en chef une escadre. En conséquence, ils se trouvent sur la même ligne que les lieu-

tenants généraux. (Art. 49 de l'arrêté du 6 frimaire an XIII, et art. 17 de l'ordonnance du 17 décembre 1828.)

4 avril 1836. (*Personnel.*) — DÉPÊCHE portant que les officiers de santé de troisième classe, dont le grade correspond à celui d'élève de la marine, doivent toujours être placés à bord, à la table des élèves, hors le cas où ils se trouveraient chargés des fonctions de chirurgien-major.

Administration des vaisseaux, 1840, page 120.

26 juillet 1836. (*Personnel.*) — NOTE ministérielle relative aux honneurs à rendre à MM. les inspecteurs généraux d'armes pendant leurs tournées d'inspection.

Annales maritimes de 1836, page 809.

11 octobre 1836. — ORDONNANCE sur l'organisation des équipages de ligne.

. . . .

Titre X. — Article 83. *Uniforme et marques distinctives.*

Annales maritimes de 1836, page 1249.

12 novembre 1836. — DÉCISION royale réglant l'uniforme des officiers d'état-major aux colonies.

Annales maritimes de 1836, page 1162.

20 juillet 1837. — ORDONNANCE sur l'uniforme du corps royal de la marine.

Annales maritimes de 1837, page 611.

2 mars 1838. — ORDONNANCE portant organisation du corps royal du génie maritime.

. . . .

Titre V. *De l'assimilation des grades et de l'uniforme.* — Titre VI. — Article 19. *Assimilation.*

Annales maritimes de 1838, page 289.

23 février 1839. — RÈGLEMENT du Roi sur l'administration et la

police des équipages des paquebots-poste de la Méditerranée.

. . . .

Articles 87 et suivants. *Uniforme et marques distinctives.*

Annales maritimes de 1839, page 413.

26 septembre 1839. — Ordonnance qui crée des volontaires de la marine.

. . . .

Art. 8. *Assimilation et uniforme.*

Annales maritimes de 1839, page 871.

15 janvier 1844. (*Ports.*) — Dispositions relatives aux assimilations des ingénieurs des ponts et chaussées attachés à la marine, et à la fixation de leur indemnité de logement.

14 juin 1844. — Ordonnance concernant le service administratif de la marine.

. . . .

Titre II. — Articles 3 et 4. *Rangs et honneurs.*

Annales maritimes de 1844, page 627.

27 décembre 1844. — Règlement royal sur l'uniforme des officiers du contrôle de la marine.

Annales maritimes de 1844, page 1559.

1er juillet 1845. — Ordonnance qui modifie l'uniforme des régiments d'infanterie de marine.

Annales maritimes de 1845, page 690.

31 décembre 1845. — Description de l'uniforme de l'infanterie de la marine.

Annales maritimes de 1846, page 30.

6 janvier 1847. (*Services administratifs.*) — Circulaire sur les modifications apportées dans l'uniforme de la gendarmerie maritime.

Annales maritimes de 1847, page 35.

23 décembre 1847. — Ordonnance qui détermine l'habillement

uniforme des officiers du corps du commissariat de la marine.

Annales maritimes de 1847, page 1659.

23 décembre 1847. — ORDONNANCE qui détermine l'habillement uniforme des officiers du corps du contrôle de la marine.

Annales maritimes de 1847, page 1662.

17 août 1848. — ARRÊTÉ pour établir, en faveur des ingénieurs de deuxième classe de la marine, l'assimilation de grade avec les capitaines de frégate.

Bulletin officiel de la marine, tome II, page 116.

1er décembre 1848. — ARRÊTÉ déterminant l'uniforme des divers corps de la marine.

Bulletin officiel de la marine, tome II, page 501.

§ II. DÉCORATIONS.

1er août 1469. — ÉDIT du roi Louis XI, instituant les chevaliers de l'ordre de Saint-Michel, les officiers et cérémonies de cette confrairie[1].

Fontanon, tome III, page 32.

Décembre 1578. — ÉDIT du roi Henri III, instituant les chevaliers de l'ordre du Saint-Esprit, avec les statuts dudit ordre.

Fontanon, tome III, page 44.

10 avril 1693. — ÉDIT portant création et institution de l'ordre militaire de Saint-Louis[2].

Recueil d'édits, arrêts, etc. 1687 à 1699, page 184.

[1] Voir l'ordonnance du 16 novembre 1816.

[2] Cet ordre a donné lieu à une foule de règlements : tels sont celui de mars 1694 (*droits honorifiques*) ; l'édit de mai 1730 (*pensions*) ; l'ordonnance du 27 mars 1761 (*augmentation des dignités de l'ordre*) ; l'édit

10 mars 1759. — ORDONNANCE portant création de l'ordre du mérite militaire[1].

Walker, tome III, page 409.

29 floréal an X (19 mai 1802). — LOI portant création d'une légion d'honneur[2].

Recueil des lois de la marine, tome XII, page 257.

13 messidor an X (2 juillet 1802). — ARRÊTÉ relatif à l'organisation de la Légion d'honneur.

Recueil des lois de la marine, tome XII, page 329.

23 messidor an X (12 juillet 1802). — ARRÊTÉ relatif à l'administration des biens affectés à la Légion d'honneur.

Recueil des lois de la marine, tome XII, page 378.

24 ventôse an XII (15 mars 1804). — ARRÊTÉ portant que la qualité de membre de la Légion d'honneur se perd par les mêmes causes que celles qui font perdre la qualité de citoyen français.

Recueil des lois de la marine, tome XIV, page 149.

de janvier 1779 (*confirmation de l'institution, reconstitution, admission aux dignités, pensions, etc.*); l'ordonnance du 21 août suivant (*pensions*); la décision du 12 décembre 1781 (*idem*).

L'ordre de Saint-Louis avait été aboli par la loi du 30 juillet-6 août 1791. Il fut rétabli par ordonnance du 12 décembre 1814; puis aboli de nouveau pendant les Cent jours, par décret du 13 mars 1815, resté sans exécution.

(*Walker*, tome Ier, page 491.)

[1] Cet ordre avait été aboli par la loi du 30 juillet-6 août 1791. Il fut rétabli par ordonnance du 3 août 1814.

(*Walker*, tome III, page 409.)

[2] La plupart des actes cités ci-après, et relatifs à l'ordre de la Légion d'honneur, sont reproduits pages 231 et suivantes du *Code de l'officier*, par Durat-Lasalle, 2e édition; Paris, 1839.

22 messidor an XII (11 juillet 1804). — DÉCRET sur la décoration des membres de la Légion d'honneur.

Recueil des lois de la marine, tome XIV, page 265.

10 pluviôse an XIII (30 janvier 1805). — DÉCRET relatif à la grande décoration de la Légion d'honneur.

Recueil des lois de la marine, tome XV, page 54.

11 pluviôse an XIII (31 janvier 1805). — DÉCRET concernant la dotation de la Légion d'honneur.

Bulletin des lois, 4e série, n° 31, page 262.

16 thermidor an XIII (4 août 1805). — DÉCRET qui autorise les membres de la Légion d'honneur payés sur revues à déléguer leur traitement lorsqu'ils s'embarquent pour le service de l'Empire.

Recueil des lois de la marine, tome XV, page 198.

1er mars 1808. — DÉCRET concernant les titres.

. . . .

ART. 11.

Les membres de la Légion d'honneur porteront le titre de *chevalier*.

Bulletin des lois, 4e série, n° 186, page 179.

11 avril 1809. — DÉCRET concernant la place des membres de la Légion d'honneur, dans les cérémonies publiques, civiles et religieuses[1].

Annales maritimes de 1809-1815, tome Ier, page 45.

1814. — Charte Constitutionnelle.

. . . .

ART. 72.

La Légion d'honneur est maintenue. — Le Roi déterminera les règlements intérieurs et la décoration.

Annales maritimes de 1809-1815, tome II, pages 51 et 60.

[1] Remplacé par le titre VI de l'ordonnance du 26 mars 1816.

21 juin 1814. — ORDONNANCE relative aux changements adoptés dans la décoration de la Légion d'honneur.

Annales maritimes de 1809-1815, tome II, page 72. — *Bulletin des lois*, 5ᵉ série, n° 22, page 256.

27 septembre 1814. — ORDONNANCE relative à la conservation des établissements formés pour l'éducation des orphelins de la Légion d'honneur.

Annales maritimes de 1809-1815, tome II, page 149. — *Bulletin des lois*, 5ᵉ série, n° 46, page 298.

17 février 1815. — ORDONNANCE concernant la Légion d'honneur.

Annales maritimes de 1809-1815, tome II, page 173.

17 février 1815. — ORDONNANCE fixant la répartition des grades de la Légion d'honneur, entre les divers ministères.

Annales maritimes de 1809-1815, tome II, page 179.

16 mars 1815. — ORDONNANCE relative aux promotions dans la Légion d'honneur.

Annales maritimes de 1809-1815, tome II, page 205.

3 mars 1816. — ORDONNANCE portant organisation définitive de la maison royale de Saint-Denis.

Bulletin des lois, 7ᵉ série, n° 79, page 455.

26 mars 1816. — ORDONNANCE concernant l'organisation, la composition et l'administration de la Légion d'honneur, sous le titre d'*Ordre royal de la Légion d'honneur*[1].

Annales maritimes de 1816, page 265.

16 mai 1816. — ORDONNANCE portant organisation des succursales de la maison royale de Saint-Denis.

Annales maritimes de 1816, page 281.

3 juillet 1816. — ORDONNANCE qui confère la grand'croix de l'ordre

[1] Voir l'ordonnance du 18 octobre 1829.

royal de la Légion d'honneur aux princes de la famille royale et aux princes du sang.

Bulletin des lois, 7e série, n° 100, page 41.

16 novembre 1816. — ORDONNANCE relative à l'ordre de Saint-Michel.

Annales maritimes de 1817, page 85.

25 novembre 1818. — ORDONNANCE qui modifie l'art. 60 de celle du 26 mars 1816, concernant l'ordre royal de la Légion d'honneur.

Annales maritimes de 1818, page 581.

6 juillet 1820. — LOI relative au traitement des membres de la Légion d'honneur.

Annales maritimes de 1820, page 352.

3 avril 1821. — ORDONNANCE sur le traitement à payer aux officiers amputés et aux officiers de l'ordre royal de la Légion d'honneur.

Annales maritimes de 1821, page 424.

16 avril 1824. — ORDONNANCE relative aux Français qui se décorent de divers ordres qui ne leur ont point été conférés par Sa Majesté, ou qui portent sans autorisation des décorations qui leur ont été accordées par des souverains étrangers[1].

Annales maritimes de 1824, page 325.

18 octobre 1829. — ORDONNANCE restreignant à vingt les années de service exigées par l'article 15 de l'ordonnance du 26 mars 1816, pour être admis dans la Légion d'honneur.

Annales maritimes de 1829, page 1401.

[1] Voir, *Code de l'officier* de M. Durat-Lasalle, page 344, une instruction du grand chancelier pour l'exécution de cette ordonnance, et page 347, un ordre du jour du ministre de la guerre; ce dernier acte, en date du 9 juin 1824, est aussi imprimé page 367 des *Annales maritimes de 1824*.

Voir, en outre, ci-après la dépêche du 16 juillet 1839.

13 août 1830. — ORDONNANCE déterminant la forme de la décoration de la Légion d'honneur.

Annales maritimes de 1830, tome II, page 134.

25 août 1830. — ORDONNANCE sur la forme de la décoration de la Légion d'honneur.

Annales maritimes de 1830, tome II, page 177.

19 avril 1832. — LOI qui accorde un traitement aux membres de la Légion d'honneur nommés par ordonnance du 28 novembre 1831, qui, aux dates désignées dans l'état annexé à cette ordonnance, étaient sous-officiers ou soldats en activité de service.

Bulletin des lois, 9e série, n° 75, page 189.

21 avril 1832. — LOI portant fixation du budget des dépenses de l'exercice 1832.

. . . .

Article 6, établissant les conditions auxquelles, sauf le cas de guerre, il pourra être accordé des décorations de la Légion d'honneur avec traitement.

Bulletin des lois, 9e série, n° 76, page 204.

16 juin 1837. — LOI relative aux sous-officiers, soldats et marins amputés, nommés membres de la Légion d'honneur depuis leur admission à la retraite.

Annales maritimes de 1837, page 544.

16 juillet 1839. (*Guerre.*) — CIRCULAIRE portant que les militaires en activité de service ne peuvent demander et obtenir des décorations étrangères que par l'intermédiaire de leurs chefs et de leur gouvernement.

Annales maritimes de 1839, page 720.

12 septembre 1848. — ARRÊTÉ qui modifie la forme de la décoration de la Légion d'honneur.

Journal militaire de 1848, 2e semestre, page 153.

4 novembre 1848. — CONSTITUTION de la République française.

. . . .

Chapitre X. *Dispositions diverses.*

ART. 108.

La Légion d'honneur est maintenue; ses statuts seront révisés et mis en harmonie avec la Constitution.

Bulletin officiel de la marine, tome II, page 406 et 424.

29 décembre 1848. (*Guerre.*) — CIRCULAIRE prescrivant les dispositions relatives à l'exécution de l'arrêté du 12 septembre 1848, qui modifie la forme de la décoration de la Légion d'honneur.

Journal militaire de 1848, 2e semestre, page 336.

POSTES.

FRANCHISES ET CONTRE-SEINGS.

Indépendamment des ordonnances et règlements généraux concernant la transmission en franchise de la correspondance, dont les dispositions sont communes à tous les services publics, nous nous sommes appliqué à réunir sous ce titre toutes les prescriptions réglementaires qui concernent spécialement la correspondance d'outre-mer. Cette partie d'un service si important, et qu'il a été si difficile d'organiser dans ses détails, ainsi que le prouve la multiplicité même des actes, intéresse directement le département de la marine. C'est afin de compléter ces actes spéciaux que nous avons cru devoir les rapprocher des règlements généraux sur la matière.

POSTES.

FRANCHISES ET CONTRE-SEINGS.

Septembre 1715. — Édit portant création de la charge de grand maître et surintendant général des postes, courriers et relais de France, et d'autres charges subalternes pour le service des postes[1].

Recueil d'édits, arrêts, etc. tome I, page 43.

[1] On lit en tête de cet édit:

« Il y a très-longtemps que l'établissement des postes a été fait en « notre royaume: le premier qui ait paru est du 19 juin de l'année 1464, « d'abord sous la qualité de grand maître des coureurs, ensuite sous « celle de contrôleurs généraux des chevaucheurs de l'écurie, et autres « tenant postes, suivant les lettres patentes du mois de janvier 1608. « Ces charges furent supprimées par édit du mois de janvier 1630, et, « en leur place, il fut créé trois offices de surintendants généraux des « postes et relais de France et chevaucheurs de l'écurie, ancien, alter- « natif et triennal; et, depuis, les maîtres des courriers furent créés par « édit du mois de mai 1630, avec attribution du revenu des ports de « lettres; et, par autre édit du mois de mai 1632, tous les pouvoirs et « fonctions des contrôleurs généraux, même les revenus des ports de « lettres, furent réunis aux charges de surintendant des postes, avec le « pouvoir de commettre aux charges de maîtres des courriers.

....

« En l'année 1662, le Roi, notre très-honoré seigneur et bisaïeul, « jugea à propos de supprimer les maîtres des courriers et plusieurs « autres officiers des postes, et de réunir à notre domaine tous les reve- « nus des ports de lettres, en remboursant, comme il a fait, tous lesdits « officiers. »

3 janvier 1728. — ARRÊT sur le transport des lettres par d'autres que le fermier général des postes et messageries de France.

Walker, tome II, page 340. — *Pailliet*, page 179.

8 juillet 1759. — DÉCLARATION du Roi sur l'établissement et le privilége de la petite poste dans Paris.

Walker, tome III, page 412. — *Pailliet*, page 360.

12 mai 1765. — ORDONNANCE portant défense aux courriers et va-de-pied de se charger des lettres, à peine d'un an de prison.

Pailliet, page 388.

15 mai 1765. — ORDONNANCE du lieutenant-général de police de la ville de Paris, qui défend à tous particuliers, messagers ou autres, de se charger du transport des lettres et paquets, à peine de cinq cents livres d'amende.

Walker, tome III, page 463. — *Pailliet*, page 388.

28 juin 1783. — ARRÊT portant établissement de paquebots pour communiquer avec les États-Unis d'Amérique. — Transport des lettres.

Recueil d'arrêts, d'édits, etc. tome III.

5 juillet 1783. — RÈGLEMENT pour les paquebots établis par l'arrêt du 28 juin 1783. — Transport des lettres.

Recueil d'arrêts, d'édits, etc. tome III.

30 octobre 1785. — ARRÊT concernant le service de la poste aux chevaux, relais et messageries. — Séparation du service de la poste aux lettres de celui des relais de poste, messageries, etc.

Recueil d'arrêts, d'édits, etc. tome VII.

20 novembre 1785. — ARRÊT portant règlement sur l'administration de la poste aux lettres . . . . , etc.

Recueil d'arrêts, d'édits, etc. tome VII.

4 décembre 1786. — ARRÊT portant établissement de vingt-quatre paquebots pour communiquer avec les colonies françaises, aux îles du Vent et sous le Vent, les îles de France et de Bourbon, et les États-Unis de l'Amérique.

Recueil d'arrêts, d'édits, etc. tome X.

20 décembre 1786. — ARRÊT concernant l'établissement des paquebots pour la correspondance avec les colonies françaises et les États-Unis d'Amérique.

Recueil d'arrêts, d'édits, etc., tome X.

29 août 1790. — DÉCRET sur la direction et administration générale des postes et messageries.

Archives de la marine.

22 août 1791. — LOI relative au transport des lettres et paquets.

. . . .

Articles 14 à 18, concernant la correspondance d'outre-mer.

Recueil des lois de la marine, tome II, page 270.

8 juin 1792. — DÉCRET relatif aux contre-seings et aux franchises des lettres.

Recueil des lois de la marine, tome III, page 2.

3 septembre 1792. — DÉCRET qui conserve au ministre de la marine le contre-seing et la franchise des lettres.

Recueil des lois de la marine, tome III, page 116.

7 mars 1793. — DÉCRET qui accorde la franchise des ports de lettres aux adjoints des ministères de la guerre et de la marine.

Recueil des lois de la marine, tome III, page 351.

9 avril 1793. — LOI concernant les messageries, la poste aux lettres et la poste aux chevaux.

Bulletin des lois. — Lois et actes du Gouvernement, tome VII, page 11.

24 juillet 1793. — DÉCRET relatif à l'organisation des postes et messageries, en régie nationale.

. . . .

Articles 29 à 34, relatifs à la correspondance d'outre-mer.

Recueil des lois de la marine, tome IV, page 20.

25 vendémiaire an III (16 octobre 1794). — LOI qui rapporte diverses dispositions de la loi du 29 août 1790 relative aux postes et messageries.

Bulletin des lois, 1re série, n° 74, page 4.

27 nivôse an III (16 janvier 1795). — LOI qui augmente le prix des ports de lettres.

Bulletin des lois, 1re série, n° 112, page 7.

3 thermidor an III (21 juillet 1795). — LOI qui fixe le prix des ports de lettres.

Bulletin des lois, 1re série, n° 165, page 6.

6 nivôse an IV (27 décembre 1795). — LOI contenant un nouveau tarif pour la poste aux lettres.

Bulletin des lois, 2e série, n° 15, page 10.

6 messidor an IV (24 juin 1796). — LOI contenant un nouveau tarif pour la poste aux lettres et les messageries.

Bulletin des lois, 2e série, n° 55, page 3.

5 nivôse an V (25 décembre 1796). — LOI contenant un nouveau tarif pour la poste aux lettres.

Recueil des lois de la marine, tome VII, page 51.

9 vendémiaire an VI (30 septembre 1797). — LOI concernant les dépenses de l'an VI.

. . . .

Titre VI. *Poste aux lettres.*

Recueil des lois de la marine, tome VIII, page 28.

27 vendémiaire an VI (18 octobre 1797). — ARRÊTÉ concernant la suppression des contre-seings et franchises.

Recueil des lois de la marine, tome VIII, page 38.

27 brumaire an VI (17 novembre 1797). — ARRÊTÉ additionnel à celui du 27 vendémiaire, relatif à la suppression des franchises et contre-seings.

Bulletin des lois, 2e série, n° 157, page 29.

2 nivôse an VI (22 décembre 1797). — ARRÊTÉ qui défend aux entrepreneurs de voitures libres, de se charger du port des lettres et ouvrages périodiques.

Bulletin des lois, 2e série, n° 170, page 2.

9 nivôse an VI (29 décembre 1797). — ARRÊTÉ contenant des mesures relatives au secret des dépêches adressées aux ministres.

Recueil des lois de la marine, tome VIII, page 201. — *Bulletin des lois*, 2e série, n° 173, page 13.

13 pluviôse an VI (1er février 1798). — ARRÊTÉ concernant le port des lettres adressées aux administrations centrales et municipales.

Bulletin des lois, 2e série, n° 180, page 10.

7 fructidor an VI (24 août 1798). — ARRÈTÉ concernant le transport des lettres et journaux, par toute autre voie que celle de la poste.

Bulletin des lois, 2e série, n° 220, page 6.

5 vendémiaire an VII (26 septembre 1798). — ARRÊTÉ concernant les lettres adressées aux fonctionnaires publics et assujetties à l'affranchissement.

Recueil des lois de la marine, tome IX, page 6.

26 ventôse an VII (16 mars 1799). — ARRÊTÉ contenant rectification de ceux des 2 nivôse et 7 fructidor an VI, sur le transport des lettres.

Bulletin des lois, 2e série, n° 267, page 4.

25 frimaire an VIII (16 décembre 1799). — LOI qui annule le

bail de la poste aux lettres, et ordonne qu'elle sera administrée par une régie intéressée.

Bulletin des lois, 2e série, n° 337, page 12.

27 frimaire an VIII (18 décembre 1799). — Loi qui fixe le tarif pour la poste aux lettres.

Bulletin des lois, 2e série, n° 338, page 13.

27 prairial an VIII (16 juin 1800). — Arrêté portant règlement sur les franchises et contre-seings, en exécution de la loi du 25 frimaire an VIII.

Recueil des lois de la marine, tome X, page 263.

15 brumaire an IX (6 novembre 1800). — Arrêté additionnel à celui du 27 prairial an VIII, sur les franchises et contre-seings.

Bulletin des lois, 3e série, n° 53, page 101.

27 prairial an IX (16 juin 1801). — Arrêté qui renouvelle les défenses faites aux entrepreneurs de voitures libres de transporter les lettres, etc.

Bulletin des lois, 3e série, n° 84, page 112.

19 germinal an X (9 avril 1802). — Arrêté contenant un tarif pour les correspondances maritimes et coloniales.

Recueil des lois de la marine, tome XII, page 189.

14 floréal an X (4 mai 1802). — Loi relative aux contributions indirectes de l'an XI.

. . . .

Titre II. *De la poste aux lettres.*

Recueil des lois de la marine, tome XII, page 223.

2 messidor an XII (21 juin 1804). — Décret concernant les lettres et paquets saisis en contravention aux règlements sur le service des postes.

Bulletin des lois, 4e série, n° 6, page 96.

9 février 1810. — Décret relatif à la taxe d'affranchissement des lettres adressées aux sous-officiers et soldats [1].

Annales maritimes de 1843, page 1326.

19 mars 1817. — Décision relative à l'ordre de la correspondance.

Annales maritimes de 1817, page 134.

6 août 1817. — Ordonnance concernant les franchises et contre-seings.

Annales maritimes de 1817, page 280.

14 décembre 1825. — Ordonnance du Roi concernant les franchises et contre-seings [2].

Annales maritimes de 1826, page 325.

1er février 1826. (*Finances.*) — Lettre sur la franchise accordée à la correspondance du conseil d'administration des dépôts des équipages de ligne.

Annales maritimes de 1826, page 579.

14 février 1826. (*Finances.*) — Lettre sur la franchise accordée à la correspondance des directeurs, sous-directeurs et agents forestiers de la marine.

Annales maritimes de 1826, page 580.

5 juin 1826. (*Finances.*) — Lettre sur la franchise accordée à la correspondance des conseils d'administration des régiments et des compagnies d'ouvriers d'artillerie de la marine.

Annales maritimes de 1826, page 581.

19 août 1826. — Circulaire faisant connaître les dispositions supplémentaires à l'ordonnance du 14 décembre 1825 sur les franchises et contre-seings.

Annales maritimes de 1826, page 707.

[1] Voir la circulaire du 31 juillet 1838.

[2] Voir la circulaire du 19 août 1826.

15 mars 1827. — Loi relative au tarif de la poste aux lettres.

Annales maritimes de 1827, tome Ier, page 314.

12 novembre 1827. — Circulaire prescrivant l'adoption d'un livret pour les vaguemestres. — Dispositions à ce sujet.

Annales maritimes de 1828, page 146.

4 juillet 1829. — Loi relative au service des postes par voie de mer.

Annales maritimes de 1829, page 859.

10 janvier 1830. — Ordonnance relative à la correspondance d'outre-mer.

Annales maritimes de 1830, tome Ier, page 164.

30 mars 1832. — Extrait, en ce qui intéresse le département de la marine et des colonies, de l'instruction générale sur le service des postes.

Annales maritimes de 1832, page 666.

4 mars 1834. (*Invalides.*) — Circulaire aux receveurs généraux des finances, sur la transmission au trésorier général des invalides de la marine, sous le couvert du ministre, des pièces relatives aux payements faits, soit pour le service de l'établissement des invalides, soit pour le service des fonds coloniaux.

26 juin 1835. — Ordonnance relative au service des postes dans les possessions françaises du nord de l'Afrique.

Annales maritimes de 1835, page 597. — *Bulletin des lois*, 9e série, n° 371, page 16.

8 septembre 1835. (*Finances.*) — Lettre contenant plusieurs dispositions nouvelles sur la franchise et le contre-seing attribués au service de la marine.

Annales maritimes de 1835, page 846.

30 octobre 1835. — Circulaire portant envoi d'un tableau sup-

plémentaire des franchises et contre-seings attribués au service de la marine.

Annales maritimes de 1835, page 859.

23 août 1836. (*Finances.*) — DÉCISION accordant la franchise pour la correspondance des directeurs et sous-directeurs des subsistances de la marine.

Annales maritimes de 1836, page 898.

13 avril 1837. — TABLEAU présentant la marche du service et le tarif de la taxe des lettres, transportées par les paquebots à vapeur de la Méditerranée, et le tarif du prix des places pour les passagers[1].

Annales maritimes de 1837, page 374.

19 août 1837. (*Finances.*) — DÉPÊCHE sur les limites du poids des paquets contre-signés expédiés par les malles.

Annales maritimes de 1837, page 701.

24 octobre 1837. (*Secrétariat.*) — CIRCULAIRE notifiant une nouvelle décision du ministre des finances qui étend le poids des paquets contre-signés.

Annales maritimes de 1837, page 995.

8 novembre 1837. (*Secrétariat.*) — DÉPÊCHE informant le préfet maritime, à Toulon, des dispositions prises relativement à sa correspondance en franchise avec les commandants des escadres et stations navales dans la Méditerranée.

Annales maritimes de 1837, page 1060.

5 mai 1838. (*Finances.*) — CIRCULAIRE portant que les lettres adressées aux marins embarqués sur les bâtiments en station dans le Levant doivent leur parvenir sans autres frais que l'affranchissement au droit fixe de 25 centimes.

Annales martimes de 1838, page 565.

[1] Service créé en vertu de la loi du 2 juillet 1835. — Voir le titre *Matériel*.

30 mai 1838. — Loi concernant le transport des correspondances par les paquebots français du Levant.

Annales maritimes de 1838, page 620.

30 mai 1838. — Ordonnance relative à la taxe des lettres, journaux et imprimés transportés par les paquebots français de la Méditerranée.

Annales maritimes de 1838, page 621.

30 juin 1838. — Ordonnance relative à la transmission de la correspondance entre la France et le Grand-Duché de Toscane, par les paquebots à vapeur.

Annales maritimes de 1838, page 677.

31 juillet 1838. (*Secrétariat.*) — Circulaire concernant le bénéfice des dispositions du décret du 9 février 1810, applicable aux divers agents de la marine, assimilés aux sous-officiers et soldats de l'armée de terre.

Annales maritimes de 1838, page 862.

15 juin 1839. (*Secrétariat.*) — Circulaire notifiant la concession de franchise pour la correspondance des commissaires aux revues et des commissaires de l'inscription maritime.

Annales maritimes de 1839, page 599.

20 juin 1839. (*Secrétariat.*) — Dépêche qui autorise le chef du service de la marine, à Marseille, à correspondre, en franchise, avec les commissaires de l'inscription maritime et les commissaires aux revues des cinq grands ports.

Annales maritimes de 1839, page 596.

31 juillet 1839. — Ordonnance relative au transport des correspondances entre la France et les Indes orientales.

Annales maritimes de 1839, page 869.

30 mai 1840. (*Finances.*) — Lettre accordant la franchise

pour la correspondance des inspecteurs de la fabrication des projectiles de la marine avec le ministre de la marine.

Annales maritimes de 1840, page 804.

8 juillet 1840. (*Finances.*) — Lettre accordant la franchise à la correspondance des commissaires aux revues avec les présidents des conseils d'administration des bâtiments armés.

Annales maritimes de 1840, page 795.

4 septembre 1840. (*Secrétariat.*) — Circulaire portant invitation de mettre, à l'avenir, sous le couvert du ministre, toutes les pièces de service que l'on est dans le cas d'envoyer au ministère de la marine.

Annales maritimes de 1840, page 948.

6 juillet 1841. (*Secrétariat.*) — Circulaire relative aux correspondances privées abusivement expédiées sous le couvert des fonctionnaires auxquels est accordée la franchise. — Défense à ce sujet.

Annales maritimes de 1841, page 778.

6 juillet 1841. (*Secrétariat.*) — Circulaire sur la manière de transmettre en franchise la correspondance des présidents des conseils des bâtiments armés.

Annales maritimes de 1841, page 779.

10 décembre 1843. — Ordonnance concernant la transmission, par voie de Panama, des correspondances destinées pour les États d'Amérique y désignés, ou pour les colonies françaises du Grand Océan.

Annales maritimes de 1843, page 1324.

27 octobre 1844. (*Finances.*) — Lettre portant concession de franchise pour la correspondance du ministre de la marine avec plusieurs fonctionnaires de son département.

Annales maritimes de 1844, page 1245.

17 novembre 1844.—ORDONNANCE sur les franchises et contre-seings.

Bulletin des lois, 9e série, n° 1154, page 757.

27 décembre 1844. (*Colonies.*) — CIRCULAIRE portant que la dénomination de contrôle est substituée à celle d'inspection dans le service colonial, et réglant les nouvelles dispositions concernant la correspondance des contrôleurs coloniaux avec le département de la marine.

Annales maritimes de 1845, page 81.

18 mars 1845. — ORDONNANCE relative à la correspondance en franchise des contrôleurs et sous-contrôleurs des arrondissements et sous-arrondissements maritimes avec le ministère de la marine et entre eux.

Annales maritimes de 1845, page 236.

25 juillet 1845. — CIRCULAIRE aux commandants des escadres, divisions et stations navales et des bâtiments naviguant isolément, portant invitation de contre-signer les envois de pièces relatives au service.

Annales maritimes de 1845, page 709.

27 novembre 1845. — ORDONNANCE relative à l'ouverture et à la vérification des dépêches non contre-signées, qui auront été refusées par les fonctionnaires à cause de la taxe.

Annales maritimes de 1845, page 965.

30 décembre 1845. (*Colonies et contrôle.*) — CIRCULAIRE renfermant des instructions concernant la correspondance des contrôleurs coloniaux avec le département de la marine.

Annales maritimes de 1846, page 90.

19 mai 1847. — ORDONNANCE concernant le transport des correspondances entre le Havre et New-York, au moyen des paquebots français établis en vertu de la loi du 25 avril 1847 [1].

Bulletin des lois, 9e série, n° 1385, page 509.

[1] Voir au titre *Matériel* l'indication de actes relatifs à ces paquebots.

9 octobre 1847. — CIRCULAIRE relative aux nouvelles concessions de franchises accordées à des fonctionnaires du département de la marine.

Annales maritimes de 1847, page 1051.

5 juillet 1848. (*Secrétariat et comptabilité.*) — CIRCULAIRE contenant de nouvelles prescriptions relativement aux lettres privées qui pourraient être abusivement transmises sous le couvert de fonctionnaires jouissant de la franchise.

Bulletin officiel de la marine, tome II, page 4.

25 juillet 1848. (*Secrétariat et comptabilité.*) — CIRCULAIRE portant que les pièces relatives au service doivent être transmises directement au ministre, ainsi que les correspondances entre les chefs de service et les directeurs de l'administration centrale et les inspecteurs généraux.

Bulletin officiel de la marine, tome II, page 42.

12 août 1848. (*Colonies.*) — CIRCULAIRE prescrivant d'adresser directement au ministre toute la correspondance officielle.

Bulletin officiel de la marine, tome II, page 149.

31 décembre 1848. (*Secrétariat et comptabilité.*) — CIRCULAIRE faisant connaître que les commissaires aux armements sont autorisés à correspondre en franchise, *sous bandes.*

Bulletin officiel de la marine, tome II, page 614.

13 janvier 1849. (*Secrétariat et comptabilité.*) — CIRCULAIRE sur la franchise de la correspondance des présidents des conseils d'administration des bâtiments armés.

Bulletin officiel de la marine, tome III, page 19.

MATÉRIEL.

OUVRIERS.

TRAVAUX ET APPROVISIONNEMENTS.

OUVRIERS.

OUVRIERS DES CHANTIERS ET ATELIERS. — COMPAGNIES DE POMPIERS, ETC.

Des ouvriers de professions diverses sont employés dans les arsenaux de la marine, où les travaux sont généralement exécutés en régie.

Aux termes de la loi du 3 brumaire an IV, l'inscription maritime fournit les ouvriers charpentiers, calfats et perceurs pour le service de la direction des constructions navales, et les ouvriers voiliers pour celui de la direction des mouvements du port. Lorsque l'extension des travaux exige un accroissement d'ouvriers, il y est pourvu par des levées qui sont opérées d'après les règles relatives à l'inscription.

Les ouvriers civils des diverses professions ne sont admis que lorsqu'ils se présentent volontairement.

Les travaux sont exécutés à la journée ou à la tâche.

Les ouvriers employés à la journée reçoivent les salaires fixés par les ordonnances pour chaque journée de présence sur les travaux.

Les ouvriers employés à la tâche sont payés à raison des travaux qu'ils ont exécutés, et d'après des tarifs arrêtés par les conseils d'administration des ports et approuvés par le ministre.

Diverses améliorations ont été apportées en dernier lieu à la solde des ouvriers. Fixée à 1 franc 50 centimes par jour antérieurement à 1839, cette solde a été successivement élevée à 1 franc 60 centimes par l'ordonnance du 3 mai 1839, et à 1 franc 70 centimes par celle du 7 décembre 1846. Indépendamment de la solde fixe, il a été accordé aux ouvriers, sous le titre de supplément, un salaire variable, dont la moyenne a été fixée à 40 centimes par jour, de telle sorte que la moyenne totale a été élevée à 2 francs 10 centimes. Cette dernière amélioration résulte de l'arrêté du 22 septembre 1848 sur le recrutement, les salaires et l'avancement des ouvriers employés dans les arsenaux maritimes.

Aux termes d'une ordonnance du 5 octobre 1844, les maîtres et ouvriers des quatre professions maritimes (charpentiers de navires, perceurs, calfats et voiliers), obtiennent maintenant des pensions pour ancienneté ou pour blessures, aux conditions déterminées par la loi du 18 avril 1831, et par assimilation aux maîtres, seconds maîtres, quartiers-maîtres et matelots.

Enfin, il convient de rappeler ici la loi du 24 novembre 1848, qui, pour les ouvriers classés, ramène, sous certaines réserves, à la limite de vingt-cinq ans de services effectifs, les conditions exigées pour obtenir la pension de retraite établie par la loi du 18 avril 1831.

Indépendamment des ouvriers dont il vient d'être parlé, il existe dans les ports d'autres agents qui se classent, pour la plupart, dans ce répertoire, sous des titres spéciaux, mais qui doivent être néanmoins énumérés sous le titre général des *ouvriers.*

Ainsi, des mécaniciens et des ouvriers chauffeurs, faisant partie de compagnies instituées par une ordonnance du 28 novembre 1845 pour le service des bâtiments à vapeur, sont employés, lorsqu'ils sont à terre, aux travaux divers des machines à vapeur, tant de la direction des constructions navales que de celle des mouvements du port.

Des gabiers et des gardiens de vaisseaux, organisés en escouades, sections et compagnies, sont affectés, dans la direction des mouvements du port, aux travaux ressortissant à cette direction. Ces compagnies, dont l'organisation a été réglée par une ordonnance du 1er juillet 1831, se recrutent exclusivement parmi les marins.

La même direction a également sous ses ordres une compagnie d'ouvriers pompiers chargée de surveiller les feux des ateliers, magasins et bureaux, et de visiter les bâtiments qui se trouvent dans le port.

Les gabiers, les gardiens de vaisseaux et les pompiers, quoique réunis en compagnies, n'ont point une organisation militaire.

La direction d'artillerie a seule des compagnies d'ouvriers militaires, indépendamment des ouvriers civils qu'elle emploie. Les ouvriers militaires touchent une solde de travail, laquelle ne se confond pas avec celle qu'ils reçoivent du régiment d'artillerie.

OUVRIERS.

OUVRIERS DES CHANTIERS ET ATELIERS. — COMPAGNIES DE POMPIERS, ETC.

Mai 1554. — LETTRES PATENTES d'Henri II portant confirmation des statuts et priviléges des maîtres calfats de Marseille, du mois de mai 1489, sous Charles VIII.

Archives de la marine.

6 octobre 1674. — RÈGLEMENT pour la police des arsenaux de marine.

Édits, déclarations, etc. page 93.

19 août 1693. — ORDONNANCE défendant aux ouvriers d'emporter aucuns copeaux, ni autres bois provenant des constructions et radoubs.

Archives de la marine.

6 janvier 1722. — RÈGLEMENT pour la conduite, police et payement des ouvriers et journaliers qui servent dans les chantiers et ateliers des arsenaux.

Archives de la marine. — Index des ordonnances de la marine, tome Ier, page 193.

30 mai 1726. — LETTRE du ministre qui annonce la dispense d'achat de lettres de maîtrise pour les charpentiers, calfats et autres ouvriers de marine qui doivent être reçus par les officiers de l'amirauté.

Index des ordonnances de la marine, tome IV, page 112.

31 janvier 1733. — ORDONNANCE réglant que les rôles et décharges en forme pour le payement des journées d'ouvriers seront expédiés tous les mois.

Index des ordonnances de la marine, tome V, page 112.

6 novembre 1742. — LETTRE du ministre qui autorise le contrôleur à faire faire des revues et appels dans les chantiers et ateliers.

Index des ordonnances de la marine, tome II, page 253.

30 août 1760. — ORDONNANCE portant défense aux ouvriers d'enlever aucuns bois, ni copeaux.

Recueil d'édits, arrêts, etc. tome XC, page 76. — *Index des ordonnances de la marine*, tome IV, page 316.

31 octobre 1784. — ORDONNANCE concernant les classes.

. . . .

Titre X. — *Du classement*. . . . . . Articles 5, 6 et 9, relatifs aux ouvriers des professions maritimes.

Annales maritimes de 1836, page 321.

6 janvier 1792. — DÉCRET relatif à la subsistance des ouvriers travaillant dans les ports de Brest, Rochefort et Toulon.

Recueil des lois de la marine, tome II, page 379.

12 février 1792. — DÉCRET relatif aux secours à accorder aux enfants des ouvriers des ports.

Recueil des lois de la marine, tome II, page 392. — *Journal militaire de 1792*, page 82.

2 avril 1793. — DÉCRET qui exempte du recrutement les ouvriers attachés à la fabrication des armes, aux fonderies de canons tant de terre que de mer, aux grandes forges et aux mines.

Recueil des lois de la marine, tome III, page 393.

14 mai 1793. — DÉCRET qui dispense du recrutement les entrepreneurs, associés, commis, contre-maîtres et ouvriers des ma-

nufactures de toiles à voiles, des fonderies et des manufactures d'armes destinées au service de la marine.

Recueil des lois de la marine, tome III, page 440.

21 septembre 1793. — Décret relatif à la réquisition des gens de mer et ouvriers classés pour le service des vaisseaux, ports et arsenaux de la République.

Recueil des lois de la marine, tome IV, page 106. — *Code de l'inscription maritime*, tome Ier, page 38.

25 janvier 1793. — Décret concernant l'organisation et le traitement des maîtres, ouvriers et autres employés aux travaux des ports et arsenaux de la marine.

Recueil des lois de la marine, tome III, page 243. — *Journal militaire de 1793*, page 71.

4 octobre 1793. — Décret qui autorise à mettre en réquisition et à taxer les flotteurs et ouvriers employés à la fabrication et à la conduite des trains de bois de construction pour le service de la marine.

Recueil des lois de la marine, tome IV, page 152.

29 pluviôse an III (17 février 1795). — Décret sur la solde des maîtres, ouvriers, matelots, etc.

Recueil des lois de la marine, tome V, page 184.

3 brumaire an IV (25 octobre 1795). — Loi concernant l'inscription maritime [1].

.... Section V. — *De l'appel des ouvriers propres aux travaux des ports.*

Recueil des lois de la marine, tome VI, page 49. — *Code de l'inscription maritime*, tome Ier, page 1. — *Journal militaire de l'an IV*, page 161.

[1] La loi du 3 brumaire assimile aux marins inscrits, pour les charges et les bénéfices de l'inscription, les charpentiers de navires, perceurs, calfats, voiliers, poulieurs, tonneliers, cordiers et scieurs de long, exerçant leur profession dans les ports et lieux maritimes (articles 44 à 46).

Cette dernière disposition de la loi du 3 brumaire a été modifiée par

3 brumaire an IV (25 octobre 1795). — DÉCRET concernant les maîtres entretenus de toutes professions et les ouvriers employés aux travaux des ports et arsenaux de la marine.

Recueil des lois de la marine, tome VI, page 75. — *Journal militaire de l'an IV*, page 109.

24 nivôse an IV (14 janvier 1796). — ARRÊTÉ qui accorde aux ouvriers des ports des indemnités de logement en numéraire.

Recueil des lois de la marine, tome VI, page 175. — *Journal militaire de l'an IV*, page 386.

17 ventôse an V (7 mars 1797). — ARRÊTÉ déterminant la paye des ouvriers de toutes professions employés dans les ports.

Recueil des lois de la marine, tome VII, page 214. — *Journal militaire de l'an V*, page 470.

15 germinal an VI (4 avril 1798). — ARRÊTÉ accordant une augmentation de paye de 10 centimes par jour aux ouvriers de la marine dans les ports.

Recueil des lois de la marine, tome VIII, page 420.

29 messidor an VI (17 juillet 1798). — CIRCULAIRE relative aux signalements des marins et ouvriers sur les passe-ports, permis et congés qui leur sont délivrés.

Code de l'inscription maritime, tome III, page 54.

7 ventôse an XI (26 février 1803). — ARRÊTÉ relatif à l'enregistrement et à la levée des ouvriers de la marine.

Recueil des lois de la marine, tome XIII, page 216. — *Journal militaire de l'an XI*, page 348.

23 ventôse an XI (14 mars 1803). — ARRÊTÉ ordonnant la levée de deux mille conscrits pour le service des arsenaux de la marine, et leur formation en vingt compagnies d'ouvriers.

Recueil des lois de la marine, tome XIII, page 242.

le décret du 19 mars 1808, lequel a prescrit que les charpentiers de vaisseau, les perceurs, les calfats et les voiliers seraient seuls susceptibles d'être compris dans l'inscription maritime.

15 décembre 1806. — CIRCULAIRE ayant pour objet de régulariser, quant aux levées, les dispositions relatives aux ouvriers classés.

Recueil des lois de la marine, tome XVI, page 152.

15 janvier 1808. — DÉCRET portant organisation des compagnies d'ouvriers militaires de la marine.

Recueil des lois de la marine, tome XVIII, page 2.

19 mars 1808. — DÉCRET portant que les charpentiers de vaisseau, perceurs, calfats et voiliers seront seuls susceptibles d'être compris dans l'inscription maritime.

Recueil des lois de la marine, tome XVIII, page 37.

1er février 1809. — DÉCRET qui maintient à leur poste les ouvriers employés dans les fonderies de canons de la marine.

29 juillet 1811. — DÉCRET portant création et organisation de quatre bataillons d'ouvriers conscrits pour le service de la marine.

2 août 1811. — DÉCRET sur la composition du corps des ouvriers militaires de la marine destinés à la construction et à la réparation des vaisseaux.

24 janvier 1812. — DÉCRET soumettant à la conscription les marins et ouvriers appartenant à l'inscription maritime [1].

Annales maritimes de 1809-1815, tome Ier, page 192.

25 février 1812. — Conditions générales pour les entreprises de main-d'œuvre [2].

23 mars 1815. — ORDONNANCE portant licenciement du corps

[1] Disposition révoquée par la loi du 10 mars 1818 sur le recrutement de l'armée.

[2] Ces entreprises avaient lieu par voie d'adjudication. Ce système a été abandonné et remplacé par le système des travaux exécutés à la tâche par des associations d'ouvriers.

royal des canonniers de la marine et des bataillons d'ouvriers militaires.

Annales maritimes de 1809-1815, tome II, page 207.

19 août 1815. — Circulaire ordonnant la formation de cinq compagnies d'ouvriers militaires.

29 février 1816. — Règlement sur le mode de licenciement du corps des canonniers de la marine et des compagnies d'ouvriers militaires, et sur la première formation du corps royal d'artillerie de la marine.

Annales maritimes de 1816, page 249.

19 novembre 1817. — Circulaire concernant les gens de mer et ouvriers qui renoncent aux professions maritimes.

10 mars 1818. — Loi sur le recrutement de l'armée.

. . . .

Article 15, dispensant des appels les jeunes marins et les ouvriers portés sur les registres matricules de l'inscription maritime, conformément aux prescriptions de la loi du 3 brumaire an IV (25 octobre 1795)[1].

Annales maritimes de 1818, page 136.

10 août 1819. — Décision ministérielle établissant, dans chacun des ports de Brest, Toulon et Rochefort, une école spéciale pour l'instruction théorique des jeunes ouvriers de 18 à 21 ans, destinés à la maistrance[2].

17 août 1819. — Règlement sur les écoles de maistrance des ports.

[1] Disposition confirmée par la loi du 21 mars 1832.

[2] Cette mesure appartient à l'administration de M. le baron Portal. Déjà le même ministre, pour remédier au défaut d'instruction des ouvriers et préparer l'avenir de la maistrance, avait décidé que plusieurs jeunes gens des ports seraient envoyés à Châlons-sur-Marne, pour y suivre le cours d'enseignement de l'école des arts et métiers.

18 avril 1820. — CIRCULAIRE portant que les ouvriers âgés, infirmes et incapables de travailler, seront congédiés et recevront une indemnité de 50 centimes par jour, en attendant le règlement de leur retraite [1].

9 mai 1820. — RÈGLEMENT sur le service des pompiers dans les cinq ports du royaume [2].

Annales maritimes de 1820, page 373.

22 août 1820. — DÉCISION ministérielle portant suppression des caisses dites *de fonds libres, de secours, etc.*, à partir du 1er janvier 1821 [3].

. . . .

ART. 4.

Des fonds seront remis dans chaque port pour servir aux distributions de secours.

3 février 1821. — DÉCISION royale portant que, par suite de la suppression des caisses dites de fonds libres, une somme de 30,000 francs sera prélevée sur le budget de la marine pour être distribuée en secours, dans les ports, à des ouvriers ou à des marins indigents.

4 août 1821. (*Personnel.*) — CIRCULAIRE rappelant que les apprentis ouvriers doivent être porteurs d'un bulletin d'enregistre-

Une première décision de M. le comte Molé avait établi, dans les ports de Brest, Toulon et Rochefort, des écoles par enseignement mutuel pour les apprentis.

Voir, pour la suite des dispositions relatives à l'enseignement des ouvriers, la décision du 9 mars 1829 et l'ordonnance du 1er janvier 1833.

[1] Confirmée par dépêche du 16 juillet 1827.

[2] Voir les règlements des 17 mars 1838 et 23 décembre 1845.

[3] On lit à cette occasion, à la page 28 du budget de la marine pour 1821 :

« Il existait dans les ports, depuis très-longtemps, des caisses dites *de*

ment, qui leur est délivré par le commissaire de leur quartier, et que les maîtres ouvriers chez lesquels ils travaillent sont tenus de désigner à l'administration de la marine ceux qui se présenteraient à eux sans être munis de cette pièce. (Ordonnance de 1784, titre X, article 6.)

19 août 1823. (*Ports.*) — CIRCULAIRE portant que les ouvriers détachés pour des travaux qui les tiennent éloignés du port recevront double paye pendant le temps de leur absence.

3 septembre 1825. — DÉPÊCHE portant que les ouvriers des professions maritimes, embarqués sur les bâtiments du Roi, recevront, lorsqu'ils seront appelés momentanément aux travaux des ateliers des arsenaux, une indemnité égale à la moitié de

« *fonds libres*, dont les mouvements étaient surveillés par les administra-« tions locales de la marine.

« La recette de ces caisses se composait de divers produits, tels que « loyers d'ustensiles ou d'emplacements, vente d'objets de peu de valeur, « hors de service, etc.

« On en disposait pour procurer des secours aux ouvriers, aux marins, « et aux salariés les plus nécessiteux du département.

« Quoique cet ordre de choses fût comme légitimé par un très-long « usage, on ne pouvait néanmoins le maintenir sans déroger aux prin-« cipes sévères qui régissent actuellement la comptabilité publique.

« J'ai donc cru devoir supprimer, à partir du 1er janvier 1821, toutes « les caisses particulières, et j'ai fait verser chez les agents du trésor « royal les fonds qui s'y trouvaient encore.

« Désormais, les produits dont elles s'alimentaient suivront la même « destination.

« Mais, en remettant au trésor des ressources qui lui appartiennent, « je ne puis cependant repousser les dépenses qu'elles acquittaient.

« Les secours qui se distribuaient sur ces fonds étant évalués à « 30,000 francs par an, j'ai compris cette somme dans mes demandes « pour le chapitre X, *Dépenses diverses*.

« Votre Majesté pensera, sans doute, qu'on gagne toujours lorsqu'on « substitue une dépense connue et régulière, à des dépenses occultes qui « peuvent, tôt ou tard, dégénérer en abus.

la solde dont chaque ouvrier jouirait, suivant la taxe, s'il était sédentaire.

22 février 1826. — CIRCULAIRE portant que tous les jeunes gens âgés de moins de 18 ans, qui exercent l'une des professions maritimes, doivent être inscrits comme apprentis.

16 juillet 1827. — DÉPÊCHE accordant 50 centimes par jour aux ouvriers qui attendent le règlement de leur retraite [1].

7 avril 1828. — DÉPÊCHE portant que le ministre accorde à des ouvriers embarqués sur des navires en station à Cadix, et qui ont travaillé aux réparations d'un autre bâtiment, la moitié de la solde que chacun aurait acquise s'il eût travaillé dans l'arsenal.

23 juin 1828. — DÉPÊCHE portant que les ouvriers non compris dans l'inscription maritime ne seront plus levés pour le service des arsenaux, nonobstant la teneur de l'article 3 de l'arrêté du 26 février 1803 (7 ventôse an XI) [2].

9 mars 1829. — DÉCISION ministérielle établissant ou relevant, dans les ports, les écoles destinées à l'instruction élémentaire des apprentis et des jeunes ouvriers de la marine [3].

6 avril 1829. — DÉPÊCHE au sujet de la solde des enfants d'ouvriers d'état ou de compagnies [4].

[1] Cette dépêche confirme celle du 18 avril 1820 précitée.

[2] Cette disposition a été confirmée par l'ordonnance du 3 mai 1839 et l'arrêté du 22 septembre 1848, qui disposent que l'admission des ouvriers non inscrits aura lieu sur la présentation volontaire de ces ouvriers.

[3] Voir la décision du 10 août 1819 et l'ordonnance du 1er janvier 1833.

[4] L'ordonnance du 10 juin 1839 décide que les apprentis des compagnies d'ouvriers d'artillerie recevront la dénomination d'ouvriers de 3e classe.

4 mars 1830. — DÉCISION pour la formation d'escouades d'armuriers civils pour le service de la marine, à terre et à la mer[1].

Annales maritimes de 1830, tome Ier, page 175.

21 juin 1830. — DÉPÊCHE fixant la solde de travail des sous-officiers des compagnies d'ouvriers d'artillerie.

8 décembre 1830. — ORDONNANCE portant création de bataillons et de compagnies d'ouvriers militaires dans les ports.

Annales maritimes de 1830, tome II, page 717.

30 mai 1831. — ORDONNANCE portant création d'une compagnie d'ouvriers marins pour le service des bâtiments à vapeur.

Annales maritimes de 1831, page 370.

9 juin 1831. — CIRCULAIRE portant instruction sur l'organisation de la compagnie d'ouvriers marins.

Annales maritimes de 1831, page 373.

1er janvier 1833. — ORDONNANCE portant organisation des écoles de maistrance établies en 1819, dans les ports militaires, par M. le baron Portal.

Annales maritimes de 1833, page 17.

29 janvier 1835. — CIRCULAIRE qui fixe des règles relativement aux appels et au mode de payement des ouvriers.

15 avril 1835. — DÉCISION du Roi portant que les ouvriers non naviguants seront embarqués comme aides de charpentage, de calfatage et de voilerie[2].

Annales maritimes de 1835, page 313.

17 mars 1838. — RÈGLEMENT ministériel sur la formation, le ser-

[1] Voir l'ordonnance et le règlement du 27 mars 1844.

[2] L'ordonnance du 11 octobre 1836 confirme cette décision (articles 46, 47 et 48).

vice et l'habillement des compagnies d'ouvriers pompiers dans les ports militaires[1].

Annales maritimes de 1838, page 430.

16 juillet 1838. — DÉPÊCHE portant création d'emplois de chefs, sous-chefs et ouvriers d'état, pour le service des directions d'artillerie dans les ports.

3 mai 1839. — ORDONNANCE relative aux ouvriers employés dans les arsenaux de la marine[2].

Annales maritimes de 1839, page 487.

12 mai 1839. — DÉCISION du Roi accordant un supplément de 40 centimes par jour aux sous-officiers d'ouvriers d'artillerie appelés à surveiller des ateliers à l'entreprise. — Dépêche du 22 mai 1839 portant envoi de la décision du 12.

Annales maritimes de 1839, page 531.

12 juin 1839. (*Subsistances.*) — CIRCULAIRE faisant connaître que l'ordonnance du 3 mai 1839 n'est pas applicable aux ouvriers des magasins des subsistances.

3 juillet 1839. (*Ports.*) CIRCULAIRE portant qu'on ne comptera jamais plus de douze mois de service par année, quel que soit le nombre des journées de présence des ouvriers sur les travaux. (Interprétation de l'article 22 de l'ordonnance du 3 mai 1839.)

10 juillet 1839. — DÉPÊCHE qui rend applicable la décision du 3 juillet 1839 au maître-armurier de la direction d'artillerie et au contrôleur d'armes.

13 juillet 1839. (*Ports.*) — CIRCULAIRE faisant connaître que l'ordonnance du 3 mai 1839 n'est pas applicable à certains agents employés au magasin général et dans les directions comme ma-

[1] Voir le règlement du 23 décembre 1845.

[2] Voir la circulaire du 12 juin 1839 et les ordonnances des 17 septembre 1841, 7 décembre 1846 et 22 septembre 1848.

gasiniers, distributeurs et gardiens, ou pour tenir des écritures de détail, et à qui ont été attribuées, à ce titre, des payes de contre-maîtres, d'aides ou d'ouvriers des premières classes.

17 juillet 1839. (*Ports.*) — CIRCULAIRE portant que l'ordonnance du 3 mai 1839 n'est pas applicable aux ouvriers employés par le service des travaux hydrauliques dans les arsenaux de la marine.

20 juillet 1839. (*Ports.*) — CIRCULAIRE faisant connaître que les contre-maîtres et aides contre-maîtres faisant partie des compagnies d'ouvriers pompiers des ports militaires, sont appelés à jouir, pour la fixation de leurs salaires, du bénéfice de l'ordonnance du 3 mai 1839.

7 septembre 1839. — DÉPÊCHE portant que les sous-officiers détachés à l'atelier des artifices recevront une solde de travail égale à celle dont jouissent les sous-officiers de même grade dans les compagnies d'ouvriers.

9 janvier 1840. (*Personnel.*) — CIRCULAIRE sur les frais de route à payer aux ouvriers non naviguants des professions maritimes, et aux ouvriers faisant partie temporairement des corps organisés.

15 janvier 1840. — DÉPÊCHE fixant la solde de travail des soldats des compagnies d'ouvriers d'artillerie.

7 mars 1840. — TARIF des retenues à exercer pour toutes les journées de présence à l'hôpital. La retenue pour les ouvriers est de la moitié de la solde d'activité [1].

27 avril 1840. (*Personnel.*) — CIRCULAIRE portant instruction relative à la surveillance à exercer sur les marins et ouvriers inscrits, afin de pouvoir constater leur position ou leur rési-

[1] Voir le titre *Service de santé.*

dence, lorsque leurs frères réclament l'exemption en matière de recrutement.

Annales maritimes de 1840, page 503.

24 mai 1840. — ORDONNANCE portant création d'un corps militaire d'ouvriers mécaniciens et d'ouvriers chauffeurs affectés au service des bâtiments à vapeur de la marine royale [1].

Annales maritimes de 1840, page 607.

17 octobre 1840. — DÉPÊCHE portant que les soldats d'infanterie de marine pourront être appelés dans l'arsenal pour être employés aux travaux urgents. Il leur sera accordé une allocation journalière de 50 centimes.

21 novembre 1840. (*Ports.*) — DÉPÊCHE rappelant que les ouvriers des professions maritimes, levés pour le service et compris dans les 3e et 4e classes (c'est-à-dire les hommes mariés sans enfants et les pères de famille), ont un quart en sus du salaire journalier auquel ils ont été taxés, et que ce supplément est payé à leurs femmes, dans le lieu de leur domicile. (Articles 44 et 45 de la loi du 3 brumaire an IV.)

27 décembre 1840. — ORDONNANCE qui rend applicables aux marins et ouvriers non incorporés employés à Indret les dispositions de l'ordonnance du 8 décembre 1830, sur les ouvriers militaires.

Annales maritimes de 1840, page 1333.

14 juin 1841 — DÉPÊCHE portant que les chefs des ateliers des boussoles sont appelés à être admis dans la 1re classe de la maistrance des ports.

17 septembre 1841. — ORDONNANCE portant augmentation de salaires des ouvriers mécaniciens employés dans les arsenaux de

[1] Voir le titre *Service à la mer.*

la marine. — Modification des articles 7 et 8 de l'ordonnance du 3 mai 1839.

Annales maritimes de 1841, page 1106.

10 novembre 1842. (*Personnel.*) — DÉPÊCHE rappelant les dispositions de l'article 106 de l'ordonnance du 24 mai 1840, d'après lesquelles les ouvriers mécaniciens, qu'il y a lieu de diriger par mer, d'un port sur un autre, ne doivent être rappelés que de leur *solde à terre* pendant le temps de la traversée.

8 décembre 1842. (*Ports.*) — DÉPÊCHE portant que les ouvriers quittant un bâtiment de l'État pour rentrer dans un arsenal[1] seront considérés comme admis pour la première fois, et classés pour leur solde suivant leur capacité reconnue (2e paragraphe de l'article 16 de l'ordonnance du 3 mai 1839).

13 février 1843. (*Ports.*) — DÉPÊCHE portant que lorsque, ayant atteint l'âge de 50 ans, les pompiers sont encore aptes à rentrer dans les ateliers d'où ils ont été tirés, ils doivent y être replacés sans aucune réduction sur la solde dont ils jouissaient comme ouvriers pompiers; mais que si, par suite de convenances particulières, un pompier ne renouvelle pas son engagement, il ne peut rentrer dans les ateliers qu'à la solde qu'il avait quand il en est sorti.

26 octobre 1843. (*Ports.*) — CIRCULAIRE prescrivant la fermeture des chantiers et ateliers des ports, les dimanches et les jours de fêtes établies par le concordat. Circonstances dans lesquelles il pourra y être dérogé.

Annales maritimes de 1843, page 1100.

27 mars 1844. — ORDONNANCE portant augmentation des salaires des ouvriers des escouades d'armuriers civils de la marine.

Annales maritimes de 1844, page 180.

[1] Après un an d'absence (article 9 de l'arrêté du 22 septembre 1848).

27 mars 1844. — RÈGLEMENT portant organisation des ateliers d'armurerie des ports militaires de France.

5 octobre 1844. — Ordonnance relative aux pensions à la charge de la caisse des invalides de la marine.

. . . .

Dispositions relatives aux ouvriers.

Annales maritimes de 1844, page 1287.

23 février 1845. — DÉCISION royale accordant aux ouvriers calfats et perceurs un supplément de solde à la paye déterminée par l'ordonnance royale du 3 mai 1839.

23 décembre 1845. — RÈGLEMENT concernant l'habillement des ouvriers pompiers de la marine.

Annales maritimes de 1846, page 139.

7 décembre 1846. — ORDONNANCE relative au recrutement, à l'admission des ouvriers employés dans les arsenaux de la marine, à la fixation de leurs salaires et à leur avancement.

Annales maritimes de 1846, page 933.

10 août 1847. (*Ports.*) — CIRCULAIRE au sujet de la clôture des anciennes matricules des ouvriers et de l'expédition des états de services.

Annales maritimes de 1847, page 923.

6 mars 1848. — CIRCULAIRE portant que le décret du 2 mars 1848, fixant la durée de la journée de travail, est applicable aux ouvriers des arsenaux. — Prescription d'organiser les ouvriers des ports en garde nationale.

Bulletin officiel de la marine, tome Ier, page 136.

22 septembre 1848. — ARRÊTÉ sur le recrutement, les salaires et l'avancement des ouvriers employés dans les arsenaux de la marine.

Bulletin officiel de la marine, tome II, page 235.

12 octobre 1848. (*Travaux.*) — CIRCULAIRE sur la solde à allouer

aux ouvriers des arsenaux autorisés à se rendre aux eaux aux frais de l'État.

Bulletin officiel de la marine, tome II, page 313.

24 novembre 1848. — Loi relative aux pensions des ouvriers de la marine. Le minimum nécessaire pour que les contre-maîtres, aides contre-maîtres et ouvriers des professions classées jouissent de la *pension de retraite* établie par la loi du 18 avril 1831, est ramené à la limite de 25 ans de services effectifs. — Ces pensions ne pourront être réclamées par les ayants droit avant l'âge de 50 ans, à moins d'infirmités dûment constatées, etc.

Bulletin officiel de la marine, tome II, page 525.

22 février 1849. — Arrêté ministériel fixant la valeur moyenne des suppléments à ajouter à la solde effective des contre-maîtres, aides contre-maîtres et ouvriers des professions maritimes non classés.

Bulletin officiel de la marine, tome III, page 97.

MATÉRIEL.

CONSTRUCTIONS NAVALES. — APPROVISIONNEMENTS. — CHANTIERS, TRAVAUX, ETC.

Le matériel de la marine comprend les bâtiments à flot, les bâtiments en construction, en refonte ou en réparation, les matériels confectionnés, les apparaux des ports et l'approvisionnement, tant en munitions, marchandises et matières navales, qu'en objets d'artillerie. Ce vaste mobilier est, en presque totalité, concentré dans les cinq chefs-lieux de préfecture.

Il ne sera peut-être pas sans intérêt de consigner ici quelques observations, tant sur la flotte et l'approvisionnement de la marine, que sur les causes qui ont produit, de 1830 à 1847, ce résultat de la stagnation de l'approvisionnement des arsenaux, si difficile à comprendre en présence d'un budget qui a successivement passé de 65 à 126 millions.

Quelques mots d'abord de la flotte.

Son effectif a éprouvé de nombreuses variations.

En 1661, il comprenait seulement 18 navires de guerre ou vaisseaux depuis 24 jusqu'à 70 canons, 4 flûtes et 8 brûlots.

En 1675, il s'élève à 118 bâtiments, dont 89 de 46 à 120 canons.

La progression augmente jusqu'en 1696. La flotte comprend alors 192 bâtiments, dont 135 de 36 à 110 canons.

On ne comprend dans ce nombre ni les bâtiments dits *interrompus*[1], ni les flûtes et barques longues.

A partir de cette époque, l'effectif décroît ou s'élève selon l'alternative de nos victoires ou de nos revers maritimes.

Il est, en 1712, de 125 bâtiments de guerre, dont 96 de 44 à 110 canons;

En 1742, de 48 vaisseaux et 15 frégates;

En 1747, de désastre en désastre la flotte arrive à n'avoir plus à la mer que 2 vaisseaux;

En 1780, elle compte 80 vaisseaux et 67 frégates;

En 1814, 108 vaisseaux, dont 69 à flot, et 70 frégates, dont 19 sur les chantiers.

Au commencement de 1830, il reste 53 vaisseaux, dont 27 en construction, et 63 frégates, dont 32 sur les chantiers, des bâtiments inférieurs et un élément nouveau, 16 vapeurs de faible échantillon.

D'après le compte présenté aux Chambres législatives,

[1] On désignait ainsi les navires qui ne pouvaient être régulièrement classés dans aucune des catégories des bâtiments de guerre. Les prises faites sur les Barbaresques entraient généralement dans cette catégorie de navires.

en 1846, à l'appui de la demande d'un crédit extraordinaire de 93 millions pour la marine, au 1er janvier 1846, la France possédait 342 bâtiments de guerre, dont 268 à voiles (parmi lesquels 46 vaisseaux de 80 à 120 canons, et 49 frégates de 40 à 60 canons), et 74 à vapeur (parmi lesquels 9 frégates de 400 à 640 chevaux, et 17 corvettes de 220 à 320 chevaux). Des 268 bâtiments à voiles, 224 étaient à flot, et 44 (parmi lesquels 23 vaisseaux et 18 frégates) en chantier.

Si l'on s'en rapportait aux données numériques qui viennent d'être relevées, pour se former une idée comparative de la force navale de la France aux différentes époques, on serait induit dans une grave erreur. D'une part, on comptait comme vaisseaux, en 1696, des navires qui ne seraient pas classés aujourd'hui parmi les bâtiments propres à combattre en ligne; et, d'autre part, il résulte des notes préliminaires des budgets et des comptes de la marine, depuis 1814, qu'un très-grand nombre des bâtiments figurant dans les effectifs relevés depuis lors, ne représentaient qu'une valeur en quelque sorte nominale, et n'offraient de garanties suffisantes ni pour la navigation, ni pour le combat. Enfin, l'application de la vapeur à la marine de guerre est venue apporter un élément de force sans analogie dans nos anciennes flottes, et dont le concours, comme agent auxiliaire dans les combats à la mer, ne saurait encore être apprécié à sa juste valeur.

Quoi qu'il en soit, la présence dans nos ports d'un trop grand nombre de bâtiments sans valeur effective, a conduit en 1820, en 1837, en 1842 et, en dernier lieu, en 1846, à établir une base, en quelque sorte normale, pour la constitution de la flotte. L'un des ministres les plus éclairés qu'ait comptés la marine, M. Portal, fixait, en 1820, l'effectif normal à 40 vaisseaux, 50 frégates et un nombre proportionné de bâtiments inférieurs.

Une ordonnance royale du 1er février 1837 détermine plus exactement cet effectif quant aux bâtiments à voiles. Il se compose de 270 bâtiments;

SAVOIR :

40 vaisseaux de 80 à 120 canons, dont 20 à flot et 20 en chantier, aux 22/24es d'avancement;

50 frégates de 40 à 60 canons, dont 25 à flot et 25 en chantier, aux 22/24es;

180 bâtiments inférieurs, tous à flot.

270

A ces 270 bâtiments à voiles, une décision royale du 4 mars 1842 ajoute 70 bâtiments à vapeur, parmi lesquels 20 frégates de 450 à 540 chevaux et 20 corvettes de 220 à 320 chevaux. Effectif total, 340 bâtiments.

Enfin, une ordonnance royale du 22 novembre 1846, rendue pour l'exécution de la loi du 3 juillet de la même année, qui affecte une somme de 93 millions aux constructions navales et à l'approvisionnement des arsenaux, contient les dispositions suivantes qui peuvent être considérées, à cause de la discussion approfondie qui a précédé la loi du 3 juillet, comme la base constitutive de la force navale de la France.

328 bâtiments de guerre, tant à voiles qu'à vapeur, subdivisés ainsi qu'il suit :

BATIMENTS A VOILES.

40 vaisseaux.
- 10 du 1er rang, à trois ponts, de 110 à 120 canons.
- 10 du 2e — à deux ponts, de 92 à 100 *idem.*
- 15 du 3e — *idem*, de 84 à 90 *idem.*
- 5 du 4e — *idem*, de 80 et au-dessous.

(24 vaisseaux à flot. — 16 en chantier, aux 22/24es d'avancement.)

50 frégates..
- 15 du 1er rang, de 52 à 60 canons.
- 20 du 2e — de 44 à 50 *idem.*
- 15 du 3e — de 32 à 40 *idem.*

(40 frégates à flot. — 10 en chantier, aux 22/24es.)

40 corvettes..
- 20 de 1re classe, à gaillards, de 26 à 30 bouches à feu.
- 20 de 2e — à batterie barbette, de 14 à 24 *id.*

50 bricks....
- 30 de 1re classe, de 16 à 20 bouches à feu.
- 20 de 2e — de 8 à 12 *idem.*

30 bâtiments légers, de 2 à 6 pièces.

16 bâtiments de transport, d'environ 600 tonneaux.

226 bâtiments à voiles.

BATIMENTS A VAPEUR.

102........
- 10 frégates de 600 à 450 chevaux, de 20 à 30 bouches à feu.
- 20 corvettes de 1re classe, de 400 à 320 chevaux, de 8 à 12 bouches à feu.
- 20 corvettes de 2e classe, de 300 à 220 chevaux, de 4 à 6 bouches à feu.
- 30 avisos de 1re classe, de 200 à 160 chevaux.
- 20 avisos de 2e classe, de 120 chevaux et au-dessous.
- 2 batteries flottantes, de 400 à 500 chevaux, de 40 à 50 bouches à feu.

328 bâtiments, dont 302 à flot et 26 en chantier.

C'est en vue de réaliser, dans une période de sept ans, la force navale qui vient d'être indiquée, que la loi du 3 juillet 1846 avait alloué un crédit extraordinaire de 93 millions[1].

Maintenant, si de la force navale proprement dite nous passons à l'approvisionnement des arsenaux, nous rappellerons que, dans ce crédit extraordinaire de 93 millions, se trouvait comprise une somme de 33 millions pour la formation d'un approvisionnement normal de prévoyance.

[1] Voici comment se décomposait ce crédit extraordinaire:

Constructions neuves (coques)	16,640,000f
Matériels d'armement	21,760,000
Matériels d'artillerie	9,600,000
Machines à vapeur	12,000,000
Approvisionnement normal	33,000,000
TOTAL EN SEPT ANS	93,000,000

RÉPARTITION PAR ANNÉE:

EXERCICES.	SALAIRES d'ouvriers.	APPROVISIONNEMENTS généraux.	APPROVISIONNEMENTS de prévoyance.	MONTANT du crédit annuel.
1847	1,100,000f	3,300,000f	8,900,000f	13,300,000f
1848	1,820,000	7,480,000	4,000,000	13,300,000
1849	1,820,000	7,480,000	4,000,000	13,300,000
1850	1,820,000	7,480,000	4,000,000	13,300,000
1851	1,820,000	7,480,000	4,000,000	13,300,000
1852	1,820,000	7,480,000	4,000,000	13,300,000
1853	1,800,000	7,300,000	4,100,000	13,200,000
TOTAL	12,000,000	48,000,000	33,000,000	93,000,000

Le passage suivant, extrait du document dont il a été parlé plus haut, établit deux catégories distinctes pour les approvisionnements de la marine.

« La première comprend les produits naturels qu'il « n'est pas au pouvoir des hommes de créer dans un « court espace de temps, et qu'il faut rassembler et choisir « avec plus ou moins de difficultés, à mesure qu'ils se « présentent sur le marché. Tels sont les bois de toute « espèce, mais particulièrement les bois de chêne propres « à la construction des vaisseaux, ainsi que les bois « résineux qui servent à faire des mâtures. En ce qui « concerne les matières de cette espèce, il est d'autant « plus important d'en posséder une grande quantité, « qu'en temps de guerre il devient très-difficile d'en tirer « du dehors, et que les produits du sol national vont « toujours en diminuant. L'approvisionnement de ces « bois n'a et ne doit avoir de limites, en chaque port, « que dans la difficulté de les maintenir en parfait état « de conservation.

« La seconde catégorie se subdivise en deux classes : « l'une comprenant les produits du sol, tels que les « chanvres, les charbons de terre et de bois, les matières « grasses, les résineux, etc. ; et l'autre les objets fabri- « qués, tels que les fers, tôles et fontes, les clous, les « ouvrages de serrurerie, de taillanderie, de quincaille- « rie, les cuivres bruts ou ouvrés, les plombs, aciers et « autres métaux, les toiles à voile, les étamines, etc. La « fabrication ou la production de ces objets étant facile « en tout temps, on peut toujours les obtenir dans un

« laps de temps assez court, en aussi grandes quantités « qu'on le désire[1]. »

Ainsi que nous l'avons dit au début de cette note, nous allons essayer maintenant de démontrer comment, avec un budget qui avait presque doublé depuis 1830, la dotation réelle de l'approvisionnement normal de la marine avait dû cependant rester la même jusqu'au budget de 1847. Ce résultat, quelque regrettable qu'il soit, s'explique par un simple rapprochement de chiffres.

Le budget de 1830, le dernier qui ait été préparé sous la restauration, s'élevait à........................... 65,270,000f

Le budget de 1847, qui avait été préparé avant la présentation de la loi spéciale des 93 millions, s'élevait à............................... 126,203,700

DIFFÉRENCE en plus, pour 1847....... 60,933,700

Mais si l'on retranche de cette somme celle de 8,240,000 francs, formant la 2e section du budget de 1847, *Travaux extraordinaires* (digue de Cherbourg, curage de la petite rade de Toulon, etc.), attendu que le budget de 1830 ne contenait rien d'analogue, ci................................. 8,240,000

L'AUGMENTATION de 1847 n'est plus que de. 52,693,700

En voici les principales causes, toutes étrangères à l'approvisionnement normal de la marine.

A REPORTER........... 52,693,700

[1] Compte présenté au Roi, en exécution de la loi de finances du 19 juillet 1845, page 83.

REPORT........................52,693,700f

ARMEMENTS.

Il faut citer en première ligne les armements. Ils entrent pour 20,765,000 francs dans le chiffre qu'il s'agit d'expliquer.

Le budget de 1830 comprenait 128 bâtiments armés, à l'effectif moyen de 12,926 hommes, représentant pour l'ensemble une dépense de... 14,865,800f

SAVOIR :

Solde..............	6,416,800f
Hôpitaux............	323,200
Vivres..............	3,278,500
Matériel naval et artillerie.	4,847,300
SOMME ÉGALE......	14,865,800

Le budget de 1847 comporte 188 bâtiments armés, à l'effectif moyen de 29,381 hommes, représentant une dépense de 37,052,700

SAVOIR :

Solde...............	16,075,800f
Hôpitaux............	734,800
Vivres..............	9,220,500
Matériel naval et artillerie.	11,021,600
SOMME ÉGALE.....	37,052,700

Ainsi, pour les seuls armements dont la dépense est entièrement improductive pour les magasins, la différence en plus pour 1847 absorberait déjà.......... 22,186,900

A REPORTER.............. 22,186,900 52,693,700

REPORT. 22,186,900f 52,693,700f

Mais il convient de tenir compte d'une réduction dans le service des équipages de ligne à terre, ci. 1,421,900

RESTE pour la différence applicable aux armements. 20,765,000

COLONIES.

La différence la plus considérable après les armements, est celle qui se rapporte aux colonies.

Le service colonial ne formait, au budget de 1830, qu'un seul chapitre sous le titre *Services militaires*, lequel était de. 7,000,000f

Le budget de 1847 comprend, pour le même service, six chapitres qui totalisent à. 22,382,700

AUGMENTATION pour 1847. 15,382,700

TROUPES.

La dépense des troupes ne figurait au budget de 1820 que pour un effectif de 3,461 hommes, et pour. . . 1,541,500f

AINSI RÉPARTIS :

Solde.	1,271,800f
Hôpitaux.	86,500
Vivres.	183,200
SOMME ÉGALE.	1.541,500

A REPORTER. . . 1,541,500 36,147,700 52,693,700

Report.......	1,541,500f	36,147,700f	52,693,700f
La dépense correspondante de 1847, pour un effectif de 21,172 hommes, est de..................	8,459,800		

SAVOIR :

Solde.....	7,128,700f
Hôpitaux...	529,300
Vivres.....	801,800
Somme égale.	8,459,800

Augmentation pour 1847.		6,918,300	

SALAIRES D'OUVRIERS.

Les salaires d'ouvriers répartis dans les différents chapitres du budget de 1830 s'élevaient à.......	5,832,600f		

SAVOIR :

Matériel naval.	4,944,000f
La Chaussade.	430,000
Indret.......	60,000
Artillerie.....	310,000
Fonderies....	88,600
Somme égale..	5,832,600

La même dépense, réunie dans un seul chapitre au budget de 1847, est évaluée à................	10,400,000		
D'où il ressortirait, pour 1847, une augmentation de	4,567,400		
A reporter.......	4,567,400	43,066,000	52,693,700

Report.........	4,567,400f	43,066,000f	52,693,700f
Mais il convient de déduire de cette somme, comme déjà comprise dans le calcul des armements, la portion de l'augmentation des salaires applicable à l'entretien des bâtiments armés. A défaut de bases précises, on peut retrancher un million, ci...............	1,000,000		
Reste, en définitive, pour les salaires d'ouvriers, une augmentation de........		3,567,400	

DIVERS SERVICES.

Enfin, si l'on ajoute aux chiffres qui viennent d'être produits, ceux qui affectent d'autres services également étrangers aux approvisionnements proprement dits, on trouve encore à prélever sur la différence totale qui existe entre 1830 et 1847, une somme de 4,073,400 fr., qui porte sur les articles ci-après :

1° Le service central, qui, en 1830, coûtait 790,000 fr. est compris pour 1,085,000 fr. dans le budget de 1848, différence.............	295,000f		
2° Les corps entretenus de la marine (*Officiers de marine, génie, administration, contrôle, officiers de santé, etc.*) présentent, pour 1847, un accroissement comparatif de.....	2,943,100		
A reporter......	3,238,100	46,633,400	52,693,700

REPORT......	3,238,100f	46,633,400f	52,693,700f
3° Enfin, par suite de l'organisation des escouades de gabiers de port et de gardiennage des vaisseaux, l'ensemble du service de gardiennage a été augmenté de	835,300		
ENSEMBLE : SOMME ÉGALE.		4,073,400	
Si l'on réunit maintenant les chiffres qui ressortent de l'exposé qui précède, on arrive à la somme totale de......			50,706,800
De telle sorte que l'augmentation comparative du budget de 1847 se trouve ramenée à............			1,986,900

Et si l'on veut bien remarquer que, dans les calculs qui précèdent, on n'a tenu compte, ni de l'augmentation considérable qui résulte, pour le budget de 1847, de l'emploi d'un grand nombre de bâtiments à vapeur, ni des excédants applicables aux frais d'impressions, aux dépenses temporaires et au service scientifique, on reconnaîtra que la somme de 1,986,900 francs, était insuffisante pour couvrir ces différences, et que, dès-lors, le département de la marine se trouvait, en ce qui touche les approvisionnements généraux des ports, dans une situation moins favorable qu'en 1830, malgré le doublement de son budget.

Aujourd'hui plus que jamais, on se préoccupe des

résultats offerts par la marine pour les dépenses qu'elle nécessite. C'est ce qui nous a conduit à entrer ici dans les détails qui précèdent, tout étrangers qu'ils puissent paraître au cadre de cette note.

MATÉRIEL.

CONSTRUCTIONS NAVALES. — APPROVISIONNEMENTS. — CHANTIERS, TRAVAUX, ETC.

20 février 1648. — ORDRE DU ROI qui accorde à celui qui sera chargé de l'achat des bois nécessaires pour la construction des vaisseaux du Roi à Toulon la préférence sur tous ceux qui voudraient en acheter, et la faculté de se faire substituer à ceux qui s'en seraient rendus adjudicataires, sans être tenu envers eux d'aucun dédommagement.

Archives de la marine.

4 mars 1653. — ORDONNANCE qui défend de porter des munitions propres pour la marine hors du royaume et ordonne la confiscation de tous les bâtiments qui en seront chargés.

Archives de la marine.

19 avril 1668. — ARRÊT qui décharge des droits d'entrée les bois de chêne et autres bois à bâtir des vaisseaux.

Édits, déclarations, etc. page 700. — *Code des armées navales,* page 23.

Août 1669. — ORDONNANCE concernant les eaux et forêts [1].

. . . .

Titre XXI. *Des bois à bâtir les bâtiments de mer.* — Titre XXVI. Article 3, relatif à l'exploitation des bois de la marine.

Archives de la marine.

[1] Voir le Code forestier. — 21 mai 1827.

1er décembre 1669. — RÈGLEMENT de l'artillerie des vaisseaux.

Édits, déclarations, etc. page 285. — *Code des armées navales*, page 106.

4 juillet 1670. — RÈGLEMENT pour la construction des vaisseaux du Roi.

Édits, déclarations, etc., page 43. — *Code des armées navales*, page 24.

20 février 1671. — ORDRE aux officiers de marine d'être présents aux radoubs et carènes des vaisseaux.

Édits, déclarations, etc. page 250. — *Code des armées navales*, page 100.

6 mars 1671. — ORDRE aux capitaines de marine de ne point quitter leurs vaisseaux qu'ils ne soient désarmés.

Édits, déclarations, etc. page 254. — *Code des armées navales*, page 101

13 juin 1671. — ORDONNANCE portant défense aux capitaines de marine de rien changer aux logements et cloisons des vaisseaux[1].

Édits, déclarations, etc., page 252. — *Code des armées navales*, page 101.

23 octobre 1671. — RÈGLEMENT pour la garde et conservation des ports et arsenaux de marine et des vaisseaux de guerre.

Édits, déclarations, etc. page 59. — *Code des armées navales*, page 35.

13 septembre 1673. — RÈGLEMENT sur la manière de construire les vaisseaux de guerre.

Édits, déclarations, etc. page 52. — *Code des armées navales*, page 27.

12 janvier 1674. — RÈGLEMENT sur le nombre des chaloupes et canots que chaque vaisseau doit avoir.

Édits, déclarations, etc. page 260. — *Code des armées navales*, page 104.

10 février 1674. — RÈGLEMENT contenant la quantité de munitions, agrès, apparaux, armes et ustensiles dont les vaisseaux de chaque rang seront armés et équipés à l'avenir.

Édits, déclarations, etc. page 262.

[1] Voir l'ordonnance du 6 septembre 1702.

6 octobre 1674. — Règlement pour la police générale des arsenaux de marine.

. . . .

Titre II. *De l'achat des marchandises, bois, armes et munitions.* — Titre III. *Des magasins.* — Titre IV. *De la conservation des marchandises, bois, armes et autres munitions.* — Titre V. *Des constructions, etc.*

Édits, déclarations, etc. page 93. — *Code des armées navales*, page 42.

9 octobre 1674. — Ordonnance portant injonction aux officiers de marine d'embarquer à l'avenir pour l'armement des vaisseaux de guerre, moitié des canons de fer de Bourgogne.

Édits, déclarations, etc. page 720. — *Code des armées navales*, page 107.

16 septembre 1683. — Ordonnance qui enjoint de remettre les gabarits et les modèles des vaisseaux qui se construiront, entre les mains du contrôleur de la marine.

Archives de la marine.

9 novembre 1683. — Arrêt portant que ceux qui ont des forêts assises à 15 lieues de la mer et 6 des rivières pourront en disposer après qu'ils en auront instruit, six mois avant, le commissaire général.

Archives de la marine.

6 mars 1684. — Ordonnance sur la réception des marchandises.

Index des ordonnances de la marine, tome Ier, page 70.

3 octobre 1684. — Arrêt portant défense aux propriétaires des forêts de Provence d'en faire abattre sans la permission de l'intendant de la marine à Toulon.

Archives de la marine.

24 novembre 1684. — Arrêt portant défense d'abattre aucun bois sans que la visite ait été faite par un charpentier du Roi.

Archives de la marine.

16 août 1685. — ORDONNANCE défendant aux officiers commandant les vaisseaux de demander d'autres meubles qu'une table et un banc.

Archives de la marine.

16 novembre 1688. — ARRÊT du conseil qui ordonne que le marteau destiné aux assiettes, mesurages, martelages et balivages des ventes et autres délivrances, sera déposé dans la chambre du conseil de chaque maîtrise, et mis dans une boîte de fer-blanc portative, fermant à trois clefs.

Archives de la marine.

19 février 1689. — ORDONNANCE qui fait défense aux officiers de refuser les agrès et mâtures qui leur seront donnés par le port, et aux intendants de les changer.

Index des ordonnances de la marine, tome Ier, page 81.

10 février 1691. — ORDONNANCE défendant la sortie des copeaux des arsenaux.

Archives de la marine.

23 mai 1691. — ORDONNANCE portant défense à tous officiers d'avoir dans le port des canots à eux appartenant.

Archives de la marine.

26 mars 1692. — ORDONNANCE portant règlement sur ce qui doit être embarqué sur les vaisseaux de l'armée navale du Roi, pour pouvoir tenir la mer aussi longtemps qu'il convient à son service.

Index des ordonnances de la marine, tome II, page 9.

19 mai 1692. — ORDONNANCE qui prescrit que tous les meubles servant aux officiers sur les vaisseaux soient remis, au désarmement, dans les magasins.

Index des ordonnances de la marine, tome Ier, page 160.

28 mai 1692. — LETTRE de M. de Pontchartrain, sur les marchan-

dises qui peuvent être délivrées des magasins du Roi à des particuliers, et la poursuite de ceux qui en sont débiteurs.

Index des ordonnances de la marine, tome Ier, page 110.

1er février 1693. — Arrêt qui oblige les particuliers, seigneurs, fermiers et autres, de fournir des voitures pour les bois de la marine propres à la construction des vaisseaux, aux ports de Brest et de Lorient.

Archives de la marine.

6 octobre 1693. — Mémoire du Roi sur ce qui doit être observé au désarmement des vaisseaux, pour l'arrangement et la conservation des agrès, etc.

Index des ordonnances de la marine, tome Ier, page 162.

29 mars 1695. — Arrêt portant défense aux propriétaires de couper aucun bois de futaie sans permission.

Archives de la marine.

21 septembre 1700. — Arrêt portant règlement pour la réserve des bois servant aux bâtiments de mer.

6 septembre 1702. — Ordonnance portant itératives défenses aux officiers des vaisseaux de Sa Majesté d'y faire aucuns changements, quels qu'ils puissent être, soit dans les logements, les ornements des peintures, sculptures ou autrement, sans les ordres exprès de Sa Majesté[1].

Archives de la marine.

20 octobre 1706. — Défense d'embarquer aucune marchandise sur les vaisseaux de Sa Majesté.

Archives de la marine.

1er décembre 1718. — Tarif des proportions que doivent avoir les bois de construction pour faire l'espèce dans laquelle ils doivent entrer.

Archives de la marine.

[1] Voir l'ordonnance du 20 décembre 1838.

7 novembre 1719. — RÈGLEMENT pour la conservation des vaisseaux du Roi dans les ports.

Archives de la marine.

11 janvier 1721. — RÈGLEMENT du conseil de construction tenu à Brest, sur la quantité et le poids des ancres de chaque vaisseau, suivant le rang.

Index des ordonnances de la marine, tome II, page 345.

6 janvier 1722. — RÈGLEMENT du conseil de marine sur l'enlèvement des copeaux par les ouvriers dans les ports et arsenaux de la marine.

Archives de la marine.

18 août 1722. — ARRÊT qui défend de laisser sortir les bois hors du royaume.

Archives de la marine.

25 mars 1725 et 15 janvier 1726. — ARRÊTÉS défendant aux commissaires de la marine de laisser abattre des bois propres à la marine, avant les délais fixés pour cette coupe.

26 janvier 1729. — ORDONNANCE qui règle d'une manière uniforme le désarmement des vaisseaux.

Recueil d'édits, arrêts, etc. tome XXIX, page 59.

2 décembre 1738. — ARRÊT du conseil qui fait défense à tous propriétaires de bois, de quelque qualité et condition qu'ils soient, de couper aucun arbre de futaie, qu'ils n'en aient obtenu la permission ou fait *leur déclaration*, six mois avant, au greffe de la maîtrise des eaux et forêts.

Archives de la marine.

9 mai 1743. — LETTRE du ministre, au contrôleur, prescrivant d'avoir attention qu'on ne fasse que les ouvrages employés dans les projets, et que les dépenses ne soient pas dénaturées.

Index des ordonnances de la marine, tome II, page 254.

28 octobre 1745. — RÈGLEMENT du commandant et de l'intendant,

sur ce qui doit être observé au désarmement des vaisseaux, pour le débarquement des agrès, etc.

Index des ordonnances de la marine, tome Ier, page 174.

23 juillet 1748. — Arrêt du conseil d'État qui défend à tous les propriétaires de bois de faire couper ceux marqués du marteau de la marine.

Index des ordonnances de la marine, tome II, page 138.

27 septembre 1748. — Arrêt portant défense aux communautés ecclésiastiques, séculières et régulières, et laïques, et autres propriétaires de bois, de faire abattre aucun arbre, futaie ou épars, et baliveau sur taillis, qui auront été marqués du marteau de la marine.

Archives de la marine.

21 juillet 1750. — Lettre du ministre sur les effets et ustensiles qu'on peut prêter des magasins du Roi aux officiers commandant les vaisseaux.

Index des ordonnances de la marine, tome III, page 325.

23 juillet 1754. — Arrêté défendant aux propriétaires de faire abattre aucun arbre de futaie, espars ou baliveau sur taillis, marqué du marteau de la marine.

24 février 1759. — Ordonnance pour réunir au département de la guerre, tous les détails concernant les milices, gardes-côtes, le service, l'établissement et l'entretien des batteries servant à la défense des côtes, qui étaient précédemment dans les attributions du ministère de la marine[1].

Mai 1760. — Modèle des articles et des conditions auxquelles le Roi accorde ses vaisseaux à des armateurs particuliers.

Index des ordonnances de la marine, tome IV, page 299.

[1] A l'exception des batteries servant à la défense des rades de Brest et de Toulon, qui ont été également rendues au ministère de la guerre par ordonnance du 28 novembre 1759. — Voir le décret du 7 mars 1806.

23 août 1760. — LETTRE du ministre, sur le préjudice que porte aux bois de construction l'usage de les tenir dans l'eau et la nécessité de les placer sous des hangars.

30 août 1760. — ORDONNANCE sur la police des arsenaux et sur les bois et copeaux.

Archives de la marine.

1er avril 1765. — LETTRE du ministre qui interdit l'entrée des arsenaux du Roi aux étrangers.

Index des ordonnances de la marine, tome IV, page 467.

7 juin 1767. — RÈGLEMENT sur divers articles de l'administration de l'artillerie de la marine, relativement aux dispositions de l'ordonnance du 25 mars 1765 qui y ont rapport.

Archives de la marine.

27 mai 1768. — RÈGLEMENT sur les précautions à prendre pour secourir le port de Brest en cas d'incendie.

Archives de la marine.

29 août 1784. — RÈGLEMENT concernant les feux entretenus dans les ports et arsenaux.

Walker, tome V, page 277. — *Pailliet*, page 653.

26 novembre 1786. — ORDONNANCE portant règlement sur la fonte, l'épreuve et la réception des canons de fer destinés au service de l'artillerie de la marine et sur l'administration des fonderies.

Archives de la marine.

16 décembre 1786. — RÈGLEMENT concernant les dispositions à suivre pour la marine, en exécution des ordonnances et arrêts précédemment rendus sur les martelages et les achats d'arbres propres à son service.

14 octobre 1790. — DÉCRET pour régler la manière de faire exécuter les travaux de la marine.

Recueil des lois de la marine, tome Ier, page 170.

19 janvier 1791. — DÉCRET concernant les ventes et adjudications de bois nationaux.

. . . .

Article 1er, relatif à la recherche des bois propres à la marine.

Recueil des lois de la marine, tome Ier, page 235.

2 septembre 1792. — DÉCRET relatif à l'approvisionnement des différents ports de l'État.

Recueil des lois de la marine, tome III, page 107.

1er février 1793. — DÉCRET concernant l'exploitation des bois de marine dans le département de la Corse.

Recueil des lois de la marine, tome III, page 277.

16 février 1793. — DÉCRET portant que les fournitures jugées défectueuses seront marquées d'une estampille portant le mot *rebut*, et que celles qui ne seront pas conformes aux modèles seront confisquées.

Recueil des lois de la marine, tome III, page 324.

27 juillet 1793. — DÉCRET qui autorise le ministre de la marine à faire marquer et exploiter les bois propres à la construction des vaisseaux.

Recueil des lois de la marine, tome IV, page 24.

15 août 1793. — DÉCRET relatif au transport des bois de construction, et autres munitions destinées au service de la marine.

Recueil des lois de la marine, tome IV, page 43.

4 octobre 1793. — DÉCRET qui autorise le ministre à faire marquer, dans les bois des particuliers, tous les arbres propres au service de la marine.

Recueil des lois de la marine, tome IV, page 151.

27 nivôse an II (16 janvier 1794). — ARRÊTÉ relatif à l'exploitation des bois de construction, à l'approvisionnement et à l'armement des vaisseaux.

Recueil des lois de la marine, tome IV, page 293.

28 nivôse an II (17 janvier 1794). — ARRÊTÉ relatif à l'embarquement des approvisionnements des vaisseaux.

Recueil des lois de la marine, tome IV, page 295.

6 pluviôse an II (25 janvier 1794.) — ARRÊTÉ concernant les bois de construction.

Recueil des lois de la marine, tome IV, page 302.

16 pluviôse an II (4 février 1794). — ARRÊTÉ concernant l'exploitation des bois propres au service de la marine.

Recueil des lois de la marine, tome IV, page 318.

16 pluviôse an II (4 février 1794). — DÉCRET portant qu'à l'avenir aucune espèce d'approvisionnements pour les vaisseaux ne sera délivrée qu'en présence d'un enseigne de vaisseau.

Recueil des lois de la marine, tome IV, page 333.

29 vendémiaire an XI (21 octobre 1802). — ARRÊTÉ concernant la recherche et reconnaissance des chênes qui peuvent fournir des courbes pour la marine, et des autres arbres propres à la construction des vaisseaux.

Recueil des lois de la marine, tome XIII, page 57.

9 floréal an XI (29 avril 1803). — LOI relative au régime des bois appartenant aux particuliers, aux communes ou à des établissements publics.

. . . .

Titre Ier. — Section II. *Du martelage pour le service de la marine dans les bois des particuliers.*

Annales maritimes de 1819, page 376.

28 floréal an XI (18 mai 1803). — ARRÊTÉ relatif au martelage des arbres propres au service de la marine.

Bulletin des lois, 3e série, n° 281, page 337. — *Annales maritimes de 1819*, page 377.

9 messidor an XIII (28 juin 1805). — DÉCRET concernant la division des arrondissements forestiers de la marine.

Recueil des lois de la marine, tome XV, page 191.

13 fructidor an XIII (31 août 1805). — Décret qui règle la compétence des ministres de l'intérieur, de la guerre et de la marine, relativement aux travaux à faire aux grandes routes, aux ponts, aux canaux de navigation, aux rades, etc.

Recueil des lois de la marine, tome XV, page 257.

7 mars 1806. — Décret portant que les forts, batteries et autres ouvrages défensifs, à la mer et dans l'étendue des rades et ports, feront partie des attributions du ministère de la guerre.

Recueil des lois de la marine, tome XVI, page 64.

7 mars 1806. — Décret portant que les phares, fanaux, feux, balises et amers placés sur les côtes, feront partie des attributions du ministère de l'intérieur.

Recueil des lois de la marine, tome XVI, page 65.

15 avril 1811. — Décret concernant les formalités qui doivent précéder et suivre l'abatage d'arbres futaies, épars ou en plein bois, appartenant à des particuliers.

Annales maritimes de 1809-1815, tome Ier, page 164.

22 février 1816. — Tarif des gratifications à payer par l'administration de la marine, pour les sauvetages faits en rade par des embarcations du port ou des vaisseaux.

Annales maritimes de 1816, page 178.

28 août 1816. — Ordonnance concernant le martelage et la conservation des bois nécessaires aux constructions navales [1].

Annales maritimes de 1816, page 414.

28 août 1816. — Règlement relatif à l'exécution du service des martelages et exploitations des bois destinés au service de la marine, dans les quatre directions forestières du royaume.

Annales maritimes de 1816, page 420.

28 août 1816. — Ordonnance concernant la nouvelle division des

[1] Voir l'ordonnance du 22 septembre 1819.

forêts du royaume en quatre directions, pour l'exploitation des bois destinés aux constructions navales.

Annales maritimes de 1816, page 439.

5 octobre 1816. — CIRCULAIRE sur les ordonnances et règlements concernant le martelage.

Annales maritimes de 1816, page 452.

9 décembre 1817. — RÈGLEMENT sur les dispositions à suivre pour la conservation des bâtiments désarmés.

Annales maritimes de 1818, page 73.

22 septembre 1819. — ORDONNANCE révoquant celle du 28 août 1816 et le règlement y annexé sur le martelage des bois propres aux constructions navales [1].

Annales maritimes de 1819, page 370.

5 octobre 1819. — INSTRUCTIONS aux directeurs du service forestier de la marine, à Paris, Tours, Angoulême et Lyon, pour prescrire l'abandon des règles tracées par les ordonnances du 28 août 1816.

Annales maritimes de 1819, page 372.

10 mars 1824. — DÉCISION royale sur les changements réclamés par les progrès de l'architecture navale.

Annales maritimes de 1836, pages 55 et 57.

26 janvier 1825. — RÈGLEMENT concernant les bâtiments du Roi à tenir en commission.

Annales maritimes de 1825, page 228.

13 février 1825. — RÈGLEMENT concernant l'installation des vaisseaux, frégates, bâtiments à voiles, bâtiments à vapeur [2].

Annales maritimes de 1825, page 245.

[1] Voir le Code forestier. — 21 mai 1827.

[2] Voir la circulaire du 3 novembre 1830.

1er mai 1826. — CIRCULAIRE au sujet du martelage des bois dans les propriétés particulières.

Annales maritimes de 1826, page 519.

21 décembre 1826. — RÈGLEMENT sur l'ameublement des logements à bord des bâtiments.

Annales maritimes de 1827, tome Ier, page 289.

21 mai 1827. — CODE forestier.

....

Titre IX. — Section 1re. *Des bois destinés au service de la marine.*

ART. 124.

Pendant dix ans, à compter de la promulgation de la présente loi, la marine exercera le droit de choix et de martelage sur les bois des particuliers, futaies, arbres de réserve, avenues, lisières et arbres épars.

Annales maritimes de 1827, tome Ier, page 637.

1er août 1827. — ORDONNANCE pour l'exécution du Code forestier. (Articles 152 et suivants.)

Annales maritimes de 1827, tome Ier, page 700.

28 septembre 1827. — TARIF des dimensions et configurations que doivent avoir les pièces de bois de chêne pour les constructions navales.

Annales maritimes de 1828, page 100.

31 octobre 1827. — ORDONNANCE sur le service à la mer.

Annales maritimes de 1827, tome II.

4 avril 1828. — RÈGLEMENT sur l'entretien et la conservation de l'artillerie des vaisseaux et des objets qui en dépendent.

Annales maritimes de 1828, page 588.

27 août 1828. — ORDONNANCE sur les bâtiments en commission.

Annales maritimes de 1828, page 877.

16 février 1829. — ORDONNANCE portant fixation du nombre et

de l'espèce des armes portatives à délivrer aux bâtiments de tout rang.

Annales maritimes de 1829, page 334.

3 novembre 1830. (*Ports.*) — CIRCULAIRE portant modification du règlement du 13 février 1825, sur l'installation des bâtiments de l'État.

Annales maritimes de 1830, tome II, page 656.

1er juillet 1831. — ORDONNANCE et règlement relatifs à la conservation et à l'armement des bâtiments de l'État.

Titre Ier. *De la conservation des bâtiments désarmés.* — Titre II. *Des bâtiments en commission.* — Titre III. *Des bâtiments en disponibilité*[1].

Annales maritimes de 1831, pages 403 et 418.

21 septembre 1831. — RÈGLEMENT général d'armement.

1 volume, Imprimerie royale, 1831.

8 octobre 1831. (*Ports.*) — CIRCULAIRE portant envoi d'exemplaires d'un nouveau règlement d'armement. — Dispositions relatives à l'exécution de ce règlement.

Annales maritimes de 1831, page 670.

7 septembre 1832. — ORDONNANCE qui crée un service de surveillance des fournitures de bois de chêne de construction exploités en France pour le service des arsenaux maritimes.

Annales maritimes de 1832, page 593.

17 novembre 1832. (*Ports.*) — CIRCULAIRE relative aux modifications à apporter aux dispositions générales du règlement d'armement.

Annales maritimes de 1832, page 701.

6 février 1833. — INSTRUCTION pour les maîtres charpentiers attachés au service de la surveillance des fournitures de bois

[1] Voir l'ordonnance du 28 décembre 1844.

de marine nécessaires à l'approvisionnement des ports et arsenaux.

Annales maritimes de 1833, page 180.

27 février 1833. — ÉTAT des localités qui ne sont point soumises au droit de martelage pour le service de la marine.

Annales maritimes de 1833, page 310.

2 juillet 1835. — LOI relative à l'établissement des paquebots à vapeur de l'administration des postes [1].

Annales maritimes de 1835, page 599.

14 septembre 1835. — RÈGLEMENT pour le service des bâtiments à vapeur affectés aux communications entre Toulon et les possessions françaises du nord de l'Afrique [2].

Annales maritimes de 1835, page 799.

4 décembre 1836. — ORDONNANCE portant règlement sur les marchés passés au nom de l'État. — Exécution de l'article 12 de la loi du 31 janvier 1833 [3].

Annales maritimes de 1836, page 1221.

1er février 1837. — ORDONNANCE portant fixation du nombre des bâtiments de chaque rang ou espèce, qui composent les forces navales du royaume [4].

Annales maritimes de 1838, page 768.

24 avril 1837. — ORDONNANCE portant règlement pour la fabrication, l'épreuve et la réception des bouches à feu en fonte de fer, dans les fonderies de la marine.

Annales maritimes de 1837, page 561.

[1] Voir le titre *Dispositions diverses*.

[2] Voir le règlement du 14 juillet 1842.

[3] Voir le titre *Comptabilité financière*.

[4] Voir la loi du 3 juillet 1846 et l'ordonnance du 22 novembre de la même année.

29 avril 1837. — Instruction pour la visite des bouches à feu.

Annales maritimes de 1837, page 577.

14 avril 1838. — Décision portant fixation de l'espèce et de la quantité des bouches à feu, projectiles, armes portatives et poudres, à délivrer aux bâtiments de tous rangs[1].

Annales maritimes de 1838, page 519.

14 décembre 1838. — Ordonnance qui supprime, en vertu de l'article 124 du Code forestier, le service de surveillance pour l'exercice du martelage.

Annales maritimes de 1838, page 1143.

20 décembre 1838. — Ordonnance portant règlement sur les emménagements des bâtiments de guerre. — Responsabilité des officiers sur les changements d'installations (art. 98).

Annales maritimes de 1839, page 1.

9 septembre 1839. — Ordonnance déterminant l'artillerie des bricks-avisos.

Annales maritimes de 1839, page 881.

16 juillet 1840. — Loi relative à l'établissement de plusieurs lignes de bâtiments à vapeur pour le service des correspondances entre la France et l'Amérique[2].

Annales maritimes de 1840, page 927.

9 septembre 1841. — Règlement sur l'entretien et la conservation du matériel de l'artillerie des bâtiments de l'Etat et des objets qui en dépendent.

9 octobre 1841. (*Ports.*) — Lettre portant qu'il faut faire cesser les délivrances de bois de démolition ou de déchet, pour le chauffage des bureaux et autres services.

[1] Voir la circulaire du 5 mai 1846.

[2] Voir la décision royale du 30 juillet 1845, la loi du 25 avril 1847 et le décret du 12 avril 1848.

11 décembre 1841. (*Ports.*) — LETTRE portant autorisation de maintenir, jusqu'à nouvel ordre, les cessions de bois de démolition et de déchet pour le chauffage des divers services.

4 mars 1842. — DÉCISION royale fixant la composition des forces navales de la France en bâtiments à vapeur.

Annales maritimes de 1842, page 412.

5 mars 1842. — RÈGLEMENT pour le classement, l'entretien et la réparation des armes portatives et des effets d'armement et de grand équipement.

Annales maritimes de 1842, page 717.

14 juillet 1842. — RÈGLEMENT pour le service des bâtiments à vapeur affectés aux communications entre Toulon et les possessions françaises du nord de l'Afrique.

Annales maritimes de 1842, page 880.

3 janvier 1843. — ORDONNANCE qui charge le département de la marine de l'armement, du service et de la garde des batteries des cinq ports militaires du royaume.

Annales maritimes de 1843, page 35.

15 janvier 1843. — ORDONNANCE concernant les bâtiments de guerre mis en état de disponibilité de rade.

Annales maritimes de 1843, page 27.

9 octobre 1843. — CIRCULAIRE contenant des instructions sur divers points relatifs aux bâtiments armés et désarmés, et prescrivant des dispositions d'ordre à introduire dans le service du personnel et du matériel de la flotte.

Annales maritimes de 1843, page 1013.

19 octobre 1843. — CIRCULAIRE contenant une série de questions sur la composition et l'organisation de la flotte à vapeur.

Annales maritimes de 1843, page 1045.

5 décembre 1843. — CIRCULAIRE sur la préparation d'un projet de règlement sur le service des bâtiments en commission.

Annales maritimes de 1843, page 1241.

28 décembre 1844. — ORDONNANCE portant création d'une position dite de *Commission de rade*, pour les bâtiments de la flotte.

Annales maritimes de 1844, page 1608.

19 juillet 1845. — LOI qui ouvre des crédits extraordinaires pour la station navale à entretenir sur les côtes occidentales d'Afrique. (Armements et constructions.)

Annales maritimes de 1845, page 729.

30 juillet 1845. — DÉCISION royale qui autorise l'emploi, pour le service de la marine royale, de dix bâtiments à vapeur construits en vertu de la loi du 16 juillet 1840[1].

10 novembre 1845. — DÉCISION royale qui fixe provisoirement la nouvelle composition des forces navales de la France en bâtiments à vapeur.

Annales maritimes de 1845, page 949.

5 mai 1846. (*Artillerie.*) — CIRCULAIRE sur les modifications à apporter à la décision du 14 avril 1838, relative aux projectiles qui doivent être délivrés aux bâtiments de tous rangs.

Annales maritimes de 1846, page 566.

3 juillet 1846. — LOI qui affecte une somme de 93 millions aux constructions navales et à l'approvisionnement des arsenaux.

Annales maritimes de 1846, page 673.

22 novembre 1846. — Ordonnance portant fixation du nombre des bâtiments de chaque rang ou espèce qui composent les forces navales du royaume sur le pied de paix.

Annales maritimes de 1846, page 913.

30 mars 1847. — CONDITIONS générales pour la fourniture des

[1] Voir la loi du 25 avril 1847.

munitions, des matières brutes et des objets ouvrés nécessaires au service de la marine.

Annales maritimes de 1847, page 391.

25 avril 1847. — Loi relative à l'établissement d'un service de paquebots à vapeur entre le Havre et New-Yorck[1].

Bulletin des lois, 9e série, n° 1378, page 355.

9 septembre 1847. (*Ports.*) — Circulaire portant fixation des quantités de projectiles à délivrer aux bâtiments de tous rangs[2].

Annales maritimes de 1847, page 967.

14 mars 1848. (*Ports.*) — Circulaire portant qu'il ne doit pas être placé de balcons en fer sur les frégates.

Bulletin officiel de la marine, tome Ier, page 141.

17 mars 1848. (*Services administratifs.*)—Circulaire faisant envoi d'un nouveau tarif concernant la recette des mâtures dans les ports.

Bulletin officiel de la marine, tome Ier, page 146.

12 avril 1848. — Décret autorisant le ministre de la marine à reprendre, sous toutes réserves des droits de l'État et des tiers, les bâtiments connus sous le nom de Paquebots transatlantiques.

Bulletin officiel de la marine, tome Ier, page 179.

18 avril 1848. (*Travaux.*) — Circulaire interprétative de celle du 9 septembre 1847, portant fixation du nombre de projectiles à délivrer aux bâtiments de la flotte.

Bulletin officiel de la marine, tome Ier, page 188.

29 mai 1848. (*Personnel et travaux.*) — Circulaire relative aux bâtiments revenant de la mer et séjournant dans les ports pour y recevoir des réparations de quelque importance.

Bulletin officiel de la marine, tome Ier, page 332.

[1] Voir le décret du 12 avril 1848.

[2] Voir la circulaire du 18 avril 1848.

20 juillet 1848. — ARRÊTÉ portant fixation de la composition de l'artillerie des bâtiments de la République.

Bulletin officiel de la marine, tome II, page 23.

3 octobre 1848. (*Travaux.*) — INSTRUCTIONS générales concernant les installations et l'armement des bâtiments de la flotte.

Bulletin officiel de la marine, tome II, page 295.

CHIOURMES.

SOUS-OFFICIERS ET GARDES. — FORÇATS. — POLICE DES BAGNES.

« Depuis la suppression des galères à rames, ce n'est « que par tradition que la marine est restée chargée de « garder et d'entretenir les individus condamnés aux tra- « vaux forcés.

« Cette obligation, qu'aucune loi ne nous impose, « entraîne des inconvénients de tous les genres.

« Si l'on considère nos établissements sous un point « de vue philanthropique, on voit que la nature des tra- « vaux, jointe aux embarras que présentent les localités, « s'oppose souvent aux classifications qui seraient indi- « quées par la durée des peines autant que par l'âge et le « caractère des individus, et contrarie ainsi, malgré les « efforts des administrateurs, l'amendement dont les « condamnés seraient susceptibles dans un état de choses « qui obligerait moins au mélange et à la confusion.

« Envisagée dans ses rapports avec la sûreté générale, « l'agglomération des forçats est aussi contraire à la pré- « voyance et à la raison. Il y a effectivement un danger

« toujours imminent, à concentrer sur le même point, une « masse énorme de criminels qui, accoutumés à combi- « ner des résolutions hardies, maîtres de les concerter « avec des complices de leur choix, trouvent chaque jour « dans le mouvement des travaux, de nouvelles facilités « pour les exécuter. Aussi, quoique soumis au régime le « plus sévère, ces hommes fatiguent-ils également et ceux « qui les surveillent et la population locale qui les compte « avec effroi.

« Mais si la centralisation excessive des forçats compro- « met des intérêts généraux qui se rattachent, soit aux « condamnés eux-mêmes, soit à la sûreté publique, les « inconvénients de cette charge pèsent principalement « sur le département de la marine.

« La présence des forçats dans les ports, tend sans « cesse à dégrader et à corrompre les ouvriers et les ma- « rins, qui se trouvent chaque jour forcément rapprochés « d'eux sur les chantiers et dans les ateliers.

« Elle expose la sûreté du mobilier naval qu'ils ont « sous la main, du moins pendant la durée des travaux. « L'insuffisance des édifices ajoute encore à ce danger, « surtout à Toulon, où les bâtiments flottants servant « provisoirement de bagnes, éprouvent de fréquents in- « cendies qui peuvent causer la ruine de tous les établis- « sements voisins.

« L'entretien de onze mille forçats grève le service de « la marine d'une dépense d'utilité générale, qui, con- « fondue parmi les nôtres, trompe l'opinion sur nos « besoins réels, qu'elle grossit de ces éléments étrangers, « et dont le produit net, vicié par une foule de principes

« nuisibles, demeure presque nul pour un département « qui le paye si cher.

« Qu'on remarque en effet, pour se convaincre de cette « discordance, que les condamnés dépourvus de la pra« tique des professions utiles, ne peuvent, en général, « être appliqués qu'à des travaux de force, bornés par « leur nature même, et qui ne sauraient occuper cons« tamment de semblables amas d'hommes.

« Qu'on observe ensuite les entraves qu'apportent dans « l'exécution des travaux la situation et les vices mêmes « des forçats, gênés par le poids de leurs fers, logés par « prudence loin des chantiers, soumis à de fréquentes « visites, portés de la plus mauvaise volonté, étrangers à « toute émulation, et accessibles à la seule crainte des « châtiments[1]. »

Cet exposé, emprunté au rapport dont M. Portal a fait précéder, en 1820, le projet de budget normal de la marine, donne l'idée la plus complète de la situation du département à l'égard des bagnes. Le temps n'a fait, depuis lors, que rendre plus évident le dommage qui résulte, pour les arsenaux, de la présence des forçats. Le secours même qu'on en tirait autrefois pour les travaux de fatigue, est devenu plus coûteux, et, loin d'être nécessaire, est plutôt aujourd'hui nuisible. Sans la présence des condamnés qu'il faut utiliser aux travaux de force, les progrès qui s'accomplissent chaque jour dans la science de la construction des machines, auraient depuis long-

[1] Budget de 1820, page 41.

temps, permis d'appliquer à ces travaux l'emploi d'apparaux perfectionnés.

De la législation qui régit les bagnes, nous n'avons rien à dire ici. Sous le titre Justice maritime, nous avons indiqué sommairement l'organisation du tribunal maritime spécial créé pour connaître des crimes et délits commis par les forçats.

CHIOURMES.

SOUS-OFFICIERS ET GARDES. — FORÇATS. — POLICE DES BAGNES.

1er mars 1613. — LETTRES PATENTES du Roi et règlement pour la conduite des condamnés aux galères.

20 novembre 1613. — ORDONNANCE portant que tout forçat qui frappera avec ferrement ou blessera un argousin ou autre bas-officier des galères, et même un pertuisanier, lorsqu'il sera en fonction, sera mis au conseil de guerre et condamné à mort.

12 juillet 1644. — ORDONNANCE portant défense à tous particuliers de retenir aucun esclave turc ou maure, et de les mettre à la disposition des capitaines des galères.

30 juillet 1677. — RÈGLEMENT sur les devoirs des officiers des galères.

Tout argousin qui aura laissé échapper un turc ou un forçat de la galère sera mis à sa place pour servir de forçat autant de temps.

9 décembre 1682. — ORDONNANCE portant défense de donner des couteaux ou autres ferrements à la chiourme.

21 octobre 1683. — ORDONNANCE qui condamne à mort tout forçat qui se sera estropié ou mutilé pour se rendre invalide.

Ceux qui, pour s'exempter du service, se seront fait des

maux volontaires qui n'iront pas à l'invalidité auront le nez et les oreilles coupés.

11 novembre 1685. — ORDONNANCE sur le service des aumôniers et des chirurgiens établis sur les galères.

18 février 1686. — RÈGLEMENT concernant la conduite des chaînes des criminels condamnés à servir sur les galères.

6 novembre 1686. — ORDONNANCE contre les forçats blasphémateurs.

16 décembre 1686. — ORDONNANCE contre les forçats qui se battent avec le couteau.

Walker, tome 1er, page 468. — *Pailliet*, page 98.

21 mars 1687. — ORDONNANCE contre les argousins, sous-argousins et gardiens qui laissent évader les turcs et forçats.

16 octobre 1688. — ORDONNANCE portant défense aux forçats de vendre leurs habits, et à toutes personnes de les acheter.

Walker, tome 1er, page 480. — *Pailliet*, page 100.

13 juin 1689. — ORDONNANCE portant défense aux cômes, argousins et autres bas-officiers des galères de se servir du bâton pour punir les forçats.

Walker, tome 1er, page 481. — *Pailliet*, page 100.

14 décembre 1691. — ORDONNANCE pour la punition des forçats qui frappent ou blessent leurs gardiens.

Walker, tome 1er, page 483. — *Pailliet*, page 102.

7 mai 1692. — ORDONNANCE par laquelle le Roi veut que l'on donne 30 livres à tous ceux qui ramèneront des forçats ou turcs qui se sauvent, et qu'on les prenne sur la paye des argousins et sous-argousins.

24 décembre 1692. — RÈGLEMENT par lequel le Roi ordonne la punition des forçats qui se mutilent par récidive.

18 février 1693. — ORDONNANCE portant défense aux mariniers de rame des galères de porter sur eux aucuns pistolets, poignards et couteaux pointus.

23 septembre 1693. — RÈGLEMENT du Roi à l'occasion de la conduite des chaînes dirigées sur Marseille.

16 février 1695. — RÈGLEMENT concernant les pertuisaniers des galères.

21 octobre 1695. — ORDONNANCE portant des peines contre les forçats trouvés nantis d'objets volés.

Walker, tome II, page 19. — *Pailliet*, page 106.

25 octobre 1695. — ORDONNANCE contre les forçats, Turcs et autres gens des équipages des galères trouvés saisis de choses volées.

22 août 1696. — ORDONNANCE portant défense aux habitants de Marseille de donner retraite à aucuns Turcs, ni de faciliter leur fuite et leur embarquement, à peine d'être condamnés aux galères à leur place, pour 3 ans.

Les capitaines et patrons des bâtiments dans lesquels des Turcs seront trouvés embarqués seront punis de la même peine.

Il sera payé 60 livres, par chaque Turc, au dénonciateur.

8 mai 1697. — ORDONNANCE portant défense à tous officiers des galères d'avoir aucun intérêt avec les bas-officiers ou avec les chiourmes.

Walker, tome II, page 27.

14 avril 1700. — ORDONNANCE et règlement du Roi concernant la garde et sûreté des chiourmes des galères.

4 octobre 1702. — ORDONNANCE portant que tout condamné attaché à la chaîne, qui frappera ou blessera le commissaire con-

ducteur, argousin et autres préposés à la garde des forçats, sera condamné à mort par le conseil de guerre.

Walker, tome II, page 39.

2 avril 1704. — Ordre aux forçats libérés de ne point venir à Paris, ni de séjourner à Marseille.

24 novembre 1706. — Ordre du Roi qui renouvelle la défense, aux forçats libérés, de venir à Paris ou de rester à Marseille, sous peine de nullité de congés et d'être remis à la chaîne.

Archives de la marine.

15 octobre 1712. — Ordonnance relative aux voitures à fournir aux conducteurs des chaînes de Bretagne pour le transport des forçats malades, d'un lieu à un autre.

20 décembre 1713. — Ordonnance portant que les forçats qui frapperont et blesseront avec ferrements les pertuisaniers, seront condamnés à mort.

Walker, tome II, page 113. — *Pailliet*, page 127.

15 février 1715. — Ordonnance concernant la garde et la police des forçats et Turcs des galères.

Archives de la marine.

14 décembre 1716. — Ordonnance pour régler le service des galères.

Recueil d'édits, arrêts, etc. tome III, page 549.

13 juillet 1717. — Arrêt en faveur des argousins des galères de Sa Majesté.

L'amende que chaque argousin sera tenu de payer personnellement, ou sa caution, pour l'évasion de chaque forçat ou Turc de la galère, est réduite à 400 livres.

Recueil d'édits, arrêts, etc. tome V, page 259 *bis*.

8 janvier 1719. — DÉCLARATION du Roi concernant les condamnés aux galères, bannis et vagabonds.

Défense de séjour à Paris.

Recueil d'édits, arrêts, etc. tome IX, page 9.

4 juin 1719. — ORDONNANCE contre les argousins, sous-argousins et autres bas-officiers, aussi bien que contre les forçats et Turcs, à l'occasion des coups de couteau qui se donnent en galère.

23 janvier 1720. — LETTRES PATENTES sur l'arrêt du conseil d'État du Roi portant défense aux pertuisaniers conduisant les forçats et turcs des galères, dans la ville de Marseille, d'entrer dans aucunes maisons, cabarets et autres lieux publics, ni de sortir de ladite ville, à peine des galères pour 3 ans, et aux habitants de ladite ville, de les recevoir pour leur vendre du vin et donner à boire, à peine de 1,000 livres d'amende, dont le tiers sera donné au dénonciateur.

19 janvier 1729. — ORDONNANCE qui défend aux forçats des galères de travailler aux ouvrages d'orfévrerie.

7 septembre 1729. — ORDONNANCE qui réduit à 600 livres l'amende de ceux qui, répondant d'un Turc ou d'un forçat, le laisseront évader.

Archives de la marine.

1er août 1731. — RÈGLEMENT concernant la justice, la police et les chiourmes des galères.

6 décembre 1739. — ORDONNANCE portant que les bas-officiers, matelots et mariniers de rame qui abandonneront les galères sur lesquelles ils seront embarqués, seront déclarés déserteurs, et, comme tels, condamnés aux galères perpétuelles.

27 mai 1740. — ORDONNANCE concernant les pertuisaniers des galères qui s'absentent du port avec ou sans congé. — Les déserteurs sont passibles des galères perpétuelles.

Recueil d'édits, arrêts, etc. tome LI, page 697.

18 juillet 1741. — Décision portant qu'il sera retenu à chaque pertuisanier 20 sols d'amende sur leur paye, pour chaque évasion de forçat. — La même retenue est prescrite à l'égard des pertuisaniers du bagne pour chaque évasion.

1er janvier 1745. — Ordonnance pour établir la solde des bas-officiers des troupes des galères sur le même pied que celle des troupes de la marine.

17 mars 1745. — Ordonnance portant autorisation d'embarquer des forçats ouvriers sur les vaisseaux, moyennant soumission semblable à celle que l'on exige des entrepreneurs, de la part des commandants des vaisseaux.

27 septembre 1748. — Ordonnance portant réunion du corps des galères à celui de la marine.

Désarmement des galères et répartition des chiourmes entre les ports de Marseille, Brest et Toulon, sous la police des intendants ou ordonnateurs.

Recueil d'édits, arrêts, etc. tome LXVII, page 171.

1er janvier 1749. — Règlement à observer dans l'hôpital des chiourmes à Toulon et à Brest [1].

1er janvier 1749. — Règlement pour la police sur les galères et autres lieux où il y aura des chiourmes.

Archives de la marine.

2 avril 1749. — Ordonnance qui réduit à 200 francs l'amende à payer par les argousins qui laisseront échapper un forçat ou un Turc des galères.

4 avril 1749. — Règlement sur la police et la justice des chiourmes.

Pailliet, page 344.

16 août 1749. — Arrêt qui attribue, à l'intendant de Brest, la

[1] Voir le titre *Service de santé.*

connaissance des meurtres et autres crimes qui seront la suite des évasions des forçats.

Archives de la marine.

26 janvier 1750. — RÈGLEMENT pour obvier aux fréquentes évasions des chiourmes.

Archives de la marine.

5 mai 1750. — LETTRES PATENTES au sujet de la marque des condamnés aux galères.

9 septembre 1752. — RÈGLEMENT pour la surveillance et la conduite des chaînes de forçats.

13 août 1760. — RÈGLEMENT concernant les pertuisaniers.

10 septembre 1762. — ORDONNANCE pour le rétablissement des galères au port de Marseille.

14 septembre 1764. — ORDONNANCE concernant les précautions à prendre pour empêcher les évasions des forçats au port de Brest.

Archives de la marine.

20 septembre 1764. — ORDONNANCE sur la police des bagnes.

1er octobre 1765. — ORDONNANCE augmentant la compagnie des pertuisaniers du port de Brest, et prescrivant diverses dispositions pour empêcher les évasions des forçats dudit port.

5 janvier 1767. — ORDONNANCE portant établissement d'une chiourme au port de Rochefort, pour y servir, comme à Brest, Toulon et Marseille, aux travaux de l'arsenal.

29 mai 1772. — DÉPÊCHE fixant ce qu'il y aura à payer à l'avenir aux cavaliers de la maréchaussée qui ramèneront au bagne des forçats évadés du port.

Archives de la marine.

12 décembre 1775. — ORDONNANCE pour l'établissement d'une chaîne à laquelle les déserteurs des troupes de S. M. seront atta-

chés comme forçats, dans les villes de Metz, Strasbourg, Lille et Besançon.

Recueil d'édits, arrêts, etc. tome CXX, page 319.

23 décembre 1783. — ORDONNANCE concernant la conduite des chaînes de forçats.

27 mai 1790. — DÉCRET concernant les étrangers retenus dans les galères de France.

Recueil des lois de la marine, tome 1er, page 59.

9 septembre 1790. — DÉCRET relatif aux délits des forçats et à la sûreté des ports [1].

Recueil des lois de la marine, tome 1er, page 152.

12 octobre 1791. — DÉCRET sur l'organisation des cours martiales destinées à prononcer sur les délits commis dans les arsenaux, et sur tous ceux relatifs au service maritime commis à terre.

. . . .

Titre III. — Article 16. *Répression des délits commis par les bas-officiers des galères et par les forçats.*

Recueil des lois de la marine, tome II, page 284.

Juin 1792. — Règlement sur la police et la discipline des bagnes.

7 septembre 1792. — DÉCRET relatif aux étrangers détenus sur les galères de France, pour délits commis hors du royaume.

Recueil des lois de la marine, tome III, page 122.

25 janvier 1793. — DÉCRET sur l'organisation et le traitement des maîtres, ouvriers et autres employés aux travaux des ports et arsenaux de la République.

. . . .

Titre II. — Article 26. *Mode de nomination des agents de surveillance des chiourmes.*

Recueil des lois de la marine, tome III, pages 245 et 252. — Page 257, *Tableau des traitements.*

[1] Voir plus particulièrement, en ce qui concerne la législation criminelle, le titre *Justice maritime*.

13 brumaire an II (3 novembre 1793). — Loi qui prononce la peine de mort contre les geôliers et gardiens convaincus d'avoir favorisé l'évasion de personnes détenues.

Bulletin des lois. — Lois et actes du Gouvernement, tome VIII, page 36.

27 nivôse an II (16 janvier 1794). — Arrêté sur les achats provenant d'objets vendus par les forçats.

17 ventôse an II (7 mars 1794). — Loi interprétative de l'article 5 de celle du 13 brumaire an II, sur les personnes préposées à la garde des détenus évadés.

Bulletin des lois. — Lois et actes du Gouvernement, tome VIII, page 282.

3 messidor an II (21 juin 1794). — Loi qui détermine les formes à suivre dans le jugement des préposés à la garde des détenus, qui, d'après l'évasion de ceux-ci, seraient dans le cas des poursuites ordonnées par la loi du 13 brumaire an II.

Bulletin des lois, 1re série, n° 8, page 5.

13 thermidor an II (31 juillet 1794). — Arrêté relatif à la police des chiourmes. — Suppression des pertuisaniers et création des gardes de la chiourme, etc.

Lebeau, *Code pénal maritime*, page 122.

1er frimaire an III (21 novembre 1794). — Arrêté portant que 300 condamnés aux fers seront envoyés au port de Lorient, du bagne de Brest et des prisons de l'intérieur de la République, pour être employés aux travaux de la marine. — Établissement du bagne.

7 floréal an V (26 avril 1797). — Arrêté contenant des mesures pour l'arrestation des forçats évadés. — Gratification accordée pour la reprise d'un forçat évadé.

Recueil des lois de la marine, tome VII, page 278.

4 vendémiaire an VI (25 septembre 1797). — Loi relative aux préposés à la garde des détenus.

Recueil des lois de la marine, tome VIII, page 1.

9 pluviôse an VI (28 janvier 1798). — ARRÊTÉ qui fixe provisoirement le traitement des gardes-chiourmes[1].

Lebeau, *Code pénal maritime*, page 203.

2 floréal an VI (21 avril 1798). — DÉCISION ministérielle sur l'habillement des gardes-chiourmes.

5 floréal an VI (24 avril 1798). — DÉCISION ministérielle fixant à 40 francs, la prime d'engagement dans la compagnie des gardes-chiourmes.

7 fructidor an VI (24 août 1798). — ARRÊTÉ qui ordonne la formation d'un bagne au Havre[2], pour y recevoir les déserteurs condamnés aux fers.

Recueil des lois de la marine, tome VIII, page 582.

9 brumaire an VII (30 octobre 1798). — ARRÊTÉ concernant l'emploi des bagnes des ports de Nice[3] et du Havre. — Ils sont destinés à recevoir les soldats et marins condamnés aux fers pour désertion.

Recueil des lois de la marine, tome IX, page 52.

12 thermidor an VII (30 juillet 1799). — ARRÊTÉ contenant désignation des bagnes où seront envoyés les soldats et marins condamnés aux fers.

Recueil des lois de la marine, tome IX, page 278.

22 frimaire an VIII (13 décembre 1799). — LOI qui prescrit la manière dont sera faite la reconnaissance d'un individu condamné, évadé et repris.

Bulletin des lois, 2e série, n° 336, page 3.

2e jour complémentre an VIII (19 septembre 1800). — CIRCULAIRE

[1] Voir la décision du 4 juin 1811.

[2] Le bagne du Havre fut supprimé le 27 frimaire an XI (18 décembre 1802). La chiourme fut transportée à Cherbourg.

[3] Le bagne de Nice fut supprimé le 2 février 1811. La chiourme a été réunie à celle du port de Toulon.

portant défense de laisser séjourner les forçats libérés dans les ports du Havre, de Lorient, de Rochefort et de Toulon, à moins d'autorisation spéciale du ministre de la marine.

6 brumaire an XII (29 octobre 1803). — Arrêté qui alloue des gratifications pour l'arrestation des condamnés aux fers évadés d'un bagne[1]. — (Cent francs lorsque le forçat est repris hors des murs d'une des villes où sont situés les bagnes, etc.)

Recueil des lois de la marine, tome XIV, page 55.

20 brumaire an XII (12 novembre 1803). — Dépêche portant qu'une caisse établie chez les trésoriers des invalides des ports où se trouvent des bagnes, est destinée à recevoir en dépôt les sommes appartenant à des forçats[2].

18 ventôse an XII (9 mars 1804). — Arrêté qui accorde une gratification en cas de reprise d'un condamné aux fers ou à la détention, qui se serait échappé de prison.

Recueil des lois de la marine, tome XIV, page 145.

29 fructidor an XII (16 septembre 1804). — Décret concernant le nombre, les classes et les appointements des officiers et agents entretenus de la marine (sous-officiers des chiourmes).

Recueil des lois de la marine, tome XIV, page 331.

19 ventôse an XIII (10 mars 1805). — Décret qui enjoint à tout forçat libéré de déclarer le lieu ou la commune où il veut aller résider.

Recueil des lois de la marine, tome XV, page 75.

17 thermidor an XIII (5 août 1805). — Décret sur la peine de la récidive contre les forçats.

Recueil des lois de la marine, tome XV, page 200.

17 juillet 1806. — Décret relatif à la résidence des forçats libérés, après avoir subi les peines portées par leurs jugements.

Recueil des lois de la marine, tome XVI, page 91.

[1] Voir la circulaire du 3 décembre 1827.

[2] Voir la décision du 22 août 1820.

11 août 1806. — DÉCISION ministérielle sur la couleur des bonnets qu'on délivre aux forçats.

12 novembre 1806. — DÉCRET portant création et organisation des tribunaux maritimes.

. . . .

Titre VIII. *Dispositions relatives aux chiourmes et bagnes* [1].

Recueil des lois de la marine, tome XVI, pages 120 et 132.

2 juillet 1807. — DÉCISION interprétant l'article 69, titre VIII du décret du 12 novembre 1806, relatif aux tribunaux maritimes. — Évasion des forçats.

Recueil des lois de la marine, tome XVII, page 20.

7 mars 1808. — DÉCRET concernant les condamnés aux travaux publics ou au boulet qui, ayant obtenu leur grâce, ne se rendraient pas à leur destination.

Bulletin des lois, 4e série, n° 184, page 143.

24 août 1808. — DÉCISION ministérielle prescrivant la réunion de la chiourme de Cherbourg, à celle de Lorient [2].

13 janvier 1809. — DÉCRET relatif à la nourriture des forçats dans les bagnes.

4 juin 1811. — DÉCISION ministérielle qui maintient les dispositions de l'arrêté du 9 pluviôse an VI, relatives à la solde et aux suppléments de solde des compagnies de gardes-chiourmes.

11 juillet 1811. — CIRCULAIRE portant que les forçats ne peuvent pas être produits comme témoins devant le tribunal maritime, mais qu'ils peuvent être appelés pour donner des renseignements, sauf à avoir à leur déclaration tel égard que de raison [1].

[1] Voir le titre *Justice maritime*.

[2] Le bagne de Cherbourg a été rétabli par un ordre de l'empereur du 12 avril 1809; mais une décision du 16 août 1815 l'a supprimé de nouveau, et a prescrit de transférer les condamnés à Brest.

29 juillet 1811. — CIRCULAIRE portant que les sommes acquises par des condamnés aux travaux forcés à perpétuité ou à la déportation appartiennent à l'État.

31 août 1812. — CIRCULAIRE portant que les gardes-chiourmes déserteurs doivent être jugés par les conseils de guerre, conformément à l'article 47 de l'instruction du 22 juin 1812 [1].

19 octobre 1812. — CIRCULAIRE portant que les *gardes-chiourmes coupables d'insubordination* doivent être jugés par les tribunaux maritimes spéciaux et non par les conseils de guerre [2]. — Les *gardes-chiourmes déserteurs* ne sont justiciables des conseils de guerre qu'autant que dans leur évasion ils n'ont favorisé celle d'aucun forçat; dans le cas contraire, ils sont jugés par les tribunaux maritimes spéciaux, conformément à l'article 71 du décret du 12 novembre 1806.

12 janvier 1813. — CIRCULAIRE sur la fixation des salaires des forçats employés aux travaux dans les arsenaux de la marine.

2 janvier 1817. — ORDONNANCE qui réduit à trois ans la peine de l'évasion des forçats, et restreint la compétence des tribunaux maritimes spéciaux, à la connaissance des délits commis par les forçats.

Annales maritimes de 1817, page 88.

11 mars 1817. — CIRCULAIRE portant que les *gardes-chiourmes prévenus de désertion* doivent être jugés par les tribunaux maritimes ordinaires [2].

6 février 1818. — ORDONNANCE contenant des dispositions d'indulgence et de clémence en faveur des condamnés qui se seront

[1] Voir la circulaire du 11 mars 1817, qui les renvoie devant les tribunaux maritimes ordinaires.

[2] Voir le titre *Justice maritime*.

fait remarquer par leur conduite pendant l'expiation de leur peine.

Moniteur universel de 1818, n° 47, page 211. — *Bulletin des lois*, 7ᵉ série, n° 198, page 89.

1ᵉʳ février 1819. — CIRCULAIRE portant instruction sur les salaires des forçats.

22 juin 1819. — DÉCISION ministérielle sur le classement et les salaires des forçats. — Chaque année, au mois de septembre, les conseils d'administration des ports où il existe des bagnes doivent présenter des propositions d'après lesquelles le ministre détermine les salaires à allouer, pendant l'année, aux forçats travailleurs.

16 juin 1820. — RÈGLEMENT sur les agents de surveillance des chiourmes [1].

Annales maritimes de 1820, page 327.

22 août 1820. — DÉCISION ministérielle portant suppression des *caisses* dites *de fonds libres, de secours*, etc., à partir du 1ᵉʳ janvier 1821.

. . . .

ART. 4.

Des fonds seront remis dans chaque port pour servir aux distributions de secours.

ART. 9.

Les *caisses de la chiourme* continueront d'exister [2].

23 juillet 1822. — DÉCISION portant qu'aucune retenue ne sera faite à l'avenir sur les salaires des forçats en faveur des caisses des chiourmes.

12 novembre 1822. — RÈGLEMENT sur l'établissement au bagne de Toulon, d'une *caisse* dite *de pécule des forçats* [3].

[1] Voir la décision du 22 décembre 1831.

[2] Voir, au titre *Ouvriers*, la note mise à cette date.

[3] Le ministère de la marine avait communiqué le projet de ce règle-

11 février 1823. — DÉCISION ministérielle sur les frais de la police secrète des bagnes. — Fixation des sommes qui seront mises annuellement à la disposition de l'intendant ou ordonnateur pour cet objet[1].

10 juin 1823. — DÉCISION ministérielle pour transférer la chiourme de Lorient sur les bagnes de Brest et de Rochefort.

15 juillet 1823. — DÉCISION ministérielle sur les quantités et espèces de vêtements qui doivent composer le trousseau des condamnés aux travaux forcés dans les ports.

30 septembre 1823. — DÉCISION ministérielle rapportant celle du 10 juin 1823 et réservant exclusivement le bagne de Lorient aux marins et militaires condamnés aux fers pour insubordination[2].

2 octobre 1823. — DÉCISION ministérielle au sujet des dépenses de police secrète des bagnes. — Fixation des indemnités allouées aux agents de surveillance envoyés hors de l'enceinte de la ville où est le bagne, à la poursuite des condamnés évadés.

13 janvier 1824. — RÈGLEMENT approuvé par le ministre pour l'organisation du bagne des condamnés militaires à Lorient[2].

10 janvier 1825. — DÉCISION ministérielle sur les effets à accorder aux forçats lors de leur libération.

ment au comité de la marine du conseil d'État, qui a, le 8 novembre 1822, rendu un avis favorable à l'essai de ces dispositions. — Voir le règlement du 26 janvier 1829 qui prescrit l'établissement des caisses de pécule des forçats dans les autres ports où il existe des bagnes.

[1] Ces frais étaient précédemment supportés par les caisses des chiourmes.

[2] Voir la décision du 18 septembre 1830.

24 janvier 1825. — Règlement sur la comptabilité de la caisse des chiourmes [1].

10 octobre 1825. — Décision ministérielle modifiant les dispositions du règlement du 24 janvier précédent, en ce qui touche la confiscation des sommes appartenant à des forçats évadés [2].

3 décembre 1827. — Circulaire sur le mode de remboursement des frais de capture des forçats évadés.

7 août 1828. — Circulaire notifiant les nouvelles dispositions arrêtées par le ministre de la justice, le 1er de ce mois, pour les propositions en grâce. — Envoi d'un nouveau modèle de propositions.

20 août 1828. — Rapport et ordonnance sur la répartition des forçats dans les ports du royaume [3].

Annales maritimes de 1828, pages 690 et 697.

26 janvier 1829. — Règlement pour l'établissement, dans les ports où il existe des bagnes, d'une *caisse* dite *de pécule des forçats*, à compter du 1er février 1829.

25 mars 1829. — Règlement ministériel sur le classement des condamnés aux travaux forcés détenus dans les ports [4].

2 avril 1829. — Décision royale relative à un nouveau classement des forçats dans les bagnes. — Salles spéciales dites *d'épreuve*, des *indociles*, etc.

[1] Voir le règlement du 26 janvier 1829.

[2] Notifiée dans les ports par circulaire du 13 octobre 1825.

[3] Voir le règlement du 25 mars 1829, la décision du 19 octobre 1833 et l'ordonnance du 9 décembre 1836. Cette dernière ordonnance a supprimé les catégories établies par l'ordonnance de 1828 d'après la durée de la peine.

[4] Abrogé par le règlement du 16 septembre 1839.

21 avril 1829. — Décision ministérielle arrêtant un nouveau tarif des salaires des forçats dans les ports de l'Océan.

17 mai 1830. — Décision ministérielle sur la composition de la ration à allouer aux condamnés aux travaux forcés, employés dans les hôpitaux de la marine [1].

18 septembre 1830. — Décision ministérielle supprimant le bagne de Lorient.

2 mars 1831. — Circulaire portant que les forçats graciés seront envoyés *librement* par-devant les cours royales chargés d'entériner les lettres qui les concernent. — Ils devront indiquer à l'avance les résidences qu'ils auront choisies.

2 mars 1831. — Circulaire prescrivant les mesures à prendre pour parvenir à découvrir la véritable origine des forçats qui ont été condamnés sous des noms supposés.

2 juillet 1831. — Circulaire prescrivant l'emploi de nouveaux modèles de soumissions et de congés, de forçats libérés ou graciés, et dispositions relatives aux pièces à fournir pour ceux qui doivent sortir du bagne.

8 septembre 1831. — Tarif présentant la solde et les accessoires de la solde des compagnies d'agents de surveillance des chiourmes.

Annales maritimes de 1831, page 667.

22 décembre 1831. — Décision royale sur l'augmentation de la prime d'engagement accordée aux individus admis à s'enrôler dans le corps des gardes-chiourmes.

Annales maritimes de 1832, page 3.

16 juin 1832. — Circulaire sur les comptes annuels des travaux exécutés par les forçats, et leur appréciation.

[1] Voir le titre *Subsistances*.

10 novembre 1832. — CIRCULAIRE prescrivant d'employer, pour la fabrication du pain de forçat, des farines de pur froment, avec addition de basses matières[1].

22 décembre 1832. — DÉCISION ministérielle sur la fixation des salaires des condamnés employés dans l'intérieur des bagnes.

19 octobre 1833. — DÉCISION ministérielle portant que provisoirement on admettra, là où ils seront jugés, et là où ils débarqueront, les forçats qui, par la durée de leur peine, devraient subir leur condamnation dans un autre bagne. — Dispositions à ce sujet.

11 septembre 1834. — ARRÊTÉ relatif aux salaires des travaux des condamnés.

8 octobre 1834. — CIRCULAIRE portant envoi d'exemplaires du tarif des ouvrages exécutés par les condamnés.

12 mars 1835. — DÉPÊCHE portant que les condamnés septuagénaires du bagne de Brest, seront à l'avenir dirigés sur la maison centrale de Rennes; ceux de Rochefort, sur la maison centrale de Limoges; et ceux de Toulon, sur celles de Nîmes ou d'Embrun.

19 mai 1835. — ORDONNANCE concernant le service des chiourmes[2].

Annales maritimes de 1835, page 369.

4 juin 1835. — CIRCULAIRE sur les salaires des forçats; notification d'une décision du conseil des travaux de la marine à ce sujet.

24 juin 1835. — INSTRUCTION relative à la réorganisation du

[1] Voir le titre *Subsistances*.

[2] Voir, au titre *Administration*, les actes qui ont successivement réglé le service des différents détails des ports.

service des chiourmes, en exécution de l'ordonnance du 19 mai précédent.

11 juillet 1835. — CIRCULAIRE fixant les marques distinctives des casaques et des bonnets de forçats.

21 novembre 1835. — RÈGLEMENT ministériel sur le mode à suivre pour les propositions de grâce en faveur des condamnés aux travaux forcés[1].

20 décembre 1835. — CIRCULAIRE relative à la fixation des salaires des forçats.

22 septembre 1836. — CIRCULAIRE sur l'emploi des fonds (dépôts et pécules) appartenant aux forçats libérés, graciés, etc.[2].

20 octobre 1836. — CIRCULAIRE sur les propositions en grâce en faveur des condamnés aux travaux forcés.

9 décembre 1836. — ORDONNANCE relative au transport des forçats dans les bagnes.

Suppression des chaînes. — Transport par voitures.

Annales maritimes de 1836, pages 1384 et 1389.

13 mars 1837. — CIRCULAIRE interprétant l'article 103 du règlement du 21 novembre 1835 sur le mode à suivre pour les propositions en grâce.

17 juin 1837. — CIRCULAIRE portant application aux forçats des dispositions de la circulaire du 15 septembre 1831 (*Personnel*[3]) qui prescrit de surseoir à l'exécution des jugements portant condamnation à la peine capitale, qui pourraient être prononcés par les tribunaux maritimes spéciaux.

[1] Voir les circulaires des 20 octobre 1836 et 13 mars 1837.

[2] Voir la circulaire du 28 juillet 1842.

[3] Voir le titre *Justice maritime*.

30 juin 1837. (*Intérieur.*) — Arrêté concernant le transport des forçats au bagne.

Annales maritimes de 1837, pages 887 et 888.

30 juin 1837. — Règlement pour les condamnés tranférés aux bagnes.

Annales maritimes de 1837, page 893.

11 décembre 1837. — Instruction ministérielle relative au service de santé des chiourmes.

14 mai 1838. — Circulaire rappelant à l'exécution de l'article 15 du Code pénal, en ce qui concerne l'application des condamnés aux travaux de force.

16 septembre 1839. — Règlement sur le classement des condamnés aux travaux forcés, détenus dans les bagnes du royaume.

16 février 1840. (*Intérieur.*) — Circulaire portant que le séjour des départements de Seine-et-Oise, Seine-et-Marne, et des arrondissements de Senlis et de Château-Thierry, est interdit aux libérés assujettis à la surveillance.

26 octobre 1840. — Instruction relative au mode d'admission des condamnés aux travaux forcés dans les bagnes, et aux formalités à suivre pour constater leur sortie de ces établissements ou leur décès[1].

29 janvier 1841. (*Guerre.*) — Circulaire, concertée avec le ministre de la marine, sur les formalités à remplir à l'égard des condamnés militaires devant subir la peine des fers.

[1] Voir l'instruction du 8 juillet 1843, rendue en exécution de l'article 60, titre VIII, de la présente instruction.

Voir aussi les circulaires des 11 février, 15 avril, 13 et 31 mai, 15 juillet, 18 novembre 1841, 7 mars, 4 juillet, 31 août, 14 décembre 1842, 8 mars, 8 avril et 6 mai 1843, qui ont modifié cette instruction.

11 février 1841. — CIRCULAIRE prescrivant les dispositions relatives à l'admission dans les bagnes de militaires condamnés aux travaux forcés pour insubordination ou autres crimes [1].

15 avril 1841. — CIRCULAIRE portant envoi d'une décision du ministre de l'intérieur relative aux lieux dont la résidence est interdite aux libérés.

13 mai 1841. — CIRCULAIRE portant que le séjour de la Corse est interdit aux forçats originaires de ce département, condamnés par les tribunaux du pays aux travaux forcés ou à toute autre peine entraînant la surveillance perpétuelle ou temporaire.

31 mai 1841. — CIRCULAIRE au sujet des forçats libérés ou graciés d'origine étrangère, et qui demanderaient à résider en France.

15 juillet 1841. — CIRCULAIRE portant indication des mesures à prendre à l'égard des forçats transférés d'un bagne dans un autre.

18 novembre 1841. — CIRCULAIRE sur la remise à l'autorité civile des forçats à extraire du bagne.

7 mars 1842. — CIRCULAIRE portant que les forçats extraits des bagnes seront remis désormais à la disposition de l'autorité judiciaire.

4 juillet 1842. — CIRCULAIRE portant que les forçats extraits des bagnes seront remis *sans fers* à l'autorité compétente.

28 juillet 1842. — CIRCULAIRE sur le pécule des forçats. — Il doit être intégralement envoyé aux maires des communes ou aux directeurs des maisons centrales ou des prisons du royaume.

31 août 1842. — CIRCULAIRE prescrivant d'envoyer *huit* mois à l'avance, au lieu de *six*, les extraits des procès-verbaux de décla-

[1] Voir, *Journal militaire* de 1830, 2e semestre, page 293, une circulaire du 6 octobre 1830 sur le même sujet.

rations de résidence de ceux des individus condamnés aux travaux forcés dans les colonies françaises dont ils sont originaires, qui demandent à être renvoyés dans leur pays après avoir subi leur peine.

9 décembre 1842. — ARRÊT de la Cour de cassation portant que les dispositions des décrets des 27 septembre 1748 et 4 avril 1749 sont maintenues en ce qui concerne le crime commis par un forçat ayant frappé un de ses camarades d'un coup de couteau.

Annales maritimes de 1843, page 615.

14 décembre 1842. — CIRCULAIRE relative aux ex-militaires précédemment condamnés aux peines des travaux publics, du boulet ou de l'emprisonnement, et qui sont dans les bagnes.

15 décembre 1842. — CIRCULAIRE au sujet des propositions en grâce.

8 mars 1843. — CIRCULAIRE relative aux forçats d'origine maltaise qui, après leur libération, ne doivent pas retourner en Algérie.

1er avril 1843. — RÈGLEMENT ministériel relatif au service matériel et financier des chiourmes.

1er avril 1843. — INSTRUCTION relative au service de l'habillement et du couchage des forçats détenus dans les bagnes du royaume et au mode de blanchissage de leurs effets.

8 avril 1843. — CIRCULAIRE au sujet des individus ayant atteint leur soixante-et-dixième année au moment où ils sont présentés au bagne.

6 mai 1843. — CIRCULAIRE modifiant l'article 44 de l'instruction du 26 octobre 1840, en ce qui concerne la constatation du décès des forçats et la déclaration à en transmettre à l'officier de l'état civil.

10 mai 1843. — Décision ministérielle portant :

1° Augmentation de l'indemnité représentative du trousseau accordée à des forçats libérés et graciés, n'ayant à subir aucune autre peine.

2° Allocation d'un secours à ceux de ces forçats qui peuvent y avoir droit.

8 juillet 1843. — Instruction relative aux formalités à remplir pour constater la disparition, la reprise, la réintégration ou la reconnaissance des condamnés aux travaux forcés évadés des bagnes du royaume.

15 février 1844. — Décision ministérielle sur les mélanges qui doivent être opérés pour la fabrication du pain des forçats[1].

3 décembre 1844. — Arrêté pris en commun par les ministres de la guerre, de l'intérieur et de la marine, relatif à la détention au Mont-Saint-Michel, ou au bagne, des militaires et marins condamnés aux fers, ou travaux forcés, pour insubordination ou tout autre crime purement militaire.

Annales maritimes de 1845, page 89.

30 avril 1847. — Règlement relatif aux quartiers d'isolement établis dans les bagnes.

22 juin 1847. — Ordonnance portant règlement sur la solde, les revues, l'administration et la comptabilité des corps de troupe de la marine. — Tableau n° 9, compagnies d'agents de surveillance des chiourmes.

Annales maritimes de 1847, page 1290.

24 avril 1848. (*Ports.*) — Circulaire relative aux forçats employés comme ouvriers dans les arsenaux de la marine.

Bulletin officiel de la marine, tome Ier, page 205.

[1] Voir le titre *Subsistances*.

DISPOSITIONS DIVERSES.

Nous avons réuni sous ce titre les actes qui ne se rattachaient pas essentiellement à l'une des subdivisions principales de notre répertoire. Ils se rapportent, pour la plupart, à des services qui n'ont entre eux aucune analogie. C'est un mélange que justifie le titre même de *Dispositions diverses.*

Parmi ces actes, il faut placer en première ligne les lois et règlements rendus pour organiser le conseil d'État pendant les diverses phases de son existence, les lois prohibitives de la traite des noirs, les prescriptions relatives au mariage des officiers et agents de la marine, et quelques dispositions concernant l'éclairage des phares.

Au surplus, les actes classés sous le présent titre sont peu nombreux, ce qui rendra les recherches faciles.

DISPOSITIONS DIVERSES.

25 août 1683. — Règlement que le Roi veut et ordonne être observé à l'avenir dans les ports de Toulon et de Marseille, sur les précautions à prendre pour empêcher que la peste ne s'introduise dans le royaume.

Annales maritimes de 1821, page 551.

16 mars 1687. — Lettre du Roi à l'intendant des galères, au sujet du mariage des officiers d'icelles.

9 juin 1688. — Ordonnance défendant aux soldats des galères, à peine de punitions corporelles, de se marier sans une permission des capitaines de la compagnie dans laquelle ils servent, et à tous prêtres et curés de procéder à la célébration du mariage, sans ladite permission.

20 août 1691. — Ordonnance qui défend à tous les officiers et agents de la marine et des galères, de faire aucun commerce directement, ni indirectement.

Recueil d'édits, arrêts, etc. 1687 à 1699, page 145.

13 septembre 1713. — Ordonnance portant rappel des prescriptions de l'ordonnance du 15 avril 1689, relatives au mariage des officiers entretenus de la marine, et défense à tous recteurs, curés, aumôniers et prêtres de marier lesdits officiers, sans la permission de Sa Majesté, à peine d'être punis comme fauteurs et complices du crime de rapt.

Archives de la marine. — Index des ordonnances de la marine, tome II, page 203.

3 mai 1736. — Arrêt ordonnant l'alignement des rues de la ville de Lorient.

1er avril 1765. — Lettre du ministre qui interdit l'entrée des arsenaux du Roi aux étrangers.

Index des ordonnances de la marine, tome IV, page 467.

11 août 1776. — Ordonnance portant règlement sur le service dans les ville et port de Brest.

Annales maritimes de 1839, page 300.

17 avril 1777. — Arrêt concernant les feux et signaux établis sur les côtes du royaume, pour la sûreté de la navigation.

10 juillet 1784. — Ordonnance portant règlement sur le service dans les ville et port de Toulon.

Annales maritimes de 1839, page 306.

29 août 1784. — Règlement concernant les feux entretenus dans les ports et arsenaux.

Walker, tome V, page 277. — *Pailliet,* page 653.

24 août 1790. — Loi sur l'organisation judiciaire.

. . . .

Titre II. — *Des juges en général*. . . . .

Art. 13.

Les fonctions judiciaires sont distinctes et demeurent toujours séparées des fonctions administratives. Les juges ne pourront, à peine de forfaiture, troubler, de quelque matière que ce soit, les opérations des corps administratifs, ni citer devant eux les administrateurs pour raison de leurs fonctions [1].

Bulletin des lois. — *Lois et actes du Gouvernement,* tome Ier, page 360.

11 août 1792. — Décret portant suppression de la prime pour la traite des noirs.

Recueil des lois de la marine, tome III, page 74.

[1] Voir le décret du 14 frimaire an II.

15 septembre 1792. — Décret relatif aux phares, amers, tonnes et balises [1].

Recueil des lois de la marine, tome III, page 134.

9 mars 1793. — Décret qui permet aux militaires de contracter mariage sans l'agrément de leurs supérieurs.

Recueil des lois de la marine, tome III, page 369.

14 frimaire, an II (4 décembre 1793). — Décret sur le mode de gouvernement provisoire et révolutionnaire.

. . . .

Section V. — *De la pénalité des fonctionnaires publics et des autres agens de la République*[2].

Recueil des lois de la marine, tome IV, page 235.

26 frimaire an II (16 décembre 1793.) — Décret portant des peines contre les fonctionnaires publics, fournisseurs ou entrepreneurs, qui auront touché deux fois leur traitement, ou auront perçu des sommes plus fortes que celles qui leur revenaient.

Recueil des lois de la marine, tome IV, page 259.

2 pluviôse an II (21 janvier 1794). — Décret relatif à l'entretien des phares et feux établis pour la sûreté de la navigation.

Recueil des lois de la marine, tome IV, page 299.

19 floréal an II (8 mai 1794). — Décret qui règle la compétence du tribunal révolutionnaire de Paris et des tribunaux criminels de la République.

. . . .

Articles 7, 8, 10 et 11 applicables aux fonctionnaires publics [2].

Recueil des lois de la marine, tome IV, page 459.

17 germinal an III (6 avril 1795). — Loi qui détermine les tri-

[1] Voir le décret du 7 mars 1806.

[2] Voir la loi du 17 germinal an III.

bunaux par lesquels doivent être jugés les fonctionnaires publics [1].

Bulletin des lois, 1re série, n° 134, page 8.

16 fructidor an III (2 septembre 1795). — Loi qui défend aux tribunaux de connaître des actes d'administration, et annule toutes procédures et jugements intervenus à cet égard.

Bulletin des lois, 1re série, n° 175, page 14.

7 prairial an VI (26 mai 1798). — Arrêté portant que le service des vigies ou signaux de côtes, fera désormais partie des attributions du ministère de la marine.

Recueil des lois de la marine, tome VIII, page 474.

22 frimaire an VIII (13 décembre 1799). — Constitution de la République française.

. . . .

Titre IV. *Du Gouvernement.* — Articles 52 et suivants. *Du Conseil d'État.* — Titre VI. *De la responsabilité des fonctionnaires publics.*

Bulletin des lois, 2e série, n° 333, page 1.

5 nivôse an VIII (26 décembre 1799). — Règlement pour l'organisation du Conseil d'État.

Bulletin des lois, 2e série, n° 340, page 10.

13 nivôse an X (3 janvier 1802). — Arrêté relatif à l'apposition des scellés après le décès des officiers généraux ou supérieurs, des commissaires ordonnateurs, des inspecteurs aux revues et des officiers de santé.

Recueil des lois de la marine, tome XII, page 136.

7 mars 1806. — Décret concernant l'éclairage des phares d'Ouessant et de Saint-Mathieu. — Dépense laissée au compte de la

[1] Voir la constitution de l'an VIII et le règlement du 5 nivôse de la même année, sur l'organisation du conseil d'État.

marine, eu égard à l'importance de ces phares pour l'entrée et la sortie des navires du port de Brest.

Recueil des lois de la marine, tome XVI, page 65.

16 septembre 1807. — LOI relative à l'organisation de la cour des comptes.

Bulletin des lois, 4e série, n° 161, page 102.

16 juin 1808. (*Guerre*). — DÉCRET concernant le mariage des militaires en activité de service.

Recueil des lois de la marine, tome XVIII, page 155.

3 août 1808. — DÉCRET qui applique aux officiers militaires et civils de la marine les dispositions du décret du 16 juin 1808, relatif au mariage des militaires en activité de service.

Recueil des lois de la marine, tome XVIII, page 166.

21 décembre 1808. — DÉCRET sur les formalités exigées pour le mariage des officiers réformés.

Recueil des lois de la marine, tome XVIII, page 208.

19 avril 1811. — DÉCRET portant qu'il sera formé cinq bataillons de prisonniers de guerre qui seront employés à des travaux de marine.

Recueil des lois de la marine, tome XVIII, page 480.

19 avril 1813. — CIRCULAIRE portant que toutes les impressions nécessaires au service des ports seront désormais exécutées à Paris [1].

Annales maritimes de 1809-1815, tome Ier, page 276.

29 juin 1814. — ORDONNANCE concernant l'organisation du conseil d'État.

Annales maritimes de 1809-1815, tome II, page 74. — *Bulletin des lois*, 5e série, n° 22, page 259.

[1] Voir la circulaire du 15 octobre 1815.

23 août 1815. — ORDONNANCE portant organisation du conseil d'État.

Annales maritimes de 1809-1815, tome II, page 407.

15 octobre 1815. — CIRCULAIRE sur les avantages de la centralisation à Paris des impressions nécessaires au service des ports. — Envoi d'un bordereau des imprimés [1].

Annales maritimes de 1809-1815, tome II, page 423.

19 avril 1817. — ORDONNANCE portant règlement pour le conseil d'État.

Annales maritimes de 1817, page 157.

7 et 20 juin 1817. — CIRCULAIRES relatives aux passe-ports. — Instructions à ce sujet.

Annales maritimes de 1817, page 243.

15 avril 1818. — LOI qui prononce des peines contre les individus qui se livreraient à la traite des noirs.

Annales maritimes de 1818, page 167.

23 juillet 1823. — ORDONNANCE qui fixe l'époque à dater de laquelle l'Imprimerie royale sera administrée en régie, et règle les attributions de cet établissement [2].

Annales maritimes de 1823, page 578.

[1] Voir la circulaire du 12 juin 1832.

[2] La création de l'Imprimerie royale remonte au règne de Louis XIII (1640). Mais ce ne fut qu'en 1795 que cet établissement fut exclusivement chargé de l'impression et de la publication des lois et des actes du Gouvernement et des administrations publiques.

De 1793 à 1815, l'Imprimerie a été régie pour le compte de l'État. — A cette époque, et sous l'empire des dispositions de l'ordonnance du 28 décembre 1814, elle passa entre les mains d'un directeur gérant pour son propre compte. Cet état de choses fut maintenu jusqu'en 1823.

Voir, antérieurement à 1823 :

Le décret du 14 frimaire an II (4 décembre 1793). — Les lois des

17 septembre 1825. — CIRCULAIRE faisant envoi du bordereau général des imprimés arrêté par la commission nommée pour réviser cette partie du service. — Instructions à ce sujet.

15 juillet 1826. — CIRCULAIRE relative aux dispositions à suivre pour les impressions nécessaires au service des ports.

Annales maritimes de 1826, page 701.

25 avril 1827. — LOI relative à la répression de la traite des noirs [1].

Annales maritimes de 1827, tome 1er, page 397.

30 décembre 1827. — DÉCISION royale concernant la création du musée Dauphin (Musée naval.)

17 juillet 1828. — DÉCISION ministérielle concernant la formation de l'atelier du musée Dauphin.

1er mars 1830. — DÉCISION ministérielle concernant la nouvelle fixation des salaires accordés aux ouvriers du musée Dauphin.

16 décembre 1830. — TARIF des prix des travaux et fournitures de l'Imprimerie royale.

4 mars 1831. — LOI sur la répression de la traite des noirs.

Annales maritimes de 1831, page 166.

8 pluviôse et 18 germinal an III (27 janvier et 7 avril 1795). — Le décret du 21 prairial an III (9 juin 1795). — L'arrêté du 14 brumaire an IV (5 novembre 1795). — L'ordonnance du 16 nivôse an V (5 janvier 1797). — L'arrêté du 19 frimaire an X (10 décembre 1801). — Les décrets des 24 mars 1809 et 22 janvier 1811. — Les ordonnances des 28 décembre 1814, 3 juillet 1816 et 12 janvier 1820.

Postérieurement au 23 juillet 1823 :

Les ordonnances des 19 et 26 novembre 1823, 11 et 20 août 1824, 6 décembre 1827, 5 novembre 1838, 31 décembre 1830, 15 septembre 1831 et 11 octobre 1838.

[1] Voir la loi du 4 mars 1831.

12 juin 1832. (*Secrétariat général.*)—CIRCULAIRE annonçant qu'à l'avenir les imprimés nécessaires aux différents services du département de la marine et des colonies seront envoyés de Paris dans les arrondissements et sous-arrondissements maritimes, pour être répartis ensuite dans les différentes localités de leur ressort au fur et à mesure des besoins [1].

31 août 1832. — LOI relative au serment des fonctionnaires publics, des officiers, etc.

Annales maritimes de 1832, page 563.

24 avril 1833.—LOI sur l'exercice des droits civils et des droits politiques dans les colonies [2].

Annales maritimes de 1833, page 229.

2 juillet 1835. — LOI relative à l'établissement des paquebots à vapeur de l'administration des postes [3].

Annales maritimes de 1835, page 599.

21 juin 1836. (*Personnel.*) — DÉCISION ministérielle relative à la délivrance des permissions de mariage aux officiers.

Annales maritimes de 1836, page 674.

31 juillet 1836. — RÈGLEMENT sur le personnel du service des paquebots de l'administration des postes [4].

Annales maritimes de 1836, page 1069.

16 août 1836. (*Personnel.*) — DÉCISION ministérielle concernant

[1] Voir le règlement du 30 juillet 1839.

[2] Voir la loi du 25 juin 1841.

[3] Voir le règlement du 31 juillet 1836, la décision du 13 avril 1837, le règlement du 23 février 1839, et la décision du 28 novembre 1843.

[4] Voir, page 374 des *Annales maritimes de 1837*, le tableau présentant la marche du service et les tarifs.

les hommes de l'armée de mer disponibles dans leurs foyers et qui veulent changer de résidence ou se marier [1].

Annales maritimes de 1836, page 939.

15 décembre 1836. — Décision ministérielle portant que les *permissions de mariage* à accorder aux portiers-consignes seront délivrées par les généraux commandant les divisions militaires.

Annales maritimes de 1837, page 180.

13 avril 1837. — Tableau présentant l'organisation de la marche du service, le tarif de la taxe des lettres transportées par les paquebots-postes et le tarif du prix des places pour les passagers.

Annales maritimes de 1837, page 374.

4 juillet 1837. — Loi relative aux poids et mesures [2].

Annales maritimes de 1837, page 597.

30 mars 1838. (*Secrétariat général.*) — Circulaire invitant tous les fonctionnaires et agents de la marine à signer lisiblement.

Annales maritimes de 1838, page 534.

23 février 1839. — Règlement du Roi sur l'administration et la police des équipages des paquebots-postes de la Méditerranée [3].

Annales maritimes de 1839, page 413.

16 avril 1839. (*Guerre.*) — Circulaire portant de nouvelles dis-

[1] Application aux marins et militaires de la marine des dispositions de l'instruction du 16 novembre 1833 et de la circulaire du 21 février 1834 (*Guerre.*).

[2] Voir l'ordonnance du 16 juin 1839.

[3] Voir, aux *Annales maritimes de 1839*, p. 1080, une note du 26 octobre 1839 relative à la régularisation des avances faites pour le compte du service des paquebots.

Voir, en outre, l'ordonnance du 28 novembre 1843.

positions au sujet des demandes de *congé* et de *permission de mariage* formées par des militaires de l'armée de mer [1].

Annales maritimes de 1839, page 447.

17 avril 1839. — ORDONNANCE relative à la vérification des poids et mesures.

Annales maritimes de 1839, page 494.

16 juin 1839. — ORDONNANCE relative aux poids, mesures et instruments de pesage et de mesurage [2].

Annales maritimes 1839, page 649.

30 juillet 1839. — RÈGLEMENT portant instruction sur la comptabilité des imprimés du service général [3].

21 août 1839. — ORDONNANCE relative à l'importation des sucres [4].

Annales maritimes de 1839, page 828.

18 septembre 1839. — ORDONNANCE sur l'organisation du conseil d'État.

Annales maritimes de 1839, page 853.

25 juin 1841. — LOI relative au régime financier de la Martinique, de la Guadeloupe, de la Guyane française et de Bourbon [5].

Annales maritimes de 1841, page 741.

13 octobre 1842. (*Personnel.*) — CIRCULAIRE rappelant les officiers de tous les corps de la marine aux principes de la hiérarchie

[1] Voir la circulaire du 30 mars 1830. (*Journal militaire.*)

[2] Voir une circulaire de l'administration des douanes, page 978 des *Annales maritimes de 1839.*

[3] Voir la circulaire du 30 mai 1843.

[4] Voir une circulaire de l'administration des douanes, page 829 des *Annales maritimes de 1839.*

[5] Voir le titre *Comptabilité financière.*

militaire dans leurs demandes d'avancements, de commandements, de congés, etc.

Annales maritimes de 1842, page 1019.

29 mars 1843. (*Cabinet du ministre.*) — Circulaire portant défense aux officiers d'adresser ou de faire adresser des demandes en dehors de la voie hiérarchique.

Annales maritimes de 1843, page 431.

30 mai 1843. (*Secrétariat général.*) — Circulaire sur les dispositions à suivre pour diminuer les dépenses occasionnées par les impressions et les reliures[1].

Annales maritimes de 1843, page 522.

28 novembre 1843. — Ordonnance portant modification du règlement du 23 février 1839, concernant l'administration et la police des équipages des paquebots-postes de la Méditerranée.

Annales maritimes de 1843, page 1254.

17 décembre 1843. (*Guerre.*) — Circulaire contenant des dispositions relatives aux permissions à obtenir par les officiers qui désirent se marier[2].

Annales maritimes de 1844, page 29.

7 janvier 1844. (*Guerre.*) — Circulaire relative à la transmission des demandes de permission de mariage pour les officiers des corps de la gendarmerie.

Annales maritimes de 1844, page 33.

24 juillet 1844. (*Personnel.*) — Circulaire contenant de nouvelles recommandations pour les soins à apporter dans l'annonce des décès des officiers, marins et militaires.

Annales maritimes de 1844, page 881.

[1] Voir la circulaire du 13 octobre 1848.

[2] Rendue applicable aux officiers de troupes de la marine par circulaire du 20 janvier 1844. (*Annales maritimes* de cette année, page 28.)

29 mai 1845. — Convention conclue entre la France et la Grande-Bretagne, pour la suppression de la traite des noirs.

Annales maritimes de 1846, page 152.

19 juillet 1845. — Loi sur le conseil d'État.

Annales maritimes de 1845, page 701.

28 janvier 1846. — Ordonnance qui prescrit la publication de la convention conclue, le 29 mai 1845, entre la France et la Grande-Bretagne, pour la suppression de la traite des noirs.

Annales maritimes de 1846, page 152.

24 novembre 1846. — Décision portant que le trésorier général et les trésoriers des invalides devront désormais obtenir l'autorisation de contracter mariage, faute de quoi, leur mariage ne produirait pas d'effets en matière de pension.

Annales maritimes de 1846, page 920.

3 mars 1847. — Décision portant que les officiers mariniers et matelots appartenant à l'inscription maritime pourront contracter mariage sans qu'il y ait pour eux obligation d'en demander l'autorisation préalable.

Annales maritimes de 1847, page 340.

18 avril 1848. — Décret portant suppression du service extraordinaire du conseil d'État.

Bulletin officiel de la marine, tome Ier, page 181.

13 octobre 1848. (*Secrétariat général et comptabilité.*) — Circulaire au sujet des dépenses pour frais d'impression et de reliure [1].

14 octobre 1848. — Arrêté rendant obligatoire, pour la marine à vapeur du commerce, le système d'éclairage et de tactique adopté par la marine à vapeur de la République.

Bulletin officiel de la marine, tome II, page 328.

[1] Voir la circulaire du 12 novembre 1848.

12 novembre 1848. (*Secrétariat général et comptabilité.*) — CIRCULAIRE relative au service des imprimés. — Envoi d'un nouveau bordereau général des modèles à employer dans tous les services de la marine, celui de la comptabilité des matières excepté[1].

Bulletin officiel de la marine, tome II, pages 436 et 439.

14 décembre 1848. (*Personnel.*) — CIRCULAIRE faisant connaître un nouveau système d'éclairage des bâtiments à vapeur.

Bulletin officiel de la marine, tome II, page 615.

15 et 27 janvier et 3 mars 1849. — LOI organique du conseil d'État.

Bulletin des lois, n° 133, page 201. — *Bulletin officiel de la marine*, tome III, page 109.

[1] Les anciens bordereaux généraux des imprimés avaient été transmis dans les ports par circulaires des 17 septembre 1825 et 1er août 1831.

COMPTABILITÉ.

COMPTABILITÉ FINANCIÈRE.

COMPTABILITÉ DES MATIÈRES.

COMPTABILITÉ FINANCIÈRE.

La comptabilité financière du département de la marine se résume dans deux documents principaux, *le budget* et *le compte*. Ces documents ont subi de nombreuses modifications depuis 1830. Nous allons reproduire ici les plus importantes. Budgets et comptes.

BUDGETS.

C'est à partir de 1830 que les dépenses militaires des colonies, classées depuis quelques années dans le budget du ministère de la guerre, ont formé, de nouveau, dans celui de la marine, un chapitre à part, auquel sont venues se rattacher plusieurs autres dépenses coloniales disséminées dans les divers chapitres du budget du service *Marine*. Ce nouveau classement, en dégageant le service métropolitain de certaines dépenses qu'il avait beaucoup de peine à maintenir régulièrement dans ses nomenclatures, a fait, en outre, disparaître les froissements et les embarras qu'avait occasionnés le précédent système, dans lequel le soin de payer la dépense des services militaires aux colonies, et d'en compter, était confié à un département autre que celui qui avait la direction immédiate et exclusive de ce service.

Une autre amélioration non moins importante date également de 1830.

Depuis l'origine de la formation des budgets, il y avait entre les budgets et les comptes une différence de nomenclature. Ainsi, pour les chapitres du matériel, le budget présentait la proportion des travaux à faire, et le compte, l'indication des matériaux achetés. Quoique cette différence ne s'étendît pas au personnel, dont la nomenclature a toujours été la même dans le budget et dans le compte, elle suffisait pour empêcher le rapprochement absolu de ces documents, qui jouent un si grand rôle dans la comptabilité parlementaire. Pour établir un accord nécessaire entre ces deux ouvrages, dont l'un, conforme aux faits réels, ne pouvait pas céder, il fallait traduire le budget dans la langue du compte, c'est-à-dire, transformer les travaux en main-d'œuvre et en matières. C'est ce qui fut fait, et, depuis lors, les deux nomenclatures ont été parfaitement identiques.

Plus tard, de nouvelles améliorations furent encore réalisées.

Ainsi, l'administration, conformément au vœu si souvent exprimé par les Chambres, s'est attachée à séparer de plus en plus les dépenses du *personnel* et du *matériel*, précédemment réunies dans les mêmes chapitres législatifs.

Un autre changement, qui semblait devoir être la conséquence du départ que l'on établissait entre le personnel et le matériel, a été le rétablissement au budget, de l'ancien chapitre *Salaires d'ouvriers.*

Les quatre chapitres qui, dans les précédents budgets,

se rapportaient aux travaux du matériel naval et à ceux de l'artillerie dans les ports et hors des ports, et dont chacun se subdivisait en deux sections, la première relative aux salaires d'ouvriers, la seconde aux achats de matières, ont été remplacés, dans le budget de 1846, par deux chapitres seulement, dont l'un comprend la totalité des *salaires d'ouvriers*, et l'autre la totalité des *matières* qui se trouvaient précédemment réparties entre les quatre chapitres.

Au moyen de cette classification, qui a reçu l'approbation des Chambres, la comptabilité des matières se trouvera simplifiée; les dépenses seront plus régulièrement classées, puisque chaque chapitre ne se rapportera plus qu'à des objets de même nature; la tendance que l'on pouvait supposer exister dans les ports à favoriser, en certains cas, le personnel aux dépens du matériel, sera réprimée par les termes formels du budget et par les limites infranchissables de la spécialité.

Il serait facile de multiplier la nomenclature des améliorations introduites, depuis 1830, dans la forme du budget de la marine; mais cette analyse aurait l'inconvénient de descendre à des changements de détail qui n'offriraient peut-être pas assez d'intérêt. Ce qui précède suffira, sans doute, pour donner la preuve du zèle persévérant que l'administration apporte à la meilleure classification des dépenses, au double point de vue de l'ordre et de la bonne administration des services.

Il est pourtant une dernière amélioration qui n'a pas encore pu être réalisée.

Jusqu'à ce jour, les budgets ont été préparés plutôt en

vue de réunir les dépenses corrélatives et de même nature dans les différents chapitres législatifs, que dans le but, non moins essentiel cependant, de centraliser, dans les mêmes mains, l'administration financière de ces chapitres. Ainsi, dans l'état actuel, il n'est pas rare de voir plusieurs directions du ministère administrer en commun les crédits d'un même chapitre ; ce qui jette de la confusion dans l'exécution des services, et, par suite, de sérieuses difficultés dans l'établissement des comptes.

Pour remédier à une situation semblable, il faut de deux choses l'une : ou que l'organisation centrale du ministère soit modifiée, ou que le budget de la marine réponde, dans la contexture de ses chapitres législatifs, à l'organisation du ministère.

Peut-être conviendrait-il de modifier en même temps et le budget et l'organisation centrale, pour faire en sorte d'arriver à une nouvelle classification des dépenses, qui, s'adaptant à la coupure des services, établirait la subdivision des chapitres de telle manière, que l'administration de chacun d'eux fût désormais centralisée par direction et par bureau. Cette harmonie indispensable entre la forme du budget et le partage intérieur des attributions, aurait pour résultat de faciliter l'exécution du service et de simplifier les écritures.

COMPTES.

Les instructions générales pour la rédaction des comptes partiels préparés par les ports remontent aux 31 octobre 1831 et 29 décembre 1832.

Reprises et développées dans celles du 25 juillet 1834, ces instructions ont été constamment l'objet d'explications et d'additions nouvelles. On conçoit, en effet, qu'il faille toujours revoir et perfectionner des règles applicables à la constatation de dépenses qui s'exécutent sur les mers et au delà des mers, dans des pays où l'application rigoureuse des lois financières est souvent chose fort difficile. Ainsi, dans ces derniers temps, plusieurs circulaires, notamment celles des 15 septembre 1843, 12 septembre 1844 et 9 septembre 1848, ont dû fixer l'attention des ports sur quelques faits nouveaux, ou sur quelques points essentiels des instructions précédentes.

C'est ici le lieu d'expliquer le mécanisme à l'aide duquel le département de la marine établit ses comptes, et d'indiquer les améliorations dont cette branche essentielle de la comptabilité générale du département pourrait être encore susceptible.

Les dépenses de la marine se divisent en deux grandes catégories :

Dépenses de France,

Dépenses de l'extérieur.

Elles donnent toujours lieu à l'émission d'un mandat ou d'une ordonnance de payement, soit à Paris, soit dans les ports.

A Paris, il n'y a pas d'autre ordonnateur que le ministre. Toutes les ordonnances sont signées par lui. Ces ordonnances sont préparées par la direction comptable, en vertu de rapports soumis au ministre par les directions administratives, après le visa du contrôle central.

Seulement, dans l'organisation actuelle, c'est la direction comptable qui est chargée de soumettre à l'approbation du ministre, après s'être concertée toutefois avec les directions administratives, les rapports ayant pour objet l'apurement des dépenses faites à l'extérieur et payées en traites[1].

Dans les ports et autres établissements en France, les dépenses sont acquittées, en vertu de délégations spéciales de crédits, sur mandats de payement émis par les ordonnateurs secondaires.

Pour les dépenses directement ordonnancées par le ministre, les bureaux de Paris sont toujours saisis des pièces justificatives.

Quant aux pièces correspondantes des dépenses mandatées par les ordonnateurs secondaires, elles ne viennent pas à Paris. Ces pièces sont rattachées localement aux mandats des ordonnateurs secondaires, et vont se fondre dans la comptabilité de chaque payeur de département.

Tel est l'ensemble du système de l'ordonnancement de la marine.

Maintenant il convient de faire remarquer que tout ce qui se mandate dans les ports, sous le visa du contrôle local, n'a donné lieu jusqu'à ce jour à aucune liquidation dans les directions administratives du ministère. Cette partie considérable de la dépense n'est connue du ministre que par des états descriptifs qui ne sont soumis à aucune révision ministérielle.

[1] Voir plus loin les explications relatives à cette comptabilité spéciale.

Ainsi, point de liquidation générale des droits constatés sur le trésor; point de centralisation administrative.

Dans ce système, la direction comptable peut bien dresser, sur pièces, la partie du compte qui se compose de l'ordonnancement de Paris; mais, pour cette autre partie considérable qui comprend les dépenses des ports, elle est obligée de s'en rapporter à de simples bordereaux indiquant sommairement les dépenses faites.

Évidemment, un semblable état de choses ne répondait plus aux nécessités de l'époque. Aussi, en 1847, dans le double but d'établir, dans les directions administratives, une révision générale des dépenses faites, et d'associer plus fortement ces directions à la préparation des comptes d'exercice, M. Béhic, qui dirigeait alors avec tant de distinction la comptabilité de la marine, fit-il nommer une commission chargée de préparer la base des modifications à soumettre à l'approbation du ministre. A la suite d'un examen approfondi, la commission remit son travail; et, le 31 décembre de la même année, le ministère transmit dans les ports des instructions et des modèles pour l'établissement, à Paris, d'une *comptabilité* spéciale *des droits constatés* sur le trésor public.

Malheureusement plusieurs motifs, dont l'examen ne rentre pas dans le cadre que nous nous sommes tracé, n'ont pas permis de donner, à cette amélioration du système des écritures centrales, la suite sérieuse qu'elle comportait, et la *comptabilité des droits constatés*, il faut bien le dire, se compose presque exclusivement aujourd'hui des instructions qui prescrivaient de l'établir.

C'est une affaire qu'évidemment il faudra reprendre[1].

Règlement financier du 31 octobre 1840.

Après avoir parlé des budgets et des comptes qui forment les deux points extrêmes de la comptabilité de la marine, il est utile, avant de présenter quelques aperçus sur certaines parties distinctes de ce service, de dire également quelques mots d'un travail qui se rattache, par sa nature, à l'ensemble de la comptabilité du département.

Nous voulons parler du règlement financier du 31 octobre 1840.

Antérieurement à ce règlement, la comptabilité générale de la marine reposait sur une instruction ministérielle du 1er janvier 1824, laquelle avait été préparée pour servir à l'exécution des ordonnances royales des 14 septembre 1822 et 10 décembre 1823, relatives à la comptabilité générale des dépenses publiques.

Mais, à la suite d'une autre ordonnance du 31 mai 1838, qui avait repris et développé les règles précédentes, en tenant également compte des prescriptions intervenues depuis, le département de la marine a été conduit, comme tous les autres départements ministériels, à préparer un règlement qui, soumis à l'approbation royale, a fait, aux différentes branches de son ser-

[1] Voir, sur la nécessité de l'établissement d'une *comptabilité des droits constatés*, le rapport publié le 31 août 1848 par la commission mixte de vérification des comptes des ministres, pour l'exercice 1846 et l'année 1847. — Voir, en outre, le rapport présenté, dans la séance du 20 janvier 1849, par le comité des finances de l'Assemblée nationale, au sujet d'un crédit supplémentaire demandé par la marine. (ANNEXE N° 2.)

vice, application des règles rappelées dans l'ordonnance du 31 mai : ce règlement porte la date du 31 octobre 1840. Il se compose de 280 articles et d'une série de 40 modèles, le tout accompagné d'une nomenclature générale des pièces à produire aux payeurs du trésor public, à l'appui des ordonnances et mandats délivrés pour l'acquittement des dépenses.

Le règlement dont il s'agit embrasse les diverses branches du service de la marine et des colonies. Il sert encore aujourd'hui de guide pour les opérations du département; mais le moment paraît venu de le reviser. A part les prescriptions nouvelles introduites dans la comptabilité depuis 1840, à part même les instructions de détail qui ont pu modifier certaines règles précédentes, plusieurs faits importants sont venus ajouter à la nécessité de cette révision. On peut citer entre autres, pour le *Service marine*, l'ordonnance royale du 7 novembre 1845, sur les traites de la marine, dont il va être parlé tout à l'heure ; et pour le *Service colonial*, la loi du 25 juin 1841 sur le régime financier des colonies, laquelle elle-même n'est plus en harmonie avec les faits qui se sont accomplis depuis dans nos établissements d'outre-mer.

Nous venons de dire qu'une ordonnance royale du 7 novembre 1845 avait modifié le service des traites de la marine. Traites.

Ceci nous conduit à donner quelques explications sur ce service délicat et difficile.

Les bâtiments en cours de campagne donnent lieu,

soit dans les colonies françaises, soit à l'étranger, à des dépenses considérables. D'après les derniers comptes rendus, le chiffre s'en est élevé à près de quatorze millions.

Depuis près de trente ans, il est pourvu à l'acquittement de ces dépenses, au moyen de traites que les trésoriers coloniaux, les consuls et les conseils d'administration des bâtiments, selon les circonstances, sont autorisés à émettre, et qui, jusqu'en 1838, avaient été payées par le trésor public, au moyen d'ordonnances de payement délivrées par le ministre au moment de la présentation desdites traites. Et plus tard, lorsque les pièces justificatives étaient produites, ces pièces étaient examinées et transmises à la cour des comptes, avec des bordereaux contenant des indications au moyen desquelles elles étaient rattachées aux ordonnances.

Au point de vue de l'exécution du service, considérée isolément, ce mode présentait de grands avantages; mais il laissait à désirer sous le rapport de la justification des dépenses. Ainsi, les traites n'étant payées par le trésor qu'après l'ordonnancement du ministre, et l'ordonnancement précédant toujours l'arrivée des pièces justificatives transmises par les tireurs, il en résultait que la cour des comptes ne pouvait vérifier qu'incomplétement les justifications produites. Il arrivait même assez souvent que le compte de gestion du payeur central du trésor, dans lequel les ordonnances représentatives des traites avaient pris place, était jugé par la cour, avant que les pièces délivrées au soutien des traites eussent pu être rattachées aux ordonnances de payement précédemment émises.

Un mécanisme restait donc à trouver, qui, sans porter atteinte aux résultats obtenus à l'aide du tirage des traites, donnât cependant les moyens d'accélérer la justification des dépenses, d'en opérer en temps utile l'apurement administratif, et de faciliter enfin le contrôle et le jugement sur pièces dont ces dépenses devaient être l'objet de la part de la cour des comptes.

Une ordonnance royale du 13 mai 1838 a réalisé cette amélioration importante.

Aux termes de cette ordonnance, la comptabilité des traites de la marine a cessé de figurer dans celle du payeur central des ministères. Un agent comptable, institué auprès du ministère de la marine, a été spécialement chargé du service des traites. Cet agent, justiciable de la cour des comptes, n'a aucun maniement de fonds. Il revêt d'un *vu bon à payer* les traites acceptées. Ces traites sont payées pour son compte par le caissier central du trésor. L'agent comptable en débite les tireurs, au moment de l'acceptation, et il les crédite au fur et à mesure de la remise des pièces qui ont justifié l'emploi des fonds provenant de ces valeurs. Ces pièces, que les tireurs doivent adresser au ministère dans les plus brefs délais, et, autant que possible, à l'expiration de chaque mois, sont soumises à une liquidation ministérielle, et donnent lieu à l'émission d'ordonnances de régularisation, qui vont prendre place, avec leurs annexes, dans des comptes de gestion dressés par l'agent comptable, et soumis au jugement de la cour des comptes.

Ainsi, l'ordonnance du 13 mai 1838 a eu pour effet

d'accélérer l'envoi des justifications, d'imprimer à l'ordonnancement une marche plus régulière, enfin, et c'était surtout là l'objet qu'il fallait atteindre, de mettre la cour des comptes en mesure d'exercer efficacement son contrôle, en jugeant sur pièces l'ensemble des opérations accomplies au delà des mers.

Toutefois, à côté de ces bons résultats, l'ordonnance du 13 mai avait dégagé, dans l'exécution, une difficulté sérieuse. Dans l'ancien système, les ordonnances de payement, destinées à couvrir le trésor public, accompagnaient toujours l'acceptation de la traite. Dans le système nouveau, les traites sont payées sans ordonnancement préalable, et ce n'est qu'après l'arrivée et la liquidation des pièces justificatives, que des ordonnances de régularisation sont délivrées par le ministre, pour couvrir le trésor de ses avances et dégager la responsabilité des tireurs.

Or il arrivait assez fréquemment que, par suite des délais inséparables de la liquidation de dépenses qui s'accomplissent toujours au delà des mers, et souvent dans des conditions exceptionnelles, une partie considérable de ces dépenses ne pouvait être ordonnancée que vers la clôture légale des exercices d'imputation, époque à laquelle la situation générale des crédits, absorbés par les exigences du service courant, ne permettait plus de donner cours aux ordonnances de régularisation préparées. Il en résultait ces conséquences fâcheuses que le trésor public demeurait à découvert; que le chiffre des dépenses restant à régulariser allait grossissant d'année en année, et que la comptabilité de la marine qui avait procédé, en temps utile, à l'apurement des dépenses de l'extérieur, était obligée de suspendre l'ordonnancement de ces mêmes dépenses, faute de crédits, et de subir les conséquences fâcheuses d'un état de choses dont se plaignaient en même temps le trésor et la cour des comptes.

Le département de la marine sentit le besoin de changer une telle situation, et, de concert avec le ministère des finances, il rendit, le 7 novembre 1845, une nouvelle ordonnance en vertu de laquelle, au fur et à mesure de la présentation des traites, des réserves correspondantes sont faites sur les crédits de la marine. Au moyen de ces réserves, inscrites à la fois dans les écritures respectives des départements de la marine et des finances, l'ordonnancement des dépenses de l'extérieur n'éprouve plus de difficultés, et il a toujours exactement lieu aussitôt après l'examen des pièces justificatives transmises par les tireurs. Et afin d'assurer plus efficacement encore la libération du trésor et l'apurement des comptabilités de l'extérieur, dans le cas où les crédits législatifs ne sont plus suffisants pour couvrir des dépenses pour lesquelles des traites seraient présentées à l'acceptation, le ministre de la marine doit demander immédiatement un crédit extraordinaire, dans la forme voulue par l'ordonnance du 31 mai 1838, portant règlement général sur la comptabilité publique.

D'autres améliorations ont encore été réalisées dans la comptabilité des traites, par l'ordonnance du 7 novembre. Ainsi, par exemple, les traites de bord précédemment tirées sous la signature du commandant et du commis d'administration, sont actuellement émises sous la responsabilité des trois officiers composant le conseil d'administration de bord : en d'autres termes, l'officier chargé du détail intervient aujourd'hui dans le tirage des traites, et cette nouvelle signature ajoute aux garanties que présentaient déjà les deux signatures existantes.

A côté de ces modifications importantes, qui s'appliquent à l'ensemble du service des traites, on pourrait encore rappeler ici :

Les circulaires des 27 février 1838 et 6 novembre 1839 prescrivant d'adresser au ministère, lors du départ de tout bâtiment expéditionnaire, la signature-type, dûment légalisée, des officiers qui seraient appelés à tirer des traites pendant la campagne ;

La circulaire du 20 octobre 1843, traçant le mode de confection des traites de bord ;

Enfin les circulaires des 31 août 1838 et 30 novembre 1845, transmettant, dans les ports, des instructions et des modèles sur l'ensemble de ce service.

L'exposé qui précède dépose de la constante sollicitude de la marine pour cette partie importante de la comptabilité du département.

Maintenant, si, des faits généraux de cette comptabilité, nous passons à d'autres parties du même service, nous aurons également à signaler de nouvelles améliorations.

Mode de payement des dépenses du personnel.

Nous citerons en première ligne la circulaire du 16 avril 1844 sur le mode de payement des dépenses du personnel dans les ports.

Depuis longtemps, le trésor et la cour des comptes réclamaient contre le système en usage des *quittances provisoires*, lesquelles, préparées d'avance, individuellement présentées aux payeurs par les parties prenantes, étaient échangées plus tard par les ordonnateurs, contre des états collectifs d'émargement et des mandats définitifs. A l'appui de ces réclamations, on invoquait surtout ce principe que l'argent ne devait sortir des caisses de l'État que sur des pièces régulières et définitives.

Des difficultés inhérentes à la spécialité de la marine, à la mobilité de son personnel, avaient empêché la réalisation des vœux exprimés à cet égard. A la suite d'une nouvelle étude, est intervenue l'instruction du 16 avril, laquelle, tout en maintenant quelques exceptions fort rares, mais indispensables, est entrée dans la voie légale de l'ordonnancement préalable et définitif.

Cette modification, sagement ménagée, a été un véritable progrès.

Rappels de solde sur exercices clos.

D'un autre côté, le département de la marine a pris, le 30 septembre 1847, une disposition qui, tout en respectant les règles financières, a été très-favorable aux intérêts de la population des ports.

Aux termes de l'article 9 de la loi du 8 juillet 1837, reproduits dans l'article 102 de l'ordonnance du 31 mai 1838, les rappels de solde payables sur revues et portant sur des exercices expirés, peuvent être provisoirement imputés, sauf régularisation ultérieure, sur les crédits de l'exercice courant, au fur et à mesure de la constatation du droit des créanciers, et sans être soumis aux règles qui régissent la comptabilité spéciale des exercices clos.

Le règlement financier du 31 octobre 1840 n'avait

point fait mention de cette faculté, qui, jusqu'à présent, était restée comme non avenue pour le département de la marine. Ainsi, lorsque les bâtiments revenaient de la mer, et que le décomptage des rôles faisait ressortir au crédit des hommes embarqués des sommes qui n'avaient pas été comprises dans les restes à payer de l'exercice expiré, le payement de ces créances demeurait soumis à toutes les prescriptions relatives aux exercices clos. Il en résultait fréquemment des retards préjudiciables aux intérêts des officiers et des équipages, et par suite des réclamations et des plaintes que l'administration a dû faire examiner.

A la suite de cet examen, il a été reconnu que, malgré le silence du règlement financier, le département de la marine pouvait être autorisé à profiter de l'exception admise par la loi du 8 juillet 1837.

En conséquence, par une circulaire du 30 septembre 1847, des instructions ont été données aux ports, à l'effet de faire acquitter les rappels de solde sur les fonds de l'exercice courant et sous les réserves établies par la loi.

Mode de payement des dépenses du matériel.

Le mode de payement des créances du matériel a également subi des modifications qu'il n'est peut-être pas inutile de rappeler ici.

Avant 1844, plusieurs systèmes étaient simultanément appliqués.

Pour les fournitures relatives aux deux services des vivres et des colonies, l'usage était de payer intégralement les fournitures, au fur et à mesure des livraisons, après constatation de la recette définitive et liquidation des droits ouverts sur le trésor.

Le même usage s'étendait, sous les mêmes conditions,

aux autres fournitures des différents services, mais pour celles seulement dont le montant devait être acquitté localement, par les soins des ordonnateurs secondaires de la marine.

Quant à celles des fournitures qui, ayant eu lieu dans les ports, devaient être rendues payables à Paris sur ordonnances directes du ministre (et c'était la portion la plus considérable), on avait coutume de ne les payer que par à-compte, réservant, pour l'approche de la clôture de l'exercice, la délivrance des ordonnances de solde auxquelles on rattachait alors les pièces justificatives de l'ensemble des fournitures successivement recueillies par les bureaux du ministère.

Enfin, pour les payements à faire par suite de travaux à l'entreprise, ils avaient également lieu par à-compte, suivant le degré d'avancement du travail à exécuter, et, conformément aux prescriptions de l'ordonnance du 31 mai 1838, l'administration avait le soin de ne pas dépasser la limite des 5/6es du travail total, de manière à réserver, par le sixième restant à payer, la garantie du département pour l'entière et complète exécution des engagements contractés par l'entrepreneur.

A l'égard de cette dernière partie des dépenses, il ne pouvait être question de modifier la règle suivie. Elle était le résultat d'une disposition formelle de l'ordonnance sur la comptabilité publique. Elle fut donc maintenue.

Mais pour la partie considérable des fournitures proprement dites, faites dans les ports et rendues payables à Paris, rien ne paraissait devoir s'opposer à ce qu'on leur appliquât le mode du payement intégral des livraisons faites, tel qu'il avait lieu pour les fournitures correspondantes acquittées sur les lieux par les soins des ordonnateurs secondaires de la marine.

L'usage de ne procéder à Paris que par des payements d'à-compte ne reposait sur aucune règle. Seulement il remontait à des temps fort éloignés; et s'il fallait en rechercher l'origine, peut-être la trouverait-on dans les embarras financiers des époques antérieures et dans le besoin qu'éprouvait l'administration de conserver une garantie matérielle contre les fournisseurs, en cas d'inexécution de leurs traités, alors qu'il n'existait pas, comme aujourd'hui, des cautionnements en argent, propres à assurer les droits du trésor.

Toujours est-il que ces motifs n'existant plus, et convaincue d'ailleurs qu'il n'en pouvait résulter aucun préjudice pour les finances de l'État, puisqu'il s'agissait, en définitive, de fournitures réellement faites et dûment constatées, l'administration prescrivit, en 1844, de payer intégralement, soit à Paris, soit dans les ports, toutes celles des dépenses qui auraient subi les formalités nécessaires pour établir le droit des créanciers.

Ce nouveau système eut pour résultats :

De hâter la libération du ministère de la marine ;

D'apporter plus de clarté dans les écritures, et de diminuer les chances d'erreur ;

De décharger l'administration de la responsabilité que faisait peser sur elle la conservation d'une masse énorme de pièces comptables qui s'accumulaient dans les cartons jusqu'à l'époque de l'ordonnancement des soldes ;

De réunir aux ordonnances de payement comprises

dans la gestion annuelle du payeur, les justifications qui s'y rapportent, lesquelles, dans le système antérieurement en vigueur, étaient pour la majeure partie rattachées à la gestion subséquente;

Enfin, de procurer au trésor public, puis à la cour des comptes, les moyens de vérifier, sur pièces, l'exactitude des décomptes en deniers portés sur les ordonnances.

Dans son rapport sur les comptes de l'année 1844, la cour des comptes s'est exprimée de la manière suivante sur la modification adoptée par le département de la marine :

« Le même compte (celui du payeur central) nous « a présenté une amélioration importante dans la liqui- « dation des dépenses du matériel. Suivant le mode prati- « qué depuis plusieurs années dans le département de la « guerre, le ministère de la marine a liquidé et soldé « définitivement, en 1844, la plus grande partie des four- « nitures effectuées dans les dix premiers mois de l'année. « Cette mesure d'ordre simplifie à la fois le travail de « notre contrôle et celui de la liquidation des dépenses. »

Mode de justification des dépenses du matériel.

Si du mode de payement des fournitures, nous passons à celui de la justification de ces dépenses, nous avons également à constater une amélioration réelle.

Depuis longtemps, dans la marine, cette justification consistait à mettre à l'appui des ordonnances et mandats de payement :

1° Des marchés ou des conventions;

2° Des récépissés de livraisons indiquant la nature, l'imputation et la date des recettes définitives.

Ainsi, parmi les pièces probantes soumises au contrôle de la cour des comptes, il n'en était aucune qui émanât des soumissionnaires eux-mêmes. A la vérité, les fournisseurs étaient tenus de remettre des factures ou mémoires des objets livrés par eux ; mais ces productions directes, qui n'étaient pas régulièrement exigées par tous les ordonnateurs, demeuraient d'ailleurs entre les mains du chef de détail qui avait délivré l'ordre d'introduction, et il arrivait qu'en définitive la justification des dépenses de l'espèce n'était établie que par des certifications administratives.

Cet état de choses, qui était spécial au département de la marine et qui avait donné lieu à des observations, tant de la part de la cour des comptes que de celle des commissions mixtes de comptabilité, a été modifié par décision du 26 octobre 1844.

En vertu de cette décision, des factures ou mémoires établis par les fournisseurs de la marine sont ajoutés aux justifications ordinaires produites au soutien des ordonnances et mandats de payement. Ces factures ou mémoires, datés et signés par les fournisseurs, sont, en outre, soumis à la formalité du timbre, conformément au vœu de la loi.

Voici comment la cour des comptes a apprécié cette mesure d'ordre dans son rapport, déjà cité, sur les comptes de l'année 1844 :

« Dans le compte du payeur central, une partie des « dépenses du matériel, au lieu d'être appuyée de simples « certificats administratifs, a été régulièrement justifiée « par des mémoires ou des factures revêtus de la quit-

« tance des fournisseurs. Nous devons reconnaître cet « empressement de la marine à exécuter une mesure ré- « clamée par la cour, et dont l'application n'était obliga- « toire qu'à dater de 1845. »

Il ne nous reste plus que quelques mots à dire. Avances et cessions.

A part les difficultés inhérentes à la nature spéciale de son service, à la mobilité de ses agents, à l'éloignement des lieux où s'accomplissent la plupart des faits de dépenses, le département de la marine éprouve, dans la liquidation de ses services financiers, des embarras que ne rencontrent pas, du moins au même degré, les autres départements ministériels.

C'est ainsi, par exemple, que la marine, conduite à faire de fortes avances, soit en argent, soit en matières, à plusieurs branches de l'administration publique, cède en outre, assez fréquemment, à la mer, des vivres et autres objets aux navires du commerce. Les comptes font connaître que pour les seuls départements de la guerre et des finances, le montant desdites avances s'élève de 3 à 4 millions par an.

Ce n'est pas tout, et dans le service même de la marine, les différentes branches qui le composent se trouvent amenées à se faire des cessions souvent considérables, par suite des subdivisions législatives du budget; opérations auxquelles, il faut le dire, on a trop facilement recours dans les ports, et qui donnent toujours lieu, quoi qu'on fasse pour les régulariser, à une grande complication d'écritures.

Après avoir présenté longtemps de l'incertitude, les règles à l'aide desquelles ces opérations viennent prendre place dans la comptabilité financière ont été nettement posées par plusieurs instructions ministérielles. On va citer les principales :

1° Circulaire du 30 octobre 1839, relative au mode de remboursement des avances faites par la marine aux divers départements ministériels ;

2° Circulaire du 15 novembre 1839, relative aux reversements de fonds opérés dans les caisses des receveurs des finances au compte de la marine ;

3° Enfin circulaire du 22 juillet 1847, relative au mode de remboursement des cessions de service à service.

Cette partie difficile de la comptabilité de la marine paraît présenter aujourd'hui les garanties désirables.

Résumé. Telle est, au point de vue d'ensemble, la situation de la comptabilité financière du département. S'il reste quelques améliorations à y introduire, il est juste de tenir compte à l'administration de celles qu'elle a déjà réalisées. Sans doute, la marine ne doit, ni ne veut demeurer en arrière des autres administrations publiques; mais il ne faut pas perdre de vue que les changements sont toujours difficiles dans un service qui s'étend sur tous les points du globe, avec des agents qu'il faut conduire et souvent redresser à de pareilles distances. Il ne faut pas oublier, non plus, que de 1830 à l'époque actuelle, le budget de la marine a successivement été porté de 91 à 139 millions, et qu'à côté des améliorations introduites dans le système général de la comptabilité, l'administration a dû satisfaire à des devoirs que rendait chaque jour plus impérieux le développement des différents services de la marine.

Nous donnons aux *annexes*, comme complément de la présente note, le tableau comparatif des crédits et des dépenses de la marine et des colonies, depuis l'année 1820, époque à laquelle remonte le budget systématique de M. Portal (ANNEXE n° 3).

COMPTABILITÉ FINANCIÈRE.

9 août 1671. — ORDONNANCE portant défense, aux intendants et commissaires généraux de marine, de faire payer les appointements des officiers absents.

Édits, déclarations, etc. page 243. — *Code des armées navales*, page 97.

15 juin 1675. — RÈGLEMENT sur le payement des officiers de marine résidant dans les ports et arsenaux.

Édits, déclarations, etc. page 760. — *Code des armées navales*, page 147.

14 novembre 1678. — RÈGLEMENT pour la forme des décharges qui doivent être données aux trésoriers généraux de la marine.

7 octobre 1693. — ORDONNANCE pour faire le payement des soldats des compagnies franches sur des extraits de revue.

Index des ordonnances de la marine, tome II, page 13.

Décembre 1695. — ÉDIT portant création de trésoriers et contrôleurs généraux triennaux de la marine, galères et fortifications.

Recueil d'édits, arrêts, etc. 1687 à 1699, page 264.

20 février 1697. — ORDONNANCE pour les retenues à faire aux officiers qui doivent aux marchands et aubergistes.

Index des ordonnances de la marine, tome II, page 237.

6 janvier 1700. — ORDONNANCE portant défense aux officiers de la marine qui changeront de département, de partir des ports

sans certificat de l'intendant du port qu'ils quitteront, pour éviter les doubles emplois.

Archives de la marine. — Index des ordonnances de la marine, tome II, page 51.

12 mai 1700. — Ordonnance défendant aux officiers de faire passer dans les compagnies aucun passe-volant, ni d'habiller leurs valets de même que les soldats.

Archives de la marine. — Index des ordonnances de la marine, tome III, page 145.

23 juillet 1704. — Ordonnance du Roi portant que les commissaires et autres employés donnant des billets pour le payement des ouvriers et autres dépenses, seront tenus de les faire convertir en décharges comptables, avant le temps de l'arrêté de compte de chaque exercice.

Index des ordonnances de la marine, tome II, page 201.

Juin 1716. — Édit du Roi concernant les registres journaux qui doivent être tenus par tous les officiers comptables et autres chargés de la perception, maniement et distribution des finances du roi et deniers publics.

Index des ordonnances de la marine, tome Ier, page 27.

18 novembre 1717. — Lettre du conseil de marine, qui règle que les trésoriers rapporteront des quittances pour les appointements des officiers de port et de plume à 50 livres par mois, et que les appointements au-dessous de 50 livres seront certifiés par le contrôleur.

5 mai 1723. — Lettre du ministre sur le payement du droit de contrôle des actes auxquels sont assujetties les quittances des fournisseurs, etc.

Index des ordonnances de la marine, tome II, page 178.

12 mars 1725. — Ordonnance portant règlement sur les acquits et décharges à rapporter par les trésoriers généraux pour justifier les payements d'appointements et journées d'ouvriers.

Index des ordonnances de la marine, tome Ier, page 421.

27 juillet 1728. — Arrêt qui, par application de l'ordonnance de 1689, permet aux curés, consuls, etc., de signer pour les gens de mer qui ne savent pas écrire sur les états de payement des avances qui leur sont données.

Recueil d'édits, arrêts, etc. tome XXVIII, page 46.

4 août 1728. — Lettre du ministre sur les copies et approbations de marchés et adjudications.

Index des ordonnances de la marine, tome II, page 125.

31 janvier 1733. — Ordonnance sur les acquits et décharges à rapporter par les trésoriers. Les états de payement d'appointement d'officiers seront faits de trois en trois mois, et les rôles de journées d'ouvriers, par mois.

Index des ordonnances de la marine, tome Ier, page 112.

9 septembre 1743. — Lettre du ministre par laquelle les trésoriers généraux et particuliers sont obligés de donner aux intendants une connaissance exacte de leur caisse, tant en argent qu'en papier, et qui recommande aux intendants de ne faire payer que les parties de dépenses employées dans les états de distribution.

Index des ordonnances de la marine, tome II, page 270.

26 juin 1760. — Lettre du ministre sur la déduction du change, au cours des îles de l'Amérique, à faire sur les sommes avancées dans les colonies à des officiers de la marine qui doivent en tenir compte en France.

Index des ordonnances de la marine, tome IV, page 382.

15 décembre 1786. — Règlement concernant les salaires dus aux matelots, ouvriers, journaliers et autres personnes employées au service des ports, lesquelles se trouvent absentes lorsque les payements sont ouverts.

Recueil d'ordonnances et de décisions sur la marine, tome IV, page 235.

12 septembre 1790. — Décret concernant la comptabilité de la marine.

Recueil des lois de la marine, tome Ier, page 147.

16 février 1793. — DÉCRET portant que les fournitures jugées défectueuses seront marquées d'une estampille portant le mot *rebut*, et que celles qui ne seront pas conformes aux modèles seront confisquées.

Recueil des lois de la marine, tome III, page 324.

4 mars 1793. — DÉCRET qui règle les formes à suivre pour contraindre les entrepreneurs et fournisseurs qui ont passé des marchés avec les agents de la République, à exécuter leurs engagements.

Recueil des lois de la marine, tome III, page 341.

19 pluviôse an III (7 février 1795). — DÉCRET relatif aux oppositions sur les appointements des officiers.

Recueil des lois de la marine, tome V, page 178.

29 frimaire an VI (19 décembre 1797). — CIRCULAIRE relative à un nouveau mode de comptabilité de la marine et des colonies.

Recueil des lois de la marine, tome VIII, page 133.

9 ventôse an VI (27 février 1798). — CIRCULAIRE relative au nouveau mode de comptabilité.

Recueil des lois de la marine, tome VIII, page 345.

9 fructidor an VI (26 août 1798). — ARRÊTÉ sur les marchés, entreprises et fournitures du département de la marine.

Recueil des lois de la marine, tome VIII, page 585.

24 vendémiaire an VII (15 octobre 1798). — CIRCULAIRE relative au perfectionnement du nouveau mode de comptabilité.

Recueil des lois de la marine, tome IX, page 21.

7 brumaire an VII (28 octobre 1798). — CIRCULAIRE relative aux formalités à faire observer pour les certificats comptables et autres pièces de dépense.

Recueil des lois de la marine, tome IX, page 34.

17 frimaire an VII (7 décembre 1798). — CIRCULAIRE relative à la comptabilité générale de la marine.

Recueil des lois de la marine, tome IX, page 79.

23 nivôse an VII (12 janvier 1799). — DÉCISION ministérielle prescrivant l'établissement d'un livret individuel sur lequel devront être inscrits les payements faits aux officiers militaires et civils [1].

8 floréal an VII (27 avril 1799). — CIRCULAIRE relative aux formalités à remplir pour la constatation des dépenses du matériel.

Recueil des lois de la marine, tome IX, page 233.

16 thermidor an VII (3 août 1799). — CIRCULAIRE relative à la vente des effets jugés inutiles au service [2].

Recueil des lois de la marine, tome IX, page 285.

13 frimaire an VIII (4 décembre 1799). — LOI qui règle un mode de poursuites pour le recouvrement du débet des comptables.

Bulletin des lois, 2e série, n° 334, page 1.

1er pluviôse an VIII (21 janvier 1800). — ARRÊTÉ concernant l'administration du trésor public.

. . . .

Art. 6. Création de quatre payeurs généraux, dont un pour les dépenses de la marine [3].

Recueil des lois de la marine, tome X, page 67. — *Bulletin des lois*, 3e série, n° 1, page 9.

15 nivôse an IX (5 janvier 1801). — ARRÊTÉ relatif aux appointements des employés de la marine dans les colonies.

Recueil des lois de la marine, tome XI, page 269.

21 ventôse an IX (12 mars 1801). — DÉCRET concernant les rete-

[1] Voir la circulaire du 16 juin 1841. (*Fonds.*)

[2] Voir l'arrêté du 13 prairial an X.

[3] Voir l'ordonnance du 18 novembre 1817.

nues sur la solde des employés civils, savoir : le cinquième, sur les premiers 1,000 francs et toutes les sommes au-dessous ; le quart, sur les 5,000 francs suivants jusqu'à 6,000 francs ; le tiers, au delà de 6,000 francs.

Recueil des lois de la marine, tome XI, page 345.

16 brumaire an x (7 novembre 1801). — ARRÊTÉ sur les délégations que peuvent faire les officiers, jusqu'à concurrence du quart de leurs appointements.

Recueil des lois de la marine, tome XII, page 56.

13 prairial an x (2 juin 1802). — ARRÊTÉ relatif à la vente des effets mobiliers et objets d'approvisionnement de la marine qui seraient jugés inutiles ou hors d'état d'être employés au service [1].

Recueil des lois de la marine, tome XII, page 289.

6 messidor an x (25 juin 1802). — ARRÊTÉ relatif à la manière de constater l'insolvabilité ou l'absence des redevables du Trésor public.

Recueil des lois de la marine, tome XII, page 322.

1er vendémiaire an XI (23 septembre 1802). — CIRCULAIRE relative à la comptabilité des finances des colonies.

Recueil des lois de la marine, tome XIII, page 1.

1er pluviôse an XI (21 janvier 1803). — ARRÊTÉ relatif aux saisies et oppositions formées entre les mains des payeurs divisionnaires et des autres préposés des payeurs du trésor public.

Recueil des lois de la marine, tome XIII, page 141.

19 messidor an XI (8 juillet 1803). — ARRÊTÉ relatif au mode d'envoi des fonds destinés au service des colonies.

Recueil des lois de la marine, tome XIII, page 429.

3 thermidor an XI (22 juillet 1803). — ARRÊTÉ relatif aux traites

[1] Voir l'ordonnance du 10 juillet 1816.

du caissier central du trésor public, affectées au service des arrondissements maritimes.

Recueil des lois de la marine, tome XIII, page 458.

5 vendémiaire an XII (28 septembre 1803). — DÉCISION relative aux envois de fonds destinés au service des ports.

Recueil des lois de la marine, tome XIV, page 2.

25 nivôse an XIII (15 janvier 1805). — LOI contenant des mesures relatives au remboursement des cautionnements fournis par les agents de change, courtiers de commerce, etc. [1].

Bulletin des lois, 4e série, n° 27, page 206.

6 ventôse an XIII (25 février 1805). — LOI additionnelle à celle du 25 nivôse an XIII sur les cautionnements. — Application à tous les comptables publics des dispositions relatives aux notaires, avoués et autres.

Bulletin des lois, 4e série, n° 35, page 353.

17 avril 1806. — DÉCRET portant que tous officiers militaires d'administration ou autres salariés publics, venant des colonies, qui auront à réclamer des soldes, appointements ou indemnités, seront tenus de transmettre leurs demandes dans le délai fixé par ce décret.

Recueil des lois de la marine, tome XVI, page 78.

18 août 1807. — DÉCRET qui prescrit des formalités pour les saisies-arrêts ou oppositions entre les mains des receveurs ou administrateurs de caisses ou deniers publics. — Les oppositions doivent être signifiées aux détenteurs des objets saisis, et, lorsqu'il s'agit de sommes à payer directement par le trésor royal, aux payeurs ou autres agents de l'administration des finances.

Bulletin des lois, 4e série, n° 155, page 11.

[1] Voir la loi du 6 ventôse an XIII.

16 septembre 1807. — Loi relative à l'organisation de la cour des comptes.

Bulletin des lois, 4e série, n° 161, page 102.

11 janvier 1808. — Avis du conseil d'État sur les retenues à opérer sur les traitements.

16 octobre 1809. — Ordre aux préfets maritimes de faire aux douanes une déclaration exacte des denrées expédiées d'un port sur un autre.

Annales maritimes de 1809-1815, tome Ier, page 78.

8 janvier 1810. — Décret portant que la solde des marins et militaires ne peut jamais être saisie par ceux qui se prétendent leurs créanciers. — L'administration militaire ou maritime a seule le droit d'en régler l'emploi et la destination [1].

3 avril 1810. — Circulaire portant que le remboursement des sommes dues par la marine à l'administration des douanes sera effectué à Paris.

Annales maritimes de 1809-1815, tome Ier, page 97.

28 janvier 1811. — Décret exemptant de la retenue de 3 p. o/o des invalides les mémoires de l'imprimerie.

17 avril 1812. — Décret sur le mode de payement et la comptabilité des dépenses de la marine.

Annales maritimes de 1809-1815, tome Ier, page 193.

20 août 1812. — Règlement sur le payement et la régularisation des dépenses de la solde de la marine qui doivent être acquittées sur revues, rédigé en exécution des décrets des 30 mars et 17 avril 1812.

Annales maritimes de 1809-1815, tome Ier, page 227.

12 octobre 1814. (*Fonds.*) — Dépêche portant que les appointements se payent par mois de trente jours pour tous les officiers

[1] Transmis dans les ports par dépêches des 18 et 22 janvier 1810 — *Inscription maritime.*

embarqués. Ainsi, dans le cas d'embarquement ou de continuation de service, le trente et unième jour ne compte pas pour la solde; mais, par suite de ce principe, le mois de février est compté pour trente jours; et, si un embarquement a lieu le 28, on accorde trois jours, le mois étant compté pour trente.

Administration des vaisseaux, 1840, page 89.

28 avril 1816. — Loi sur les finances.

. . . .

Titre VIII. *Des traitements.* — Art. 78. *Du cumul.* — Art. 79. *Retenues proportionnelles.*

Bulletin des lois, 7e série, n° 81, page 489.

10 juillet 1816. — Ordonnance relative aux ventes d'objets appartenant à la marine [1].

Annales maritimes de 1816, page 456.

4 mars 1817. — Décision ministérielle confirmant le principe qu'à la direction de la comptabilité appartient la correspondance avec le ministre des finances, lorsqu'il s'agit de dispositions relatives aux fonds [2].

25 mars 1817. — Loi sur les finances.

. . . .

Titre IV. *Dispositions relatives aux pensions.* — Titre IX. *Dispositions générales.* — Articles 136, 137, 138, relatifs aux retenues proportionnelles.

Bulletin des lois, 7e série, n° 145, page 217.

21 avril 1817. — Ordre de service pour l'établissement d'un registre d'émargement pour la remise des lettres d'avis.

27 août 1817. — Ordonnance sur les saisies-arrêts, etc., déclarant que les pensions sont insaisissables, et qu'aucune opposition ne peut être faite que par le propriétaire du brevet ou par

[1] Voir les ordonnances des 14 septembre 1822 et 31 mai 1838, sur la comptabilité publique, et le règlement financier du 31 octobre 1840.

[2] Voir l'arrêté ministériel du 30 mars 1847.

suite de jugement rendu en faveur des familles délaissées par leurs chefs.

Annales maritimes de 1817, page 306.

18 novembre 1817. — ORDONNANCE relative à la nouvelle organisation du service de la dépense et de la comptabilité du trésor royal. — Suppression des payeurs généraux des ministères, etc.

Annales maritimes de 1817, page 468.

31 mars 1818. (*Fonds.*) — CIRCULAIRE rappelant les instructions précédentes sur la classification des dépenses par chapitre et le mode de tirage des traites.

Annales maritimes de 1818, page 133.

15 mai 1818 — LOI sur les finances.

. . . .

Titre IV. *Dispositions sur les pensions. — Cumul.*

Bulletin des lois, 7e série, n° 211, page 321.

15 juillet 1818. (*Fonds.*) — CIRCULAIRE sur la nécessité d'indiquer, en marge des traites, la somme respective des différents chapitres sur lesquels porte la dépense dont ces effets sont l'objet, afin de déterminer les imputations de payement, lorsque les pièces justificatives ne sont pas encore parvenues.

Annales maritimes de 1818, page 303.

24 septembre 1818. (*Fonds.*) — CIRCULAIRE portant nouvelles instructions sur le tirage des traites.

24 décembre 1818. (*Fonds.*) — CIRCULAIRE sur le mode de justification des dépenses faites à l'extérieur.

Annales maritimes de 1818, page 585.

29 janvier 1819. (*Fonds.*) — CIRCULAIRE sur les dispositions à faire pour assurer le recouvrement des sommes payées par les consuls pour le compte des armateurs naviguant pour le commerce, et dont le montant ne doit pas rester à la charge de l'État.

Annales maritimes de 1819, page 98.

17 juillet 1819. — Loi relative à la fixation du budget des recettes de 1819.

. . . .

Titre Ier. — Article 6, qui réduit à la moitié les retenues proportionnelles établies par la loi du 28 avril 1816. — Titre VI. — Article 33. Fonds provenant des dépôts et consignations, ou des produits de retenues.

Bulletin des lois, 7e série, n° 295, page 41.

28 octobre 1819 — Instruction sur le mode de régularisation des avances que se font réciproquement la métropole et les colonies [1].

Annales maritimes de 1820, page 181.

22 août 1820. — Décision ministérielle portant suppression des *caisses* dites de *fonds libres*, de *secours*, etc., à partir du 1er janvier 1821.

. . . .

ART. 4.

Des fonds seront remis dans chaque port, pour servir aux distributions de secours.

ART. 9.

Les *caisses de la chiourme* continueront d'exister [2].

1er avril 1822. (*Fonds*). — Circulaire sur le mode de comptabilité des dépenses faites à l'extérieur.

Annales maritimes de 1822, page 341.

14 septembre 1822. — Ordonnance sur la comptabilité et la justification des dépenses publiques [3].

Annales maritimes de 1822, page 538. — *Bulletin des lois*, 7e série, n° 555, page 320.

[1] Voir l'ordonnance du 1er mars 1832 et la circulaire du 7 août 1834. Ce dernier acte remet en vigueur la présente instruction.

[2] Voir, au titre *Ouvriers*, la note mise à cette date.

[3] Voir l'ordonnance du 31 mai 1838 et le règlement financier du 31 octobre 1840.

6 décembre 1822. (*Fonds.*) — CIRCULAIRE sur la simplification des formalités relatives au payement des traites tirées sur le payeur principal, en acquit des dépenses d'outre-mer.

Annales maritimes de 1822, page 661.

20 décembre 1822. — INSTRUCTION réglementaire pour servir à l'exécution de l'ordonnance du 14 septembre 1822, relative à la comptabilité générale des dépenses publiques[1],

Annales maritimes de 1823, page 213.

25 décembre 1822. (*Fonds.*) — CIRCULAIRE faisant envoi de l'instruction réglementaire du 20 décembre 1822, pour l'exécution de l'ordonnance du 14 septembre sur la comptabilité et la justification des dépenses publiques.

Annales maritimes de 1823, page 208.

28 janvier 1823. (*Fonds.*) — CIRCULAIRE portant que l'administration des subsistances rentre, quant à l'ordonnancement et à la comptabilité, sur la ligne commune à tous les services de la marine.

Annales maritimes de 1823, page 268.

20 juin 1823. (*Fonds.*) — CIRCULAIRE relative à l'ordonnance du 14 septembre 1822, et à l'instruction réglementaire du 20 décembre suivant.

10 décembre 1823. — ORDONNANCE concernant la forme et la vérification des comptes ministériels.

Annales maritimes de 1823, page 666.

1er janvier 1824. (*Fonds.*) — INSTRUCTION réglementaire pour servir à l'exécution des ordonnances du Roi des 14 septembre 1822, et 10 décembre 1823, relatives à la comptabilité générale des dépenses publiques.

27 février 1824. (*Fonds.*) — CIRCULAIRE faisant envoi de la nouvelle instruction arrêtée, le 1er janvier 1824, pour l'exécution, dans le département de la marine, de l'ordonnance du 14 sep-

[1] Modifiée par l'instruction du 1er janvier 1824.

tembre 1822, sur la comptabilité et la justification des dépenses publiques.

23 octobre 1824. — CIRCULAIRE relative au versement des excédants de recette dont les consuls se trouvent reliquataires. — Explications sur d'autres objets relatifs au service qui leur est confié (rapatriement des marins, etc.).

26 janvier 1825. — ORDONNANCE qui supprime du budget de la marine, à partir du 1er janvier 1826, le chapitre XI, *Service colonial;* rattache aux dépenses de la guerre et de la marine les dépenses des colonies qui en sont susceptibles; et charge la Martinique, la Guadeloupe et l'île Bourbon de pourvoir à leurs dépenses intérieures sur leurs revenus locaux.

Annales maritimes de 1825, page 467.

13 décembre 1825. (*Fonds.*) — CIRCULAIRE sur les à-compte de solde et de traitement de table à payer dans les consulats.

5 février 1826. — INSTRUCTION réglementaire pour servir à l'exécution de l'ordonnance royale du 26 janvier 1825, relative aux dépenses à faire pour les colonies françaises, sur les fonds de divers chapitres du service *Marine* et sur ceux qui sont affectés au service intérieur de ces établissements.

Annales maritimes de 1826, page 410.

9 juillet 1826. — ORDONNANCE sur le contrôle des comptes des ministres.

Annales maritimes de 1826, page 614.

21 juillet 1826. (*Fonds.*) — INSTRUCTION sur la comptabilité des bâtiments en commission qui abordent dans les ports étrangers où il n'y a point de consuls ou d'agents français.

21 juillet 1826. (*Fonds.*) — CIRCULAIRE. — Désignation du comptable sur lequel les traites doivent être émises. — Indications à inscrire sur ces traites. — Soin qu'il faut apporter dans le

classement des dépenses par exercice et par chapitre. — Observations sur divers objets.

28 août 1826. (*Ports.*) — CIRCULAIRE sur les travaux d'entretien et de réparations dont la dépense n'excède pas 2,000 francs.

20 décembre 1826. — ORDONNANCE concernant le service des fonds coloniaux.

Annales maritimes de 1827, tome Ier, page 50.

8 juin 1827. (*Fonds.*) — CIRCULAIRE faisant envoi d'une nomenclature des pièces à produire, en exécution de l'article 10 de l'ordonnance royale du 14 septembre 1822, à l'appui des ordonnances directes et des mandats délivrés pour le payement des dépenses de la marine.

12 août 1827. (*Fonds et Personnel.*) — CIRCULAIRE relative à la prestation des 3 p. o/o des invalides, sur les frais de route et les ports de hardes des marins voyageant isolément.

20 septembre 1827. — ORDONNANCE concernant les règles à suivre, dans les colonies, pour l'acceptation des dons et legs en faveur des pauvres, des églises et des établissements publics.

Annales maritimes de 1827, tome Ier, page 714.

20 février 1828. — ORDONNANCE relative aux formalités à remplir pour la validité des oppositions formées au payement de toutes les dépenses des colonies exigibles en France.

Annales maritimes de 1828, page 555.

7 avril 1828. (*Invalides.*) — CIRCULAIRE contenant des dispositions sur le cumul.

30 septembre 1829. (*Finances.*) — CIRCULAIRE sur la formalité du timbre. — Les mandats et ordonnances de payement sont passibles du droit fixe de 35 centimes.

30 octobre 1829. — Règlement sur le service financier des colonies.

Annales maritimes de 1830, tome Ier, page 105.

1er novembre 1829. (*Fonds.*) — Circulaire sur la formalité du timbre et sur les virements[1].

2 juillet 1830. — Décision ministérielle déclarant qu'à l'avenir les 3 p. o/o des invalides seront *abondés* et non *prélevés* sur les secours imputés sur les fonds généraux de la marine.

31 décembre 1830. — Ordonnance prescrivant des réductions sur les traitements au-dessus de 6,000 francs.

29 janvier 1831. — Loi portant règlement du budget de 1828. — Division du budget en chapitres spéciaux (articles 11 et 12). — Prescription des créances au bout de cinq ans. — § II. Créances frappées d'opposition. — Versement à la caisse des dépôts et consignations[2] (art. 9). — Exception en faveur de certaines créances (art. 10).

Recueil des lois de finances, session de 1830, page 32. — *Bulletin des lois,* 9e série, n° 19, page 5.

18 avril 1831. — Loi sur les contributions extraordinaires de l'exercice 1831, etc. — Retenues à exercer sur les traitements, salaires, pensions et dotations payés sur les fonds du budget de l'État (art. 10).

Annales maritimes de 1831, page 316.

20 mai 1831. (*Fonds.*) — Circulaire pour l'exécution de la loi du 18 avril, prescrivant des retenues sur les traitements.

16 novembre 1831. — Ordonnance sur le mode de versement

[1] Voir la circulaire du 21 mai 1845.

[2] Voir l'ordonnance du 16 novembre 1831.

à la caisse des dépôts, du montant des créances frappées d'opposition [1].

Bulletin des lois, 9e série, n° 120, page 501.

1er mars 1832. — ORDONNANCE sur l'organisation du corps des équipages de ligne.

. . . .

Titre XI. *Solde*. — Titre XXVI. *Comptabilité* [2].

Annales maritimes de 1832, pages 77 et 160.

28 mars 1832. (*Affaires étrangères.*) — RÈGLEMENT royal pour les frais de service des agences politiques et consulaires [3].

21 avril 1832. — LOI portant fixation du budget des dépenses de l'exercice 1832.

. . . .

Article 10. Nulle création aux frais de l'État ne peut avoir lieu sans que la demande du premier crédit aux Chambres ait fait connaître l'évaluation totale de la dépense. — Article 15. Impression du rapport dressé chaque année par la cour des comptes. — Articles 9, 11 et 12, relatifs aux publications à faire pour les boursiers.

Bulletin des lois, 9e série, n° 76, page 218.

5 juin 1832. — DÉCISION ministérielle portant que les officiers employés à Paris ne recevront, à l'avenir, que leurs appointements sans supplément.

Annales maritimes de 1837, page 1084.

28 septembre 1832. (*Fonds.*) — CIRCULAIRE sur les règles à suivre pour les envois matériels de fonds aux colonies. — Expédi-

[1] Notifiée aux payeurs par circulaire du ministre des finances du 18 novembre 1831, et dans les ports par circulaire du 19 décembre 1831.

[2] Voir la circulaire du 7 août 1834.

[3] Voir le règlement du 20 septembre 1838.

tion de mandats au nom des capitaines. — Responsabilité de ces derniers jusqu'à la remise des fonds.

31 janvier 1833. — LOI portant règlement définif du budget de 1829. — Publication des marchés de 50,000 francs et au-dessus (art. 12).

Bulletin des lois, 9e série, n° 83, page 3.

23 avril 1833. — LOI portant fixation du budget des dépenses de l'exercice 1833. — Conditions auxquelles il pourra être fait des concessions de logement dans les bâtiments de l'État (art. 12).

Bulletin des lois, 9e série, n° 93, page 89.

24 avril 1833. — LOI sur les crédits supplémentaires et extraordinaires de 1832. — Les ordonnances portant allocation de crédits, à quelque titre que ce soit, doivent être rendues sur l'avis du conseil des ministres (art. 4). — Ces ordonnances sont réunies en un seul projet, par le ministre des finances, pour être soumises à la sanction des Chambres à l'ouverture de chaque session (art. 5). — Chapitres spéciaux pour les crédits extraordinaires (art. 6). — Crédits supplémentaires votés par articles (art. 7).

Bulletin des lois, 9e série, n° 97, page 143.

24 avril 1833. — LOI portant règlement définitif du budget de l'exercice 1830. . . . . .La loi de règlement est dressée dans le même cadre que la loi du budget (art. 11).

Bulletin des lois, 9e série, n° 99, page 165.

3 juin 1833. — RÈGLEMENT sur les moyens de parvenir au remboursement des sommes redues à l'État par les gens de mer, au moment où ils sont congédiés.

Annales maritimes de 1833, page 359.

11 juillet 1833. — ORDONNANCE sur la clôture des payements à

faire par le trésor public, sur les ordonnances des ministres, au 31 octobre de l'année qui suit l'exercice.

Bulletin des lois, 9ᵉ série, n° 239, page 16.

15 octobre 1833. (*Fonds.*) — CIRCULAIRE portant instruction sur l'ensemble des dépenses d'outre-mer. — Dépenses relatives au service des colonies proprement dit. — Avances faites au service *Marine* dans les colonies. — Dépenses relatives au service *Marine* faites dans les consulats. — Dépenses effectuées dans les ports étrangers où il n'existe pas de consuls, et soldées en *traites de bord.* — Avances de la marine à d'autres départements.

Annales maritimes de 1835, page 894.

23 novembre 1833. (*Fonds.*) — CIRCULAIRE sur les exercices clos et les bordereaux d'opérations financières.

11 mars 1834. (*Fonds.*) — CIRCULAIRE sur les fonctions comptables des consuls, vice-consuls et agents consulaires.

Annales maritimes de 1835, page 901.

15 mars 1834. (*Fonds.*) — CIRCULAIRE sur le mode de payement des salaires d'ouvriers.

11 avril 1834. (*Personnel.*) — CIRCULAIRE sur la tenue des livrets des marins.

Annales maritimes de 1834, page 398.

23 mai 1834. — LOI portant fixation du budget des dépenses de l'exercice 1835. — Les crédits supplémentaires ne peuvent être accordés par ordonnance royale que pour un service voté, c'est-à-dire pour un service nommément indiqué par la loi de finances de l'exercice (art. 11). — Les crédits extraordinaires s'appliquent seulement à des services qui ne pouvaient pas être prévus par le budget (art. 12). — Les ordonnances pour exercices clos doivent être renfermées dans la limite des restes à payer signalés par les comptes d'exercices (art. 8). — Dispositions relatives aux crédits à demander pour les créances non

comprises dans les restes à payer (art. 9 et 10). — Restrictions apportées à la distribution des ouvrages imprimés aux frais du Gouvernement (art. 4).

Recueil des lois de finances, session de 1834, page 72. — *Bulletin des lois*, 9e série, n° 126, page 129.

25 juillet 1834. (*Fonds.*) — Instructions sur les comptes financiers de la marine.

7 août 1834. (*Personnel.*) — Circulaire portant notification de la décision royale du 25 juillet 1834 qui prescrit de faire des avances de solde aux officiers et surnuméraires embarqués sur les bâtiments des différentes stations[1].

Annales maritimes de 1834, page 510.

21 octobre 1834. (*Fonds.*) — Circulaire sur le service des commis d'administration embarqués, dans leurs rapports avec les consulats.

31 octobre 1834. (*Personnel et Fonds.*)— Circulaire prescrivant d'imputer sur les fonds généraux de la marine les soldes de réforme réglées par la loi du 19 mai 1834.

6 juillet 1835. — Circulaire portant que les officiers peuvent être autorisés à déléguer la moitié de leur solde en faveur de tiers.

Annales maritimes de 1835, page 577.

25 septembre 1835. (*Fonds.*) — Circulaire portant que les élèves-consuls, les vice-consuls et les chanceliers ne sont point autorisés à émettre des traites sur le trésor en acquit de dépenses de la marine.

Annales maritimes de 1835, page 906.

16 novembre 1835. (*Fonds.*) — Circulaire sur les exercices clos. — L'ordonnancement de ces dépenses est centralisé à Paris.

9 juillet 1836. — Loi portant règlement définitif du budget de

[1] Voir l'instruction du 28 octobre 1819.

1833. — Nouvelle indication des fonctionnaires appelés à recevoir les oppositions (article 13). — Les oppositions ne sont valables que pendant cinq ans (article 14). — Délais dans lesquels les comptes doivent être présentés aux Chambres (article 11). — Services spéciaux (caisse des Invalides) rattachés pour ordre au budget de l'État (article 17).

Recueil des lois de finances, session de 1836, page 123. — *Bulletin des lois*, 9e série, n° 443, page 73.

11 juillet 1836. — DÉCISION [1] ordonnant que la comptabilité des bâtiments légers affectés au service local des colonies sera désormais suivie et régularisée par le port de Brest.

18 juillet 1836. — LOI portant fixation des dépenses de l'exercice 1837. — Toute demande de crédit doit indiquer les voies et moyens qui seront affectés aux demandes faites (article 5).

Recueil des lois de finances, session de 1836, page 183. — *Bulletin des lois*, 9e série, n° 445, page 169.

4 octobre 1836. (*Fonds.*) — CIRCULAIRE portant qu'il doit être pourvu, par traites de bord, à l'acquittement des dépenses dans les localités où il n'y a pas de chefs de légation, de consuls généraux ou titulaires.

Annales maritimes de 1836, page 1080.

11 octobre 1836. — ORDONNANCE sur l'organisation des équipages de ligne.

. . . .

Titre XI. *Solde.* — Titre XVI. *Comptabilité.*

Annales maritimes de 1836, page 1249.

4 décembre 1836. — ORDONNANCE portant règlement sur les marchés passés au nom de l'État. — Exécution de l'article 12 de la loi du 31 janvier 1833.

Annales maritimes de 1836, page 1221.

5 août 1837. — ARRÊT du conseil d'État portant que le traitement

[1] Voir, pour la comptabilité des bâtiments en général, l'article 129 du règlement du 31 octobre 1840 sur la comptabilité de la marine.

des maréchaux de France peut se cumuler avec tout autre traitement civil ou militaire.

Annales maritimes de 1837, page 1011.

22 août 1837. — Règlement financier des colonies. — Des recettes et des dépenses. — Des fonctions et attributions des trésoriers. — Ordre de service et comptabilité. — Dispositions générales.

Imprimerie royale, 1837.

28 novembre 1837. (*Personnel et Fonds.*) — Circulaire contenant des instructions sur le tirage des traites de bord.

Annales maritimes de 1837, page 1116.

13 décembre 1837. (*Guerre.*) — Dépêche sur la formalité du timbre.

Journal militaire de 1837, 2ᵉ semestre, page 412.

25 décembre 1837. — Ordonnance portant règlement sur le service de la solde et sur les revues [1] (armée de terre).

Bulletin des lois, 9ᵉ série, n° 561, page 117.

5 février 1838. — Circulaire portant que les marins de l'inscription maritime ne recevront qu'un à-compte au moment de leur congédiement; mais que le parfait payement de leur décompte devra leur être immédiatement envoyé, par voie de remises, dans leurs quartiers respectifs.

10 février 1838. — Ordonnance relative à l'apurement des dépenses des exercices clos. — Exécution de la loi du 23 mai 1834.

Bulletin des lois, 9ᵉ série, n° 556, page 37.

27 février 1838. — Circulaire prescrivant d'adresser, au départ

[1] Voir la lettre, du 13 juin 1838, du ministre de la marine, contenant des dispositions relatives à l'application, dans l'armée de mer, de l'ordonnance du 25 décembre 1837, sur la solde et les revues, et de celle du 16 mars 1838 sur l'avancement. (*Annales maritimes de 1838*, page 629.)

de tout bâtiment expéditionnaire, la signature-type, dûment légalisée, du commandant et du commis d'administration.

13 mai 1838. — ORDONNANCE apportant des modifications dans le service des traites tirées sur le trésor public, pour les dépenses de la marine, par les fonctionnaires d'outre-mer. — Création de l'agent comptable des traites, etc.

Annales maritimes de 1838, page 569.

31 mai 1838. — ORDONNANCE portant règlement général sur la comptabilité publique [1].

Bulletin des lois, 9e série, n° 579, page 829.

31 août 1838. (*Fonds.*) — INSTRUCTIONS et modèles pour l'exécution de l'ordonnance royale du 13 mai, touchant les dépenses de la marine acquittées avec des traites.

20 septembre 1838. (*Affaires étrangères.*) — RÈGLEMENT général concernant les frais de service des agences politiques et consulaires.

20 décembre 1838. — ORDONNANCE portant règlement sur les emménagements des bâtiments de guerre dans la marine royale.

. . . .

Article 98. — Responsabilité des officiers sur les changements d'installation [2].

Annales maritimes de 1839, page 1.

28 janvier 1839. — SÉANCE de la chambre des députés. — Réduction de la commission du budget de 36 à 18 membres.

29 avril 1839. — LETTRE à M. le chef du service de la marine à Dunkerque, concernant les indemnités accordées aux fonctionnaires et agents de la marine compris dans la 16e division militaire.

6 juin 1839. (*Fonds.*) — CIRCULAIRE sur les exercices clos et pé-

[1] Voir le règlement financier du 31 octobre 1840.

[2] Voir le titre *Matériel*.

rimés. — Nouveaux modèles à transmettre pour demandes d'ordonnancement.

23 juillet 1839. — CIRCULAIRE faisant envoi d'un nombre assorti d'imprimés, pour servir à l'exécution de l'ordonnance royale du 13 mai 1838.

10 août 1839. — LOI portant fixation du budget des dépenses de l'exercice 1840. — Dispositions relatives à l'impression et à la gravure des livres et ouvrages publiés aux frais du Gouvernement. — Aux souscriptions pour l'encouragement des sciences, des lettres et des arts.

Recueil des lois de finances, session de 1839, page 170. — *Bulletin des lois*, 9e série, n° 672, page 253.

29 août 1839. (*Fonds.*) — CIRCULAIRE sur le compte de 1838.

20 septembre 1839. (*Colonies.*) — CIRCULAIRE sur l'application dans les ports, en ce qui concerne la comptabilité du service intérieur des colonies, des dispositions de l'ordonnance royale du 31 mai 1838, portant règlement sur la comptabilité publique.

30 octobre 1839. (*Fonds.*) — CIRCULAIRE sur les avances faites par la marine aux divers départements ministériels.

6 novembre 1839. — CIRCULAIRE rappelant celle du 27 février 1838, relative à l'envoi, lors du départ des bâtiments expéditionnaires, de la signature-type des commandants et des commis d'administration.

15 novembre 1839. (*Fonds.*) — CIRCULAIRE sur les reversements de fonds, pour trop payés, opérés dans les caisses des receveurs des finances, au compte de la marine.

20 mars 1840. (*Fonds.*) — CIRCULAIRE contenant les dispositions concertées entre les départements de la marine et des finances pour assurer l'acquittement, par les payeurs du trésor public seuls, des dépenses non militaires faites en France dans l'inté-

rêt des colonies. — Ces dispositions modifient et remplacent celles qui étaient contenues dans la circulaire du 20 septembre 1839.

26 mai 1840. (*Fonds.*) — CIRCULAIRE sur le même sujet.

31 octobre 1840. — RÈGLEMENT général de comptabilité à l'usage du département de la marine et des colonies, en exécution de l'ordonnance du 31 mai 1838, sur la comptabilité publique.

Annales maritimes de 1840, page 1193.

12 novembre 1840. (*Personnel.*) — DÉPÊCHE portant que, comme chef de l'armée navale, le ministre de la marine a le droit de faire exercer des retenues sur la solde des officiers pour l'acquittement des dettes qu'ils ont contractées (articles 446 et 447 de l'ordonnance du 25 décembre 1837, sur la solde de l'armée de terre). — (Article 279 du règlement du 12 janvier 1835, sur la police et la discipline des équipages de ligne.

15 novembre 1840. — CIRCULAIRE faisant envoi du règlement du 31 octobre 1840, sur la comptabilité de la marine et des colonies.

Annales maritimes de 1840, page 1286.

11 février 1841. — CIRCULAIRE relative aux retenues à opérer sur la solde des marins déserteurs des navires du commerce embarqués sur les bâtiments de l'État.

23 mars 1841. (*Fonds.*) — DÉPÊCHE sur les reversements de fonds. — Interprétation de l'un des paragraphes de la circulaire du 15 novembre 1839.

2 avril 1841. (*Fonds.*) — CIRCULAIRE sur les exercices clos. — Les demandes relatives aux exercices clos sont établies sur des états distincts, suivant que les décomptes dont on réclame le payement ont été compris ou non compris dans les tableaux des restes à payer des exercices.

22 avril 1841. (*Fonds.*) — CIRCULAIRE sur l'article 137 du règle-

ment du 31 octobre 1840, d'après lequel les consuls peuvent être dispensés d'intervenir dans les opérations relatives à l'acquittement des dépenses des bâtiments de la flotte.

Annales maritimes de 1841, page 542.

26 avril 1841. (*Personnel et Fonds.*) — CIRCULAIRE sur le mode d'ordonnancement et de justification des frais de musique accordés par dépêche du 15 février 1841 [1].

16 juin 1841. (*Fonds.*) — CIRCULAIRE rappelant à la stricte exécution des dispositions relatives aux livrets dont tous les officiers militaires et civils doivent être pourvus.

Annales maritimes de 1841, page 714.

17 juin 1841. (*Personnel.*) — DÉPÊCHE itérative sur le mode d'ordonnancement et de justification des frais de musique accordés par dépêche du 15 février 1841 [1].

25 juin 1841. — LOI relative au régime financier de la Martinique, de la Guadeloupe, de la Guyane française et de Bourbon.

Annales maritimes de 1841, page 741.

10 août 1841. — ORDONNANCE concernant le traitement des officiers suspendus de leurs fonctions aux colonies.

Annales maritimes de 1841, page 901.

22 novembre 1841. — ORDONNANCE portant règlement sur la comptabilité des colonies de la Martinique, de la Guadeloupe, de la Guyane française et de Bourbon, et rendue en conséquence de la loi du 25 juin de la même année, portant que les recettes et les dépenses desdites colonies font partie des recettes et des dépenses de l'État, et sont soumises aux règles de la comptabilité générale du royaume.

Annales maritimes de 1841, page 1115.

31 décembre 1841. (*Colonies.*) — CIRCULAIRE faisant envoi de l'ordonnance royale du 22 novembre 1841, sur la comptabilité

[1] Voir le titre *Service à la mer.*

des colonies de la Martinique, de la Guadeloupe, de la Guyane française et de Bourbon.

1er avril 1842. (*Colonies.*) — CIRCULAIRE relative au classement des dépenses du service des hôpitaux.

4 avril 1842. — NOTES du ministère des finances relatives aux principales règles de comptabilité à suivre par les trésoriers coloniaux, en exécution de la loi du 25 juin 1841 et de l'ordonnance royale du 22 novembre suivant, en ce qui concerne le service de la dépense.

29 avril 1842. (*Colonies.*) — CIRCULAIRE sur l'exécution de la loi du 25 juin 1841 et de l'ordonnance royale du 22 novembre suivant, concernant le régime financier des colonies.

3 mai 1842. — LOI portant règlement définitif du budget des dépenses de l'exercice 1839. — Les crédits relatifs aux exercices périmés ne peuvent être ouverts que par la loi (article 13).

Recueil des lois de finances, session de 1842, page 17. — *Bulletin des lois*, 9e série, n° 904, page 281.

2 juillet 1842. (*Ports.*) — CIRCULAIRE relative à l'exécution de la loi du 11 juin 1842, qui affranchit, à partir du 1er janvier 1843, les créances du matériel de la marine de la retenue de 3 p. o/o au profit de la caisse des invalides [1].

8 juillet 1842. (*Colonies.*) — CIRCULAIRE contenant de nouvelles explications sur l'exécution de l'ordonnance du 22 novembre 1841.

9 juillet 1842. (*Ports.*) — CIRCULAIRE sur la classification de quelques dépenses du matériel des bâtiments à voiles et des bâtiments à vapeur, etc.

15 juillet 1842. (*Colonies.*) — CIRCULAIRE sur les achats faits en France au compte des colonies, pour le service des hôpitaux et des vivres.

[1] Voir le titre *Invalides*.

6 août 1842. (*Finances.*) — LETTRE sur les opérations relatives aux colonies de la Martinique, de la Guadeloupe, de la Guyane française et de Bourbon, qui sont à régulariser conformément au nouveau régime financier de la loi du 25 juin 1841.

16 septembre 1842. (*Colonies et Fonds.*) — CIRCULAIRE reprenant la nomenclature des documents financiers à dresser par les colonies, en vertu de l'ordonnance du 22 novembre 1841, et faisant connaître les timbres sous lesquels ces documents doivent être transmis.

29 septembre 1842. — CIRCULAIRE sur l'exécution de la loi du 11 juin 1842, qui affranchit les dépenses du matériel de la marine, de la retenue de 3 p. o/o.

18 novembre 1842. (*Colonies.*) — CIRCULAIRE relative à l'imputation, en 1843, des dépenses générales des hôpitaux et des vivres.

18 novembre 1842. (*Colonies et Fonds.*) — CIRCULAIRE relative au compte administratif du fonds de réserve.

18 novembre 1842. (*Finances.*) — LETTRE portant adhésion à la proposition de proroger au 1er janvier 1843 l'application de l'ordonnance du 22 novembre 1841, concernant les quatre colonies régies par la loi du 25 juin 1841.

25 novembre 1842. (*Fonds.*) — CIRCULAIRE sur les communications de pièces entre les ordonnateurs et les payeurs.

7 décembre 1842. (*Finances.*) — LETTRE au sujet de la clôture, au 31 janvier de la seconde année de l'exercice, des payements qui s'effectuent en France pour le compte du service local des colonies.

30 décembre 1842. (*Colonies et Fonds.*) — CIRCULAIRE contenant la disposition qui fixe au 31 janvier de la seconde année de

l'exercice, la clôture des payements à faire en France pour le compte du service local des colonies.

14 janvier 1843. (*Personnel.*) — CIRCULAIRE relative aux frais de capture. — Ce n'est qu'à titre d'absent qu'on peut requérir l'arrestation d'un mousse qui a abandonné son bord sans permission, et, par suite, il n'y a lieu d'appliquer aux capteurs, pour frais d'arrestation, que le tarif n° 9 de l'ordonnance du 11 octobre 1836, relatif à l'arrestation des marins absents non encore dénoncés déserteurs, et dont la poursuite a été réclamée.

18 janvier 1843. (*Finances.*) — CIRCULAIRE fixant au 31 janvier de la seconde année de l'exercice, la clôture des payements à faire en France pour le compte du service local des colonies.

10 février 1843. (*Personnel.*) — CIRCULAIRE indiquant les renseignements à fournir pour les dépenses qui se rattachent à l'habillement, à la masse générale et à la masse de casernement.

Annales maritimes de 1843, page 342.

9 mars 1843. (*Fonds.*) — RÈGLEMENT provisoire sur le service financier de l'établissement des îles Marquises.

15 mars 1843. — CIRCULAIRE sur la suppression de la retenue de 3 p. o/o sur les dépenses du matériel.

1er avril 1843. (*Affaires étrangères.*) — CIRCULAIRE sur les frais de service des agents politiques et consulaires.

7 avril 1843. (*Colonies.*) — CIRCULAIRE contenant la disposition qui fixe au 15 avril de la seconde année de l'exercice, la clôture des payements à faire en France pour le compte du service local des colonies.

14 avril 1843. (*Colonies.*) — CIRCULAIRE rétablissant provisoirement l'ancien mode de comptabilité, en ce qui concerne le

payement des pensions, dans les colonies de la Martinique, de la Guadeloupe, de la Guyane française et de Bourbon[1].

20 avril 1843. (*Fonds.*) — CIRCULAIRE sur les exercices clos. — Résumé des dispositions en vigueur pour le payement des créances appartenant à des exercices clos et à des exercices périmés.

Annales maritimes de 1843, page 426.

2 mai 1843. (*Fonds.*) — CIRCULAIRE faisant envoi d'un modèle d'État de développement des dépenses faites aux colonies sur l'exercice 1842.

28 juin 1843. (*Finances.*) — LETTRE sur le mode d'ordonnancement d'un remboursement à faire aux fonds coloniaux, pour dépenses de l'exercice 1840.

6 juillet 1843. — CIRCULAIRE contenant des explications et des recommandations relatives au chapitre XIII : *Poudres.*

15 septembre 1843. (*Fonds.*) — Instructions sur le compte de 1842.

20 octobre 1843. (*Fonds.*) — CIRCULAIRE sur le mode de confection des traites de bord.

Annales maritimes de 1843, page 1184.

14 novembre 1843. (*Colonies.*) — LETTRE au ministre des finances sur diverses dispositions de l'ordonnance du 22 novembre 1841.

25 janvier 1844. (*Colonies et Fonds.*) — CIRCULAIRE fixant la clôture de l'exercice, dans les colonies de la Martinique, de la Guadeloupe, de la Guyane française et de Bourbon : 1° au 30 septembre de la seconde année, pour tous les chapitres du service colonial; 2° au 31 mars, pour les dépenses faites sur les chapitres du service *Marine*, et prescrivant l'envoi des états

[1] Les dispositions de cette circulaire ont cessé d'être exécutoires à partir du 1er janvier 1844, par suite d'instructions spéciales adressées aux trésoriers coloniaux par le ministère des finances.

de développement, pour les deux services, dans le délai d'un mois après la clôture de l'exercice.

31 janvier 1844. (*Fonds.*) — CIRCULAIRE étendant aux colonies du Sénégal, de l'Inde et de Saint-Pierre et Miquelon, les dispositions prescrites par la dépêche du 25 du même mois pour les colonies soumises au régime de la loi du 25 juin 1841.

31 janvier 1844. (*Fonds.*) — CIRCULAIRE fixant la clôture des payements à faire *en France* pour le compte des colonies, savoir : 1° au 30 septembre de la seconde année, pour les chapitres des *services militaires* et du *service général;* 2° au 30 avril, pour les chapitres du *service local* et *de subvention*, et pour les avances remboursables.

3 février 1844. (*Personnel.*) — CIRCULAIRE sur l'application aux officiers des différents corps de la marine, qui obtiendront des congés, des dispositions de l'article 74 de l'ordonnance royale du 25 décembre 1837, sur le service de la solde et sur les revues dans l'armée de terre.

Annales maritimes de 1844, page 101.

10 février 1844. (*Personnel.*) — CIRCULAIRE contenant de nouvelles recommandations au sujet de la conservation des effets d'habillement embarqués en approvisionnement de prévoyance.

Annales maritimes de 1844, page 107.

26 mars 1844. (*Fonds.*) — LETTRE à M. le gouverneur de Bourbon, demandant des documents de comptabilité dont l'envoi est prescrit par la circulaire du 16 septembre 1842. — Nouvelle recommandation au sujet de la transmission de ces pièces.

16 avril 1844. (*Fonds.*) — LETTRE à M. le premier président de la cour des comptes. — Réponse aux observations contenues dans le référé du 31 janvier 1844, sur la comptabilité des traites de la marine.

16 avril 1844. (*Fonds.*) — CIRCULAIRE sur le payement des dé-

penses du personnel dans les ports. — Restrictions apportées à l'usage des *quittances provisoires* [1].

Annales maritimes de 1844, page 452.

10 juin 1844. (*Finances.*) — CIRCULAIRE transmettant aux payeurs la circulaire du ministère de la marine, du 16 avril de la même année, relative au payement des dépenses du personnel dans les ports.

14 juin 1844. (*Colonies.*) — CIRCULAIRE relative au mode de remboursement des effets de petit équipement envoyés aux troupes servant dans les colonies.

19 juin 1844. — INSTRUCTIONS à M. le contre-amiral commandant la station de l'Océanie et des côtes occidentales d'Amérique, sur la comptabilité de la division navale placée sous son commandement.

25 juin 1844. (*Colonies.*) — LETTRE à M. le gouverneur des établissements français de l'Océanie, au sujet de diverses émissions de traites sur France faites pour les besoins du service intérieur des établissements de l'Océanie, et d'un arrêté relatif au cours de la piastre.

17 juillet 1844. — LETTRE à M. le contre-amiral commandant la station de l'Océanie et des côtes occidentales d'Amérique, sur la juridiction administrative du commissaire de la division navale placée sous son commandement.

12 septembre 1844. (*Fonds.*) — CIRCULAIRE sur le compte de 1843.

Annales maritimes de 1844, page 1082.

24 septembre 1844. (*Colonies.*) — CIRCULAIRE faisant envoi d'états modificatifs des pensions payables aux colonies, en exécution d'une circulaire du 20 novembre 1843.

[1] Voir les dépêches des 4 janvier 1847 et 13 décembre 1848.

1er octobre 1844. (*Colonies.*) — CIRCULAIRE au sujet du mode d'exécution de l'article 102 de l'ordonnance du 22 novembre 1841, relatif aux vérifications de caisses.

23 octobre 1844. (*Fonds.*) — CIRCULAIRE contenant des instructions relatives aux opérations de la caisse coloniale, résultant, 1° des oppositions formées au trésor contre des agents du service public ; 2° des frais de poursuites en matière de contributions recouvrées par le trésorier, pour le compte des huissiers du domaine ou porteurs de contraintes.

24 octobre 1844. (*Fonds.*) — CIRCULAIRE prescrivant d'apporter la plus grande célérité possible dans l'envoi, au département, des pièces de la comptabilité des trésoriers coloniaux.

26 octobre 1844. — DÉCISION ministérielle introduisant de nouvelles formes dans la justification et l'ordonnancement des dépenses du matériel de la marine.

11 novembre 1844. — CIRCULAIRE sur les achats par convention. — Les marchés de cette nature peuvent atteindre la limite de 500 francs.

Annales maritimes de 1844, page 1301.

12 novembre 1844. (*Fonds.*) — LETTRE à M. le gouverneur de la Guadeloupe, au sujet d'une recette de produits de vente faussement appliquée au chapitre XXIII : *Service général*, exercice 1843.

21 novembre 1844. (*Personnel, Ports et Fonds.*) — CIRCULAIRE ayant pour objet de compléter, par la production des factures, la justification des dépenses du matériel.

Annales maritimes de 1844, page 1316.

10 décembre 1844. (*Fonds.*) — LETTRE à M. le gouverneur de Bourbon, portant recommandations itératives au sujet de l'établissement des récépissés à talon, prescrits par l'ordonnance royale du 22 novembre 1841.

30 décembre 1844. (*Finances.*) — LETTRE au ministre de la marine, en réponse à des objections présentées contre l'application, dans les colonies, de l'ordonnance royale du 22 novembre 1841, surtout en ce qui concerne les délégations de crédit. — Observations relatives au mode employé pour les achats des *vivres* et des *hôpitaux*.

7 janvier 1845. (*Colonies.*) — LETTRE au Sénégal et à Saint-Pierre et Miquelon, sur la nécessité d'envoyer exactement les comptes des colonies.

11 février 1845. (*Colonies et Fonds.*) — LETTRE au gouverneur des établissements français de l'Océanie, relative aux observations auxquelles a donné lieu l'examen de la comptabilité du trésorier des établissements français de l'Océanie pour le 1er trimestre 1844. — Prorogation de l'époque de clôture des payements, du 31 janvier au 31 mai de la deuxième année de chaque exercice, en ce qui concerne les dépenses du service intérieur des établissements.

11 février 1845. (*Fonds.*) — LETTRE à M. le gouverneur de la Guyane française, en réponse à sa lettre du 12 octobre 1844, relative à l'insuffisance des crédits de délégation ouverts à la colonie pour les dépenses de l'exercice 1843.

11 février 1845. (*Fonds.*) — LETTRE à M. le gouverneur de la Martinique, en réponse à sa lettre du 12 décembre 1844, relative au service des cessions entre les divers chapitres du budget.

12 février 1845. (*Finances.*) — CIRCULAIRE aux trésoriers des colonies soumises à la loi du 25 juin 1841. — Invitation de prendre des mesures pour que les documents financiers transmis au ministère des finances soient d'accord avec ceux adressés, par l'ordonnateur de la colonie, au ministère de la marine.

24 février 1845. — ARRÊTÉ ministériel sur les formes à suivre

dans les marchés à passer à Paris pour les différents services de la marine.

Annales maritimes de 1845, page 201.

7 mars 1845. (*Ports.*) — CIRCULAIRE relative aux dispositions à prendre pour assurer la stricte exécution des marchés passés avec le département de la marine.

Annales maritimes de 1845, page 207.

12 mars 1845. (*Fonds.*) — LETTRE au commandant supérieur de la marine à Alger, signalant une omission dans le compte en deniers d'Alger, exercice 1843, et contenant de nouvelles dispositions relatives aux avances faites par la marine en Algérie.

31 mars 1845. (*Fonds.*) — LETTRE à M. le gouverneur de la Martinique, en réponse à sa lettre du 12 décembre 1844, relative aux payements effectués à titre d'*opérations de trésorerie*, à défaut de crédits de délégation. — A partir de 1846, il ne sera plus fait de remises de crédit pour les dépenses du service *Marine*. La colonie se remboursera par des traites.

31 mars 1845. (*Fonds.*) — Lettre à M. le gouverneur de Bourbon, portant des éclaircissements en réponse à des doutes élevés sur l'interprétation de divers articles de l'ordonnance du 22 novembre 1841 sur la comptabilité coloniale.

26 avril 1845. — DÉCISION ministérielle sur la manière de procéder à la liquidation et au payement des décomptes de solde à Paris. — Tout décompte doit donner lieu à un rapport individuel ou collectif. — Tout rapport doit présenter le détail des allocations réglementaires applicables dans chaque décompte.

13 mai 1845. (*Fonds.*) — LETTRE à M. le gouverneur de la Martinique, portant des observations relatives à l'envoi d'un bordereau de versements effectués dans la caisse du trésorier de la Martinique. — Invitation de faire parvenir, avant la clôture de l'exercice 1844, de nouvelles pièces au sujet desdits versements.

16 mai 1845. (*Fonds.*) — LETTRE à M. le premier président de la cour des comptes, en réponse à la communication de la cour, en date du 29 mars 1845, sur la gestion 1843 de l'agent comptable des traites de la marine.

20 mai 1845. (*Fonds.*) — CIRCULAIRE au sujet des opérations dites de trésorerie.

21 mai 1845. (*Fonds.*) — CIRCULAIRE sur les *virements* résultant de fausse imputation dans l'ordonnancement. — Les virements provenant de *cessions* sont soumis à d'autres règles et ne peuvent avoir lieu, dans aucun cas, sans le concours du ministère.

Annales maritimes de 1845, page 281.

21 mai 1845. (*Fonds.*) — CIRCULAIRE prescrivant de faire établir le relevé des dépenses du matériel passibles de la retenue de 3 p. % qui ont été mandatées sur l'exercice 1843.

Annales maritimes de 1845, page 332.

21 mai 1845. (*Fonds.*) — CIRCULAIRE sur les *virements* résultant d'imputations erronées lors de l'expédition des mandats de dépense [1].

Annales maritimes de 1845, page 281.

4 juin 1845. (*Fonds.*) — CIRCULAIRE relative aux différences que présentaient les comptes administratifs, rapprochés des écritures tenues par les trésoriers coloniaux. — Demande d'explications.

10 juin 1845. (*Colonies et Invalides.*) — CIRCULAIRE sur le mode de remboursement des fonds de masses appartenant à des gendarmes démissionnaires.

17 juin 1845. (*Colonies et Fonds.*) — LETTRE à M. le gouverneur des établissements de l'Océanie, au sujet du marché Laharrague et Cie, pour achat de monnaies d'or et d'argent. — Ordre de porter au taux de 5 fr. 25 cent. la piastre forte, dans les

[1] Voir l'instruction générale du 15 janvier 1846.

payements qui sont faits aux salariés des établissements français de l'Océanie.

20 juin 1845. — LETTRE de la comptabilité générale des finances, à M. le trésorier de la Guadeloupe, sur le mode de remboursement par le trésor, des fonds de masses appartenant à des militaires servant aux colonies.

2 juillet 1845. (*Fonds.*) — NOTE à la direction des colonies sur la nécessité de supprimer l'emploi des *fonds coloniaux* dans les opérations de France. — Facilités de cette suppression.

6 juillet 1845. (*Fonds.*) — CIRCULAIRE relative aux quittances à donner pour les dépenses du matériel.

Annales maritimes de 1845, page 694.

25 juillet 1845. (*Fonds.*) — CIRCULAIRE faisant envoi d'imprimés pour la formation de l'état de développement des dépenses du service colonial pour l'exercice 1844. — Recommandations à ce sujet.

Annales maritimes de 1845, page 710.

27 août 1845. — INSTRUCTION aux payeurs concernant les oppositions et les saisies-arrêts.

30 août 1845. (*Fonds.*) — CIRCULAIRE faisant envoi de la nomenclature des dépenses de l'exercice 1846. — Changements survenus dans les classifications du budget. — Recommandations spéciales.

1er septembre 1845. (*Finances.*) — LETTRE au ministre de la marine faisant envoi d'un projet d'ordonnance royale pour la suppression du compte courant des fonds coloniaux.

10 septembre 1845. (*Fonds.*) — CIRCULAIRE relative aux cautionnements imposés aux fournisseurs du matériel. — Mention à faire à ce sujet sur les marchés et adjudications produits au soutien des mandats de payement.

13 septembre 1845. (*Fonds.*) — NOTE à la direction des colonies, faisant connaître que la division des fonds n'a aucune objection à présenter contre le projet d'ordonnance communiqué par le ministère des finances pour la suppression du compte courant des fonds coloniaux. — La division des fonds se réfère à sa note du 2 juillet 1845.

13 septembre 1845. (*Finances.*) — LETTRE au ministre de la marine, sur les versements de fonds dans les caisses coloniales. — Payements directs par le trésor. — Précomptes à faire sur les envois de fonds.

15 septembre 1845. (*Fonds.*) — CIRCULAIRE sur le compte de l'exercice 1844.

23 septembre 1845. (*Fonds.*) — LETTRE à MM. les gouverneurs de la Guadeloupe et de Bourbon, sur les différences remarquées dans le compte de l'exercice 1843, entre les écritures de l'administration et celles du comptable.

6 octobre 1845. (*Fonds.*) — LETTRE à M. le gouverneur de la Martinique, sur les reversements et les cessions. — Maintien des instructions précédentes.

7 octobre 1845. — INSTRUCTIONS du ministre des finances aux trésoriers des colonies soumises au régime de la loi du 25 juin 1841, sur les avances faites tant au service *Marine* qu'aux autres départements ministériels.

11 octobre 1845. (*Personnel et Fonds.*) — CIRCULAIRE sur le classement, en 1846, de la solde fixe des officiers embarqués sur les bâtiments en commission de rade ou en commission de port.

21 octobre 1845. (*Fonds.*) — LETTRE au préfet maritime de Cherbourg sur l'exécution des dispositions ordonnées par les circulaires des 21 novembre 1844 et 6 juillet 1845, relatives aux factures et aux signatures d'acquits.

22 octobre 1845. — LETTRE au gouverneur de la Martinique,

sur les payements relatifs aux salaires d'ouvriers. — Distinction entre les travaux en régie et les travaux à l'entreprise. — Subdivision des travaux en régie, en travaux à la journée et en travaux à la tâche. — Mode de justification des dépenses.

7 novembre 1845. — ORDONNANCE sur le service des traites à la mer.

Annales maritimes de 1845, page 919.

10 novembre 1845. (*Fonds.*) — CIRCULAIRE faisant envoi des éclaircissements publiés en réponse aux observations de la cour des comptes sur les comptes de l'année 1843.

Annales maritimes de 1845, page 928.

11 novembre 1845. (*Colonies et Fonds.*) — CIRCULAIRE contenant de nouvelles dispositions relatives à l'imputation des dépenses des *hôpitaux* et des *vivres*. — Imputation immédiate aux *services militaires*, sauf virement ultérieur de la portion afférente à d'autres services.

Annales maritimes de 1845, page 951.

25 novembre 1845. (*Fonds.*) — CIRCULAIRE faisant envoi de l'état dit de développement des dépenses de la marine et des colonies, pour l'exercice 1846.

30 novembre 1845. (*Fonds.*) — CIRCULAIRE portant envoi de l'ordonnance du 7 novembre 1845, faisant suite à celle du 13 mai 1838, sur le service des traites de la marine. — Nouvelles instructions à ce sujet.

Annales maritimes de 1845, page 955.

17 décembre 1845. — ORDONNANCE relative à la suppression du compte des fonds coloniaux. — Création du compte du service intermédiaire des établissements coloniaux non régis par la loi du 25 juin 1841.

Annales maritimes de 1845, page 1068.

29 décembre 1845. (*Colonies et Fonds.*) — CIRCULAIRE portant en-

voi de l'ordonnance du 17 décembre 1845, modificative du service des fonds coloniaux. — Instructions relatives à l'exécution de cette ordonnance.

6 janvier 1846. (*Colonies et Fonds.*) — DISPOSITIONS concertées entre les départements de la marine et des finances, relativement au payement en France, à partir de l'exercice 1846, des dépenses du service intérieur des colonies non régies par la loi du 25 juin 1841.

9 janvier 1846. (*Colonies et Fonds.*) — CIRCULAIRE faisant envoi de l'ordonnance royale du 17 décembre 1845, portant suppression du compte des fonds coloniaux.

13 janvier 1846. (*Colonies.*) — LETTRE au gouverneur des établissements français de l'Océanie, faisant envoi de l'ordonnance du 17 décembre 1845, sur les fonds coloniaux, ordonnance en vertu de laquelle le service intérieur des établissements se trouve placé sous le régime de l'ordonnance du 31 mai 1838. — Instructions sur l'application dans la colonie des dispositions de cette dernière ordonnance.

15 janvier 1846. — INSTRUCTION générale sur la comptabilité du matériel dans les arsenaux de la marine. — De la comptabilité des cessions (articles 402 à 404)[1].

Annales maritimes de 1846, page 158.

6 mai 1846. — CONDITIONS générales à imposer aux entrepreneurs des travaux hydrauliques et bâtiments civils dans les établissements de la marine.

Annales maritimes de 1846, page 605.

29 mai 1846. (*Fonds.*) — CIRCULAIRE portant que les connaissements et lettres de voiture sont soumis à la formalité du timbre.

Annales maritimes de 1846, page 631.

[1] Voir la circulaire du 29 mars 1847.

15 juin 1846. (*Personnel et Fonds.*) — CIRCULAIRE au sujet du remboursement des cessions faites aux corps organisés de la marine par les différents services des ports.

6 octobre 1846. — CIRCULAIRE relative au mode adopté pour la passation des marchés à nomenclature étendue [1].

Bulletin officiel de la marine, tome II, page 572.

30 octobre 1846. (*Fonds.*) — CIRCULAIRE faisant envoi des éclaircissements publiés en réponse aux observations de la cour des comptes sur les comptes de l'année 1844.

31 octobre 1846. (*Fonds et Invalides.*) — CIRCULAIRE relative à l'avance, par la caisse des invalides, de la somme nécessaire pour acquitter des créances de solde portant sur des exercices clos.

12 novembre 1846. (*Fonds.*) — NOTE sur le mode de payement des dépenses qui se font à Port-Vendres.

1er décembre 1846. (*Fonds.*) — CIRCULAIRE faisant envoi de l'état de développement des dépenses de l'exercice 1847.

4 janvier 1847. (*Fonds.*) — CIRCULAIRE sur les frais de route des marins congédiés du service à terre.

Annales maritimes de 1847, page 34.

10 mars 1847. (*Fonds.*) — CIRCULAIRE sur les certificats comptables délivrés par suite de fournitures. — Les certificats doivent faire mention de la date des recettes.

Annales maritimes de 1847, page 297.

29 mars 1847. (*Fonds.*) — CIRCULAIRE sur le mode de remboursement des cessions faites, par exception à la règle, à des particuliers [2].

Annales maritimes de 1847, page 314.

[1] Voir la circulaire du 24 novembre 1848.

[2] Voir la circulaire du 4 mai 1847.

30 mars 1847. — Arrêté ministériel sur les attributions respectives des directions du ministère, en ce qui touche les opérations financières du département.

30 mars 1847. — Conditions générales pour la fourniture des munitions, des matières brutes et des objets ouvrés nécessaires au service de la marine.

Annales maritimes de 1847, page 391.

26 avril 1847. (*Fonds.*) — Circulaire portant que les ordonnateurs secondaires de la marine devront désormais notifier aux payeurs, pendant la durée de l'exercice, toutes les modifications que subiront les crédits, et même la dépense payable dans les ports, par l'effet de virements ou d'annulations.

4 mai 1847. (*Ports.*) — Circulaire portant qu'il ne doit être fait de cessions à des services étrangers à la marine que lorsqu'elles ont été autorisées par le ministre, ou, en cas d'urgence, par le préfet maritime, qui doit en rendre immédiatement compte au ministre[1].

Annales maritimes de 1847, page 677.

8 mai 1847. (*Comptabilité.*) — Circulaire sur les mesures à prendre pour faciliter le travail des payeurs, en ce qui touche les oppositions.

Annales maritimes de 1847, page 682.

8 mai 1847. (*Comptabilité.*) — Circulaire contenant des instructions relatives aux payements d'à-compte pour les dépenses du matériel.

Annales maritimes de 1847, page 683.

15 juin 1847. (*Fonds.*) — Circulaire sur les mesures relatives aux payements à effectuer, en présence d'oppositions, aux officiers appartenant à des corps organisés.

Annales maritimes de 1847, page 742.

[1] Voir les instructions du 22 juillet 1847.

7 juillet 1847. (*Fonds.*) — LETTRE au ministre des finances au sujet de l'imputation provisoire aux exercices courants, des rappels de solde portant sur les exercices *clos* et *périmés.*

22 juillet 1847. (*Fonds.*) — INSTRUCTIONS relatives au mode de remboursement des cessions[1].

Annales maritimes de 1847, page 810.

8 août 1847. — LOI de finances portant fixation du budget des dépenses de l'exercice 1848.

. . . .

ART. 8.

La faculté accordée par des lois spéciales de reporter, par une ordonnance royale, d'un exercice à l'autre, les crédits non consommés, cessera d'exister à partir du 31 décembre 1848. — Cette disposition ne recevra pas son application dans le cas où il s'agirait, soit d'un crédit limité à un seul exercice, soit de la dernière allocation d'un crédit réparti sur plusieurs années.

Recueil des lois de finances, session de 1847, page 187. — *Bulletin des lois,* 9e série, n° 1410, page 457.

31 août 1847. (*Finances.*) — LETTRE demandant que l'imputation des rappels de solde aux exercices courants n'ait lieu que pour les exercices *clos* seulement.

6 septembre 1847. (*Services administratifs.*) — CIRCULAIRE sur l'interprétation à donner aux dispositions concernant l'application des clauses de garantie pour l'exécution des marchés.

Annales maritimes de 1847, page 964.

17 septembre 1847. (*Fonds.*) — CIRCULAIRE faisant envoi de la nomenclature des dépenses de la marine et des colonies, pour 1848. — Recommandations spéciales.

Annales maritimes de 1847, page 993.

17 septembre 1847. (*Fonds.*) — INSTRUCTIONS sur le compte en deniers de 1846.

Annales maritimes de 1847, page 996.

[1] Voir les instructions du 7 juin 1848.

30 septembre 1847. (*Fonds.*) — CIRCULAIRE relative aux rappels de solde sur exercices clos. — A compter du 1er janvier 1848, les rappels de solde auront lieu sur l'exercice courant, conformément aux dispositions de l'article 9 de la loi du 8 juillet 1837, reproduites dans l'article 102 de l'ordonnance du 31 mai 1838.

Annales maritimes de 1847, page 1041.

16 novembre 1847. (*Personnel.*) — CIRCULAIRE relative aux dettes contractées par les officiers.

Annales maritimes de 1847, page 1529.

18 novembre 1847. — ARRÊTÉ ministériel portant qu'à dater du 1er janvier 1848, une comptabilité des droits constatés sera tenue dans les directions administratives du ministère.

Annales maritimes de 1847, page 1716.

30 décembre 1847. — CIRCULAIRE portant extension des dispositions de celle du 21 novembre 1844 aux payements des dépenses du matériel effectuées dans les colonies.

31 décembre 1847. — INSTRUCTIONS relatives à l'acquittement des créances portant sur exercices clos dans les colonies.

31 décembre 1847. (*Comptabilité.*) — INSTRUCTIONS sur la préparation des documents à fournir par les ports et établissements de la marine, pour concourir à la tenue des écritures de la comptabilité des droits constatés. — Modèles à l'appui.

Annales maritimes de 1847, page 1773.

24 janvier 1848. (*Services administratifs.*) — CIRCULAIRE relative aux formes à suivre pour le payement de la solde et des accessoires de solde des militaires isolés, ainsi que des détachements des corps de troupe de la marine.

Bulletin officiel de la marine, tome Ier, page 55.

14 février 1848. (*Services administratifs.*) — CIRCULAIRE contenant des modifications au mode de payement des délégations

consenties par les officiers faisant partie des portions de corps détachées dans les colonies.

Bulletin officiel de la marine, tome Ier, page 95.

18 février 1848. (*Comptabilité.*) — CIRCULAIRE portant que les documents relatifs à la comptabilité des droits constatés doivent être, sans distinction, adressés au ministre sous le timbre de chacune des directions administratives qui ont à en connaître.

Bulletin officiel de la marine, tome Ier, page 116.

2 mars 1848. — DÉCRET portant que les affaires d'administration courante qui, dans l'état actuel de la législation, ne pouvaient être réglées qu'au moyen d'ordonnances royales, seront valablement décidées par le ministre provisoire du département auquel ces affaires ressortissent.

Bulletin officiel de la marine, tome Ier, page 134.

6 mars 1848. (*Comptabilité.*) — CIRCULAIRE relative aux recettes effectuées dans les colonies, au crédit du compte *avances au service marine,* et admises en atténuation des dépenses remboursables en traites, contrairement aux règles sur la matière.

Bulletin officiel de la marine, tome Ier, page 142.

13 mars 1848. — DÉCRET qui interdit tout cumul entre une pension de retraite et un traitement d'activité dont le montant réuni dépasserait 700 francs.

Bulletin officiel de la marine, tome Ier, page 138 [1].

4 avril 1848. — DÉCRET qui assujettit à une retenue proportionnelle les traitements, pensions et dotations payés sur les fonds du budget de l'État.

Bulletin des lois, 10e série, n° 24, page 230.

22 avril 1848. (*Invalides et Comptabilité.*) — EXPLICATIONS faisant

[1] Voir, page 159, une circulaire du 21 mars, notifiant les dispositions de ce décret.

suite à la circulaire du 21 mars 1848, concernant l'interdiction du cumul entre une pension et un traitement, si ce n'est dans la limite de 700 francs.

Bulletin officiel de la marine, tome Ier, page 193.

22 avril 1848. (*Services administratifs et Comptabilité.*) — CIRCULAIRE faisant envoi d'un arrêté qui détermine le mode d'application du décret du 4 avril, sur la retenue proportionnelle à exercer sur les traitements militaires et civils.

Bulletin officiel de la marine, tome Ier, pages 195 et 196.

25 avril 1848. (*Invalides.*) — CIRCULAIRE relative à la retenue proportionnelle à laquelle sont assujettis les traitements et pensions au-dessus de 2,000 francs payés sur la caisse des invalides.

Bulletin officiel de la marine, tome Ier, pages 208 et 210.

26 avril 1848. (*Colonies.*) — INSTRUCTIONS sur l'exécution du décret du 4 avril, concernant les retenues proportionnelles à exercer sur les traitements.

30 avril 1848. (*Cabinet*) — CIRCULAIRE rappelant les divers officiers et fonctionnaires de la marine à l'exécution des règles prescrites par les lois et ordonnances.

Bulletin officiel de la marine, tome Ier, page 212.

9 mai 1848. (*Services administratifs.*) — CIRCULAIRE relative aux rappels de solde sur l'exercice courant, pour le compte d'un exercice clos, et aux justifications à produire pour ces rappels.

Bulletin officiel de la marine, tome Ier, page 244.

19 mai 1848. (*Comptabilité et Invalides.*) — CIRCULAIRE modifiant les dispositions de celle du 23 octobre 1824, en ce qui touche l'imputation des salaires des équipages naufragés, dans les liquidations de sauvetage.

Bulletin officiel de la marine, tome Ier, page 254.

24 mai 1848. (*Colonies.*) — INSTRUCTIONS relatives aux retenues proportionnelles prescrites par le décret du 4 avril.

29 mai 1848. (*Invalides.*) — CIRCULAIRE touchant l'interdiction du cumul entre une pension et un traitement d'activité.

31 mai 1848. (*Comptabilité.*) — CIRCULAIRE au sujet des doutes qu'a soulevés l'application du décret du 4 avril, sur la retenue proportionnelle.

Bulletin officiel de la marine, tome Ier, page 264.

7 juin 1848. (*Comptabilité.*) — INSTRUCTIONS sur l'application, aux colonies, de la circulaire du 22 juillet 1847, relative au mode de remboursement des cessions[1].

20 juin 1848. (*Comptabilité.*) — CIRCULAIRE sur la ponctualité apportée par le trésor public dans l'acquittement des traites émises à l'extérieur pour le service des bâtiments de la flotte.

Bulletin officiel de la marine, tome Ier, page 315.

14 juillet 1848. (*Comptabilité.*) — CIRCULAIRE relative au payement des frais de transport, dans les quartiers de l'inscription maritime, des objets qui y sont expédiés de Paris par la voie du roulage.

Bulletin officiel de la marine, tome II, page 13.

17 juillet 1848. (*Services administratifs.*) — CIRCULAIRE relative au nouveau mode à suivre, à l'occasion des comptes rendus des marchés soumis à l'examen du ministre.

Bulletin officiel de la marine, tome II, page 18.

21 juillet 1848. (*Comptabilité.*) — CIRCULAIRE rappelant que les demandes de fonds doivent être adressées sous le timbre des directions administratives.

Bulletin officiel de la marine, tome II, page 25.

[1] Voir la circulaire du 4 novembre 1848.

3 août 1848. (*Secrétariat et Comptabilité.*) — CIRCULAIRE faisant envoi de l'arrêté du ministre des travaux publics du 1er juillet 1848, lequel détermine le mode d'application de la retenue proportionnelle pour les ingénieurs et agents du service des ponts et chaussées.

Bulletin officiel de la marine, tome II, page 91.

12 août 1848. — DÉCRET relatif aux retenues à exercer sur le traitement civil des militaires retraités.

Moniteur du 15 août 1848. — *Bulletin officiel de la marine*, tome II, page 390.

22 août 1848. (*Services administratifs et Travaux.*) — CIRCULAIRE sur les règles à suivre pour l'application des clauses de rigueur stipulées dans les marchés.

Bulletin officiel de la marine, tome II, page 120.

9 septembre 1848. (*Fonds.*) — INSTRUCTIONS sur le compte de 1847.

Bulletin officiel de la marine, tome II, page 180.

14 octobre 1848. (*Finances.*) — ARRÊTÉ relatif au mode des retenues à opérer, en vertu du décret du 12 août 1848, sur les traitements civils et les pensions militaires cumulés.

Bulletin officiel de la marine, tome II, page 391.

18 octobre 1848. (*Finances.*) — INSTRUCTIONS aux payeurs. — Dispositions à suivre pour l'exécution du décret du 12 août, relatif aux retenues à exercer sur les traitements civils d'activité cumulés avec une pension de retraite par des militaires, des marins, des ouvriers des ports et employés du service actif des douanes, ou par leurs veuves.

27 octobre 1848. (*Secrétariat et Comptabilité.*) — CIRCULAIRE sur l'exécution du décret du 12 août 1848, relatif au cumul d'un traitement civil d'activité avec une pension militaire de retraite.

Bulletin officiel de la marine, tome II, page 388.

4 novembre 1848. (*Secrétariat et Comptabilité.*) — INSTRUCTIONS complémentaires sur le mode à suivre pour les virements par suite de fausse imputation de dépenses.

Bulletin officiel de la marine, tome II, page 484.

16 novembre 1848. (*Invalides.*) — CIRCULAIRE contenant des nouvelles explications sur l'exécution du décret du 12 août 1848, relatif au cumul d'un traitement civil et d'une pension militaire.

Bulletin officiel de la marine, tome II, page 427.

18 novembre 1848. (*Services administratifs.*) — CIRCULAIRE relative aux saisies-arrêts qui peuvent être signifiées aux officiers payeurs des corps de troupe.

Bulletin officiel de la marine, tome II, page 465.

24 novembre 1848. (*Services administratifs.*) — CIRCULAIRE relative aux indications qui doivent accompagner l'envoi des cahiers des charges soumis au ministre.

Bulletin officiel de la marine, tome II, page 571.

13 décembre 1848. (*Secrétariat et Comptabilité.*) — DÉPÊCHE refusant l'autorisation de payer les ouvriers congédiés à l'aide de *quittances provisoires.* — Rappel à l'exécution de la circulaire du 16 avril 1844.

Bulletin officiel de la marine, tome II, page 536.

13 décembre 1848. (*Comptabilité et Services administratifs.*) — CIRCULAIRE relative au retard apporté dans le payement des ouvriers par le mode de remboursement des cessions de main-d'œuvre entre les divers services de la marine.

Bulletin officiel de la marine, tome II, page 531.

15 décembre 1848. (*Services administratifs.*) — CIRCULAIRE rappelant à l'exécution des règles relatives aux factures timbrées qui accompagnent les certificats comptables pour fournitures de matériel.

Bulletin officiel de la marine, tome II, page 520.

18 décembre 1848. (*Secrétariat et Comptabilité.*) — CIRCULAIRE rappelant qu'on ne doit apporter aucune négligence dans les transmissions des états d'avances faites par la marine aux divers départements ministériels.

Bulletin officiel de la marine, tome II, page 563.

17 février 1849. (*Services administratifs.*) — CIRCULAIRE contenant des règles à suivre pour la vente des objets mobiliers appartenant à la marine. — Rappel aux prescriptions du règlement financier du 31 octobre 1840.

Bulletin officiel de la marine, tome III, page 88.

31 mars 1849. (*Secrétariat général et Comptabilité.*) — INSTRUCTIONS relatives à la comptabilité des agents diplomatiques et consulaires, en ce qui concerne le service *Marine.* — Résumé des instructions précédentes.

Bulletin officiel de la marine, tome III, page 196.

COMPTABILITÉ DES MATIÈRES.

« On a considéré longtemps comme impossible de « soumettre les mouvements et la transformation des ma- « tières, dans les arsenaux, à une description exacte et « minutieuse, pour les résumer ensuite dans des comptes « généraux méthodiques et justifiés. Les Chambres n'ont « pas cru à cette impossibilité. La loi du 6 juin 1843 a « impérieusement prescrit que les comptes-matières fus- « sent soumis à des formes, à des contrôles et à des res- « ponsabilités analogues à celle dont l'introduction dans « les comptes en deniers avait produit de si remarqua- « bles résultats.

« Une ordonnance royale du 26 août 1844 a posé, « pour tous les ministères, les bases réglementaires de « cette organisation. L'article 15 de cette ordonnance « prescrivait à chaque département ministériel, de faire « un règlement spécial pour l'exécution du règlement « général d'administration publique, résultant de l'or- « donnance elle-même.

« C'est le 22 février 1845 que le département de la « marine a promulgué son règlement particulier, mais à « titre proviosire seulement.

« En effet, le temps avait manqué pour arrêter défini- « tivement la nomenclature selon laquelle il devait être

54.

« fait compte, dans tous les arsenaux, des objets identi-« ques, document indispensable pour servir de base à « une centralisation régulière.

« Ce travail considérable, exécuté dans le courant de « l'année 1845, a été publié à l'appui du règlement dé-« finitif approuvé par le Roi, le 12 décembre de cette « même année, et qui régit aujourd'hui la comptabilité « en matières du département de la marine.

« Il ne comprenait pas moins, dans l'origine, de « 22,000 unités; des additions successives le portent, « en ce moment, à 32,000.

« Le règlement provisoire du 22 février 1845 avait « tenté de faire rendre le compte des matières apparte-« nant au département de la marine, et mis en œuvre « dans les arsenaux, par *unités simples;* c'est-à-dire que « les comptes généraux soumis aux Chambres, et les « comptes individuels rendus à la cour des comptes, « auraient contenu autant de comptes ouverts que la « nomenclature aurait présenté d'unités spéciales. L'expé-« rience faite en 1845 démontra l'impossibilité absolue « de cette marche, qui aurait imposé, soit à la cour des « comptes, soit aux Chambres, soit au département de la « marine lui-même, une tâche excessive et superflue.

« Le règlement définitif du 13 décembre 1845 a été « conçu sur des données plus pratiques. La nomenclature « qui y est annexée résume, en 2,210 unités collectives, « les 32,000 unités simples entre lesquelles se divisent « les matières de toute sorte existant dans les arsenaux.

« Tous les documents élémentaires seront tenus par « *unités simples;*

« Les documents centralisateurs seront tenus par *unités* « *collectives*.

« De telle sorte que les comptes définitifs, au lieu de « présenter, comme en 1845, 20 à 30 mille comptes ou- « verts, n'en présenteront que 2,200.

« Le principe de la nouvelle comptabilité est le réta- « blissement du magasin général et la division absolue, « établie entre la responsabilité des comptables de ma- « tières et celle des agents chargés de transformer ces « matières, ou d'en autoriser la consommation. C'est une « satisfaction donnée à un vœu hautement manifesté par « les Chambres, et dont on attend les meilleurs résultats. « Ainsi, un garde-magasin général, dans chaque arsenal, « reçoit les matières des mains des fournisseurs, les ré- « partit, suivant les besoins du service, en un certain « nombre de dépôts placés à proximité, mais hors de « toute dépendance des ateliers et des directeurs des tra- « vaux, et ne se dessaisit de ces matières que sur des « mandats délivrés par ces mêmes directeurs, constitués « ainsi ordonnateurs responsables de la dépense en ma- « tières, et appelés, à ce titre, comme le sont les ordon- « nateurs des dépenses en deniers, à rendre compte des « consommations qu'ils ont ordonnées.

« Ainsi, le compte du magasin général, qui se charge « par le procès-verbal de recette des objets fournis, se « décharge par les mandats de l'ordonnateur de la dé- « pense en matières, faisant connaître, sous la garantie de « divers contrôles, dont il sera parlé tout à l'heure, la des- « tination de la matière dont la dépense a été autorisée.

« Le compte des ordonnateurs se charge, au contraire,

« de toutes les matières sorties du magasin général, les« quelles sont imputées à un compte spécial ouvert à « chaque travail en cours d'exécution, ou à chaque ser« vice consommateur, et se décharge soit par le rever« sement en magasin des objets créés, soit par des procès« verbaux de réception des ouvrages, s'il s'agit de travaux; « et, s'il s'agit de consommations, par l'inscription faite à « l'inventaire du service consommateur, des objets régle« mentairement délivrés. Le compte du magasin, rendu « par le garde-magasin général, et le compte d'emploi, « rendu par les directeurs, présenteront donc toujours « des quantités identiques. Seulement, le premier fera « connaître d'une manière générale l'origine des entrées « et la destination des sorties de chaque matière, tandis « que le second fera connaître en détail, et par nature de « travail, la quantité de chaque matière consommée pour « un travail ou un service déterminé.

« La vérité du compte d'emploi se trouvera garantie par « l'intervention de l'Administration dans la constatation « et la réception des ouvrages créés, et, s'il s'agit de con« sommations, par le visa que donnera, préalablement « à la délivrance par le magasin, un fonctionnaire de l'Ad« ministration chargé de s'assurer que la délivrance auto« risée n'excède pas les fixations préalablement déter« minées, soit par les règlements arrêtés par le ministre, « soit, dans les cas exceptionnels, par des décisions spé« ciales.

« La certitude morale des faits énoncés dans la comp« tabilité des matières reposera donc, pour les *dépenses*, « dans la contradiction qui existera entre les responsa-

« bilités respectives des comptables, et de l'ordonnateur « de la dépense en matières, et dans la constatation, par « l'entremise de fonctionnaires autres que ceux qui ont « ordonné la dépense, des résultats obtenus. Pour les *re-* « *cettes,* le nouveau système de comptabilité n'a rien in- « nové à ce qui était jadis en usage. La constatation des « quantités introduites en magasin continuera à avoir lieu, « contradictoirement avec les fournisseurs, par des com- « missions de recette, composées d'officiers étrangers au « comptable lui-même. Mais des mesures sont prises pour « que ce moyen de garantie ne vienne pas échouer contre « l'insuffisance du personnel ou l'incurie des agents.

« . . . .

« On peut donc considérer comme résolu, du moins « théoriquement, le problème de l'introduction des ga- « ranties résultant d'une comptabilité régulière, dans la « consommation et la conservation des matières formant « l'approvisionnement de nos arsenaux. Sans doute, une « révolution aussi considérable ne se fera pas sans quel- « ques hésitations et sans quelques retards. »

(Extrait du rapport présenté à la Chambre des Députés sur le projet de loi des comptes de 1845, session de 1847 Juin 1847.. Page 95.)

COMPTABILITÉ DES MATIÈRES.

29 novembre 1815. — Ordonnance concernant la régie et l'administration générale des ports et arsenaux de la marine.

. . . .

Titre V.— *Du Conseil d'administration.* Articles 28, §, 3 et 34. — *Comptes-matières.*

Annales maritimes de 1816, pages 28 et 30.

6 octobre 1817. (*Ports.*) — Instruction sur les comptes des dépenses en matières et en main-d'œuvre.

Annales maritimes de 1817, page 444.

9 mars 1819. (*Ports.*) — Circulaire modifiant l'instruction du 6 octobre 1817, en ce qui regarde la forme de l'inventaire estimatif.

1er juin 1819. (*Ports.*) — Instructions sur les comptes des dépenses en matières et en main-d'œuvre.

29 juin 1819. (*Ports.*) — Circulaire faisant envoi de l'instruction du 1er juin, sur les comptes des dépenses en matières et en main-d'œuvre. — Explication des modifications apportées à l'instruction du 6 octobre 1817.

14 décembre 1819. (*Ports.*) — Circulaire contenant des dispositions relatives aux billets de demande, de remise et de sortie.

30 octobre 1822. — Règlement sur l'établissement d'un magasin général et sur le service des magasiniers à bord des bâtiments armés.

Annales maritimes de 1823, page 160.

25 mars 1823. (*Ports.*) — CIRCULAIRE sur le mode d'évaluation des cessions faites à des particuliers et à des bâtiments.

17 décembre 1828. — ORDONNANCE sur le service des ports.

. . . .

Titre IX. — *De la Comptabilité des matières et des travaux.*

Annales maritimes de 1829, page 1.

29 juin 1829. — CIRCULAIRE contenant des explications sur le système résultant de l'ordonnance du 17 décembre 1828.

6 juillet 1829. — CIRCULAIRE faisant envoi d'une instruction provisoire arrêtée à Cherbourg par le préfet maritime pour servir à l'exécution de l'ordonnance du 17 décembre 1828.

2 octobre 1830. — CIRCULAIRE relative aux inventaires du mobilier des préfectures à dresser chaque année en exécution de la loi du 26 juillet 1829 [1] et de l'ordonnance du 3 février 1830 [2].

7 septembre 1831. — CIRCULAIRE faisant envoi d'un modèle d'état présentant les principaux résultats de la comptabilité des matières et des travaux, en 1829 et en 1830.

10 septembre 1831. — CIRCULAIRE contenant une demande de documents faisant suite à ceux dont l'envoi avait été prescrit par la circulaire du 7 septembre 1831.

18 février 1832. (*Ports.*) — CIRCULAIRE faisant envoi de modèles pour le compte de 1830 et 1831, chapitre V, *Constructions, Armements et Approvisionnements.*

29 février 1832. (*Ports.*) — CIRCULAIRE faisant envoi de modèles pour le compte de l'artillerie de 1830.

[1] Loi du 26 juillet 1829, art. 8. — *Bulletin des lois*, 8e série, n° 303, page 45.

[2] Ordonnance relative au mode d'exécution de l'article 8 de la loi du 26 juillet 1829. — *Bulletin des lois*, 8e série, n° 340, page 65.

7 mars 1832. (*Ports.*)— CIRCULAIRE faisant envoi de modèles pour le compte des travaux hydrauliques de 1830.

24 avril 1833. — LOI portant règlement définitif du budget de l'exercice 1830.

. . . .

ART. 10.

Les comptes du matériel seront, chaque année, imprimés et soumis aux Chambres.

Recueil des lois de finances, session de 1832, page 113. — *Bulletin des lois*, 9e série, n° 99, page 165.

24 août 1833. (*Ports.*)— CIRCULAIRE faisant un premier envoi de nouveaux modèles pour les comptes de 1831 et de 1832. — *Apparaux, Machines et Outils.*

7 septembre 1833. (*Ports.*) — CIRCULAIRE faisant un deuxième envoi de modèles pour les comptes de 1831 et de 1832. — *Matières.*

18 septembre 1833. (*Ports.*) — CIRCULAIRE faisant un troisième envoi de modèles pour les comptes de 1831 et de 1832.

Inventaires de la flotte.
——— des forts et batteries.
——— du mobilier.
——— des immeubles.

25 septembre 1833. (*Ports.*) — CIRCULAIRE faisant un quatrième envoi de modèles pour les comptes de 1831 et de 1832. — *Objets en état de confection préparatoire.*

25 septembre 1833. (*Ports.*)— CIRCULAIRE contenant les modifications à apporter à l'état du compte relatif aux matières.

27 septembre 1833. (*Ports.*) — CIRCULAIRE faisant un cinquième envoi de modèles pour les comptes de 1831 et de 1832. — *Objets confectionnés.*

2 octobre 1833. (*Ports.*) — CIRCULAIRE faisant un sixième envoi

de modèles pour les comptes de 1831 et de 1832. — *Objets ayant servi, remis aux ateliers.*

5 octobre 1833. (*Ports.*) — CIRCULAIRE faisant un septième envoi de modèles pour les comptes de 1831 et 1832. — *Résumé de la comptabilité des matières.*

9 octobre 1833. (*Ports.*) — CIRCULAIRE relative aux comptes de 1831 et de 1832. — *Principaux objets confectionnés existant à bord des bâtiments armés et des bâtiments de servitude.*

16 octobre 1833. (*Ports.*) — CIRCULAIRE faisant un huitième et dernier envoi de modèles pour les comptes de 1831 et 1832. — *Délivrances faites aux bâtiments ; application des dépenses par bâtiment.*

23 octobre 1833. (*Ports.*) — CIRCULAIRE contenant la solution de questions relatives aux comptes du matériel.

20 novembre 1833. — CIRCULAIRE modifiant les instructions données pour les comptes du matériel, relativement aux remboursements de matières effectués en nature.

8 avril 1834. (*Ports.*) — CIRCULAIRE faisant envoi d'un nouveau modèle relatif aux comptes de 1831 et de 1832. — *Quantités des principales matières employées en exécution de travaux.*

29 janvier 1835. (*Ports.*) — INSTRUCTION provisoire pour servir à l'exécution de l'ordonnance du 3 janvier 1835 [1].

Annales maritimes de 1835, page 234.

5 février 1835. (*Personnel.*) — INSTRUCTIONS sur les attributions du commissariat.

Annales maritimes de 1835, page 249.

30 juillet 1835. (*Ports.*) — CIRCULAIRE faisant envoi d'instructions

[1] Voir, page 93 des *Annales maritimes de 1835*, l'ordonnance du 3 janvier portant organisation du corps du commissariat de la marine.

et de modèles modifiés pour les comptes de 1833 et 1834.— *Apparaux, Machines* et *Outils.*

31 juillet 1835. (*Ports.*)— CIRCULAIRE faisant un deuxième envoi d'instructions et modèles pour les comptes de 1833 et 1834.

Inventaires de la flotte.
——— du mobilier.
——— des immeubles.

9 septembre 1835. (*Ports.*)— CIRCULAIRE faisant un troisième envoi d'instructions et modèles pour les comptes de 1833 et 1834. —*Matières.*

12 septembre 1835. (*Ports.*) — CIRCULAIRE sur une question relative aux apparaux, machines et outils.

19 septembre 1835. (*Ports.*) — CIRCULAIRE relative à de nouvelles questions sur la classification des apparaux, machines, ustensiles et outils.

7 octobre 1835. (*Ports.*) — CIRCULAIRE faisant un quatrième envoi d'instructions et modèles pour les comptes de 1833 et 1834. — *Objets en état de confection préparatoire.*

31 octobre 1835. (*Ports.*)— CIRCULAIRE faisant un cinquième envoi d'instructions et modèles pour les comptes de 1833 et 1834. — *Objets confectionnés.* — *Apparaux et Machines.* — *Objets remis aux ateliers pour être réparés.*

9 décembre 1835. (*Ports.*) — CIRCULAIRE faisant un sixième et dernier envoi d'instructions et modèles pour les comptes de 1833 et 1834. — *Complément de la comptabilité des matières.* — *Comptabilité des travaux.*

27 février 1836. (*Ports.*) — CIRCULAIRE sur les nouvelles classifications du matériel. — Programme des dispositions qui restent à prendre pour compléter le système résultant de ces classifications, et pour l'exécution de l'ordonnance du 3 janvier 1835.

5 mars 1836. (*Ports.*) — CIRCULAIRE relative aux cessions entre les services intérieurs du port.

1er juin 1836. (*Ports.*) — CIRCULAIRE relative à la classification des fournitures de bureau dans les comptes.

13 août 1836. (*Ports.*) — CIRCULAIRE faisant envoi d'un tableau des concordances que doivent présenter quelques parties des comptes du matériel.

21 décembre 1836. (*Ports.*) CIRCULAIRE faisant envoi des tableaux imprimés, destinés à l'établissement des comptes de 1835 à 1838.

Établissement d'écritures conformes au nouveau système de comptabilité *matières*.

8 février 1837. (*Ports.*) — CIRCULAIRE contenant des explications sur les instructions données pour l'exécution du règlement d'armement. — Concordance de ces instructions avec celles qui ont établi une nouvelle comptabilité du matériel dans les ports.

21 septembre 1837. (*Ports.*) — CIRCULAIRE demandant les comptes du matériel, pour l'exercice 1846.

16 juin 1838. (*Ports.*) — CIRCULAIRE contenant de premières indications sur la rédaction des comptes du matériel de 1837.

17 octobre 1838. (*Ports.*) — CIRCULAIRE relative à des questions sur la comptabilité des matières et des travaux.

16 octobre 1839. (*Ports.*) — CIRCULAIRE sur les comptes de l'exercice 1838. — Explication relative aux comptes ultérieurs.

20 octobre 1841. (*Ports.*) — CIRCULAIRE modifiant la forme des comptes du matériel et les bases d'évaluation. — Demande du compte de 1840.

13 novembre 1841. — RÈGLEMENT sur l'organisation et le service dans les directions des arsenaux, des magasiniers, gardiens, distributeurs et écrivains d'atelier.

Annales maritimes de 1841, page 1108.

13 juillet 1842. (*Ports.*) — CIRCULAIRE faisant envoi des listes de la flotte au 1er janvier 1842. — Demande des comptes de 1841.

6 juin 1843. — Loi portant règlement définitif du budget de l'exercice 1840.

. . . .

ART. 14.

Les comptes matières sont soumis au contrôle de la Cour des comptes. Une ordonnance royale, rendue dans la forme des règlements d'administration publique, déterminera la nature et le mode de ce contrôle et règlera la forme de comptabilité des matières appartenant à l'État dans toutes les parties du service public. Cette ordonnance sera exécutoire à partir du 1er janvier 1845.

Bulletin des lois, 9e série, n° 1009, p. 410. — *Recueil des lois de finances,* session de 1843, page 25.

26 août 1844. — Ordonnance portant règlement d'administration publique sur la comptabilité des matières appartenant à l'État.

Annales maritimes de 1844, page 929.

20 décembre 1844. — Instruction portant règlement provisoire pour l'exécution des dispositions de l'ordonnance du 14 juin 1844, en ce qui concerne le service du commissariat, des directions et du contrôle, dans les ports et arsenaux de la marine.

Annales maritimes de 1844, page 1564.

22 février 1845. (*Ports.*) — Circulaire faisant envoi d'un règlement pour l'exécution de l'ordonnance du 26 août 1844 sur la comptabilité des matières.

15 mars 1845. (*Ports.*) — Circulaire contenant des explications sur diverses questions relatives à la comptabilité des matières.

28 avril 1845. (*Ports.*) — Circulaire contenant des explications sur la tenue du grand livre.

19 mai 1845. (*Ports.*) — Circulaire contenant des dispositions relatives aux recensements.

13 décembre 1845. (*Ports.*) — Rapport au Roi sur le règlement relatif à la comptabilité des matières.

Annales maritimes de 1845, page 971.

13 décembre 1845. (*Ports.*) — Règlement sur la comptabilité des matières appartenant au département de la marine et des colonies.

Annales maritimes de 1845, page 979.

15 décembre 1845. (*Ports.*) — Circulaire portant envoi du règlement du 13 décembre 1845 sur la comptabilité des matières appartenant au département de la marine et des colonies.

Annales maritimes de 1845, page 1051.

15 décembre 1845. (*Ports.*) — Circulaire portant envoi de la nomenclature générale des matières.

Annales maritimes de 1845, page 1059.

23 décembre 1845. (*Ports.*) — Circulaire contenant des explications sur la tenue du journal et du grand livre.

Annales maritimes de 1845, page 1063.

14 janvier 1846. (*Ports.*) — Circulaire contenant des dispositions relatives à la formation du relevé des opérations du 4e trimestre 1845.

15 janvier 1846. (*Ports.*) — Instruction générale sur la comptabilité du matériel dans les arsenaux de la marine. — Exécution de l'ordonnance du 14 juin 1844, concernant le service administratif de la marine, et du règlement approuvé par le Roi, le 13 décembre 1845, sur la comptabilité des matières.

Annales maritimes de 1846, page 158.

30 janvier 1846. (*Ports.*) — Circulaire portant envoi de l'instruction générale du 15 janvier 1846 sur la comptabilité du matériel dans les arsenaux maritimes.

Annales maritimes de 1846, page 283.

9 février 1846. (*Ports.*) — Circulaire contenant des explications relatives à l'imprimé destiné à la formation des inventaires de matières.

25 février 1846. (*Ports.*) — INSTRUCTIONS pour l'établissement des comptes de 1845.

9 mars 1846. (*Ports.*) — CIRCULAIRE sur les dispositions à suivre relativement à la comptabilité des ornements d'église et des vases sacrés.

15 avril 1846. (*Ports.*) — INSTRUCTION sur le mode à suivre dans la constatation des délivrances d'objets de matériel destinés à être mis en place à bord des bâtiments en chantier ou désarmés.

24 avril 1846. (*Ports.*) — CIRCULAIRE sur le classement, dans la comptabilité du matériel, de quelques entrées et de quelques sorties de matières.

27 avril 1846. (*Ports.*) — CIRCULAIRE au sujet des dépôts de matières à former pour le magasin particulier des directions.

4 mai 1846. (*Ports.*) — CIRCULAIRE portant que les comptables de matières sont placés sous la direction supérieure du commissaire général.

8 mai 1846. (*Ports.*) — CIRCULAIRE au sujet de la surveillance à exercer aux grilles et issues des arsenaux maritimes.

25 mai 1846. — CIRCULAIRE contenant des explications sur la comptabilité du matériel.

3 août 1846. (*Comptabilité.*) — CIRCULAIRE rappelant que les pièces justificatives à produire par les comptables des matières doivent être conformes aux modèles annexés à l'instruction générale du 15 janvier 1846.

16 août 1846. — ORDONNANCE relative au personnel du service de comptabilité, des directions des constructions navales, des mouvements du port, de l'artillerie, des travaux hydrauliques et bâtiments civils et des forges de la Villeneuve.

Annales maritimes de 1846, page 795.

16 août 1846. — RÈGLEMENT sur les examens d'admission aux

emplois de commis de 2e classe dans le service de comptabilité des directions de travaux dans les ports.

Annales maritimes de 1846, page 737.

18 septembre 1846. (*Comptabilité.*) — Lettre au préfet maritime de Cherbourg, contenant des explications relatives à la tenue des écritures des comptables de matières.

Annales maritimes de 1846, page 785.

9 janvier 1847. (*Comptabilité.*) — Circulaire relative au mode à suivre pour l'évaluation des résidus et déchets de fabrications et des produits de démolitions.

Annales maritimes de 1847, page 37.

12 janvier 1847. (*Comptabilité.*) — Circulaire rappelant que les directeurs doivent intervenir dans les envois de matières à faire à d'autres ports.

Annales maritimes de 1847, page 7.

12 janvier 1847. (*Comptabilité.*) — Instructions relatives à la comptabilité des poudres.

Annales maritimes de 1847, page 6.

25 janvier 1847. (*Comptabilité.*) — Circulaire contenant des explications relatives au règlement du 23 décembre 1845, sur les concessions de logement, et à la comptabilité des objets d'ameublement.

Annales maritimes de 1847, page 48.

12 février 1847. (*Comptabilité.*) — Circulaire relative à la délégation de la signature des directeurs de travaux et des commissaires aux approvisionnements et aux travaux, en ce qui concerne les pièces de comptabilité.

Annales maritimes de 1847, page 60.

16 février 1847. (*Comptabilité.*). — Instructions destinées à assu-

ver la rentrée en magasin des objets délivrés aux bâtiments en sus des fixations réglementaires.

Annales maritimes de 1847, page 61.

25 février 1847. (*Comptabilité.*) — Circulaire prescrivant les dispositions à suivre à l'égard des envois de matières et d'objets faits aux ports militaires par les établissements situés hors des ports.

Annales maritimes de 1847, page 72.

9 mars 1847. (*Comptabilité.*) — Circulaire portant explications sur les dépenses qui constituent les frais généraux des chantiers et ateliers.

Annales maritimes de 1847, page 290.

14 mars 1847. (*Comptabilité.*) — Circulaire contenant des dispositions relatives aux achats et aux envois faits pour compte des bâtiments de l'État mouillés sur un des points du littoral autre que les ports militaires.

Annales maritimes de 1847, page 298.

15 mars 1847. (*Comptabilité.*) — Circulaire rappelant les justifications à produire à la décharge des comptables de matières, en cas de perte par suite d'événements de force majeure.

Annales maritimes de 1847, page 301.

20 mars 1847. (*Comptabilité.*) — Circulaire portant modification à l'instruction générale du 15 janvier 1846, en ce qui concerne les ventes d'objets hors de service, à faire par urgence.

Annales maritimes de 1847, page 305.

20 mars 1847. (*Comptabilité.*) — Circulaire portant notification d'un arrêté relatif aux attributions de la direction de la comptabilité et du contrôle central, en tout ce qui touche à la comptabilité des matières.

Annales maritimes de 1847, page 307.

31 mars 1847. (*Comptabilité.*) — Circulaire prescrivant l'envoi

d'un état trimestriel faisant connaître les résultats des opérations des commissions permanentes de recensement.

Annales maritimes de 1847, page 322.

6 avril 1847. (*Comptabilité.*) — CIRCULAIRE contenant des explications relatives à diverses questions concernant la comptabilité de l'emploi des matières aux travaux.

Annales maritimes de 1847, page 347.

7 mai 1847. (*Comptabilité.*) — CIRCULAIRE relative à l'exécution de l'article 12 du règlement du 13 décembre 1845, sur la comptabilité des matières.

Annales maritimes de 1847, page 677.

5 juin 1847. (*Comptabilité.*) — CIRCULAIRE prescrivant les dispositions à prendre pour faciliter les délivrances et les recensements.

Annales maritimes de 1847, page 731.

29 juin 1847. (*Comptabilité.*) — CIRCULAIRE rappelant plusieurs dispositions relatives à la tenue de la comptabilité des bâtiments armés.

Annales maritimes de 1847, page 761.

30 juin 1847. (*Comptabilité.*) — CIRCULAIRE relative aux congés et aux mesures de discipline concernant les agents employés au service de la comptabilité des mouvements des matières.

Annales maritimes de 1847, page 795.

1er juillet 1847. (*Comptabilité.*) — CIRCULAIRE rappelant les justifications à produire et les formalités à observer à l'égard des délivrances à faire aux bâtiments.

Annales maritimes de 1847, page 797.

5 juillet 1847. (*Comptabilité.*) — CIRCULAIRE relative à la comptabilité du matériel des bâtiments armés.

Annales maritimes de 1847, page 801.

22 juillet 1847. (*Comptabilité.*) — CIRCULAIRE contenant de nou-

velles instructions relativement au mode de remboursement des cessions.

Annales maritimes de 1847, page 810.

30 août 1847. (*Comptabilité.*) — CIRCULAIRE prescrivant les règles à suivre relativement aux achats et aux envois d'apparaux et de machines pour le service des ateliers.

Annales maritimes de 1847, page 963.

18 septembre 1847. (*Comptabilité.*) — CIRCULAIRE prescrivant les dispositions à suivre à l'égard de la constatation de la valeur des résidus des matières mises en œuvre.

Annales maritimes de 1847, page 1009.

23 septembre 1847. (*Comptabilité.*) — CIRCULAIRE relative aux modifications apportées à l'instruction générale du 15 janvier 1846. — Réception des matières et des ouvrages.

Annales maritimes de 1847, page 1478.

23 septembre 1847. (*Comptabilité.*) — CIRCULAIRE relative aux opérations d'armement et de désarmement dans leur rapport avec les règles de comptabilité tracées par l'instruction générale du 15 janvier 1846.

Annales maritimes de 1847, page 1038.

18 octobre 1847. (*Comptabilité.*) — CIRCULAIRE prescrivant le mode à suivre dans la régularisation des augmentations ou des diminutions que les objets de forge qui se comptent au poids éprouvent lors des réparations.

Annales maritimes de 1847, page 1056.

30 octobre 1847. (*Comptabilité.*) — CIRCULAIRE prescrivant les dispositions à suivre, à l'égard du versement en magasin des matières hors de tout service provenant de la démolition des objets remis par les bâtiments, et condamnés.

Annales maritimes de 1847, page 1517.

30 octobre 1847. (*Comptabilité.*) — CIRCULAIRE prescrivant un

nouveau mode de régularisation des erreurs reconnues sur les relevés des entrées et des sorties de matières.

Annales maritimes de 1847, page 1519.

30 octobre 1847. (*Comptabilité.*) — CIRCULAIRE portant que dans chaque section le livre journal comprendra les entrées et les sorties de matières.

Annales maritimes de 1847, page 1525.

16 novembre 1847. (*Comptabilité.*) — CIRCULAIRE prescrivant le mode à suivre dans la régularisation des excédants et des déficits constatés par les contrôleurs de la marine.

Annales maritimes de 1847, page 1531.

25 novembre 1847. (*Comptabilité.*) — CIRCULAIRE portant modification de la nomenclature annexée à l'instruction générale du 15 janvier 1846.

Annales maritimes de 1847, page 1558.

29 novembre 1847. (*Comptabilité.*) — CIRCULAIRE relative à la comptabilité des échantillons dont le contrôle est dépositaire.

Annales maritimes de 1847, page 1559.

23 décembre 1847. — ORDONNANCE concernant l'organisation du personnel administratif des directions de travaux dans les ports et des établissements de la marine situés hors des ports.

Annales maritimes de 1847, page 1646.

23 décembre 1847. — ORDONNANCE concernant l'organisation d'un corps de comptables de matières dans les divers services de la marine.

Annales maritimes de 1847, page 1651.

7 janvier 1848. (*Comptabilité.*) — CIRCULAIRE prescrivant de nouvelles dispositions relatives aux prêts faits à des particuliers.

Bulletin officiel de la marine, tome Ier, page 11.

16 janvier 1848. (*Comptabilité.*) — CIRCULAIRE portant envoi de

la nomenclature des matières appartenant au service de l'habillement et du casernement des corps de troupe de la marine.

Bulletin officiel de la marine, tome Ier, page 30.

31 janvier 1848. (*Comptabilité.*) — CIRCULAIRE prescrivant les dispositions à suivre à l'égard des envois qui ont lieu par l'intermédiaire des ports secondaires.

Bulletin officiel de la marine, tome Ier, page 58.

16 février 1848. (*Ports; Services administratifs; Comptabilité.*) — CIRCULAIRE prescrivant les dispositions à suivre relativement aux cessions qu'il y a lieu de faire aux constructeurs des machines destinées au service de la marine.

Bulletin officiel de la marine, tome Ier, page 115.

30 avril 1848. — ARRÊTÉ ministériel ajournant au 1er janvier 1849 l'organisation du corps des comptables de matières, prescrite par l'ordonnance du 23 décembre 1847.

31 mai 1848. (*Comptabilité.*) — CIRCULAIRE relative à la comptabilité du matériel en service à bord des bâtiments, en refonte et en radoub.

Bulletin officiel de la marine, tome Ier, page 269.

31 mai 1848. (*Comptabilité.*) — CIRCULAIRE relative au classement des recettes d'armes et de poudres provenant d'envois faits par les manufactures du département de la guerre.

Bulletin officiel de la marine, tome Ier, page 273.

8 septembre 1848. (*Services administratifs.*) — CIRCULAIRE fixant la répartition des officiers, des commis et des écrivains du commissariat entre les services des ports militaires, des ports secondaires, de l'inscription maritime et de la comptabilité des matières.

Bulletin officiel de la marine, tome II, page 159.

15 septembre 1848. (*Services administratifs.*) — CIRCULAIRE conte-

nant les dispositions relatives à la formation des inventaires des matières et des effets à la disposition des corps de troupe.

Bulletin officiel de la marine, tome II, page 208.

18 novembre 1848. (*Services administratifs.*) — Circulaire relative à l'état présentant la corrélation du compte du matériel avec le compte financier.

Bulletin officiel de la marine, tome II, page 466.

8 décembre 1848. (*Services administratifs.*) — Circulaire rappelant les dispositions relatives aux mutations des comptables de matières.

Bulletin officiel de la marine, tome II, page 512.

18 décembre 1848. — Arrêté fixant le cadre du personnel administratif des directions de travaux dans les ports, et des établissements de la marine hors des ports.

Bulletin officiel de la marine, tome II, page 542.

18 décembre 1848. (*Services administratifs.*) — Circulaire faisant connaître les modifications apportées à l'instruction générale du 15 janvier 1846, notamment en ce qui concerne la comptabilité de l'emploi des matières et de la main-d'œuvre, et celle des délivrances et des remises.

Bulletin officiel de la marine, tome II, page 544.

21 décembre 1848. (*Services administratifs.*) — Circulaire apportant une nouvelle simplification dans les écritures de la comptabilité des matières en ce qui touche les comptes des comptables.

Bulletin officiel de la marine, tome II, page 570.

13 janvier 1849. (*Services administratifs.*) — Circulaire portant que les états de situation des écritures relatives à la comptabilité des matières ne seront désormais adressés que tous les trois mois au ministère.

Bulletin officiel de la marine, tome III, page 18.

15 janvier 1849. (*Services administratifs.*) — CIRCULAIRE contenant de nouvelles dispositions relatives à la comptabilité des matières. — Exécution de l'arrêté du 18 décembre 1848.

Bulletin officiel de la marine, tome III, page 20.

17 février 1849. (*Services administratifs.*) — CIRCULAIRE contenant des règles à suivre pour la vente des objets mobiliers appartenant à la marine. — Rappel aux prescriptions du règlement financier du 31 octobre 1840.

Bulletin officiel de la marine, tome III, page 88.

ANNEXES.

ANNEXES.

ANNEXE N° 1er. (Page 194.)

RELEVÉ COMPARATIF

DU NOMBRE DE MARINS EMPLOYÉS CHAQUE ANNÉE, DE 1820 A 1849.

DÉSIGNATION des ANNÉES.	D'APRÈS LE BUDGET. MARINS			D'APRÈS LES COMPTES. MARINS.			DIFFÉRENCES d'après LES COMPTES.	
	Employés à terre.	Embarqués.	TOTAL.	Employés à terre.	Embarqués.	TOTAL.	En plus.	En moins.
1820......	″	8,750	8,750	″	10,782	10,782	2,032	″
1821......	″	10,690	10,690	″	13,814	13,814	3,124	″
1822......	″	13,225	13,225	″	12,596	12,596	″	629
1823......	″	11,225	11,225	″	17,133	17,133	5,908	″
1824......	44	10,693	10,737	310	16,849	17,159	6,422	″
1825......	44	14,963	15,007	269	15,385	15,654	647	″
1826......	44	12,379	12,423	2,847	16,065	18,912	6,489	″
1827......	1,352	12,477	13,829	2,571	17,135	19,706	5,877	″
1828......	5,847	13,673	19,520	3,750	26,460	30,210	10,690	″
1829......	6,139	12,926	19,065	5,440	27,039	32,479	13,414	″
1830......	5,841	12,926	18,767	4,101	28,238	32,339	13,572	″
1831......	6,573	10,244	16,817	6,244	20,206	26,450	9,633	″
1832......	6,444	14,497	20,941	5,726	14,846	20,572	″	369
1833......	5,507	15,304	20,811	4,544	15,807	20,351	″	460
1834......	6,778	12,744	19,522	4,646	15,297	19,943	421	″
1835......	4,803	14,901	19,704	2,990	16,628	19,618	″	86
1836......	4,943	14,904	19,847	3,903	21,685	25,588	5,741	″
1837......	5,501	15,001	20,502	3,313	23,812	27,125	6,623	″
1838......	3,279	23,723	27,002	4,392	24,500	28,892	1,890	″
1839......	3,294	22,236	25,530	3,681	25,457	29,138	3,608	″
1840......	4,175	22,420	26,595	3,794	33,107	36,901	10,306	″
1841......	4,286	22,464	26,750	4,492	40,171	44,663	17,913	″
1842......	2,702	42,772	45,474	4,736	36,416	41,152	″	4,322
1843......	3,838	24,289	28,127	4,582	31,345	35,927	7,800	″
1844......	3,779	26,990	30,769	4,535	30,240	34,775	4,006	″
1845......	4,560	24,513	29,073	6,148	28,979	35,127	6,054	″
1846......	3,233	25,769	29,002	4,355	30,970	35,325	6,323	″
1847......	2,632	29,391	32,023	4,645	32,169	36,814	4,791	″
1848......	2,632	29,331	31,963	Comptes à rendre.				
1849......	1,497	29,331	30,828					

ANNEXE N° 2. (PAGE 784.)

COMPTABILITÉ DES DROITS CONSTATÉS.

1° *Extrait du rapport de la Commission de vérification des comptes des ministres pour l'exercice 1846 et l'année 1847. (Page 20.)*

31 août 1848.

. . . .

Une question importante, longtemps débattue dans le sein du ministère de la marine, et plusieurs fois soulevée par nos prédécesseurs, a été résolue, au moins en principe, depuis la publication du dernier rapport. Il y était rappelé sommairement, pages 23 et 24, que les dépenses de la marine ne sont liquidées par l'administration centrale que lorsqu'elles sont payables à Paris; que les dépenses payables dans les ports sont liquidées par des ordonnateurs secondaires qui remettent directement aux payeurs les pièces justificatives des mandats de payement, et n'envoient à l'administration centrale que de simples bordereaux énonciatifs des faits accomplis ; d'où il suit que le ministre, pour cette partie considérable des dépenses de son département, est engagé à son insu, par des liquidations opérées en dehors de sa surveillance immédiate, et ne peut contrôler personnellement l'emploi des crédits dont il est responsable.

Cet ordre de choses doit cesser en vertu d'un arrêté du 18 novembre 1847, qui a prescrit l'établissement d'une comptabilité spéciale des droits constatés, ayant pour objet :

1° De donner aux directions administratives de la marine les moyens de suivre l'emploi des fonds alloués par le budget, et de connaître la situation des crédits pendant la durée légale de l'exercice;

2° De faciliter, au point de vue de la responsabilité du ministre, la révision des dépenses faites dans les ports;

3° De ménager ultérieurement aux directions administratives la possibilité de dresser elles-mêmes les comptes d'exercices présentés à la législature.

Aux termes d'une instruction spéciale, relative à l'établissement de ce nouveau service, la tenue des écritures concernant la comptabilité des droits constatés est exécutoire à partir du 1er janvier 1848; mais pour l'exercice 1848 seulement et les suivants.

Nous félicitons le ministère de la marine d'avoir accompli une réforme que les principes d'ordre et de contrôle réclamaient depuis longtemps.

. . . .

2° *Extrait du rapport présenté par le comité des finances de l'Assemblée nationale, au sujet d'un crédit supplémentaire demandé par la marine.* (*Page 2.*)

Séance du 20 janvier 1849.

. . . .

A cette occasion, le comité des finances appelle l'attention du Gouvernement sur une question importante, celle *de la comptabilité des droits constatés*, résolue en principe à la fin de l'année 1847 par le ministère même de la marine, ce dont nous devons le féliciter.

Mais l'établissement de cette comptabilité est encore à former, et cependant il n'exigerait que l'adjonction, à certains bureaux, de quelques employés. Le désir d'éviter l'augmentation des dépenses, bien que minime, a sans doute fait retarder jusqu'à ce jour la mise en pratique de cette utile institution.

Cependant, en présence des avantages immenses qu'elle doit procurer, le comité des finances n'hésite pas à demander sa formation immédiate.

Voici ce que dit à ce sujet le rapport de la commission de vérification des comptes des ministres, en date du 31 août 1848, pour l'exercice 1846 et l'année 1847, commission dont les membres, comme vous le savez, citoyens représentants, sont choisis par la Chambre dans le conseil d'État et dans la cour des comptes; il y est dit :

. . . .

(Voir l'extrait qui précède.)

Comme on le voit, il est important que ces mesures d'une bonne comptabilité soient au plus tôt réalisées, afin que l'emploi des crédits délégués aux ports n'ait plus lieu en dehors de la surveillance de l'administration centrale, et que le ministre possède les éléments suffisants, soit pour s'assurer que les crédits alloués ne seront pas dépassés, soit pour préparer les comptes financiers, établir le budget à soumettre à l'Assemblée, enfin donner au service de la marine une bonne comptabilité, sans laquelle il ne peut y avoir de bonnes finances.

. . . .

ANNEXE N° 3. (PAGE 799.)

MINISTÈRE

DE LA MARINE ET DES COLONIES.

TABLEAU COMPARATIF

DES CRÉDITS ET DES DÉPENSES

DE LA MARINE ET DES COLONIES

A PARTIR DE L'ANNÉE 1820.

MINISTÈRE DE LA MARI[NE]

TABLEAU COMPARATIF des crédits et des dépenses

EXERCICES.	CRÉDITS LÉGISLATIFS.			DÉPENSES RECONNUES D'APRÈS LES COMPTES DÉFINITIFS.			SERVICE MARI[NE] — EXCÉDANT	
	Service MARINE.	Service COLONIAL.	TOTAL.	Service MARINE.	Service COLONIAL.	TOTAL.	de crédit.	de dé[penses]
	fr.	fr.	fr.	fr.	fr.	fr.	fr.	f[r.]
1820..	43,930,000	6,070,000	50,000,000	44,306,099	5,115,047	49,421,146	"	370
1821..	47,022,000	5,958,000	52,980,000	47,080,594	5,194,632	52,275,226	"	58
1822..	54,132,000	5,858,000	59,990,000	55,160,618	5,657,485	60,818,103	"	1,028
1823..	54,141,000	5,859,000	60,000,000	66,672,879	6,870,687	73,543,566	"	12,531
1824..	53,825,000	6,175,000	60,000,000	58,718,748	4,737,545	63,456,293	"	4,89
1825..	56,500,000	5,000,000	61,500,000	57,526,142	4,824,306	62,350,448	"	1,020
1826..	58,500,000 (A)	"	58,500,000	58,897,706	"	58,897,706	"	39
1827..	62,400,000 (A)	"	62,400,000	62,308,662	"	62,308,662	91,338	
1828..	80,275,000 (A)	"	80,275,000	81,179,063	"	81,179,063	"	904
1829..	72,163,656 (A)	"	72,163,656	73,630,848	"	73,630,848	"	1,46
1830..	85,750,000	7,500,000	93,250,000	83,328,951	7,817,514	91,146,465	2,421,049	
1831..	64,986,700	6,200,000	71,186,700	65,269,746	6,562,791	71,832,537	"	28
1832..	58,725,066	7,000,000	65,725,066	57,236,596	7,287,813	64,524,409	1,488,470	
1833..	59,206,518	7,000,000	66,206,518	57,356,631	6,826,212	64,182,843	1,849,887	
1834..	57,774,215	7,000,000	64,774,215	55,019,318	6,989,087	62,008,405	2,754,897	
1835..	57,211,441	7,170,400	64,381,841	55,200,581	7,133,120	62,333,701	2,010,860	
1836..	62,115,408	7,624,010	69,739,418	61,059,301	7,687,054	68,746,355	1,056,107	
1837..	58,274,343	7,621,630	65,895,973	59,089,791	7,864,895	66,954,686	"	81
1838..	64,543,400	7,625,515	72,168,915	64,465,852	8,044,412	72,510,264	77,548	
1839..	69,644,690	9,773,067	79,417,757	70,640,416	9,823,937	80,464,353	"	99
1840..	87,018,000	10,654,100	97,672,100	87,971,564	10,971,651	98,943,215	"	95
1841..	117,819,948	12,804,832	130,624,780	113,817,021	11,364,413	125,181,434	4,002,927	
1842..	119,090,226 (B)	19,938,012	139,028,238	114,008,252	19,004,741	133,012,993	5,687,974	
1843..	94,204,961 (B)	27,552,129	121,757,090	93,870,333	24,987,110	118,857,443	334,628	
1844..	102,113,055 (B)	23,383,048	125,496,103	99,130,656	21,633,810	120,764,466	2,982,399	
1845..	99,153,240 (B)	23,348,903	122,502,143	96,840,747	22,577,000	119,417,747	2,312,493	
1846..	116,499,094 (B)	23,748,007	140,247,101	111,509,872	22,210,180	133,720,052	4,989,222	
1847..	133,199,202 (B)			126,892,587			6,306,615	

ET DES COLONIES.

marine et des colonies, à partir de l'année 1820.

[...]VICE COLONIAL. — EXCÉDANT		EXCÉDANT TOTAL	
[...]crédit.	de dépense.	de crédit.	de dépense.
fr.	fr.	fr.	fr.
[...]4,953	»	578,854	»
[...]63,368	»	704,774	»
[...]00,515	»	»	828,103
»	1,011,687	»	13,543,566
[...]37,455	»	»	3,456,293
[...]75,694	»	»	850,448
»	»	»	397,706
»	»	91,338	»
»	»	»	904,063
»	»	»	1,467,192
»	317,514	2,103,535	»
»	362,791	»	645,837
»	287,813	1,200,657	»
[...]73,788	»	2,023,675	»
[...]10,913	»	2,765,810	»
[...]37,280	»	2,048,140	»
»	63,044	993,063	»
»	243,265	»	1,058,713
»	418,897	»	341,349
»	50,870	»	1,046,596
»	317,551	»	1,271,115
[...]40,419	»	5,443,346	»
[...]27,271	»	6,015,245	»
[...]65,019	»	2,899,647	»
[...]49,238	»	4,731,637	»
[...]71,903	»	3,084,396	»
[...]37,827	»	6,527,049	»

OBSERVATIONS.

(A) Pendant la période de 1826 à 1829 inclusivement, les dépenses des *Services militaires aux colonies* ont été portées au budget de la guerre.

(B) A partir de l'exercice 1842, les chiffres du service *Marine* comprennent :

	CRÉDIT.	DÉPENSE.
Exercice 1842. Travaux extraordinaires. (Fort Boyard, casernes, digue et arsenal de Cherbourg, etc.). Loi du 25 juin 1841	fr. 3,055,784	fr. 3,054,725
1843. *Idem*	3,581,725	3,581,547
1844. *Idem*	4,962,388	4,942,403
1845 *idem*	5,249,453	5,249,453
CHAP. IX *bis*. — Travaux du matériel naval — Incendie du Mourillon. Loi du 3 juillet 1846	2,331,000	423,441
CHAP. XIII *bis*. — Travaux hydrauliques et bâtiments civils — Incendie du Mourillon. Loi du 3 juillet 1846	800,000	»
	8,380,453	5,672,894

TRAVAUX EXTRAORDINAIRES.	EXERCICES. 1846. CRÉDIT.	1846. DÉPENSE.	1847. CRÉDIT.	1847. DÉPENSE.
Loi du 25 juin 1841. — Fort Boyard. — Casernes. — Établissements de Castineau. — Digue et arsenal de Cherbourg. *Loi du 19 juillet 1845.* — Curage et défense de la petite rade de Toulon. — Amélioration de Port-Vendres. *Loi du 3 juillet 1846.* — Salaires d'ouvriers. — Approvisionnements généraux de la flotte et de prévoyance	fr. 5,462,248	fr. 5,462,248	fr. 20,823,087	fr. 19,280,884
Loi du 19 juillet 1845. — Croisière des côtes occidentales d'Afrique.	6,000,000	850,074	5,149,925	1,982,572
Incendie du Mourillon. Approvisionnements généraux	1,907,558	1,200,000	707,558	707,558
Incendie du Mourillon. Travaux hydrauliq[s].	800,000	484,864	315,136	315,136
	14,169,806	7,997,186	26,995,706	22,286,150

SOMMAIRE

DES SUBDIVISIONS DU PRÉSENT RÉPERTOIRE.

ORGANISATION GÉNÉRALE.

PERSONNEL.

MATÉRIEL.

COMPTABILITÉ.

(Voir, en tête du volume, page XIII, la *Table des matières.*)

www.ingramcontent.com/pod-product-compliance
Lightning Source LLC
LaVergne TN
LVHW020956300926
849160LV00007B/160
* 9 7 8 2 0 1 2 7 6 7 6 4 5 *